미시경제학

김 봉 호

청목출판사

머리말

본서는 저자가 25여년 넘게 미시경제학을 강의하면서 학생들에게 무엇을 어떻게 가르치는 것이 좋은가에 대해 늘 고민들을 정리한 것이다. 그 동안 수많은 시행착오를 거치면서 미시경제학의 범위와 수준을 정리하였으며, 학부에서 다루는 미시경제학의 거의 모든 분야의 내용들을 체계적으로 기술하려고 노력하였다. 따라서 본서는 미시경제학을 처음 접하는 학생들뿐만 아니라 보다 심층적인 공부를 원하는 독자들의 욕구도 충족시킬 수 있으리라 기대한다. 저자 나름대로 경제이론의 내용들을 쉽게 설명하려고 노력하였지만 많은 것들을 포함하다보니 간혹 딱딱하게 느끼는 측면도 있을 것이다. 독자들에게 많은 것을 전달하고 싶은 저자들의 의욕 때문이었다는 점으로 이해하여 주시기 바란다.

본서는 총 20개의 장을 7개의 편으로 나누어 저술되어 있다. 가능하다면 각종 이론들을 그래프로 활용하여 설명하려고 노력하였으며, 독자들의 이해를 돕기 위해 극히 제한된 범위 내에서 수학적 분석기법을 적용하였다. 물론 본서에서 다루는 수리적 분석수준은 기초적인 미분법에 국한되어 있다. 대부분의 독자들이 고등학교 교육과정에서 이미 미분법을 익혔기 때문에 여기에서 소개되는 내용들을 별다른 어려움 없이 이해하리라 생각한다.

본서에서는 비교적 많은 주석을 달아두고 있다. 본문 내용이 다소 어려워 추가적인 설명이 필요하거나 내용의 편제상 본문에서 다루기가 어려운 것들을 주석으로 처리하였기 때문에 꼭 읽어 보기 바란다. 또한 각 절이나 항의 마지막에 제시되어 있는 연습문제도 반드시 풀어보기 바란다. 모든 문제가 본문의 내용과 직접 관련되어 있는 수리적 문제이다. 이들 문제를 직접 풀어 보는 것은 본문의 내용을 이해하는 데 큰 도움을 줄 것으로 확신한다. 뿐만 아니라 대부분의 연습문제가 각종 고시와 공기업 채용 문제와 유사한 것들로 구성되어 있기 때문에 이들 시험을 준비하는 독자들의 요구도 충족시켜 주리라 생각한다.

본 책에는 지금까지의 미시경제이론들을 나름대로 정리한 것을 제외하면 독창적인 것은 거의 없다. 국내외에서 발간된 훌륭한 책과 간행물들을 참고하여 나름대로 정리하였다는 점을 고백하지 않을 수 없다. 저자의 능력과 시간의 제약으로 본서를 쓰기로 마음먹었던 욕심을 다 채우지 못한 아쉬움이 남는다. 독자 여러분들의 조언과 충고를 기대한다. 여러 가지로 부족한 점이 많은 저서이지만 독자 여러분들에게 조금이라도 도움이 된다면 저자로서는 더 이상 바랄 것이 없다. 이후에라도 미흡한 부분이나 오류가 있는 부분은 점차 다듬어서 보다 좋은 책이 될 수 있도록 노력하겠다.

본서가 출판되기까지 여러분들의 도움을 받았다. 특히 바쁜 일정에도 불구하고 열정을 다하여 본서의 내용을 꼼꼼하게 정리하여 주신 같은 학과의 유원석 교수에게 감사의 뜻을 전하고자 한다. 지나치리만큼 철저하게 원고를 읽고 많은 것을 지적해 준 전수민 강사와 윤석 박사에게도 이 지면을 통하여 감사드린다. 마지막으로 어려운 여건에서도 본서의 발간을 선뜻 허락해 주신 청목출판사의 유성열 사장님과 직원 여러분께 진심으로 감사드린다. 이 책을 공부하는 독자들에게 늘 영광과 행운이 함께 하길 기원한다.

2019년 2월

김 봉 호

차 례

제3편 생산자 선택이론

제4편 시장조직이론

제6편 일반균형이론 및 후생경제학

제7편 시장실패와 정보경제학

제 1 편

미시경제학 입문

우리가 원하는 재화(goods)나 용역(service)이 무한히 풍부하다면 빈곤이나 분배 문제가 발생할 이유가 없다. 우리는 취업 때문에 고민할 것도 없고, 노후를 대비한 저축에 매달릴 필요도 없다. 인간의 욕망은 무한한데 이를 충족시켜 줄 상품이 희소하기 때문에 경제문제가 발생하는 것이다. 이처럼 경제문제가 나타나는 가장 근본적인 이유는 사람들의 욕구가 무한한데 비해 그 욕구를 충족시킬 수 있는 자원이 유한하기 때문이다. 자원의 희소성은 선택의 문제로 이어진다. 미시경제학은 바로 유한한 자원을 어떻게 배분하는 것이 가장 효율적이고 사회적으로 바람직한지를 분석하는 것이 주된 목적이다.

제 1 장 미시경제학의 성격과 분석방법

1. 미시경제학의 성격
2. 미시경제학의 연구방법
3. 경제주체의 합리성과 선택기준
4. 미시경제학의 분석기법

이 장에서는 미시경제학에서 다루게 되는 기본적인 내용과 분석방법을 소개한다. 자원의 희소성에 따른 경제문제를 이해하기 위해 필요한 기초적 개념과 소비자의 선택기준 등에 대해서 개략적으로 설명한다. 또한 경제문제를 해결하는 논리적 구조로서의 경제모형, 미시경제학과 거시경제학의 관계, 미시경제학의 분석기법 등을 차례로 설명하고자 한다. 이 장의 논의를 통해서 미시적 경제분석의 윤곽을 어느 정도 파악할 수 있을 것이다.

1. 미시경제학의 성격

1.1 희소성과 경제문제

우리가 원하는 대부분의 물건들은 그 공급이 제한되어 있는 **경제재**(economic goods)이기 때문에 소비할 수 있는 양이 한정될 수밖에 없다. 재화(goods)나 용역(service)[1]이 무한히 풍부하다면 빈곤문제나 분배문제가 발생할 이유가 없다. 우리는 취업 때문에 고민할 것도 없고, 노후를 대비한 저축에 매달릴 필요도 없다. 인간의 욕망은 무한한데 이를 충족시켜 줄 상품이 희소하기 때문에 경제문제가 발생하는 것이다. 자원의 희소성으로 인한 기본적 경제문제는 크게 세 가지 측면에서 파악할 수 있다.

첫째, 무엇을 얼마나(what and how much) 생산할 것인가?
둘째, 어떻게(how) 생산할 것인가?
셋째, 누구를 위하여(for whom) 생산할 것인가?

예를 들어 어느 정도의 자금을 갖고 있는 사람이 농산물을 생산하기 위해서 토지를 구입하였다고 하자. 그 사람은 참외 또는 수박을 생산하는 계획을 세울 수 있고, 오이를 경작하는 계획을 세울 수도 있다. 이러한 상황에서 그는 어떤 품목을 생산하면 좋은지, 그리고 그것을 얼마만큼 만들면 좋은지 결정해야 한다. 다음으로 그러한 품목을 어떠한 방법을 이용하여 생산할 것인지, 또한 그가 생산한 농산물을 누가 소비할 것인지에 대해서도 분석해야 한다.

시장경제체제에서 **자원배분**(resource allocation)에 관한 이러한 세 가지 기본문제는 시장에서의 거래를 통하여 해결되고 있다. 시장경제에서는 수많은 경제주체들이 다양한 의사결정을 내리고 있지만 어느 누구의 간섭도 받지 않는다. 오직 자신의 판단에 의해 모든 것을 결정하고 그 결과에 대해 책임을 지게 된

1) 유형의 재화와 무형의 용역을 합하여 우리는 상품(commodity)이라고 한다.

다. 각 경제주체의 분권화된 의사결정과정에서 가장 중요한 역할을 하는 것은 **가격체계**(price system)이다. 어떤 상품에 대한 수요와 공급이 서로 일치하지 않는다면 수요자와 공급자의 교환계획이 그대로 실현되지 못한다. 상품의 공급이 부족한 경우에는 소비자들이 경쟁적으로 조금 더 높은 가격을 지불하더라도 그 상품을 구입하려고 할 것이고, 상품이 남아도는 경우에는 생산자들이 조금 더 낮은 가격을 받더라도 그 상품을 판매하려고 할 것이다. 거래 쌍방의 이러한 움직임은 공급량이 부족한 상품의 가격을 올리고, 수요량이 부족한 상품의 가격을 내리는 방향으로 변화시킨다. 이렇게 변화된 가격은 다시 그 상품에 대한 수요량과 공급량을 변화시키며, 그에 따라 새로 나타난 상품의 과부족 현상은 또 다시 상품가격을 변화시킬 것이다. 이러한 과정이 되풀이 되면서 결국에는 모든 상품의 수요와 공급이 일치하는 상태에 도달하게 된다.

어떤 상품을 사고자 하는 욕구와 팔고자 하는 욕구가 서로 균형을 이루었을 때 형성되는 가격을 **균형가격**(equilibrium price)이라고 한다. 시장에서 균형가격이 결정되면 수요자와 공급자는 비로소 교환을 시작하게 된다. 이와 같이 분권화된 경제에서는 **가격기구**(price mechanism) 또는 **시장기구**(market mechanism)에 의해 자원배분이 이루어지게 된다.

1.2 미시경제학의 의의

국민경제의 움직임을 보는 관점은 두 가지가 있다. 하나는 국민경제를 구성하는 개별 경제주체인 가계와 기업, 그리고 개별 상품 및 생산요소시장의 움직임에 분석의 초점을 맞추는 것이며, 다른 하나는 국민경제의 전반적 움직임에 분석의 초점을 맞추는 것이다. 경제학의 연구는 이 두 가지 관점 중에서 어떤 것에 초점을 두느냐에 따라서 미시경제학과 거시경제학으로 구분한다.

미시경제학(microeconomics)은 가계나 기업 등 개별경제 주체들의 선택과 그들의 상호작용을 분석대상으로 한다. 따라서 개별 상품과 생산요소에 대한 수요와 공급이 어떻게 결정되며, 이들의 가격과 거래량이 어떻게 결정되는지에 대해 분석한다. 반면에 **거시경제학**(macroeconomics)은 경제전반의 움직임을 분석대상으로 삼기 때문에 실업, 인플레이션, 경기변동, 경제성장, 국제수지 등과 관련된 문제들을 규명한다.

이와 같이 미시경제학과 거시경제학의 분석대상이 다르기 때문에 두 가지 경제이론은 서로 분리되어 있는 것처럼 보이지만 그 경계가 그렇게 분명한 것은 아니다. 거시적 경제현상은 결국 미시적 경제현상들의 상호작용이 하나의 흐름으로 나타나게 된다. 예컨대 거시경제학에서 사용하는 '총수요'는 각 '가계의 수요'가 합쳐진 개념이다. 미시적 경제현상과 거시적 경제현상이 서로 관련될 수 밖에 없다는 인식이 확산되면서 거시경제학에서는 미시적 기초에 근거하는 이른바 **거시경제학의 미시적 기초**(microfoundation of macroeconomics)가 강조되고 있다. 이것은 미시경제학과 거시경제학이 상호보완적 관계에 있다는 것을 보여주는 구체적인 사례이다.

1.3 실증적 경제학과 규범적 경제학

경제이론은 가치판단의 유무에 따라서 **실증경제학**(positive economics)과 **규범경제학**(normative economics)으로 구분할 수 있다. 전자는 경제현상을 사실 그대로(what it is) 서술하고 분석하는 분야이며, 후자는 바람직한 경제 상태를 규정하고 경제정책에 대한 당위성(what ought to be)을 제시하는 분야이다

실증경제학은 현실에서 나타나는 경제현상 그 자체를 객관적으로 분석하는데 중점을 둔다. 따라서 현실의 경제현상들 사이의 인과관계나 상호의존관계를 발견하고 이를 체계화하며 궁극적으로 이를 바탕으로 어떤 경제변수가 변할 때 그것이 다른 경제변수에 미치는 영향을 예측하게 된다. 예를 들어 소득불평등이 발생하였을 때, 그것이 어떤 과정을 통해 발생하였으며 또한 자원배분에 어떠한 영향을 미치는지를 규명하는 것은 실증경제학이다. 우리가 앞으로 다루게 되는 후생경제이론을 제외한 대부분의 미시경제이론은 이와 같은 실증경제학의 영역에 속하는 것들이다.

반면에 규범경제학은 사실 그 자체보다는 바람직한 상태를 강조한다. 예컨대 독점이윤으로 인해 발생하는 소득불평등의 문제를 해결할 수 있는 여러 가지 대안 중 어떤 것이 가장 바람직한 것인지를 규명하는 것은 규범경제학의 영역에 속한다. 물론 바람직한 상태를 판단하는 객관적인 기준이 있는 것은 아니다. 시대에 따라 사람에 따라 다를 수 있다. 이처럼 규범경제학에는 개인적인 가치판단이 개입되기 때문에 논란의 여지가 많을 뿐 아니라 현실에서 관찰된 자료

[그림 1-1] 생산과 소비의 순환과정

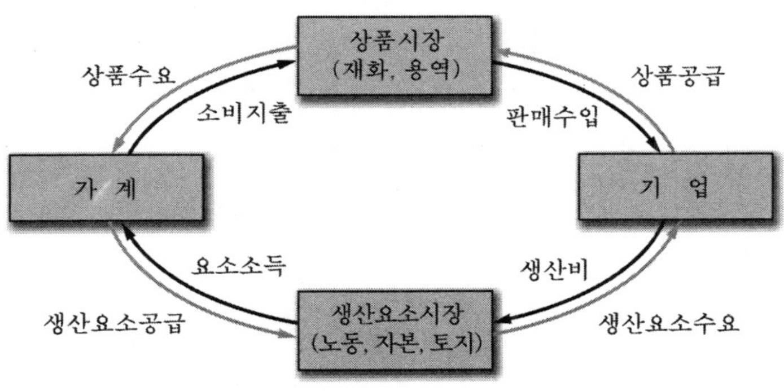

로써 검정하여 가설에 대한 진위 여부를 가려낼 수 없다는 문제가 있다. 그렇다고 하더라도 지나치게 주관적이어서 많은 사람들의 공감을 얻을 수 없다면 규범경제학이 객관적 이론으로서 의미를 가질 수 없다. 규범경제학이 하나의 학문으로 정립되기 위해서는 가능한 한 넓은 범위를 포괄하는 일반성 내지 객관성을 반드시 갖추어야 한다.

1.4 경제주체의 역할

경제활동에 참여하는 경제주체는 가계, 기업, 정부 등이며, 이들은 제각기 독자적인 역할을 하고 있다. 설명의 편의상 [그림 1-1]에서는 정부를 제외하고 가계와 기업의 경제활동이 순환되는 과정을 보여주고 있다. 가계는 재화와 용역의 소비자인 동시에 노동, 토지, 자본 등 생산요소의 공급자이다. 가계의 구성원인 소비자는 그들이 소유하고 있는 노동, 토지 그리고 자본을 기업에 제공한 대가로 받은 임금, 지대 그리고 이자로 그들이 필요로 하는 상품을 구입하게 된다. 한편 기업은 상품의 생산자인 동시에 생산요소의 수요자이다. 기업은 노동자를 고용하고 토지와 자본을 투입하여 소비자들이 필요로 하는 상품을 생산하게 된다.

시장경제에서 모든 경제활동은 **시장**(market)을 매개로 이루어진다. 시장이란 상품에 대한 가격, 수량, 품질 등에 대한 정보의 교환이 이루어지고, 이 정보에 따라서 상품의 거래가 이루어지는 매개역할을 담당하는 기구를 의미한다. 시장은 상품이 거래되는 상품시장과 노동이나 자본과 같은 생산요소가 거래되는 생산요소시장으로 구분할 수 있다. [그림 1-1]에서 보는 것처럼 상품시장에서 가계는 상품의 수요자, 기업은 상품의 공급자가 된다. 이와는 반대로 생산요소시장에서 가계는 생산요소의 공급자, 기업은 생산요소의 수요자가 된다. 상품과 생산요소의 흐름에는 반대급부로 이들의 가치에 해당하는 화폐의 흐름이 있다. 가계는 상품을 구입한 대가로 상품구입대금을 지불하며 기업은 생산요소를 구입한 대가로 임금, 지대, 이자를 지불하게 되는 것이다.

2. 미시경제학의 연구방법

2.1 연역적 방법과 귀납적 방법

경제현상을 체계적으로 설명해 주는 이론의 정립을 위해서 **연역적 방법**(deduction)과 **귀납적 방법**(induction) 중 하나가 이용될 수 있다. 연역적 방법에 의하면 일반적 혹은 보편적 전제로부터 논리적 법칙에 부합하는 추론을 통해 이론을 도출한다. 따라서 이 방법에서는 먼저 가설을 설정하고, 정당하다고 인정할 수 있는 논리적 법칙을 적용해서 그것을 검정하는 과정을 밟게 된다. 이에 대하여 귀납적 방법은 개별적 혹은 구체적인 경제현상을 연구함으로써 그 속에 존재하는 일반적이고 공통적인 명제를 도출해 낸다. 귀납법에서는 현실의 구체적인 현상에 대한 자료를 수집·분석하고 일정한 유형을 발견하는 통계학적인 기법을 활용하여 객관적인 이론으로 정립시킨다.

이상의 두 방법론을 간단한 예를 통하여 도식화하면 아래와 같다. 여기에서 화살표의 방향은 각 방법론이 이론을 유도하는 과정을 나타내고 있다.

	모든 사람은 죽는다.	
연역적 방법 ↓	소크라테스, 플라톤, 아리스토텔레스는 사람이다.	↑ **귀납적 방법**
	소크라테스, 플라톤, 아리스토텔레스는 죽는다.	

경제학의 연구방법으로서 두 방법 중 어느 것이 적합한지에 대한 논의는 오래전부터 이루어져 왔다. **역사학파**를 비롯한 19세기 중반까지의 과학적 연구에서는 귀납적 방법이 주로 사용되었지만, 19세기 후반부터 연역적 방법의 중요성이 강조되면서 **애덤 스미스**(A. Smith)를 비롯한 **고전학파**는 그것을 활용하여 경제이론을 발전시켰다. 경제학 연구방법의 적합성에 대한 이와 같은 논의를 거치면서 이제는 둘 중 어느 한 쪽만이 유일한 연구방법론이라고 단정하지 않고, 두 연구방법이 서로 보완적인 것으로 보는 경향이 강하다. 연역적 방법에 의해서 어떤 이론이 도출되면 이것에 대한 **실증적 검증**(empirical test)을 통해 그것의 적합성을 확인하는 과정을 거치는 것이 일반적인 추세이다.

2.2 경제모형

경제이론은 **경제모형**(economic model)이라는 구체적인 형태로 표현된다. 경제모형은 복잡한 현실을 단순화하여 중요한 몇 가지 변수들 사이의 인과관계로 설정되기 때문에 경제현실을 체계적이고 일관성 있게 분석할 수 있도록 한다. 현실의 경제문제가 수없이 많은 요인들의 상호작용에 의해서 나타난다고 해서 이들 요인 모두를 고려한다면 오히려 각 변수들 사이의 인과관계를 정확하게 파악할 수 없다. 그러나 경제문제에 영향을 주는 가장 중요한 경제변수들을 찾아서 이들 사이에 어떤 인과관계를 설정한다면 체계적이고 일관성 있는 분석이 가능할 것이다. 경제현상을 설명하고 장래를 예측할 수 있는 경제모형이 수립되는 과정은 다음과 같다.

(1) 가정

우리가 살아가면서 경험하는 경제현상은 무척이나 복잡하고 다양한 요인들에 의해서 나타난다. 강남지역 아파트 가격의 급등 현상은 수도 없이 많은 요인들의 상호작용에 의해서 표출된다. 아마 어떤 유능한 경제학자도 아파트 가격 인상요인 모두를 찾아서 이들 사이의 인과관계를 정확하게 밝혀낼 수는 없을 것이다. 이처럼 수없이 많은 요인들이 복합적으로 나타나는 경제현상을 규명하기 위해서 모든 요인들을 파악하여 이론으로 구성하는 것은 거의 불가능하다. 따라서 복잡한 현실에서 가장 중요하다고 판단되는 것만 찾아서 단순화(simplification)하거나 또는 어느 정도 추상화(abstraction)함으로써 논리적 연역이 가능하게 할 수 있다.

경제학에서 늘 쓰는 **가정**(assumption) 하나가 바로 '다른 조건이 일정하다면'(*ceteris paribus* 혹은 other things being equal) 이라는 표현이다. 예컨대 기업들의 선택문제를 규명하는 대부분의 경제모형에서는 다른 조건이 일정하다면 기업은 이윤극대화를 목표로 삼는다고 가정한다. 기업의 목표를 이윤극대화로 가정함으로써 복잡한 현실을 어느 정도 단순화시켜 체계적이고 일관성 있는 분석이 가능하도록 하는 것이다.

(2) 가설도출

가정을 설정하여 문제를 간단하게 만든 이후에 경제변수들 사이의 상호 인과관계를 분석한 결과로서 얻어지는 명제를 **가설**(hypothesis)이라고 한다. 경제모형을 수립하는 과정에서 가설의 설정은 매우 중요한 단계이다. 가설은 우리가 분석 대상으로 삼는 주제에 대한 논리적 추론에 의해 설정되며 둘 혹은 그 이상의 변수가 서로 어떤 관련이 있는지를 보여준다. 이러한 성격을 갖는 가설은 '어떤 경제현상이 발생하면 어떤 결과가 나타날 것'이라는 형식으로 표현되는 것이 일반적이다. 예를 들어 '소득이 증가하면 맥주의 소비량이 증가할 것이다.'라든지 '이자율이 상승하면 아파트 가격이 떨어질 것이다.'라는 형식으로 표현된다는 말이다.

(3) 가설검정

앞에서 설명한 가설은 일정한 가정하에서 도출되었기 때문에 그것이 과연 우리가 관찰할 수 있는 현실에 적용될 수 있는지에 관한 **검정**(test)이 필요하다. 어떤 경제모형이 경제현실을 잘 설명하는지에 대해 검정을 한 이후에 그것이 적합한 것으로 판명되어야 비로소 하나의 이론으로 성립된다. 만일 그렇지 못한 것으로 판명(reject)되면 다시 이전 단계로 돌아가서 가정을 수정하고 새로운 가설을 설정하는 과정을 되풀이해야 한다. 가설을 검정하기 위해서는 통계적 방법을 이용하게 된다. 따라서 올바른 경제모형을 수립하기 위해서는 통계처리방법에 대한 이해가 반드시 필요하다.

(4) 예측

예측이란 어떤 경제적 요인이 변할 때 그것이 다른 경제변수에 미치는 영향을 예상하는 것을 의미한다. 어떤 경제모형이 검정과정을 거쳐 현실에 적용될 수 있다고 판단되면 그것에 의한 **예측**(forecasting)이 가능해지며 이러한 예측은 정부의 정책입안에 사용될 수 있다. 예를 들어 아파트 가격이 시중의 유동성, 아파트에 대한 미래 기대가격 그리고 이자율 등에 의해 결정된다는 가설이 도출되었고, 이 가설은 현실과 잘 부합된다는 사실이 검정결과 확인되었다고 하자. 다른 조건들이 일정하게 유지된다면 이자율 인상이 아파트의 가격에 어떤 영향을 미치게 될까? 우리가 세운 가설이 현실과 잘 부합된다면 이자율의 변동에 따른 아파트 가격의 변동 정도를 예상할 수 있으며, 정부는 아파트 가격을 안정적으로 유지하기 위해서 이자율을 얼마나 인상할 것인지에 대한 정책적 판단을 할 수 있다.

3. 경제주체의 합리성과 선택기준

3.1 합리성

자원의 희소성에 직면한 각 경제주체의 선택은 기본적으로 **최적화**(optimization)와 관련된다. 최적화의 근원은 **합리성**(rationality)이다. 따라서 모든 경제주체의 선택이 합리적으로 이루어지는가의 여부를 판단하는 것은 매우 중요하다. 주류 경제학에서는 '모든 경제주체는 합리적으로 행동한다.'고 가정한다. 어떤 사람의 행동이 합리성을 갖추었다는 것은 일관성 있게 체계적으로 행동하는 것을 의미한다. 이 가정의 비현실성에 대해 비판적인 견해도 있다. 인간이 과연 합리적인지에 대한 의심 때문에 합리성을 전제로 한 이론은 비현실적이라는 것이다.

통계학의 **대수법칙**(the law of large number)에 의하면 분석표본의 수가 커짐에 따라서 우연성이 점점 제거되어 일정한 규칙적인 관계가 나타나게 된다.

마찬가지로 많은 사람을 놓고 고려하게 되면 개인의 비합리적인 행동은 평균적으로 일관성 있는 행동에 매몰되게 된다. 모든 경제적 현상이 각 경제주체의 총체적 행동의 결과로서 나타난다고 보면 합리적인 행동이 비합리적인 행동을 압도하는 것은 당연하다. 예컨대 기후이변으로 인하여 김장배추가격이 급등하였다고 하자. 이러한 상황에서 가격수준과 관계없이 이전과 똑같은 양의 배추를 구입하는 주부들도 있고 심지어 구입량을 더 늘리는 주부들도 있을 것이다. 그러나 대부분의 주부들은 시간이 경과하면서 배추가격이 너무 큰 폭으로 올랐다는 사실을 인식하고 배추 구입량을 감소시키는 합리적인 소비생활을 할 것이다. 이런 사실로 본다면 현실에서 비합리적인 사람들이 존재함에도 불구하고 각 경제주체들의 선택이 합리적으로 이루어지고 있다고 가정하는 것이 결코 무리한 것은 아니다.

3.2 합리적 선택의 기준

(1) 극대화 또는 극소화

경제학의 거의 모든 이론, 특히 미시경제의 대부분이 최적화와 관련되어 있다. 경제학에서 최적화는 극대화(maximization)와 극소화(minimization)의 문제이다. 경제이론에서 설정하는 대표적 인간의 유형인 **경제인**(homo economicus)은 그가 원하는 것에 대해서 극대화를 추구한다. 합리적인 소비자라면 주어진 예산으로 만족 혹은 효용이 극대화되도록 상품들을 선택하여 소비할 것이며, 합리적인 생산자라면 이윤이 극대가 되도록 생산요소를 투입하여 생산량을 결정할 것이다. 한편 경제인은 그가 원하지 않는 것에 대해서는 극소화를 추구한다. 합리적인 소비자는 주어진 효용수준을 최소의 지출로서 달성하려고 노력할 것이며, 합리적인 생산자는 주어진 상품량을 최소의 비용으로 생산하려고 노력할 것이다. 이와 같이 자원의 희소성에 직면한 각 경제주체의 선택기준은 극대화 또는 극소화 문제와 밀접하게 관련될 수밖에 없다.

(2) 기회비용

합리적 선택이 가능하기 위해서는 어떤 경제적 행위와 관련된 비용을 정확하게 파악해야 한다. 모든 경제적 선택은 한정된 소득 또는 비용하에서 이루어지는 것이므로 어느 하나를 선택한다는 것은 곧 다른 하나를 포기하는 것을 의미한다. 따라서 하나의 경제적 선택을 위한 비용은 그것으로 인해 포기되는 것의 가치로 파악되어야 진정한 평가가 가능하다. 이와 같은 성격을 갖는 비용의 개념은 **기회비용**(opportunity cost)으로 정의된다. 어떤 행동의 기회비용이란 그것을 선택함으로 인해 포기해야 하는 다른 여러 선택가능성 중에서 가장 큰 가치를 의미한다.

예를 들어 독자가 현재 공부하고 있는 것의 기회비용을 생각해 보자. 여러분들은 영화를 보거나 아니면 운동하는 것 등을 포기했을 것이다. 그러한 것들을 포기하고 이 책을 읽는다는 것은 그것들을 했을 때 얻을 수 있는 즐거움을 대가로 지불하고 있는 셈이다. 만일 여러분들이 그 중에서도 운동하지 못하는 것을 가장 아깝게 생각한다고 하자. 그렇다면 이 책을 읽는데 드는 기회비용은 바로 운동하는 즐거움의 크기이다. 이처럼 경제학적으로 의미있는 비용, 즉 **경제적 비용**(economic cost)은 기회비용의 관점에서 파악되어야 어떤 경제적 선택에 따른 비용을 정확하게 알 수 있다.

현실의 기업회계 담당자들이 취급하는 **회계적 비용**(accounting cost)과 경제학에서 의미하는 경제적 비용에는 서로 많은 차이점들이 있다. 기업회계의 입장에서는 재화나 용역을 생산할 때 소요되는 인건비, 원자재 구입비, 임대료 등과 같이 실제로 지출한 금액인 **명시적 비용**(explicit cost)을 비용으로 간주한다. 그러나 명시적 비용은 아니지만 비용으로 간주해야 하는 것도 있다. 예컨대 식당을 경영하면서 주인이 직접 노동력을 제공하고 있다고 하자. 이 경우에는 인건비가 지출되지 않기 때문에 주인의 노동에 대한 대가를 비용으로 취급하지 않는 경우가 일반적이다. 그러나 내용상으로 보면 그가 제공한 노동력에 대한 대가를 지불하고 있는 것으로 볼 수 있다. 왜냐하면 자신의 식당에서와 같은 강도로 다른 곳에서 노동력을 제공하였을 때 받을 수 있는 임금을 포기하였기 때문이다. 경제학에서는 이와 같이 눈에 보이지는 않지만 비용으로 간주해야 하는 것들, 소위 **암묵적 비용**(implicit cost)도 경제학적으로 의미 있는 비용에 포함시키고 있다. 이와 같이 경제학에서는 명시적인 것뿐만 아니라 암묵적인 것까지도 비용으로 취급한다.

4. 미시경제학의 분석기법

4.1 균형분석

경제학에서 대부분의 문제는 기본적으로 균형과 관련된다. 특히 미시경제학은 거의 모든 영역에서 **균형분석**(equilibrium analysis)의 방법을 활용하고 있다. 균형이란 원래 물리학에서 적용되는 개념으로서 여러 힘들이 평형을 이루어 더 이상의 변화가 발생하지 않는 상태를 말한다. 균형의 의미를 굴곡이 있는 곡면에 위치한 세 개의 공을 이용하여 설명하기로 한다. [그림 1-2]에서 1번 공과 3번 공은 외부에서 어떤 힘을 가해지지 않는 이상 그러한 상태를 계속해서 유지할 것이다. 따라서 우리는 이 공들이 균형상태에 있다고 한다. 물론 1번 공과 3번 공이 균형상태에 있기는 하지만 그것이 안정적인가 아닌가 하는 관점에서는 차이가 있다. 3번 공의 경우는 어떤 충격을 가하면 몇 번의 움직임을 보이다가 다시 원래의 위치로 돌아와 균형상태를 계속 유지하겠지만, 1번 공의 경우에는 어떤 충격을 가하면 다시는 원래의 위치로 돌아오지 않게 된다. 이러한 의미에서 우리는 3번 공과 같은 상태를 **안정적**(stable) **균형**이라고 하고, 1번 공과 같은 상태를 **불안정적**(unstable) **균형**이라고 한다. 이에 반하여 2번 공은 불균형 상태에 있다. 이 공은 경사진 곳에 위치하고 있기 때문에 외부의 어떤

[그림 1-2] 균형의 성격

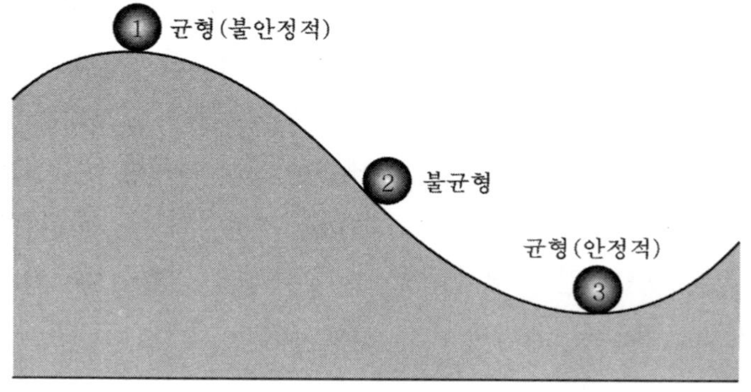

충격이 없더라도 현재의 상태를 유지할 수 없게 된다.

이러한 균형개념을 원용하여 경제학에서는 '균형(equilibrium)을 시장에서 상반된 힘이 평형(balance)을 유지하는 상태'로 정의하고 있다. 개인의 합리성을 통해 각자의 최적화된 의사결정이 나타나고 이것이 다른 사람의 최적화된 의사결정과 서로 맞아떨어질 때 균형현상이 나타나게 되는 것이다. 이와 같이 개별 경제주체의 최적화 행위가 모여 이루어진 상태가 균형이므로 외부적인 교란요인이 없는 한 그 상태가 그대로 유지되는 경향이 있다.

미시경제학에서는 이러한 균형현상을 매우 중요하게 취급하고 있다. 소비자이론, 생산자이론, 그리고 시장이론 등 미시경제학의 핵심적인 영역에서 균형의 성립과정과 그것의 성격에 대한 규명이 주된 내용을 차지하고 있는 점을 볼 때 균형의 중요성을 짐작할 수 있다. 그 이유는 우리가 시장에서 실제로 관찰할 수 있는 여러 상황들이 균형현상으로 나타난다고 생각하기 때문이다. 또한 지금 경제가 불균형상태에 놓여 있다고 하더라도 궁극적으로는 균형으로 찾아간다는 믿음을 갖고 있기 때문이기도 하다.

4.2 한계분석

미시경제학에서는 합리적 경제주체들의 최적화 행동을 분석하는 기법으로 **한계분석**(marginal analysis)을 많이 활용하고 있다. 한계(marginal)라는 개념은 Y가 X의 함수일 때 '현재의 상황에서 X가 한 단위 변화할 때 Y가 변화하는 정도'로 정의할 수 있다. 예를 들어 어떤 기업이 상품 10개를 판매하여 1,000원의 수입을 얻고 있는데, 만일 상품을 1개 더 생산하여 시장에 판매하면 추가적으로 20원의 수입을 더 얻을 수 있다고 하자. 지금의 상황에서 상품 1개를 추가적으로 판매함으로써 판매수입은 20원만큼 증가하였다. 이것이 바로 **한계수입**(marginal revenue)이다. 한편 상품 한 개를 더 생산하기 위해서는 17원이 지출된다고 하자. 이 때 추가적으로 지출되는 비용에 해당하는 17원이 **한계비용**(marginal cost)이다.

지금의 예에서 보는 것처럼 한계수입이 한계비용보다 크다고 하자. 이 경우에는 생산량을 한 단위 더 증가할 때 추가로 벌어들일 수 있는 수입이 추가로 지출되는 비용보다 크게 된다. 따라서 상품의 생산량을 증가시키면 기업의 이윤은 증가하게 될 것이다. 이와는 반대로 한계비용이 한계수입보다 더 크다면 기업은 생산량을 감소시킴으로써 이윤을 증가시킬 수 있다. 만일 어떤 생산량 수준에서 한계비용과 한계수입이 같다면 이제는 생산량을 변경시킴으로써 이윤을 증가시킬 가능성은 없다. 그러므로 한계수입과 한계비용이 같아지는 생산량수준에서 이윤이 극대화된다.

이상에서 살펴본 것처럼 합리적 경제주체의 최적화 행동을 규명하는 수단으로 한계분석이 매우 유용하게 이용되고 있다. 물론 기업의 이윤극대화를 위한 생산량을 선택하는 과정을 분석하기 위해서 총수입-총비용 접근법을 이용할 수 있다. 현실적으로 총수입과 총비용의 차이가 가장 크게 되는 생산량을 찾는 것이 매우 번거롭고 복잡하다. 따라서 상품 한 단위를 더 생산할 때 추가로 벌어들일 수 있는 한계수입과 추가로 지출되는 한계비용을 비교함으로써 이윤극대화의 생산량수준을 찾아내는 상대적으로 간단한 방법을 많이 이용하게 된다.

제 2 편

소비자 선택이론

사람들이 경제활동을 하는 궁극적인 목적은 자신의 욕구를 충족시키는 소비생활에 있다. 그렇다고 해서 소비자가 시장에서 거래되는 모든 상품(재화와 서비스)을 소비하는 것은 아니며 실제로 소비할 수도 없다. 다만 소비자들은 주어진 소득수준으로 자신이 좋아하는 상품들을 구매하여 소비함으로써 만족을 얻을 수 있다. 이 때 소비자는 구입할 의사가 있는 여러 가지 상품 중에서 자신의 한정된 소득을 어떻게 배분하는 것이 최대의 만족을 가져다 줄 것인가에 대한 문제에 직면하게 된다. 이것이 바로 **소비자 선택**의 문제이다. 소비자 선택이론에서는 예산제약하에서 소비자의 최적선택에 대해서 체계적으로 논의할 뿐만 아니라 소비자들의 선택이 궁극적으로 시장에서 수요로 나타나게 된다는 것을 보여주게 된다.

제 2 장 소비자의 선호와 효용함수

1. 소비자의 선호
2. 효용함수

소비자행동을 분석하기 위해서는 먼저 그가 선택하는 상품묶음에 대한 선호체계가 어떠한지를 알아야 한다. 소비자가 갖는 선호체계를 파악해야 그가 어떤 것을 선택할 것인지를 알 수 있기 때문이다. 그러나 우리가 소비하는 수없이 많은 상품묶음에 대해 선호서열을 매기는 것이 매우 복잡하고 혼란스럽다. 따라서 선호체계를 보다 구체적이고 체계적으로 나타내기 위해서 그것을 효용함수로 대표시키는 방법을 모색한다. 효용함수는 특정한 상품묶음이 소비자에게 주는 만족감을 하나의 실수(real number)로 나타내 주기 때문에 이를 활용하면 좀더 쉽게 선호체계를 규명할 수 있다. 또한 효용함수를 무차별곡선으로 나타냄으로써 2차원 공간에서 비교적 간편하게 소비자가 갖는 선호체계를 파악하게 된다. 본 장에서는 무차별곡선이 도출되는 과정과 그것의 성격이 어떠한지에 대해 논의의 초점을 맞춘다.

1. 소비자의 선호

1.1 상품묶음

시장에서 거래가 이루어지는 상품[2]의 종류는 무척 다양한데 소비자들은 이것들을 선택하여 소비함으로써 만족감을 얻게 된다. 사람들이 소비 가능한 상품들의 집합을 상품묶음(commodity bundle) 또는 시장 바스켓(market basket)이라고 한다. [그림 2-1]은 어느 주어진 기간 동안에 소비자가 소비 가능한 상품묶음을 보여주고 있다. 분석의 편의를 위해 고려대상이 되는 상품을 X재(쌀)와 Y재(옷) 두 가지로 가정하였다.

쌀이나 옷의 양을 측정하는 단위는 서로 다르지만 상품묶음을 각 상품 단위의 양으로 표시하였다. 예를 들어 상품묶음 a는 X재 6단위와 Y재 20단위로 구성되어 있으며, 상품묶음 b는 X재 12단위와 Y재 10단위로 구성되어 있다.

[그림 2-1] 상품묶음

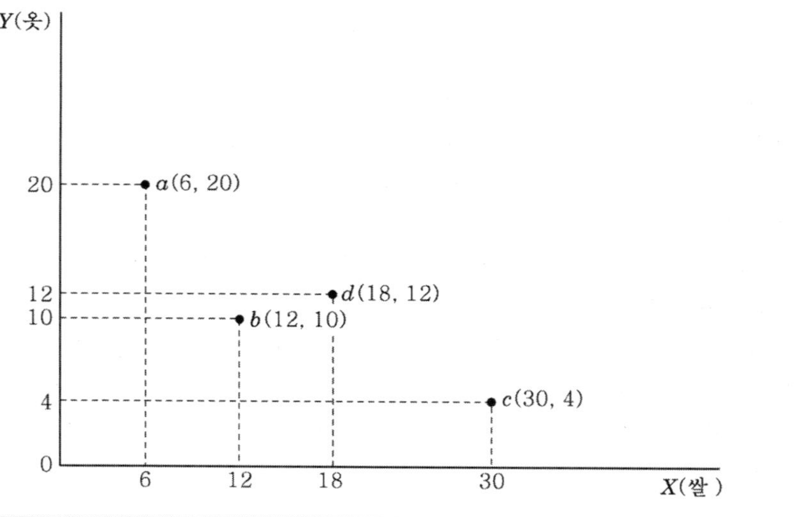

2) 상품(commodity)은 재화(goods)와 서비스(services)를 포함하는 개념이다.

그리고 상품묶음 c는 X재 30단위와 Y재 4단위, 상품묶음 d는 X재 18단위와 Y재 12단위로 구성되어 있다.

1.2 선호관계

현실적으로 소비자는 [그림 2-1]에 나타난 네 가지의 경우뿐만 아니라 수없이 많은 상품묶음을 선택할 수 있다. 여러 가지 상품묶음 중에서 소비자가 어떤 상품묶음을 선택하게 되는지를 알기 위해서는 그가 갖고 있는 **선호관계**(preference relation)를 알아야 한다. 예컨대 a보다는 d를 더 좋아한다든지, b보다는 c를 더 좋아한다든지, 아니면 a와 b 사이에는 아무런 차이를 느끼지 못한다든지 하는 등의 수없이 많은 선호관계가 설정되어야 하는 것이다. 이러한 상품묶음 사이의 선호관계는 $a < d$, $b > c$ 그리고 $a \sim b$로 나타낼 수 있다. 또한 $<$ 와 $\sim$를 결합한 $\lesssim$를 이용해서도 선호관계를 나타낼 수도 있다.[3] 이렇게 선택 가능한 모든 상품묶음에 관한 선호관계가 주어지면 소비자가 어떤 상품묶음을 선택할지를 알 수 있다. 개인의 소비활동이 간혹 자의적일 수도 있지만, 대부분의 경우에 소비자들은 가장 만족이 큰 상품묶음을 선택하기 때문이다.

그러나 수없이 많은 상품묶음을 하나씩 짝을 지어서 비교한다는 것이 매우 어려울 뿐만 아니라 선호관계가 혼란스러울 수도 있다. [그림 2-1]에서 보는 경우에만 하더라도 각 상품묶음 사이의 선호관계를 설정하여 **선호서열**(preference ordering)을 나타내는 것이 쉽지 않다. 현실에서와 같이 선택 가능한 상품묶음이 더욱 많아진다면 선호서열을 배열하는 것이 더욱 복잡해질 수밖에 없다. 만일 소비자들의 선호관계를 구체적인 **효용함수**(utility function)로 나타낸다면 보다 편리하게 소비자의 선택행동을 분석할 수 있다. 효용함수란 식 (2. 1)과 같이 각 상품묶음과 그것이 소비자에게 가져다주는 만족감 또는 **효용**(utility)과의 관계를 하나의 실수(real number)로 나타내는 것을 의미한다.

(2. 1) $U = U(X, Y)$

---

3) $a \lesssim b$로 나타내면 이는 "b가 최소한 a만큼 좋다."(b is at least as good as a.)는 것을 의미한다.

효용함수는 각 상품묶음이 주는 효용수준을 구체적인 수치로 나타낼 수 있다는 점에서 매우 편리한 분석수단이다. 만일 두 상품묶음 a와 b 사이에 $a \precsim b$의 선호관계를 $U(a) \leq U(b)$로 나타낼 수 있다면 상품묶음 사이의 선호서열을 쉽게 파악할 수 있다.[4] 사람들은 보다 높은 효용을 가져다주는 상품을 더욱 선호(preference)하기 때문이다. 예를 들어 어떤 소비자의 쌀(X)과 옷(Y)에 대한 효용함수가 $U(X, Y) = XY$이라고 하자. 이 경우 쌀 6단위와 옷 20단위가 포함된 상품묶음 $a(6, 20)$는 $6 \times 20 = 120$의 효용을 가져다줄 것이며, 상품묶음 $d(18, 12)$는 $18 \times 12 = 216$의 효용을 가져다준다. 따라서 소비자는 상품묶음 d를 a보다 선호하게 된다. 한편, 쌀 12단위와 옷 10단위가 포함된 상품묶음 $b(12, 10)$는 $12 \times 10 = 120$의 효용을 가져다주므로 상품묶음 a와 아무런 차이를 느끼지 못하게 된다.

이와 같이 선호관계를 효용함수로 나타낼 수 있다면 소비자의 최적선택에 대한 분석이 매우 쉬워지는 장점이 있다. 문제는 모든 선호관계를 항상 효용함수로 나타낼 수 없다는데 있다. 선호관계를 효용함수로 표현하기 위해서는 아래에서 설명하는 소비자의 선호가 가장 기본적으로 갖추어야할 가정, 즉 **공리**(axiom)들이 충족되어야 한다.

1.3 선호에 대한 기본가정

(1) 완비성

완비성(completeness)이란 여러 개의 상품묶음을 놓고 비교할 때 각 상품묶음 사이에 선호서열을 매길 수 있어야 한다는 가정이다. 예컨대 두 상품묶음 a와 b가 있을 때 a보다 b를 더 선호한다든지 아니면 덜 선호하거나 그렇지 않으면 둘 사이에 아무런 차이를 느끼지 못한다는 것을 판단할 수 있어야 한다. 여기서 두 상품묶음 a와 b 사이에 아무런 차이를 느끼지 못한다는 것, 즉 무차별하다는 것은 두 상품묶음의 상품구성이 같다는 말이 아니라 동일한 수준의 효용을 가져다 준다는 것이다.

---

4) '$\precsim$'와 '$\leq$'는 매우 다른 의미를 갖고 있다. '$\precsim$'는 주관적인 선호관계를 나타내는 것이며, '$\leq$'는 실수의 크고 작음을 나타내는 것이다.

소비자선택이론에서 소비자가 각 상품묶음 사이에 선호서열을 매길 수 없어서 완비성 공리를 충족시키지 못하는 상황은 배제되어야 한다. 소비자 자신이 어떤 상품묶음이 좋은지를 판단할 수 없다면 효용극대화를 위한 선택을 예측하지 못하는 문제가 발생하기 때문이다.

(2) 강단조성

강단조성(strong monotonicity)의 가정은 상품의 소비가 증가할수록 만족감이 증가한다는 것을 의미한다. 이 공리에 의하면 두 상품묶음 f와 g가 있을 때, 다른 조건은 동일한데 f에만 어느 한 종류의 상품이 더 많이 포함되어 있다면 소비자는 f를 g보다 더욱 선호하게 된다. 물론 [그림 2-1]의 상품묶음 d와 같이 b보다 쌀 뿐만 아니라 옷을 더 많이 포함하고 있는 경우에도 소비자는 d를 b보다 더욱 선호하게 된다. 이렇게 볼 때 강단조성 공리는 우리가 선택대상으로 삼는 상품이 "많으면 많을수록 좋다."는 것을 뜻한다. 이러한 강단조성이 전제가 되면 쓰레기, 공해 등과 같은 비재화(bads)는 소비자 선택의 대상에서 제외시킬 수 있다.[5)]

(3) 이행성

이행성(transitivity)의 가정은 세 가지의 상품묶음 a, b, c가 있을 때 $a < b$이고, $b < c$라면 반드시 $a < c$가 성립되어야 한다는 것을 의미한다. 이러한 이행성 공리는 소비자의 선호에 일관성이 있어야 한다는 가정이다. 만일 소비자가 일관성 없는 선호체계를 갖고 있다면 합리적인 선택이 불가능하게 되는 것은 자명하다. 예컨대 어떤 사람에게 "맥주와 소주 중에서 어떤 것을 더 좋아하느냐?"는 질문을 했을 때 그 사람은 "알코올 도수가 높은 소주를 더 좋아한다."고 대답하였다고 하자. 그 다음 "소주와 고량주 중에서 어느 것을 더 좋아하느냐?"고 물었을 때는 "알코올 도수가 높은 고량주"라고 대답하였다. 마지막으로 "맥주와 고량주 중에서 어느 것을 더 좋아하느냐?"고 물었더니 "맥주"라고 대답하였다고 하자. 원래 알코올 도수가 높은 술을 좋아하는 사람이 맥주와 고량주 중에서 맥주를 선택한다는 것은 일관성이 결여되었다고 볼 수 있다. 일관성

5) 여기에서 비재화를 제외시킨다는 것은 일반적인 소비자선택의 분석에서 그러하다는 말이다. 특수한 경우에는 비재화를 고려의 대상에 포함시킬 수도 있다.

있는 소비자라면 당연히 도수가 높은 고량주를 선택하여야 한다. 이행성 공리는 이와 같은 일관성 없는 선호체계를 배제한다는 의미이다.

(4) 연속성

연속성(continuity)의 가정은 상품묶음에 포함된 상품들을 조금씩 변화시킬 때 그것으로부터 얻는 선호도 조금씩 변화한다는 것을 의미한다. 예컨대 맥주를 조금씩 마시면 소비자가 느끼는 만족감도 조금씩 증가한다는 것을 의미한다. 이러한 연속성을 가정하는 이유는 선호체계를 연속적인 효용함수로 나타냄으로써 미분이 가능해지고 수학적 분석이 가능하도록 하기 위함이다.[6)]

합리적인 소비자의 선호체계가 이러한 네 가지의 공리를 충족하게 되면 소비자의 선호관계를 효용함수로 나타낼 수 있다.

2. 효용함수

2.1 단일 상품을 소비하는 경우의 효용함수

효용함수의 개념을 이해하기 위해서 소비자가 단지 하나의 상품만 소비하는 경우를 살펴보기로 하자. 일반적으로 상품의 소비량이 증가하면 효용은 증가한다. 그러나 소비량을 계속해서 증가시키면 만족의 포화상태에 도달하고, 그 수준을 넘어서면 오히려 효용은 점차 감소하게 된다. 이와 같은 상품의 소비량과 (총)효용 사이의 함수관계는 다음과 같은 **효용함수**(utility function)로 나타낼

---

6) 연속성 공리가 충족되지 않는 선호체계의 예는 **사전편찬식 선호서열**(lexicographic preference ordering)에서 찾아볼 수 있다. 한글사전을 편찬할 때 먼저 자음의 순서를 결정하고 그 다음에 모음의 순서로 단어의 순서를 설정하게 된다. 그러므로 모음의 순서가 아무리 앞서더라도 첫 자음의 순서가 뒤에 있는 단어는 사전의 뒤쪽에 위치하게 된다. 이와 같이 선호서열에서도 상품의 종류에 따라 어떤 우선순위가 정해진다면 우선순위가 높은 상품의 소비량에 의해 먼저 선호의 순서가 결정되고, 이것이 같을 때 다른 상품의 소비량에 의해서 선호서열이 결정될 것이다. 이러한 선호서열은 사전편찬 방식과 다를 바 없기 때문에 사전편찬식 선호서열이라고 한다. 사전편찬식 선호서열이 연속성의 공리를 위반하는 것은 자명하다.

[그림 2-2] 총효용곡선과 한계효용곡선: 단일 상품을 소비하는 경우

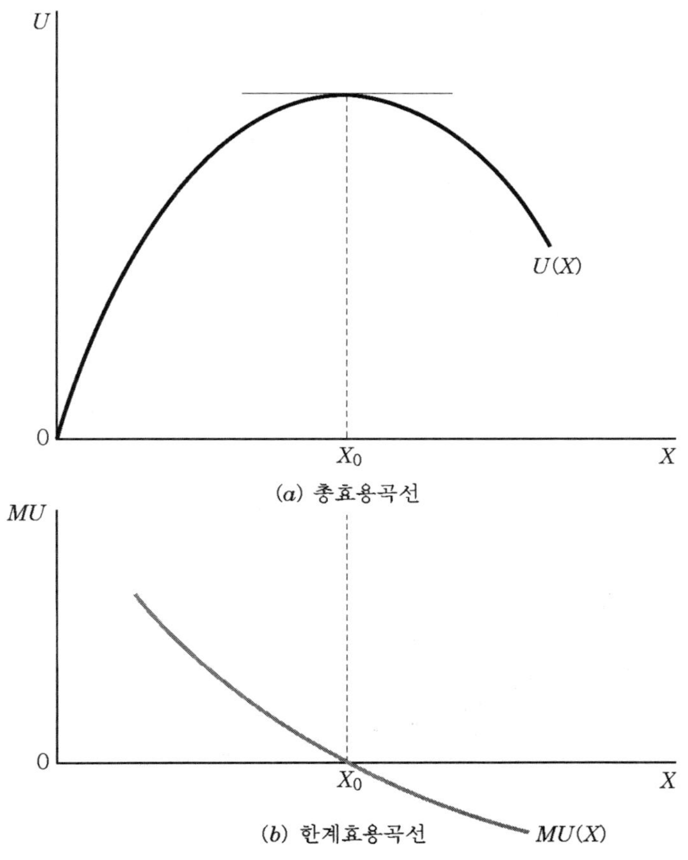

수 있다.

(2. 2) $U = U(X)$

여기서 효용수준(U)은 X재의 소비량의 크기에 따라서 결정되는 것으로 나타나 있다. 효용함수를 그림으로 나타내면 [그림 2-2]의 (a)와 같다. 그림에서 보면 X재의 소비량이 증가하면서 효용이 증가하다가 소비량이 X_0에 이르면 만족의 포화상태에 도달하게 된다. 만일 X재의 소비량이 그 수준을 넘어서면 효용은 오히려 감소하게 된다.

[그림 2-3] 효용함수 $U(X)=\sqrt{X}$의 총효용곡선 및 한계효용곡선

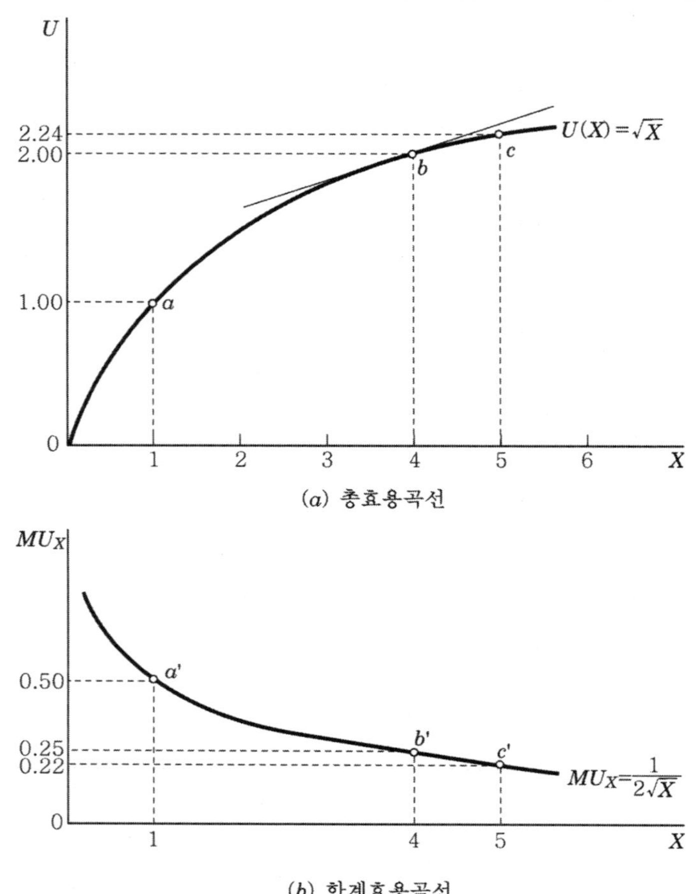

효용함수는 각 상품묶음과 그것이 소비자에게 가져다주는 만족감 또는 효용과의 관계를 하나의 실수(real number)로 나타낸 것이다.

단일 상품을 소비할 때의 가장 전형적인 효용함수 $U(X)=\sqrt{X}$를 이용하여 효용함수의 특성에 대해 살펴보기로 하자. 이 효용함수가 과연 소비자의 선호체계가 갖추어야 할 4가지 공리를 충족시키는 것일까? [그림 2-3]의 (a)는 이 효용함수를 그림으로 나타낸 것이다.[7] 그림에서 X의 크기가 주어지면 그것에

7) 단일 상품을 소비하는 경우의 가장 전형적인 효용함수를 그림으로 나타낸 [그림 2-3]의

대응하는 효용의 크기가 주어져 있으므로 각 상품묶음들이 얼마나 더 좋은지를 서로 비교할 수 있어야 한다는 **완비성 공리**가 충족되고 있다. 뿐만 아니라 X재의 소비량이 많아질수록 효용수준이 높아지고 있기 때문에 상품의 소비량이 증가할수록 만족감도 증가한다는 **강단조성 공리**도 충족된다. 또한 소비자는 a보다 효용수준이 높은 b를 선호하고, b보다는 효용수준이 높은 c를 선호할 것이다. 결국 소비자는 a보다 효용수준이 높은 c를 선호할 것이므로 **이행성 공리** 역시 충족된다. 마지막으로 효용함수가 연속적으로 그려져 있어 상품의 소비량을 조금씩 변화시킬 때 그것으로부터 얻는 선호도 조금씩 변화한다는 것을 의미하는 **연속성 공리**도 충족된다.

이제 소비자선택이론에서 중요한 개념들 중의 하나인 **한계효용**(marginal utility; MU)에 대하여 살펴보기로 하자. 한계효용은 식 (2. 3)과 같이 X재의 소비량 변화(ΔX)에 대한 효용 변화(ΔU)의 비율로 나타낸다.

$$(2.\ 3) \quad MU=\frac{\Delta U}{\Delta X}=\lim_{\Delta X \to 0}\frac{\Delta U}{\Delta X}=\frac{dU}{dX}$$

이와 같이 한계효용은 상품 한 단위를 더 소비함으로써 추가적으로 얻는 효용의 크기이므로, 상품의 소비량을 무한히 영(0)으로 접근시키면 한계효용은 효용곡선 위의 한 점에서 그은 접선의 기울기(dU/dX)가 된다.[8] [그림 2-2]의 (a)에서 X_0를 소비하기 이전까지는 효용곡선의 접선 기울기가 양(+)이지만, 소비량을 계속해서 증가하면 만족의 포화상태에 도달하여 효용곡선의 접선 기울기가 영(0)이 되고, 그 수준을 넘어서면 오히려 효용곡선의 접선 기울기는 음(-)이 된다. 이것은 그림 (b)에서 X_0를 소비하기 이전까지는 한계효용이 양(+)이지만, 만족의 포화상태에서 한계효용은 영(0)이 되고 그 수준을 넘어서면 한계효용은 음(-)이 되는 것으로 나타나 있다. 이와 같이 한계효용의 크기는 그림에서 보는 것처럼 상품의 소비량이 증가함에 따라서 점차로 작아지는데, 이러한 현상을 **한계효용체감의 법칙**(law of diminishing marginal utility)이라고 한다.

모양이 [그림 2-2]에 나타나 있는 효용함수의 모양과 비슷하다는 것을 알 수 있다.

8) 한계함수의 기하학적 의미는 그에 상응하는 총함수의 기울기로 나타낸다.

한계효용이 체감하는 현상을 앞에서 살펴본 효용함수 $U(X)=\sqrt{X}$를 이용하여 확인해 보도록 한다. 이 효용함수를 미분하면 한계효용을 구할 수 있다. 따라서 $dU/dX=1/(2\sqrt{X})$가 X재에 대한 한계효용(MU_X)이 된다.[9] 이 식에 의하면 한계효용은 X재의 소비량에 의존하며, X재의 소비량이 증가하면서 한계효용이 점차 감소하게 된다. 따라서 한계효용체감의 법칙이 성립되고 있음을 알 수 있다. [그림 2-3]의 (b)에는 $MU_X=1/(2\sqrt{X})$를 나타내는 한계효용곡선이 체감하는 모양으로 나타나 있다.

어떤 상품이든 최초 한 단위의 소비가 가져다주는 만족은 소비를 한 단위 더 늘릴 때 추가적으로 가져다주는 만족보다 큰 것이 자명하다. 화폐의 경우 최초의 1만원이 가져다주는 만족은 그 상태에서 추가적인 1만원이 가져다주는 만족보다 클 것이다. 이와 같이 한계효용이 체감하는 구체적인 예는 일상적인 소비생활에서 쉽게 찾아볼 수 있다. 한계효용은 이러한 성격을 가질 뿐만 아니라 다음 두 가지의 특성도 가지고 있다. 욕망의 강도가 크면 클수록 한계효용이 크다는 사실이다. 맥주를 좋아하지 않는 사람보다 맥주를 좋아하는 사람의 한계효용이 큰 것은 당연하다. 또한 한계효용은 상품의 부존량(endowment)과 반비례하는 성질도 있다. 물은 부존량이 풍부하기 때문에 그것의 한계효용이 작고, 다이아몬드는 부존량이 매우 적기 때문에 그것의 한계효용이 큰 것이다.

여기에서 한 가지 밝혀두고 싶은 것은 합리적인 소비자라면 한계효용이 음(-)이 되는 영역까지 상품의 소비량을 증가시키지는 않는다는 점이다. 소비량을 증가시킬 때 효용수준이 오히려 감소한다면 그 수준이상으로 소비하는 것은 비합리적이기 때문이다. 앞으로 우리가 분석대상으로 삼는 것은 한계효용이 양(+)인 영역에 국한된다. 따라서 소비자가 구입하는 상품의 양이 많을수록 좋다는 **강단조성 공리**가 충족된다.

---

9) $U(X)=\sqrt{X}=X^{\frac{1}{2}}$이므로 X에 대해 미분한

$$\frac{dU}{dX}=\frac{1}{2}X^{\frac{1}{2}-1}=\frac{1}{2}X^{-\frac{1}{2}}=\frac{1}{2}\frac{1}{\sqrt{X}}=\frac{1}{2\sqrt{X}}$$ 가 한계효용이 된다.

2.2 두 상품을 소비하는 경우의 효용함수

(1) 기수적 효용과 서수적 효용

두 상품묶음 $a(2, 3)$와 $b(2, 5)$가 있다고 하자. 두 상품묶음에 담겨 있는 X재의 수량은 똑같지만 Y재가 상품묶음 b에 더 많이 담겨있기 때문에 강단조성 공리에 의해 소비자는 상품묶음 a보다 b를 더 선호하게 될 것이다. 상품묶음 b가 a보다 더 선호되는 경우에 $U(b)$의 값이 $U(a)$의 값보다 더 큰 실수를 갖도록 하면 소비자의 선호관계가 바르게 나타나게 된다. 즉, $a < b$이면 $U(a) < U(b)$가 성립하면 된다.

이제 두 상품을 소비할 때의 전형적인 효용함수 $U_1 = XY$가 있다고 하자. 이 효용함수가 주어질 때 상품묶음 a와 b의 효용수준은 다음 식과 같다.

(2. 4) $U_1(a) = 6, \quad U_1(b) = 10$

식 (2. 4)에 의하면 상품묶음 b가 가져다주는 효용의 크기가 상품묶음 a보다 더 크게 나타나 있으므로 a보다 b를 더 선호하는 소비자의 선호관계를 바르게 나타내고 있다.

또 다른 효용함수 $U_2 = 2XY$가 있다고 하자. 이 효용함수가 주어질 때 상품묶음 a와 b가 가져다 주는 효용의 크기는 식 (2. 5)에 나타나 있다.

(2. 5) $U_2(a) = 12, \quad U_2(b) = 20$

이 효용함수에서도 b의 효용 크기가 a의 효용 크기보다 더 크게 나타나 있으므로 소비자의 선호관계를 바르게 나타내고 있다. 효용함수 U_1과 U_2를 비교하여 보면 효용의 크기가 각각 2배씩 차이가 나지만, 상품묶음 b가 a보다 더 선호되는 점에서는 아무런 차이가 없다. 그러므로 지금 곧 살펴보게 될 **무차별 곡선이론**(indifference curve theory)에서는 두 효용함수 사이에 아무런 실질적 차이가 없다고 볼 수 있다. 어떤 사람의 키를 cm로 재거나 $inch$로 재더라도 실질적으로는 아무런 차이가 없는 것과 같은 원리이다. 무차별곡선이론에서는 각 상품묶음을 다른 묶음과 비교하여 어느 묶음을 더 좋아하는지 **선호의 순서**만 알면 된다. 효용의 절대적 크기나 상품묶음 사이의 효용 차이에 대해서는 전혀 관심을 갖지 않는다. 이와 같이 무차별곡선이론에서 적용되는 효용의 개념은 **서수적 효용**(ordinal utility)이다.

서수적 효용의 개념이 대두되기 이전에는 사람들이 어떤 상품을 소비함으로써 느끼는 주관적인 만족의 정도, 즉 효용을 구체적인 단위(예, utils)로 측정할 수 있다고 생각하였다. **한계효용학파**[10]는 소비자의 효용을 **기수적**(cardinal)으로 측정할 수 있다고 가정하고 소비자이론을 전개하였다. 그러나 주관적인 효용에 대한 가측성(measurability of utility)의 문제는 많은 비판을 피할 수 없었으며, 심지어 기수적 효용의 개념이 소비자 행동원리를 규명하는데 반드시 필요한 것도 아니라는 주장도 제기되었다. 그리하여 **서수적 효용** 개념에 입각한 **무차별곡선이론**이 제시된 것이다. 무차별곡선이론은 1881년에 **에지워드**(F. Y. Edgeworth)에 의하여 소개되었으며, 이 이론이 보편화되는데 크게 공헌한 학자는 **파레토**(V. Pareto)와 **힉스**(J. R. Hicks) 등이다.

[연습문제 2.1]

효용함수 $U(X, Y) = 2X^{0.5}Y^{0.5}$와 $U(X, Y) = X^2Y^2$는 서로 다른 선호서열을 나타내는가?

(2) 효용곡면

소비자들은 일상생활에서 무수히 많은 상품을 소비한다. 따라서 소비자의 최적선택 과정을 정확하게 분석하기 위해서는 이들 모두를 고려하여야 할 것이다. 그러나 무수히 많은 상품을 모두 고려하는 것은 경제이론을 복잡하게 만들고, 경제현상을 파악하는데 매우 혼란스럽게 한다. 경제학에서는 현실을 매우 단순화시켜 모형을 설정하는 것이 일반적이다. 본 장에서도 분석의 단순화를 위해서 소비자는 두 상품 X, Y재만 소비한다고 가정한다. 따라서 효용함수는 다음과 같이 나타낼 수 있다.

10) 한계효용학파는 1870년대 이후 제본스(S. Jevons), 멩거(C. Menger), 그리고 왈라스(L. Walras) 등에 의해 이론이 정립되었다.

[그림 2-4] 효용곡면

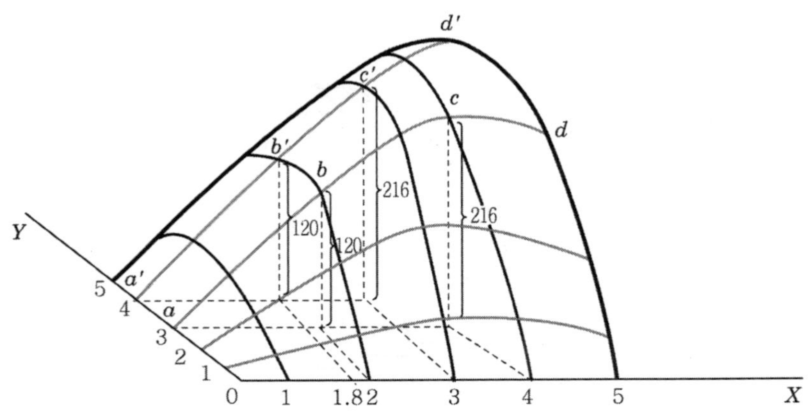

(2. 6) $U = U(X, Y)$

[그림 2-4]는 두 상품을 소비하는 경우의 효용함수를 보여주고 있다. 그림에서 보면 Y재의 소비량을 3단위로 고정시키고, X재의 소비량을 증가시키면 처음에는 효용이 증가하다가 4단위 이상을 소비하면 효용이 감소하기(c점) 시작한다. Y재 3단위와 X재 2단위를 소비할 때의 효용수준이 120으로 b점에 나타나 있으며, Y재 3단위와 X재 4단위를 소비하면 효용수준은 216으로 c점에 나타나 있다. 이번에는 Y재 소비량을 4단위로 고정시키고 X재 소비량을 증가시켜보기로 하자. 마찬가지로 처음에는 효용이 증가하다가 d'점부터 효용이 감소하기 시작한다. Y재 4단위와 X재 1.8단위를 소비할 때의 효용수준이 120으로 b'점에 나타나 있으며, Y재 4단위와 X재 3단위를 소비하면 효용수준은 216으로 c'점에 나타나 있다. 지금 설명한 각각의 경로는 [그림 2-2]의 효용곡선과 비슷한 모양을 하고 있다. 물론 X재 소비량을 일정한 수준으로 고정시킨 채 Y재 소비량을 증가시키는 경우에도 이와 유사한 형태를 갖는 효용곡선을 구할 수 있다.

지금과 같은 방식을 적용하여 우리가 고려할 수 있는 모든 상품묶음에 대한 각각의 효용수준을 수직축의 높이로 나타낼 수 있다. 이러한 효용수준의 크기를 나타내는 점들의 집합을 **효용곡면**(utility surface)이라고 한다. 효용곡면은 소

[그림 2-5] 효용곡면과 무차별지도

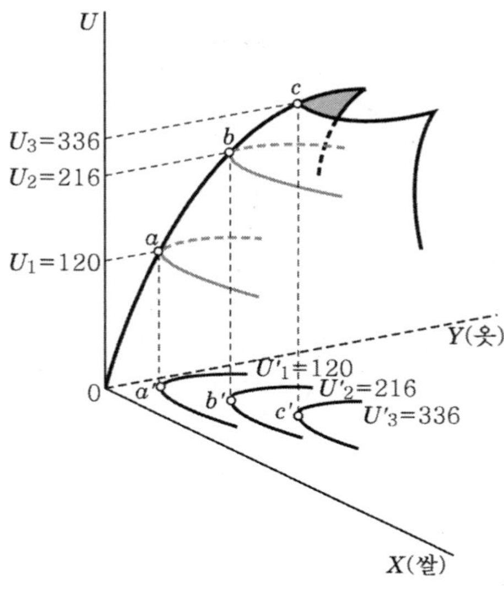

비자의 선호체계를 파악할 수 있는 매우 유용한 분석도구임에 틀림없다. 그런데 이 그림에서 보는 3차원의 효용곡면을 이용해서 선호체계를 설명하는 것은 매우 복잡하고 불편하다. 따라서 우리는 적절한 손질을 가해 3차원 공간에 그려진 효용함수를 2차원 평면에 옮겨서 나타내기로 한다.

(3) 무차별곡선

[그림 2-5]에는 효용수준 $U_1=120$과 $U_2=216$에서 효용곡면을 수평으로 자른 것과 또한 이렇게 잘라진 부분을 평면에 투영시켜 그린 곡선이 나타나 있다. X-Y 평면상의 원점에서 가깝게 위치한 곡선은 $U_1=120$, 그리고 약간 바깥에 위치한 곡선은 $U_2=216$을 나타내고 있다. 이것은 3차원의 효용곡면에 나타난 X재와 Y재의 소비량과 효용수준 사이의 관계를 2차원의 **무차별지도**(indifference map)로 옮겨 나타낼 수 있다는 것을 의미한다. 그림에서 등고선 모양을 하고 있는 각각의 곡선을 무차별곡선이라고 한다.[11] 이처럼 **무차별곡선**(indifference curve)은 똑같은 효용수준을 가져다주는 X재와 Y재의 소비량과 효용(U) 사

11) 연속적인 무차별곡선이 그려진 것은 각 상품을 무한히 작은 단위로 나누어서 소비할 수 있다는 것을 암묵적으로 가정한 것이다.

이의 관계를 2차원 공간에 나타낸 것이다.

> **무차별곡선**이란 소비자에게 동일한 만족감 또는 효용을 가져다주는 상품묶음의 집합을 그림으로 나타낸 것이다.

지금 살펴본 각 무차별곡선에는 소비자의 효용함수의 특성이 그대로 반영되어 있다. 앞에서 설명한 네 가지 공리를 충족하는 합리적인 소비자의 선호체계가 주어지면 이것으로부터 효용함수를 도출하고, 그 효용함수를 무차별곡선으로 나타내었기 때문이다. 이러한 관계는 다음과 같이 정리된다.

> **합리적인 소비자의 선호체계 ⇨ 효용함수의 도출 ⇨ 무차별곡선**

소비자의 선택행동을 분석하기 위해서는 무차별곡선이 갖는 특성을 분명하게 알아두어야 한다. 무차별곡선은 다음에 열거한 몇 가지의 성질을 갖고 있다.

첫째, 무차별곡선은 우하향하는 음(-)의 기울기를 갖는다. 어떤 주어진 상품묶음에서 한 상품의 소비량을 증가시키면 소비자의 효용은 증가하게 된다. 따라서 이전과 같은 효용수준을 유지하기 위해서는 다른 상품의 소비량을 줄여야 한다. 이러한 무차별곡선의 성격은 **강단조성 공리**와 밀접한 관련이 있다. [그림 2-6]에 나타나 있는 무차별곡선 U_1 위의 a점에서 소비자가 X재의 소비량을 1단위 증가시키면 Y재의 소비량을 2단위 감소시켜야 이전과 동일한 효용수준을 유지할 수 있다. 이와 같이 X재의 소비량을 증가시키면서 이전과 동일한 효용수준을 유지하기 위해서는 반드시 Y재의 소비량을 줄여야 하기 때문에 무차별곡선은 음(-)의 기울기를 갖게 된다.

둘째, 무차별곡선은 원점에서 멀리 떨어져 있을수록 보다 큰 효용수준을 나타낸다. 주어진 어떤 상품묶음보다 원점에서 더 멀리 위치한 상품묶음은 적어도 하나 이상의 상품에 대한 소비량이 그만큼 많다는 것을 의미한다. 두 번째 성격 역시 **강단조성 공리**와 밀접하게 관련된다. [그림 2-6]에서 X재 2단위와 Y재 4단위의 조합을 나타내는 f점은 X재 2단위와 Y재 2단위의 조합을 나타내는 b점보다 소비자에게 더 큰 효용을 가져다준다($U_1 \rightarrow U_2$). f점은 b점에 비해서 X

[그림 2-6] 무차별곡선

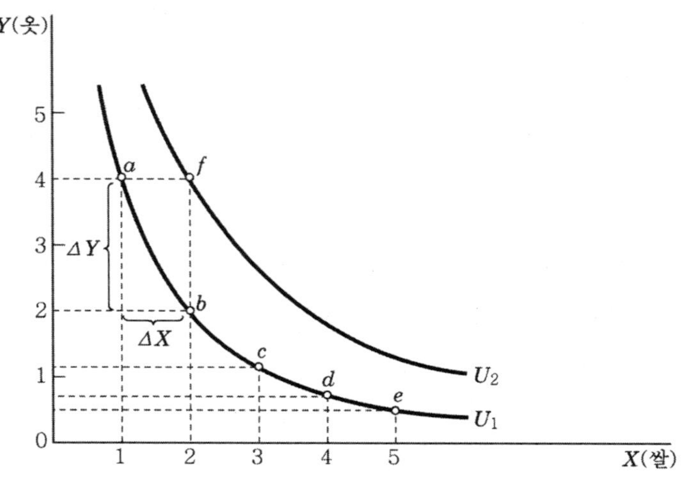

재의 양은 같지만 Y재의 양이 2단위 더 많기 때문이다. 소비자행동의 분석에서 선택대상이 되는 무차별곡선이 여러 개 있을 때 우리는 각 무차별곡선이 나타내주는 효용수준의 절대적 크기는 알 필요가 없으며 다만 어느 무차별곡선이 상대적으로 더 큰 효용을 주는가만 파악하면 된다.

셋째, 무차별곡선은 서로 교차하지 않는다. 이러한 성격은 [그림 2-7]에 의해서 쉽게 증명될 수 있다. 만일 두 무차별곡선이 서로 교차한다면 어떤 문제가 발생하는지 살펴보자. 무차별곡선 U_1위의 a점과 b점은 하나의 무차별곡선 위에 있기 때문에 소비자에게 동일한 효용을 가져다준다. 또한 무차별곡선 U_2위의 a점과 c점도 하나의 무차별곡선 위에 있기 때문에 소비자에게 동일한 효용을 가져다준다. 따라서 선호관계는 $a \sim b$와 $a \sim c$이므로 **이행성 공리**(transitivity axiom)에 의하여 $b \sim c$의 관계가 성립되어야 할 것이다. 그러나 그림에 의하면 상품묶음 c가 b보다 더 높은 효용수준을 주는 것으로 나타나 있다. 이것은 소비자의 **일관성**(consistency) 있는 선택의 결과가 아니기 때문에 무차별곡선이 서로 교차한다는 것은 모순이다. 그러므로 무차별곡선은 서로 교차할 수 없는 것이다.

넷째, 무차별곡선은 원점에 대하여 볼록(convex)하다. 이러한 무차별곡선의 성격은 **볼록성**(convexity) **공리**[12]와 밀접하게 관련된다. 볼록성은 소비자들이

[그림 2-7] 무차별곡선의 교차

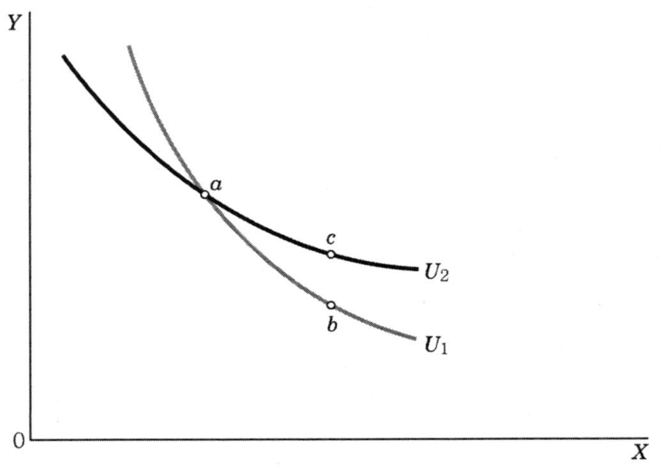

한 상품을 지나치게 많이 소비하고 다른 상품은 적게 소비하는 극단적인 경우보다는 두 상품을 적당히 섞어서 소비하는 경우를 더 선호한다는 의미이다.

[그림 2-8]에서 보는 것처럼 두 상품묶음 a와 b로부터 똑같은 효용수준 U_1을 얻을 수 있다. 그런데 이 두 상품묶음을 적당하게 섞은 상품묶음 c는 이들보다 더 높은 효용수준 U_2를 제공한다.[13] a와 b점을 잇는 직선을 긋고 그 직선상에서 임의의 한 점 c를 구하면, 그 점을 지나는 무차별곡선(U_2)이 원래의 무차별곡선(U_1)보다 더 위쪽에 위치함을 알 수 있다. 이처럼 선호체계에 볼록성이 존재하면 무차별곡선이 원점에 대해 볼록한 모양을 갖게 된다. 만일 무차별곡선이 원점에 대해 오목한 모양을 갖는다면 소비자가 두 상품을 골고루 섞어서 소비할 때 효용수준이 오히려 감소하게 된다. 독자 스스로 확인해 보기 바란다.

(4) 한계대체율

무차별곡선이 원점에 대해 볼록하다는 것은 X재의 소비량이 증가하면서 그

12) 볼록성 공리는 앞에서 살펴본 선호관계로부터 효용함수를 구하기 위하여 기본적으로 갖추어야 할 4가지 공리(axiom)와는 직접적인 관계가 없다

13) 두 상품묶음 a와 b를 잇는 선분위의 임의 한 점 c는 다음과 같은 **볼록결합**(convex combination)에 의해 구해진다. $c=\lambda a+(1-\lambda)b$ 단, $(0<\lambda<1)$

[그림 2-8] 선호체계의 볼록성

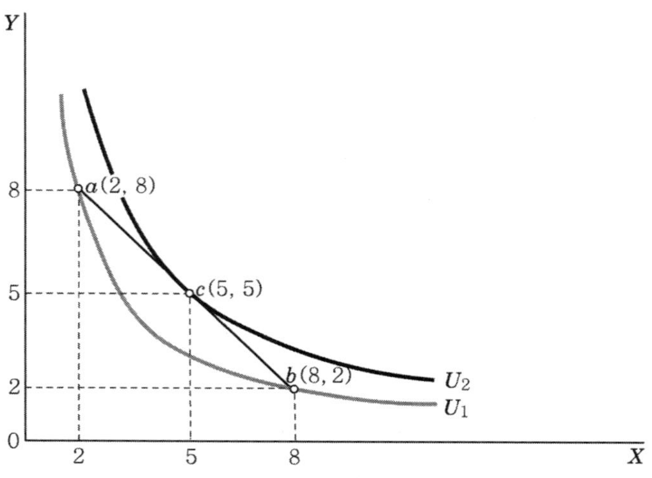

것의 기울기가 점차로 완만해진다는 것을 의미한다. 이러한 사실이 어떠한 의미를 갖는지 이해하기 위해서는 무차별곡선의 기울기가 갖는 특성을 알아야 한다. [그림 2-6]에서 보면 a점과 b점이 하나의 무차별곡선(U_1) 위에 있기 때문에 소비자가 그 무차별곡선을 따라 쌀을 ΔX만큼 증가시키려고 하면 옷을 ΔY만큼 감소시켜야 똑같은 효용을 얻을 수 있다. 이것은 소비자가 ΔY만큼의 옷과 ΔX만큼의 쌀을 서로 맞바꾸어 소비하더라도 효용수준에 아무런 변화가 없다는 것을 의미한다. 이처럼 소비자가 주어진 하나의 무차별곡선 위를 따라 이동하면서 X재의 소비량을 한 단위씩 증가시킬 때 포기해야 하는 Y재의 양을 **한계대체율**(marginal rate of substitution; $MRS_{X,Y}$)이라고 한다. 한계대체율은 소비자의 주관적 판단에 따라 교환하고자 하는 비율, 즉 **주관적 교환비율**로서 식 (2. 7)과 같이 X재의 증가분(ΔX)에 대한 Y재의 감소분($-\Delta Y$)의 비율로서 나타낼 수 있다.

$$(2.\ 7)\quad MRS_{X,Y} = -\frac{\Delta Y}{\Delta X} = \lim_{\Delta X \to 0} -\frac{\Delta Y}{\Delta X} = -\frac{dY}{dX}$$

[그림 2-6]을 이용하여 한계대체율의 성격을 살펴보기로 하자. 만일 소비자

가 상품묶음의 선택을 $a(1, 4)$점에서 $b(2, 2)$점으로 바꾸었다고 하자. a, b점은 동일한 무차별곡선 U_1 위에 있기 때문에 똑같은 효용수준을 주고 있다. 따라서 X재를 1단위 증가시킴으로써 얻는 효용의 크기는 Y재를 2단위 감소시킴으로써 잃는 효용의 크기와 같아야 한다. a점에서 b점으로 이동할 때 X재가 ΔX만큼 변화함으로써 생기는 효용변화는 $MU_X \times \Delta X$이며,[14] Y재가 ΔY만큼 변화함으로써 생기는 효용변화는 $MU_Y \times \Delta Y$이므로 식 (2. 8)이 성립된다.

$$(2.\ 8) \quad MU_X \times \Delta X = -MU_Y \times \Delta Y$$

식 (2. 8)을 변형하면 한계대체율 $-\Delta Y/\Delta X$는 두 상품의 한계효용에 대한 비율로 표시될 수 있다.[15]

$$(2.\ 9) \quad MRS_{X,Y} = -\frac{\Delta Y}{\Delta X} = \frac{MU_X}{MU_Y}$$

[그림 2-6]을 보면 무차별곡선 U_1을 따라 X재의 소비량을 1단위씩 증가시킬 때, 감소하는 Y재의 크기가 점차 줄어들고 있음을 확인할 수 있다. 이것은 a점에서 b점, b점에서 c점, …… 등으로 옮겨 가면서 소비자는 상대적으로 소비량이 줄어드는 Y재를 더 중요하게 평가하기 때문이다. 우리는 이러한 현상을 **한계대체율체감의 법칙**(law of diminishing marginal rate of substitution)이라고 한다. 한계대체율의 이러한 특성은 식 (2. 8)에서 X재의 소비량을 증가시킬수록 MU_X(분자)가 점차로 감소하는 반면에 MU_Y(분모)는 점차로 증가하게 된다는 점으로도 알 수 있다.

---

14) X재의 한계효용($MU_X = \Delta U/\Delta X$)은 X재의 소비량을 1단위 변화시켰을 때 효용(U)이 어느 정도 변화하는지를 나타내는 것이다. 그러므로 X재를 ΔX만큼 증가시킴으로써 생기는 효용변화의 크기는 $MU_X \times \Delta X$이다.

15) 효용함수 $U = U(X, Y)$를 전미분하면 $dU = \frac{\partial U(X, Y)}{\partial X} dX + \frac{\partial U(X, Y)}{\partial Y} dY$가 된다. 그런데 하나의 무차별곡선에서 $dU = 0$이므로 $0 = MU_X \times dX + MU_Y \times dY$가 된다. 따라서 $-dY/dX = MU_X/MU_Y$가 성립한다.

[그림 2-9] 효용함수 $U(X, Y) = \sqrt{XY}$의 무차별곡선

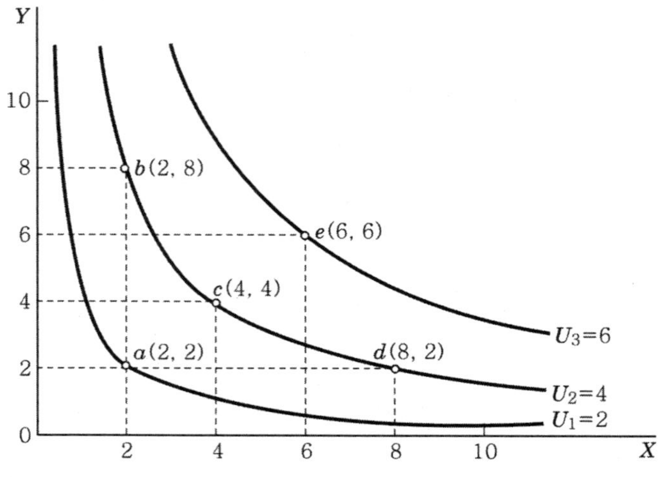

[연습문제 2.2]

한계효용체감의 법칙과 한계대체율체감의 법칙 사이에는 어떠한 관계가 존재하는가?

(5) 콥-더글라스 효용함수

경제학에서 가장 많이 이용되는 효용함수는 $U=AX^{\alpha}Y^{\beta}$로 표현되는 **콥-더글라스 효용함수**(Cobb-Douglas Utility Function)이다. 여기서 A, α, β는 임의의 양(+)의 상수이다. 이제 $A=1$이며 α와 β가 각각 0.5인 효용함수 $U=X^{0.5}Y^{0.5}=\sqrt{XY}$의 특성에 대해서 살펴보기로 하자. 이것은 무차별곡선의 네 가지 특성을 충족시키는 가장 전형적인 효용함수이다.16) [그림 2-9]에서 보는 것처럼 상품묶음 $a(2, 2)$에서 효용수준은 $U_1=\sqrt{2\times2}=2$이며, 상품묶음 $c(4, 4)$에서 효용수준은 $U_2=\sqrt{4\times4}=4$이다. X, Y재의 소비량이 증가하면 항상 효용수준이 증가하게 된다. 이 효용함수는 '많을수록 더 좋다.'는 강단조성 공리를 충족하고 있다.

두 상품 모두 한계효용이 체감하고 있다는 점도 확인할 수 있다. X와 Y에

16) 만일 A, α, β 모두가 1이면 $U=XY$인 콥-더글라스 효용함수가 된다.

대한 편미분으로 구하는 각 상품의 한계효용은 다음과 같다.

$$(2.\ 10)\quad MU_X = \frac{\partial U}{\partial X} = \frac{\partial\sqrt{XY}}{\partial X} = \frac{\partial(X^{0.5}Y^{0.5})}{\partial X}$$

$$= 0.5X^{0.5-1}Y^{0.5} = 0.5X^{-0.5}Y^{0.5} = 0.5\frac{\sqrt{Y}}{\sqrt{X}}$$

$$MU_Y = 0.5\frac{\sqrt{X}}{\sqrt{Y}}$$

이 식에 의하면 MU_X는 X재의 소비량이 증가하면서(Y의 크기는 일정하게 주어짐) 그 크기가 점차 체감하고 있어 한계효용체감의 법칙이 성립되고 있음을 보여주고 있다.[17] 마찬가지로 Y재에 대해서도 한계효용체감의 법칙이 성립되고 있다.

또한 한계대체율체감의 법칙도 성립하고 있다. 식 (2. 10)에 의하면 한계대체율은 $MU_X/MU_Y = Y/X$이다. 무차별곡선을 따라 X재를 증가시키면 Y재는 감소하기 때문에 한계대체율을 나타내는 $MRS_{X,Y} = Y/X$가 체감하게 된다.

[연습문제 2.3]

콥-더글라스 효용함수 $U = AX^{\alpha}Y^{\beta}$를 이용하여 강단조성 공리가 충족되고 있음을 보이고, 또한 한계대체율이 체감한다는 점을 보여라. 여기서 A, α, β는 양(+)의 상수이다.

[연습문제 2.4]

소비자 A가 맥주에서 느끼는 한계효용은 소비량이 늘어날수록 체감하는데, 안주에서 얻는 한계효용은 맥주의 소비량에 영향을 받지 않는다고 하자. A의 무차별곡선은 어떤 모양을 갖는 것일까?

17) 효용함수가 $U(X, Y)$인 경우 X재의 한계효용(MU_X)은 Y의 수준이 일정하다고 보고 X재의 변화(∂X)에 대한 효용의 변화(∂U)로 측정하고, Y재의 한계효용(MU_Y)은 X의 수준이 일정하다고 보고 Y재의 변화(∂Y)에 대한 효용의 변화(∂U)로 측정한다.

[그림 2-10] 완전 대체재인 경우의 무차별곡선

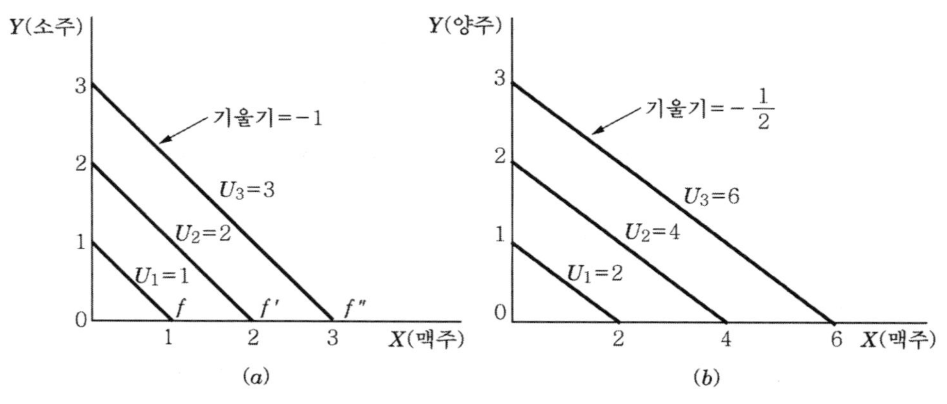

(6) 예외적인 효용함수

앞에서 살펴본 바와 같이 일반적으로 무차별곡선은 원점에 대해서 볼록한 모양을 갖는다. 그러나 상품 상호간의 관계에 따라서 무차별곡선은 여러 가지 모양을 갖기도 한다.

(가) 두 상품이 완전한 대체재인 경우

한 상품에 대한 다른 상품의 한계대체율이 상수인 경우 두 상품은 완전한 대체재가 된다. 예를 들어 어떤 사람이 맥주(X)와 소주(Y) 둘 다 좋아하여 맥주 한잔과 소주 한잔을 기꺼이 대체할 수 있다면 맥주와 소주는 완전 대체재이다. 두 상품이 완전한 대체관계를 갖는다면 선호체계를 다음과 같은 **선형 효용함수**(linear utility function)로 나타낼 수 있다.

$$(2.\ 11)\quad U=U(X,\ Y)=aX+bY\ (\text{단, } a>0,\ b>0)\ \Rightarrow\ Y=\frac{U}{b}-\frac{a}{b}X$$

만일 효용수준이 $U=k$로 주어지는 경우 무차별곡선은 절편이 k/b이고 기울기가 $-a/b$인 직선으로 나타난다. [그림 2-10] (a)에서 보는 것처럼 어떤 사람의 경우에 맥주(X) 한잔과 소주(Y) 한잔이 완전하게 대체관계에 있다면 그 사람의 무차별곡선은 기울기가 −1인 직선이 된다. 기울기의 절대값이 1이므로 식

(2. 11)의 a와 b는 각각 1이 되어, 이 때 효용함수는 $U=U(X, Y)=X+Y$가 된다. 따라서 그림의 f점에서와 같이 $X=1$, $Y=0$이면 효용수준은 $U_1=1$이고, $f'(X=2, Y=0)$점과 $f''(X=3, Y=0)$점에서의 효용수준은 각각 $U_2=2$와 $U_2=3$이다.

두 상품이 **완전 대체재**라고 하더라도 대체되는 비율에 따라 무차별곡선의 기울기가 달라진다. 예를 들어 A라는 사람은 맥주(X)와 양주(Y)를 좋아하고, 양주 한 잔에 대해 맥주 두 잔을 기꺼이 대체할 수 있다고 하자. 이 때 A의 효용함수는 다음과 같이 나타낼 수 있다.

$$(2.\ 12)\qquad U=U(X,\ Y)=X+2Y \Rightarrow Y=\frac{U}{2}-\frac{1}{2}X$$

이러한 선호체계에서 $MU_X=1$이며, $MU_Y=2$이므로 Y재(양주)의 한계효용이 X재(맥주)의 한계효용에 비해 두 배나 크다. 따라서 $MRS_{X,Y}=-MU_X/MU_Y=-1/2$가 되어 이 무차별곡선의 기울기는 [그림 2-10] (b)에서 보는 것처럼 $-1/2$이 된다. 이것은 식 (2. 12)에서 $dY/dX=-1/2$를 구함으로써 확인해 볼 수 있다.

(나) 두 상품이 완전한 보완재인 경우

어떤 경우에는 소비자들이 일정하게 고정된 비율로 두 상품을 결합하여 소비하기도 한다. 이와 같이 두 상품이 완전한 보완재라면 효용함수는 다음과 같이 나타낼 수 있다.

$$(2.\ 13)\qquad U=U(X,\ Y)=\min(cX,\ dY)$$

여기서 c와 d는 임의의 상수이며, 'min'은 괄호 안의 숫자 중에서 가장 작은 값을 취한다는 의미이다. 이 효용함수의 특징은 항상 $cX=dY$가 충족하도록 두 상품을 소비해야 소득의 낭비가 없다는 점이다.[18] 이와 같이 X재와 Y재를 $d:c$의 고정비율로 결합해야 효율적인 소비가 가능한 선호체계를 나타내는 식

18) $cX=dY$일 때 효율적인 소비가 가능하므로 이 때는 $Y=(c/d)X$가 성립된다.

[그림 2-11] 완전 보완재인 경우의 무차별곡선

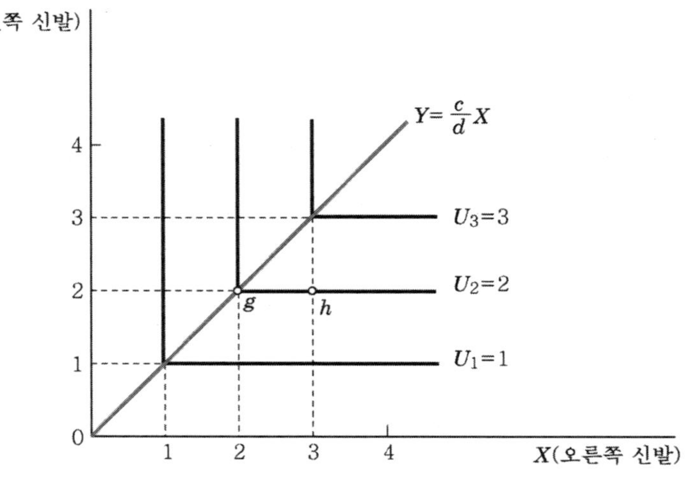

(2. 13)을 **레온티에프 효용함수**(Leontief utility function)라고 한다.

오른쪽 신발(X)과 왼쪽 신발(Y)을 각각 소비하는 경우의 효용함수 $U=\min(X, Y)$가 [그림 2-11]에 나타나 있다. 두 신발이 1:1의 **보완관계**에 있으므로 이 둘을 $c/d=1/1$의 비율로 결합시켜 소비해야 한다. 만일 이와 다른 비율로 소비가 이루어진다면 소비자의 소득이 낭비될 수밖에 없다. 그림의 g점에서와 같이 $X=2$, $Y=2$이면 이 둘 중에서 최소값이 2이므로 이 점에서의 효용수준은 $U_2=2$이다. 한편 h점에서는 $X=3$, $Y=2$이지만 이 둘 중에서 최소값은 2가 되므로 효용수준은 $U_2=2$가 된다. 왼쪽 신발이 두 짝인데 오른쪽 신발이 세 짝 있어봐야 신을 수 있는 것은 두 켤레에 불과하므로 효용수준을 증가시키지 못하는 것이다. 따라서 상품묶음 g와 h가 동일한 무차별곡선(U_2) 위에 있다는 것을 알 수 있다. 이처럼 두 상품이 완전한 보완관계에 있다면 무차별곡선은 L자 모양을 갖게 된다.

보완관계에 있는 두 상품의 특성에 따라 결합되는 비율이 달라진다. 만일 안경알과 안경테를 소비하는 경우라면 하나의 안경테(X재)와 두 개의 안경알(Y재)이 정확하게 짝을 맞추어야 한다. 여분의 안경알이나 안경테는 추가적인 효용을 가져다주지 못하기 때문이다. 따라서 안경테와 안경알은 1:2의 고정비율로 결합시켜 소비해야 자원의 낭비가 없게 된다.

[그림 2-12] 대체 정도의 차이에 따른 무차별곡선의 형태

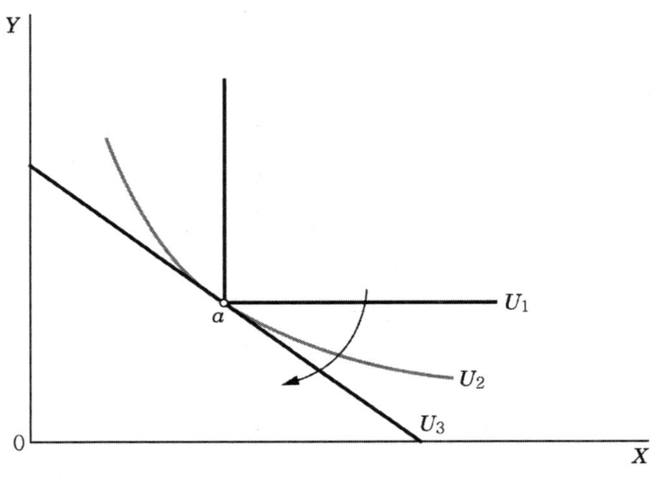

지금까지 무차별곡선이 직선 또는 L자 모양을 갖는 예외적인 경우에 대해 살펴보았다. 이를 통해서 우리는 두 상품 사이의 대체되는 정도에 따라서 무차별곡선의 모양이 결정된다는 사실을 알 수 있다. 두 상품 사이에 대체가 완전하게 이루어진다면 무차별곡선의 형태는 선형이 되고, 서로 대체가 불가능하다면 L자 모양을 하게 된다. 따라서 두 상품 사이에 어느 정도의 대체가 이루어진다면 두 극단적인 경우의 중간 형태인 볼록한 모양의 무차별곡선이 도출될 것이다. 물론 두 상품 사이에 대체 정도가 어려울수록 더욱 볼록한 모양을 갖게 되리라는 점도 알 수 있다. [그림 2-12]를 보면 이것이 의미하는 바를 쉽게 이해할 수 있다. 무차별곡선이 U_1일 때는 X재와 Y재 사이에 대체가 불가능하지만, U_3이면 두 상품이 서로 완전하게 대체될 수 있다. 한편, 무차별곡선이 U_1과 U_3의 중간 모양을 갖는 U_2이면 두 상품 사이에 어느 정도의 대체가 가능하다.

(다) 하나가 중립재인 경우

두 상품 X, Y재 중에서 Y재가 전혀 소비자의 효용증가에 기여하지 못하는 **중립재**(neutural goods)라면 효용함수는 다음과 같이 나타낼 수 있다.

(2. 14) $U = U(X, Y) = X$

[그림 2-13] Y가 중립재인 경우의 무차별곡선

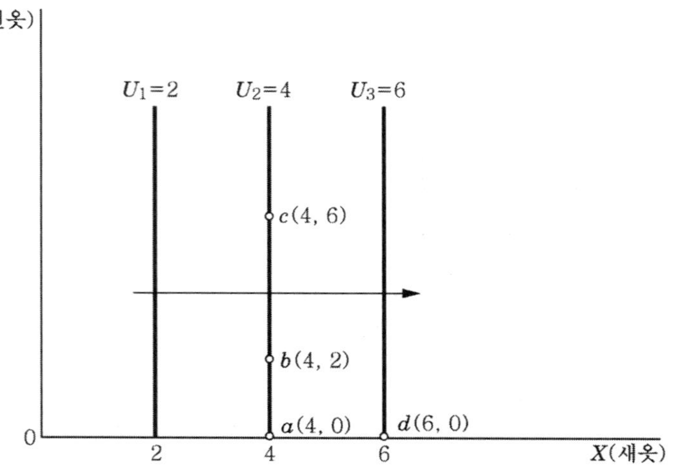

식 (2. 14)에 의하면 효용수준이 오로지 X재의 소비량에 의해서 결정되기 때문에 무차별곡선은 [그림 2-13]에서처럼 수직선이 된다. 그림에서 b, c점은 a점에 비해 Y재(헌옷)의 소비량이 더 많지만 효용수준은 $U_2=4$로 똑같다. 헌옷이 소비자의 효용을 전혀 증가시키지 못하기 때문이다. 그러나 a점에 비해 새 옷의 소비량이 2단위 더 추가된 d점의 효용수준은 $U_3=6$으로 U_2보다 높게 나타나 있다. 이처럼 헌옷이 중립재라면 소비자의 효용수준(U)은 오직 새 옷(X재)의 소비량에 의해서만 결정된다.

(라) 하나가 비재화인 경우

두 상품 X재와 Y재 중에서 Y재가 **비재화**(bads)라면 효용함수는 식 (2. 15)와 같은 형태를 나타낼 수 있다.

$$(2.\ 15)\qquad U=U(X,\ Y)=X-Y^2$$

이 식에 의하면 Y재의 소비량이 증가하면 효용수준은 감소하게 된다. 두 상품 X, Y재중에서 Y재가 음(-)의 효용을 가져다주는 비재화이면 무차별곡선은 우상향하는 기울기를 갖게 된다. 그림에서 a점과 b점은 동일한 효용수준을 나타내고 있다. 비재화인 오염물질(Y재)이 2단위에서 3단위로 증가하는 경우에

[그림 2-14] Y가 비재화인 경우의 무차별곡선

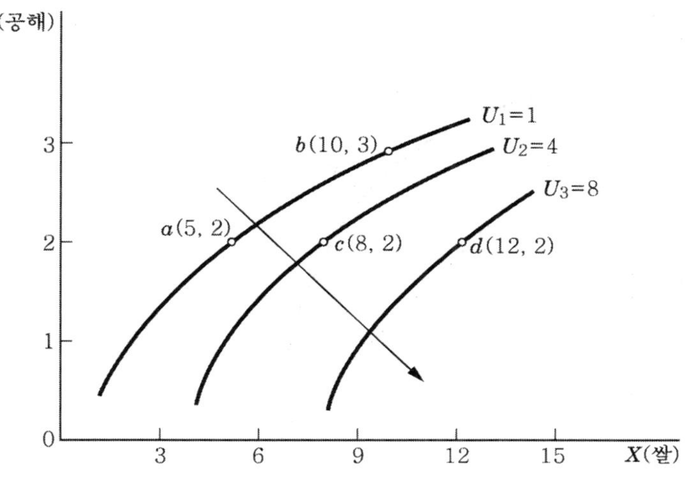

이전과 똑같은 효용수준을 유지하려면 쌀(X재)을 5단위에서 10단위로 증가시켜 주어야 한다. Y재가 비재화이고 X재만 바람직한 것이므로 효용수준은 오른쪽 아래의 방향을 따라서 증가한다.[19]

주식, 채권 등과 같이 자산의 수익성(X재)과 위험성(Y재)에 의해 투자자의 효용이 결정되는 경우도 무차별곡선이 우상향하는 모양을 갖게 된다. 주식이나 채권으로부터의 수익성이 증가하면 투자자의 효용수준이 증가하겠지만, 비재화의 성격을 갖는 위험성이 커지면서 효용수준은 낮아지기 때문이다.

(마) 극단적인 상품묶음을 선호하는 경우

일반적으로 소비자들은 한 상품만 지나치게 많이 소비하는 극단적인 경우보다는 두 상품을 고루 섞어서 소비하는 경우를 더 선호한다. 이 때 무차별곡선이 원점에 대하여 볼록한 모양을 하게 된다는 점은 이미 설명한 바 있다. 그러나 경우에 따라서는 극단적인 상품묶음을 더 선호할 수도 있다.

[그림 2-15]에서와 같이 무차별곡선이 원점에 대해 오목하면 $c(5, 5)$점과

19) Y재가 비재화이어서 효용함수가 $U=X-Y^2$이면 $Y=\sqrt{X-U}$이므로 무차별곡선은 오른쪽 아래의 방향을 따라서 증가하는 모양을 보이게 된다. 효용수준을 나타내는 U가 커질수록 Y의 값이 작아지기 때문이다. 반면에 X가 비재화이어서 효용함수가 $U=Y-X^2$이면 $Y=U+X^2$이므로 무차별곡선은 오른쪽 위쪽의 방향을 따라서 증가하는 모양을 보이게 된다. 이 때는 U가 커질수록 Y의 값이 커지기 때문이다.

[그림 2-15] 원점에 대해 오목한 무차별곡선

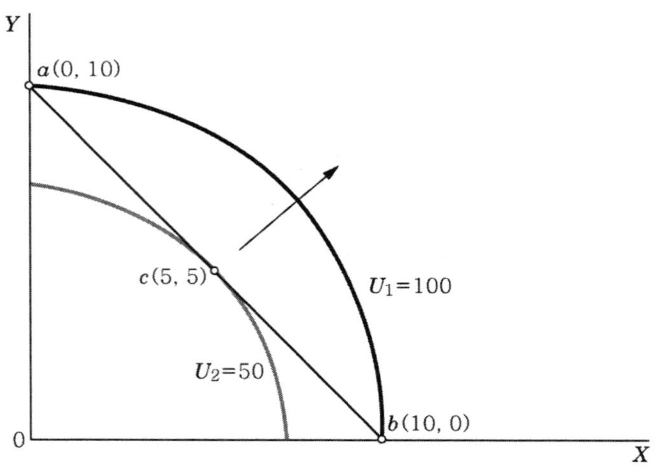

같은 평균적인 상품묶음보다 $a(0,\ 10)$점이나 $b(10,\ 0)$점과 같은 극단적인 상품묶음에서 더 만족을 얻게 된다. 이처럼 극단적인 상품묶음을 선호하는 경우의 무차별곡선은 원점에 대해 오목한 모양을 갖는다. 이때의 효용함수는 식 (2. 16)과 같은 형태로 나타낼 수 있다.

$$(2.\ 16) \qquad U = U(X,\ Y) = X^2 + Y^2$$

이 식에 의하면 그림의 a점에서와 같이 X재와 Y재를 각각 0(영)단위와 10단위를 소비할 때의 효용수준은 $U_1 = 100$이다. 반면에 X재와 Y재를 각각 5단위씩 나누어 소비하는 c점에서의 효용수준은 $U_2 = 50$이다. c점을 통과하는 무차별곡선보다 a점을 통과하는 무차별곡선이 원점에서 더 멀리 떨어져 있는 것으로 나타나 있다. 지금 살펴본 것처럼 평균적인 상품묶음보다 극단적인 상품묶음에서 더욱 높은 효용수준을 나타낼 때 무차별곡선은 원점에 대해 오목한 모양을 갖는다.

[연습문제 2.5]

소비자 A가 맥주와 안주에서 느끼는 한계효용은 소비량이 늘어날수록 더욱 커진다고 하자. A의 무차별곡선은 어떤 모양을 갖는 것일까? 단, 한 상품의 한계효용은 다른 상품의 소비량에 영향을 받지 않는다고 가정한다.

연습문제 풀이

[연습문제 2.1]
효용함수 $U(X, Y) = 2X^{0.5}Y^{0.5}$와 $U(X, Y) = X^2Y^2$ 둘 다 $U(X, Y) = XY$를 단조변환시킨 것이므로 동일한 선호서열을 나타내고 있다.

[연습문제 2.2]
한계효용체감의 법칙이 성립한다고 해서 한계대체율체감의 법칙이 성립하는 것은 아니다. 다만 한 상품의 소비량 변화가 다른 상품의 한계효용에 아무런 영향을 미치지 않는다면 한계효용체감의 법칙이 성립할 때 한계대체율체감의 법칙도 성립하게 된다.

[연습문제 2.3]
두 상품의 한계효용은 $MU_X = \alpha AX^{\alpha-1}Y^{\beta}$, $MU_Y = \beta AX^{\alpha}Y^{\beta-1}$이며 A, α, β가 양(+)의 상수이므로 $MU_X > 0$이고 $MU_Y > 0$이 된다. 이는 '많을수록 더 좋다.'는 강단조성 공리가 충족되고 있다는 것을 의미한다. $MRS_{X,Y} = MU_X/MU_Y = \alpha Y/\beta X$이고, 무차별곡선을 따라 X재를 증가시키면 강단조성 공리에 의해 Y재는 감소하기 때문에 한계대체율은 체감하게 된다.

[연습문제 2.4]
한계효용이 체감하는 맥주의 소비량 변화가 안주의 한계효용에는 아무런 영향을 미치지 않는다면 한계대체율체감의 법칙이 성립하게 된다. 따라서 무차별곡선은 원점에 대해 볼록한 모양을 갖는다.

[연습문제 2.5]
맥주의 소비량이 늘어날수록 한계효용이 증가하므로(안주의 한계효용은 일정) 평균적인 상품묶음보다 극단적인 상품묶음이 소비자에게 더욱 높은 효용수준을 제공한다. 따라서 무차별곡선은 원점에 대해 오목한 모양을 갖는다.

제 3 장 소비자의 예산제약과 최적선택

앞 장에서는 각 상품묶음에 대한 소비자의 선호체계와 무차별곡선의 성격에 대해서 살펴보았다. 이제 여러 상품묶음 중에서 소비자가 어떤 것을 선택하게 되는지를 규명할 단계이다. 소비자는 주어진 소득의 범위에서 상품을 구입할 수밖에 없다. 제3장에서는 소비자가 직면하게 되는 예산제약이 어떤 것인지를 살펴보고, 이러한 상황에서 소비자들이 어떤 상품묶음을 선택하는지를 살펴본다. 또한 예산제약이 변할 때 소비자의 선택이 어떻게 바뀌게 되는지에 대해서도 논의할 것이다. 이 과정에서 소비자의 수요곡선이 도출되는 것을 살펴보게 된다.

1. 소비자의 예산제약

1.1 예산선의 도출

사람의 욕망은 무한히 크기 때문에 소비자는 가능하다면 원점에서 멀리 떨어져 있는 무차별곡선을 선택하려고 할 것이다. 그러나 소비자의 선택은 자신의 소득에 의해서 제약을 받지 않을 수 없다. 소비자가 주어진 소득 M원을 두 상품 X재와 Y재의 구입에 모두 지출한다면 **예산제약**(budget constraint)은 식 (3. 1)과 같이 나타낼 수 있다.

$$(3.\ 1)\qquad M = P_X X + P_Y Y$$

여기에서 P_X와 P_Y는 각각 X재와 Y재의 가격을 의미하며, 이들은 시장에서 결정되어 주어져 있는 것으로 가정한다. 이 식을 정리하면 식 (3. 2)와 같은 **예산선**(budget line)을 구할 수 있다.

$$(3.\ 2)\qquad Y = \frac{M}{P_Y} - \frac{P_X}{P_Y} X$$

이 식을 보면 예산선의 기울기는 두 상품간의 가격비율, 즉 **상대가격**(relative price)에 음(-)의 부호를 붙인 것이고 절편의 크기는 소득을 Y재의 가격(P_Y)으로 나눈 값이다. 만일 M의 소득을 가지고 X재만 사려고 한다면 M/P_X만큼 구입할 수 있으며, Y재만 사려고 한다면 M/P_Y만큼 구입할 수 있다. 이러한 극단적인 두 점을 연결한 것이 [그림 3-1]에 나타나 있는 것처럼 절편이 M/P_Y이고, 기울기가 $-P_X/P_Y$인 예산선이 된다.[1)]

1) [그림 3-1]에서 예산선 AB의 기울기는 OA/OB와 같다. 그런데 OB는 M/P_X이고,

[그림 3-1] 예산선

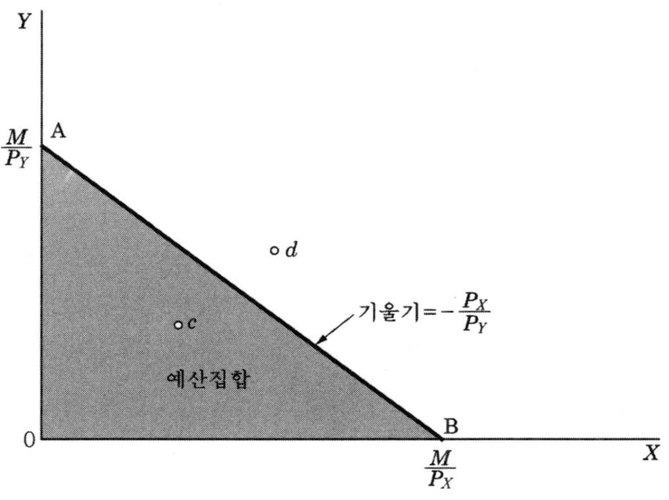

소비자가 자신의 모든 소득을 X재와 Y재의 구입에 지출한다면 예산선 AB 위의 어떤 상품묶음도 선택이 가능하다. 물론 예산선 안쪽의 상품묶음 예컨대, c점과 같은 상품묶음을 구입하는 것도 가능하다. 그러나 이 점에서는 모든 소득을 X재와 Y재의 구입에 지출하지 못하여 소득이 남게 된다. 이처럼 소득이 완전하게 지출되지 않는 경우는 우리의 분석대상에서 제외시키기로 한다. 또한 d 점과 같이 예산선 밖에 위치하는 상품묶음은 지금 주어진 소득으로 구입이 불가능하기 때문에 분석대상에서 제외시킨다.

> 주어진 소득을 전부 지출하였을 때 구입할 수 있는 상품묶음의 집합을 나타낸 것이 **예산선**이다.

OA는 M/P_Y이므로 다음의 식이 성립된다.

$$\text{예산선의 기울기} = \frac{OA}{OB} = \frac{\frac{M}{P_Y}}{\frac{M}{P_X}} = \frac{M}{P_Y} \cdot \frac{P_X}{M} = \frac{P_X}{P_Y}$$

[그림 3-2] 소득변화와 예산선의 이동

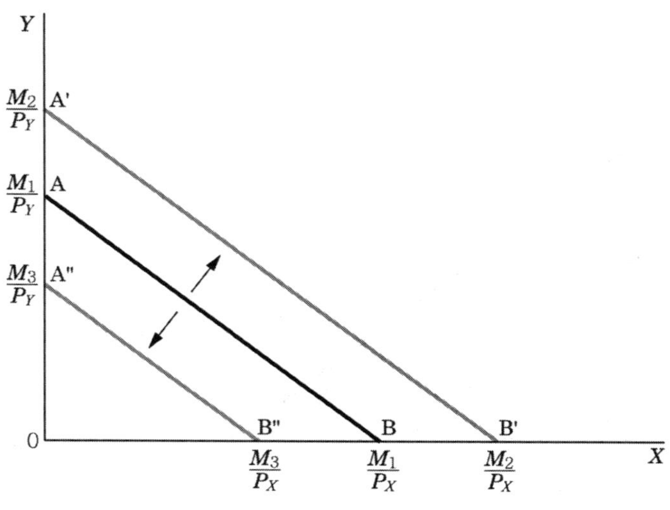

1.2 예산선의 이동

앞에서 예산선을 도출할 때 우리는 소비자의 소득과 두 상품의 가격이 일정하게 주어졌다는 가정에서 출발하였다. 이처럼 일정한 것으로 가정한 소득이나 상품의 가격이 변한다면 예산선은 어떻게 될까? 먼저 상품의 가격이 일정한 상황에서 소비자의 소득이 변화할 때 예산선에서 생기는 변화를 살펴보고, 다음에는 소득은 일정하지만 상품의 가격이 변화할 때 예산선이 어떻게 이동하는지 살펴보기로 한다.

(1) 소득의 변화

예산선의 기울기는 두 상품의 가격 비율(P_X/P_Y)이고, 절편은 M/P_Y이기 때문에 소득(M)이 변화하는 경우에는 예산선의 기울기는 그대로 유지된 채 절편의 크기만 변하게 된다. 따라서 [그림 3-2]에서 보듯이 소득이 M_1에서 M_2로 증가하면 예산선은 AB에서 $A'B'$으로 평행 이동하고, 반대로 소득이 M_3로 감소하면 예산선은 $A''B''$으로 평행 이동하게 된다.

[그림 3-3] 가격변화와 예산선의 이동

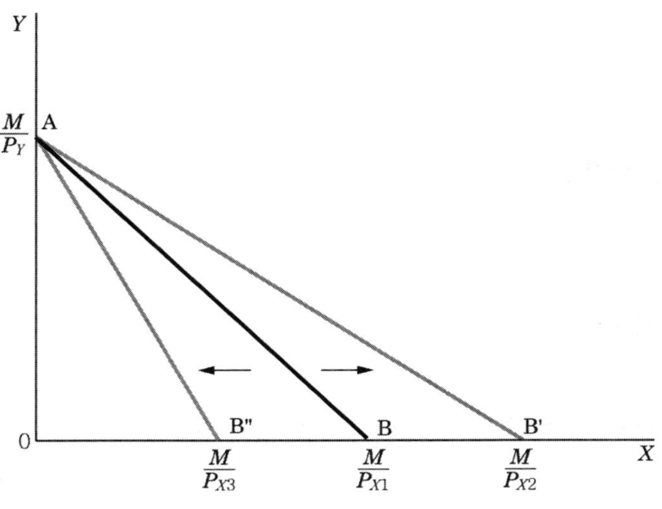

(2) 상품가격의 변화

이제 소득(M)과 Y재의 가격(P_Y)이 일정하게 주어진 상태에서 X재의 가격 P_X가 변하는 경우를 살펴보자. 다른 모든 것이 일정하게 주어져 있는 상태에서 P_X가 하락한다면 예산선의 절편(M/P_Y)이 그대로 유지된 채 기울기(P_X/P_Y)가 더욱 완만하게 된다. 반대로 P_X가 상승한다면 예산선의 절편이 그대로 유지된 채 기울기는 더욱 가파르게 된다.

[그림 3-3]에서 보는 것처럼 소득과 Y재의 가격이 주어진 상태에서 X재의 가격이 P_{X1}에서 P_{X2}로 하락하는 경우에는 주어진 소득으로 X재를 더 많이 구입할 수 있기 때문에 예산선은 AB에서 AB'으로 이동한다. 반대로 X재의 가격이 P_{X1}에서 P_{X3}로 가격이 상승한다면 예산선은 AB에서 AB''으로 이동하게 된다.

한편, 소득(M)과 X재의 가격(P_X)이 일정하게 주어진 상태에서 Y재의 가격(P_Y)이 변한다면 예산선은 M/P_X를 축으로 하여 회전하게 된다. 또한 소득이 주어진 상태에서 두 상품의 가격이 동시에 변화하는 경우에는 두 상품 가격의 상대적 변화 비율에 따라 예산선이 이동하게 된다. 만일 두 상품의 가격이 같은 비율로 변한다면 예산선의 기울기를 나타내는 P_X/P_Y에 변화가 없기 때문에 소득이 변할 때와 마찬가지로 예산선은 평행 이동할 것이다. 이러한 과정은 독자들 스스로 확인하여 보기 바란다.

2. 소비자의 최적선택

2.1 소비자의 효용극대화

소비활동의 궁극적인 목적은 소비로부터 효용을 극대화하는 것이다. 효용극대화를 추구하는 소비자는 가능하다면 원점에서 멀리 위치하는 무차별곡선을 선택하려고 할 것이다. 그러나 소득의 제약으로 인하여 그의 욕망을 실현하는 데는 한계가 있을 수밖에 없다. 두 상품 X, Y가 존재하는 경우에 소비자의 효용극대화 문제는 식 (3. 3)과 같이 표현된다.

(3. 3) 효용함수: $U=U(X, Y)$
제약조건: $M=P_X X+P_Y Y$

[그림 3-4]에는 어떤 소비자의 선호체계를 나타내는 효용함수 $U=XY$가 무차별곡선으로 나타나 있다. 이들 무차별곡선은 원점에 대해 볼록한 모양을 하고 있으며[2], $U_1<U_2<U_3$이다. 이 소비자의 월간 소득은 $M=72$만원이며 X재(쌀)의 단위당 가격은 $P_X=2$만원, Y재(옷)의 단위당 가격은 $P_Y=3$만원이라고 하자. 이 소비자는 기울기가 $-P_X/P_Y=-2/3$이며, Y축상의 절편이 $M/P_Y=24$인 예산선(AB)에 직면하게 된다.

효용극대화를 추구하는 소비자는 가능하다면 원점에서 멀리 떨어져 있는 상

2) 엄밀하게 표현하면 '강볼록하다.'는 것을 의미한다. 무차별곡선이 원점에 대해 강볼록하면 일직선으로 된 구간이 전혀 없이 우리가 일반적으로 보는 둥그스름한 모양을 하게 된다. 만일 무차별곡선에 일직선으로 된 구간이 존재하여 그곳에서 예산선과 접하게 된다면 효용을 극대화하는 해(solution)가 유일하지 않게 된다.

[그림 3-4] 소비자의 효용극대화

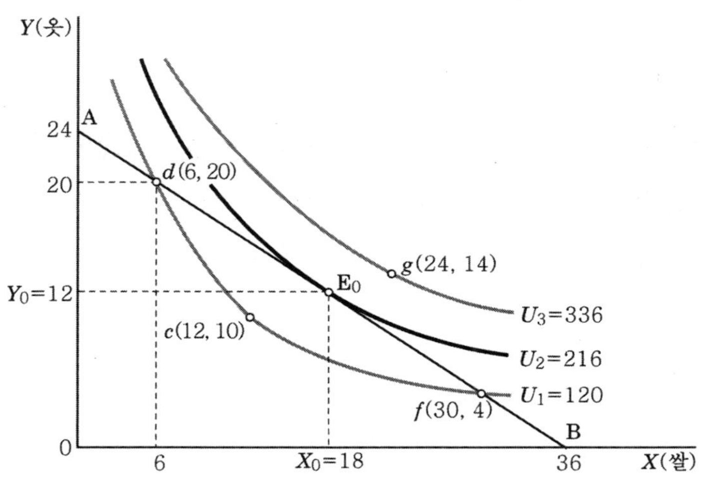

품묶음을 선택하려고 하지만 그 자신의 소득이 주어져 있기 때문에 선택행동에 제약을 받게 된다. 예컨대 소비자가 무차별곡선 U_3 위의 g점을 선택하면 더 높은 효용수준을 누릴 수 있겠지만 예산제약 때문에 그것을 선택하는 것이 불가능하다. 예산선이 AB로 주어져 있으므로 그는 이 예산선 위의 어느 점을 선택할 수밖에 없다. 그러나 합리적인 소비자라면 무차별곡선 U_1 위에 있는 d점이나 f점을 선택하지는 않을 것이다. 왜냐하면 같은 소득을 지출하더라도 E_0점을 선택한다면 더 높은 효용수준을 나타내는 U_2를 얻을 수 있기 때문이다. 이와 같이 예산선과 무차별곡선 U_2가 접하는 E_0점에서 소비자 균형이 달성된다. 소비자는 주어진 소득 72만원을 모두 지출하여 두 상품을 각각 $X_0=18$과 $Y_0=12$만큼 소비함으로써 $U_2=216$을 얻게 되는 것이다.

그림의 E_0점에 해당하는 상품묶음(X_0, Y_0)가 효용을 극대화하는 유일한 **최적해**(optimal solution)가 되며, 여기에서는 예산선과 무차별곡선의 기울기가 일치한다. 예산선의 기울기는 두 상품의 가격 비율인 P_X/P_Y이고, 무차별곡선의 기울기는 두 상품의 한계효용에 대한 비율(MU_X/MU_Y)이므로 E_0점에서는 다음과 같은 관계가 성립한다.

(3. 4) $$\frac{P_X}{P_Y}=\frac{MU_X}{MU_Y}=MRS_{X,Y}$$

이러한 소비자 균형조건은 시장에서 두 상품이 교환되는 **객관적 교환비율**(P_X/P_Y)을 의미하는 상대가격과 소비자의 **주관적 교환비율**(MU_X/MU_Y)을 나타내는 한계대체율이 일치하여야 효용이 극대화된다는 것을 의미한다. 식 (3. 4)를 다시 쓰면 다음과 같이 나타낼 수 있다.

(3. 5) $$\frac{MU_X}{P_X}=\frac{MU_Y}{P_Y}$$

식 (3. 5)는 X재와 Y재에 지출된 1원에 해당하는 한계효용이 같아야 효용이 극대화된다는 것을 보여주고 있다. 우리는 이를 **한계효용균등의 법칙**이라고 한다. 만일 $MU_X/P_X > MU_Y/P_Y$가 되어 X재에 지출된 1원어치에서 얻을 수 있는 한계효용이 Y재에 지출된 1원어치의 한계효용보다 더 크다면 Y재의 소비를 감소시키는 대신에 X재의 소비를 증가시킴으로써 더 높은 효용수준을 얻게 된다. 이와는 반대로 $MU_X/P_X < MU_Y/P_Y$라면 Y재의 소비를 증가시킴으로써 더 높은 효용수준을 얻을 수 있다. 결국 소비자는 식 (3. 5)의 조건이 충족되도록 두 상품을 소비해야 효용극대화를 달성할 수 있는 것이다.

[연습문제 3.1]

갑의 효용함수가 $U=XY$이다. 갑의 월간 소득은 $M=72$만원이며 X재와 Y재의 단위당 가격은 각각 $P_X=2$만원과 $P_Y=3$만원이다. 효용극대화를 위한 X재의 Y재의 수요량은 각각 얼마인가? 또한 효용을 극대화하는 점에서 예산선의 기울기와 한계대체율의 크기가 일치함을 보여라.

2.2 모서리해의 경우

지금까지 살펴본 것처럼 무차별곡선이 원점에 대해 강볼록하다고 해서 반드

[그림 3-5] 모서리해의 경우

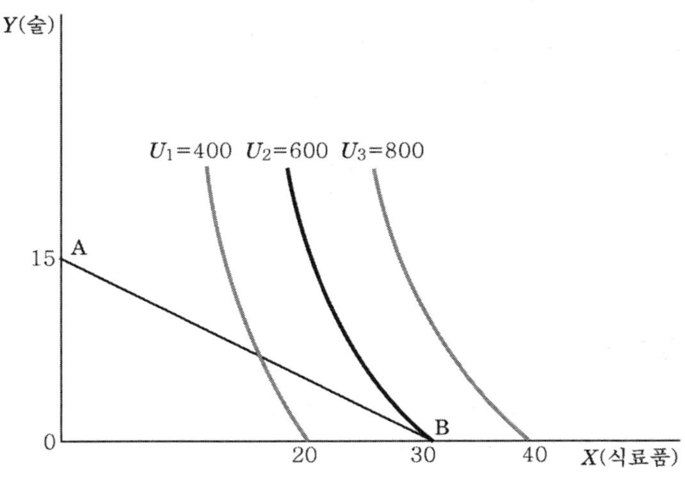

시 **내부해**(interior solution)가 존재하는 것은 아니다. 현실적으로 소비자들이 일부 상품에 대한 소비를 포기하는 경우가 있다. 어떤 소비자의 식료품과 술에 대한 선호체계가 [그림 3-5]와 같이 주어지는 경우를 생각해 보자. 이 그림에서는 무차별곡선의 기울기와 예산선의 기울기가 일치하는 내부해가 존재하지 않는다. 소비자는 B와 같이 모서리점에 위치한 상품묶음을 선택함으로써 효용을 극대화할 수 있다. 이러한 **모서리해**(corner solution)가 성립하면 소비자는 Y재(술)는 전혀 구입하지 않고 오직 X재(식료품)만 구입함으로써 효용을 극대화하게 된다.

> **내부해**란 두 상품에 대한 최적수요가 모두 영(0)보다 큰 경우를 말하는데 비해, **모서리해**란 두 상품 중 한 상품에 대한 최적수요가 0인 경우를 의미한다.

식료품과 술의 가격이 각각 $P_X=2$만원과 $P_Y=4$만원으로 주어졌을 때 월간 소득이 $M=60$만원인 소비자의 효용함수가 $U(X, Y)=XY+20X$라고 하자. 이 효용함수가 주어질 때 소비자가 술을 전혀 구입하지 않아서 $Y=0$이면 $U=20X$의 효용수준을 얻을 수 있다. 따라서 이 효용함수를 나타내는 무차별곡선은 X축과 교차하게 된다. 이 때 X재 20단위를 소비하면 효용수준은 $U_1=400$이고, X재 30단위 또는 40단위를 소비하면 효용수준은 각각 $U_2=600$과 U_3

=800인 무차별지도를 도출할 수 있다.

이와 같은 무차별지도가 주어지면 예산제약이 $Y=15-(1/2)X$이므로 소비자는 B점에 해당하는 $X=30$ 및 $Y=0$를 선택함으로써 효용을 극대화하게 된다. 이러한 B점에서는 $MU_X(=Y+20)=20$, $MU_Y(=X)=30$이므로[3] 한계대체율이 $MRS_{X,Y}=2/3$가 되어 무차별곡선과 예산선의 기울기가 서로 일치하지 않고 있다. 이와 같이 모서리해가 성립될 때는 식 (3. 4)에서 제시한 효용극대화 조건이 필요조건도 충분조건도 아니라는 것을 알 수 있다.

[연습문제 3.2]

> 갑은 소주(X재)와 양주(Y재)를 완전한 대체재로 생각하고 있다. 그는 언제든지 양주 한잔과 소주 2잔을 기꺼이 교환할 의향을 갖고 있다. $P_X=3$천원이고 $P_Y=9$천원이고 그의 월간 소득이 9만원이라면 갑은 두 상품을 각각 얼마씩 구입하겠는가?

[연습문제 3.3]

> 갑의 효용함수가 $U=XY$이다. X재의 가격은 단위당 $P_X=2$만원이며 Y재의 가격은 단위당 $P_Y=3$만원이다. 갑의 월간 소득이 $M_1=72$만원에서 $M_2=84$만원, $M_3=96$만원으로 증가할 때 예산선이 이동하는 과정을 설명하고, 효용극대화를 위한 X재의 Y재의 수요량을 구하라.

3. 소득 및 가격의 변화와 최적선택

3.1 소득변화와 최적선택

우리는 소비자의 소득과 두 상품의 가격이 일정하게 주어졌을 때 $P_X/P_Y=$

3) 효용함수가 $U(X,Y)=XY+20X$로 주어지면 MU_X는 $\partial U/\partial X=Y+20$이고, MU_Y는 $\partial U/\partial Y=X$이다.

[그림 3-6] 소득소비곡선 및 엥겔곡선

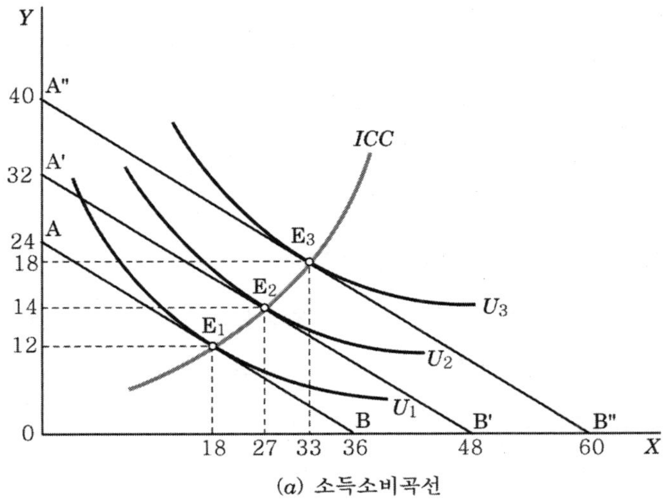

(a) 소득소비곡선

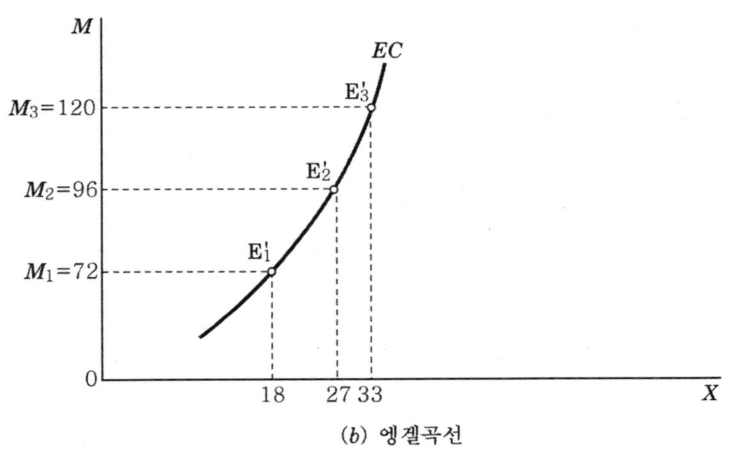

(b) 엥겔곡선

MU_X/MU_Y가 성립하면 소비자의 만족 또는 효용이 극대화된다는 점을 알고 있다. 만일 일정하다고 가정한 소득이 변한다면 소비자는 각 상품구입량을 어떻게 바꾸게 될까? X재와 Y재의 가격이 일정한 상황에서 소득이 증가하면 예산선은 오른쪽으로 평행 이동하게 되고, 그 결과 소비자의 최적 선택점도 옮겨가게 된다.

X재와 Y재의 단위당 가격이 각각 $P_X=2$만원과 $P_Y=3$만원이라고 하자. 이러한 가격체계가 주어지면 예산선의 기울기는 $-P_X/P_Y=-2/3$이다. [그림

3-6]의 (a)를 보면 소득이 M_1=72만원일 때 예산선은 AB가 되며 소비자는 E_1점을 선택하여 X재 18단위를 수요하는 것으로 나타나 있다. 한편, 소득이 M_2=96만원으로 증가하여 예산선이 $A'B'$가 되면 소비자는 X재 27단위를 수요하게 되고, 소득이 다시 M_3=120만원으로 증가하면 예산선은 $A''B''$이 되어 소비자는 X재 33단위를 수요하게 된다. 이와 같이 소득이 변함에 따라서 소비자들이 선택하게 되는 점들의 궤적을 **소득소비곡선**(income-consumption curve; ICC)이라고 한다. ICC의 모양은 수요의 소득탄력성(η_M) 크기와 밀접하게 관련을 갖는다. 그림 (a)는 X재가 정상재일 때의($\eta_M>0$) 소득소비곡선을 보여주고 있다. 정상재는 소득이 증가하면서 그 상품의 소비량도 증가하기 때문에 ICC가 우상향하는 모양을 갖게 되는 것이다.

만일 X재가 정상재이면서 필수재($0<\eta_M<1$)의 성격을 갖는다면 ICC는 위쪽으로 휘어지면서 올라가는 모양을 갖게 된다. 그림 (a)는 소득이 증가함에 따라서 X재의 수요량은 각각 18단위, 27단위, 33단위로 완만하게 증가하는 필수재의 ICC를 보여주고 있다.

지금 설명한 소득(M)과 X재에 대한 수요량과의 관계를 그림 (b)의 **엥겔곡선**(Engel curve; EC)으로 나타낼 수 있다. X재가 필수재이면 소득이 증가하면서 그것의 수요량이 완만하게 증가하기 때문에 엥겔곡선은 ICC와 마찬가지로 위쪽으로 휘어지면서 올라가는 모양을 한다. 만일 X재가 사치재($\eta_M>1$)라면 소득증가에 따른 X재의 수요량 증가가 더욱 빠르게 이루어지기 때문에 ICC는 아래쪽으로 휘어지면서 올라가는 모양을 보이게 된다. 물론 EC도 아래쪽으로 휘어지면서 올라가는 모양을 보일 것이다.

한편, X재의 소득탄력성이 $\eta_M=1$인 경우에는 ICC와 EC의 모양이 [그림 3-7]에서 보는 것처럼 필수재($0<\eta_M<1$)와 사치재($\eta_M>1$)의 중간 형태인 직선이 될 것이라는 점을 짐작할 수 있다. X재의 소득탄력성이 1일 때 소득이 $k\%$ 증가하면 X재의 수요량도 $k\%$ 증가하게 된다. 따라서 두 상품만 소비하는 경우에는 Y재에 대한 수요량도 $k\%$ 증가하게 되어 Y재의 소득탄력성도 1이 된다. $\eta_M=1$이면 소비자의 소득이 일정 비율로 증가할 때 X재와 Y재에 대한 수요도 똑같은 비율로 증가하게 된다는 것을 의미한다. 이와 같이 추가적인 소

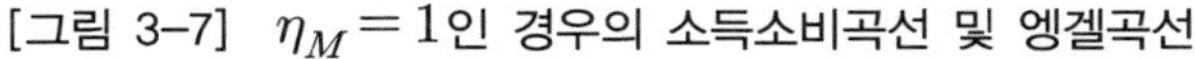

[그림 3-7] $\eta_M = 1$인 경우의 소득소비곡선 및 엥겔곡선

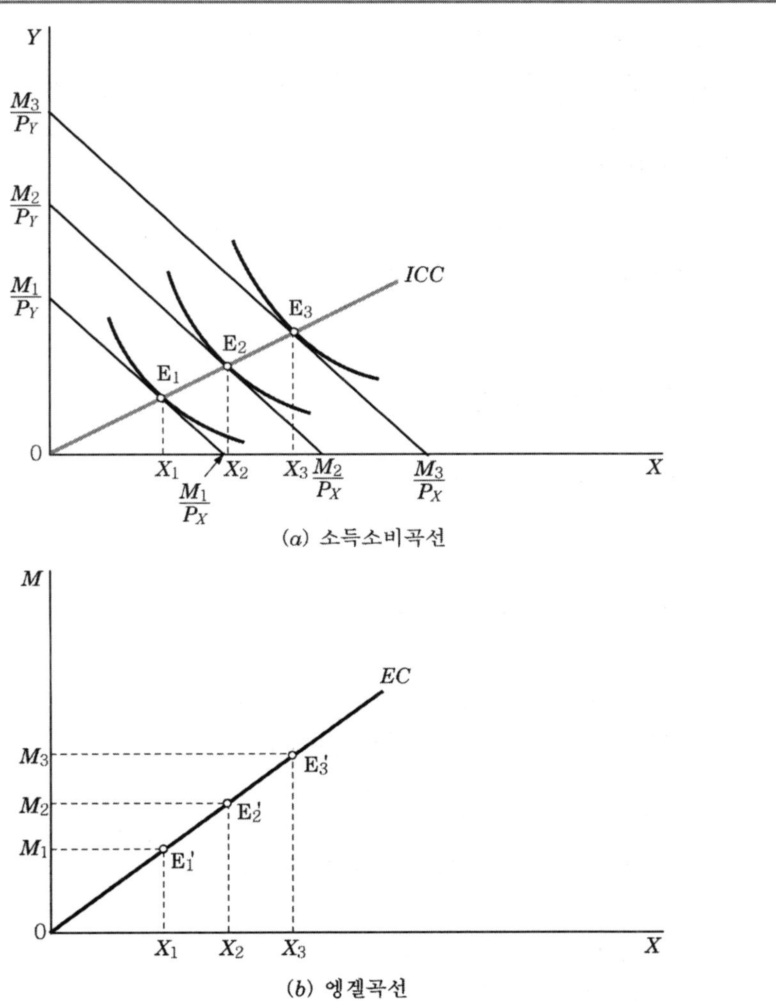

(a) 소득소비곡선

(b) 엥겔곡선

득이 생길 때 이를 현재의 지출구성 비율대로 배분하는 특성을 가진 선호체계를 **동조적 선호**(homothetic preference)라고 한다. 동조적 선호의 의미를 파악하기에 앞서 **동차함수**(homogeneous function)의 특성을 파악하여 보자.[4] 동차함수는 경제학에서 자주 언급되는 매우 중요한 개념이므로 바로 뒤에서 자세

4) 동조함수는 k차 동차함수의 합성함수이다. 만일 k차 동차함수인 $U=U(X, Y)$가 주어지면 이것의 합성함수인 $H=h[U(X, Y)]$가 동조함수인 것이다. 이처럼 동조함수는 동차함수의 임의 변환을 통해 얻어지기 때문에 동차적 효용함수는 당연히 동조적 효용함수에 포함된다.

하게 설명하기로 한다.

소비자의 소득이 일정한 비율로 증가할 때 두 상품에 대한 수요도 똑같은 비율로 증가하는 특성을 가진 선호체계를 **동조적 선호**라고 한다.

[연습문제 3.4]

갑의 효용함수가 $U=XY$일 때 갑의 선호체계가 동조적임을 보이고, 또한 한계대체율과 X재와 Y재에 대한 소득탄력성의 크기를 구하라.

동차함수와 동조함수

어떤 함수 $z=f(x_1, x_2)$에서 독립변수인 x_1과 x_2를 각각 λ배로 증가시킬 때 다음과 같은 결과가 나타난다고 하자.

(1) $\lambda^k z=f(\lambda x_1, \lambda x_2)$ 단, λ는 임의의 양수임.

식 (1)에 의하면 x_1과 x_2를 각각 λ배한 결과 z가 λ^k배만큼 증가하였다. 우리는 이 함수를 k차동차함수(homogeneous function of degree k)라고 한다.

효용함수가 $U=XY$로 주어져 있다고 하자. 이 함수의 독립변수인 X와 Y를 각각 λ배하면 다음의 관계가 성립된다.

(2) $\lambda X \lambda Y=\lambda^2 XY=\lambda^2 U$

그러므로 $U=XY$는 2차동차함수이다. 동차적 효용함수를 나타내는 선호체계에서는 소득소비곡선(ICC)이 원점에서 나오는 방사선(ray)이 된다. 이것은 방사선 위에서 측정한 무차별곡선의 기울기, 즉 한계대체율이 일정하다는 것을 의미한다. 효용함수 $U=XY$의 한계대체율은 다음과 같다.

(3) $MU_X=Y$, $MU_Y=X$이므로 $MRS_{X,Y}=\dfrac{MU_X}{MU_Y}=\dfrac{Y}{X}$

또한 소득이 증가하여 X재와 Y재의 소비량이 각각 λ배로 증가하더라도

$MRS_{X,Y}$의 크기는 Y/X로 동일하다. 식 (2)에서 X재와 Y재의 한계효용을 구하여 한계대체율의 크기를 구해 보면 쉽게 알 수 있다. 따라서 동차적 효용함수의 ICC는 원점에서 뻗어 나오는 방사선의 모양을 갖게 된다.

이러한 특성은 앞에서 살펴본 2차동차함수뿐만 아니라 모든 동차함수에서 나타난다. 더구나 동차함수보다 보다 일반적인 형태인 동조함수(homothetic function)에서도 똑같은 현상이 나타나게 된다. 예컨대 $U=XY$의 임의변환인 $U_1=XY+X^2Y^2$, 즉 $U_1=U+U^2$는 동조함수가 된다. 이를 이용하여 X재와 Y재의 한계효용을 구하면 다음과 같다.

(4) $MU_X=Y+2XY^2=Y(1+2XY)$, $MU_Y=X+2X^2Y=X(1+2XY)$

그러므로 $U_1=U+U^2$를 대표하는 무차별곡선의 한계대체율은 다음과 같다.

(5) $$MRS_{X,Y}=\frac{MU_X}{MU_Y}=\frac{Y}{X}$$

$U_1=U+U^2$에서 X, Y재의 소비량을 각각 λ배로 증가시키더라도 한계대체율은 Y/X로 일정하게 유지된다는 점을 독자들 스스로 확인해 볼 수 있다. 따라서 동조적 효용함수의 ICC는 원점에서 뻗어 나오는 방사선의 모양을 하게 된다.

이제 콥-더글라스 효용함수를 이용하여 동조적 선호의 특성에 대해 살펴보기로 하자. 콥-더글라스 효용함수가 1차동차인 $U=\sqrt{XY}$로 주어지면 이를 대표하는 무차별지도는 [그림 3-8]과 같은 모양을 갖는다. 이 때 U_1의 a점에서 측정한 무차별곡선 기울기는 $MRS_{X,Y}=MU_X/MU_Y=Y_1/X_1$이 된다.[5] $\eta_M=1$이어서 소득이 λ배 증가하여 X재와 Y재에 대한 소비량이 λ배로 증가하면 $\sqrt{\lambda X}\sqrt{\lambda Y}=\lambda\sqrt{XY}$가 되고, 이를 나타내는 무차별곡선 U_2의 b점에서의 기울기 역시 $MRS_{X,Y}=Y_1/X_1$이 된다. 같은 방식을 적용하면 무차별곡선 U_3의

5) 효용함수가 $U=\sqrt{XY}=X^{0.5}Y^{0.5}$이면 $MU_X=\frac{\partial(X^{0.5}Y^{0.5})}{\partial X}=0.5X^{-0.5}Y^{0.5}=0.5(\frac{Y}{X})^{0.5}$가 되고, $MU_Y=\frac{\partial(X^{0.5}Y^{0.5})}{\partial Y}=0.5X^{0.5}Y^{-0.5}=0.5(\frac{X}{Y})^{0.5}$ 가 된다.

[그림 3-8] 콥-더글라스 효용함수의 소득소비곡선

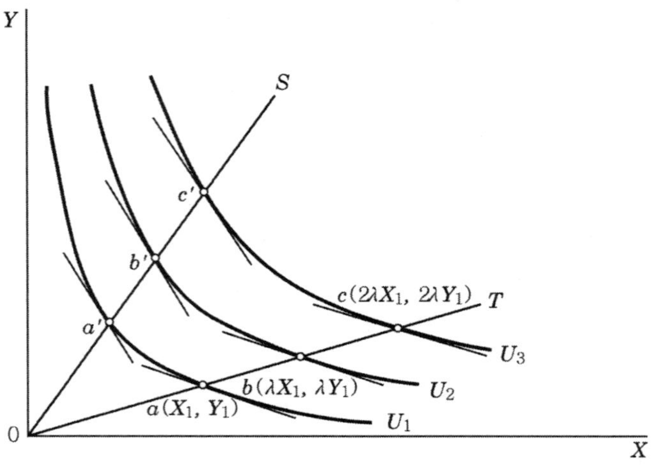

c점에서도 그것의 기울기는 Y_1/X_1이 된다는 점을 알 수 있다. 이와 같이 $\eta_M=1$이면 그림에서 보는 것처럼 원점에서 나오는 방사선 T 위에서 측정한 무차별곡선의 기울기는 언제나 같게 된다. 물론 S의 방사선 위에서도 똑같은 현상이 나타나게 된다. 이는 소비자의 소득이 일정 비율로 증가할 때 두 상품에 대한 수요도 똑같은 비율로 증가하게 됨을 의미하는 것으로, 이러한 특성을 가진 선호체계를 동조적 선호라고 한다.

이러한 현상이 콥-더글라스함수와 같은 동차함수에만 나타나는 것이 아니라 **동조함수**(homothetic function)에서도 나타난다. 동조함수는 동차함수의 임의 변환을 통해 얻어지는 함수이기 때문에 소득소비곡선이 원점에서 나오는 방사선의 모양을 하는 것은 당연하다.

소득이 증가하면서 상품의 소비량이 반드시 증가하는 것은 아니다. 소득이 일정수준 이상으로 증가하면 오히려 소비량이 감소하는 상품도 있다. 예컨대 소득수준이 낮은 사람이 일주일 동안 14끼 식사를 라면으로 해결하다가 소득이 높아지면서 10끼만 라면으로 해결한다고 하자. 이 소비자의 입장에서 보면 높아진 소득에서 라면은 열등재($\eta_M<0$)이다.

[그림 3-9]는 열등재의 경우 소득소비곡선과 엥겔곡선을 보여주고 있다. 그림에서 이 소비자의 소득이 M_2 이상으로 증가하면서 라면(X재)의 소비량이

[그림 3-9] 열등재의 소득소비곡선 및 엥겔곡선

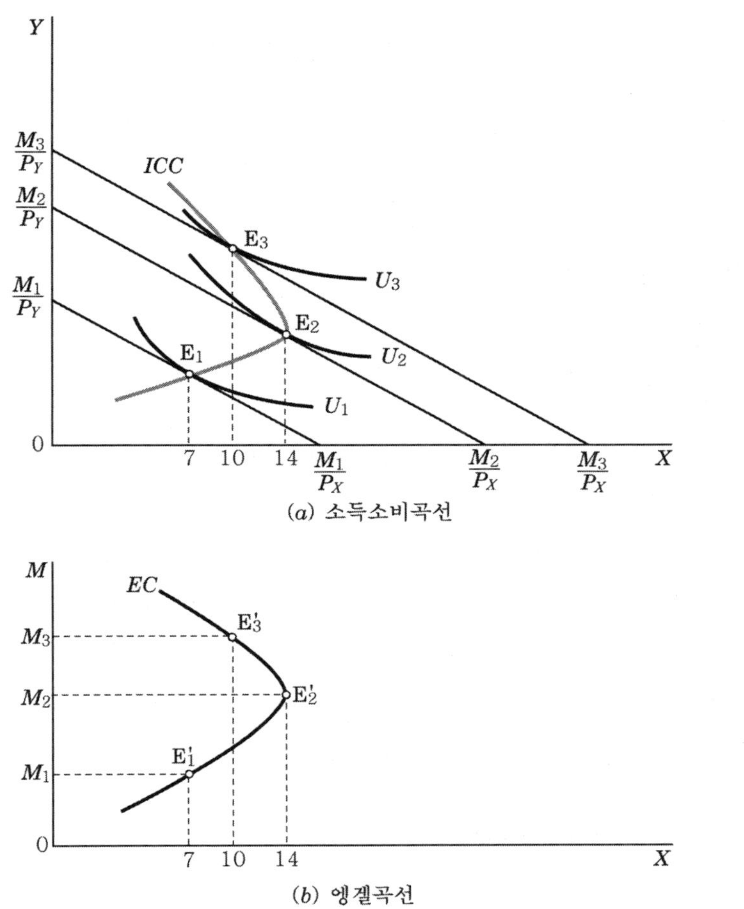

(a) 소득소비곡선

(b) 엥겔곡선

감소되고 있기 때문에 *ICC*와 *EC*는 지금까지와는 반대로 왼쪽 방향으로 올라가는 모양을 하고 있다.

[연습문제 3.5]

갑의 소득이 100원이고 P_X와 P_Y가 각각 10원일 때 X재와 Y재를 각각 5개씩 구입하고 있다고 하자. 소득소비곡선(*ICC*)가 수평선의 모양을 가질 때 갑의 소득이 150원으로 증가하면 X재에 대한 소득탄력성의 크기는 얼마일까? 단, 소득이 증가한 시점을 기준으로 소득탄력성의 크기를 측정할 것.

[연습문제 3.6]

두 상품 X재와 Y재에 대한 소비자의 효용함수가 $U = X^{0.2}Y^{0.8}$로 주어져 있을 때 X재에 대한 수요의 가격탄력성 크기는 얼마인가? 그리고 소득소비곡선(ICC)은 어떤 모양을 갖는가?

3.2 가격변화와 최적선택

(1) 가격소비곡선

소비자의 소득과 Y재의 가격 그리고 소비자의 선호가 일정하게 주어진 상황에서 X재의 가격이 변할 때 소비자의 균형이 어떻게 변하는가를 살펴보기로 하자. [그림 3-10]에서 보는 것처럼 소비자의 소득이 72만원이고, X재와 Y재의 가격이 각각 3만원과 2만원이면 예산선은 AB가 된다. 예산선이 이렇게 주어지면 효용극대화를 추구하는 소비자는 이것이 무차별곡선 U_1과 접하는 E_1점을 선택하는데 이 때 X재의 수요량은 14단위로 나타나 있다.

이제 X재의 가격이 3만원에서 2만원으로 하락하였다고 하자. X재의 가격하

[그림 3-10] 가격효과와 가격소비곡선

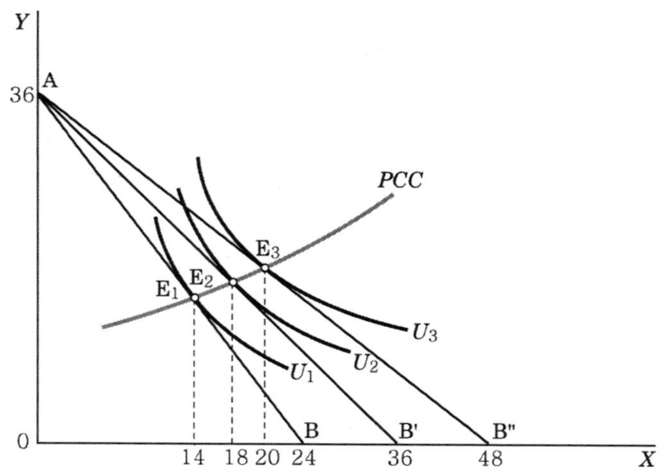

락은 예산선을 AB'로 이동시키고 소비자는 E_2점을 선택함으로써 X재 18단위를 수요하게 된다. X재의 가격이 더욱 하락하여 1.5만원이 되면 소비자의 선택은 E_3점으로 이동하여 20단위를 수요하게 된다. 이와 같이 M과 P_Y가 주어져 있는 상황에서 P_X가 변할 때 소비자가 선택하게 되는 점 $E_1 \rightarrow E_2 \rightarrow E_3$를 연결한 궤적을 **가격소비곡선**(price-consumption curve; PCC)이라고 한다. 이것은 X재의 가격변화로 인한 X재의 수요량 변화, 즉 **가격효과**(price effects)를 나타내주는 곡선이라고 할 수 있다.

가격소비곡선(PCC)의 모양은 X재에 대한 수요의 가격탄력성 크기와 밀접하게 관련을 갖는다. 만일 수요의 가격탄력성이 $\eta_P<1$이라면 [그림 3-10]에 나타나 있는 것처럼 PCC는 우상향하게 된다. 수요의 가격탄력성이 1보다 작은 경우 X재의 가격이 하락하면 X재에 대한 지출액은 감소하게 되므로[6] 이것은 Y재에 대한 지출액의 증가를 의미한다. P_Y가 일정하게 주어진 상황에서 Y재에 대한 지출액이 증가하면 Y재의 수요량은 증가할 것이다. 이와 같이 X재에 대한 수요의 가격탄력성이 1보다 작은 경우에 X재의 가격이 하락하면 X재의 수요량이 증가하면서[7] Y재의 수요량도 증가하기 때문에 PCC가 우상향하는 모양을 갖게 된다.

이와는 반대로 $\eta_P>1$인 경우에는 PCC가 [그림 3-11]의 (a)와 같이 우하향하게 된다. 수요의 가격탄력성이 1보다 클 때 X재의 가격이 하락하면 X재에 대한 지출액이 증가하고 결과적으로 Y재에 대한 지출액은 감소하게 된다. P_Y가 일정하게 주어진 상황에서 Y재에 대한 지출액의 감소는 Y재의 수요량을 감소시키게 된다. 이처럼 X재에 대한 수요의 가격탄력성이 1보다 큰 경우에 X재의 가격이 하락하면 X재의 수요량이 증가하면서 Y재의 수요량은 감소하기 때문에 PCC는 우하향하는 모양을 갖게 된다.

한편, 수요의 가격탄력성이 $\eta_P=1$이라면 가격소비곡선은 수평선의 모양을 갖게 된다. 수요의 가격탄력성이 1이면 X재의 가격이 하락하더라도 X재에 대한

---

6) 가격탄력성과 지출액의 관계에서 가격탄력성이 1일 때 X재의 가격이 하락하면 X재에 대한 지출액은 불변이다. 가격탄력성이 1보다 큰 경우에는 X재의 가격이 하락할 때 X재에 대한 지출액은 증가하고, 반대로 가격탄력성이 1보다 작은 경우에는 X재에 대한 지출액은 감소한다.

7) X재의 가격이 하락은 X재의 수요를 증가시키는 일반적인 경우를 상정하였다.

[그림 3-11] 여러 가지 형태의 가격소비곡선

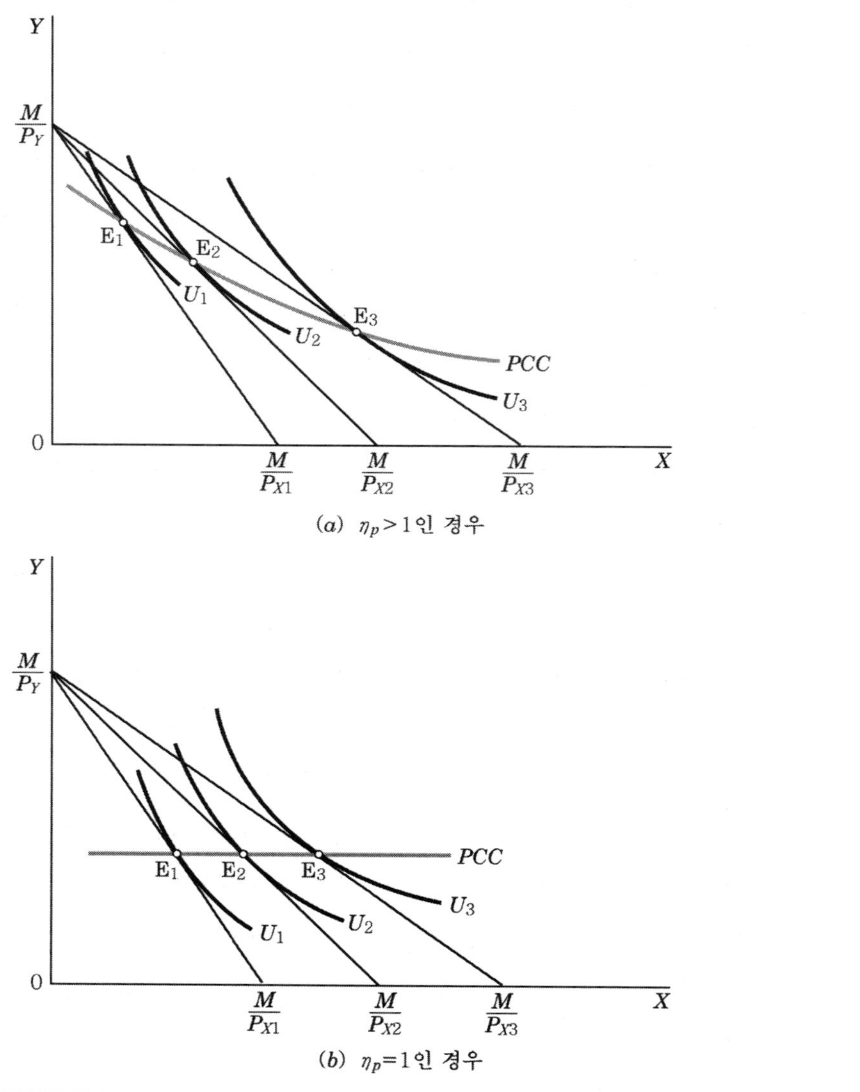

(a) $\eta_p > 1$인 경우

(b) $\eta_p = 1$인 경우

지출액이 변하지 않기 때문에 Y재에 대한 지출액도 변하지 않게 된다. P_Y가 일정하게 주어진 상황에서 Y재에 대한 지출액이 그대로 유지되면 Y재의 수요량에도 아무런 변화가 없게 될 것이다. 이와 같이 X재에 대한 수요의 가격탄력성이 1인 경우에는 PCC가 그림 (b)와 같이 수평선의 모양을 갖게 된다.

[연습문제 3.7]

두 상품이 서로 완전보완재일 때 가격소비곡선(PCC)과 소득소비곡선(ICC)이 모두 원점을 통과하는 직선을 모양을 갖게 됨을 보여라.

(2) 수요곡선의 도출

지금까지 설명한 PCC는 M과 P_Y가 일정하게 주어져 있을 때 P_X의 변화가 X재의 수요량을 어느 정도 변화시키는지 보여준다. 따라서 PCC를 활용하면 X재에 대한 수요곡선을 논리적으로 도출할 수 있다. [그림 3-12]의 (a)에서 X재의 가격이 하락할 때 소비자 균형이 E_1, E_2, E_3점으로 이동하는 과정을 추적해 보면 X재의 가격이 3만원, 2만원, 1.5만원으로 하락함에 따라 X재의 수요량이 14단위, 18단위, 20단위로 증가하는 것을 알 수 있다. 이러한 X재의 가격과 수요량의 관계를 2차원 공간에 표시하면 그림 (b)에서 보는 바와 같이 우하향하는 수요곡선 d를 얻게 된다. 그림 (b)에 나타나 있는 수요곡선상의 E_1', E_2', E_3'점들은 그림 (a)의 E_1, E_2, E_3점들과 서로 대응되고 있다. 이것은 한 상품에 대한 개인의 수요곡선이 그 소비자의 효용극대화 과정에서 도출된다는 점을 확인시켜 주는 것이다.

지금까지 수요곡선을 도출하는 과정에서 우리는 M과 P_Y가 일정하게 주어져 있다는 가정하에서 P_X에 대해서만 변화를 주었다. 이처럼 M과 P_Y가 불변일 때 각각의 P_X에 대한 X재 수요량(X_d)을 다음과 같은 함수관계로 나타낼 수 있다.

(3. 6) $$X_d = d(P_X;\ P_Y,\ M)$$

현실적으로 식 (3. 6)에서 불변인 것으로 가정한 P_Y와 M은 변동할 수 있으며, 이때 효용극대화를 가져다 주는 X재의 수요량 크기도 변화할 수 있다. 따라서 효용극대화를 나타내는 X재에 대한 수요량은 식 (3. 6)과 같이 P_X 뿐만 아니라 P_Y와 M의 함수로 나타낼 수 있다.

[그림 3-12] 가격소비곡선과 수요곡선

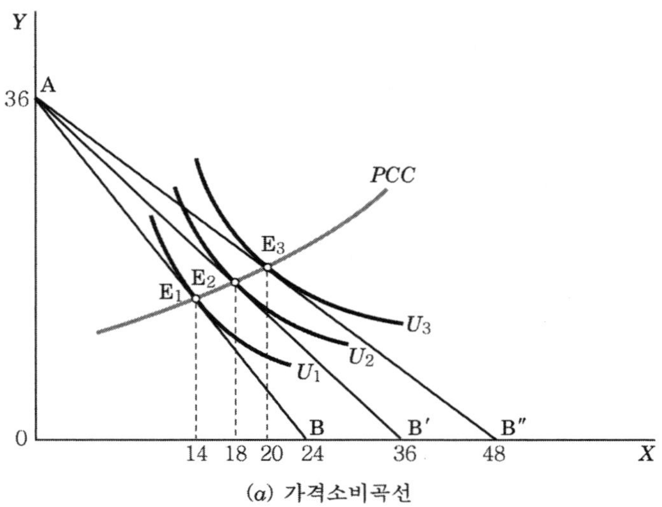

(*a*) 가격소비곡선

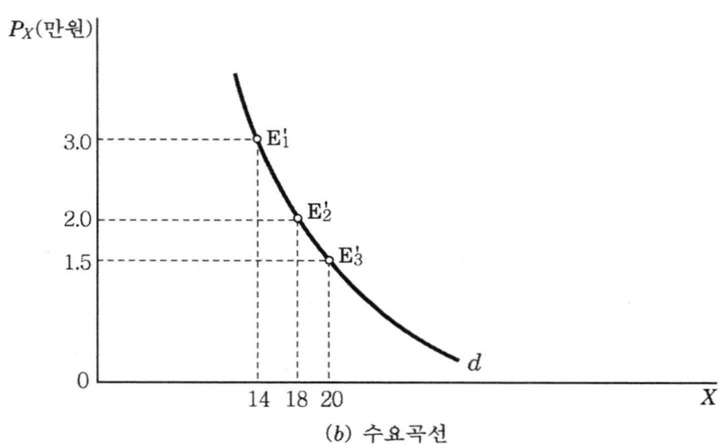

(*b*) 수요곡선

(3. 7) $X_d = d(P_X,\ P_Y,\ M)$

이러한 수요함수가 주어졌을 때 X재의 가격을 비롯하여 Y재의 가격과 소득이 λ배만큼 증가하면 어떠한 현상이 나타날까? 식 (3. 7)의 독립변수인 P_X, P_Y, M을 각각 2배 증가시키더라도 예산선을 나타내는 식 (3. 2) $Y = M/P_Y - (P_X/P_Y)X$에는 전혀 변화가 없다는 것을 알 수 있다. 두 상품의 가격과 소득이 2배 증가하더라도 예산제약에 아무런 변화가 없다면 소비자는 X재의 수요량을 이전과 동일하게 유지하는 것이 최적이다. 이처럼 모든 독립변수가 똑같은 크기로 변화할 때 X재의 수요량에 아무런 변화가 없다는 것을 앞에서 본 동차함수와 관련시켜 다음과 같이 나타낼 수 있다.

$$(3.\ 8) \qquad d(\lambda P_X,\ \lambda P_Y,\ \lambda M) = \lambda^0 d(P_X,\ P_Y,\ M)$$

식 (3. 8)의 우변 앞에 $\lambda^0 = 1$이 첨부되어 있는 것을 볼 수 있는데, 이것은 어떤 상품의 수요량을 결정하는 모든 독립변수를 λ배로 증가시켰을 때 그 상품에 대한 수요량에는 전혀 변화가 없다는 것을 나타내는 것이다. 이러한 의미에서 수요함수는 가격과 소득에 대해 **0차 동차함수**(homogeneous function of degree zero)의 성격을 갖는다고 한다.

4. 시장수요

4.1 시장수요의 성격

지금까지 설명한 수요곡선은 한 개인의 X재에 대한 수요곡선이다. 그런데 경제학에서 궁극적으로 관심을 갖는 것은 시장에서의 수요곡선이다. 왜냐하면 자원배분 기능을 담당하는 상품가격의 결정과정에서 중요한 역할을 하는 것이 시장수요이기 때문이다. 분석을 단순화하기 위하여 두 상품을 n명이 소비하는 경제를 생각해 보자. 시장전체의 X재에 대한 수요(X_D)는 개별소비자의 수요곡선을 각각 수평방향으로 더함으로써 구할 수 있다. 식 (3. 6)으로부터 개별 소비자 i의 X재에 대한 수요함수를 $d_i(P_X;\ P_Y,\ M_i)$라 두고, 이들의 수요(d_i)를 모두 합하면 된다. 따라서 **시장수요함수**(market demand function)를 식 (3. 9)와 같이 나타낼 수 있다.

$$(3.\ 9)\qquad X_D = \sum_{i=1}^{n} d_i(P_X;\ P_Y,\ M_i) = D(P_X;\ P_Y,\ M_1,\ M_2,\ \cdots M_n)$$

단, n은 소비자의 수

여기에서 한 가지 분명히 해야 할 점이 있다. 어떤 상품에 대한 **수요량**(quantity demanded)이란 소비자들이 일정기간 동안 어떤 상품을 구매하고자 **의도하는 상품의 수량**을 나타내고 있다는 사실이다. 그러므로 어떤 상품의 생산량이 충분하지 못하다면 소비자가 구매하고자 하는 수량이 실제로 그들이 구매하는 수량을 초과할 수도 있고, 반대의 경우에는 소비자가 구매하고자 하는 수량이 실제로 그들이 구매하는 수량보다 적을 수도 있다.

또한 수요량은 어떤 특정한 시점에서의 구매하고자 하는 상품의 수량을 의미하는 것이 아니라 계속된 구매의 흐름을 의미한다는 점도 유의해야 한다. 어떤 사람의 빵에 대한 수요량이 10개라고 할 때 그것이 하루 동안의 수요량인가, 아니면 일주일 동안의 수요량인가에 대한 기간이 명시되어야 빵에 대한 수요량이 의미를 가질 수 있다. 이처럼 수요량은 기간단위로 측정되는 **유량**(flow)의 성격을 갖는다.[8)]

이제 3명의 소비자로 구성된 가장 단순한 경제에서 시장수요곡선을 도출하여 보기로 하자. [그림 3-13]에서 상품가격이 P_1으로 주어지면 소비자 A와 B의 수요량이 각각 a와 b이고 소비자 C의 수요량은 c이다. 따라서 이들을 수평으로 합하면 상품가격이 P_1일 때의 시장수요량 $X_1(=a+b+c)$을 구할 수 있다. 이와 같이 어떤 상품에 대한 **시장수요곡선**(market demand curve)은 시장에 참여하는 모든 사람들의 개별수요곡선을 수평으로 더하여 도출하게 된다.[9)] 시장수요곡선은 개별소비자들의 수요곡선을 수평방향으로 더하여 도출되므로 이들보다 훨씬 더 완만한 기울기를 갖게 될 것이다. 그림에서 보면 시장수요곡선이 개별소비자의 수요곡선보다 훨씬 더 완만한 기울기를 갖고 있음을 알 수 있다.

식 (3. 9)에 제시된 시장수요함수에 의하면 X재의 가격이 독립변수의 역할

---

8) 수요량뿐만 아니라 국내소득, 투자처럼 일정한 기간을 기준으로 그 크기를 측정해야 하는 경제변량을 유량(flow)이라고 하고, 통화량이나 자본처럼 일정한 시점을 기준으로 그 크기를 측정해야 하는 경제변량을 저량(stock)이라고 한다.

9) 공공재에 대한 시장수요는 개인의 공공재에 대한 수요의 수평합이 아니라 수직합으로 구한다.

[그림 3-13] 시장수요곡선의 도출

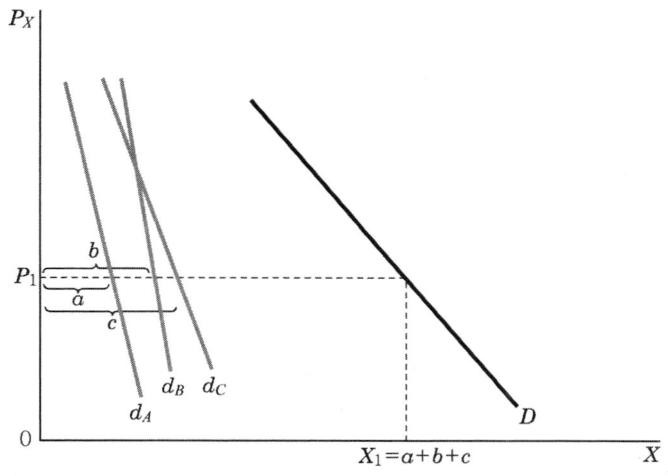

을 하며 수요량은 종속변수의 역할을 하고 있다. 따라서 이들의 관계를 도형화하려면 수평축에는 독립변수인 가격을, 수직축에는 종속변수인 수요량을 나타내어야 할 것이다. 그런데 [그림 3-13]에서 보면 수요량이 수평축, 가격은 수직축에 나타나 있다. 이것은 **마샬**(A. Marshall) 이후 경제학에서 형성된 관행에 따른 것이다. 마샬은 수요함수를 각각의 상품량에 대해 소비자들이 지불하려고 하는 가격으로 규정하였기 때문에 가격이 종속변수가 되어 도형에서는 당연히 수직축에 놓이게 되는 것이다.

식 (3. 9)의 수요함수에 의하면 어떤 상품의 시장수요(X_D)는 해당 상품의 가격(P_X)과 그 상품과 관련되는 다른 상품의 가격(P_Y) 그리고 소득(M) 등에 의해 결정된다. 그렇다면 어떤 상품에 대한 수요의 양과 이것에 영향을 미치는 요인들은 어떤 연관을 갖는 것일까?

첫째, 어떤 상품에 대한 수요량을 결정하는 요인들 중에서 가장 중요한 역할을 하는 것은 그 상품의 가격이다. 일반적으로 어떤 상품의 가격이 오르면 수요량이 감소하고, 반대로 가격이 내리면 수요량은 증가한다. 물론 예외적인 경우도 있지만, 대부분의 경우 이와 같은 현상이 나타나기 때문에 이를 가리켜 **수요의 법칙**(law of demand)이라고 한다.

둘째, 어떤 상품에 대한 수요량은 그 자신의 가격 뿐만 아니라 그 상품과 관련이 있는 다른 상품의 가격에 의해서도 영향을 받는다. 소비자가 어떤 상품을 구입하려고 할 때에는 그 상품과 관련이 있는 상품, 즉 **대체재**(substitute goods)와 **보완재**(complementary goods)의 가격도 고려하기 때문이다. 구매하고자 하는 상품과 대체관계에 있는 상품의 가격이 상승하면 소비자가 구입하려는 그 상품의 수요량은 증가하고, 보완관계에 있는 상품의 가격이 상승하면 소비자가 구입하려는 그 상품의 수요량은 감소하게 된다. 예를 들어 배추의 대체재인 무우의 가격이 상승하면 상대적으로 싸진 배추의 수요량은 증가하고, 배추의 보완재인 고추의 가격이 상승하면 고추의 수요량을 감소시켜야 하기 때문에 배추의 수요량도 감소하게 된다. 물론 상품들이 서로 대체관계인가 또는 보완관계인가는 개인의 주관적 성향에 따라 차이가 있다. 일반적으로 맥주와 소주는 대체재로 알려져 있지만 사람에 따라서 맥주와 소주를 대체재로 취급하지 않을 수도 있는 것이다.

셋째, 어떤 상품에 대한 수요량은 소비자들의 소득수준에 영향을 받기도 한다. 일반적으로 소비자들의 소득수준이 증가하면 상품에 대한 수요량은 증가한다. 대부분의 상품들이 이러한 성질을 지니고 있기 때문에 그것을 **정상재**(normal goods)라고 한다. 그러나 소득이 증가함에도 불구하고 오히려 수요량이 감소하는 경우도 있다. 예컨대 소득수준이 낮은 사람의 경우 소득이 증가함에 따라 지금까지 사용하던 마가린을 버터로 대체하려고 한다면 마가린의 수요량은 감소할 수밖에 없다. 이와 같이 소득이 증가함에 따라 수요량이 감소하는 상품을 **열등재**(inferior goods)라고 한다.

시장수요는 지금까지 설명한 것들 이외에 해당 상품의 미래 예상가격에 영향을 받기도 한다. 만일 앞으로 주택가격이 상승할 것으로 예상된다면 지금 당장 주택에 대한 수요를 늘리려고 하는 사람들이 있을 수 있다. 뿐만 아니라 시장수요는 인구의 크기에 의해서도 영향을 받는다. 인구수가 증가하면 식 (3. 7)에서 수요자의 수를 나타내는 n이 커지므로 시장수요량이 증가하는 것은 당연하다. 또한 인구의 크기가 같고 *GDP*의 수준이 같다고 하더라도 소득분배가 얼마나 균등하느냐에 따라 어떤 상품에 대한 시장수요가 영향을 받기도 한다. 필수품의 경우는 소득분배 상태가 균등할수록 시장의 수요량이 증가하리라 짐작할 수 있다.

4.2 수요량의 변화와 수요의 변화

식 (3. 9)에서 살펴본 바와 같이 X재의 가격이 변하면 X재의 수요량이 변하게 된다. 이와 같은 **수요량의 변화**(change in the quantity demanded)는 주어진 수요곡선에서 해당 상품의 가격변화에 따른 수요량의 증감을 의미하는 것으로서 **수요곡선 위에서의 이동**(movement along a given demand curve)으로 나타난다. [그림 3-14]의 (a)에 나타나 있는 것처럼 수요량의 변화는 상품의 가격이 P_1에서 P_2로 하락함에 따라서 수요량이 X_1에서 X_2로 증가하여 수요곡선상의 a점에서 b점으로 이동하는 것을 의미한다.

한편, 그림 (b)에서 보는 바와 같이 해당 상품의 가격이 그대로 유지된다고 하더라도 그 상품에 대한 수요량은 증가할 수 있다. 식 (3. 9)에서 우리는 X재의 가격 이외의 다른 모든 요인들, 즉 관련 상품의 가격 P_Y와 소비자의 소득 M이 일정불변하다고 가정하였다. 그러나 현실적으로 이러한 요인들은 변할 수 있다. 이들 P_Y나 M이 변화하여 나타나는 수요량의 변화를 **수요의 변화**(change in demand)라고 하여 해당 상품가격의 변화에 의한 수요량의 변화와 구분하고 있다.

[그림 3-14] 수요량의 변화와 수요의 변화

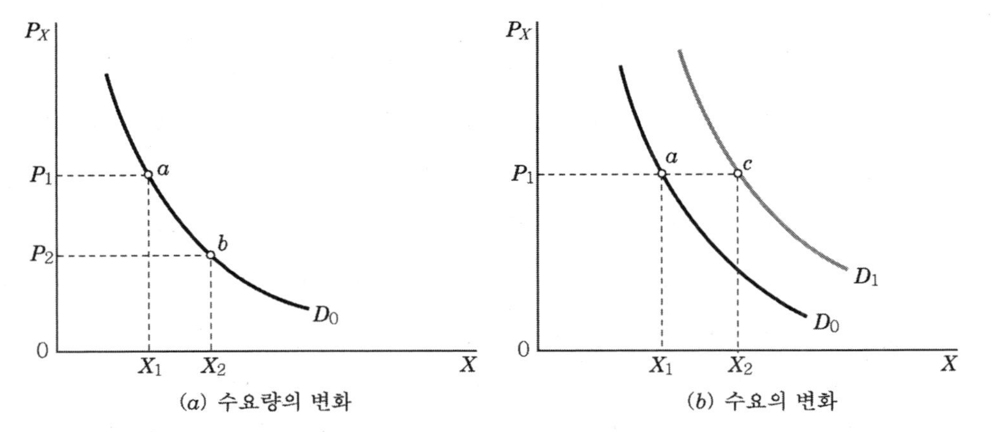

소비자의 소득이 증가할 때 어떤 상품(맥주)의 수요량에 어떠한 변화가 생기는지 생각해 보자. 맥주가격이 그대로 유지되더라도 소비자들의 소득이 증가하면 맥주의 소비를 증가시키려고 할 것이다. 이는 그림 (b)에서와 같이 수요곡선이 오른쪽으로 이동하게 된다는 것을 뜻한다. 즉, 맥주가격이 P_1으로 고정되어 있더라도 소득증가에 의해 수요량은 X_1에서 X_2로 증가하게 되는 것이다. 이는 수요곡선 D_0의 a점에서 D_1의 c점으로 이동하는 것을 의미한다. 또한 맥주의 대체재인 소주의 가격이 상승하는 경우를 생각해 볼 수 있다. 소주의 가격이 상승하면 소비자들은 소주의 소비량을 줄이고 대신 맥주의 소비량을 늘리려고 할 것이다. 이처럼 대체재의 가격이 상승하는 경우에도 수요곡선이 오른쪽으로 이동하게 되어 주어진 가격에서 수요량은 증가하게 된다.

지금까지와는 반대로 소득이 감소하거나 대체재의 가격이 하락하는 경우에는 수요곡선이 왼쪽으로 이동하게 될 것이다. 그리고 보완재의 가격이 변하여 수요곡선이 이동하는 경우는 독자들이 스스로 그려보기 바란다. 이처럼 수요량을 결정하는 요인들 중에서 해당 상품가격을 제외한 다른 모든 요인들이 변화하면 **수요곡선의 이동**(shift in the demand curve) 현상이 나타나게 된다.

또 다른 사례를 이용하여 수요곡선이 이동하는 경우를 살펴보기로 하자. 인플레이션(inflation)이 진행되는 상황에서 어떤 상품의 가격이 상승하는 것을 보고 소비자들이 미래에는 그 상품의 가격이 더욱 상승할 것이라고 예상한다고 하자. 이러한 경우에 소비자는 그 상품을 서둘러 구입하는 것이 합리적이다. 앞으로 상품의 가격이 더욱 상승할 것으로 예상된다면 지금 당장 그것을 구입하는 것이 소비자에게는 이득이 되기 때문이다.

[그림 3-15]는 어떤 상품의 가격이 P_1에서 P_2로 상승하면서 그것의 가격이 더욱 상승할 것으로 예상하는 소비자들이 현재의 수요를 D_0에서 D_1으로 증가시키는 것을 보여주고 있다. 이 때 소비자들은 D_0의 a점에서 D_1의 b점으로 이동하여 수요량을 X_1에서 X_2로 증가시킨다고 하자. 이처럼 상품의 가격이 올라감에도 불구하고 앞으로 그 상품의 가격이 더욱 상승할 것을 예상하여 수요량을 증가시키는 현상을 **가수요**(speculative demand)라고 한다. 우리는 1997년 외환위기에 직면했을 때 생활필수품인 밀가루, 라면, 설탕 등의 가격이 계속해서 오르는 상황에서도 이들을 사재기 하는 가수요 현상을 경험할 수 있었다.

[그림 3-15] 수요의 변화와 가수요 현상

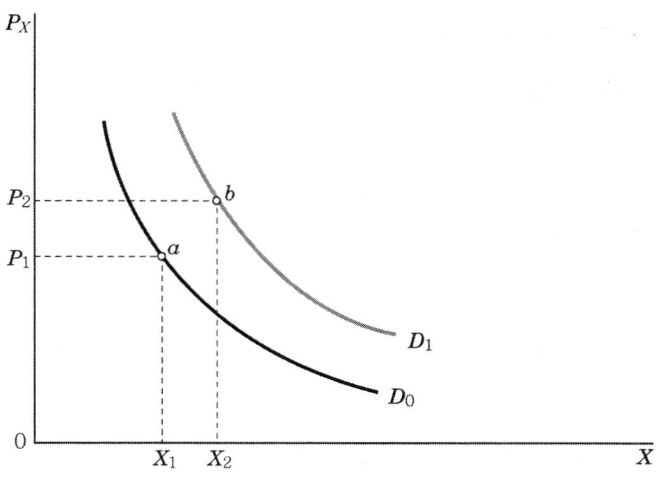

4.3 수요의 탄력성

수요량을 결정하는 요인들이 변하면 소비자는 상품의 수요량을 조정해야 하며 생산자는 공급량을 조절하는 등 여러 가지 대응방안을 마련해야 한다. 경제이론에서는 이러한 문제를 해결하기 위한 하나의 수단으로 탄력성의 개념을 매우 유용하게 활용하고 있다. 원래 물리학에서 어떤 충격(독립변수)에 대해 어떤 물질(종속변수)이 얼마만큼 민감하게 움직이는가를 측정하는 데 이용되는 탄력성 개념을 경제학에서 원용한 것이다.

수요의 탄력성(elasticity of demand)은 수요의 결정요인이 변동할 때 수요량이 얼마나 민감하게 변화하는지를 측정하는 지표이다. 경제학에서는 수요량을 결정하는 여러 가지 요인들 중에서 소비자가 수요하고자 하는 그 상품의 가격과 수요하고자 하는 그 상품과 관련된 대체재 또는 보완재의 가격, 소득 등에 대한 탄력성, 즉 수요의 가격탄력성, 교차탄력성, 소득탄력성이 주로 이용되고 있다.[10)]

10) 수요량을 결정하는 여러 가지 요인들 중에서 소비자의 기호나 예상 등과 같은 주관적 요인에 대한 탄력성 개념은 현실적으로 유용성이 없어 이용되지 않고 있다.

(1) 수요의 가격탄력성

(가) 수요곡선과 가격탄력성

수요의 가격탄력성(price elasticity of demand)은 어떤 상품의 가격이 변화할 때 그것의 수요량이 얼마나 민감하게 변화하는가를 나타내는 하나의 척도이다. 이것은 식 (3. 10)에 나타나 있는 것처럼 1%의 상품가격 변화에 따른 수요량의 변화율(%)로 측정된다.

$$(3.\ 10) \quad \text{수요의 가격탄력성} = -\frac{X\text{재 수요량의 변화율}(\%)}{X\text{재 가격의 변화율}(\%)}$$

수요의 가격탄력성은 절대값의 크기로 그것이 탄력적인지 비탄력적인지를 파악한다. 수요의 법칙이 성립하면 수요량과 해당 상품의 가격은 서로 반대방향으로 움직이기 때문에 수요의 가격탄력성의 크기는 음(-)으로 나타난다. 수요의 가격탄력성을 절대값으로 나타내기 위해서 식 (3. 10)에 음(-)의 부호를 붙여 둔 것이다. 수요의 가격탄력성을 수식으로 표현하면 식 (3. 11)과 같다.

$$(3.\ 11) \quad \eta_p = -\frac{\frac{\Delta X}{X}}{\frac{\Delta P_X}{P_X}} = -\frac{\Delta X}{\Delta P_X} \cdot \frac{P_X}{X} = -\lim_{\Delta P_X \to 0} \frac{\Delta X}{\Delta P_X} \cdot \frac{P_X}{X} = -\frac{dX}{dP_X} \cdot \frac{P_X}{X}$$

식 (3. 11)에서 볼 수 있듯이 수요의 가격탄력성 크기를 X재의 가격과 수요량의 변화율로써 측정하고 있다. 이것은 가격과 수요량의 측정단위와 관계없이 일관된 민감도를 측정할 수 있기 위함이다. 어떤 상품의 가격탄력성을 구할 때 가격과 수요량을 어떤 단위로 측정하느냐에 따라서 그의 크기가 달라진다. 같은 상품일지라도 가격의 단위를 '원' 혹은 '달러'로 측정하는지 그리고 상품의 수요량의 단위를 'kg' 혹은 'g'로 측정하는지에 따라서 가격탄력성의 크기가 달라진다는 뜻이다. 이러한 측정단위에 대한 문제점이 각 변수에 대한 변화율(%)을 사용함으로써 해소될 수 있다.

가격탄력성과 수요곡선의 기울기는 서로 밀접한 관계가 있다. [그림 3-16]의

[그림 3-16] 수요곡선의 기울기와 수요의 가격탄력성

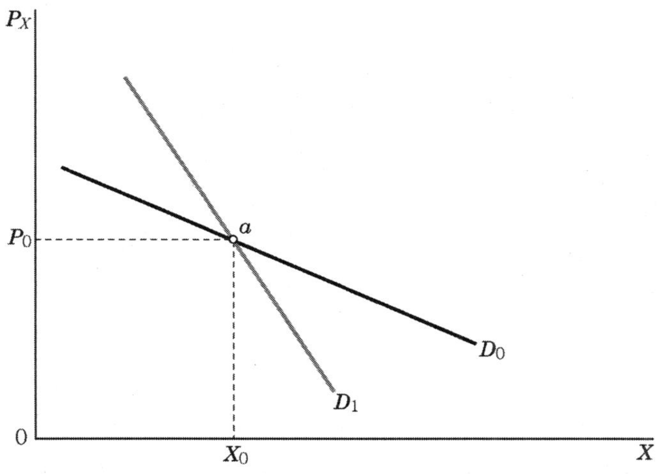

두 수요곡선 D_0와 D_1가 교차하는 곳에 위치하는 a점에서 가격(P_0)과 수요량(X_0)의 크기는 서로 같지만 수요곡선 기울기의 역수인 dX/dP_X는 D_0가 D_1보다 크기 때문에 수요의 가격탄력성은 D_0가 D_1보다도 더 크다. 그렇다고 식 (3. 11)에서 보는 것처럼 수요곡선 기울기 그 자체가 탄력성의 크기를 나타내는 것이 아니라는 점을 명심해야 한다.

하나의 수요곡선이 주어졌을 때 그 위의 어느 점에서 가격탄력성을 측정하느냐에 따라서 그것의 크기가 달라진다. 만일 [그림 3-17]의 (a)와 같이 수요곡선이 직선으로 주어지면 A점에서 dX/dP_X는 BA/CB가 되며, P와 X는 각각 BO와 OM이므로 수요의 가격탄력성은 다음과 같다.

$$(3.\ 12)\qquad \eta_p = -\frac{dX}{dP_X}\cdot\frac{P}{X} = -\frac{BA}{CB}\cdot\frac{BO}{OM} = \frac{BO}{CB} = \frac{AT}{CA}$$

식 (3. 12)의 세 번째 등식에서 $BA = OM$이므로 네 번째 등식이 성립되며, 마지막 등식은 삼각형의 성격에 의해 성립된다. 이 식에 의하면 수요곡선 위의 C점에서 T점으로 이동하면서 수요의 가격탄력성은 점점 작아지는 것을 알 수 있다. 즉 가격탄력성의 크기는 무한대(∞)로부터 점차로 작아지면서 영(0)까지

[그림 3-17] 수요곡선 위에서 가격탄력성의 크기

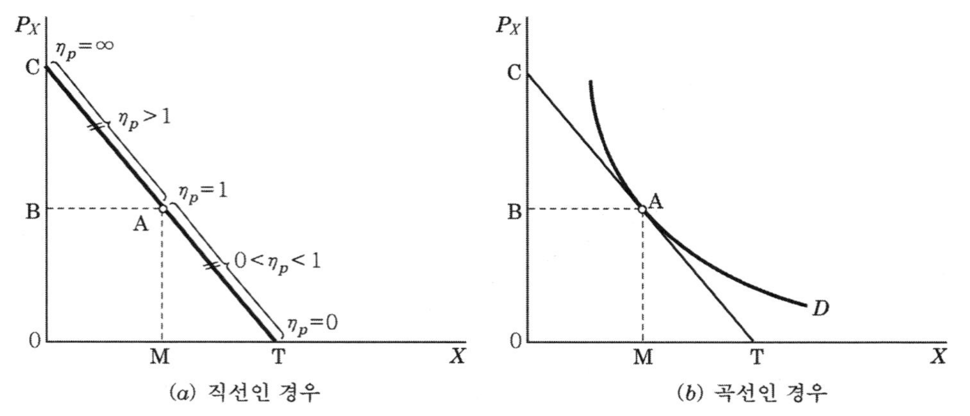

의 어떤 값을 갖게 된다. 만일 그림 (a)의 A점이 수요곡선의 중간에 위치하고 있다면 그 점에서 가격탄력성의 크기는 1이 될 것이다. 우리는 가격탄력성의 크기가 $1<\eta_p<\infty$이면 **탄력적**, $0<\eta_p<1$이면 **비탄력적**, 그리고 $\eta_p=1$이면 **단위탄력적**이라고 한다.

한편, 그림 (b)와 같이 수요곡선이 비선형으로 주어지는 경우에는 가격탄력성을 측정하고자 하는 수요곡선 위의 한 점에서 접선을 긋고 그 직선을 이용하면 된다. 그 다음부터는 앞에서와 같은 방식을 그대로 적용함으로써 가격탄력성을 구할 수 있다.

지금까지 살펴본 바와 같이 하나의 수요곡선이 주어지면 가격이 낮아지면서 각 점에서 측정한 가격탄력성의 크기도 점점 작아진다는 사실을 알 수 있다. 그러나 예외적으로 수요곡선 위의 모든 점에서 가격탄력성의 크기가 동일한 경우가 있다. 수요곡선이 [그림 3-18]에서 보는 것처럼 수직선, 수평선 그리고 직각쌍곡선인 경우에는 각 수요곡선상의 어느 점에서 가격탄력성을 측정하더라도 그 크기가 동일하다. 그림 (a)처럼 수요곡선이 수직선인 경우는 가격이 변하여도 수요량이 변하지 않기 때문에 수요곡선의 어느 점에서 가격탄력성을 측정하더라도 그 크기는 영(0)이 된다. 반면에 그림 (b)에서와 같이 수요곡선이 수평선인 경우는 가격이 조금만 변하여도 수요량이 무한히 변하기 때문에 수요곡선의 어느 점에서 가격탄력성을 측정하더라도 그 크기는 무한대(∞)가 된다. 또한 그림 (c)의 수요곡선은 직각쌍곡선의 모양을 갖게 되는데, 이때는 수요곡선

[그림 3-18] 극단적인 경우의 가격탄력성

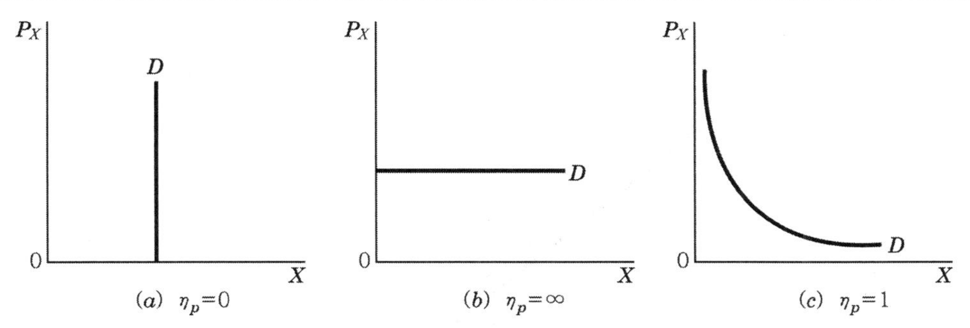

상의 모든 점에서 측정한 가격탄력성이 1이 된다.[11] 직각쌍곡선 위의 한 점에서 접선을 그렸을 때 그 점에서 측정한 X축과 Y축 사이의 거리가 똑같다. 따라서 직각쌍곡선 위의 어떤 점에서 가격탄력성을 측정하더라도 그 크기는 항상 1의 값을 갖게 되는 것이다.

[연습문제 3.8]

수요함수가 $X=P^{-\alpha}$이다. 수요의 가격탄력성의 크기는? 또한 수요함수가 $X=30P^{-2}$이면 가격탄력성의 크기는 얼마인가?

(나) 가격탄력성과 판매수입

상품의 가격(P)이 상승할 때 수요량(X)이 얼마나 민감하게 변화하는지를 안다면 우리는 소비지출액($P \cdot X$)은 증가할지 아니면 감소할지를 파악할 수 있다. 소비지출액을 기업의 입장에서 보면 **판매수입**(=총수입, total revenue; TR)이 된다. 따라서 어떤 상품의 가격탄력성 크기를 안다면 그것을 생산하는 기업이 상품의 가격을 올릴 때 판매수입이 증가할지 아니면 감소할지를 알 수 있다.

만일 $\eta_p=1$이면 가격이 하락할 때 수요량도 똑같은 비율로 증가하므로 판매수입에는 아무런 변화가 없게 된다. 가격탄력성이 1이라는 것은 상품의 가격이 10% 하락할 때 그것의 수요량도 똑같이 10% 증가하는 것을 의미한다. 이와 같

11) 가격과 수요량의 곱이 상수일 때, 즉 $P \cdot X=k$의 관계가 성립할 때 수요곡선은 직각쌍곡선이 된다.

[그림 3-19] 수요의 가격탄력성과 판매수입

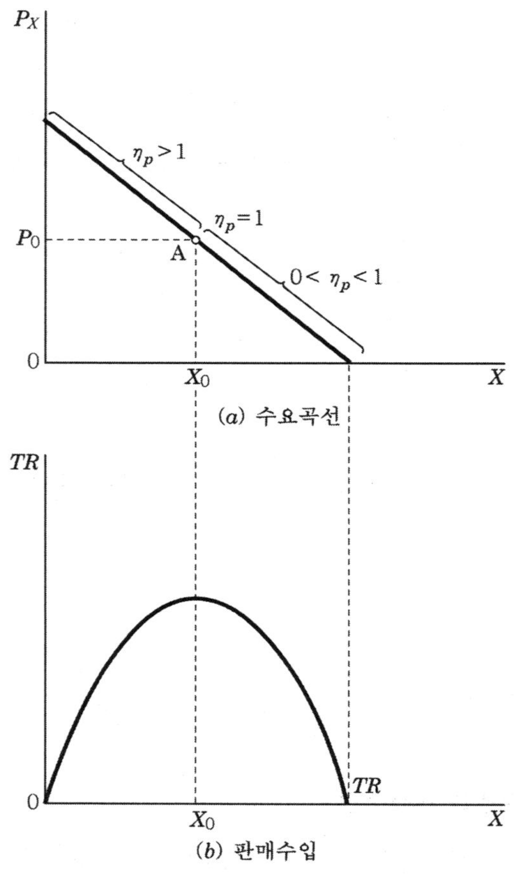

이 가격과 수요량이 똑같은 비율로서 정반대의 방향으로 움직이게 되면 가격과 수요량의 곱인 판매수입은 일정한 값을 유지하게 될 것이다. 한편, $1 < \eta_p < \infty$인 영역에서 가격이 일정한 비율로 하락하면 수요량은 이보다 더 큰 비율로 증가하게 된다. 따라서 가격이 하락할 때 판매수입은 증가하게 된다. 반대로 $0 < \eta_p < 1$인 영역에서 가격이 하락하면 판매수입은 감소하게 될 것이다. 이상의 내용을 정리하면 [그림 3-19]에 나타나 있는 것처럼 판매량이 증가하면서 총수입은 점차로 증가하다가 가격탄력성이 1인 영역에 이르면 최고점에 도달하고 그 다음부터는 감소하게 된다.

농민이 생산하는 쌀에 대한 수요의 가격탄력성 크기와 그것의 판매수입은 어떤 연관이 있을까? 우리의 주곡인 쌀의 경우에는 그것의 가격이 비교적 큰 폭으로 상승하거나 하락하더라도 수요량에는 커다란 변화가 없다. 가격변화에 대한 수요량의 변화가 상대적으로 작아서 수요가 비탄력적($\eta_p < 1$)인 현상은 쌀과 같은 생활필수품에서 주로 나타난다. 쌀의 이러한 가격탄력성의 특성으로 인하여 풍년이 들어 쌀 가격이 하락하더라도 수요량은 크게 증가하지 않는다. 따라서 풍년이 깃든 해에 쌀농사를 짓는 농민의 소득이 오히려 감소하는 경우를 우리는 흔히 볼 수 있다.

(다) 수요의 가격탄력성 결정요인

수요의 가격탄력성을 결정하는 요인은 다음 몇 가지로 정리될 수 있다.

첫째, 상품의 종류이다. 쌀과 채소와 같은 생활필수품은 일반적으로 가격탄력성이 매우 작은 반면에 다이아몬드와 같은 사치품의 가격탄력성은 크다. 생활필수품의 경우에는 값이 싸든 비싸든 소비량을 거의 일정한 수준으로 유지할 수밖에 없기 때문에 가격탄력성이 작을 수밖에 없다.

둘째, 대체재의 존재여부이다. 사이다의 경우는 콜라와 서로 밀접한 대체 관계에 있기 때문에 가격탄력성이 큰 반면, 소금이나 설탕처럼 밀접한 대체재가 없다면 그것에 대한 수요의 가격탄력성은 매우 작다.

셋째, 어떤 상품에 대한 지출이 소비자의 총지출에서 차지하는 비중에 따라서도 가격탄력성의 크기가 다르다. 소금이나 양초에 대한 지출액처럼 소비자의 총지출에서 아주 작은 부분을 차지하는 경우에는 그러한 상품의 가격이 상승하더라도 수요량의 감소는 극히 미미할 것이다. 이처럼 소비자의 총지출에서 차지하는 비중이 낮은 상품의 가격탄력성은 매우 낮다.

넷째, 상품에 대한 범위를 어떻게 정하느냐에 따라 가격탄력성의 크기가 다를 수 있다. 예컨대 상품의 범주를 쌀에 국한시키느냐 아니면 쌀을 포함한 곡물로 하느냐에 따라 가격탄력성의 크기가 다르게 된다. 쌀값이 상승하면 쌀에 대한 수요를 줄이는 대신에 쌀과 대체관계에 있는 다른 곡물에 대한 수요를 증가시킬 것이다. 그 결과 쌀에 대한 수요는 어느 정도 줄어들겠지만 곡물전체의 관점에서는 수요량이 별로 변동하지 않게 될 것이다. 이처럼 쌀에 대한 수요의 가격탄력성은 곡물전체에 대한 가격탄력성보다 상대적으로 크게 나타나게 된다.

(2) 수요의 교차탄력성

어떤 상품의 수요량은 그 상품과 관련된 상품, 즉 **대체재** 또는 **보완재**의 가격변화에 영향을 받는다. **수요의 교차탄력성**(cross elasticity of demand)은 어떤 상품(X)의 수요량이 그것과 관련된 다른 상품(Y)의 가격변화에 대하여 얼마나 민감하게 반응하는가를 측정하는 척도이다.

$$(3.\ 13) \qquad \text{수요의 교차탄력성} = \frac{X\text{재 수요량의 변화율(\%)}}{Y\text{재 가격의 변화율(\%)}}$$

이것을 수식으로 표시하면 다음과 같다.

$$(3.\ 14) \qquad \eta_{X,Y} = \frac{\dfrac{\Delta X}{X}}{\dfrac{\Delta P_Y}{P_Y}} = \frac{\Delta X}{\Delta P_Y} \cdot \frac{P_Y}{X} = \lim_{\Delta P_Y \to 0} \frac{\Delta X}{\Delta P_Y} \cdot \frac{P_Y}{X} = \frac{dX}{dP_Y} \cdot \frac{P_Y}{X}$$

이러한 수요의 교차탄력성은 그 크기가 양(+) 혹은 음(-)인지가 중요한 의미를 갖는다. 만일 두 상품 X와 Y가 서로 대체관계에 있으면 교차탄력성은 양(+)의 값을 갖고, 두 상품이 서로 보완관계에 있으면 교차탄력성은 음(-)의 값을 갖게 된다. 예를 들어 맥주가격(P_Y)의 인상은 맥주의 소비량을 감소시키는 반면에 맥주의 대체재인 소주의 수요량을 증가시키게 되므로 교차탄력성은 양(+)의 값을 갖게 된다. 한편, 맥주가격(P_Y)의 인상은 맥주의 소비량을 감소시켜서 보완재인 안주의 수요량도 감소시키게 되므로 교차탄력성은 음(-)의 값을 갖게 되는 것이다. 만일 X재와 Y재가 서로 전혀 관계가 없는 **독립재**라면 X재의 가격이 변하더라도 Y재의 수요량은 변하지 않기 때문에 교차탄력성은 영(0)의 값을 갖는다.

(3) 수요의 소득탄력성

수요의 소득탄력성(income elasticity of demand)은 어떤 상품(X)의 수요

량이 소득(M)변화에 대하여 얼마나 민감하게 반응하는가를 측정하는 척도이다.

(3. 15) $$\text{수요의 소득탄력성} = \frac{X\text{재 수요량의 변화율}(\%)}{\text{소득의 변화율}(\%)}$$

이것을 수식으로 표시하면 다음과 같이 나타낼 수 있다.

(3. 16) $$\eta_M = \frac{\frac{\Delta X}{X}}{\frac{\Delta M}{M}} = \frac{\Delta X}{\Delta M} \cdot \frac{M}{X} = \lim_{\Delta M \to 0} \frac{\Delta X}{\Delta M} \cdot \frac{M}{X} = \frac{dX}{dM} \cdot \frac{M}{X}$$

이러한 수요의 소득탄력성도 교차탄력성과 마찬가지로 양(+) 혹은 음(-)의 값을 가질 수 있다. 대부분 상품의 경우 소득이 증가함에 따라서 수요량은 증가하므로 소득탄력성은 양(+)의 값을 갖는다. 이러한 상품을 **정상재**(normal goods) 또는 **우등재**(superior goods)라고 한다. 정상재는 필수재와 사치재로 구분되는데, 필수재의 소득탄력성은 $0<\eta_M<1$이지만 사치재의 소득탄력성은 $\eta_M>1$이다.

정상재와는 반대로 소득이 증가함에 따라 수요량이 감소하는 상품도 존재한다. 우리는 이러한 상품을 **열등재**(inferior goods)라고 하는데, 이것의 소득탄력성은 음(-)의 값을 갖는다. 예를 들어 1960년대 우리나라의 경우 보리쌀의 소비량이 비교적 많았으나 경제성장과 더불어 소득수준이 향상됨에 따라서 보리쌀에 대한 수요량이 점차 감소하였다. 이러한 상황에서 보리쌀은 열등재이고, 이것의 소득탄력성은 음(-)의 값을 갖게 된다.

소득이 변화함에 따라 어떤 상품의 수요량이 변한다는 사실은 한 국가의 산업정책과 관련하여 매우 중요한 의미를 갖는다. **엥겔의 법칙**(Engel's law)에 의하면 부유한 가계(또는 국가)일수록 가난한 가계(또는 국가)보다 소득지출에서 식료품비가 차지하는 비중이 낮다. 이와 같은 엥겔의 경험적인 법칙은 소득의 성장에 따라 산업구조의 변화과정을 예상하는데 유용하게 이용될 수 있다.

[연습문제 3.9]

갑의 월간소득은 M원이며 그의 효용함수는 $U=X^{\alpha}Y^{1-\alpha}$이다. X재의 가격은 P_X이며 Y재의 가격은 P_Y이다. X재와 Y재의 수요함수를 구하고, 또한 X재에 대한 수요의 가격탄력성과 소득탄력성 그리고 X재와 Y재 사이의 교차탄력성의 크기를 구하라.

4.4 수요법칙의 예외

상품의 가격이 오르면 수요량은 감소하고, 가격이 내리면 수요량은 증가하는 것이 일반적이지만 이러한 수요법칙이 적용되지 않는 경우가 있다. 일부 사치품이나 열등재의 경우 그것의 가격이 상승할 때 오히려 수요량이 증가하는 예외적인 현상이 나타나기도 한다.

(1) 베블렌 효과

수요법칙이 적용되지 않는 경우가 일부 사치품에서 나타난다. 값비싼 상품의 경우 가격이 상승할 때 소비자는 값이 비싸진 그 상품을 소비할 수 있는 능력을 과시하고자 하는 욕구가 있을 수 있다. 이러한 소비자는 그 상품의 가격이 오르기 전에는 그것을 거의 수요하지 않다가 오히려 가격이 상승함에 따라 그 상품의 소비량을 증가시키려고 할 것이다. 우리는 이러한 현상을 **베블렌 효과**(Veblen effect)라고 한다.

다이아몬드의 가격은 매우 높아서 부자들의 과시욕을 충족시켜 주기에 충분하기 때문에 오랫동안 장신구로서 이용되어 왔다. 만일 다이아몬드가 아주 풍부하여 그것의 가격이 매우 낮은 수준으로 하락한다면 보석으로서의 기능을 상실하게 될 것이다. 따라서 다이아몬드 가격의 대폭적인 하락은 오히려 소비를 감소시키려는 경향을 보이게 된다.

(2) 기펜재

가격이 상승할 때 수요가 오히려 증가하는 현상이 일부의 열등재에서 간혹 나타난다.[12] 소득수준이 매우 낮았던 1960년대에는 대부분의 가정에서 쌀과 보리쌀을 혼식하였다. 이러한 상황에서 보리쌀의 생산이 저조하여 보리쌀의 가격이 상승하였을 때 오히려 보리쌀의 소비가 더욱 증가하는 현상을 종종 목격할 수 있었다. 보리쌀의 가격이 상승하면 대체재인 쌀 소비를 늘려야 하겠지만, 쌀 가격은 여전히 보리쌀의 가격보다 월등하게 높기 때문에 소득수준이 낮은 가정에서는 쌀의 소비량을 줄이고 오히려 보리쌀의 소비를 늘릴 수밖에 없었던 것이다. 만약 열등재인 보리쌀의 가격이 올랐다고 보리쌀의 소비를 줄이고 쌀의 소비를 늘리게 되면 그 가정에서는 주어진 식료품비를 가지고 종전과 같은 수준의 식생활을 유지할 수 없기 때문이다.

이와 같이 어떤 상품의 가격이 상승할 때 수요가 오히려 증가하는 현상을 **기펜의 역설**(Giffen's paradox)이라고 하고, 이러한 현상이 발생하는 상품을 **기펜재**(Giffen goods)라고 한다. 기펜재 현상은 그 상품에 대한 지출이 소득에서 차지하는 비중이 커서 그 상품의 가격상승이 구매력을 크게 감소시키는 열등재에서 나타나며 재화의 고유한 속성 때문에 나타나는 것이 아니다.

5. 대체효과와 소득효과

5.1 가격변화의 두 가지 효과

앞에서 살펴본 것처럼 소득(M)과 Y재의 가격(P_Y)이 일정하게 주어진 상황에서 X재의 가격(P_X)이 변하면 X재에 대한 수요량이 변화하게 되는데 이것을 **가격효과**(price effect)라고 한다. 가격효과는 대체효과와 소득효과로 구분할 수 있다. 다른 상품의 가격은 일정한데 어떤 상품의 가격이 하락한다면 소비자는 당연히 상대적으로 값이 싸진 그 상품으로 대체하려고 할 것이다.[13] 우리는 이것을 **대체효과**(substitution effect)라고 한다. 한편, 그 상품의 가격하

12) 열등재는 해당 상품의 대체재가 존재하면서 그것의 질이 상대적으로 낮은 상품에서 발견된다. 어떤 상품이 열등재인가의 여부는 개인에 따라 다를 뿐만 아니라 같은 사람이라도 소득 수준에 따라 달라진다.

13) 어떤 상품의 가격이 하락할 때는 그 상품이 어떤 성격을 갖는지 관계없이, 즉 정상재뿐만 아니라 열등재 등 모든 상품의 경우에 소비자는 상대적으로 싸진 그 상품의 소비를 증가시키려는 대체효과가 나타난다.

락은 소비자의 실질소득(real income)을 증가시키게 된다. 상품의 가격이 하락한다면 똑같은 소득, 즉 명목소득(nominal income)을 가지고도 이전에 살 수 없었던 상품묶음을 구입할 수 있기 때문에 실질소득이 증가하게 되는 것이다. 실질소득이 증가할 때 상품의 수요가 증가할지 감소할지는 그 상품의 성격, 즉 그것이 정상재인지 아니면 열등재인지에 따라 다르게 나타난다. 이와 같이 어떤 상품의 가격하락에 따른 실질소득의 증가로 인하여 그 상품의 수요량이 증가하거나 감소하는 현상을 **소득효과**(income effect)라고 한다.

가격효과 = 대체효과 + 소득효과

[그림 3-20]에 나타나 있듯이 X재 가격이 P_{X1}인 경우에 예산선이 AB로 주어져 있으며, 효용극대화를 추구하는 소비자는 이것이 무차별곡선 U_1과 접하는 E_1점을 선택함으로써 X_1을 수요하게 된다. Y재의 가격과 소득이 불변인데 X재 가격이 P_{X2}로 하락해서 예산선이 AB'으로 이동하였다고 하자. X재 가격하락 이전에 선택한 E_1점이 새로운 예산선 AB' 안에 위치하므로 X재 가격하락으로 소비자의 실질소득이 증가한 것을 알 수 있다. 이제 소비자는 E_2점을 선택하여 더 높은 효용수준을 나타내는 U_2를 얻게 된다. X재 가격이 하락함으로써 X재의 수요량이 X_1에서 X_2로 증가한 것이다.

X_1X_2의 크기에 해당하는 가격효과 중에서 대체효과의 크기는 어느 정도 일까? 대체효과를 측정하기 위해 먼저 X재 가격하락에 따른 실질소득의 증가효과, 즉 소득효과를 제거해야 한다. 새로운 가격체계에서도 이전과 똑같은 실질소득이 유지되도록 원래의 무차별곡선 U_1과 접하면서 예산선 AB'과 평행하는 가상적인 예산선 $A''B'$을 그려 넣기로 하자. 그림에서 보면 원래의 예산선 AB와 가상적인 예산선 $A''B'$이 하나의 무차별곡선 U_1에서 각각 접하고 있기 때문에 E_1점과 E_3점에서 똑같은 실질소득이 유지되는 것으로 해석할 수 있다.[14] 따라서 E_1점에서 E_3점으로의 이동은 X재 가격하락으로 인하여 Y재가 X재로

14) 가격하락에 따른 소득효과를 제거하기 위하여 힉스(J. R. Hicks)는 본문처럼 이전과 동일한 효용수준을 유지할 수 있도록 소득을 감소시키는 반면에, 슬루츠키(E. Slutsky)는 이전과 동일한 상품묶음(E_1)을 유지할 수 있도록 소득을 감소시킨다.

[그림 3-20] 정상재의 대체효과와 소득효과

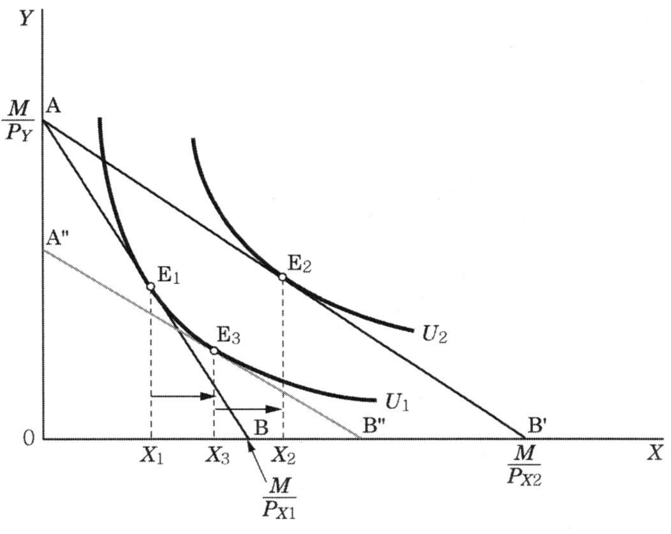

대체된 결과라고 볼 수 있다. X재 가격하락에 따른 대체효과의 크기가 X_1X_3인 것이다.

X재 가격하락은 상품구매력을 증가시키기 때문에 실질적인 소득증가의 효과를 갖는다. 가상적인 예산선 $A''B'$와 새로운 예산선 AB'이 똑같은 기울기를 갖고 있으므로 E_3점에서 E_2점으로의 이동은 실질소득이 증가한 결과라고 볼 수 있다. 이와 같이 X재의 가격하락에 따른 소득효과의 크기는 X_3X_2이다. X재 가격하락으로 인한 수요량 증가의 크기가 X_1X_2인데, 그 중에서 대체효과의 크기가 X_1X_3라면 나머지 X_3X_2는 소득효과에 의한 것이다. 물론 상품시장에서 실제로 관찰할 수 있는 소비자의 선택점은 E_1과 E_2이다. E_3점은 대체효과와 소득효과로 구분하기 위하여 설정한 가상적인 점이다.

앞에서 살펴본 대체효과는 〈표 3-1〉에 나타나 있는 것처럼 상품의 성격에 관계없이 항상 음(-)으로 나타난다. 가격이 하락하면 상대적으로 싸진 상품에 대한 수요량을 증가시키고, 가격이 상승할 때는 상대적으로 비싸진 상품에 대한 수요량을 감소시키는 현상이 정상재 뿐만 아니라 열등재에서도 나타나기 때문이다. 이처럼 대체효과는 분석대상이 되는 상품이 어떠한 성격을 갖는지와 상관없이 언제든지 가격과 수요량이 서로 반대 방향으로 움직이게 된다. 반면에 소

[그림 3-21] 열등재의 대체효과와 소득효과

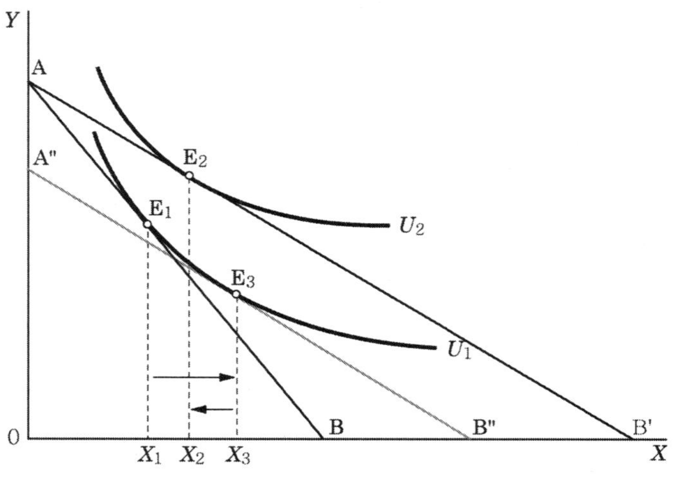

득효과는 분석대상의 상품이 정상재인지 아니면 열등재인지에 따라 다르게 나타난다. 가격이 하락하여 실질소득이 증가할 때 정상재의 경우는 수요량을 증가시키게 되지만, 열등재의 경우는 수요량을 감소시키게 된다. 따라서 정상재의 소득효과는 음(-)이지만 열등재의 소득효과는 양(+)이다.

〈표 3-1〉 상품의 성격에 따른 가격하락 효과

상 품	대체효과	소득효과	가격효과	비 고
정상재	(-)	(-)	(-)	
열등재	(-)	(+)	(-)	대체효과〉소득효과
기펜재	(-)	(+)	(+)	대체효과〈소득효과

여기서, 가격이 하락할 때 수요량이 증가하는 경우에는 (-)로 나타나 있으며, 수요량이 감소하는 경우에는 (+)로 나타나 있다.

[그림 3-20]에서 살펴본 경우와 같이 X재가 **정상재**(normal goods)인 경우에는 소득효과와 대체효과가 같은 방향으로 작용하여 그것의 가격이 하락할 때 수요량이 증가하게 된다. 이와 같이 정상재의 가격이 하락할 때 수요량이 증가하기 때문에 정상재의 수요곡선은 우하향하는 모양을 갖게 되는 것이다.

한편, [그림 3-21]에 나타나 있는 바와 같이 **열등재**(inferior goods)의 경우에는 그것의 가격이 하락할 때 소득효과가 수요량을 감소시키기[15] 때문에 대체

[그림 3-22] 기펜재의 대체효과와 소득효과

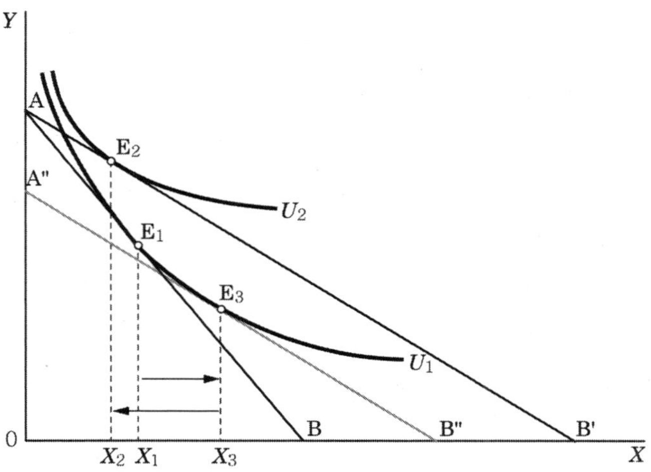

효과와 반대방향으로 작용하게 된다. 그러나 수요량을 증가시키는 대체효과가 수요량을 감소시키는 소득효과보다 크기 때문에 가격효과에 의한 수요량은 증가한다. 이러한 성격을 갖는 **열등재의 수요곡선**은 정상재와 마찬가지로 우하향하는 모양을 갖게 된다.

만일 열등재 중에서 어떤 상품의 가격이 하락할 때 수요량을 증가시키는 대체효과보다 수요량을 감소시키는 소득효과가 더 크다면 가격효과에 의한 수요량은 감소하게 될 것이다. 우리는 가격이 하락함에도 불구하고 수요량이 감소하는 예외적인 현상이 나타나는 상품을 **기펜재**(Giffen's goods)라고 한다. 따라서 기펜재의 수요곡선은 정상재나 열등재와 반대로 오른쪽 위로 올라가는 모양을 갖게 된다.

[연습문제 3.10]

갑의 월간소득은 $M=144$만원이며, 그의 효용함수는 $U=XY$이다. X재의 가격은 단위당 $P_X=4$만원이며, Y재의 가격은 단위당 $P_Y=6$만원이다. X재의 가격이 단위당 $P_X=1$만원으로 하락할 때 대체효과와 소득효과의 크기를 구하라.

15) 소득이 증가함에 따라 수요량이 감소하는 상품이 열등재이다.

5.2 보상수요곡선

앞에서 도출한 **보통의 수요곡선**(ordinary demand curve)은 가격변화에 내재되어 있는 대체효과와 소득효과를 포함한 수요량과 가격과의 관계를 나타내고 있다. 이제 소득효과를 제거하여 대체효과만 반영하는 수요곡선을 생각해 보자. 상품가격이 하락(상승)하는 경우 소득효과를 제거하려면 소득을 감소(증가)시켜 실질소득을 원래의 수준으로 유지해야 한다. 이처럼 실질소득(혹은 효용수준)이 원래의 수준으로 유지될 수 있도록 증감시켜 주어야 하는 소득의 크기를 **보상변화**(compensating variation)라고 한다.[16)]

> 보상변화는 상품가격 변화에 의해 소비자의 실질소득이 변동하였을 때 상품가격이 변화하기 이전의 수준으로 실질소득을 유지하기 위해 증감시켜야 하는 소득의 크기를 말한다.

[그림 3-23]을 통해 소득의 보상변화와 이것이 이루어진 이후에 도출되는 **보상수요곡선**(compensated demand curve)의 성격에 대해 살펴보기로 하자.[17)] 그림에는 보통의 수요곡선이 D로 나타나 있다. 이 곡선에는 X재의 가격이 하락하면서 나타나는 대체효과(X_1X_3)와 소득효과(X_3X_2)를 합친 가격효과가 반영되어 있다. 반면에 보상수요곡선을 도출하기 위해서는 소득효과를 제거하여 실질소득(혹은 효용수준)을 가격변화 이전과 동일하게 유지시켜야 한다. 즉, X재의 가격이 P_{X2}로 하락하면서 얻게 되는 효용수준(U_2)이 가격하락 이전의 효용수준(U_1)보다 높기 때문에 X재의 가격이 하락하기 이전의 효용수준으로 되돌리기 위해서는 소득을 적절히 감소시켜야 한다. 그림에서 예산선 AB'을 원래의 무차별곡선과 접하도록 안쪽으로 평행 이동시키는 거리가 소득에 대한 보상변화의 크기이다. 이것은 예산선 AB'와 가상적인 예산선 $A''B'$ 사이의 거리인 AA''로 측정된다.

---

16) 힉스(J. R. Hicks)는 실질소득이 원래의 수준으로 유지되는 것을 효용수준이 이전과 똑같이 유지되는 것으로 보고 있다.

17) 보통의 수요곡선을 마샬적(Marshallian) 수요곡선, 그리고 보상수요곡선을 힉스적(Hicksian) 수요곡선이라고 한다.

[그림 3-23] 보상수요곡선의 도출 : 정상재의 경우

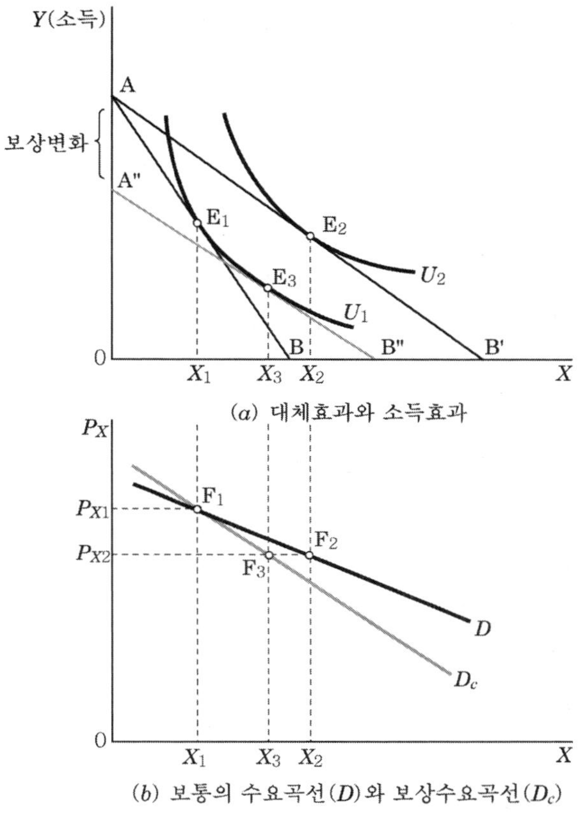

X재의 가격이 P_{X1}에서 P_{X2}로 하락할 때 X재의 수요량이 X_1에서 X_2로 증가하는 현상은 시장에서 관찰될 수 있으며, 이러한 가격과 수요량과의 관계를 나타낸 D가 보통의 수요곡선이다. 물론 X재의 수요량이 X_1에서 X_2로 증가한 것에는 소득효과까지 포함되어 있다. 그러나 보상변화가 이루어진 이후 소비자는 가상적인 예산선 $A''B'$ 위의 E_3점을 선택하여 X재를 X_3만큼 수요하게 될 것이다. X재의 가격이 P_{X1}에서 P_{X2}로 하락할 때 보상변화가 이루어진 이후의 X재에 대한 수요량이 X_3가 된다는 것을 의미한다. X재의 가격이 P_{X2}로 하락할 때 이것과 보상수요량과의 관계는 그림 (b)의 F_3점으로 나타나 있다. 이점과 최초의 균형점 E_1에 대응되는 F_1점을 잇는 곡선 D_C가 바로 **보상수요곡선**이다.

> **보상수요곡선**은 가격변화에 의한 소득효과를 제거하고 대체효과에 의해서만 수요관계를 설정하기 때문에 무차별곡선이 원점에 대해 볼록한 모양을 갖는 일반적인 경우에는 상품의 종류와 상관없이 항상 우하향한다.

그림 (b)에서 보는 것처럼 X재가 정상재이면 D_C가 D보다 가파른 기울기를 갖는다. 정상재의 경우에 소득효과를 제거하고 대체효과에 의해서만 가격과 수요량의 관계를 설정할 경우 가격하락에 의한 수요량 증가의 크기는 줄어들 수밖에 없기 때문이다. 반면에 X재가 열등재인 경우에는 보상수요곡선의 기울기가 보통의 수요곡선의 기울기보다 완만할 것이라는 것을 알 수 있다. 이는 독자 스스로 확인해 보기 바란다. 그리고 X재가 기펜재라면 보통의 수요곡선 기울기가 양(+)이 되지만 보상수요곡선의 기울기는 정상재나 열등재와 마찬가지로 음(-)의 기울기를 갖게 된다는 점도 확인해 보기 바란다.[18)]

보상수요곡선은 일반적으로 우하향하는 특성을 갖지만 보통의 수요곡선처럼 시장에서 직접 관찰할 수 있는 것이 아니다. 소득의 보상변화가 실제로 이루어지는 것이 아니고 다만 개념적으로만 생각할 수 있기 때문이다. 따라서 보상수요곡선도 개념적으로만 존재할 뿐이다.

5.3 보상변화와 대등변화

앞에서 살펴본 것처럼 보상변화는 상품가격 변화와 관련된 후생상의 변화를 화폐단위로 측정하는 것으로서 [그림 3-24]에서 보면 그것의 크기는 선분 AA''의 길이로 나타나 있다. 지금까지의 관점을 바꾸어서 아직 가격변화가 일어나지 않은 상태에서 소비자에게 얼마만큼의 소득을 더해 주면 U_2에 해당하는 효용수준을 얻을 수 있을까? 상품가격 하락의 결과 얻게 되는 효용수준 U_2를 달성하기 위해서 원래의 가격체계에서 추가적으로 필요한 화폐소득의 변화를 **대등변화**(equivalent variation)라고 한다.

18) 두 상품이 완전보완관계이면 대체효과가 영(0)이므로 보상수요곡선은 수직선의 모양을 갖는다.

[그림 3-24] 보상변화와 대등변화

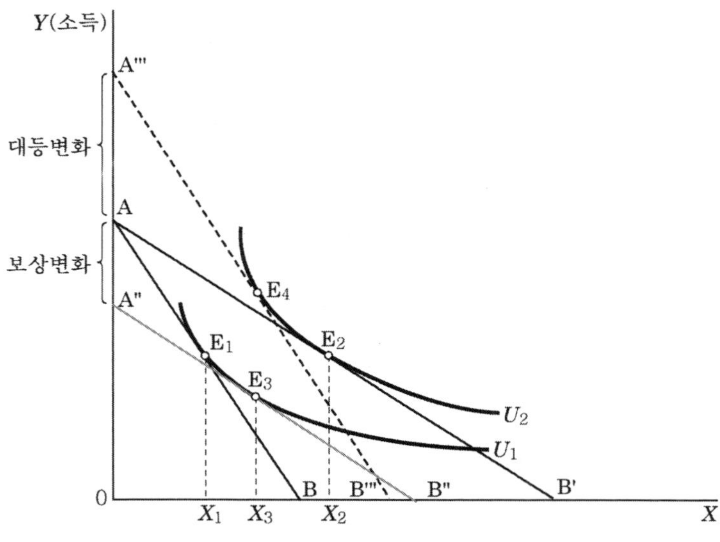

> **보상변화**는 변화된 이후의 상품가격을 기준으로 소비자의 후생변화를 측정하는데 비해, **대등변화**는 원래의 상품가격을 기준으로 소비자의 후생변화를 측정한다.

[그림 3-24]에서 X재의 가격이 하락하기 이전의 예산선이 AB로 나타나 있다. 이러한 가격체계가 그대로 유지된 상태에서 소비자가 U_2의 효용수준을 얻도록 하기 위해서는 예산선 AB를 바깥쪽으로 AA''' 만큼 평행 이동시켜야 한다. 즉, 가격하락 이후에 얻을 수 있었던 것과 같은 수준의 효용을 유지하기 위하여 AA''' 만큼의 소득을 추가해 주면 된다. 따라서 대등변화의 크기는 선분 AA''' 의 길이로 측정된다.

그림에서 보면 보상변화와 대등변화는 원래의 무차별곡선(U_1)과 X재 가격이 하락했을 때의 무차별곡선(U_2) 사이의 거리를 측정하는 서로 다른 방법일 뿐이다. 보상변화의 크기는 U_1과 U_2 사이의 거리를 각각 E_2점과 E_3점에서 측정한 것이지만, 대등변화의 크기는 이들 사이의 거리를 각각 E_1점과 E_4점에서 측정한 것이다. 일반적으로 보상변화(선분 AA'')와 대등변화(선분 AA''')의 크

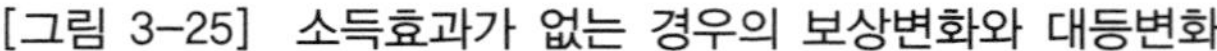

[그림 3-25] 소득효과가 없는 경우의 보상변화와 대등변화

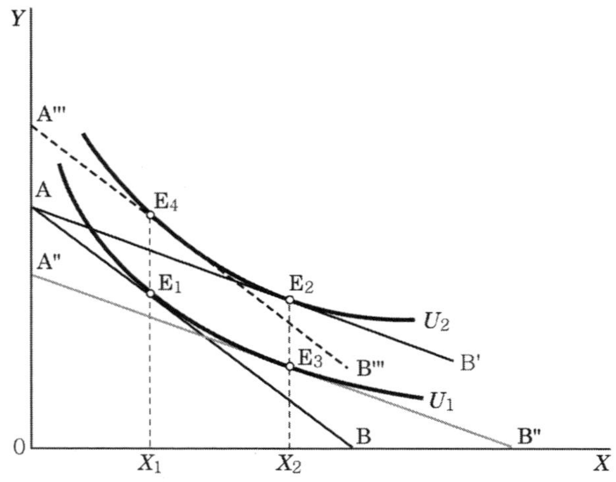

기는 서로 일치하지 않는다. 그리고 가격변화에 따른 후생상의 변화를 화폐단위로 측정할 때 둘 중에 어느 것을 사용해야 하는가에 대한 기준도 마련되어 있지 않다.

소비자의 선호체계가 **준선형 효용함수**(quasi-linear function)[19]로 대표된다면 보상변화와 대등변화의 크기가 항상 동일하게 된다. X재의 가격이 변할 때 소득효과가 나타나지 않기 때문이다. [그림 3-25]에서 보면 X재의 가격이 하락하여 예산선이 AB에서 AB'으로 이동할 때 소비자가 E_2점을 선택함으로써 소득효과에 의한 X재의 수요량 변화가 전혀 나타나지 않고 있다. E_2점이 E_3점 바로 위에 위치함으로써 Y재의 수요량만 두 점의 수직거리만큼 늘어나게 되는 것이다. 이처럼 X재에 대한 소득효과가 나타나지 않는다면 두 무차별곡선 U_1과 U_2 사이의 수직거리는 항상 일정하게 유지된다. 그림에서 E_2점과 E_3점의 수직거리와 E_4점과 E_1점의 수직거리가 동일하게 나타나 있음을 알 수 있다.

19) 준선형 효용함수는 $U=V(X)+bY$의 형태를 갖게 되며, 여기서 $V'(X)>0$, $V''(X)<0$ 그리고 $b>0$이다. 이는 두 상품 가운데 하나(Y)에 대해서 효용함수가 선형이라는 의미이다. 이러한 효용함수는 X재의 소비가 증가할수록 효용이 증가하는 강단조성 공리를 충족하고 있으며, 한계효용체감의 법칙이 성립한다. 반면에 Y재에 대한 한계효용은 일정하다. 소비자의 선호체계가 이렇게 주어질 때 소득이 늘어나면 X재의 수요량은 그대로 유지한 채 Y재의 수요량만 증가하게 된다. X재의 소비를 증가시키면 그것의 한계효용은 더욱 작아지게 되므로 한계효용이 체감하지 않는 Y재의 수요량만 늘리는 것이다.

바로 이것이 효용함수가 준선형인 경우에 보상변화와 대등변화가 서로 일치함을 보여주는 것이다. 이때는 가격변화에 따른 후생상의 변화를 화폐단위로 측정할 때 어느 것을 사용해도 아무런 차이가 없다.

[연습문제 3.11]

어떤 소비자의 효용함수는 $U(X, Y) = XY$이다. 월 소득은 $M = 54$만원이며, 그가 구입하는 X재와 Y재의 가격은 $P_X = P_Y = 3$만원이다. 다른 것은 일정하지만 X재의 가격이 $P_X = 7{,}500$원으로 하락했을 때 보상변화와 대등변화의 크기는 얼마인가?

[연습문제 3.12]

1주간 소득 20만원으로 식료품(X재)과 다른 상품(Y재)을 소비하는 어떤 주부의 효용함수가 $U = U(X,\ Y) = 4\sqrt{X} + Y$이라고 하자. 현재 X재와 Y재의 가격 둘 다 $P_X = P_Y = 1$만원일 때 이 주부의 X재와 Y재에 대한 최적소비량은? 만일 X재의 가격이 4천원으로 하락한다면 X재에 대한 소득효과와 대체효과의 크기는? 또한 보상변화와 대등변화의 크기는 얼마인가?

5.4 보통의 수요와 보상수요의 관계 : 슬러츠키 방정식

보통의 수요와 보상수요의 관계는 **슬러츠키 방정식**(Slutsky equation)으로 나타낼 수 있다. X재의 가격변화(ΔP_X)에 의해 X재의 수요량이 ΔX만큼 변할 때 이러한 수요량의 변화의 크기는 [그림 3-23]에서 나타나 있는 것처럼 대체효과와 소득효과로 분해할 수 있다.

$$(3.\ 17) \qquad X_2 - X_1 = (X_3 - X_1) + (X_2 - X_3)$$

이 식의 양변을 ΔP_X로 나누면 다음과 같이 나타낼 수 있다.

$$(3.\ 18) \qquad \frac{X_2 - X_1}{\Delta P_X} = \frac{X_3 - X_1}{\Delta P_X} + \frac{X_2 - X_3}{\Delta P_X}$$

또한 식 (3. 18)은 다음과 같이 바꾸어 표현할 수 있다.

$$(3.\ 19)\qquad \frac{\Delta X}{\Delta P_X}\mid_{M\text{일정}} = \frac{\Delta X}{\Delta P_X}\mid_{U\text{일정}} + \frac{\Delta X}{\Delta P_X}$$

이 식의 좌변은 명목소득(M)이 일정하게 주어진 상황에서 X재의 가격변화에 따른 수요량 변화인 가격효과를 표시하고 있다. 그리고 우변 첫 번째 항은 대체효과를 표시한 것으로서 효용수준(U)이 일정하게 주어진 상황에서 X재 가격변화에 따른 수요량 변화, 즉 보상수요량의 변화를 나타내고 있다. 우변 두 번째 항은 상품가격의 변화(ΔP_X)가 실질소득을 변화(ΔR)시키고, 실질소득의 변화는 다시 수요량을 변화(ΔX)시키는 것을 의미하는 소득효과를 나타낸다고 볼 수 있다. 따라서 우변 두 번째 항을 식 (3. 20)과 같이 바꾸어 쓸 수 있다.

$$(3.\ 20)\qquad \frac{\Delta X}{\Delta P_X} = \frac{\Delta R}{\Delta P_X}\cdot\frac{\Delta X}{\Delta R}$$

이 식에서 $\Delta R/\Delta P_X$은 P_X가 1단위(1원) 변할 때 실질소득(R)이 얼마나 변하는지를 의미한다. 예컨대 소비자가 X재를 50단위 소비하고 있을 때, X재의 가격이 1원 하락하면 소비자의 지출은 50원이 줄어들게 된다. X재의 가격이 1원 하락하면서 소비자의 실질소득이 50원만큼 증가하게 되는 것이다. 따라서 $\Delta R/\Delta P_X$은 다음과 같이 표현될 수 있다.

$$(3.\ 21)\qquad \frac{\Delta R}{\Delta P_X} = -X_1$$

여기서 X_1은 가격하락 이전의 X재에 대한 수요량을 나타낸 것이다. X재의 가격이 하락하여 ΔP_X가 음(-)의 값을 가지면 실질소득이 증가하여 ΔR이 양(+)의 값을 가지므로 X_1 앞에 음(-)의 부호를 붙여 두었다. 한편, 소득효과는 X재의 가격변화로 인해 실질소득(R)의 변화가 생길 때 이것이 가격변화 이전과 동일한 실질소득(혹은 효용수준)을 유지하도록 새로운 예산선을 평행 이동시커 측정되므로 이때는 실질소득(R)과 명목소득(M)을 구분할 필요가 없다. 이러한 특성과 식 (3. 21)을 반영하여 식 (3. 20)을 다음과 같이 나타낼 수 있다.

$$(3.\ 22)\qquad \frac{\Delta X}{\Delta P_X} = -X_1 \cdot \frac{\Delta X}{\Delta M}$$

이러한 식 (3. 22)를 식 (3. 19)에 대입하면 다음과 같은 슬러츠키 방정식을 얻을 수 있다.

$$(3.\ 23)\qquad \frac{\Delta X}{\Delta P_X}\mid_{M\text{일정}} = \frac{\Delta X}{\Delta P_X}\mid_{U\text{일정}} - X_1 \cdot \frac{\Delta X}{\Delta M}$$

이러한 슬러츠키 방정식을 이용하여 우리는 보통의 수요곡선과 보상수요곡선이 서로 어떻게 관련되어 있는지를 알 수 있다. 이 식에서 보상수요곡선의 기울기를 나타내는 우변 첫 번째 항의 크기는 항상 음(-)이 된다. 반면에 소득효과를 나타내는 우변 두 번째 항의 크기는 양(+)이 될 수 있고 음(-)이 될 수도 있다. X재가 열등재라면 소득이 증가할 때 X재의 수요량은 감소하게 되므로 우변의 두 번째 항은 양(+)의 값을 갖게 된다.[20] 만일 이것의 크기가 첫 번째 항보다 크다면 식 (3. 23)의 좌변 크기는 양(+)이 될 것이다. 식 (3. 23)의 좌변은 보통의 수요곡선 기울기를 나타내기 때문에 X재가 기펜재(Giffen goods)라면 그것의 크기가 양(+)의 값을 갖게 된다.

또한 슬러츠키 방정식을 이용하여 현실적으로 관찰이 불가능한 대체효과의 크기를 파악할 수 있다. 현실적으로 효용함수를 관찰할 수 없기 때문에 대체효과를 직접 측정할 수 없다. 그러나 슬러츠키 방정식을 이용함으로써 그것의 크기를 간접적으로 알아낼 수 있다. 식 (3. 23)을 다시 정리하면 다음과 같이 나타낼 수 있다.

$$(3.\ 24)\qquad \frac{\Delta X}{\Delta P_X}\mid_{U\text{일정}} = \frac{\Delta X}{\Delta P_X}\mid_{M\text{일정}} + X_1 \cdot \frac{\Delta X}{\Delta M}$$

20) X재가 정상재라면 소득이 증가할 때(ΔM) X재의 수요량이 증가하게($+\Delta X$) 되므로 우변의 두 번째 항은 음(-)의 값을 갖게 된다.

식 (3. 24)에서 X재의 가격이 변할 때 그것의 수요량이 얼마나 변화하는지를 나타내는 우변 첫 번째 항은 시장에서 직접 관찰할 수 있다. 물론 우변의 두 번째 항의 크기도 시장에서 관찰이 가능하다. 가격하락 이전의 X재에 대한 수요량을 나타내는 X_1의 크기를 알 수 있는 것은 자명하다. 또한 소득효과를 측정할 때 X재의 가격변화에 따른 실질소득 변화(ΔR)의 크기와 명목소득 변화(ΔM)의 크기가 서로 동일한 것으로 취급하기 때문에 ΔM의 크기도 알 수 있다. 따라서 식 (3. 24)을 이용함으로써 현실적으로 관찰이 불가능한 대체효과의 크기를 파악할 수 있게 된다. 이러한 편리함 때문에 대체효과의 크기를 실제로 파악해야 하는 실증분석에서는 슬러츠키 방정식이 이용되고 있다.

5.5 소비자잉여

(1) 보상수요곡선과 소비자잉여

시장에서 어떤 상품을 구입하는 대가로 기꺼이 화폐를 지불하는 것은 그것이 우리에게 이득을 가져다주기 때문이다. 이처럼 소비자가 어떤 상품을 구입할 때 그가 실제로 지불하는 화폐액 이상의 이득을 **소비자잉여**(consumer's surplus)라고 한다. 따라서 소비자잉여는 소비자가 어떤 상품을 구매하기 위해서 실제로 지불하는 금액과 기꺼이 지불하고자 하는 금액간의 차이로 정의될 수 있다.

> 소비자가 어떤 상품을 구매하기 위해서 실제로 지불하는 금액과 기꺼이 지불하고자 하는 금액간의 차이를 **소비자잉여**라고 한다.

[그림 3-26] (a)에 나타나 있는 수요곡선의 높이는 각 단위에 해당하는 만큼의 상품을 얻기 위해 소비자가 지불할 용의가 있는 금액을 의미한다. 소비자는 상품의 첫 번째 단위에 대해서는 기꺼이 10원을 지불하려고 하고, 두 번째 단위에 대해서는 9원, 세 번째 단위에 대해서는 8원, 네 번째 단위에 대해서는 7원을 기꺼이 지불하려고 한다. 따라서 이 소비자는 상품 4단위를 구입할 때 34(=10+9+8+7)원을 기꺼이 지불하려고 한다. 그런데 이 상품 4단위를 시장에서 구매할 때 그가 실제로 지불하는 금액은 그림 (a)에서 음영으로 나타낸

[그림 3-26] 소비자잉여의 측정

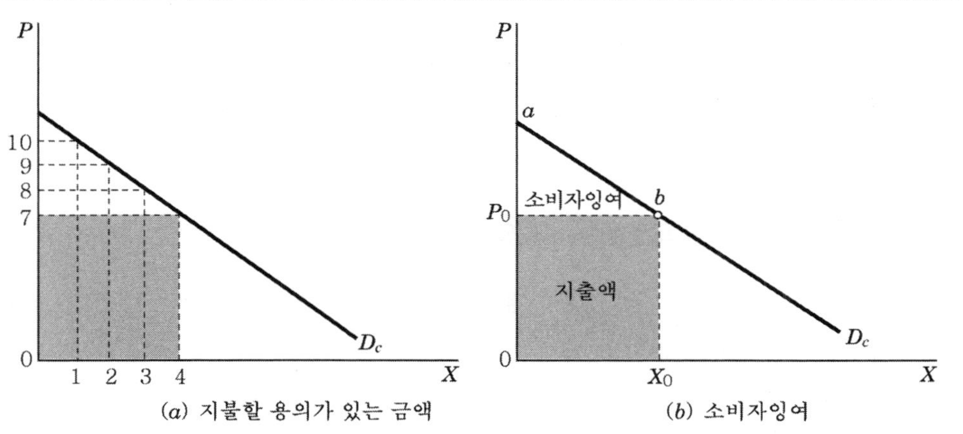

(*a*) 지불할 용의가 있는 금액 (*b*) 소비자잉여

면적(7원×4개=28원)이 될 것이다. 이처럼 소비자가 어떤 상품을 구입하기 위해서 기꺼이 지불하려고 하는 금액과 실제로 지불하는 금액과의 차이(6원)가 소비자잉여에 해당한다.

그림 (*b*)는 그림 (*a*)의 *X*축에 나타나 있는 상품의 단위를 아주 작게 세분하여 나타내고 있다. 만일 소비자들이 어떤 상품을 X_0만큼 구입한다면 이를 구입하기 위해 기꺼이 지불하려고 하는 금액은 수요곡선 아래의 사다리꼴 $OabX_0$의 면적이 될 것이다. 그런데 소비자들이 그 상품을 구입하기 위해서 실제로 지불한 금액은 음영으로 표시된 사각형 OP_0bX_0의 면적과 같다. 소비자잉여의 크기는 이러한 두 면적의 차이를 나타내는 삼각형 P_0ab의 면적에 해당한다.

소비자잉여가 이와 같이 측정된다면 소비자가 사다리꼴 $OabX_0$의 면적에 해당하는 화폐를 갖고 있거나, 이 금액을 지불하고 X_0만큼 구입하더라도 효용수준에는 아무런 변화가 없다. 부연하면 소비자가 사다리꼴 $OabX_0$의 면적에 해당하는 화폐를 포기하고 상품을 X_0만큼 구입하면 소비자의 효용수준에는 아무런 변화가 없게 되는 것이다. 이것은 소비자가 그림에 나타나 있는 보상수요곡선 D_C 위의 *a*점에서 *b*점으로 옮겨간다는 것을 의미한다.

만일 [그림 3-26]의 수요곡선이 보상수요곡선이 아니라 보통의 수요곡선이라면 이러한 논리는 성립될 수 없다. 그림에 나타나 있는 것이 보통의 수요곡선이라고 한다면 소비자가 a점에서 b점으로 옮겨가면 효용수준이 증가하게 된다. 따라서 이들 두 점 사이의 보통 수요곡선 아래 면적에 해당하는 금액을 포기하고 상품을 X_0만큼 구입하면 소비자의 효용수준에 아무런 변화가 없다고 하는 것은 정확한 표현이 아니다. 따라서 소비자잉여를 정확하게 측정하기 위해서는 보통의 수요곡선 대신에 보상수요곡선을 이용해야 하는 것이다.

(2) 보통의 수요곡선과 소비자잉여

소비자잉여의 크기를 정확하게 측정하려면 보통의 수요곡선 대신에 보상수요곡선을 이용해야 하지만 실제로 소비자잉여를 측정할 때는 보통의 수요곡선을 많이 이용하고 있다. 현실적으로 보상수요곡선은 시장에서 직접 관찰할 수 없으며, 수요와 관련된 자료를 이용해서 도출할 수 있는 것이 보통의 수요곡선이기 때문이다. 물론 분석의 대상이 되는 상품의 소득탄력성이 영(0)이라면 소비자잉여를 측정할 때 보통의 수요곡선을 이용하거나 보상수요곡선을 이용하더라도 아무런 차이가 없다.

우리가 소비하는 상품과 관련된 소득효과가 영(0)이 아닌 경우가 일반적인 상황에서 보통의 수요곡선을 이용하여 소비자잉여의 크기를 측정하면 어느 정도의 오차가 있을 수밖에 없다. 그것에 대한 오차의 크기가 무시할 정도로 작지 않다는 연구결과가 있는 반면에 그러한 오차가 별로 크지 않다는 **윌릭**(R. Willig)의 실증분석 결과도 제시되고 있다. 어쨌든 현실적으로 보상수요곡선에 대한 관찰이 불가능하기 때문에 오차의 크기를 무시하고 보통의 수요곡선을 이용하여 소비자잉여를 측정하는 것이 관례처럼 되어 있다.

〈부 록〉 소비자이론의 수학적 도출

1. 효용극대화의 제1계 필요조건 및 제2계 조건

소비자가 $M = P_X X + P_Y Y$의 예산제약하에서 $U = U(X, Y)$의 크기를 극대화하는 소비자의 최적선택 문제를 수학적 모형을 이용하여 분석하여 보자. 예산제약하의 효용극대화의 문제는 다음과 같은 **라그랑지(Lagrangean)함수**를 이용하여 해결할 수 있다.

(3A. 1) $$\begin{aligned} \mathcal{L} &= U(X, Y) + \lambda[M - (P_X X + P_Y Y)] \\ &= U(X, Y) + \lambda(M - P_X X - P_Y Y) \end{aligned}$$

식 (3A. 1)에서 λ는 라그랑지승수를 나타내고 있다. 이 함수에서 효용극대화를 위한 제1계 필요조건을 구하기 위해 X, Y 그리고 λ에 대해 편미분하면 다음과 같다.

(3A. 2) $$\frac{\partial \mathcal{L}}{\partial X} = \frac{\partial U}{\partial X} - \lambda P_X = 0$$

(3A. 3) $$\frac{\partial \mathcal{L}}{\partial Y} = \frac{\partial U}{\partial Y} - \lambda P_Y = 0$$

(3A. 4) $$\frac{\partial \mathcal{L}}{\partial \lambda} = M - P_X X - P_Y Y = 0$$

식 (3A. 2)와 (3A. 3)에서 $\partial U/\partial X = MU_X$, $\partial U/\partial Y = MU_Y$이므로 다음과 같은 관계식을 도출할 수 있다.

(3A. 5) $$\frac{MU_X}{MU_Y} = \frac{P_X}{P_Y} \quad \text{또는} \quad \frac{MU_X}{P_X} = \frac{MU_Y}{P_Y}$$

식 (3A. 5)는 라그랑지함수에서 도출된 제1계 필요조건이 제3장에서 설명한 소비자의 효용극대화 조건과 일치한다는 것을 보여주고 있다. 한편, 효용극대화를 위한 제2계 조건을 만족하려면 식 (3A. 2)와 (3A. 3) 그리고 (3A. 4)를 다시 X, Y 그리고 λ에 대해 미분한 유(有)테 헤시안 행렬식(borded Hessian determinant)이 양(+)의 값을 가져야 한다.[21)]

$$\text{(3A. 6)}\quad \begin{vmatrix} U_{XX} & U_{XY} & -P_X \\ U_{YX} & U_{YY} & -P_Y \\ -P_X & -P_Y & 0 \end{vmatrix} = 2U_{XY}P_XP_Y - U_{XX}P_Y^2 - U_{YY}P_X^2 > 0$$

식 (3A. 6)에 식 (3A. 2)의 $P_X = U_X/\lambda$와 (3A. 3)의 $P_Y = U_Y/\lambda$를 대입하여 정리하면 다음과 같이 나타낼 수 있다.

$$\text{(3A. 7)}\quad 2U_{XY}U_XU_Y - U_{XX}U_Y^2 - U_{YY}U_X^2 > 0$$

식 (3A. 7)에서 보면 X재와 Y재 사이에 $U_{XY}=0$의 관계가 존재하고, 각 상품의 한계효용이 체감($U_{XX}<0$, $U_{YY}<0$)하면 유(有)테 헤시안 행렬식이 양(+)의 값을 가지게 된다. 물론 무차별곡선이 원점에 대해 볼록한 모양을 가질 때는 식 (3A. 7)의 조건이 자동적으로 성립된다.

2. 수요함수의 도출

효용극대화를 위한 제1계 필요조건으로 도출된 3개의 연립방정식 체계는 3개의 내생변수 X, Y, λ 와 3개의 외생변수 P_X, P_Y, M을 포함하고 있다. 만일 연립방정식의 해(solution)가 존재한다면 그것들은 아래에서 보는 것처럼 3개의 외생변수들로 구성될 것이다.

21) 영의 정리(Young's theorem)에 의하면 $U_{XY} = U_{YX}$가 성립한다.

(3A. 8) $X^* = d_x(P_X, P_Y, M)$

(3A. 9) $Y^* = d_y(P_X, P_Y, M)$

(3A. 10) $\lambda^* = d_\lambda(P_X, P_Y, M)$

식 (3A. 8)과 (3A. 9)는 바로 보통의 수요함수를 나타내고 있다. 각 상품에 대한 수요함수가 소비자의 효용극대화 과정으로 도출된다는 것을 알 수 있다.

식 (3A. 8)에서 X재의 가격을 제외한 나머지 변수들이 일정하게 주어져 있다고 가정하면 다음과 같이 나타낼 수 있다.

(3A. 11) $X^* = d_x(P_X;\ P_Y, M)$

이 식은 제3장의 소비자의 최적선택 과정에서 도출한 식 (3. 6)의 X재에 대한 수요함수와 똑같은 형태임을 알 수 있다. Y재에 대한 수요함수도 이와 같은 논리를 적용하여 다음과 같이 나타낼 수 있다.

(3A. 12) $Y^* = d_y(P_Y;\ P_X, M)$

3. 간접효용함수

식 (3A. 8)과 (3A. 9)에서 구해지는 X^*와 Y^*는 예산제약하에서 효용을 극대화하는 상품묶음이다. 이러한 상품묶음을 원래의 효용함수 $U(X, Y)$에 대입하면 다음과 같이 나타낼 수 있다.

(3A. 13)
$$\begin{aligned} U &= U(X^*, Y^*) \\ &= U[d_x(P_X, P_Y, M), d_y(P_X, P_Y, M)] \\ &= V(P_X, P_Y, M) \end{aligned}$$

이 식은 주어진 각 상품의 가격 및 소득과 이들로부터 얻을 수 있는 최대한

의 효용수준과의 관계를 나타내는 것으로 이것을 **간접효용함수**(indirect utility function)라고 한다. 간접효용함수에서는 효용수준을 직접적으로 결정하는 X재와 Y재의 소비량이 독립변수의 역할을 하는 것이 아니라, X재와 Y재의 소비량을 결정하는 P_X, P_Y, M이 독립변수이기 때문에 이러한 이름을 붙인 것이다.

연습문제 풀이

[연습문제 3.1]

$P_X/P_Y=2/3$이고 $MU_X=\partial U/\partial X=\partial(XY)/\partial X=Y$, $MU_Y=\partial U/\partial Y=X$이다. 따라서 소비자 균형조건인 $P_X/P_Y=MU_X/MU_Y$는 $2/3=Y/X$가 되어 $Y=(2/3)X$이다. 이를 예산제약을 나타내는 식 (3. 3) $P_XX+P_YY=M$과 관련시키면 $2X+3\cdot(2/3)X=72$, 즉 $4X=72$이므로 $X_0=18$, $Y_0=12$가 된다. 예산선의 기울기는 $P_X/P_Y=2/3$이며, 한계대체율은 $MU_X/MU_Y=Y/X=12/18=2/3$이다. 그러므로 효용을 극대화하는 점에서 예산선의 기울기와 한계대체율의 크기가 같다는 점을 확인할 수 있다.

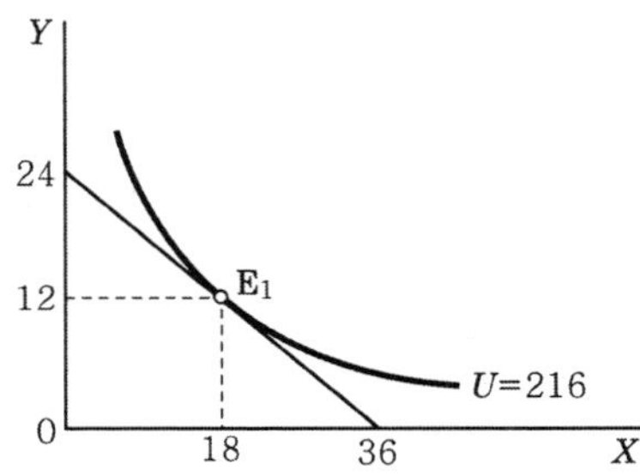

[연습문제 3.2]

갑은 양주(Y) 한 잔과 소주(X) 2잔을 기꺼이 교환할 의향을 갖고 있기 때문에 그의 효용함수는 $U(X, Y)=X+2Y \Rightarrow Y=U/2-(1/2)X$이다. 따라서 모든 무차별곡선의 기울기는 $MRS_{X,Y}=-1/2$이 된다. 한편 예산선의 기울기는 $-P_X/P_Y=-1/3$이므로 그림에서 보는 것처럼 예산선의 기울기가 더욱 가파르다. 따라서 갑의 최적선택은 모서리해인 E점이 되고 결국 소주만 30단위 구입하게 된다.

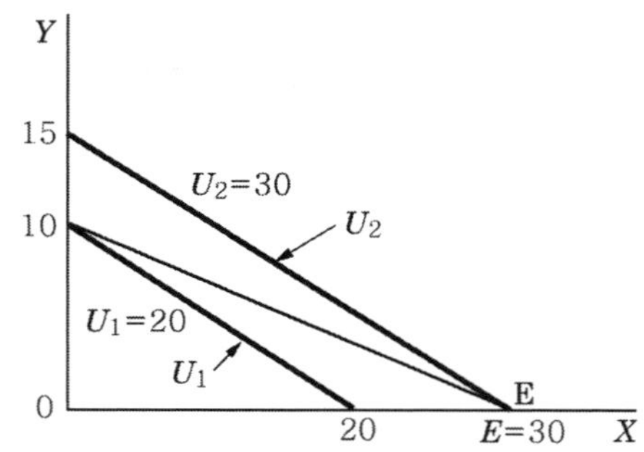

[연습문제 3.3]

예산선의 기울기는 $P_X/P_Y=2/3$이므로 소득이 증가할 때 예산선의 기울기는 그대로 유지된 채 절편의 크기(M/P_Y)만 24에서 28, 32로 커진다. $MU_X=\partial U/\partial X=Y$, $MU_Y=\partial U/\partial Y=X$이다. 따라서 소비자 균형조건인 $P_X/P_Y=MU_X/MU_Y$는 $2/3=Y/X$가 되어 $Y=(2/3)X$이다. $M_1=72$만원일 때 이를 예산제약과 관련시키면 $2X+3\cdot(2/3)X=72$, 즉 $4X=72$이므로 $X_1=18$, $Y_1=12$가 된다. 소득이 $M_2=84$만원으로 증가하면 $2X+3\cdot(2/3)X=84$, $4X=84$이므로 $X_2=21$, $Y_2=14$가 된다. 또한 소득이 $M_2=96$만원으로 증가하면 $2X+3\cdot(2/3)X=96$, $4X=96$이므로 $X_3=24$, $Y_3=16$이 된다.

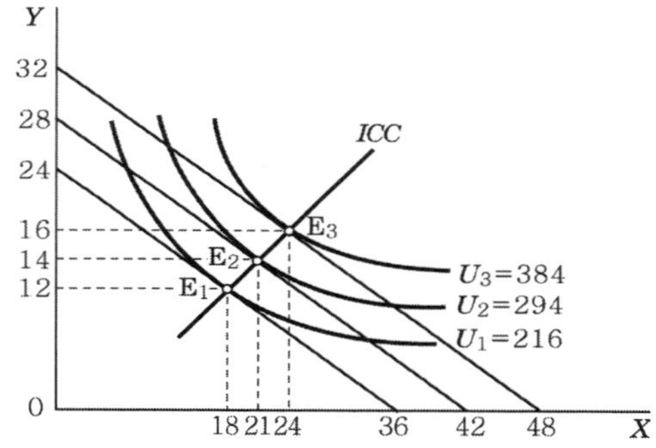

[연습문제 3.4]

$U_1=U(X,\ Y)=XY$일 때 독립변수를 각각 λ배하면 다음과 같다. $U_2=U(\lambda X,\ \lambda Y)=\lambda^2 XY=\lambda^2 U_1$. 효용함수 U_1은 2차 동차함수이므로 선호체계는 동조적이다. $MU_X=Y$이고 $MU_Y=X$이므로 한계대체율$(MRS_{X,Y})$은 $MRS_{X,Y}=MU_X/MU_Y=Y/X$이다. 이 식에 의하면 X재와 Y재의 소비량을 계속해서 같은 비율로 증가시키더라도 $MRS_{X,Y}$는 항상 Y/X의 비율을 유지하게 된다. 이것은 원

점으로부터 뻗어 나오는 방사선과 무차별곡선이 만나는 점에서의 기울기가 모두 같다는 것을 의미한다. 소득이 일정 비율로 증가하면서 두 상품에 대한 수요량도 정확히 그 비율로 증가한 것이다. 이처럼 소득소비곡선(ICC)이 원점에서 뻗어 나오는 방사선일 경우 X재에 대한 소득탄력성 뿐만 아니라 Y재에 대한 소득탄력성도 1이 된다. 이러한 특성을 갖는 선호체계를 동조적인 선호라고 하는데, $U=XY$가 2차 동차함수이므로 선호체계는 동조적이다.

[연습문제 3.5]

ICC가 수평선의 모양을 갖는다면 소비자의 소득이 100원에서 150원으로 증가할 때 Y재의 수요량은 그대로 유지되는 반면에 X재의 수요량은 10개로 증가한다. 따라서 소득의 증가(ΔM)가 50원인데 X재의 수요량의 증가(ΔX)는 5개이다. 따라서 소득탄력성은 $\eta_M=(dX/dM)\cdot(M/X)=(dX/dM)\cdot(M/X)=(5/50)\cdot(150/10)=1.5$이다.

[연습문제 3.6]

$MU_X=0.2X^{-0.8}Y^{0.8}$이므로 X재의 소비량이 증가하면 이 값이 점차 작아지고, $MU_Y=0.8X^{0.2}Y^{-0.2}$이므로 Y재의 소비량이 증가하면 이 값이 점차 작아진다. 한계대체율(MU_X/MU_Y)의 크기는 $0.2/0.8\cdot Y/X$이므로 한계대체율체감의 법칙이 작용한다. 소비자의 균형조건은 $MRS_{X,Y}=P_X/P_Y$이므로 $1/4\cdot Y/X=P_X/P_Y$ $\rightarrow$ $P_YY=4X\cdot P_X$이다. 이를 예산제약 $M=P_XX+P_YY$에 대입하면 $M=P_X\cdot X+4X\cdot P_X$, 즉 $M=5P_X\cdot X$가 된다. 따라서 수요함수는 $X=M/5P_X$으로 나타낼 수 있다. 여기서 P_X가 상승하면 X의 크기는 감소하므로 X재에 대한 수요함수의 기울기는 음(-)이다. 이 수요함수는 직각쌍곡선의 모양을 갖기 때문에 수요곡선 위의 어느 점에서 가격탄력성을 측정하든지 그 값은 1이 된다. 소득탄력성 $\eta_M=\dfrac{dX}{dM}\cdot\dfrac{M}{X}=\dfrac{1}{5P_X}\cdot\dfrac{M}{M/5P_X}=1$이다. 따라서 소득소비곡선($ICC$)은 원점에서 뻗어 나오는 방사선의 모양을 갖는다.

[연습문제 3.7]

X재와 Y재가 완전보완재이면 무차별곡선은 L자 모양으로 주어진다. 최초의 균형점이 E_1이고 X재의 가격하락으로 인해 E_2점으로 이동하였다고 하자. 가격하락에 따른 소득효과를 제거하기 위해서 예산선 AB'를 원래의 무차별곡선 U_1과 접하도록 평행 이동시키면 최초의 균형점인 E_1에서 접하게 된다. 따라서 대체효과는 영(0)이 된다. 즉, X재의 가격이 하락하여 수요량이 X_1에서 X_2로 증가한 것은 완

전히 실질소득의 증가에 의한 것이다. 그러므로 두 재화가 완전보완재일 때는 가격소비곡선과 소득소비곡선이 모두 원점을 통과하는 직선을 모양을 갖게 된다.

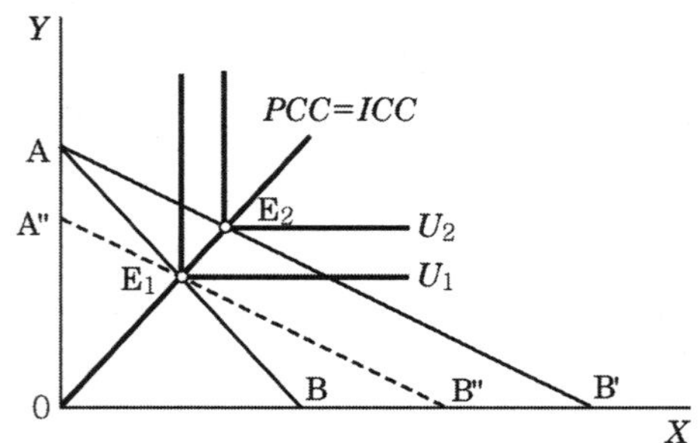

[연습문제 3.8]

가격탄력성을 구하기 위하여 수요함수를 P에 대해 미분하면 $\frac{dX}{dP}=-\alpha P^{-\alpha-1}=-\frac{\alpha}{P^{\alpha+1}}$이다. 이를 가격탄력성을 구하는 식 $\eta_p=-\frac{dX}{dP}\cdot\frac{P}{X}$에 대입하면 $\frac{\alpha}{P^{\alpha+1}}\times\frac{P}{P^{-\alpha}}=\frac{\alpha}{P^{\alpha+1}}\times P^{\alpha+1}=\alpha$이다. 또한 수요함수 $X=30P^{-2}$를 P에 대해 미분하면 $\frac{dX}{dP}=-60P^{-2-1}=-\frac{60}{P^3}$이다. 따라서 $\eta_p=-\frac{dX}{dP}\cdot\frac{P}{X}=\frac{60}{P^3}\times\frac{P}{30P^{-2}}=\frac{60}{P^3}\times\frac{P^3}{30}=2$가 된다.

[연습문제 3.9]

(i) 효용함수를 X와 Y에 대해 미분하면 X재의 한계효용 $MU_X=\alpha X^{\alpha-1}Y^{1-\alpha}$와 Y재의 한계효용 $MU_Y=(1-\alpha)X^{\alpha}Y^{-\alpha}$이 구해진다. 소비자의 최적선택 조건 $\frac{MU_X}{MU_Y}=\frac{P_X}{P_Y}$에 의하면 $\frac{P_X}{P_Y}=\frac{\alpha X^{\alpha-1}Y^{1-\alpha}}{(1-\alpha)X^{\alpha}Y^{-\alpha}}=\frac{\alpha}{(1-\alpha)}\cdot\frac{Y}{X}$ 또는 $P_YY=\frac{(1-\alpha)}{\alpha}P_XX$가 된다. 이를 예산제약식 $M=P_XX+P_YY$에 대입하면 $M=P_XX+\frac{(1-\alpha)}{\alpha}P_XX=P_XX[1+\frac{(1-\alpha)}{\alpha}]=\frac{1}{\alpha}P_XX$이다. 이러한 소비자의 최적선택 조건을 정리한 관계식 $M=\frac{1}{\alpha}P_XX$로부터 X재의 수요함수 $X=\frac{\alpha M}{P_X}$를 구할 수 있다. 지금과 동일한 방법을 적용하면 Y재의 수요함수 $Y=\frac{(1-\alpha)M}{P_Y}$도 구할 수 있다.

(ii) X재의 수요함수 $X=\frac{\alpha M}{P_X}=\alpha M\cdot P_X^{-1}$가 주어지면 수요의 가격탄력성의 크기는 $\eta_P=-\frac{dX}{dP_X}\cdot\frac{P_X}{X}=-(-1)\alpha MP_X^{-2}\cdot\frac{P_X}{\alpha M/P_X}=1$이다. 그리고 X재에 대한 수요의 소득탄력성의 크기는 $\eta_M=\frac{dX}{dM}\cdot\frac{M}{X}=\frac{\alpha}{P_X}\cdot\frac{M}{\alpha M/P_X}=1$이다.

(iii) X재는 Y재의 가격에 영향을 받지 않기 때문에 두 재화 사이의 교차탄력성의 크기는 영(0)이다.

[연습문제 3.10]

예산선의 기울기는 $P_X/P_Y=4/6=2/3$이고 $MU_X=\partial U/\partial X=Y$, $MU_Y=\partial U/\partial Y=X$이다. 따라서 소비자 균형조건인 $P_X/P_Y=MU_X/MU_Y$는 $2/3=Y/X$가 되어 $Y=(2/3)X$이다. 이를 예산제약과 관련시키면 $4X+6\cdot(2/3)X=144$, 즉 $8X=144$이므로 $X_1=18$이 된다. X재 가격이 $P_X'=1$만원으로 하락하면 $P_X'/P_Y=MU_X/MU_Y$는 $1/6=Y/X$, 즉 $Y=(1/6)X$이 된다. 따라서 $X+6\cdot(1/6)X=144$, $2X=144$이므로 $X_2=72$가 된다. 가격효과의 크기는 $72-18=54$단위가 된다. 이 때 대체효과를 구하는 절차는 다음과 같다. X재의 가격이 하락하기 이전의 값의 효용수준이 $U_1=XY=216(18\times12)$이므로 그림의 E_3점에서도 효용수준은 $XY=X\times(1/6)X=216$이 성립되어야 한다. 즉 $X^2=1{,}296$이므로 $X=36$단위가 된다. 따라서 대체효과의 크기는 $36-18=18$단위이고, 소득효과의 크기는 $72-36=36$단위가 된다.

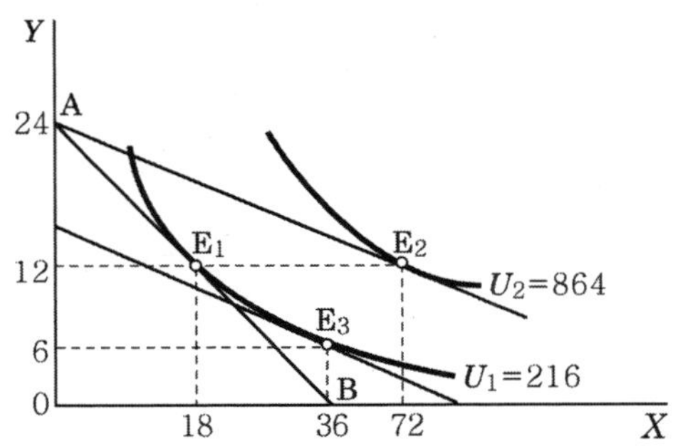

[연습문제 3.11]

예산제약이 $P_XX+P_YY=M$이므로 $3X+3Y=54$이다. $U=XY$이므로 $MU_X=Y$, $MU_Y=X$가 되어 $MRS=MU_X/MU_Y=Y/X$이다. 최초의 균형점 E_1에서는 MRS와 예산선의 기울기($P_X/P_Y=1$)가 일치하므로 $Y/X=1$, 즉 $Y=X$이다. 예

산제약식에 이를 대입하면 $3X+3X=54$이므로 최초의 균형점 E_1에서 $X_1=9$, $Y_1=9$이고, 이 때 효용수준은 $U_1=9\times9=81$이다. X재의 가격이 $P_X=7{,}500$원으로 하락하면 예산선은 AB에서 AB'으로 이동하여 균형점도 E_2로 이동하게 된다. E_2에서 MRS와 예산선의 기울기($P_X/P_Y=1/4$)가 일치하므로 $Y/X=1/4$, 즉 $Y=(1/4)X$이다. 예산선은 $0.75X+3(1/4)X=54$이므로 X재 가격하락 이후의 균형점 E_2에서 $X_2=36$, $Y_2=9$이다. 이 때 효용수준은 $U_2=36\times9=324$이다. 이제 예산선 AB'을 U_1과 접하도록 원점 방향으로 평행이동시키면 c점에서 서로 접하게 된다. 여기서는 $P_X/P_Y=1/4$의 가격체계가 유지되고 있으므로 $1/4=MRS=Y/X$가 된다. 즉 $Y/X=1/4$, 또는 $Y=(1/4)X$이다. c점에서 효용수준은 $U_1=XY=81$이므로 $X\cdot(1/4)X=81$이다. 그러므로 $X_3=18$, $Y_3=4.5$이다. 따라서 소비자는 c점의 상품묶음을 구입하기 위해서 $0.75\times18+3\times4.5=27$만원을 지출해야 한다. X재의 가격이 3만원에서 7,500원으로 하락할 때 소비자는 27만원을 지출해도 $U_1=81$을 유지할 수 있으므로 보상변화는 54-27=27만원이다. 한편 d점에서 효용수준은 $U_2=XY=324$이고, d점에서는 최초의 가격체계가 적용되므로 $X=Y$이다. 따라서 $XY=X^2=324$이다. 그러므로 $X_3=18$, $Y_3=18$이다. 최초의 가격체계에서 d점의 상품묶음을 구입하기 위해서는 $3\times18+3\times18=108$만원의 소득이 있어야 한다. 따라서 대등변화는 108-54=54만원이다. 지금의 살펴본 사례에서도 보상변화(27만원)와 대등변화(54만원)가 서로 일치하지 않는다는 것을 알 수 있다.

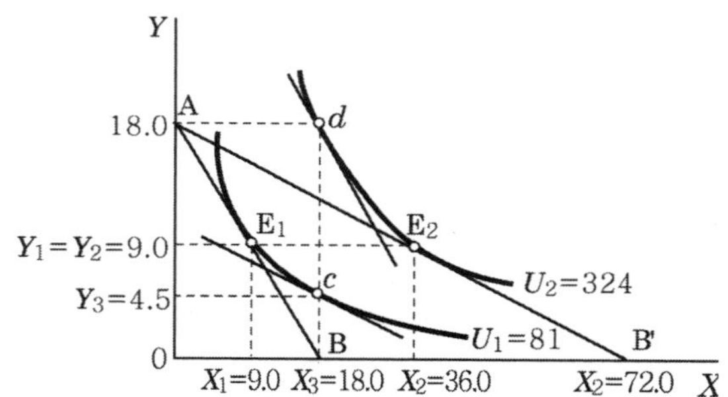

[연습문제 3.12]

(i) 소비자의 최적선택은 $MU_X/MU_Y=P_X/P_Y$이므로, $MU_X=2X^{-0.5}$, $MU_Y=1$을 대입하면 $2X^{-0.5}/1=1/1$가 된다. 따라서 $X=4$이고, 이 때 예산제약은 $20=(1)(4)+(1)Y$가 되어 $Y=16$이 된다. 결과적으로 이 주부는 1주일동안 X재와 Y재를 각각 4단위와 16단위를 소비할 때 효용수준이 극대화되며, 효용수준은 $U_1=4\sqrt{4}+16=24$가 된다.

(ii) X재의 가격이 4천원으로 하락하면 두 상품에 대한 상대가격은 P_X/P_Y $=(0.4)/1$가 되므로 $2X^{-0.5}/1=(0.4)/1$가 된다. 따라서 $X=25$이고, 이 때 예산제약은 $20=(0.4)(25)+(1)Y$이므로 $Y=10$이 된다. 본 문제의 핵심은 이 주부의 선호체계가 준선형 효용함수로 나타나 있어서 소득효과가 0(영)이라는데 있다. 소득효과와 대체효과를 구분하기 위해서는 먼저 E_3점에서의 효용수준이 $U_1=24$와 같도록 유지시켜야 한다. 이 과정을 통하여 E_3점에서 $24=4\sqrt{X}+Y$를 만족하는 X재와 Y재의 수요량을 알 수 있다. E_3점에서의 예산선의 기울기가 E_2점에서 예산선의 기울기인 $P_X/P_Y=(0.4)/1$와 같기 때문에 E_3점에서 $MU_X/MU_Y=2X^{-0.5}/1=(0.4)/1$가 성립한다. 이를 정리하여 풀면 $X=25$가 되어 E_2점에서의 X재 생산량과 일치한다. 따라서 X재에 대한 소득효과가 0(영)이라는 사실을 확인할 수 있다. 여기서 구한 $X=25$를 효용함수 $24=4\sqrt{X}+Y$에 대입하면 $Y=4$가 된다.

(iii) 보상변화의 크기를 측정하기 위해서는 E_3점에서 지출하는 규모를 먼저 알아야 한다. 이 때 지출규모는 $(0.4)(25)+(1)(4)=14$만원이다. X재의 가격하락 이전에 소득이 20만원이므로 이 주부의 소득을 6만원 감소시키면 원래의 효용수준 U_1을 유지할 수 있다. 그림에서 E_2점과 E_3점의 거리에 해당하는 6만원이 바로 보상변화의 크기이다. 이 주부의 효용함수가 준선형이므로 보상변화와 대등변화가 서로 일치하게 된다.

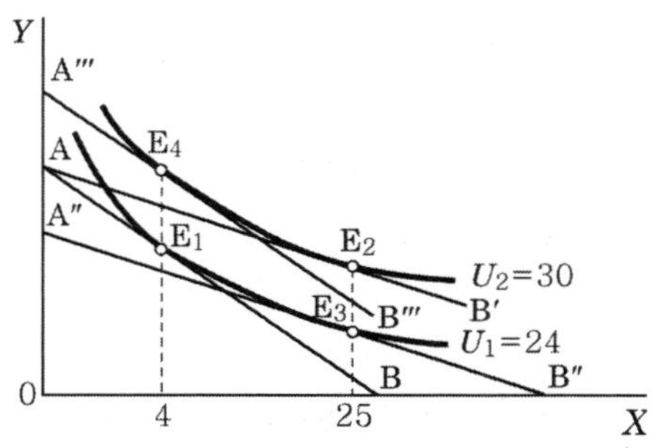

제 4 장 현시선호이론과 응용

1. 현시선호이론
2. 수량지수와 가격지수

개 요

지금까지 살펴본 소비자 선택이론에서는 선호체계에 대한 일련의 가정이 충족되는 것으로 보고 효용함수와 무차별곡선을 도출하였으며, 이들을 이용해서 소비자의 수요곡선을 유도하였다. 그러나 실제로 소비자의 선호체계에 대한 이행성, 연속성 등의 공리가 만족되지 않는다면 그로부터 출발하는 무차별곡선이론은 현실 설명력에 한계를 보일 수밖에 없다. 객관적으로 관찰할 수 없는 선호체계에 대한 가정으로부터 이론체계를 구성하는 것에 대한 비판이 제기되면서 그것에 대한 대안으로 **새뮤얼슨**(P. Samuelson)은 **현시선호이론**(revealed preference theory)을 제시하였다.

합리적인 소비자는 수요행위를 통하여 자신의 선호를 노출시킨다고 예상할 수 있다. 따라서 이것에 대한 반복적인 관찰을 통하여 소비자의 선호체계를 파악하면 그의 무차별곡선을 유도할 수 있게 된다. 이처럼 시장에서 우리가 직접 관찰할 수 있는 소비자의 선택행위를 통하여 소비자 행동원리를 규명하려는 시도에서 현시선호이론이 등장한 것이다.

1. 현시선호이론

1.1 현시선호이론의 의의

앞의 제2장과 3장에서 설명한 무차별곡선이론은 소비자의 최적선택을 설명하는 전통적 이론으로서 확고한 자리를 구축하여 왔으며, 경제학의 모든 영역에서 중요한 분석도구로 활용되어 왔다. 무차별곡선이론의 이러한 성과에도 불구하고 여기에서 가정하는 선호체계에 대한 일련의 **공리**(axiom)들이 소비과정에서 충족되고 있는지에 대한 의문을 갖기 시작하였다. 소비자의 선호체계와 관련된 완비성, 이행성, 연속성 등의 공리들이 실제로 충족되지 않는다면 선호체계를 효용함수로 나타낼 수 없는 문제에 봉착하게 된다. 무차별곡선이론은 현실 설명력에 심각한 한계를 보일 수밖에 없다.

현실적으로 소비자들이 상품을 소비하는 과정에서 완비성, 이행성, 연속성 등의 가정을 충족하고 있는지를 확인하는 것이 매우 어렵다. 선호체계는 근본적으로 관찰이 불가능하기 때문이다. 그렇다면 관찰이 불가능한 '선호' 또는 '효용'이라는 개념을 탈피하는 대신 관찰이 가능한 소비자의 구매행위로부터 소비자의 선호체계를 추론하고 새로운 소비자 선택이론을 구성할 수는 없을까? **새뮤얼슨**(P. Samuelson)은 전통적인 소비자 선택이론에서 사용하는 효용이라는 주관적 개념에서 탈피하여 소비과정에서 관찰할 수 있는 소득, 가격, 수량을 토대로 소비자의 최적선택을 규명하고자 하는 **현시선호이론**(revealed preference theory)을 제시하였다. 합리적인 소비자는 자신의 소비행동을 통해 자신의 선호를 나타내게 될 것이다. 따라서 소비자의 소득과 상품의 시장가격이 변화할 때 이에 대한 소비자들의 반응을 계속해서 관찰한다면 이를 기초로 해서 선호체계를 추론할 수 있다는 것이 그의 주장이다.

1.2 현시선호이론의 기본 가정

(1) 현시선호관계

쌀(X)과 옷(Y)의 가격이 각각 P_{X0}와 P_{Y0}로 주어져 있을 때 효용극대화를 추구하는 어떤 소비자가 두 상품벡터 $Q_0=(X_0, Y_0)$와 $Q_1=(X_1, Y_1)$ 중에서 상품묶음 Q_0를 선택하였다고 하자. 이 때 Q_0의 구입비용으로 Q_1도 구입이 가능하다면 우리는 이 소비자가 Q_1보다 Q_0를 더 선호한다고 볼 수 있다. 이 소비자가 주어진 소득으로 Q_1도 구입할 수 있다는 것은 다음의 부등식이 성립한다는 의미이다.

(4. 1) $$P_{X0}X_0+P_{Y0}Y_0 \geqq P_{X0}X_1+P_{Y0}Y_1$$

표현상의 편의를 위해 주어진 가격도 $P_0=(P_{X0}, P_{Y0})$라는 벡터로 표현해 식 (4. 1)을 다음과 같이 벡터의 곱으로 나타내기로 한다.

(4. 2) $$P_0Q_0 \geqq P_0Q_1$$

이와 같은 선호관계는 "가격벡터가 P_0로 주어진 상황에서 상품묶음 Q_0가 선택되었고, Q_1은 $P_0Q_0 \geqq P_0Q_1$의 관계를 충족시키는 어떤 상품묶음이라면 Q_0는 Q_1보다 **현시선호**(revealed preferred)되었다."고 표현할 수 있다.

현시선호의 의미를 [그림 4-1]을 이용하여 살펴보기로 하자. 가격체계가 P_{X0}와 P_{Y0}로 주어질 때 예산선이 그림에서 AB로 나타나 있다. 이 때 소비자는 예산선 위에 있는 상품묶음 Q_0나 Q_1을 선택할 수 있다. 물론 $\triangle OAB$ 안의 어떤 점도 선택할 수 있다. 만일 소비자가 Q_1 대신에 Q_0을 선택하였다면 "Q_0는 Q_1보다 현시선호되었다."고 할 수 있다.

[그림 4-1] 현시선호관계

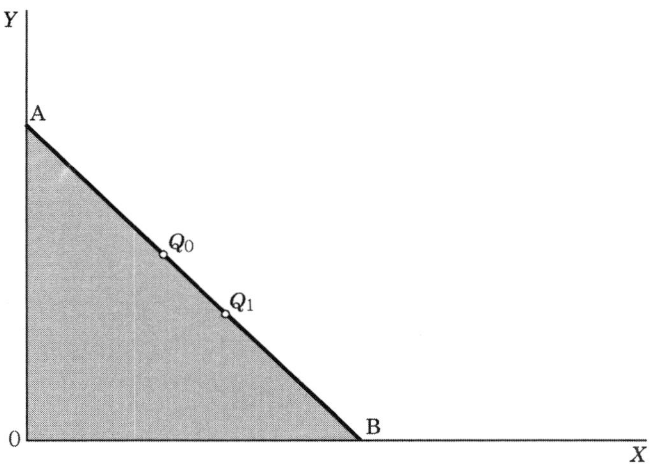

> 가격체계가 $P_0=(P_{X0},\ P_{Y0})$로 주어진 상황에서 상품묶음 $Q_0=(X_0,\ Y_0)$가 선택되었고, $Q_1=(X_1,\ Y_1)$은 $P_0Q_0 \geq P_0Q_1$의 관계를 충족시키는 어떤 상품묶음이라면 Q_0는 Q_1보다 **현시선호**되었다고 한다.

현시선호이론을 이해하기 위해서는 지금 살펴본 현시선호관계와 밀접하게 관련되는 간접현시선호관계에 대한 성격도 알아 두어야 한다. 만일 "Q_0가 Q_1보다 현시선호되고, Q_1은 Q_2보다 현시선호되며, Q_2는 Q_3보다 현시선호되는 관계가 Q_n까지 계속된다면 Q_0는 Q_n보다 현시선호되었다"고 할 수 있을까? 현시선호관계에 의하면 $P_0Q_0 \geq P_0Q_n$의 관계를 충족해야 Q_0가 Q_n보다 현시선호되었다고 할 수 있다. 그러나 만일 $P_0Q_0 < P_0Q_n$의 관계가 성립한다면 Q_0가 Q_n보다 현시선호되었다고 할 수 없다.

[그림 4-2]에는 3개의 상품묶음 Q_0, Q_1, Q_2가 있다. 예산선 AB로 대표되는 P_0의 가격벡터하에서 Q_0가 Q_1보다 현시선호되고, 예산선 $A'B'$으로 대표되는 P_1의 가격벡터하에서는 Q_1이 Q_2보다 현시선호되었다고 하자. 현시선호관계에 의하면 $P_0Q_0 \geq P_0Q_2$의 관계를 충족해야 Q_0가 Q_2보다 현시선호되었다고

[그림 4-2] 간접현시선호관계

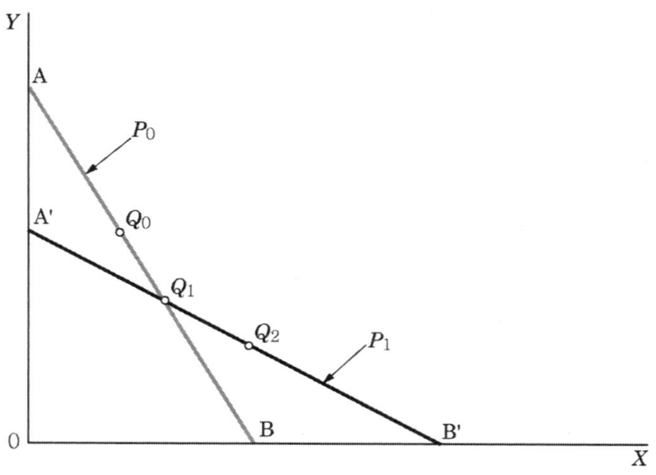

할 수 있는데 [그림 4-2]에서는 $P_0Q_0 < P_0Q_2$의 관계가 성립하고 있으므로 Q_0가 Q_2보다 현시선호되었다고 말할 수 없는 것이다. 이러한 경우에 우리는 "Q_0가 Q_2보다 **간접현시선호**(indirectly revealed preferred)되었다."고 한다.

> Q_0는 Q_1보다 현시선호되고, Q_1은 Q_2보다 현시선호되며, Q_2는 Q_3보다 현시선호되는 관계가 Q_n까지 계속된다면 Q_0는 Q_n보다 **간접현시선호**되었다고 한다.

(2) 현시선호관계의 두 가지 공리

현시선호이론에서는 소비행위의 일관성을 보장하기 위하여 다음의 두 가지 기본 가정, 즉 약공리와 강공리를 채택하고 있다.

(가) 약공리

약공리(weak axiom)는 한 상품묶음 Q_0가 다른 상품묶음 Q_1보다 현시선호되면 어떤 경우에도 Q_1이 Q_0보다 현시선호될 수 없다는 가정이다. 이것은 소비자들의 소비행위에 **일관성**이 있어야 한다는 것을 의미한다. 앞에서 우리는 P_0의 가격벡터하에서 Q_0가 Q_1보다 현시선호되었다고 말한 적이 있다. 약공리에

[그림 4-3] 약공리의 의미

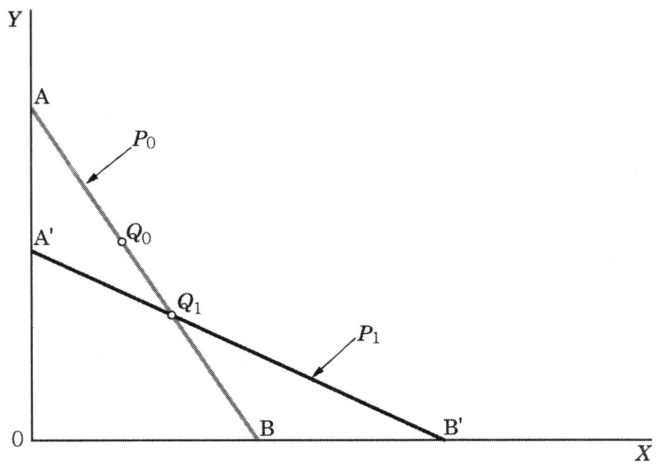

의하면 새로운 가격벡터 P_1이 주어지더라도 Q_1이 Q_0보다 현시선호되어서는 안 된다. 만일 새로운 가격체계에서 Q_1이 선택되었다면 그것은 소비자가 주어진 소득으로 Q_0를 선택할 수 없었기 때문이다. 이러한 의미는 다음과 같은 관계식으로 나타낼 수 있다.

(4. 3) $P_1 Q_0 > P_1 Q_1$

> **약공리**에 의하면 한 상품묶음 Q_0가 다른 상품묶음 Q_1보다 현시선호되면 어떤 경우에도 Q_1이 Q_0보다 현시선호될 수 없다.

[그림 4-3]에서 보면 P_0의 가격벡터하에서 소비자는 Q_0와 Q_1이 선택 가능하다. 이러한 상황에서 어떤 소비자가 Q_0를 선택하였다면 Q_0가 Q_1보다 현시선호된 것이다. 그런데 새로운 가격벡터 P_1이 주어졌을 때는 Q_1이 선택되는 것이 관찰되었다고 하자. 이러한 경우에는 현시선호관계의 약공리가 위배되는 것이 아니다. 새로운 가격벡터 P_1하에서는 Q_0가 예산선($A'B'$) 밖에 위치하여 소비자가 주어진 소득으로 Q_0를 선택할 수 없기 때문이다.

[그림 4-4] 약공리를 위배하는 선호체계

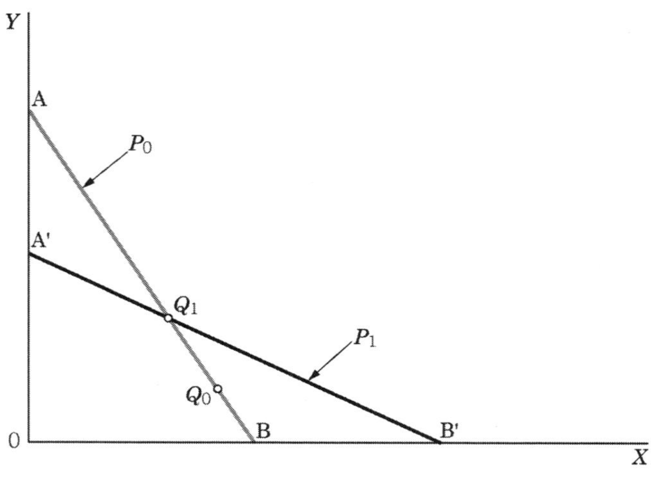

만일 소비자가 일관성이 결여된 채 소비행동을 한다면 아무리 많은 관찰 자료가 주어진다고 하더라도 그의 선호에 대해 어떤 의미 있는 결과를 얻어내기가 어렵다. 따라서 우리의 분석대상이 되는 것은 일관성 있는 소비자의 소비행동이다. 그렇다면 일관성 없는 소비행동이 어떤 것인지 [그림 4-4]를 이용해 살펴보기로 한다. 그림에서와 같이 어떤 소비자가 P_0의 가격벡터하에서는 Q_0를 선택하고, P_1의 가격벡터가 주어졌을 때는 Q_1이 선택되었다고 하자. 이 소비자는 가격벡터가 P_0로 주어졌을 때 Q_0와 Q_1을 선택할 수 있는 상황에서 Q_0을 선택한 것이다. 그런데 가격벡터가 P_1으로 주어지고 Q_0와 Q_1을 선택할 수 있는 상황에서 Q_0가 아닌 Q_1을 선택하였다면 이 소비자는 약공리를 위배한 것이다. 약공리에 위배되는 선호체계를 가진 소비자는 이전에 선택할 수 있었음에도 불구하고 선택하지 않았던 상품묶음을 가격체계가 변한다고 해서 새삼스럽게 선택하는 사람을 말한다. 이렇게 볼 때 약공리는 소비자행동의 일관성에 대한 가정으로 선호체계가 가격과 같은 환경요인에 의해 바뀌어서는 안 된다는 것을 요구하고 있다.

지금까지 살펴본 약공리는 선택대상이 되는 상품묶음이 두 개인 경우에 소비자행동의 일관성을 보장해 준다. 그러나 선택대상이 되는 상품묶음이 세 개 이상인 경우에는 약공리가 충족되더라도 선택의 일관성이 유지되지 않을 수 있다.

다음의 예를 들어 살펴보기로 하자. 소비자가 선택할 수 있는 X재, Y재, Z재에 대한 상품묶음이 $Q_i=(X_i, Y_i, Z_i)$이고, 가격벡터가 아래와 같이 P_0, P_1, P_2로 주어질 때 소비자는 Q_0, Q_1, Q_2을 차례로 선택하였다고 하자.

(4. 4) $P_0=(20, 20, 20)$, $Q_0=(20, 20, 20)$ $P_0 Q_0=1{,}200$

(4. 5) $P_1=(10, 30, 20)$, $Q_1=(30, 10, 20)$ $P_1 Q_1=1{,}000$

(4. 6) $P_2=(20, 15, 50)$, $Q_2=(40, 10, 15)$ $P_2 Q_2=1{,}700$

먼저 P_0의 가격벡터하에서는 상품묶음 Q_0나 Q_1을 선택할 수 있지만 Q_0를 선택한 것이 약공리를 충족하는지 확인하여 보자.[1] 가격벡터가 P_0로 주어질 때 식 (4. 2)에서 보는 관계, 즉 $P_0 Q_0 \geq P_0 Q_1$이 충족된다. 따라서 P_0의 가격벡터하에서 Q_0가 Q_1보다 선호된 것으로 볼 수 있다. 약공리에 따르면 다른 가격벡터가 주어졌다고 해서 Q_1이 Q_0보다 현시선호될 수 없다. 그런데 가격벡터 P_1이 주어졌을 때 소비자는 Q_1을 선택하였다. 가격벡터 P_1하에서 Q_1이 선택된 것은 Q_1의 구입비용으로 Q_0를 구입할 수 없었기($P_1 Q_0 > P_1 Q_1$) 때문이다. 따라서 가격벡터가 P_1일 때 소비자가 Q_1을 선택한 것은 약공리를 위배한 것이 아니다. 지금 설명한 내용을 정리하면 가격벡터가 P_0일 때 Q_0를 선택한 것은 약공리를 충족하고 있음을 알 수 있다.

P_1의 가격벡터하에서는 상품묶음 Q_1과 Q_2를 선택할 수 있지만 Q_1을 선택한 것도 약공리를 충족하고 있음을 알 수 있다. 가격벡터가 P_1으로 주어질 때 식 (4. 2)의 관계를 충족하여 Q_1이 Q_2보다 선호된 것이다. 약공리에 의하면 P_2의 가격벡터가 주어졌다고 해서 Q_2가 Q_1보다 현시선호되어서는 안된다. 약공리를 충족시키려면 P_2의 가격벡터에서는 Q_2를 구입할 비용으로 Q_1을 구입할 수 없음을 보여야 한다. P_2의 가격벡터에서 $P_2 Q_1(=1{,}750) > P_2 Q_2$가 성립하여 소비자가 Q_1를 선택하는 것이 불가능하다. 그러므로 가격벡터가 P_1으로

1) $P_0 \cdot Q_0 = P_0 \cdot Q_1$이므로 Q_0와 Q_1을 선택할 수 있다. 그러나 Q_2는 너무 비싸기 때문에 선택하지 않았다고 볼 수 있다.

주어질 때 Q_1을 선택한 것 역시 약공리를 충족하게 된다.

같은 방식을 적용하여 P_2의 가격벡터하에서 Q_2와 Q_0를 선택할 수 있지만 Q_2을 선택한 것도 역시 약공리를 충족하고 있음을 보일 수 있다. 가격벡터가 P_2일 때 식 (4. 2)의 관계를 충족하여 Q_2를 Q_0보다 선호된 것으로 볼 수 있다. 약공리를 충족시키려면 P_0의 가격벡터에서는 Q_0를 구입할 비용으로 Q_2를 구입할 수 없음을 보여야 하는데, $P_0 Q_2(=1{,}300) > P_0 Q_0$이므로 Q_2의 구입은 불가능하다는 것을 알 수 있다. 가격벡터가 P_2로 주어질 때 Q_2을 선택한 것 역시 약공리를 충족하게 된다.

이와 같이 선택대상이 되는 상품묶음이 세 개일 때 그것들의 선택과정에서 약공리는 모두 충족되고 있지만, 일관성을 유지하지 못하고 있다. 선호체계가 일관성을 만족하기 위해서는 Q_0가 Q_1보다 현시선호되고, Q_1이 Q_2보다 현시선호되면 Q_0가 Q_2보다 현시선호되어야 한다. 그러나 지금의 예에서는 Q_0가 Q_1보다 현시선호되고, Q_1은 Q_2보다 현시선호되고 있으며, 다시 Q_2가 Q_0보다 현시선호되는 순환성이 나타나고 있다. 일관성 있는 소비행동을 의미하는 일종의 이행성이 충족되지 못하고 있는 것이다. 전통적인 소비이론에서도 선호체계가 완비성뿐만 아니라 이행성도 충족되고 있음을 가정하고 있다. 마찬가지로 현시선호이론에서도 상품묶음이 세 개 이상으로 주어지는 경우에 나타날 수 있는 순환적 요인을 제거하기 위하여 추가적인 가정을 도입할 필요가 있다. 이것이 바로 **현시선호의 강공리**이다.

[연습문제 4.1]

합리적인 소비자 A가 소득 600원 전부를 X재와 Y재의 구입에 지출한다고 하자. X재의 가격이 40원이고 Y재의 가격이 20원일 때 X재와 Y재를 각각 10개씩 구입하였다. 이제 X재와 Y재의 가격 둘 다 30원으로 변화하였다. 이러한 상황에서 상품묶음 ① $(X,\ Y)=(5,\ 15)$과 ② $(X,\ Y)=(15,\ 5)$를 선택할 때 약공리에 위배되는 것은?

[연습문제 4.2]

X재의 가격이 10원이고 Y재의 가격이 5원일 때, 소비자 A가 X재와 Y재를 각각 10개와 5개를 구입하였다. 그리고 X재와 Y재의 가격이 각각 5원과 10원으로 변화할 때 X재와 Y재를 각각 5개와 10개를 구입하였다. 약공리를 충족하는가?

(나) 강공리

선택대상이 되는 상품묶음이 세 개 이상으로 주어지는 경우에 일관성을 유지하기 위한 가정이 **강공리**(strong axiom)이다. 강공리에 의하면 상품묶음 Q_0가 Q_1보다 현시선호되고, Q_1은 Q_2보다 현시선호되고... Q_{n-1}이 Q_n보다 현시선호된다면 Q_n은 결코 Q_0보다 현시선호될 수 없다. 다시 말하면 강공리는 Q_0가 Q_n보다 간접적으로 현시선호되면 Q_n는 Q_0에 대해 간접적으로 현시선호되어서는 안 된다는 것을 의미한다.

강공리에 의하면 한 상품묶음 Q_0가 Q_n보다 간접적으로 현시선호되면, 어떤 경우에도 Q_n이 Q_0보다 간접적으로 현시선호될 수 없다.

강공리는 약공리의 일관성을 일반화한 것으로 볼 수 있다. 약공리는 선택대상이 두 개의 상품묶음으로 한정되는데 반해, 강공리는 선택대상의 상품묶음이 세 개 이상인 경우에도 선택의 일관성을 보장해 준다. 그렇다면 현시선호의 강공리를 만족하는 소비자는 합리적인 선호관계를 갖고 있는 것인가? 고급미시경제이론에 의하면 현시선호의 강공리를 만족하는 소비자의 선택행위는 합리적인 선호관계를 갖고 그 선호를 극대화하는 선택행위와 일치함을 증명하고 있다. 따라서 현시선호의 강공리를 충족하는 경우에는 효용함수 또는 무차별곡선을 도출할 수 있게 된다. 물론 **사전편찬식 선호체계**(lexicographic preference)를 가지고 있는 경우에는 강공리를 만족하더라도 효용함수 또는 연속적인 무차별곡선이 존재할 수 없다.

현시선호의 강공리는 소비자가 효용을 극대화하기 위한 필요충분조건이다.

강공리 $\rightleftarrows$ 효용극대화

1.3 무차별곡선의 도출

앞에서 우리는 현시선호이론의 약공리와 강공리에 관하여 살펴보았는데, 이들 공리가 충족되면 효용함수를 사용하지 않고서도 무차별곡선을 도출할 수 있다. [그림 4-5]에서 AB의 예산선에서 C점이 선택되었다고 하자. 현시선호의 공리를 이용하여 이러한 C점을 통과하는 무차별곡선을 도출하는 과정은 다음과 같다. C점이 선택되었다는 것은 C점을 제외한 예산선 AB 위의 모든 점들과 그 아래 영역에 위치하는 어떤 점들보다 C점을 선호한다는 의미이다. 따라서 C점을 지나는 무차별곡선은 이러한 영역을 결코 지날 수 없다. 한편, C점 오른쪽에 L자형으로 표시된 영역내의 상품묶음은 C점보다 선호되고 있다. 예컨대 이 영역내 하나의 상품묶음이 F점으로 주어졌다고 하자. 어떤 주어진 가격과 소득하에서 이 점이 선택되었다면 C점은 이러한 상황에서 주어지는 예산선의 안쪽에 위치하게 된다. 따라서 F점이 C점보다 선호될 것이다. 이것은 C점을 지나는 무차별곡선이 L자형으로 표시된 영역내에 위치하는 어떤 점도 통과할 수 없음을 의미한다.

소비자의 선택행위가 계속해서 관찰가능하다면 더 많은 영역을 제거할 수 있다. 만일 예산선이 $A'B'$으로 주어졌을 때 소비자가 E점을 선택한 것이 관찰

[그림 4-5] 무차별곡선의 도출

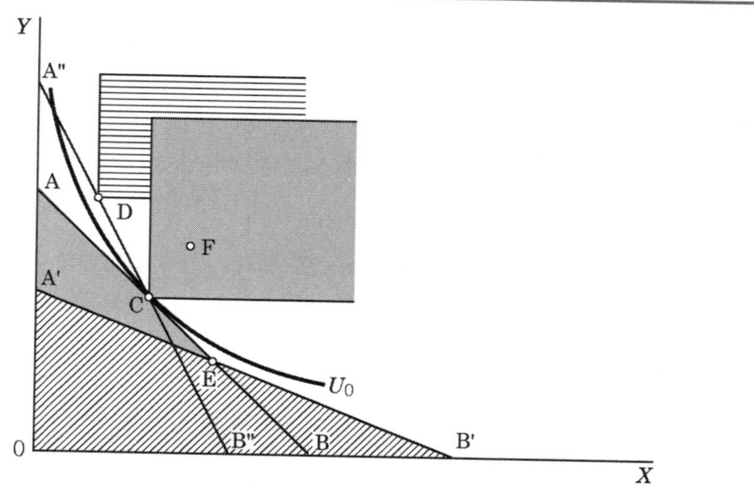

되었다고 하자. E점이 $\triangle OA'B'$내의 어느 점보다 현시선호되고 있는데, E점보다 C점이 현시선호되고 있으므로 강공리에 의해 C점은 $\triangle OA'B'$내의 상품묶음들보다 현시선호된다. 결국 C점을 통과하는 무차별곡선이 $\triangle BEB'$내의 영역도 통과할 수 없음을 알 수 있다.

이번에는 예산선이 $A''B''$로 주어졌다고 하자. 현시선호의 약공리가 만족되기 위해서는 $A''C$ 위의 한 점이 선택되어야 한다. 이미 예산선이 AB로 주어졌을 때 CB' 위의 어떤 상품묶음도 선택할 수 있었지만 C점을 선택한 바 있다. 따라서 예산선이 $A''B''$로 주어졌다고 해서 CB' 위의 한 점을 선택하는 것은 약공리를 위반하게 된다. 예산선이 $A''B''$로 주어졌을 때 D점을 선택했다고 하자. 이 예산선에는 D점 뿐만 아니라 C점도 놓여 있으므로 D점은 C점보다 현시선호된 것이다. 그러므로 D점 오른쪽에 L자형으로 표시된 영역도 C점을 지나는 무차별곡선이 통과할 수 없다.

결국 C점을 지나는 무차별곡선은 지금까지 제거되지 않고 남아 있는 영역을 지나게 될 것이다. 만일 소비자의 선택행위에 대한 관찰이 계속된다면 [그림 4-5]에서와 같이 우하향하는 무차별곡선 U_0를 도출할 수 있다. 지금 살펴본 것처럼 **새뮤얼슨**(P. Samuelson)은 관찰이 불가능한 선호라는 개념을 배제한 상태에서 시장에서 관찰되는 행동과 현시선호의 약공리와 강공리를 적용시켜 우하향하는 무차별곡선을 도출하고 있다. 이렇게 본다면 현시선호이론이 신고전학파의 효용이론을 극복한 새로운 이론이라기보다 무차별곡선이론의 타당성을 확인시켜 주는 것이라고 볼 수 있다.

2. 수량지수와 가격지수

우리는 시간이 경과하면서 자신의 생활수준이 어떻게 변화되었는지에 대해 늘 궁금해 한다. 두 개의 다른 시점에서 생활수준을 비교할 경우에 1차적인 관심사는 우리들이 소비하는 상품묶음에 어떠한 변화가 있었는가 하는 점이다. 우리가 소비하는 상품묶음에 포함된 각 상품의 소비량이 과거에 비해 모두 증가하였다면 생활수준이 개선되었다는 점을 쉽게 알 수 있다. 그러나 우리가 소비하는 모든 상품의 소비량이 동시에 증가하는 경우는 거의 없다. 소비량이 증가하는 상품이 있는 반면에 소비량이 감소하는 상품도 있다. 이러한 상황에서 생활수준의 변화를 파악하기는 결코 쉽지 않다.

소비자의 생활수준 변화정도를 판정하기 위하여 우리는 소비자들의 행동으로부터 관찰하게 되는 현시선호관계의 그림을 이용할 수 있다. 그러나 소비자들이 소비하는 상품의 수가 세 개 이상인 경우에는 현시선호관계의 그림을 이용하여 생활수준의 변화를 평가하는 것이 불가능하다. 상품의 수가 3개 이상인 일반적인 경우에는 생활수준의 변화를 파악하기 위하여 현시선호관계를 일반화한 수량지수나 가격지수가 주로 이용되고 있다.[2)]

2.1 약공리와 생활수준의 변화에 대한 평가

먼저 현시선호관계의 그림을 이용하여 소비자의 생활수준 변화정도를 분석하기로 한다. 어떤 소비자가 두 상품 X재와 Y재를 소비하고 있으며, 기준년도(T_0년)와 비교년도(T_1년)의 상품묶음을 각각 $Q_0=(X_0,\ Y_0)$, $Q_1=(X_1,\ Y_1)$이라고 하고, 가격수준을 각각 $P_0=(P_{X0},\ P_{Y0})$, $P_1=(P_{X1},\ P_{Y1})$이라고 하자. [그림 4-6]에는 기준년도의 예산선이 A_0B_0로, 그리고 비교년도의 예산선이 A_1B_1으로 나타나 있으며, 이 때 소비자는 각각 Q_0와 Q_1을 선택하였다.

그림 (a)에는 생활수준이 명백히 악화된 상황이 나타나 있다. 이 소비자는 T_0년의 가격체계 P_0가 주어졌을 때 Q_0는 물론 Q_1도 구입할 수 있지만 Q_0를 구입하였다. 현시선호관계에 의하면 Q_1보다 Q_0를 더 선호하였기 때문에 그와 같은 선택을 한 것이다. 약공리에 의하면 다른 가격벡터가 주어지더라도 Q_1이 Q_0보다 현시선호되어서는 안 된다. 만일 T_1년의 새로운 가격체계 P_1에서 Q_1이 선택되었다면 그가 주어진 소득으로 Q_0를 구입할 수 없기 때문이다. 이렇게 볼 때 T_1년의 생활수준이 T_0년의 그것보다 명백히 악화된 것이다.

반면에 그림 (b)에는 생활수준이 명백히 개선된 경우가 나타나 있다. 이 소

2) 지수(index)란 상품의 수량이나 가격에 나타난 평균적인 변화를 하나의 수치로 나타낸 것이다.

[그림 4-6] 약공리와 생활수준 변화의 평가

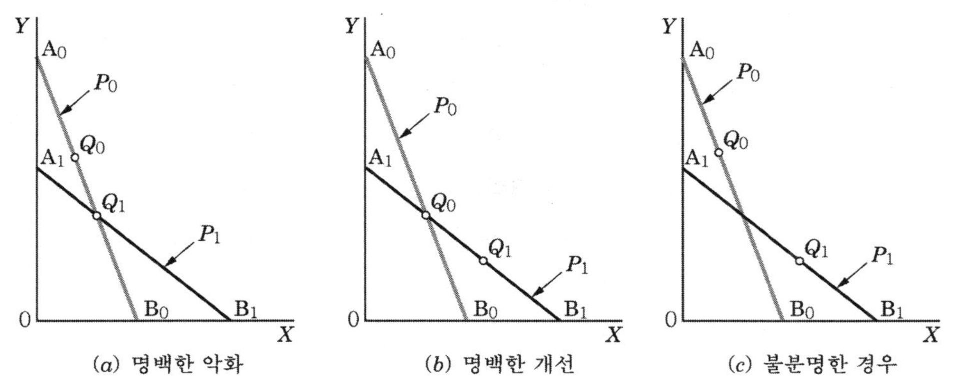

비자는 T_0년의 가격체계(P_0)에서 Q_0를 선택하였고, T_1년의 가격체계(P_1)에서는 Q_0를 구입할 수 있었지만 Q_1을 선택하였다. 가격체계가 P_1일 때 현시선호의 약공리가 충족되기 위해서는 예산선 A_1B_1의 일부구간인 A_1Q_0 위의 한 점이 선택되어서는 안된다. 따라서 Q_1을 선택했을 때의 생활수준이 Q_0를 선택했을 때보다 개선되었다고 볼 수 있다.

앞의 두 경우와는 다르게 그림 (c)에서는 생활수준의 변화에 대한 판단이 불분명하다. 이 소비자가 T_0년에 Q_0를 선택하고, T_1년에는 Q_1을 선택하고 있다. T_0년에는 Q_1을 선택할 수 없었으며, T_1년에는 Q_0를 선택할 수 없었다. 따라서 두 기간 동안 생활수준에 어떠한 변화가 있었는지 평가를 내릴 수가 없다.

2.2 수량지수

(1) 라스파이레스 수량지수와 파셰 수량지수

지금까지는 소비자가 선택하는 상품의 수가 두 개인 경우에 국한해서 그림을 이용하여 생활수준의 변화를 평가하였다. 상품의 수가 세 개 이상인 경우에는 그림을 이용하여 생활수준의 변화를 평가하는 것이 불가능하기 때문에 지금까지와는 다른 방식을 적용해야 한다. 상품의 수가 n개인 일반적인 경우 생활수준의 변화에 대한 평가를 위하여 수량지수를 활용할 수 있다.

수량지수(quantity index)는 물리적 성격 또는 상품의 측정단위가 서로 다른 상품들을 하나로 묶어, 소비되는 상품의 양이 평균적으로 증가하였는지의 여부를 판단할 수 있도록 고안된 지표이다. 우리가 소비하는 여러 가지 이질적인 상품들을 하나로 묶는 방법은 각 상품의 소비량에 그것의 가격을 곱하고 이를 모두 더하여 상품묶음의 전체 가액(value)을 구하는 길밖에 없다. 예컨대 주택 1가구, 쌀 3가마, 옷 5벌, 구두 3켤레, 자동차 1대 등과 같은 상품 전체를 하나로 묶기 위해서는 이들 모든 상품에 지출된 금액을 합하여 하나의 숫자로 대표시키면 된다.

기준년도(T_0년)에 구입한 상품묶음과 비교년도(T_1년)에 구입한 상품묶음의 가액을 구하기 위해서 어느 해의 가격을 적용해야 할까? 기준년도와 비교년도에 구입하는 상품수량의 크기를 실질적으로 비교하기 위해서는 고려대상이 되는 상품의 가격들은 일정한 수준으로 유지되어야 한다. 우리의 경험에 의하면 시간의 경과와 더불어 대부분의 상품가격은 지속적으로 증가하여 왔다. 따라서 우리가 소비하는 상품의 수량과 관계없이 상품가격의 상승에 의해 상품묶음의 가액이 기준년도보다 증가하게 될 가능성이 매우 높다. 전반적인 물가수준의 변동에서 오는 영향을 제거하기 위하여 기준년도나 비교년도의 가격 중 하나를 가중치(weights)로 이용해야 한다.

기준년도인 T_0년의 가격을 가중치로 사용해 구한 수량지수는 **라스파이레스 수량지수**(Laspeyres quantity index; $\mathcal{L}_Q$)이다. 두 상품, X재와 Y재만 존재하는 단순한 경우의 라스파이레스 수량지수는 다음과 같이 구한다.[3)]

$$(4.\ 7) \qquad \mathcal{L}_Q = \frac{P_0 Q_1}{P_0 Q_0} = \frac{P_{X0} X_1 + P_{Y0} Y_1}{P_{X0} X_0 + P_{Y0} Y_0}$$

이에 반해 **파셰 수량지수**(Paasche quantity index; $\mathbb{P}_Q$)는 비교년도인 T_1년의 가격을 가중치로 사용하여 구한다.

3) 라스파이레스 수량지수는 거시경제학에서 다루게 되는 실질국내총생산(real *GDP*)의 성장률과 밀접하게 관련된다.

$$(4.\ 8)\qquad \mathbb{P}_Q = \frac{P_1Q_1}{P_1Q_0} = \frac{P_{X1}X_1 + P_{Y1}Y_1}{P_{X1}X_0 + P_{Y1}Y_0}$$

> 기준년도의 가격을 가중치로 사용해 구한 수량지수는 **라스파이레스 수량지수**이고, 비교년도의 가격을 가중치로 사용하여 구한 것은 **파셰 수량지수**이다.

(2) 수량지수에 의한 평가

이제 이들 수량지수를 이용하여 생활수준의 향상 여부를 평가해 보기로 하자. [그림 4-7]에서 A_0B_0는 가격체계가 P_0인 T_0년의 예산선, A_1B_1은 가격체계가 P_1인 T_1년의 예산선을 나타내고 있다. 그림 (a)에서 선분 $A_0'B_0'$은 T_1년의 상품묶음 Q_1을 T_0년의 가격으로 평가하기 위한 예산선이다.[4] $A_0'B_0'$이 A_0B_0보다 안쪽에 위치하면 $P_0Q_1 < P_0Q_0$가 되어 생활수준이 명백하게 악화된 것으로 볼 수 있다. 이것은 식 (4. 7)에서 $\mathcal{L}_Q < 1$을 의미한다. 한편, 그림 (b)에서와 같이 Q_1이 A_0B_0와 A_1B_1의 교차점에 위치하여 $P_0Q_1 = P_0Q_0$, 즉 $\mathcal{L}_Q = 1$인 경우에도 생활수준이 명백하게 악화되었다고 평가할 수 있다. Q_1이 A_0B_0와 A_1B_1의 교차점에 위치한다는 것은 T_0년에 Q_1을 구입할 수도 있지만 Q_0를 구

[그림 4-7] 수량지수에 의한 생활수준 변화의 평가: 생활수준이 악화된 경우

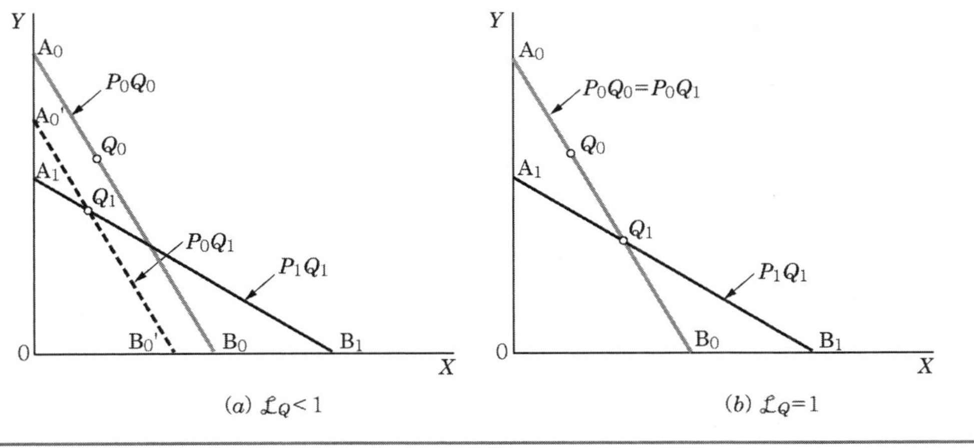

4) 그림에서 예산선 A_0B_0와 $A'B'$의 기울기가 같게 그려져 있는데, 이것은 예산선 A_0B_0와 $A'B'$에서의 가격체계가 같다는 것을 나타내고 있다.

[그림 4-8] 수량지수에 의한 생활수준 변화의 평가: 생활수준이 개선된 경우

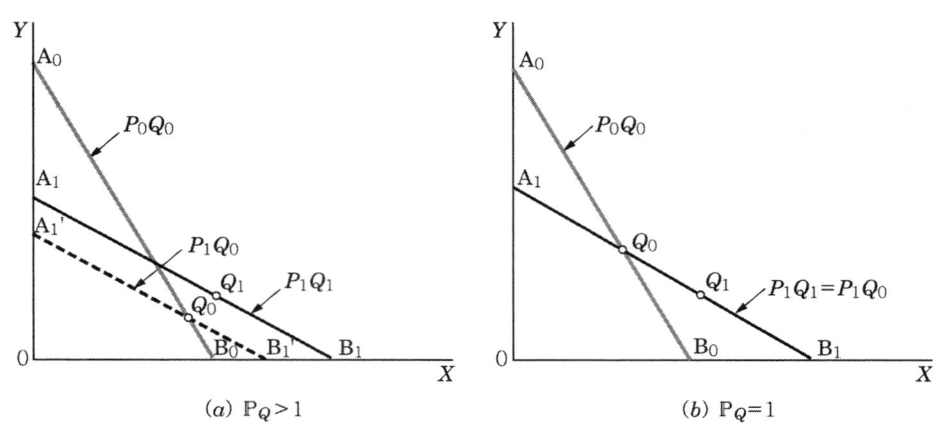

입한 것을 나타낸다. 현시선호의 약공리에 의하면 T_1년에 Q_1을 구입한 것은 생활수준이 명백하게 악화된 것을 의미한다. 지금 설명한 내용을 정리하면 $\mathcal{L}_Q \leq 1$일 때 생활수준이 악화되었다고 평가할 수 있다.

[그림 4-8]의 (a)에서 선분 $A_1'B_1'$은 T_0년의 상품묶음(Q_0)을 T_1년의 가격으로 평가하기 위한 예산선을 나타내고 있다. $A_1'B_1'$이 A_1B_1보다 안쪽에 위치하게 되면 $P_1Q_1 > P_1Q_0$가 생활수준이 명백하게 개선된 것으로 볼 수 있다. 이것은 식 (4. 8)에서 $\mathbb{P}_Q > 1$인 것을 의미한다. 또한 그림 (b)에서와 같이 Q_0가 A_0B_0와 A_1B_1의 교차점에 위치하여 $P_1Q_1 = P_1Q_0$, 즉 $\mathbb{P}_Q = 1$인 경우에도 생활수준이 명백하게 개선되었다고 볼 수 있다. T_1년에 Q_0를 구입할 수도 있지만 Q_1를 구입한 것을 의미한다. 현시선호의 약공리에 의하면 T_1년에 Q_1을 구입한 것은 생활수준이 명백하게 개선된 것이다. 이와 같이 $\mathbb{P}_Q \geq 1$이면 생활수준이 개선되었다고 평가할 수 있다.

[그림 4-9]는 생활수준의 개선정도에 대한 평가가 불가능한 경우를 보여주고 있다. 그림에서 보면 $\mathcal{L}_Q > 1$이고 $\mathbb{P}_Q < 1$이므로 이들은 앞에서 설명한 두 평가기준 중 어느 것에도 해당되지 않는다. 따라서 이 그림을 보고 생활수준의 개선여부를 판단하는 것은 불가능하다. 소비자가 T_0년에는 Q_1을 선택할 수 없으며, T_1년에는 Q_0를 선택할 수 없기 때문에 현시선호의 약공리는 두 상품묶음

[그림 4-9] 수량지수에 의한 생활수준 변화의 평가: 불분명한 경우

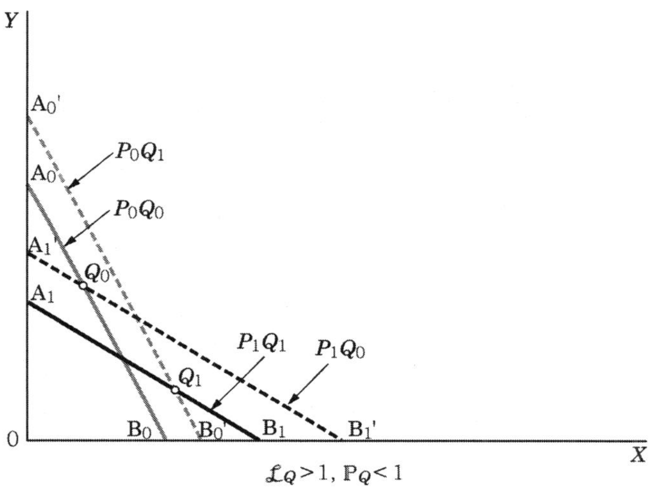

중에서 어느 것이 선호되는지에 대한 정보를 제공하지 못한다. 결국 [그림 4-9]와 같은 선택이 이루어지게 되면 소비자의 생활수준에 어떠한 변화가 있었는지 알 수 없게 된다.

지금까지 설명한 두 가지 수량지수는 생활수준의 개선여부를 평가하는 충분조건이지 필요조건은 아니다. 예컨대 생활수준이 악화되기 위해서 반드시 $\mathcal{L}_Q \leq 1$일 필요는 없다. $\mathcal{L}_Q > 1$인 경우에도 생활수준에 악화가 일어날 수 있기 때문이다. [그림 4-9]의 경우에 생활수준이 개선되었는지를 판단할 수 없다고 말한 것은 $\mathcal{L}_Q > 1$인 경우에 생활수준이 악화될 가능성을 배제하지 못한다는 의미가 포함되어 있는 것이다. 똑같은 논리로 $\mathbb{P}_Q \geq 1$의 조건도 생활수준이 개선되었다고 평가할 수 있는 충분조건이지 필요조건은 아니다.

[연습문제 4.3]

> X재의 가격이 10원이고 Y재의 가격이 5원일 때, 소비자 A가 X재와 Y재를 각각 5개와 10개를 구입하였다. 그리고 X재와 Y재의 가격이 각각 5원과 10원으로 변화할 때 X재와 Y재를 각각 4개와 15개를 구입하였다. 약공리를 충족하는가? 그리고 라스파이레스 수량지수와 파셰 수량지수를 이용하여 후생수준의 변화를 평가하면?

2.3 가격지수

(1) 라스파이레스 가격지수와 파셰 가격지수

생활수준의 개선여부는 소비자가 지불하는 가격이 평균적으로 어느 정도 변화하였는지를 나타내주는 **가격지수**(price index)에 의해서 파악될 수 있다. 예컨대 명목소득은 일정한데 소비자가 구입하는 모든 상품의 평균적인 가격이 10% 상승한다면 그의 명목소득이 갖는 구매력이 10% 감소하게 된다. 따라서 우리는 소비자의 생활수준이 악화되었다고 평가할 수 있다.

이처럼 상품가격의 평균적인 변화가 어느 정도인지를 알면 생활수준의 변화 정도를 파악할 수 있게 된다. 문제는 모든 상품의 평균적인 가격의 변화 정도를 어떻게 추계하느냐이다. 우리가 구매하는 상품들 중에는 구입량이 매우 많은 것이 있는 반면에 아주 적은 것도 있다. 따라서 구입하는 상품의 수량에 관계없이 모든 상품의 가격을 단순히 산술평균하여 평균적인 가격추이의 대표치로 사용하는 것은 곤란하다. 소비자가 구입하는 상품수량이 많은 것에 높은 가중치를 부여하고 상품수량이 낮은 것에 낮은 가중치를 부여하는 **가중평균**(weighted average)을 대표치로 사용하는 것이 적합할 것이다.

가격지수는 다음 식에 나타나 있는 것처럼 기준년도(T_0년)의 상품수량 Q_0를 가중치로 사용하는 **라스파이레스 가격지수**(Laspeyres price index; $\mathcal{L}_P$)와 비교년도(T_1년)의 상품수량 Q_1을 가중치로 사용하는 **파셰 가격지수**(Paasche price index; $\mathbb{P}_P$)가 있다.

$$(4.\ 9)\qquad \mathcal{L}_P=\frac{P_1Q_0}{P_0Q_0}=\frac{P_{X1}X_0+P_{Y1}Y_0}{P_{X0}X_0+P_{Y0}Y_0}$$

$$(4.\ 10)\qquad \mathbb{P}_P=\frac{P_1Q_1}{P_0Q_1}=\frac{P_{X1}X_1+P_{Y1}Y_1}{P_{X0}X_1+P_{Y0}Y_1}$$

기준년도의 상품수량을 가중치로 사용해 구한 가격지수는 **라스파이레스 가격**

지수이고, 비교년도의 상품을 가중치로 사용하여 구한 것은 **파셰 가격지수**이다. 식 (4. 9)와 (4. 10)에서 보면 라스파이레스 가격지수는 기준년도의 구입량을 가중치로 사용하기 때문에 물가변화를 과대평가할 수 있으며, 이와 반대로 파셰 가격지수는 비교년도의 구입량을 가중치로 사용하기 때문에 물가변화를 과소평가할 가능성이 있다. 라스파이레스 가격지수는 도시가계의 생계비 수준이나 화폐의 구매력을 측정하는데[5] 이용되는 **소비자물가지수**(consumer price index; *CPI*)와 국내시장의 제1차 거래단계에서 기업 상호간에 거래되는 재화와 서비스의 평균적인 가격변동을 측정하는 **생산자물가지수**(producer price index; *PPI*)의 추계에 이용된다. 한편, 파셰 가격지수는 재화와 서비스의 국내거래가격뿐만 아니라 수출입가격의 변동까지 포함하는 가장 포괄적인 물가지수인 *GDP***디플레이터**(*GDP* deflator)를 산출하는데[6] 이용된다.

(2) 가격지수에 의한 평가

앞에서 살펴본 수량지수와는 달리 가격지수의 크기만으로 생활수준의 변화를 판단할 수는 없다. 가격지수는 기준년도와 비교년도 사이에 소비지출액이 증가하였는지 아니면 감소하였는지를 알려 줄 뿐이다. 가격지수를 이용해서 생활수준의 변화를 파악하기 위해서는 상품가격의 평균적인 상승 정도와 명목소득의 증가율을 서로 비교해야 한다. T_0년과 T_1년 사이에 생활수준이 변화하였는지의 여부를 파악하기 위하여 식 (4. 11)과 같은 **지출지수**(expenditure index; E)를 도입하여 보자.

$$(4.\ 11) \qquad E=\frac{M_1}{M_0}=\frac{P_{X1}X_1+P_{Y1}Y_1}{P_{X0}X_0+P_{Y0}Y_0}=\frac{P_1Q_1}{P_0Q_0}$$

여기에서 M_0는 기준년도의 명목소득수준이며, M_1은 비교년도의 명목소득수준을 나타내고 있다. 따라서 지출지수는 명목소득의 증가율을 의미하는 것이라고 해석할 수 있다.

---

5) 화폐의 구매력은 $\frac{1}{\text{물가지수}}\times 100$으로 측정된다.

6) *GDP*디플레이터는 다른 물가지수와는 다르게 표본품목을 조사하여 작성하는 것이 아니라, 국민소득 추계시 명목*GDP*를 실질*GDP*로 나누어서 사후적으로 산출된다.

우리는 식 (4. 12)와 같이 파셰 수량지수가 $\mathbb{P}_Q \geqq 1$이면 생활수준이 개선되었다고 평가한다는 점을 앞에서 밝힌 바 있다.

$$(4.\ 12) \qquad \frac{P_1Q_1}{P_1Q_0} \geqq 1 \quad \text{혹은 } P_1Q_1 \geqq P_1Q_0$$

이러한 조건을 적절히 변형하면 라스파이레스 가격지수와 지출지수를 서로 연관시킬 수 있다. 이를 위해 식 (4. 12)의 양변을 P_0Q_0로 나누어 다음과 같이 나타내기로 하자.

$$(4.\ 13) \qquad \frac{P_1Q_1}{P_0Q_0} \geqq \frac{P_1Q_0}{P_0Q_0}$$

식 (4. 13)의 좌변은 지출지수(E)이고, 우변은 라스파이레스 가격지수($\mathcal{L}_P$)이다. 결과적으로 $E \geqq \mathcal{L}_P$이면 생활수준이 명백히 개선된다고 볼 수 있다. 명목소득의 증가율이 라스파이레스 가격지수로 측정된 평균적인 가격상승률보다 높거나 같으면 생활수준이 그전보다 좋아졌다고 평가할 수 있는 것이다.

반면에 식 (4. 14)와 같이 라스파이레스 수량지수가 $\mathcal{L}_Q \leqq 1$이면 소비자의 생활수준이 악화되었다고 평가할 수 있다는 점도 이미 설명한 바 있다.

$$(4.\ 14) \qquad \frac{P_0Q_1}{P_0Q_0} \leqq 1 \quad \text{혹은 } P_0Q_1 \leqq P_0Q_0$$

이 식의 양변을 P_1Q_1으로 나누면 다음과 같다.

$$(4.\ 15) \qquad \frac{P_0Q_1}{P_1Q_1} \leqq \frac{P_0Q_0}{P_1Q_1}$$

이 부등식을 역수로 취하면 다음과 같이 파셰 가격지수와 명목소득의 증가율을 의미하는 지출지수를 서로 연관시킬 수 있다.

$$(4.\ 16) \qquad \frac{P_1Q_1}{P_0Q_1} \geq \frac{P_1Q_1}{P_0Q_0}$$

식 (4. 16)의 좌변은 파셰 가격지수($\mathbb{P}_P$)이고 우변은 지출지수(E)이다. 결국 $E \leqq \mathbb{P}_P$이면 생활수준이 명백히 악화된다고 볼 수 있다. 명목소득의 증가율이 파셰 가격지수로 측정된 평균적인 가격상승률보다 낮거나 같으면 생활수준이 그전보다 나빠졌다고 평가할 수 있는 것이다.

[연습문제 4.4]

> 라스파이레스 가격지수($\mathcal{L}_P$)와 지출지수(E)의 관계가 $\mathcal{L}_P \leqq E$일 때 생활수준이 명백히 개선되는 것을 증명하라.

[연습문제 4.5]

> 파셰 가격지수($\mathbb{P}_P$)와 지출지수(E)의 관계가 $\mathbb{P}_Q \geqq E$일 때 생활수준이 명백히 악화되는 것을 증명하라.

연습문제 풀이

[연습문제 4.1]
최초의 예산제약하에서 상품묶음 $(X,\ Y) = (5,\ 15)$에 대한 지출액이 500원이므로 이것이 구입 가능하지만 상품묶음 (10, 10)을 선택하였다. 상품묶음 (10, 10)을 선호하였음을 알 수 있다. 그러나 상품의 가격이 변화했을 때 상품묶음 (10, 10)을 구입할 수 있음에도 불구하고 상품묶음 (5, 15)를 선택하는 것은 약공리에 위배된다. 그러나 상품의 가격이 변했을 때 상품묶음 (15, 5)를 선택하는 것은 약공리에 위배되지 않는다. 최초의 예산제약하에서 상품묶음 (15, 5)에 대한 지출이 700원이므로 가격변화 이전에는 이것을 구입하는 것이 불가능하였다. 따라서 두 상품의 가격이 변화할 때 상품묶음 (15, 5)를 선택하는 것은 약공리에 위배되지 않는 것이다. 그림을 그려서 이들 관계를 살펴보면 더욱 쉽게 이해할 수 있다.

[연습문제 4.2]
$P_0 = (10,\ 5)$, $Q_0 = (10,\ 5)$이고 $P_1 = (5,\ 10)$, $Q_1 = (5,\ 10)$이라고 하자. $P_0Q_0\ (=125) > P_0Q_1\ (=100)$과 $P_1Q_1\ (=125) > P_1Q_0\ (=100)$이므로 약공리를 충족하지 않는다. 만일 약공리를 충족하려면 가격체계가 P_1으로 바뀌었을 때 Q_1의 구입비용으로 Q_0를 구입할 수 없어야 한다. 즉, $P_1Q_1 < P_1Q_0$가 성립되어야 한다.

[연습문제 4.3]
$P_0 = (10,\ 5)$, $Q_0 = (5,\ 10)$이고 $P_1 = (5,\ 10)$, $Q_1 = (4,\ 15)$이라고 하자. $P_0Q_0\ (=100) < P_0Q_1\ (=115)$과 $P_1Q_1\ (=170) > P_1Q_0\ (=125)$이다. Q_0를 선택했을 때 Q_1의 구입이 불가능하였다. 그러나 가격이 변화했을 때 Q_1의 구입이 가능하므로 현시선호의 약공리를 위배하는 것이 아니다. 라스파이레스 수량지수가 $\mathcal{L}_Q = P_0Q_1 / P_0Q_0 = 115/100 = 1.5$이므로 생활수준의 변화에 대한 평가가 불분명하지만, 파셰 수량지수는 $\mathbb{P}_Q = P_1Q_1/P_1Q_0 = 170/125 = 1.36$이므로 후생수준이 개선되었다고 평가할 수 있다.

[연습문제 4.4]
파셰 수량지수가 $\mathbb{P}_Q \geq 1$이면 후생수준이 개선되었다고 평가할 수 있다. 이것을 이용하면 라스파이레스 가격지수($\mathcal{L}_P$)와 지출지수(E)의 관계를 파악할 있다. 본문의 식 (4. 12)와 (4. 13)을 참고하면 된다.

[연습문제 4.5]

라스파이레스 수량지수가 $\mathcal{L}_Q \leqq 1$이면 후생수준이 악화되었다고 평가할 수 있다. 이것을 이용하면 파셰 가격지수($\mathbb{P}_P$)와 지출지수(E)의 관계를 파악할 있다. 본문의 식 (4. 14)~(4. 16)를 참고하면 된다.

제 5 장 소비자 선택이론의 응용

1. 노동의 공급
2. 사회보장제도
3. 소비세와 조세환급
4. 수량할인
5. 창고형 할인점의 회원가입
6. 시점간 자원배분 모형
7. 소비의 외부효과

지금까지 우리는 효용극대화를 추구하는 소비자의 행동에 관한 기본이론에 대해서 논의하여 왔다. 본 장에서는 이러한 이론이 현실의 상황에서 어떻게 응용되는지 살펴보게 된다. 먼저 소비자 선택이론에서 살펴본 효용극대화 과정을 적용하여 노동공급의 결정과정을 분석할 것이다. 또한 저소득층에 대한 사회보장제도의 효과분석도 효용극대화의 범주에서 이루어지게 된다. 이외에도 소비세와 조세환급, 일정한 수량 이상의 상품 구입에 대한 가격할인, 시점간 자원배분, 소비의 외부효과 등 소비자의 선택행동과 관련된 다양한 현상들이 효용극대화의 논리를 적용하여 분석될 수 있음을 알 수 있다.

1. 노동의 공급

1.1 노동 및 여가의 최적선택

노동공급이란 생산과정에서의 **인적 투입**(human input)을 의미한다. 노동공급량은 노동시간, 노동자의 수, 그리고 노동의 질로 측정되어질 수 있다. 그러나 노동의 질을 측정하는 방법의 한계로 인하여 일반적으로 노동시간과 노동자의 수를 이용하여 노동공급량을 측정한다. 특히 미시경제이론에서는 개인의 입장에서 각자가 일하려고 하는 시간 수에 관해서 관심을 갖는다.

노동공급의 경제주체는 소비자 자신이며 각 소비자가 노동하고자 하는 양을 결정하는 과정은 소비자의 효용극대화 과정과 같다. 즉, 노동자는 노동함으로써 벌어들일 수 있는 소득과 노동을 포기함으로써 즐길 수 있는 여가를 선택 대상으로 하여 효용극대화를 추구하는 것이다. 우리가 하루 24시간 중에서 생명을 유지하기 위하여 먹고 자는데 10시간은 기본적으로 사용해야 한다고 하자. 그렇다면 우리는 나머지 14시간을 노동과 여가에 분배해야 한다. 여가는 사람들에게 즐거움을 가져다주지만 노동 그 자체는 즐거움을 가져다주지 못한다. 그럼에도 불구하고 우리가 노동을 선택할 수밖에 없는 이유는 노동의 대가로 임금을 지급받기 때문이다.

여가와 노동시간의 선택문제를 해결하기 위해서는 먼저 노동자의 효용함수를 알아야 한다. 노동자의 효용수준은 여가시간(H)과 더불어 노동의 대가로 받는 소득(M)의 크기에 의존하기 때문에 노동자의 효용함수를 식 (5. 1)과 같이 나타낼 수 있다.

(5. 1) $U = U(H, M)$

한편, 노동시간은 $L = 14 - H$이므로 시간당 임금률이 w_1으로 주어질 때 노동자의 예산선은 다음과 같은 식으로 표현할 수 있다.

[그림 5-1] 임금률 변화에 따른 노동 및 여가의 최적선택

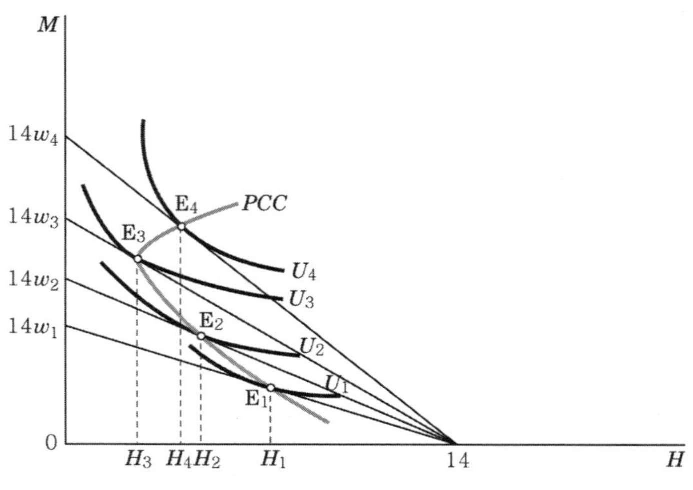

$$(5.\ 2) \qquad M = w_1(14 - H) = 14w_1 - w_1 H$$

[그림 5-1]에서 수평축 위의 절편 14는 하루에 최대한 사용 가능한 여가시간을 나타내고 있으며, 수직축 위의 절편은 14시간 전부를 노동에 투입할 경우 얻을 수 있는 소득의 크기($14w_i$)를 나타내고 있다. 따라서 노동자의 예산선은 그림에서 볼 수 있는 것처럼 기울기가 $-w_i$이고 수직축의 절편은 $14w_i$인 선분이 된다.

이러한 예산선과 식 (5. 1)의 효용함수에서 도출되는 무차별곡선을 그림에 함께 나타내면 노동자가 효용을 극대화하는 점들을 찾을 수 있다. [그림 5-1]에는 시간당 임금률이 w_1에서 w_2, w_3, w_4로 점차 상승할 때 노동자의 선택점이 어떻게 변화하는지가 나타나 있다. 시간당 임금률이 w_1으로 주어지면 노동자는 E_1점을 선택함으로써 효용을 극대화한다. 임금률이 w_2로 상승하면 예산선의 절편이 $14w_1$에서 $14w_2$로 커지게 되고 노동자가 효용을 극대화하는 점은 E_2로 이동하게 된다. 임금률이 계속해서 인상되면 예산선은 시계방향으로 회전하고 이에 따라 노동자의 최적선택점이 E_3, E_4로 이동하게 된다. 이러한 과정에서 우리는 임금률 상승이 노동자의 여가에 대한 소비량을 H_1, H_2, H_3, H_4

[그림 5-2] 임금률 상승에 따른 대체효과와 소득효과

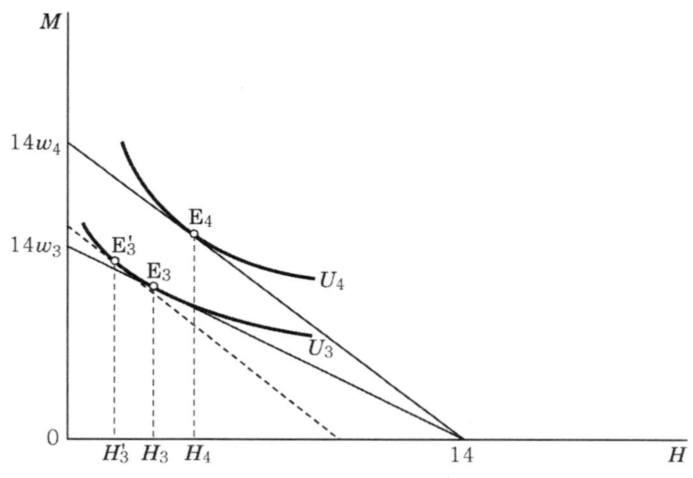

로 변화시킨다는 사실을 확인할 수 있다.

그림에서 보는 것처럼 임금률 상승이 여가시간에 미치는 영향은 일정하지 않다. 임금률, 즉 노동의 가격 상승에 따른 대체효과와 소득효과가 서로 반대방향으로 작용하기 때문이다. 임금률 상승은 여가 1시간을 사용하는데 따르는 **기회비용**(opportunity cost)의 상승을 의미하므로[1] 상대적으로 비싸진 여가를 적게 소비하게 하는 **대체효과**가 나타난다. 한편, 임금률이 상승하면 이전과 같은 시간의 노동투입으로도 더 많은 소득을 얻을 수 있으므로 이로 인해 나타나는 **소득효과**는 정상재인 여가를 더 많이 소비하도록 만든다. 따라서 임금률 상승이 여가시간에 미치는 영향은 대체효과와 소득효과의 상대적인 크기에 따라서 결정된다. 임금률이 w_1에서 w_3로 상승하는 경우에는 소득효과보다 대체효과가 커서 여가의 소비가 감소($H_1 \rightarrow H_2 \rightarrow H_3$)하지만, 임금률이 w_3에서 w_4로 상승하면 대체효과보다 소득효과가 크게 나타나서 여가의 소비가 증가($H_3 \rightarrow H_4$)하는 것으로 나타나 있다.

[그림 5-2]를 이용하여 임금률 상승에 따른 대체효과와 소득효과의 크기를 구체적으로 살펴보기로 하자. 그림에 나타나 있는 것처럼 임금률이 w_3에서 w_4

1) 시간당 임금률이 1만원일 때 1시간 동안 산책하는데 드는 기회비용은 1만원이지만, 임금률이 2만원으로 오르면 1시간 동안 산책하는데 드는 기회비용은 2만원으로 상승하게 된다.

[그림 5-3] 개인의 노동공급곡선

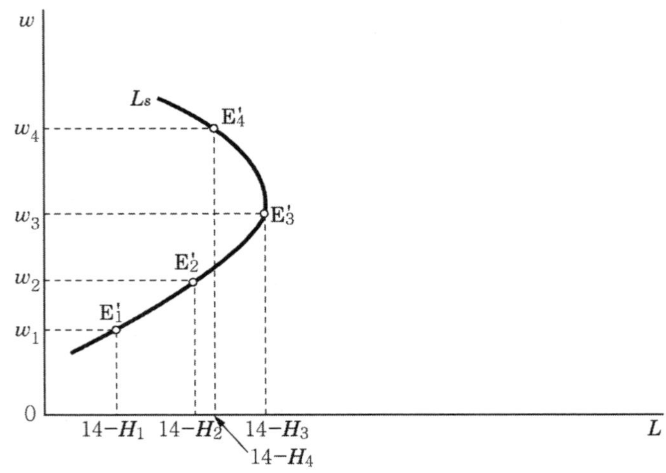

로 상승하면 대체효과로 인하여 여가시간을 H_3에서 H_3'로 감소시킨다. 한편, 임금상승에 따른 소득효과로 인하여 여가를 H_3'에서 H_4만큼 증가시킨다. 이와 같이 임금률이 w_3에서 w_4로 상승할 때는 여가시간을 증가시키는 소득효과가 여가시간을 감소시키는 대체효과를 능가하여 결과적으로 여가시간을 늘리게 되는 것이다.

1.2 노동의 공급곡선

[그림 5-1]에서 보는 것처럼 임금률이 증가함에 따라 균형점이 E_1, E_2, E_3, E_4로 이동하고 있다. 이러한 균형점들을 연결한 **가격소비곡선**(PCC)를 이용해서 노동공급곡선을 도출할 수 있다. 시간당 임금률이 w_1일 때 H_1의 여가시간을 선택했다는 것은 이 때 일하려고 하는 시간이 $(14-H_1)$이라는 것을 의미한다. 만일 임금률이 w_2로 상승하면 $(14-H_2)$시간, 임금률이 w_3로 상승하면 $(14-H_3)$시간을 노동으로 공급하려고 할 것이다.

[그림 5-3]에서 보면 임금률이 w_1에서 w_3까지 상승하면서 노동공급 시간이 증가하는 것으로 나타나 있다. 그러나 임금률이 w_3에서 w_4로 상승하면 여가의

소비가 증가함으로써 노동공급 시간이 오히려 $(14-H_4)$로 감소하고 있다. 이러한 임금률과 노동공급량 사이의 관계를 반영한 **노동공급곡선**은 그림에 나타나 있는 것처럼 w_3의 임금수준에서 후방으로 굴절하는 형태를 보이게 된다.

시간당 지급되는 임금률이 낮은 상태에서 임금률이 상승하면 대부분의 노동자들은 더 많은 시간을 노동에 배분하려고 할 것이다. 이러한 상황에서는 노동의 공급곡선이 우상향하게 된다. 그러나 임금률이 상승하여 소득이 어떤 수준이상으로 증가하면 노동자들은 이전보다 더 많은 여가를 즐기려고 하는 경향이 생길 수 있다. 즉, 임금률이 일정한 수준이상으로 상승하면 소득효과가 대체효과를 능가하여 오히려 노동공급이 감소할 수 있는 것이다. 지금 살펴본 **후방굴절형**(backward bending) **노동공급곡선**은 시간당 임금률이 주어졌을 때 노동자가 효용극대화를 위한 노동시간의 선택결과로 도출된 것임을 알 수 있다.

[연습문제 5.1]

여가(H)와 소득(M)에 대한 A의 효용함수는 $U=\sqrt{HM}$이다. A가 하루에 최대한으로 사용할 수 있는 여가시간이 14시간일 때, 여가시간을 얼마나 수요하며 노동시간은 얼마나 공급하려 하는가? 단, 임금률은 w원이고, 소득의 가격은 1원이다.

2. 사회보장제도

정부는 저소득계층의 가계에서 식료품, 교육과 같은 필수품을 더 많이 구입할 수 있도록 다양한 사회보장제도를 실시하고 있다. 일정하게 주어진 예산으로 각종 보조 프로그램을 실시할 때 어느 정책수단이 보다 효과적인지는 정책당국의 입장에서 매우 중요한 관심사이다. 이 절에서는 저소득계층을 위한 대표적인 보조 프로그램인 현금보조, 현물보조 그리고 가격보조에 대한 정책효과를 비교분석하기로 한다. 정책효과를 분석할 때 정부가 관심을 갖고 있는 상품(예, 식료품)을 수평축에 나타내고, 수직축에는 소득 또는 모든 다른 상품에 대한 총체적인 지출규모를 나타내는 **복합재**(composit good)를 나타내는 것이 유용하다.

[그림 5-4] 현금보조와 현물보조(i)

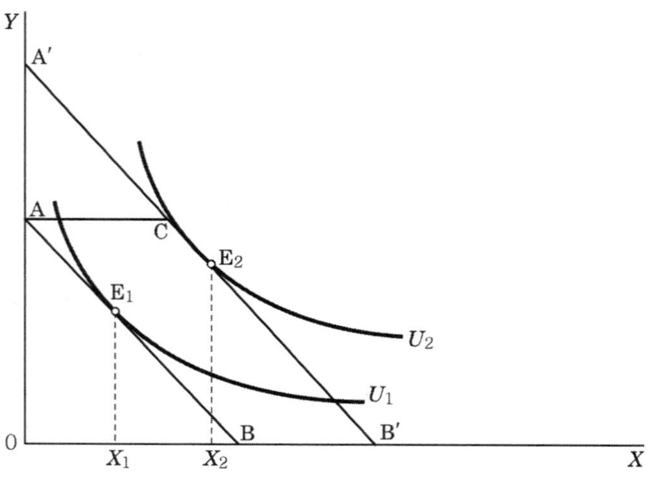

2.1 현금보조와 현물보조

정부가 저소득계층의 소비자들이 쌀을 구입할 때 일정액을 보조해 주거나 이 금액에 해당하는 만큼의 쌀을 보조해 주는 경우를 생각해보자. 물론 정부가 어느 보조 프로그램을 시행하더라도 재정지출 규모에는 하등의 차이가 없다. 현금보조와 현물보조 프로그램 중에서 어느 것이 효과적일까?

먼저 정부의 **현금보조**(cash transfer) 프로그램이 소비자로 하여금 쌀 구입량을 어느 정도 증가시키게 하는지에 대해 살펴보기로 하자. [그림 5-4]에는 어떤 소비자의 쌀(X)과 복합재(Y)에 대한 선호를 대표하는 무차별곡선과 보조사업 이전의 예산선 AB가 나타나 있다. 정부의 보조가 없을 때는 소비자가 이 예산선과 무차별곡선 U_1이 서로 접하는 E_1점을 선택하여 X_1만큼 쌀을 소비하게 된다. 만약 정부가 이러한 쌀 소비량으로는 적절한 생활수준을 유지할 수 없다고 판단하여 저소득계층에게 현금을 보조해 주면 쌀의 구입량이 어느 정도 증가할까? 현금보조에 의해 소비자의 가처분소득이 그만큼 증가하면 예산선이 $A'B'$으로 평행이동하게 된다. 이때 소비자의 최적선택은 E_2점에서 이루어져 쌀을 X_2만큼 소비하고 효용수준은 U_2로 증가한다.

[그림 5-5] 현금보조와 현물보조(ii)

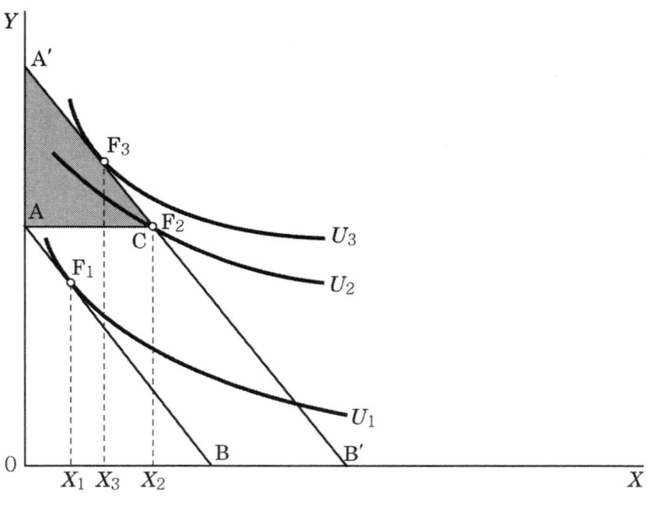

현금보조 대신에 그 금액에 상당하는 쌀을 직접 공급해 주는 **현물보조**(in-kind transfer) 방식을 취하면 쌀의 구입량이 어느 정도 증가하게 될까? 현금보조 금액에 해당하는 만큼의 쌀을 주는 현물보조, 즉 선분 AC 혹은 BB'의 길이에 해당하는 양만큼 쌀을 직접 제공하는 방식은 원래의 예산선 AB를 쌀의 보조량만큼 오른쪽 방향으로 밀어내게 된다. 따라서 현물보조 방식을 취할 때 소비자의 예산선은 꺾어져 있는 선분 ACB'이 된다. 이러한 예산선이 주어졌을 때 소비자는 E_2점을 선택함으로써 쌀을 X_2만큼 소비하고 효용수준은 U_2로 증가하는 것으로 나타나 있다. 여기서 보는 것처럼 소비자의 선호체계가 [그림 5-4]와 같이 주어지는 경우에는[2] 소비자가 현금보조나 현물보조방식에서 아무런 차이도 느끼지 못한다. 두 경우 모두 E_2점을 선택함으로써 U_2의 효용수준을 얻기 때문에 사회보장제도의 정책효과 측면에서 아무런 차이를 발견할 수 없다.

그러나 소비자의 선호체계가 [그림 5-5]와 같이 주어지면 보조프로그램의 운영방식에 따라 정책효과가 서로 다르게 나타난다. 그림에서 보면 현물보조의 경우에는 F_2점을 선택하지만 현금보조의 경우에는 F_3점을 선택하기 때문이다. 이

2) 선호체계가 [그림 5-4]로 주어졌다는 것은 이 그림에서 소비자의 무차별곡선이 U_2로 주어져 있다는 의미이다.

소비자의 입장에서는 현금보조 프로그램이 실시될 때 더 큰 효용수준($U_2 < U_3$)을 얻을 수 있기 때문에 현금보조가 더 나은 방식이라고 볼 수 있다.

지금까지 살펴본 것을 종합해 보면 현금보조가 현물보조 보다 더 효과적인 프로그램이라고 볼 수 있다. 현물보조와 현금보조 프로그램 사이에 아무런 차이를 느끼지 못하는 소비자가 있는 반면, 현금보조 방식에서 더 높은 효용수준을 얻게 되는 소비자가 있기 때문이다. 그러나 많은 국가에서 현금보조 대신에 현물보조 프로그램을 시행하고 있다. 저소득계층의 소비자에게 현금을 보조하면 술이나 담배와 같이 바람직하지 않은 상품의 소비에 현금을 지출할 가능성이 있기 때문이다. 저소득계층에 대한 사회보장제도의 주된 목적이 쌀과 같은 식료품의 소비증가에 있다면 현물보조프로그램이 더욱 효과적이다. [그림 5-5]에 나타나 있는 것처럼 현금을 보조하면 쌀의 소비량이 X_3로 늘어나지만, 현물을 보조할 때는 X_2만큼 늘어나는 것을 알 수 있다.

[연습문제 5.2]

> 어떤 주부가 월간 소득 80만원을 식료품(X재)과 다른 상품(Y재)의 소비에 지출한다고 하자. 현재 X재의 가격은 $P_X=2$만원이고, Y재의 가격은 $P_Y=1$만원이다. 정부는 소득이 80만원 이하인 사람들에게 월 20만원을 현금으로 보조하는 방법과 20만원어치의 식료품을 지급하는 현물보조 방법을 검토하고 있다. 각각의 보조 프로그램이 실시될 때 이 주부의 예산선이 어떻게 변화될까? 두 가지 보조방법 중 이 주부는 어느 것을 선호할까? 단, 이 주부의 X재와 Y재에 대한 선호체계를 대표하는 무차별곡선은 원점에 대해 볼록한 모양을 갖는다고 가정한다.

2.2 현금보조와 가격보조

정부는 저소득계층의 후생을 증가시키기 위하여 특정 상품에 대한 할인권을 교부하는 가격보조 프로그램을 실시하기도 한다. 가격보조 프로그램은 현금을 직접 보조해 주는 프로그램과 효율성 측면에서 어느 정도의 차이가 있을까? 물론 여기에서도 두 보조프로그램의 시행에 따른 재정지출 규모는 동일하다고 가

[그림 5-6] 현금보조와 가격보조

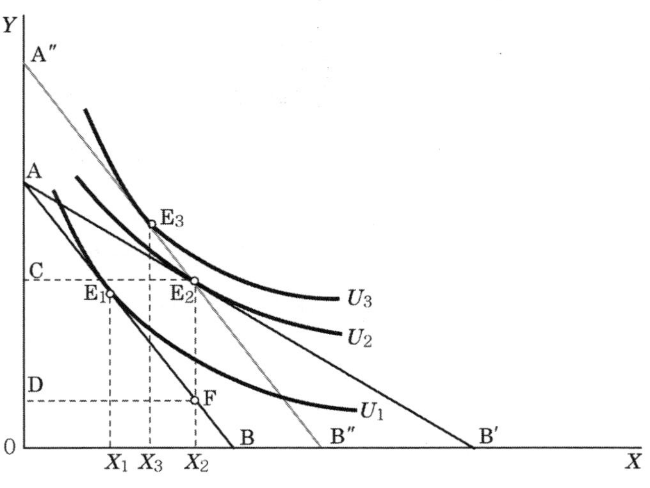

정한다.

[그림 5-6]에서 저소득계층에 대한 보조사업 이전의 예산선이 AB로 나타나 있으며, 이때 소비자는 E_1점을 선택함으로써 효용을 극대화하게 된다. 이러한 상황에서 쌀 가격에 대한 할인권을 제공하는 가격보조 프로그램을 실시하면 어떠한 정책효과가 나타나는지 살펴보기로 하자. 정부가 소비자에게 쌀 가격을 보조해 준다는 것은 실질적으로 쌀 가격이 하락하는 것을 의미한다. 따라서 할인권을 교부받은 소비자의 예산선은 AB에서 AB'로 회전하게 되고, 소비자는 이 예산선과 무차별곡선이 접하는 E_2점을 선택하게 된다. 이 때 소비자는 AC만큼의 소득을 지출하여 X_2만큼의 쌀을 소비함으로써 U_2의 효용수준을 얻게 된다.

이러한 가격보조 프로그램을 실시하는데 소요되는 예산규모를 알아보자. 소비자가 가격보조를 받기 이전에 X_2만큼의 쌀을 구입하려면 예산선 AB 위의 F점을 선택하여야 한다. 즉, 소비자는 AD만큼의 소득을 지출함으로써 X_2만큼의 쌀을 구입할 수 있는 것이다. 그러나 쌀에 대한 가격보조가 이루어지면 AC만큼의 소득만 지출해도 X_2만큼의 쌀을 구입할 수 있다. 따라서 AD와 AC의 차이에 해당하는 CD의 크기가 쌀 가격을 보조하는데 소요되는 예산규모가 된다는 것을 알 수 있다.

이제 가격보조 프로그램 시행에 소요되는 예산규모만큼의 현금을 소비자에게 직접 보조하는 경우에 소비자의 선택이 어떻게 바뀌는지 살펴보자. 가격보조에 소요되는 예산규모와 동일하게 현금보조가 이루어지면 소비자의 예산선은 원래의 예산선을 CD만큼 위로 평행 이동시킨 $A''B''$가 된다. 이 때 소비자는 E_3점을 선택함으로써 U_3의 효용수준을 얻을 수 있다. 이 점에서의 효용수준은 가격보조를 통하여 얻게 되는 효용수준 U_2보다 더 높다. 가격보조에 비해 현금보조가 더욱 효율적이라는 것을 알 수 있다.

왜 현금보조가 가격보조 보다도 소비자에게 더 높은 효용수준을 가져다주는 것일까? 현금보조는 예산선의 기울기를 나타내는 상대가격(P_X/P_Y)이 일정하게 유지되기 때문에 소비자의 자율적인 선택에 의해 효용극대화가 가능하지만, 가격보조의 경우에는 상대가격의 교란을 통해 소비자로 하여금 보조대상 상품의 선택을 강요하는 셈이 된다. 가격보조의 경우에는 소비자가 보조 대상이 되는 상품을 필요이상으로 구입하게 되기 때문에 효용수준이 현금보조 방식에 비해 낮아지는 것이다. 그러나 정부에 의한 보조 프로그램이 특정 상품, 예컨대 식료품의 소비를 증가시키는 것이 주된 목적이라면 가격보조 방식이 상대적으로 바람직한 정책수단이라고 볼 수 있다.

[연습문제 5.3]

> 1주간 소득 20만원으로 식료품(X재)과 다른 상품(Y재)을 소비하는 어떤 주부의 효용함수가 $U=U(X, Y)=4\sqrt{X}+Y$라고 하자. 현재 X재와 Y재의 가격 둘 다 $P_X=P_Y=1$만원일 때 이 주부의 X재와 Y재에 대한 최적소비량은? 정부가 이 주부에게 X재 한 단위당 6천원을 보조하려고 한다. 이 때 필요한 예산규모와 동일한 액수를 현금으로 보조해 주는 경우와 비교할 때 이 주부는 어떤 보조 프로그램을 선호할까?

3. 소비세와 조세환급

제1차 오일쇼크 발생할 당시 미국정부는 휘발유 소비를 줄이기 위해서 휘발유 1겔론당 일정액의 소비세를 부과하고, 소비세 부과에 따른 구매력 감소를 보

[그림 5-7] 소비세와 조세환급

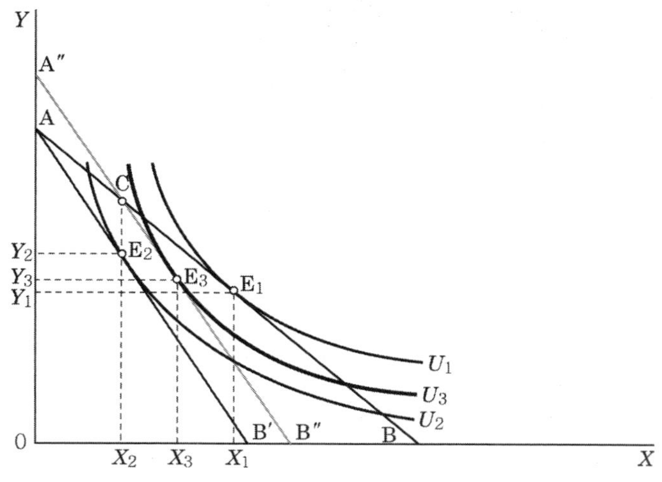

전하기 위하여 조세수입 전액을 환급해주는 정책을 고려한 적이 있다. 소비세를 부과한 이후 그와 동일한 금액을 조세환급의 형태로 보상해 주면 소비자의 효용수준에는 어떠한 변화가 있을까?

[그림 5-7]에서 X재는 휘발유 소비량, Y재는 복합재(또는 소득)를 나타내고 있다. 휘발유에 대한 소비세가 부과되지 않은 경우에 예산선은 AB로 주어져 있으며, 소비자는 E_1점에서 휘발유와 복합재를 각각 X_1와 Y_1만큼 소비함으로써 효용극대화를 달성하고 있다. 만일 정부가 휘발유에 대해 소비세를 부과하면 소비자의 선택은 어떻게 변화될까? 소비세 부과는 휘발유 가격을 상승시킬 것이며, 소비자의 예산선은 AB에서 AB'으로 이동하게 된다. 이때 소비자는 효용극대화를 위해 균형점을 E_1에서 E_2로 이동시켜 휘발유와 복합재를 각각 X_2와 Y_2만큼 소비하게 된다. 소비세 부과의 결과 휘발유 소비량이 X_1X_2만큼 감소하였고, 소비자의 효용수준은 U_1에서 U_2로 하락하였다.

소비세를 부과하여 거두어들인 조세액의 크기는 E_2점에서 수직선을 그어 원래의 예산선 AB와 만나는 C점까지의 길이를 나타내는 E_2C가 된다. 예산선 AB 위에 있는 C점과 AB' 위에 있는 E_2점을 비교해 보면 두 점이 나타내는 상품묶음에 포함되는 X재의 양은 똑같지만 Y재의 소비량은 E_2C만큼 차이가 나는 것을 볼 수 있다. 휘발유에 소비세가 부과되기 전에는 C점을 선택할 수 있었지만 조세부과 이후에는 E_2점을 선택할 수밖에 없는 것은 정부가 E_2C의 길이에 해당하는 만큼의 소비세를 부과했다는 의미이다. 이렇게 볼 때 선분 E_2C가 휘발유에 대한 소비세액의 크기를 Y재의 단위로 나타낸 것에 해당한다고 볼 수 있다.

만일 소비세 부과에 따른 구매력 감소를 보전하기 위하여 조세수입과 동일한 금액을 조세환급의 형태로 보상해 주면 소비자의 예산제약에는 어떠한 변화가 나타날까? 조세환급으로 실질소득이 증가하면 예산선 AB'는 E_2C만큼 위로 이동하게 된다. 새로운 예산선 $A''B''$이 주어지면 효용극대화를 추구하는 소비자는 E_3점으로 이동하여 휘발유와 복합재를 각각 X_3와 Y_3만큼 소비하게 된다. 조세를 환급함으로써 휘발유 소비량이 X_2X_3만큼 늘어났다. 조세환급을 통하여 소비세 부과에 의한 소비감소 효과를 부분적으로 상쇄시킨 것이다. 결과적으로 소비자의 효용수준은 U_2에서 U_3로 증가하였다. 그러나 정부가 휘발유 시장에 전혀 개입하지 않았을 때의 효용수준 U_1에는 미치지 못하고 있다.

이상에서 살펴본 바와 같이 소비세를 부과한 이후 조세환급의 형태로 소비자에게 동일한 금액을 보상해 주더라도 휘발유 소비가 어느 정도 감소하는 정책효과를 거둘 수 있다. 그러나 정부의 시장개입으로 인하여 소비자의 효용수준이 감소할 수밖에 없다는 점을 알 수 있다.

4. 수량할인

소비자가 일정한 수량이상의 상품을 구입하면 공급자가 그 때부터 상품가격을 할인해 주는 사례가 있다. 항공사에서 판매촉진 프로그램의 일환으로 실시하고 있는 마일리지 서비스제도는 수량할인의 대표적인 사례이다. 국내외 대부분의 항공사들은 고객들이 탑승한 거리에 대해 마일리지를 축적하고 이를 이용하여 무료 항공권을 발급하고 있다. 마일리지 서비스제도의 특성상 여행을 많이 할수록 더 저렴한 비용으로 다음 여행이 가능하기 때문에 수량할인을 받는 셈

[그림 5-8] 수량할인

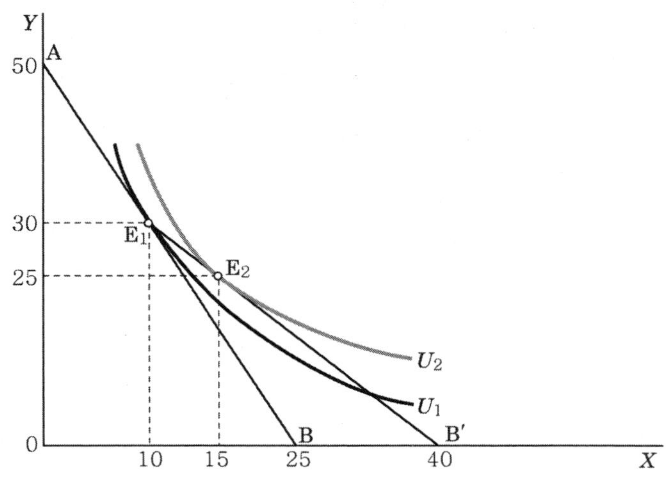

이다. 또한 특정 미용실을 일정한 횟수 이상 이용한 고객에게 무료로 미용실을 한번 이용할 수 있는 쿠폰을 발급하는 경우도 수량할인의 경우라고 볼 수 있다.

무역거래에서는 대량 구매하는 상대방에게 결재대금의 일부를 할인해주는 것이 관행이다. 당사자간 교역의 연간 합계수량이 일정한 수량을 초과하는 경우에는 그 초과한 부분에 대해 일정한 비율로 할인해 주는 수량할인을 관세평가 기준에서 인정하고 있다. 만일 연간 거래의 총수량이 1만개를 초과하는 경우에는 그 초과한 분에 대해 5%의 수량할인을 한다고 하자. 수입업자가 올해 1월부터 9월까지 이미 9천개를 수입하였고 10월에 다시 3천개를 수입하기로 했다면 총 거래량이 1만개를 초과하게 됨에 따라 10월에 수입하는 3천개 중 1만개를 초과하는 2천개에 대하여는 5%의 수량할인을 받게 되는 것이다.

월간 생활비가 $M=50$만원인 어떤 대학생이 문구류(X)와 다른 상품(Y)을 구입하고자 한다. 문구류의 가격은 $P_X=2$만원이고 다른 상품의 가격은 $P_Y=1$만원이다. 따라서 [그림 5-8]에서 보는 것처럼 이 학생이 직면하는 예산선은 기울기가 -2인 AB가 된다. 예산선이 이렇게 주어지면 그는 E_1점을 선택함으로써 문구류 10단위와 다른 상품 30단위를 구입하게 된다.

이제 문구류 판매자가 그 대학생에게 다음과 같은 것을 제의하였다. 그가 구입하는 문구류 처음 10단위에 대해서는 2만원을 부과하지만, 그 이후 추가적으로 구입하는 단위에 대해서는 1만원을 부과하겠다는 것이다. 이러한 상황에서 소비자의 선택에는 어떠한 변화가 나타날까? 그 학생이 10단위를 초과하여 구입하는 문구류에 대해서는 1만원을 지불하므로 그것을 최대한 30단위까지 추가로 구입할 수 있다. 따라서 이 구간에서는 예산선의 기울기가 −1이 되어 수량할인 이전보다 완만해진다.3) 이러한 예산제약이 주어지면 그 학생은 E_2점에서 균형을 이루어 문구류(X재)를 15단위까지 구입하게 된다. 수량할인의 결과 그는 문구류를 추가적으로 5단위 더 구입하게 되고, 이전보다 더 높은 효용수준 U_2를 얻게 된다는 것을 알 수 있다.

5. 창고형 할인점의 회원가입

땅값이 상대적으로 저렴한 곳에 인테리어와 고객서비스를 최소화하며 대용량이나 묶음형 상품을 판매하는 회원제 창고형 할인점이 등장하고 있다. 이러한 할인점은 일반 대형마트보다 저렴한 가격으로 상품을 판매하기 때문에 가격에 민감한 소비자들의 이용도가 빠르게 증가하는 추세이다. 우리나라에서는 미국계의 코스트코(Costco), 롯데의 빅마켓(Vic Market) 등이 회원제 창고형 할인점 형태로 운영되고 있다. 소비자가 회원가입비로 일정한 금액을 지불하고 창고형 할인점을 이용할 때 상품의 구매행태가 어떠한지 살펴보기로 하자.

식료품(X재)과 다른 상품(Y재)의 구입에 한 달 동안 50만원을 지출하는 주부가 있다고 하자. 그녀가 사고자하는 식료품 가격은 $P_X=2$만원이고 다른 상품의 가격은 $P_Y=1$만원이다. 이 때 그 주부가 직면하는 예산선은 [그림 5-9]에서 보는 것처럼 기울기가 −2인 AB가 된다. 예산제약이 이와 같이 주어지면 그 주부는 식료품 10단위와 다른 상품 30단위를 구입하는 E_1점을 선택함으로써 효용을 극대화하게 된다.

가입비 5만원을 지불하고 창고형 할인점의 회원이 되면 식료품을 단위당 1.5만원으로 구입할 수 있다고 하자. 이러한 조건이 주어지면 할인점 회원가입 이

3) 수량할인 이전의 예산선 AB의 기울기는 $-P_X/P_Y=-2$이지만, 수량할인 이후의 예산선 E_1B'의 기울기는 $-P_X/P_Y=-1$이다.

[그림 5-9] 창고형 할인점의 회원가입

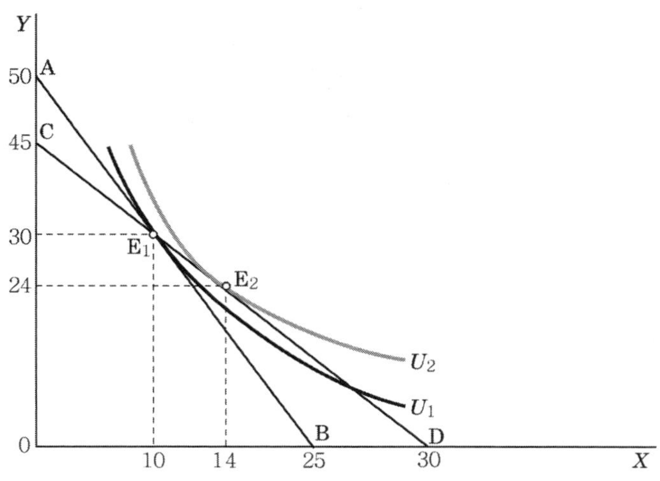

전에 선택하였던 E_1점을 포함하는 새로운 예산선이 도출될 수 있다. 이렇게 함으로써 할인점 회원가입 이후에 그녀가 선택하는 점과 E_1점이 가져다주는 효용수준에 대한 직접적인 비교가 가능해진다. 그녀가 회원 가입비로 5만원을 지불하고 나면 식료품(X재)과 다른 상품(Y재)을 구입하는데 45만원을 사용할 수 있다. 이 금액 전부를 식료품 구입에 지출한다면 30단위를 구입할 수 있기 때문에 그녀가 직면하는 예산선은 기울기가 -1.5인 CD가 된다. 예산제약이 이와 같이 주어지면 그 주부는 E_2점을 선택하여 식료품 14단위와 다른 상품 24단위를 구입함으로써 회원가입 이전보다 더 높은 효용수준($U_1 < U_2$)을 얻게 된다. 이처럼 소비자가 회원제 창고형 할인점에 가입함으로써 이전보다 더 높은 효용수준을 얻게 된다면 가격에 민감한 소비자들이 창고형 할인점을 이용할 가능성은 점차 커질 것이다.

[연습문제 5.4]

어떤 주부의 월간 소득이 50만원일 때 식료품(X재) 15단위와 다른 상품(Y재) 20단위를 소비한다. 현재 X재의 가격은 $P_X = 2$만원이고, Y재의 가격은 $P_Y = 1$만원이다. 만일 그녀가 가입비 10만원을 지불하고 창고형 할인점의 회원이 되면 식료품을 단위당 1만원으로 구입할 수 있다고 하자. 그 주부의 예산선이 어떻게 변화하는지 그림으로 나타내면?

6. 시점간 자원배분 모형

지금까지 소비자 선택이론을 분석하면서 소비자는 현재 주어진 소득 전부를 지출하여 자신이 필요로 하는 상품들을 구입한다고 암묵적으로 가정하였다. 그러나 이러한 가정에 의해 이루어지는 분석의 결과는 여러 측면에서 한계가 있다. 많은 소비자들이 현재소득 전부를 소비활동에 지출하지 않고 그 중 일부를 미래의 소비를 위해서 저축하는 것을 볼 수 있다. 이와 같이 소비자들은 현재소비와 미래소비에 적절하게 배분함으로써 그의 전 생애에 걸친 효용극대화를 추구하기 때문에 현재 주어진 소득을 모두 현재소비에 지출한다고 가정하는 것은 다소 비현실적이다.

소비자가 현재 일정하게 주어진 소득 M_1을 현재소비와 미래소비 사이에 어떻게 배분하는지 알려면 지금까지의 소비자선택 모형을 시점간 자원배분 모형으로 수정하여 적용하면 된다. 두 시점간 자원배분 모형에서 소비자의 효용수준은 현재의 소비량(C_1)과 미래의 소비량(C_2)에 의해 결정되기 때문에 효용함수는 식 (5. 3)과 같이 나타낼 수 있다.

(5. 3) $U = U(C_1, C_2)$

한편, 소비자의 예산제약 조건을 알아보기 위해서 먼저 **현재가치**(present value)의 개념을 이해할 필요가 있다. 소비자가 현재소득의 일부(A_1)를 1년간 은행에 예치할 때 받을 수 있는 이자율이 r_1라고 하자. 1년 후에 그가 은행으로부터 받는 금액(A_2)은 식 (5. 4)와 같다.

$$(5.\ 4)\qquad A_2 = A_1(1+r_1)$$

예컨대 연간 이자율이 $r_1=10\%$일 때 현금 10만원을 은행에 예치하면 1년 후에 원금과 이자를 합하여 11만원을 받게 된다. 결과적으로 현재 10만원에 대한 1년 이후의 가치가 11만원이 되는 것이다. 바꾸어 말하면 1년 후의 11만원에 대한 현재가치는 10만원이 된다는 의미이다. 이처럼 1년 이후에 주어지는 미래가치 A_2를 현재가치로 나타내면 다음과 같다.

$$(5.\ 5)\qquad A_1 = \frac{A_2}{1+r_1}$$

두 시점간 자원배분 모형에서는 소비자가 현재소득 M_1을 현재소비와 미래소비에 각각 C_1과 C_2만큼 지출할 수 있으므로 소비자의 예산제약은 다음과 같다.

$$(5.\ 6)\qquad M_1 = C_1 + \frac{1}{1+r_1}C_2$$

식 (5. 6)에서 r_1은 현재의 이자율 수준이며, 우변의 두 번째 항은 미래소비 C_2를 현재가치로 환산한 것이다. 이렇게 볼 때 $1/(1+r)$은 미래소비를 한 단위 증가시키기 위해서 포기해야하는 현재소비의 양을 나타내는 **미래소비의 상대가격**(relative price of future consumption)으로 볼 수 있다. 이러한 예산제약은 [그림 5-10]에서 예산선 A_1M_1로 나타나 있다. 예산선의 수평축 절편은 최대한으로 가능한 현재소비의 크기(M_1)를 나타내고 있으며, 수직축 절편은 최대한으로 가능한 미래소비의 크기인 $(1+r_1)M_1$을 나타내고 있다. 따라서 예산선의 기울기는 $-(1+r_1)$가 된다.

[그림 5-10] 현재소비와 미래소비의 선택

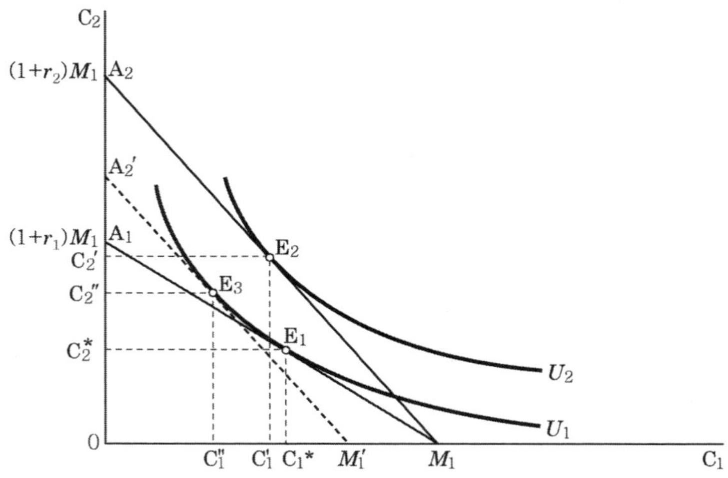

[그림 5-10]과 같이 어떤 소비자의 선호체계를 대표하는 무차별곡선이 주어지면 그는 E_1점을 선택함으로써 두 기간에 걸친 효용을 극대화한다. 즉, 이 소비자는 현재소득 M_1 중에서 현재소비에 C_1^*만큼 지출하고 그 나머지인 ($M_1 - C_1^*$)를 저축하여 미래에 C_2^*만큼 소비가 가능하도록 함으로써 **시점간 효용극대화**(intertemporal utility maximization)를 달성하게 되는 것이다.

이러한 상황에서 만일 이자율이 r_1에서 r_2로 상승하면 현재소비와 미래소비에 대한 수요에 어떠한 변화가 나타날까? 그림에 나타나 있는 것처럼 이자율이 상승하면 예산선의 수평축 절편은 M_1으로 유지되지만 반면에 수직축 절편은 $(1+r_2)M_1$으로 커지게 된다. 이자율이 상승하면서 예산선의 기울기가 A_1M_1보다 더욱 가파른 A_2M_1으로 바뀌었다. 이것은 미래소비의 상대가격이 상대적으로 싸진 것을 의미한다.[4] 새로운 예산선이 주어졌을 때 소비자는 E_2점을 선택하는 것으로 나타나 있는데, 이러한 점의 위치는 이자율 상승에 따른 대체효과와 소득효과의 크기에 의해 결정된다.

이자율 상승의 효과를 대체효과와 소득효과로 분해하기 위해서 원래의 무차

4) 이자율이 상승하면 현재소비의 기회비용이 증가하여 현재소비의 가격이 상대적으로 비싸지는 반면에 미래소비의 가격은 상대적으로 싸지게 된다.

별곡선(U_1)과 접하면서 새로운 예산선 A_2M_1과 같은 기울기를 갖는 가상적인 예산선을 $A_2'M_1'$으로 나타내기로 한다. 먼저 이자율 상승이 미래소비에 미치는 영향에 대해 살펴보기로 하자. 이자율이 상승하여 미래소비의 가격이 상대적으로 싸지면 미래소비에 대한 수요를 증가($C_2^* \rightarrow C_2''$)시키는 대체효과가 나타난다. 한편, 이자율의 상승은 저축으로부터 얻는 미래소득을 증가시키고 이에 따라서 정상재인 미래소비에 대한 수요를 증가($C_2'' \rightarrow C_2'$)시키는 소득효과도 나타나게 된다. 결과적으로 이자율 상승에 의해 나타나는 대체효과와 소득효과 둘 다 미래소비에 대한 수요가 증가시키게 되는 것이다.

이에 비해 이자율 상승이 현재소비에 미치는 효과는 분명하지 않다. 이자율이 상승한 결과 현재소비가 상대적으로 비싸지면 이에 대한 수요를 감소($C_1^* \rightarrow C_1''$)시키는 대체효과가 나타난다. 그러나 이자율 상승에 의한 소비자의 실질소득 증가는 현재소비에 대한 수요를 증가($C_1'' \rightarrow C_1'$)시키는 소득효과를 발생시키기 때문이다. 따라서 대체효과와 소득효과 중에서 어느 것이 더 큰가에 따라 현재소비가 증가할지 아니면 감소할지의 여부가 결정된다.[5] [그림 5-10]에는 대체효과가 소득효과보다 더 크게 나타나 현재소비가 감소한 것으로 나타나 있다. 현재소비가 감소한다는 것은 저축을 증가시킨다는 것을 의미한다. 일반적인 경험에 의하면 사람들은 이자율이 상승할 때 현재소비를 감소시키고 저축을 증가시킨다. 이러한 현실을 감안하여 대체효과가 소득효과보다 더 큰 상황을 그려둔 것이다.

[연습문제 5.5]

현재소비와 미래소비가 각각 C_1과 C_2일 때, 어떤 소비자의 생애 전체에 걸친 효용함수가 $U(C_1, C_2) = U(C_1) + U(C_2)$로 주어져 있다. 두 기간 사이의 이자율($r$)이 0일 때 현재 M원을 가지고 있는 소비자의 최적선택은?

5) 본문에서는 저축자(혹은 채권자)의 입장에서 이자율이 상승할 때 대체효과와 소득효과 중 어느 것이 크느냐에 따라서 현재소비가 감소할 수도 증가할 수도 있다는 것을 설명한 것이다. 그러나 차입자의 입장에서 보면 이자율이 상승할 때 대체효과에 의해서 현재소비를 감소시킬 뿐 아니라 소득효과에 의해서도 현재소비를 감소시키게 되므로 그의 현재소비는 감소하게 된다.

[연습문제 5.6]

현재소비와 미래소비가 각각 C_1과 C_2일 때, 어떤 소비자의 생애 전체에 걸친 효용함수가 $U(C_1, C_2) = \sqrt{C_1 C_2}$로 주어져 있다. 이 소비자가 현재 가지고 있는 소득 120만원을 현재소비와 미래소비에 각각 얼마씩 배분해야 효용을 극대화할 수 있을까? 단, 미래소비를 위해 현재소비의 일부를 저축할 때의 수익률은 $r=0.2$이다. 만일 수익률이 $r=0.6$으로 상승하면 현재소비와 미래소비는 어느 정도 증가할까?

7. 소비의 외부효과

지금까지는 어떤 상품에 대한 한 개인의 수요는 오로지 그 사람의 선호체계와 가격 및 소득에 의해 결정된다는 전제하에서 소비자 선택이론을 설명하였다. 그러나 실제로 우리가 소비하는 과정에서 다른 사람들의 영향을 받는 경우가 종종 발생한다. 이처럼 어떤 사람의 소비행위가 다른 사람들의 영향을 받을 때 **소비의 외부효과**(consumption externalities) 혹은 **네트워크효과**(network effects)가 존재한다고 한다. 소비의 외부효과 가운데 잘 알려진 것으로는 유행효과와 속물효과가 있다.

7.1 유행효과

소비자들은 종종 다른 사람들과 같은 패턴의 소비를 원하기도 한다. 어떤 특정 상표의 패딩점프가 유행할 때 많은 중·고교 학생들이 그것을 구입하려고 애를 쓰는 경우를 볼 수 있었다. 이렇게 주위에서 어떤 상품을 소비하는 사람들이 증가하는 경우에 그것에 영향을 받아 추가적으로 수요가 창출되는 현상을 **유행효과** 또는 **악대차효과**(bandwagon effect)라고 한다. 이것은 서커스단이 시내 행진을 하는 경우에 악대차(bandwagon)가 선두에 서고 곡예사, 어릿광대들이 뒤를 따라서 걸어가는 모습과 비슷하기 때문에 붙여진 이름이다.

유행효과가 존재하면 수요곡선은 보다 완만한 기울기를 갖게 된다. 유행효과가 존재하지 않는 상황에서 패딩점퍼의 가격이 30만원으로 주어질 때 6만 벌이

[그림 5-11] 유행효과와 수요곡선

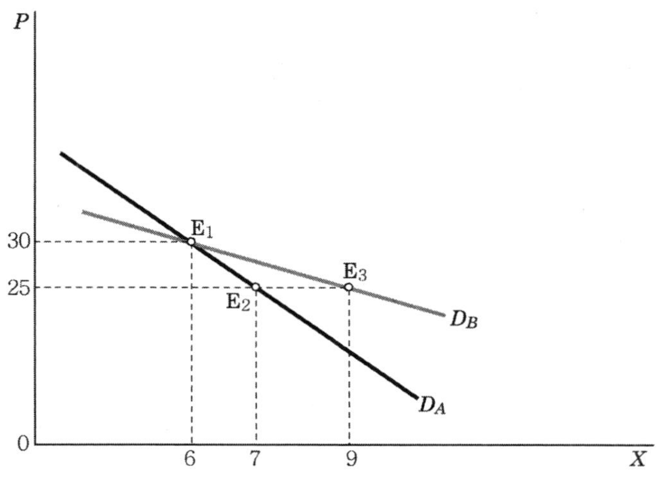

수요되고 있으며, 만일 가격이 25만원으로 떨어지면 수요량이 7만 벌로 늘어난다고 하자. [그림 5-11]에서 보는 수요곡선 D_A은 유행효과가 전혀 존재하지 않는 상황을 나타내고 있다. 패딩점퍼의 가격이 30만원에서 25만원으로 떨어지면서 소비자들이 자신의 수요곡선을 따라 E_1점에서 E_2점으로 이동한 것이다.

만일 유행효과가 나타난다면 패딩점퍼의 가격이 하락하여 수요량이 증가함에 따라 이에 영향을 받은 추가적인 소비가 창출된다. 그림에서 보는 것처럼 패딩점퍼의 가격이 25만원으로 떨어졌을 때의 수요량(7만 벌)에 영향을 받아 새로운 수요가 추가로 창출되어 궁극적인 소비량은 9만 벌로 늘어났다. 이와 같은 가격과 수요량의 조합은 E_3점으로 나타나 있는데, 이 점과 E_1점을 잇는 곡선 D_B가 유행효과가 나타날 때의 수요곡선이다. 유행효과가 존재할 때의 수요곡선이 그렇지 않은 경우에 비하여 보다 완만한 기울기를 갖는다는 사실을 알 수 있다.

7.2 속물효과

유행효과와는 반대로 어떤 상품을 소비하는 사람들이 많아지는 경우에 이 상품에 대한 수요량이 감소하는 음(-)의 네트워크 효과가 나타나기도 한다. 어떤

[그림 5-12] 속물효과와 수요곡선

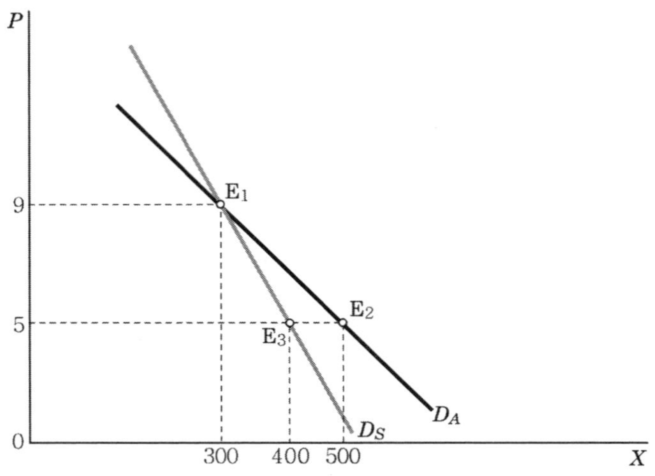

상품을 수요하는 배경에는 그 상품을 자기만이 소비할 수 있다는 속물적 욕구를 충족시키기 위한 경우가 있다. 자기 자신이 특정 상품을 소비하는 몇 안 되는 사람들 중 한 명이라는데 큰 만족을 느끼는 경우에 해당한다. 많은 소비자들이 어떤 재화 또는 용역을 소비하는 경우에는 혼잡이 증대되어 해당 상품의 가치가 감소한다고 판단하기 때문이다. 이와 같이 어떤 상품을 소비하는 사람들이 증가하면서 이 상품에 대한 수요를 감소시키는 효과가 나타날 때 **속물효과**(snob effect)가 존재한다고 한다.[6] 소비자가 다른 사람과 차별되는 상품을 소비할 때 뭔가 고상한 듯 보이는 백로와 같다는 뜻으로 **백로효과**라고도 한다. 속물효과가 나타나면 악대차효과가 존재하는 경우와는 반대로 수요곡선은 보다 가파른 기울기를 갖게 된다.

어떤 골프장의 회원권 가격이 9천만원이며, 회원수가 300명인 골프장 회원권에 대한 수요곡선이 [그림 5-12]에서 D_A로 주어져 있다. 만일 회원권 가격이 5천만원으로 떨어지면 회원권에 대한 수요량이 500명으로 증가하게 된다. 회원권 가격이 9천만원에서 5천만원으로 하락하면 소비자들의 선택은 수요곡선을 따라 E_1점에서 E_2점으로 이동한 것이다.

6) 라이벤슈타인(H. Leibenstein)에 의하면 속물효과는 베블렌(Veblen effect)효과와 구분된다. 베블렌효과는 가격이 효용에 직접적으로 영향을 미치는 경우로서 다른 사람의 소비가 효용에 직접적으로 영향을 주는 소비의 외부효과와는 차이가 있다.

회원권 가격하락으로 인하여 수요가 증가하면 이 회원권을 소유하는 희소적 가치는 감소하게 된다. 따라서 골프장 회원권을 소유하는 몇 안 되는 사람들 중 한 명이라는데 큰 만족을 느끼는 수요자들의 수요는 감소하게 될 것이다. 그림에서 회원권 가격이 5천만원으로 하락하였을 때 회원권에 대한 궁극적인 수요의 크기는 400명으로 나타나 있다. 이때의 회원권 가격과 수요량의 조합이 E_3 점으로 나타나 있는데, 이 점과 E_1 점을 잇는 곡선 D_S가 속물효과가 나타날 때의 수요곡선이다. 속물효과가 존재할 때의 수요곡선이 그렇지 않은 경우에 비하여 보다 가파른 기울기를 갖는다는 사실을 알 수 있다.

연습문제 풀이

[연습문제 5.1]

여가의 한계효용은 $MU_H = 1/2H^{-0.5}M^{0.5}$이고, 소득의 한계효용은 $MU_M = 1/2 H^{0.5}M^{-0.5}$이다. 여가와 소득의 선택에서 효용을 극대화하기 위해서는 $MU_H/MU_M = M/H = P_H/P_M$의 조건을 충족시켜야 한다. 여가의 가격($P_H$)이 w이고, 소득의 가격(P_M)은 1원이기 때문에 $M/H = w/1$ 관계식이 성립되는 것이며, 이를 정리하면 $M = wH$가 된다. 또한 A는 자신의 예산제약, 즉 $M = w(14-H)$을 충족시켜야 한다. 효용극대화 조건과 예산제약을 동시에 고려하면 $wH = w(14-H)$가 성립해야 한다. 여기에서 $H=7$이므로 여가에 대한 최적 수요는 임금률과 관계없이 하루에 7시간이다. 노동 역시 임금률과 관계없이 하루에 7시간을 공급하게 된다.

[연습문제 5.2]

그림에서 보는 것처럼 각종 보조 프로그램이 실시되기 이전의 예산선은 AB이다. 만일 20만원어치의 식료품을 지급하는 현물보조를 실시하면 예산선은 ACB'으로 이동하고, 월 20만원을 현금으로 보조하면 예산선은 $A'B'$으로 이동하게 된다. 현물보조 프로그램이 실시될 때 이 주부가 F_2점을 선택하였다면, 현금보조가 이루어질 때는 F_3점을 선택함으로써 더 높은 효용수준(U_3)를 얻을 수 있다. 따라서 이 주부는 현금보조 프로그램을 더욱 선호할 것이다.

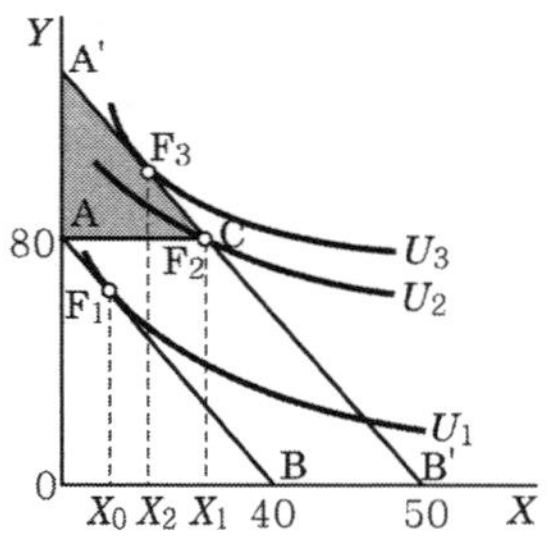

[연습문제 5.3]

(ⅰ) 소비자의 최적선택은 $MU_X/MU_Y = P_X/P_Y$이므로, $MU_X = 2X^{-0.5}$, $MU_Y = 1$을 대입하면 $2X^{-0.5}/1 = 1/1$가 된다. 따라서 $X_1 = 4$이고, 이때 예산제약은 $20 = (1)(4) + (1)Y$가 되어 $Y_1 = 16$이 된다. 결과적으로 이 주부는 1주일동안 X재와 Y재를 각각 4단위와 16단위를 소비할 때 효용수준이 극대화되며, 효용수준

은 $U_1 = 4\sqrt{4} + 16 = 24$가 된다.

(ii) 정부가 X재에 대해 매 단위마다 6천원의 보조금을 지급하면 두 상품에 대한 상대가격은 $P_X/P_Y = (0.4)/1$가 되므로 $2X^{-0.5}/1 = (0.4)/1$가 된다. 따라서 $X_2 = 25$이고, 이때 예산제약은 $20 = (0.4)(25) + (1)Y$이므로 $Y_2 = 10$이 된다. 결과적으로 이 주부는 1주일동안 X재와 Y재를 각각 25단위와 10단위를 소비할 때 효용수준이 극대화되며, 효용수준은 $U_2 = 4\sqrt{25} + 10 = 30$이 된다. 만일 가격보조가 없었다면 이 때 지출되는 금액은 $(1)(25) + (1)(10) = 35$만원이 된다. 따라서 가격보조에 따른 예산규모는 15만원$(= 35 - 20)$이다.

(iii) 15만원을 현금으로 보조를 받으면 소비자의 가처분소득은 35만원으로 늘어나 예산제약은 $35 = (1)X + (1)Y$가 된다. 현금보조 프로그램이 실시되면 예산선의 기울기는 처음과 똑같이 유지되므로 소비자의 최적선택은 $MU_X/MU_Y = 2X^{-0.5}/1 = 1/1$의 조건이 충족되므로 $X_3 = 4$가 된다. 이를 현금보조시의 예산제약식에 대입하면 $Y_3 = 31$이 된다. 따라서 이 때 효용수준은 $U_3 = 4\sqrt{4} + 31 = 39$가 된다. 가격보조시의 효용수준 $U_2 = 30$에 비해서 현금보조시의 효용수준이 $U_3 = 39$로 높게 나타나므로 이 주부는 현금보조 프로그램을 더욱 선호하게 된다.

[연습문제 5.4]

예산선이 AB에서 CD로 이동하게 된다.

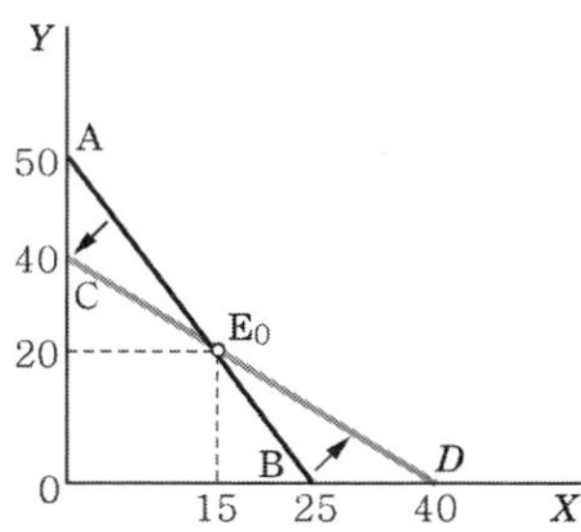

[연습문제 5.5]

시점간 효용극대화를 달성하기 위해서 $MRS = MU(C_1)/MU(C_2)$와 예산선의 기울기, 즉 미래소비에 대한 현재소비의 상대가격을 나타내는 $(1+r)$을 일치시켜야 한다. 그런데 $r = 0$이면 $MU(C_1)/MU(C_2) = 1$이므로 $MU(C_1) = MU(C_2)$가 된다. 따라서 $C_1 = C_2$가 성립하므로 소득 M원을 현재소비와 미래소비를 똑같이 배분해야 한다.

[연습문제 5.6]

(i) 소비자의 전 생애에 걸친 예산제약이 $M_1 = C_1 + [1/(1+r)]C_2$이므로, 문제에서 예산제약식은 $120 = C_1 + (1/1.2)C_2$가 되고 예산선의 기울기는 $(1+r) = 1.2$가 된다. 한편, 미래소비로 표시한 현재소비의 한계대체율은 $MU_1/MU_2 = (1/2)C_1^{-0.5}C_2^{0.5}/(1/2)C_1^{0.5}C_2^{-0.5} = C_2/C_1$이다. 소비자의 효용극대화 조건에 의하면 한계대체율과 예산선의 기울기가 일치하므로 $C_2/C_1 = 6/5$, 즉 $C_1 = (5/6)C_2$가 된다. 이를 예산제약식에 대입하면 $C_2 = 72$만원이 되고, $C_1 = 60$만원이 된다.

(ii) 만일 수익률이 $r = 0.6$으로 상승하면 예산제약식은 $120 = C_1 + (1/1.6)C_2$가 되고, 예산선의 기울기는 1.6이 된다. 현재소비의 한계대체율이 $MU_1/MU_2 = C_2/C_1$이므로 $C_2/C_1 = 8/5$, 즉 $C_1 = (5/8)C_2$가 된다. 이를 예산제약식에 대입하면 $C_2 = 96$만원이 되고, $C_1 = 60$만원이 된다. 수익률이 $r = 0.6$으로 상승함으로써 미래소비는 $C_2 = 72$만원에서 $C_2 = 96$만원으로 증가하였지만, 현재소비는 $C_1 = 60$만원을 그대로 유지하고 있다.

제 6 장 불확실성하의 최적선택

1. 불확실성과 조건부상품
2. 불확실성하의 예산선과 무차별곡선
3. 위험에 대한 태도와 최적선택
4. 불확실성하의 선택이론의 응용
5. 기대효용이론

개 요

지금까지는 소비자들이 미래의 시장상황에 대해 완전한 정보를 갖고 있다는 것을 암묵적으로 가정함으로써 소비행동과 관련된 불확실성 문제를 배제시켰다. 그러나 현실에서는 소비자가 미래에 어떤 상황이 일어날지 모르는 채 의사결정을 하는 경우가 대부분이다. 본 장에서도 앞에서와 똑같이 예산선과 무차별곡선을 이용하여 소비자의 불확실성하의 의사결정과정을 살펴보기로 한다. 다만 불확실성하에서 선택해야하는 의사결정자가 처한 상황에 따라 **예산선**이 여러 가지 특징을 보일 수 있다는 점과 의사결정자의 위험에 대한 태도에 따라서 상이한 모양의 **무차별곡선**이 주어진다는 점이 고려된다.

이어서 불확실성하의 선택모형이 보험상품과 위험자산의 선택에 관한 분석에 어떻게 응용되는지에 대해서 살펴본다. 또한 불확실성이 결부된 상태에서의 선택을 분석하는데 폭넓게 적용할 수 있는 기대효용이론과 그것의 응용에 대해서도 살펴볼 것이다.

1. 불확실성과 조건부상품

1.1 불확실성의 의미

지금까지 우리는 모든 경제주체들이 미래에 일어날 일들을 확실하게 알고 있다는 암묵적인 가정하에서 소비자의 선택문제에 대해 분석하였다. 그러나 우리가 직면하는 현실은 불확실한 상황에서 여러 가지를 선택해야 하는 경우가 대부분이다. 예를 들어 1개월 이후에 주가지수가 어떻게 변동될지 모르고 주식을 사는 경우, 이번 주의 복권 추첨에서 당첨될지 떨어질지 알지 못하고 복권을 사는 경우처럼 미래에 일어날 상황을 모르는 채 의사결정을 하는 경우가 무수히 많다.

불확실성(uncertainty)의 사전적인 의미는 '미래의 사건에 대한 발생 확률을 정할 수 없는 상황'으로 정의된다. 이렇게 볼 때 의사결정의 기초가 되는 확률분포가 존재하느냐의 여부를 기준으로 불확실성과 **위험성**(risk)으로 구분할 수 있다. 주가지수 변동의 경우와 같이 객관적인 확률이 존재하지 않는다면 **불확실성**이 존재하는 상황인 반면에, 복권 구입에 대한 의사결정과정에서와 같이 선험적이든 경험적이든 객관적인 확률이 존재한다면 **위험성**이 존재하는 상황이다. 그러나 대부분의 경제분석에서 불확실성과 위험성을 구분하지 않는다. 불확실성이 존재하는 상황에서의 의사결정은 항상 위험성을 수반하기 때문에 양자를 거의 같은 의미로 사용한다.

1.2 조건부상품

갑이 동전 앞뒷면 알아맞히기 게임(game)을 주관하고 을이 참여하고 있는데, 을이 동전의 앞뒷면을 정확하게 알아맞히면 그가 건 돈만큼 딸 수 있고, 알아맞히지 못하면 그가 건 돈 모두를 잃게 된다고 하자. 또한 을이 지금 가지고 있는 돈은 10,000원이며, 이 범위 내에서 얼마든지 게임에 응할 수 있다고 하

자. 이 때 을은 게임의 결과에 따라서 서로 다른 크기의 돈을 가지게 된다. 동전의 앞뒷면을 정확하게 알아맞히느냐의 여부와 게임에 거는 금액에 따라서 을이 가지게 되는 돈의 액수가 다르게 되는 것이다.

이처럼 불확실성에 직면하는 소비자가 무엇을 선택하느냐에 따라서 그 크기가 달라지는 상품을 **조건부상품**(contingent commodity)이라고 한다. 지금 예를 든 동전 앞뒷면 알아맞히기 게임 뿐만 아니라 상황에 따라서 상금이 달라지는 복권이나 보험 등과 같은 상품도 조건부상품이라고 할 수 있다. 우리는 이러한 조건부상품의 개념을 이용해서 불확실성하에서 선택 문제를 규명하게 된다.

> 경제가 불확실성에 직면해 있을 때, 어떤 상황(또는 조건)이 실현되느냐에 따라서 그 크기가 달라지는 상품을 **조건부상품**(contingent commodity)이라고 한다.

2. 불확실성하의 예산선과 무차별곡선

앞의 제3장에서 예산제약과 무차별곡선을 활용하여 소비자선택에 대해 살펴본 바 있다. 본장에서 다루게 되는 불확실성하의 소비자 선택과정도 근본적으로는 그것과 다르지 않을 것이기 때문에 예산선과 무차별곡선을 통한 분석방법을 적용하기로 한다. 다만 불확실성에 직면하는 의사결정자의 상황에 따라 **예산선**이 여러 가지 특징을 보일 수 있다는 점과 의사결정자의 위험에 대한 태도에 따라서 상이한 모양의 **무차별곡선**이 주어진다는 점에서 차이가 있다.

2.1 예산선과 무위험선

(1) 예산선의 도출

먼저 불확실성에 직면한 의사결정자의 **예산선**(budget line)이 도출되는 과정을 살펴보기로 하자. [그림 6-1]에서 횡축과 종축은 각각 Q_w와 Q_f로 나타나

[그림 6-1] 불확실성에 직면한 의사결정자(을)의 예산선

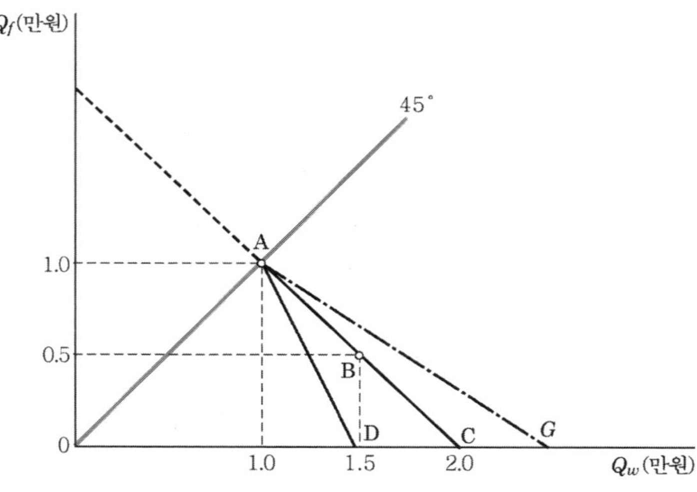

있다. 을이 동전 앞뒷면을 정확하게 알아맞힐 때 가지게 되는 금액을 Q_w로 표기하여 하나의 상품으로 간주하고, 알아맞히지 못했을 때 그가 가지게 되는 금액을 Q_f로 표기하여 다른 상품으로 간주한 것이다. 을이 돈을 전혀 걸지 않고 동전 앞뒷면 알아맞히기 게임에 응한다면, 그림의 A점에서와 같이 게임의 승부와는 관계없이 그는 항상 10,000원을 가지게 된다. 즉, A는 을의 **초기부존**(initial endowment)을 나타내고 있는 점이다. 을이 5,000원을 걸고 게임에 응한다면 어떤 결과가 나올까? 만일 을이 게임에서 이긴다면 건 돈만큼 더 받게 되므로 그가 가지는 돈은 15,000원이 될 것이고, 게임에서 지게 되면 건 돈만큼 잃게 되므로 그가 가지는 돈은 5,000원이 될 것이다. 이처럼 을이 5,000원을 걸고 게임에 응하는 경우의 상품묶음은 그림에서 B점으로 나타나 있다. 이번에는 을이 가지고 있는 돈 전부를 걸고 게임에 응한다고 하자. 을이 게임에서 이기면 그가 가지는 돈은 20,000원이 되겠지만, 게임에서 지면 그가 가진 돈 모두를 잃게 되므로 이때의 상품묶음은 그림에서 C점으로 나타나게 된다. 이상에서 살펴본 A, B, C점을 이어 만든 선분이 바로 을의 예산선이 된다.

불확실성에 직면하는 을의 예산선 기울기는 게임의 성격, 즉 게임이 공정한가 아니면 불공정한가에 따라서 다르게 나타난다. [그림 6-1]에 나타나 있는 예산선 AC는 동전 앞뒷면 알아맞히기 게임에서 얼마를 걸든 항상 처음과 같은 기

대치(expected value)를 갖도록 그려진 것이다.[1] 이러한 의미로 본다면 공정한 게임에 응하게 되는 의사결정자의 예산선은 **등기대치선**(iso-expected value line)과 일치하게 된다. 동전 앞뒷면 알아맞히기 게임에서 을이 돈을 딸 확률과 돈을 잃을 확률이 각각 1/2로 주어져 있고, 게임에 건 돈만큼 상금으로 주기 때문에 게임에서 얼마를 걸든 항상 처음과 같은 기대치를 갖게 되는 것이다.

> 조건부상품의 조합 중에서 항상 처음과 똑같은 기대치를 주는 상품묶음들을 연결한 것이 **등기대치선**(iso-expected value line)이다.

만일 을이 불리한 게임에 응하는 경우라면 AD와 같이 예산선의 기울기는 공정한 게임일 때보다 더욱 가파르게 된다. 게임이 을에게 불리하게 구성되어 있으면 게임에 응하는 돈의 액수가 클수록 기대치가 작아지기 때문이다. 예컨대 을이 동전의 앞뒷면을 정확하게 알아맞혔을 때 게임에 거는 금액의 0.5배만 상금으로 준다고 하자. 을이 5,000원을 걸고 게임에 응하는 경우 기대치는 12,500×0.5(돈을 딸 확률)+5,000×0.5(돈을 잃을 확률)=8,750원이고, 10,000원을 걸고 게임에 응하는 경우 기대치는 (15,000×0.5)+(0×0.5)=7,500원으로 게임에 거는 금액이 클수록 기대치는 더욱 작아지게 된다. 반대로 을이 유리한 게임에 응하면 예산선의 기울기는 AG와 같이 공정한 게임일 때보다 더욱 완만하게 나타날 것이다. 독자들 스스로 확인하여 보기 바란다. 본 절의 맨 앞에서 불확실성에 직면하는 의사결정자의 상황에 따라서 예산선이 여러 가지 특징을 보일 수 있다고 말한 점이 바로 이것을 의미하는 것이다.

[연습문제 6.1]

> 에이스를 뽑을 확률과 스페이드를 뽑을 확률이 각각 1/3과 2/3이라고 하자. 에이스를 뽑으면 건 돈의 두 배만큼 상금을 주고 스페이드를 뽑으면 건 돈을 잃는 게임에서 10만원을 내기에 건다면 이 게임의 기대금액은 얼마인가?

1) 기대치는 어떤 상황이 일어날 확률에다 그 상황에서의 가치를 곱한 것을 모든 상황에 대해 더함으로써 구해진다. 동전 앞뒷면 알아맞히기 게임에서 5,000원을 걸고 내기에 응하는 경우 기대치는 15,000 × 0.5(돈을 딸 확률) + 5,000 × 0.5(돈을 잃을 확률) = 10,000이고, 10,000원을 걸고 내기에 응하는 경우 기대치는 20,000 × 0.5 + 0 × 0.5 = 10,000으로 각 경우의 기대치는 동일하다.

(2) 무위험선

동전 앞뒷면 알아맞히기 게임에서 을이 돈을 걸지 않는다면 지더라도 위험을 전혀 부담하지 않게 된다. 그러나 게임에 응하면서 돈을 걸게 되면 위험을 부담할 수밖에 없는데, 많은 돈을 걸수록 위험은 더욱 커지게 된다. 극단적으로 그가 가진 모든 돈을 내기에 응하였는데 동전 앞뒷면을 알아맞히지 못하면 모든 돈을 잃기 때문에 위험성은 최대가 된다.

[그림 6-1]의 원점에서 뻗은 45^o선 위에 위치한 A점에서는 게임의 승패와 관계없이 초기부존(10,000원)을 유지할 수 있으므로 위험부담이 전혀 없는 상태이다. 이러한 의미에서 A점을 포함하는 45^o선을 **무위험선**(risk-free line)이라고 한다. 물론 무위험선에서 벗어나면 위험을 부담하게 되는 것이 당연하다. 무위험선을 기준으로 좌우 방향으로 멀어질수록 위험성이 커지게 되는데 그림의 G점은 위험성이 가장 큰 상태이다.

2.2 무차별곡선의 도출

불확실성하에서 어떤 상황(w)이 발생할 확률을 p_w, 또 다른 상황(f)이 발생할 확률을 p_f라고 하자. w가 나타났을 때의 소비량 Q_w와 f가 나타났을 때의 소비량 Q_f를 각각의 조건부상품으로 간주하기로 하자. 이 때 소비자의 효용은 각 상황에서의 조건부상품에 대한 소비량에 의존한다. 따라서 불확실성하의 소비자선호를 식 (6. 1)과 같은 효용함수로 나타낼 수 있다.

(6. 1) $U = U(Q_w,\ Q_f;\ p_w,\ p_f)$

이러한 효용함수는 제2장의 무차별곡선이론에서 도출된 효용함수와 비슷한 형태를 보이고 있다. 다만 w가 발생할 확률 p_w와 f가 발생할 확률 p_f에 따라 Q_w와 Q_f의 크기가 영향을 받고 있다는 점에서 차이가 있다.

소비자의 효용함수가 주어지면 이로부터 무차별곡선을 도출할 수 있다. 무차별곡선의 형태는 소비자의 위험에 대한 태도에 따라 다르게 나타난다. 위험에

[그림 6-2] 위험기피자의 무차별곡선

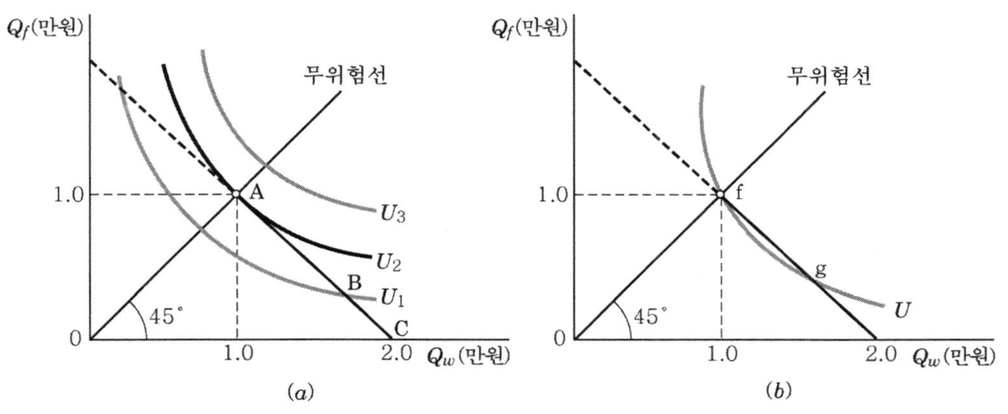

대한 태도를 분류하는 기준은 의사결정자의 선택이 **게임의 기대치**와 어떤 관련을 갖고 있느냐이다. 위험에 대한 태도에 따라서 기대치상으로 매우 불리한 게임에 응하는 사람이 있는 반면에, 기대치상으로 그렇게 불리하지 않은 게임에도 응하지 않는 사람이 있다. 이처럼 불확실성에 직면한 사람들의 위험에 대한 태도는 다양한 행태로 나타나게 된다. 전통적으로 위험부담에 대한 사람들의 태도는 세 가지 유형으로 구분된다. 위험기피적(risk averse) 태도, 위험선호적(risk loving) 태도, 위험중립적(risk neutral) 태도가 그것이다.

(1) 위험기피자의 무차별곡선

현실에서 가장 흔히 볼 수 있는 위험에 대한 태도의 유형은 위험기피적인 경우이다. **위험기피적 태도**를 갖는 사람의 무차별곡선은 원점에 대해서 볼록한 모양을 갖는다. 이러한 특성은 제2장에서 설명한 무차별곡선의 형태와 똑같다. [그림 6-2]에서 보는 것처럼 Q_w와 Q_f가 골고루 섞여 있는 평균적인 상품묶음 A가 극단적인 상품묶음 B보다 더욱 높은 효용수준을 가져다준다면[2] 무차별곡선은 원점에 대해서 볼록한 모양을 하게 된다. 그림 (a)에 나타나 있는 등기대치선상의 A점과 B점에서는 기대치가 서로 같지만 위험기피적 태도를 갖는 사람에게는 A점에서의 효용수준이 B점보다 높은 것이 당연하다. 왜냐하면 무위

2) [그림 6-2]에서 상품묶음 A가 포함되는 무차별곡선 U_2가 상품묶음 B가 포함되는 무차별곡선 U_1보다 더 위에 위치하고 있다.

[그림 6-3] 위험중립자의 무차별곡선

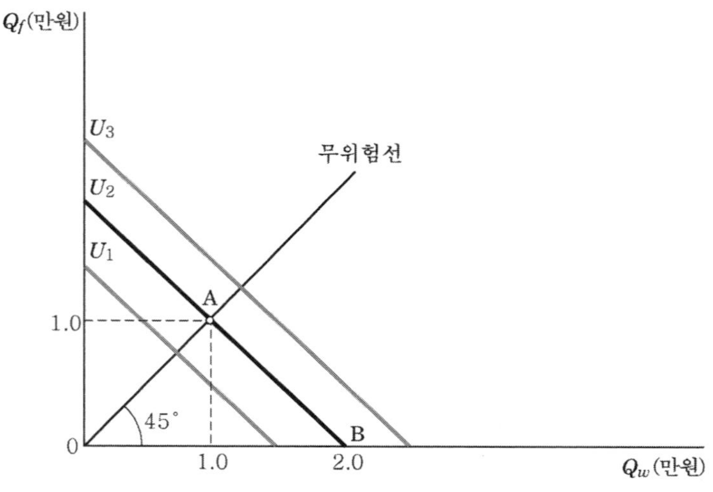

험선에서 우측으로 멀어진다는 것은 게임에서 많은 돈을 건다는 것을 의미하므로 그만큼 위험성이 증가하기 때문이다.

위험기피자의 무차별곡선 기울기는 무위험선 위에서 등기대치선의 기울기와 일치하는 특성이 있다. 만일 위험기피자의 무차별곡선이 그림 (b)와 같은 모양을 갖는다고 하자. 이때는 무차별곡선의 f점과 g점에서 효용수준이 같게 된다. 그런데 무위험선에서 우측으로 갈수록 위험성이 증가하는 점으로 볼 때 위험기피적인 사람이 등기대치선 위의 f점과 g점에서 아무런 차이를 느끼지 못한다는 것은 모순이다. 따라서 무차별곡선의 기울기는 그림 (a)의 A점에서와 같이 무위험선에서 등기대치선의 기울기와 반드시 일치해야 한다.

(2) 위험중립자의 무차별곡선

위험중립적 태도를 갖는 사람은 기대치상의 유리함이나 불리함에 따라서 게임의 참여여부를 결정하기 때문에 동일한 기대치를 갖는 여러 선택가능성에 대해서는 아무런 차이를 느끼지 못한다. 따라서 **등기대치선**이 위험중립자의 무차별곡선이 된다. 등기대치선 위의 모든 점들은 동일한 기대치를 가져다주기 때문에 위험중립자에게는 등기대치선이 자신의 무차별곡선이 되는 것은 당연하다. 따라서 위험중립적 태도를 갖는 사람의 무차별곡선은 [그림 6-3]의 U_1, U_2,

[그림 6-4] 위험선호자의 무차별곡선

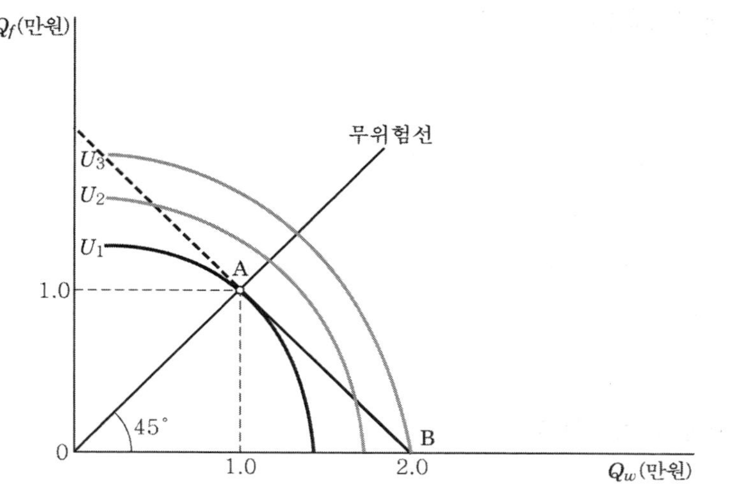

U_3 등과 같이 등기대치선(AB)과 기울기가 동일한 직선으로 주어진다.

(3) 위험선호자의 무차별곡선

위험선호적 태도를 갖는 사람은 동일한 기대치를 주는 선택 가능성 중에서 확실한 것을 가장 싫어하기 때문에 기대치상으로 자신에게 불리한 경우에도 내기에 응할 수 있다. 이는 위험선호자가 평균적인 상품묶음보다는 극단적인 상품묶음을 더욱 선호한다는 것을 의미한다. 따라서 그의 무차별곡선은 원점에 대해서 오목한 모양을 갖는다.

[그림 6-4]에서와 같이 평균적인 상품묶음(A)보다 극단적인 상품묶음(B)이 더욱 높은 효용수준을 가져다준다면 무차별곡선은 원점에 대해서 오목한 모양을 하게 될 것이다. 등기대치선상에 있는 두 점 A, B에서 기대치가 같다고 하더라도 위험선호적 태도를 갖는 사람에게는 A점에서의 효용수준이 B점보다 낮은 것이 당연하다. 위험선호적 태도를 가진 사람은 동일한 기대치를 주는 선택 가능성 중에서 확실한 것을 가장 싫어하기 때문이다.

3. 위험에 대한 태도와 최적선택

앞의 제2절에서 도출한 예산선과 무차별곡선을 이용하여 우리는 조건부상품 Q_w와 Q_f의 최적선택 과정을 분석할 수 있다. 이러한 조건부상품의 선택과정에서 불확실성에 직면한 의사결정자가 게임에 얼마의 돈을 걸 것인가에 대한 선택문제도 자동적으로 파악할 수 있게 된다.

3.1 위험기피자의 최적선택

위험기피자의 경우 게임의 성격이 공정한지 아니면 유리한지에 따라 위험기피자의 최적선택 점의 위치가 다르게 결정된다. [그림 6-5]에 나타나 있는 것처럼 공정한 게임에서 **위험기피자**는 상품묶음 A를 선택함으로써 효용을 극대화한다. 이것은 위험기피자가 **공정한 게임**에는 참여하지 않는다는 것을 나타내는 것으로 위험부담을 싫어하는 위험기피자의 성향을 그대로 반영하고 있다.

[그림 6-5] 공정한 게임과 위험기피자의 최적선택

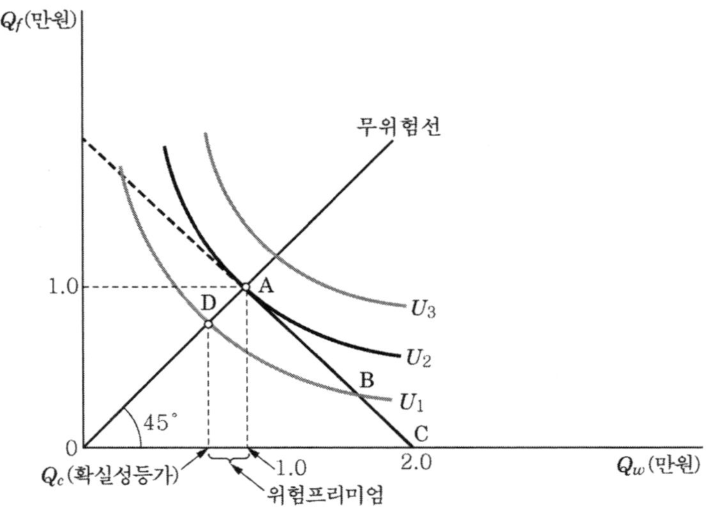

위험기피적 태도를 갖는 사람이 위험에 직면하게 되면 효용수준은 감소한다. [그림 6-5]에서 A점을 통과하는 무차별곡선(U_2)이 B점을 통과하는 무차별곡선(U_1)보다 위에 위치하고 있음을 알 수 있다. 이와 같이 위험기피자가 위험에 노출될 때 감소하는 효용수준의 크기를 어떻게 측정할 수 있을까? 이를 위해서 고안해 낸 개념이 **확실성등가**(certainty equivalent)이다. 어떤 위험이 존재하는 상품묶음의 확실성등가란 사람들에게 그러한 상품묶음과 동일한 수준의 효용을 가져다는 주는 위험이 없는 상품묶음을 의미한다. [그림 6-5]에서 위험이 존재하는 상품묶음 B의 확실성등가는 이것과 동일한 무차별곡선(U_1) 위에 있으면서 무위험선에 위치한 상품묶음 D, 즉 Q_c에 해당하는 금액이다.

> 어떤 위험이 존재하는 상품묶음의 **확실성등가**(certainty equivalent)란 사람들에게 그러한 상품묶음과 동일한 수준의 효용을 가져다는 주는 위험이 없는 상품묶음을 의미한다.

한편, 위험부담을 싫어해서 게임에 응하지 않는 사람에게 위험이 내재된 B점을 선택하도록 유도하려면 얼마의 **위험프리미엄**(risk premium)을 주어야 할까? A점을 선택하고자 하는 위험기피자에게 B점을 선택하게 하려면 두 상품묶음에서 주는 효용수준의 차이를 상쇄할 수 있는 보상이 주어져야 할 것이다. 그림에서 B점과 D점이 하나의 무차별곡선(U_1) 위에 위치하고 있으므로 효용수준이 서로 동일하다. 무차별곡선의 성격상 A점에서 B점으로 옮겨가는 것이나 A점에서 D점으로 옮겨가는 것이나 효용수준에는 아무런 차이가 없다. 따라서 A점에서 D점으로 옮겨가도록 일정한 금액을 보상해 주면 된다. 그림에서 보상액의 크기는 A와 D 사이의 수평거리(또는 수직거리)에 해당한다. 바로 이 금액이 위험기피자로 하여금 B점을 선택하여 위험을 부담하도록 유도하기 위하여 필요한 위험프리미엄인 것이다.

> **위험프리미엄**(risk premium)이란 위험기피자로 하여금 위험한 기회를 선택하도록 유도하기 위해서 필요한 최소한의 보상을 의미한다.

지금까지와 달리 위험기피적 태도를 갖는 사람이 자신에게 유리한 게임에서

[그림 6-6] 유리한 게임과 위험기피자의 최적선택

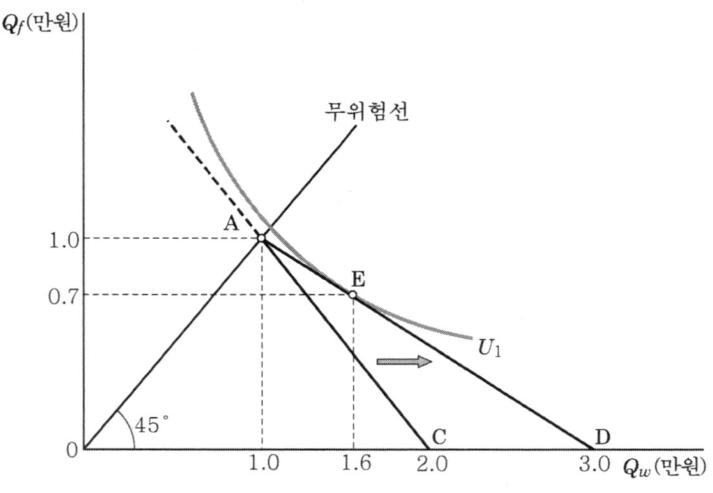

는 어떠한 선택을 하게 될까? 만일 동전 앞뒷면 알아맞히기 게임에서 을이 이기면 내기에 건 돈의 2배를 상금으로 준다고 하자. 따라서 을의 예산선은 [그림 6-6]의 AD와 같이 AC보다 더욱 완만한 기울기를 갖게 된다. 이 때 위험기피자인 을은 E점을 선택함으로써 효용을 극대화한다. 위험기피자는 자신에게 **유리한 게임**에서 자기가 가진 돈의 일부를 걸게 된다는 것을 알 수 있다. 그림에서 E점의 높이가 7,000원으로 나타나 있는 것은 을이 유리한 게임에서 3,000원을 건다는 것을 의미한다. 이상에서 살펴본 바와 같이 위험기피적 태도를 갖는 사람은 공정한 게임에는 응하지 않으며, 기대치상으로 유리하다고 판단해야 비로소 게임에 참여하게 된다.

3.2 위험중립자의 최적선택

위험중립적 태도를 가진 사람은 철저하게 기대치상의 유리함이나 불리함에 따라서 게임의 참여여부를 결정하기 때문에 동일한 기대치를 갖는 여러 선택가능성에 대해서는 아무런 차이를 느끼지 못한다. 따라서 **등기대치선**이 위험중립자의 무차별곡선이 된다. 등기대치선 위의 모든 점들은 동일한 기대치를 가져다 주기 때문에 위험중립자에게는 등기대치선이 자신의 무차별곡선이 되는 것은

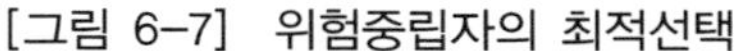
[그림 6-7] 위험중립자의 최적선택

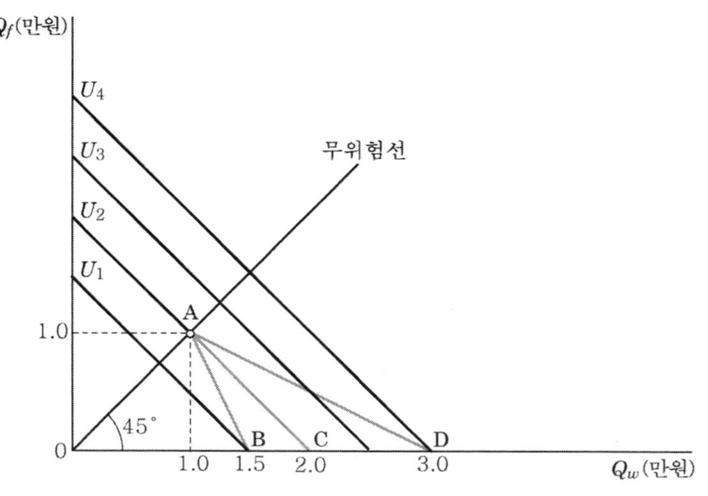

당연하다.

[그림 6-7]에 나타난 것처럼 기대치상으로 공정한 게임에서는 AC가 예산선이 된다. 그림에서 보는 것처럼 이때는 예산선과 무차별곡선이 정확하게 일치하게 되므로 위험중립자는 게임에 참여하면서 얼마의 돈을 걸어도 좋다고 생각한다. 한편, 기대치상으로 불리한 게임에서 위험중립자의 예산선은 AB가 된다.[3] 예산제약이 이렇게 주어지면 그는 A점을 선택함으로써 효용을 극대화하게 된다. 위험중립자는 기대치상으로 불리한 게임에는 전혀 돈을 걸지 않는다는 점을 알 수 있다. 이와는 반대로 기대치상으로 유리한 게임에서는 예산선이 AD가 되므로 위험중립자는 이것과 무차별곡선이 일치하는 D점에서 효용을 극대화한다. 기대치상으로 유리한 게임에서는 위험중립자가 자신이 가지고 있는 모든 돈을 걸게 되는 것이다.

3.3 위험선호자의 최적선택

위험선호자는 게임에서 기대치상으로 매우 불리하지 않는 한 가진 돈 전부를

3) 위험중립자의 경우 기대치상으로 불리한 게임의 예산선 기울기는 등기대치선 기울기보다 크지만, 기대치상으로 유리한 게임의 예산선 기울기는 등기대치선 기울기보다 작다.

[그림 6-8] 위험선호자의 최적선택

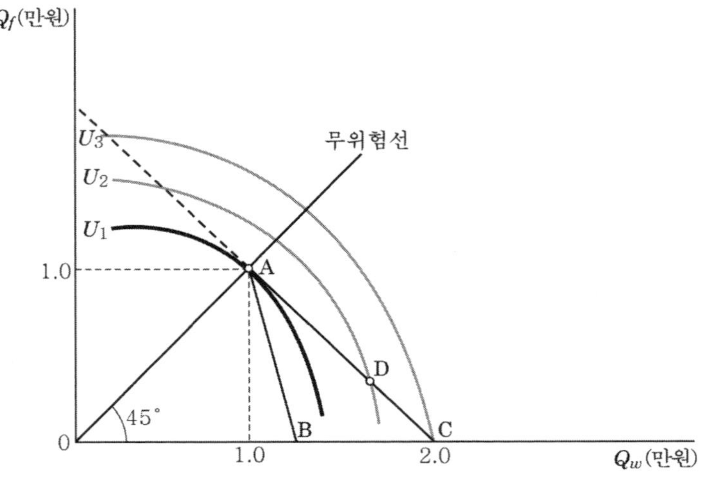

걸고 게임에 참여하게 된다. [그림 6-8]에서 보는 바와 같이 게임이 공정하여 예산선이 AC로 주어지면 위험선호자는 이것과 무차별곡선이 만나는 C점에서 효용을 극대화하게 된다. 이것은 위험선호자가 공정한 게임에서 그가 가진 돈 전부를 게임에 걸고 있음을 의미한다. 만일 그가 가진 돈의 일부만 게임에 거는 D점을 선택한다면 효용수준은 C점에서 보다 낮아지게 될 것이다. 이러한 논리를 확장한다면 위험선호자는 어느 정도 불리한 게임에서도 그가 가진 돈의 전부를 내기에 응하게 될 것이라는 점을 알 수 있다. 그러나 게임이 너무 불리하여 예산선이 AB로 주어지면 위험선호적 태도를 갖는다고 하더라도 내기에 응하지 않고 무위험선 위의 A점을 선택함으로써 효용을 극대화한다.

> **위험중립자**는 기대치상으로 자신에게 유리하면 게임에 참여하고 불리하면 참여하지 않는다. 한편, **위험기피자**는 기대치상으로 자신에게 충분히 유리하다고 판단되어야 게임에 참여하지만, **위험선호자**는 기대치상으로 자신에게 어느 정도 불리한 경우에도 게임에 참여하게 된다.

[연습문제 6.2]

> 동전을 던져 앞면이 나오면 10,000원을 따고, 뒷면이 나오면 9,000원을 잃는 게임이 있다. 게임의 참여 여부를 위험에 대한 태도에 따라 판별하라.

4. 불확실성하의 선택이론의 응용

사람들이 위험을 감소시키려는 노력은 보험상품의 선택 또는 자산선택(portfolio selection) 등의 과정에서 잘 나타나고 있다. 지금까지 논의한 불확실성하의 선택이론이 이들의 선택에 관한 분석에서 어떻게 응용될 수 있는지 살펴보기로 한다.

4.1 보험시장에서의 선택

(1) 보험의 기본원리

우리는 질병, 교통사고, 화재 등과 같은 각종 위험에 노출되지 않도록 늘 주의하고 살지만 이러한 위험을 회피할 수 없는 경우가 종종 있다. 따라서 많은 사람들은 위험에 따르는 금전적 손실을 감소시키기 위해 보험(insurance)에 가입하게 된다. 이렇게 본다면 사람들이 보험에 가입하는 것은 기본적으로 위험기피자가 게임에 참여하는 것과 다를 바 없다. 따라서 보험시장에서 선택문제는 앞 절에서 살펴본 위험기피자의 최적선택 원리를 응용하여 해결할 수 있다.

보험료(premium)로 M원을 내면 사고가 발생할 때 B원의 **보험금**(benefit)을 받는 화재보험상품이 있다고 하자. 사고가 나면 $(B-M)$원만큼의 이득이 발생하지만, 사고가 나지 않으면 M원을 잃게 된다. 이 보험가입자에게 사고가 발생할 확률이 p라고 하자. 이 보험이 공정하다면 보험가입에 따른 기대이익이 영(0)이 되므로 다음 식을 충족하게 될 것이다.

(6. 2) $$p\times(B-M)+(1-p)\times(-M)=0 \quad \text{혹은} \quad M=pB$$

이 식은 소비자가 납부하는 보험료(M)가 보험금의 기대치(pB)와 일치하면 보험이 공정하다는 것을 의미한다. 바꾸어 말하면 보험료의 보험금에 대한 비율인 프리미엄률(premium rate)이 사고가 날 확률과 일치하면 **공정한 보험**(fair insurance)이 된다. 그러나 현실에서 거래가 이루어지는 대부분의 보험은 공정하지 않다. 보험회사가 운영에 따른 각종 비용을 지출해야하며 이윤도 남겨야 하기 때문이다. 따라서 보험에 가입하는 것은 평균적으로 돈을 잃게 되는 게임에 참여하는 것과 같다고 볼 수 있다. 그렇지만 많은 사람들이 자발적으로 보험에 가입하는 이유는 그들이 직면하게 되는 각종 위험을 감소시켜 준다고 믿기 때문이다.

(2) 화재보험상품의 선택

(가) 공정한 화재보험의 선택

화재가 발생하면 보험료의 5배에 해당하는 보험금을 지급하는 화재보험의 선택에 대해 살펴보기로 하자. 어떤 사람이 10억원짜리 건물을 소유하고 있으며, 그 건물에 불이 날 확률은 0.2이며 불이 나면 5억원의 손실을 본다고 하자. 위험기피적 성향을 갖고 있는 이 사람이 화재보험에 가입하는 금액은 얼마나 될까? 이에 대한 해답은 불이 나지 않았을 때의 재산이 W_n이고, 불이 났을 때의 재산이 W_f인 조건부상품에 대한 선택의 문제로 접근하여 구할 수 있다.

[그림 6-9]에서 수평축은 불이 났을 때의 재산 크기(W_f)를 나타내고, 수직축은 불이 나지 않았을 때의 재산 크기(W_n)를 나타내고 있다. 먼저 건물소유자가 직면하는 예산선을 도출하기로 하자. 그림에서 화재보험에 가입하지 않는 초기부존이 A점으로 나타나 있다. 불이 나지 않으면 10억원의 재산이 유지되는 반면에 불이 나면 재산의 크기가 5억원으로 줄어드는 상황이 바로 초기부존(initial endowment)인 것이다.

만일 그가 모든 재산에 해당하는 10억원을 보험료로 지불하고 보험에 가입한다면 어떤 결과가 나타날까? 불이 나지 않았을 때 그 사람의 재산 크기는 영(0)이지만, 불이 나면 재산의 크기는 45억원으로 늘어나게 된다.[4] 화재보험의 성격상 불이 났을 때 재산의 크기가 불이 나지 않았을 때 보다 크다는 것은 비현실적이다. 불이 났을 때의 손실액인 5억원을 보상받도록 하는 것이 보험가입 규모의 상한일 것이다. 불이 나면 보험료의 5배에 해당하는 보험금을 지급하는

---

4) 전 재산 10억원을 내고 보험에 가입했을 때 불이나면 50억의 보험금을 받게 된다. 불이 나더라도 5억원의 재산이 남아 있으므로 보험료 10억을 빼면 보험가입자의 재산의 크기는 45억원이 된다.

[그림 6-9] 공정한 보험과 최적선택

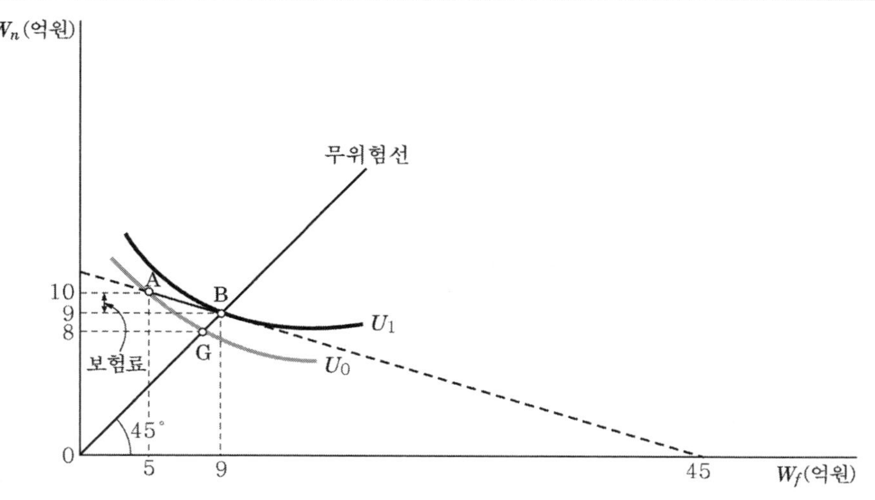

화재보험상품을 가정하고 있으므로 최대한으로 불입할 수 있는 보험료는 1억원이다. 그림에서 B점이 바로 그러한 상태를 나타내고 있으며, 불이 나지 않으면 그의 재산 크기가 9억원이고 불이 났을 때의 재산 크기도 9억원이 된다.[5)]

이와 같이 불이 났을 때 피해액 전부를 보상받는 상황을 나타내는 B점은 무위험선 위에 위치하게 되며, 이 점과 초기부존을 나타내는 A점을 연결한 선분 AB가 보험 가입자의 예산선이 된다. 예산선 기울기의 절대값이 1/4로 나타나 있는 것은 이 보험이 공정하다는 것을 보여주고 있다. 이 예산선 위의 어디에서나 보험가입자의 기대재산의 크기는 항상 9억원이 된다는 점으로 알 수 있다. 불이 나지 않을 확률(4/5)에 대한 불이 날 확률(1/5)이 1/4이라는 점이 여기에 반영된 것이다.

이제 화재보험에 가입하고자 하는 사람이 어떤 선택을 하는지 알아보자. 화재보험 가입자의 W_f과 W_n에 대한 선호체계, 즉 무차별곡선이 어떠한 모양을 갖는지를 알면 그가 무엇을 선택하게 되는지 알 수 있다. 화재보험에 가입하고자 하는 사람은 위험기피적(risk averse) 태도를 갖는 것으로 볼 수 있으므로 그의 무차별곡선은 무위험선을 중심으로 원점에 대해 볼록한 모양을 하게 될 것

5) 1억원을 내고 보험에 가입했을 때 불이나면 5억의 보험금을 받게 된다. 불이 나더라도 5억원의 재산이 남아 있으므로 보험료 1억을 빼면 보험가입자의 재산의 크기는 9억원이 된다.

[그림 6-10] 불공정한 보험과 최적선택

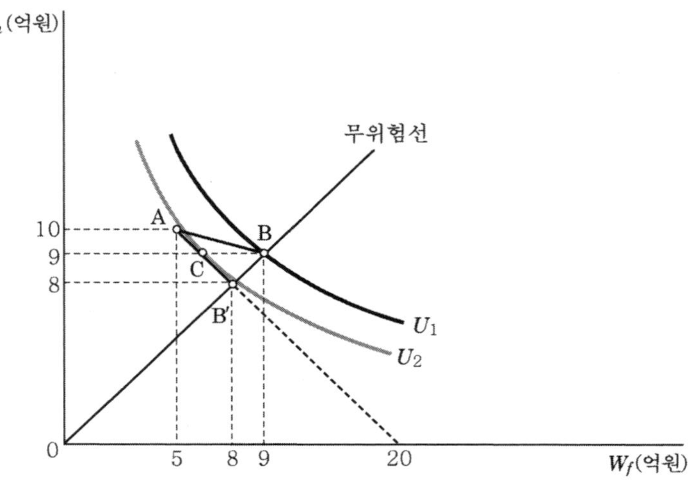

이다. [그림 6-9]에서 보면 화재보험 가입자의 최적 선택은 B점에서 이루어지고 있다. 그는 화재발생의 여부와 관계없이 9억원의 재산을 유지할 수 있는 상태를 선택한 것이다. 그 결과 화재보험 가입자의 효용수준이 U_0에서 U_1으로 증가하였다.

(나) 불공정한 화재보험의 선택

앞의 경우와는 다르게 화재보험이 공정하지 않다면 화재보험에 가입하려는 사람은 어떤 선택을 할까? 모든 여건이 공정한 화재보험에서 전제한 것과 같지만 화재가 발생하였을 때 보험료의 5배가 아니라 2.5배에 해당하는 보험금을 지급하는 화재보험상품이 있다고 하자. 보험료의 2.5배에 해당하는 보험금을 지급하는 화재보험상품에서 최대한으로 가입할 수 있는 보험료는 2억원이다. [그림 6-10]에서 B'점이 바로 그러한 상태를 나타내고 있으며, 불이 나지 않으면 그의 재산 크기가 8억원이고, 불이 났을 때의 재산 크기도 8억원이 된다.[6] 따라서 지금의 예산선은 공정한 보험일 때의 예산선보다 기울기가 더욱 가파른 선분AB'이 된다.

---

6) 2억원을 내고 보험에 가입했을 때 불이나면 5억의 보험금을 받게 된다. 불이 나더라도 5억원의 재산이 남아 있으므로 보험료 2억을 빼면 보험가입자의 재산의 크기는 8억원이 된다.

이러한 화재보험 상품이 주어지면 보험가입자는 C점을 선택함으로써 효용을 극대화 한다. C점이 B'점의 왼쪽에 위치하는 것은 그 사람이 위험을 완전하게 제거하지 않는 **부분보험**(partial insurance)에 가입하는 것이 최적선택이라는 것을 보여 주는 것이다. 보험가입자가 위험기피적 태도를 갖고 있지만 보험상품이 불리하기 때문에 부분적으로만 위험을 제거한 것이다. 만일 지나치게 불리한 보험이 제시되면 아예 보험에 가입하지 않을 수 있다. 이 때 예산선의 기울기는 선분 AB'보다 매우 가파르게 될 것이고, 결국 A점을 선택할 수밖에 없는 상황이 발생할 수도 있다. 이 경우는 독자들 스스로 그려보기 바란다.

4.2 자산의 수익과 위험성

(1) 포트폴리오의 성격

사람들이 투자의 대상으로 삼는 자산(asset)에는 부동산, 귀금속과 같은 **실물자산**과 은행예금, 채권, 주식과 같은 **금융자산**이 있다. 이러한 자산들은 각기 기대되는 수익성에서 차이가 날 뿐 아니라 위험성도 서로 다른 특성을 갖고 있다. 따라서 사람들은 수익성과 위험성을 동시에 고려하여 각종 자산을 보유하게 된다. 자신이 가지고 있는 돈 모두를 부동산에 투자하는 사람이 있으며, 예금을 어느 정도 보유하고 있으면서 부동산과 주식 등에 분산투자하는 사람도 있는 것이다. 이처럼 사람들이 보유하는 여러 가지 자산의 구성을 **포트폴리오**(portfolio)라고 부른다.[7] 사람들이 평균적으로 기대되는 수익률을 의미하는 **기대수익률**(expected rate of return)이 높은 자산을 선호하는 것은 당연하다. 문제는 자산의 기대수익률이 높아질수록 더 많은 위험이 내재된다는데 있다. **기대수익**이 높은 자산이 매력적이기는 하지만 그 만큼 위험이 크기 때문에 사람들은 자신이 가진 돈을 어떻게 분산투자할 것인가에 대해 고민하게 되는 것이다.

> 경제학에서는 각종 자산의 위험성을 투자수익률이 변화하는 정도, 즉 수익률의 **변동성**(variability)으로 나타내는 것이 일반적이다. 수익률의 변동성은 그것의 **분산**(variance) 또는 **표준편차**(standard deviation)를 이용하여 측정할 수 있다. 분산이란 자료의 평균값으로부터 얼마나 멀리 떨어져 있는지를 측정

7) 포트폴리오를 혼합자산이라고도 한다.

하는 통계값이므로 어떤 자산에 대한 투자수익의 분산이 크다는 것은 그만큼 투자수익이 변동적이라는 것을 의미하게 된다.

(2) 포트폴리오의 수익성과 위험성

투자자가 어떤 포트폴리오를 선택할 것인지에 대한 분석을 단순화시키기 위해 어떤 투자자가 투자할 수 있는 자산은 두 가지만 있다고 가정한다. 하나는 위험이 거의 없는 것으로 지자체가 발행하는 단기공채이고, 다른 하나는 위험성이 내재되어 있는 것으로 기업이 발행하는 주식이라고 하자. 이 투자자는 자신의 모든 재산을 단기공채 혹은 주식에 투자할 수 있으며, 두 자산에 분산하여 투자할 수도 있다. 이러한 포트폴리오의 선택은 제3장에서 살펴본 바와 같이 소비자가 자신의 소득을 X재와 Y재에 어떻게 배분하여 지출할 것인가와 매우 유사하다.

주식과 같은 **위험자산**(risky asset)과 단기공채와 같은 **무위험자산**(riskless, risk-free asset)으로부터 발생하는 기대수익률을 각각 R_s와 R_b로 나타내기로 하자. 우리는 투자의 결과가 어떻게 나타날지 알 수 없지만, 위험자산은 무위험자산보다 기대수익률이 더 높을 것($R_s > R_b$)이라고 예상할 수 있다. 만일 그렇지 않다면 위험을 부담하면서 구태여 주식을 살려고 하는 투자자는 없을 것이다. 투자자의 전 재산을 1로 두고, 이 중에서 위험자산에 투자하는 비율을 a, 무위험자산에 투자하는 비율을 $(1-a)$라고 하면 포트폴리오에 대한 기대수익률은 식 (6. 3)과 같이 나타낼 수 있다.

(6. 3) $$R_p = aR_s + (1-a)R_b$$

이 식에 의하면 포트폴리오에 대한 기대수익률 R_p는 두 자산의 기대수익률에 대한 가중평균치로 나타나 있다. 예컨대 투자자가 위험자산과 무위험자산에 각각 재산의 50%씩을 투자했다고 하자. 만약 위험자산의 연간 기대수익이 10%이고 무위험자산의 연간 기대수익이 5%라고 한다면 총투자금액에 대한 연간 기대수익률은 7.5%$(=0.5\times10+0.5\times5)$가 된다.

그렇다면 이러한 포트폴리오의 구성에는 얼마나 큰 위험성을 내포하고 있을까? 단기공채는 **위험성**이 전혀 없지만, 주식은 상황에 따라 수익률이 변동하게 되므로 위험성을 내포하고 있다고 볼 수 있다. 일반적으로 위험성은 자산의 수익률이 변화하는 정도, 즉 수익률에 대한 표준편차(standard deviation: σ)로 나타낸다. 따라서 포트폴리오에 대한 수익률의 표준편차 σ_p는 식 (6. 4)에서 보는 것처럼 위험자산에 투자되는 비중(a)과 그 위험자산의 표준편차(σ_s)를 곱한 값으로 나타낼 수 있다.[8)]

(6. 4) $\sigma_p = a\sigma_s$

이 식에 의하면 σ_p에 무위험자산의 표준편차 항목이 제외되어 있다. 이것은 포트폴리오의 위험성이 오로지 위험자산에 의해서 결정된다는 점을 보여 주는 것이다.

(3) 투자자의 최적선택

투자자의 최적선택은 예산제약하에서 그의 효용을 극대화하는 a의 크기를 구하는 문제로 귀결된다. [그림 6-11]을 이용하여 위험자산에 투자하는 비율 a의 크기가 결정되는 과정을 규명하기로 한다.

(가) 효용함수

투자자의 효용극대화 문제를 해결하기 위해서는 먼저 그 사람의 포트폴리오의 수익성(R_p)과 위험성(σ_p)에 대한 선호체계를 알아야 한다. 투자자의 선호체

8) 이 포트폴리오의 분산(σ_p^2)은 실제수익률[$ar_s+(1-a)R_b$]과 기대수익률(R_p)의 편차의 제곱에 대한 기대치이다. 포트폴리오의 실제수익률을 나타내는 위 식에서 r_s는 주식의 실제수익률은 나타내고 있으며, R_b는 단기공채의 실제수익률을 나타내고 있다. 위험자산인 주식은 기대수익율과 실제수익률이 서로 다르겠지만($R_s \neq r_s$), 무위험자산인 단기공채는 기대수익률(R_b)과 실제수익률이 서로 일치하게 된다. 따라서 포트폴리오의 분산은 다음과 같이 나타낼 수 있다.

$$\sigma_p^2 = E[(ar_s+(1-a)R_b)-R_p]^2 = E[ar_s+(1-a)R_b-aR_s-(1-a)R_b]^2$$
$$= E[ar_s-aR_s]^2 = E[a(r_s-R_s)]^2 = a^2\sigma_s^2$$

확률변수의 표준편차는 그 변수에 대한 분산의 제곱근이다. 따라서 $\sigma_p = a\sigma_s$가 된다.

계는 식 (6. 5)와 같은 효용함수로 대표될 수 있다.

$$(6.\ 5)\qquad U=U(R_p,\ \sigma_p)$$

투자자의 입장에서 위험성은 일종의 비재화(bads)이므로 σ_p의 값이 커지면 그의 효용수준은 낮아지게 된다. 따라서 위험성이 커질 때 이전과 같은 효용수준을 유지시키려고 한다면 더 큰 기대수익률이 주어져야 할 것이다. 이처럼 하나가 비재화이면 투자자의 무차별곡선은 [그림 6-11]에서 보는 것처럼 우상향하게 된다.[9)]

(나) 예산제약

투자자의 예산제약은 효용함수에서 독립변수의 역할을 하는 기대수익률(R_p)과 위험성(σ_p)의 상호관계로 나타낼 수 있다. 식 (6. 3)을 정리하여 약간의 수정을 가하면 다음 식과 같다.

$$(6.\ 6)\qquad R_p=R_b+a(R_s-R_b)$$

식 (6. 4)에 의하면 $a=\sigma_p/\sigma_s$이므로 이를 식 (6. 6)에 대입하면 다음과 같은 투자자의 예산선을 얻게 된다.

$$(6.\ 7)\qquad R_p=R_b+\frac{(R_s-R_b)}{\sigma_s}\sigma_p$$

식 (6. 7)에서 두 자산의 수익률에 대한 성격을 볼 때 $R_s>R_b$이고, 위험자산의 표준편차가 $\sigma_s>0$이므로 R_p는 σ_p의 증가함수이다. 따라서 포트폴리오의 위험성(σ_p)이 일정한 값으로 커지면 포트폴리오의 수익성(R_p)은 σ_p에 $(R_s-R_b)/\sigma_s$를 곱한 것만큼 증가하게 된다. 이것은 포트폴리오의 수익성과 위험성이 그 비율로 교환될 수 있다는 것을 의미하는 것으로 **위험성의 가격**(price of risk)으

9) 제2장에서 두 재화 중 하나의 재화가 비재화(예, 공해)일 때 무차별곡선이 우상향하게 된다는 점을 이미 확인한 바 있다.

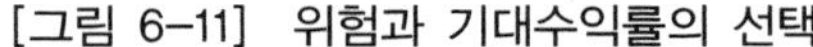

[그림 6-11] 위험과 기대수익률의 선택

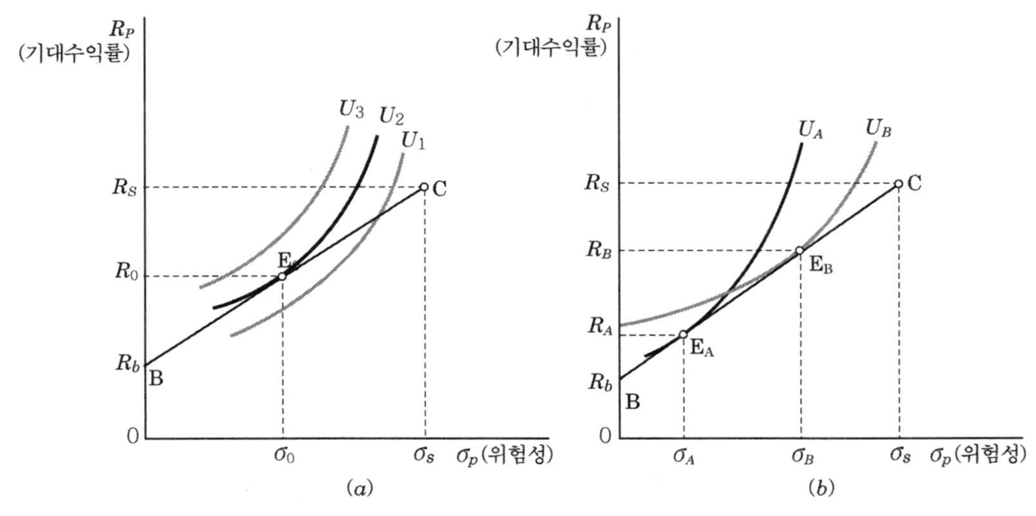

로 볼 수 있다.

[그림 6-11]에서 수평축과 수직축은 각각 σ_p와 R_p를 나타내고 있으며, 투자자의 예산선 BC는 우상향하고 있다. 여기에서 수직축에 대한 절편의 크기를 나타내는 B점은 단기공채의 수익률 R_b로 나타나 있다. 투자자가 위험을 전혀 원하지 않아 자신의 모든 재산을 단기공채에 투자한다면($a=0$), 즉 $\sigma_p=0$이면 포트폴리오의 기대수익률이 R_b이기 때문이다. 이와 반대로 투자자가 자신의 모든 재산을 주식에 투자하면($a=1$) 기대수익률을 R_s만큼 얻는 한편, σ_s에 해당하는 위험을 부담해야 한다.[10] C점은 바로 이러한 상황을 나타내고 있다.

(다) 투자자의 선택

투자자는 [그림 6-11]의 (a)에서 보는 것처럼 무차별곡선과 예산선이 접하는 E_0점을 선택함으로써 자신의 효용을 극대화하고 있다. 이 때 그의 기대수익률은 R_0이며, σ_0만큼의 위험을 부담하게 된다. 만일 수익성과 위험성에 대한 투자자의 선호가 다르면 무차별곡선의 모양이 다를 것이고, 그의 선택도 다르게 나타날 것이다.

10) 식 (6 .4)의 $\sigma_p=a\sigma_s$에서 $a=1$이면 $\sigma_p=\sigma_s$가 된다.

그림 (b)는 수익성과 위험성에 대한 투자자의 선호에 따라 포트폴리오의 구성이 어떻게 변화되는지를 보여주고 있다. 투자자 A는 E_A점을 선택함으로써 자신의 효용을 극대화하고 있다. E_A점은 A가 재산의 많은 부분을 단기공채에 투자함으로써 상대적으로 낮은 위험(σ_A)과 낮은 기대수익률(R_A)을 선택하는 것을 나타내고 있다.[11] 반면에 투자자 B는 E_B점에서 σ_B와 R_B를 선택함으로써 자신의 효용을 극대화한다. 그는 상대적으로 더 큰 위험(σ_B)을 부담하면서 더 높은 기대수익률(R_B)을 선택하는 것이다. 이와 같이 투자자의 수익성과 위험성에 대한 선호에 따라서 포트폴리오의 구성이 서로 다르다는 점을 알 수 있다.

5. 기대효용이론

5.1 상트 페테르부르크의 역설

지금까지 불확실성하에서의 선택문제를 설명하면서 상금의 기대치 또는 기대수익률을 절대적인 기준으로 삼아왔다. 동전 앞뒷면 알아맞히기 게임에서 위험기피적 태도를 갖는 사람은 공정하다고 생각하는 게임에는 참여하지 않고 기대치상으로 유리하다고 판단해야 비로소 게임에 응하며, 위험선호자는 기대치상으로 매우 불리하지 않는 한 가진 돈 전부를 내기에 거는 등 게임에서의 상금의 기대치가 선택의 절대적인 기준이었다. 마찬가지로 보험상품에 대한 선택과정에서는 보험의 기대수익률이 중요한 기준이었음을 기억할 것이다.

이와 같이 불확실성하에서의 선택이 상금의 기대치 또는 기대수익률에 의해 이루어질 때 오류가 발생할 수 있다는 점이 1730년경 니콜라우스 베르누이 1세(Nicolaus 1 Bernoulli)에 의해 최초로 제기되었다. 동전을 던져서 처음으로 앞면이 나오면 게임이 끝나는 게임을 생각해 보자. 이 게임에 참여하는 사람은 동전의 앞면이 처음 나올 때까지 계속해서 동전을 던질 수 있다. 그가 n번째 동전을 던졌을 때 처음으로 앞면이 나온다면 2^n원의 상금이 지급된다고 하자.

11) 이 때 투자자 A가 선택하는 R_A는 무위험자산의 기대수익률 R_b보다 약간 더 크다.

이 게임에서 받을 수 있는 상금의 기대치는 얼마나 될까? 동전을 처음 던졌을 때 앞면이 나올 확률이 1/2인데 이때 받는 상금이 2^1원이므로 기대치는 1이 된다. 첫 번째 뒷면이 나온 후 두 번째에 앞면이 나오는 경우에도 기대치는 1이 된다. 두 번째에 앞면이 나올 확률은 (1/2)×(1/2)이고 이때 상금이 2^2이므로 기대치는 1원이 되는 것이다. 또한 $(n-1)$번째까지 뒷면이 나오다가 n번째에 앞면이 나올 때도 기대치는 1이 된다. n번째에서 처음으로 앞면이 나올 확률은 $(1/2)^n$이며 이 때 받게 되는 상금이 2^n원이기 때문이다. 이와 같이 동전의 앞면이 몇 번째에서 나오든 상금의 기대치는 항상 1원이 된다. 따라서 이 게임에서의 기대치는 식 (6. 8)과 같이 1원을 수없이 더한 무한대가 된다.

$$(6.\ 8)\quad E(W) = (\frac{1}{2})\times 2 + (\frac{1}{2})^2\times 2^2 + (\frac{1}{2})^3\times 2^3 + \ldots\ldots + (\frac{1}{2})^n\times 2^n + \ldots\ldots = \infty$$

게임의 기대값이 무한대(∞)인데 사람들은 이 게임에 참여하기 위하여 어느 정도의 돈을 걸 수 있을까? 아마도 여러분들은 1만원을 내고 이 게임에 참여하라고 해도 주저하게 될 것이다. 이와 같이 상금의 기대치로 본다면 매우 유리한 게임이지만 사람들이 쉽게 이 게임에 참여하지 않는 현상을 **상트 페테르부르크의 역설**(St. Petersburg paradox)이라고 한다. 이 역설이 의미하는 바는 사람들이 게임에 참여할 것인가에 대한 의사결정은 게임으로부터 기대되는 수익이 아니라 기대수익으로부터 얻는 효용, 즉 **기대효용**(expected utility)의 크기에 의해 이루어진다는 점이다. **한계효용체감의 법칙**에 의하면 상금이 증가할수록 추가적인 상금으로부터 얻는 한계효용은 체감하게 된다. 상금으로부터 얻는 한계효용이 체감하면 사람들이 게임에 응하면서 많은 돈을 걸려고 하지 않는 것은 매우 합리적이라고 할 수 있다.

베르누이에 의해 최초로 제기된 기대효용이론은 1950년대 들어 **노이만**(J. von. Neumann)과 **모르겐슈테른**(O. Morgenstern)에 의해 엄밀한 공리체계가 구축되면서 불확실성이 결부된 상태에서의 선택을 분석하는 데 폭넓게 적용될 수 있었다. 앞의 제4절에서는 두 가지 조건부상품을 전제로 하여 불확실성하의 선택과정을 규명한 바 있다. 그러나 우리가 현실에서 직면하는 불확실성하의 선택은 두 가지 이상의 상황이 결부되는 경우가 많다. 기대효용이론은 이러한 상황에서 선택문제를 분석하는 도구로 이용될 수 있는 장점도 있다.

5.2 기대효용함수의 성격

(1) 기대효용이론의 기본 가정

제2장에서 살펴본 소비자선택이론이 선호체계와 관련된 일련의 공리로부터 출발하고 있음을 잘 알고 있다. 지금 설명하는 기대효용이론에서도 불확실성에 직면한 소비자의 선호체계가 만족시켜야 할 다음의 몇 가지 기본 가정으로부터 출발하고 있다.

(ⅰ) **완비성**(completeness): 의사결정자가 어떤 두 개의 선택대안을 놓고 비교할 때 어느 하나를 다른 것보다 더 선호하든지 아니면 무차별하게 느끼는지에 대해 판단을 내릴 수 있다. 또한 선호체계가 이행성을 갖는다.

(ⅱ) **연속성**(continuity): p의 확률로 X원의 상금을 주는 복권 $L(p)$와 현금 A원이 있다($X>A$). 만약 $p=1$이면 이 복권을 더 선호하고, $p=0$이면 현금 A를 더욱 선호한다고 하자. 따라서 의사결정자가 복권 $L(p)$와 확실한 현금 A원 사이에서 아무런 차이를 느끼지 못하는 확률 p(단, $0<p<1$)가 존재한다.

(ⅲ) **독립성**(independence): 두 복권 사이의 선호가 제3의 다른 복권에 의해 어떠한 영향도 받지 않는다.

(ⅳ) **부등확률**(unequal probability): 의사결정자는 당첨될 확률이 높은 복권을 더욱 선호한다. 이것은 무차별곡선이론의 "많으면 많을수록 좋다."는 강단조성 공리에 해당한다.

(ⅴ) **복합확률**(compound probabilities): 의사결정자의 선호는 궁극적으로 상금을 받게 될 확률에 의해 결정되기 때문에 몇 단계를 거쳐서 당첨확률이 결정되었는지에 대하여 무관하다.

이러한 다섯 가지 기본 가정 중에서 완비성 공리는 제2장에서 본 것과 전혀 다를 바 없으므로 추가적인 설명을 생략한다. 두 번째 공리는 연속성 가정을 충족하는 P가 존재하지 않는다면 불확실성하의 선택이 불가능할 수 있으므로 그러한 상황을 배제하기 위해서 도입한 것이다. 세 번째의 독립성 공리는 다음 예를 통하여 쉽게 이해할 수 있다. 의사결정자가 노트북과 디지털 카메라 사이에 아무런 차이를 느끼지 못하는데, 이것을 각각 상으로 주는 복권이 있다고 하자. 두 복권에 당첨될 확률이 같다면 그는 두 복권 사이에서도 역시 아무런 차이를 느끼지 못한다는 것이 세 번째 공리의 내용이다. 즉, 제3의 다른 복권에 의해 이들 두 복권 사이의 선호가 바뀌지 않는다는 것을 의미한다. 네 번째 부등확률 공리의 내용도 자명하기 때문에 추가적인 설명을 생략한다. 다섯 번째의 복합확률 공리는 다음의 예를 통하여 설명할 수 있다. 어떤 복권에 당첨될 확률이 0.2인데, 당첨이 되었을 때 또 다른 복권을 상으로 준다고 하자. 이 새 복권의 경우 당첨될 확률이 0.4이며, 이 때 상금은 10만원이다. 의사결정자는 이렇게 두 단계로 구성된 **복합복권**(compound lotteries)과 맨 처음 단계에서 0.08의 확률로 10만원을 상금으로 주는 **단순복권** 중에 아무런 차이를 느끼지 못한다는 것이 복합확률 공리의 내용이다.

(2) 기대효용함수

p_1의 확률로 W_1을 상으로 주고, p_2의 확률로 W_2를 상으로 주는 복권 L이 있다고 하자. 앞에서 설명한 공리들을 충족하면 이 복권에 대한 소비자의 선호체계는 식 (6. 9)와 같은 **기대효용함수**(expected utility function)로 대표될 수 있다.

$$(6.\ 9) \qquad V(L) = U(W_1,\ W_2;\ p_1,\ p_2) = p_1 U(W_1) + p_2 U(W_2)$$

이 식에 의하면 복권의 기대효용 $V(L)$은 각 상황이 발생할 때 얻게 되는 효용 $U(W_i)$를 각 상황이 발생할 확률 p_1, p_2에 의해 가중평균한 것으로 나타나 있다. 이와 같이 불확실성하에서 발생할 수 있는 각각의 상황(W_i)과 상황별 가중치가 그것이 발생할 확률이 p_1, p_2, $\cdots$으로 주어질 때, 이들과 기대효용과의 관계를 나타낸 것이 기대효용함수이다.

(3) 기대효용과 상트 페테르부르크 역설

베르누이는 사람들이 **위험기피적 태도**를 보인다고 가정하고 상트 페테르부르크 역설을 설명하고 있다. 앞에서 설명한 바와 같이 동전 던지기 게임에서 상금의 기대값은 무한대(∞)였다. 그렇다면 이 게임의 기대효용 크기는 얼마나 될까? 위험기피자의 효용함수를 $U(W)=\sqrt{W}$로 나타낸다고 하자. 효용함수가 이렇게 주어지면 [그림 6-12]에서 볼 수 있는 것처럼 상금액의 증가와 더불어 효용수준이 높아지고 있으며, 그것의 증가율은 점차 감소하고 있다. 게임에 참여하는 사람이 위험기피적 태도를 갖고 있다는 사실을 반영하고 있는 것이다.

〈표 6-1〉 동전던지기 게임의 기대효용

결 과	확률(p)	상금(W)	기대치[$E(W)$]	효용($\sqrt{W}$)	기대효용[$E(U)$]
H	$(1/2)^1$	2^1	1	$\sqrt{2^1}$	$(1/2)^1\sqrt{2^1}$
TH	$(1/2)^2$	2^2	1	$\sqrt{2^2}$	$(1/2)^2\sqrt{2^2}$
TTH	$(1/2)^3$	2^3	1	$\sqrt{2^3}$	$(1/2)^3\sqrt{2^3}$
TTTH	$(1/2)^4$	2^4	1	$\sqrt{2^4}$	$(1/2)^4\sqrt{2^4}$
⋮	⋮	⋮	⋮	⋮	⋮
TTT⋯H	$(1/2)^n$	2^n	1	$\sqrt{2^n}$	$(1/2)^n\sqrt{2^n}$

〈표 6-1〉에는 동전 앞면이 맨 처음 나오는 각각의 경우에 대한 기대효용의 크기가 나타나 있다. 동전 던지기 게임의 기대효용은 식 (6. 10)과 같이 그러한 모든 경우의 기대효용을 더함으로써 구할 수 있다.[12)]

$$(6.\ 10)\qquad E(U)=\sum_{i=1}^{n}p(W_i)\times U(W_i)$$

$$=(1/2)^1U(2^1)+(1/2)^2U(2^2)+(1/2)^3U(2^3)+\cdots$$

$$=(1/2)^1\sqrt{2^1}+(1/2)^2\sqrt{2^2}+(1/2)^3\sqrt{2^3}+\cdots$$

---

12) $(1/2)^1\sqrt{2^1}+(1/2)^2\sqrt{2^2}+(1/2)^3\sqrt{2^3}+\ \cdots$는 초항($A$)이 $(1/2)\sqrt{2}$, 공비(r)가 $(1/2)\sqrt{2}$인 무한급수이므로, 이것의 합은 식 $A(1-r^n)/(1-r)$에 대입하여 구할 수 있다. 따라서 무한등비급수의 합은 $\frac{(\sqrt{2}/2)}{1-(\sqrt{2}/2)}=\frac{\sqrt{2}}{2-\sqrt{2}}=\frac{\sqrt{2}(2+\sqrt{2})}{(2-\sqrt{2})(2+\sqrt{2})}=\frac{2\sqrt{2}+2}{2}=\sqrt{2}+1$이 된다.

$$= \sqrt{2} + 1$$
$$\fallingdotseq 2.414$$

상금에 대한 효용함수가 $U(W) = \sqrt{W}$인 사람의 동전 던지기 게임에 대한 기대효용은 2.414이다.[13] 이것의 크기는 [그림 6-12]에 나타나 있는 것처럼 현금 5.828원의 효용수준과 동일하다는 것을 알 수 있다.

이 게임에 참여할지의 여부를 결정해야 하는 사람이 있다면 그는 참가비를 얼마까지 부담하려고 할까? 그는 게임에 응하지 않고 참가비(N원)에 대한 확실한 효용 $U(N) = \sqrt{N}$을 누릴지, 아니면 게임에 참여함으로써 얻게 되는 효용 2.414($= \sqrt{2}+1$)를 누릴지를 선택해야 한다. 그 사람이 이 게임에 참여하려면 $\sqrt{N} \leq (\sqrt{2}+1)$의 관계가 성립해야 한다. 이러한 관계식을 정리하면 $N \leq 3+2\sqrt{2}$가 성립되므로 게임에 참가하는 최대비용이 $3+2\sqrt{2}$ ($=5.828$)원이어야 한다. 다시 말하면 상금에 대한 효용함수가 $U(W) = \sqrt{W}$인 사람은 참가비가 5.828원 이상이면 이 게임에 응하지 않게 된다.

[그림 6-12] 상트 페테르부르크 역설과 기대효용

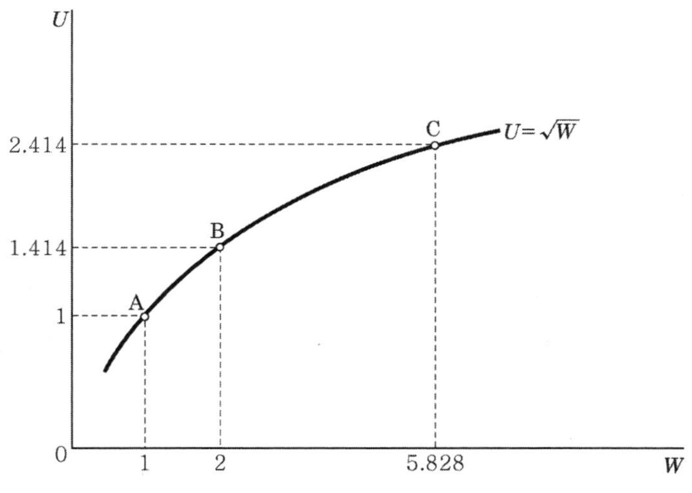

13) 동전 던지기 게임에서의 상금 기대치는 무한대(∞)이지만, 기대효용은 매우 작은 값 ($2.414 = \sqrt{2}+1$)으로 나타난다.

5.3 복권의 상금 기대치와 기대효용

기대효용이론에서의 최적선택 과정은 복권(lottery)을 이용하여 접근할 수 있다. 먼저 복권의 상금 기대치와 복권의 기대효용의 성격에 대해 살펴보기로 하자. p의 확률로 W_1원의 상금과 $(1-p)$의 확률로 W_2원의 상금을 주는 복권이 있다고 하자. 이 **복권의 상금 기대치** $E(W)$는 다음과 같이 나타낼 수 있다.

(6. 11) $E(W)=pW_1+(1-p)W_2$

한편, W_1원과 W_2원의 상금으로부터 얻는 효용수준이 각각 $U(W_1)$, $U(W_2)$라면 **복권의 기대효용** $V(L)$은 다음과 같다.

(6. 12) $V(L)=pU(W_1)+(1-p)U(W_2)$

식 (6. 12)에서 보면 복권으로부터 얻는 기대효용 $V(L)$이 **폰 노이만-모르겐슈테른 효용함수**(von Neumann-Morgenstern utility function)인 $U(W_i)$의 기대값으로 표현되어 있다. 이 식을 통하여 기대효용함수와 폰 노이만-모르겐슈테른 효용함수를 분명하게 구분할 수 있을 것이다.

[그림 6-13]에서 이 복권의 상금 기대치는 수평축에서 $E(W)$점으로 나타나 있다. 이것은 상금 W_1과 상금 W_2의 볼록결합(convex combination)에 의해 구해지는 것으로 상금을 딸 수 있는 확률 p의 크기에 의해서 그 위치가 결정된다. p가 1에 가까울수록 W_1으로 접근하게 되며, p가 0에 가까울수록 W_2로 접근하게 된다. 또한 각각의 상금이 가져다 주는 효용 $U(W_1)$과 $U(W_2)$의 가중치로 계산되는 복권의 기대효용은 C점으로 나타나 있다. 이 점의 위치도 상금을 딸 수 있는 확률 p의 크기에 의해서 다르게 나타나게 된다. 분명한 것은 그 점이 선분 AB 위에 놓이게 된다는 사실이다.

[그림 6-13] 복권의 기대효용과 상금의 기대치

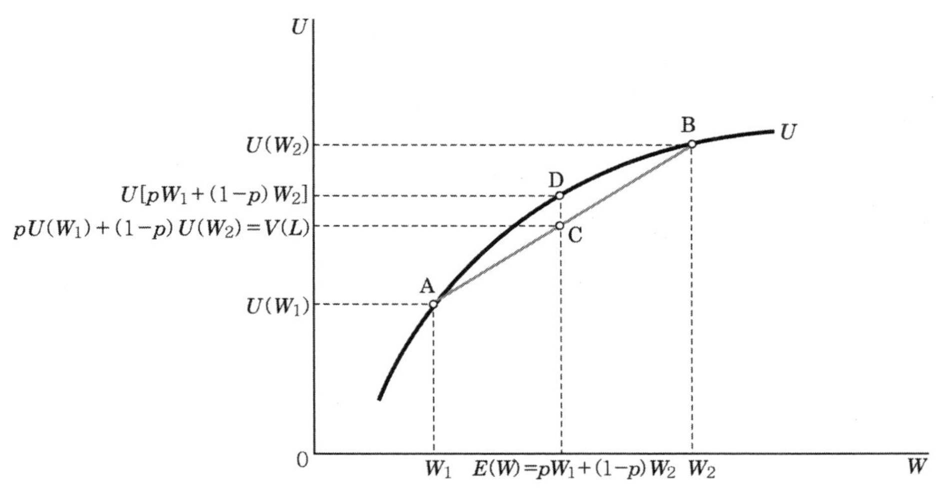

5.4 위험에 대한 태도와 기대효용

(1) 위험기피자의 효용곡선

0.2의 확률로 상금 400만원을 주며, 0.8의 확률로 상금 25만원을 주는 어떤 복권이 있다고 하자. 이 복권에서 나오는 상금의 기대치는 100만원($=0.2\times 400+0.8\times 25$)이 된다. 만일 어떤 사람이 위험부담을 싫어한다면 이 복권을 갖는 것보다 상금의 기대치에 해당하는 현금을 더욱 선호할 것이다. **위험기피자**의 입장에서는 이 복권이 주는 기대효용의 크기가 상금의 기대치에 해당하는 현금 100만원이 주는 효용의 크기보다 작은 것이 당연하다. 따라서 위험기피자의 경우에는 $0.2\times U$(400만원)$+0.8\times U$(25만원)$<U$(100만원)이 성립하게 된다.

위험기피적 태도를 갖는 사람의 선호관계를 일반화시키면 다음과 같다. p의 확률로 W_1원의 상금과 $(1-p)$의 확률로 W_2원의 상금을 주는 복권이 있다고 하자. 이 복권이 주는 상금의 기대치는 $pW_1+(1-p)W_2$원이고, 이것이 가져다 주는 효용수준은 $U[pW_1+(1-p)W_2]$가 된다. 한편, 이 복권의 기대효용은 $pU(W_1)+(1-p)U(W_2)$이므로 **위험기피자의 선호관계**는 다음과 같이 나타낼

[그림 6-14] 위험기피자의 효용곡선

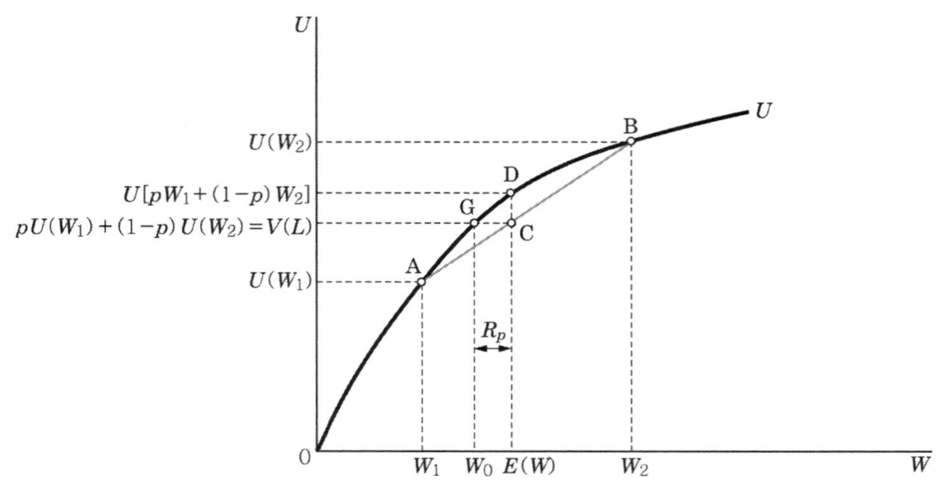

수 있다.

$$(6.\ 13)\quad pU(W_1)+(1-p)U(W_2) < U[pW_1+(1-p)W_2]$$

식 (6. 13)에 나타난 부등식 관계를 [그림 6-14]에 제시된 효용곡선을 이용하여 살펴보자. 그림에서 D점은 복권의 상금 기대치에 해당하는 현금이 가져다주는 효용의 크기를 나타내고 있으며, C점은 복권의 기대효용의 크기를 나타내고 있다. 그림에서 D점이 C점보다 더 높게 위치하고 있으므로 위험기피적 태도를 갖는 사람의 효용곡선은 오목한 모양을 갖게 된다. 위험기피자의 효용함수 U가 **강오목함수**(strictly concave function)인 것은 소득금액이 증가하면서 그것의 한계효용이 체감한다는 것을 나타내고 있다.

그렇다면 위험기피자는 복권을 소유하는데 따르는 위험을 회피하기 위하여 어느 정도의 금전적 대가를 지불할 용의가 있는 것일까? 위험프리미엄의 개념을 이해하면 그것을 알 수 있다. **위험프리미엄**(risk premium)이란 위험기피적인 사람이 위험을 회피하는 대가로 기꺼이 포기할 용의가 있는 금액을 말한다. 그림에서 복권의 기대효용을 나타내는 C점의 높이가 G점의 높이와 같게 그려져 있다. 이것은 확실하게 얻을 수 있는 돈이 W_0원만 있다면 복권의 기대효용과 같은 수준의 효용을 얻게 된다는 것을 보여주는 것이다. 우리는 복권의 기대효용과 똑같은 크기의 효용을 가져다주는 확실한 금액 W_0를 **확실성등가**(certainty equivalent)라고 한다. 이렇게 볼 때 위험프리미엄은 확실성을 확보하는 대신에 기꺼이 지불할 용의가 있는 금액이라고 할 수 있다. 즉, 상금의 기대치 $E(W)$와 확실성등가 W_0원 사이에 해당하는 금액인 R_p가 위험프리미엄에 해당된다.

> **확실성등가**(certainty equivalent)는 복권의 기대효용과 똑같은 크기의 효용을 주는 확실한 현금을 말하고, 위험부담을 회피하기 위해서 지불할 용의가 있는 금액인 **위험프리미엄**(risk premium)은 상금의 기대치와 확실성등가 사이의 차액을 의미한다.

(2) 위험회피도

위험기피적 태도를 갖는 사람들 중에도 위험을 회피하고자 하는 정도에 차이가 있다. 이것이 강한 사람은 복권과 확실한 현금을 서로 교환할 때 상대적으로 더 큰 대가를 지불하려고 할 것이다. 바꾸어 말하면 위험을 회피하려는 정도가 강할수록 위험프리미엄이 증가하는 반면에 확실성등가의 크기는 작아진다.

[그림 6-15]에는 A의 효용곡선 $U_A(W)$가 B의 효용곡선 $U_B(W)$보다 더욱 오목하게 나타나 있다. U_A와 U_B가 똑같이 F와 G점을 지나도록 그려두었기 때문에 A, B 두 사람의 복권에 대한 기대효용(H점)은 동일하다. 그러나 두 사람에 대한 확실성등가의 크기는 서로 다른 것으로 나타나 있다. A의 확실성등가는 W_A인 반면에 B의 확실성등가는 W_B이다. 효용곡선의 오목한 정도가 클수록 확실성등가의 크기가 작다는 점을 알 수 있다($W_A < W_B$). 확실성등가의 크기가 상대적으로 작다는 의미는 위험프리미엄이 증가하고 있다는 것을 나타낸다. 결과적으로 $U_A(W)$의 효용곡선을 가진 사람이 위험을 회피하기 위해 더 많은 대가를 지불할 용의가 있음을 의미한다.

애로우(K. Arrow)와 **프랫**(J. Pratt)은 효용곡선의 기울기와 그것의 변화율을 이용하여 다음과 같은 **절대위험회피도**(the measure of absolute risk

[그림 6-15] 위험회피도

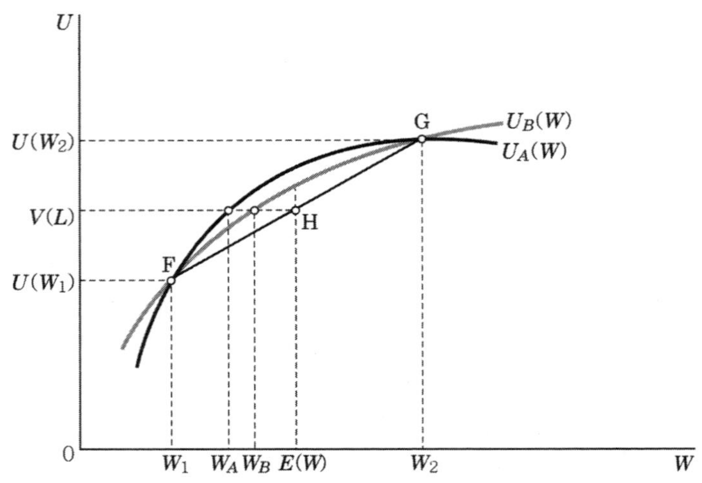

aversion: r^A)와 **상대위험회피도**(the measure of relative risk aversion: r^B)라는 두 지표를 제시하고 있다.

$$(6.\ 14)\quad r^A = -\frac{U''(W)}{U'(W)},\quad r^B = -\frac{W\times U''(W)}{U'(W)}$$

식 (6. 14)에서 U'은 효용곡선의 기울기인 $-dU/dW$, U''은 기울기의 변화율인 d^2U/dW^2을 나타내고 있다. 효용함수의 제2계 도함수인 $U''(W)$의 절대값이 클수록, 즉 효용곡선의 오목한 정도가 클수록 위험기피적 성향이 더욱 강하다는 것을 알 수 있다.

(3) 위험선호자와 위험중립자의 효용곡선

지금까지 설명한 것과는 대조적으로 현금보다 복권을 더 선호하는 **위험선호자의 효용곡선**은 [그림 6-16](a)와 같이 볼록한 모양을 갖게 된다. 위험선호자는 식 (6. 15)에서와 같이 확실한 상금의 기대치보다 복권에 당첨되면 더 큰 소득을 얻을 수 있는 가능성(복권의 기대효용)을 높게 평가하기 때문이다.

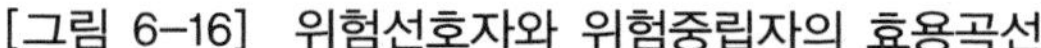
[그림 6-16] 위험선호자와 위험중립자의 효용곡선

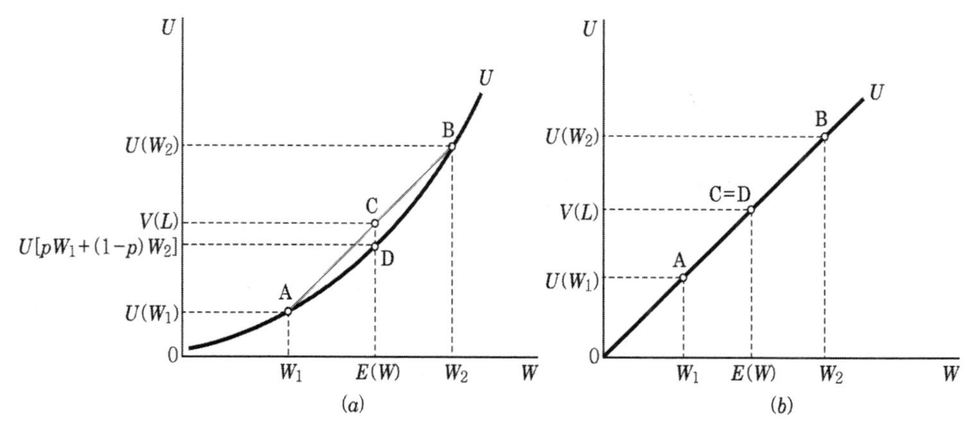

$$(6.\ 15)\quad pU(W_1)+(1-p)U(W_2)>U[pW_1+(1-p)W_2]$$

한편, **위험에 대해 중립적**인 태도를 갖는 사람은 복권으로부터 얻을 수 있는 상금의 기대치와 그것과 똑같은 크기의 현금을 무차별하게 평가한다. 예컨대 위험중립자는 상금의 기대치가 100만원인 복권과 현금 100만원에서 아무런 차이를 느끼지 못한다는 말이다. 이처럼 위험중립자의 입장에서는 식 (6. 16)과 같이 복권의 기대효용과 상금 기대치에 해당하는 확실한 현금이 주는 효용이 서로 일치하게 된다. 따라서 그의 효용곡선은 그림 (b)와 같이 직선의 모양을 갖게 된다.

$$(6.\ 16)\quad pU(W_1)+(1-p)U(W_2)=U[pW_1+(1-p)W_2]$$

[연습문제 6.3]

> A라는 사람이 어떤 사업에 100만원을 투자하면 3/5의 확률로 전부 잃거나 2/5의 확률로 275만원의 이익을 얻을 수 있다고 하자. 그의 폰 노이만-모르겐슈테른 효용함수는 $U=2W$이다. 단, W는 화폐소득의 크기를 나타내고 있다. (i) 투자했을 때 기대효용 크기는 얼마인가? (ii) 그 사람의 위험에 대한 태도가 어떠한지와 투자여부를 판단하라.

5.5 기대효용이론의 응용

(1) 기대효용과 복권의 선택

(가) 위험기피자와 복권의 선택

복권을 이용하여 기대효용이론이 어떻게 적용되는지를 살펴보기로 하자. 어떤 복권이 있는데 0.2의 확률로 400만원의 상금을 받을 수 있고, 0.8의 확률로 25만원의 상금을 받을 수 있다. 이 복권의 상금 기대치는 $E(W)=0.2\times400+0.8\times25=100$만원이다. 그리고 복권으로부터 얻을 수 있는 기대효용은 $V(L)=0.2\times U(400)+0.8\times U(25)$이다. 이 복권의 기대효용이 얼마인지 알려면 상금에 대한 효용, 즉 $U(400)$과 $U(25)$의 크기를 알아야 한다. 상금에 대한 효용의 크기는 사람마다 다를 수밖에 없기 때문에 각자의 효용함수가 전제되어야 한다. 만일 갑의 효용함수가 $U(W)=\sqrt{W}$라면,[14] 그가 복권으로부터 얻는 기대효용은 $V(L)=0.2\times\sqrt{400}+0.8\times\sqrt{25}=8$이 된다. 이것은 상금의 기대치가 주는 효용 $U(100)=\sqrt{100}$보다 낮다. 이렇게 볼 때 그는 복권을 갖는 것보다 상금의 기대치에 해당하는 현금을 확실하게 갖는 것을 선호하는 위험기피적 태도를 갖게 된다고 볼 수 있다.

[그림 6-17]에는 위험기피적 태도를 갖는 갑의 효용함수가 나타나 있다. 그림에서 복권으로부터 얻는 기대효용은 C점의 높이로, 상금의 기대치에 대한 효용은 D점의 높이로 나타나 있다. 이것은 그 사람이 위험기피적 태도를 갖고 있어서 복권보다는 상금의 기대치에 해당하는 현금 100만원을 더욱 선호한다는 것을 보여주는 것이다. 이상의 논의로부터 **위험기피적**(risk averse) **태도**를 갖는 사람은 오목한 폰 노이만-모르겐슈테른 효용함수를 갖는다는 사실을 알 수 있다.

그렇다면 그 사람의 위험프리미엄은 어느 정도일까? 그에게 얼마만큼의 현금을 주면 복권과 동일한 효용수준을 유지할 수 있는지를 묻는 것이다. 복권에서 얻는 기대효용이 $V(L)=8$이므로 이와 동일한 효용을 제공하는 현금의 액수는

14) 위험기피적 태도를 갖는 사람의 폰 노이만-모르겐슈테른 효용함수에 관한 또 다른 예로서 $U(W)=\log(W)$를 생각할 수 있다.

[그림 6-17] 위험기피자와 복권의 선택

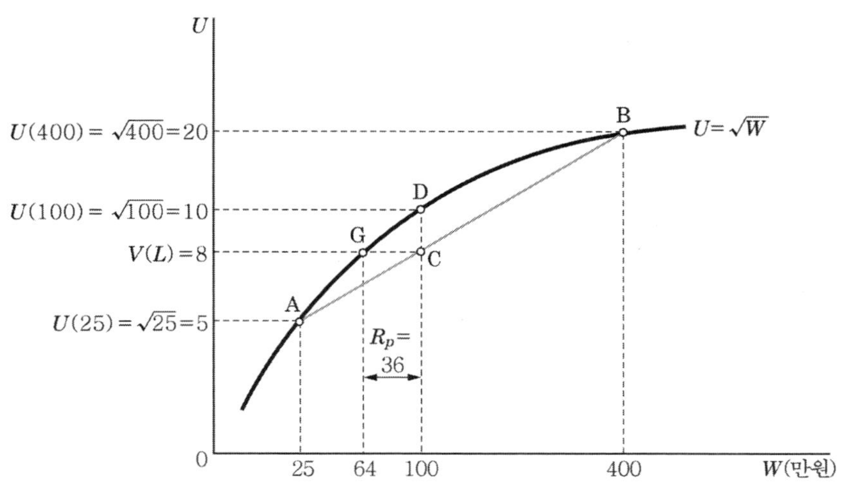

다음의 등식을 이용하여 구하면 된다.

(6. 17) $V(L) = 8,\quad 8 = \sqrt{64}$

복권의 기대효용과 동일한 수준의 효용을 가져다는 확실한 금액은 64만원이다. 이 금액이 바로 **확실성등가**에 해당한다. 이는 확실한 결과가 보장된다면 복권의 상금 기대치인 100만원에서 CG에 해당하는 금액인 36만원을 기꺼이 포기할 용의가 있음을 나타낸다. 바꾸어 말하면 위험기피자는 기대치가 100만원인 복권을 64만원에 판매할 용의가 있다고 볼 수 있으므로, 36만원이 불확실한 자산인 복권을 확실한 자산으로 교환하기 위해 지불하고자 하는 최대금액으로서 **양(+)의 위험프리미엄**이 된다.

(나) 위험선호자 및 위험중립자와 복권의 선택

위험선호자는 상금 기대치에 해당하는 확실한 100만원에서 얻는 효용 $U(100)$보다 복권의 기대효용 $V(L)$을 더 높게 평가한다. 따라서 **위험선호적**(risk loving) **태도**를 갖는 사람의 폰 노이만-모르겐슈테른 효용함수는 [그림 6-18]의 (a)와 같이 볼록한 모양을 갖게 된다.[15] 그림에서 보는 것처럼 위험

15) 위험선호적 태도를 갖는 사람의 폰 노이만-모르겐슈테른 효용함수에 관한 예로 $U(W) =$

[그림 6-18] 위험선호자 및 위험중립자와 복권의 선택

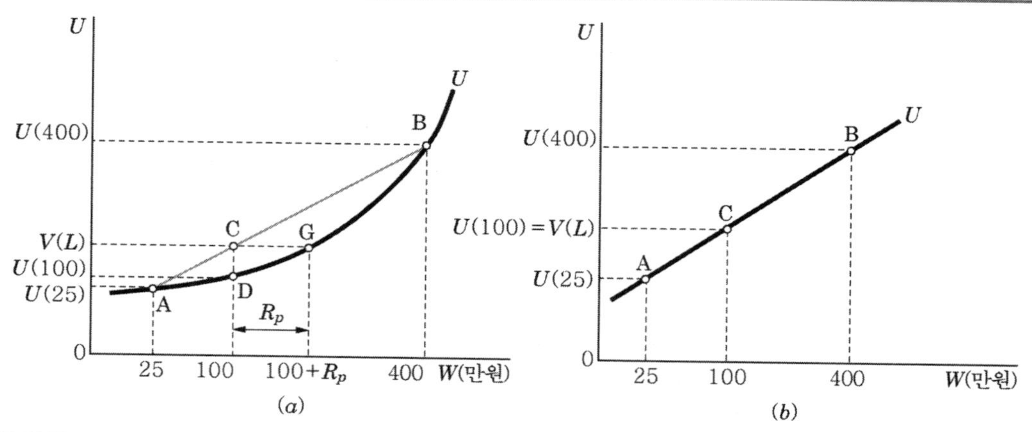

선호자는 복권을 구입하기 위해 CG에 해당하는 금액 R_p를 추가로 지급해도 좋다고 생각하는 것으로 나타나 있는데, 이것이 최대금액으로서 **음(−)의 위험프리미엄**이다.

그림 (b)와 같이 폰 노이만-모르겐슈테른 효용함수가 우상향하는 직선으로 나타나면 그 사람의 위험에 대한 태도는 **위험중립적**(risk neutral)이다.[16] 그에게는 복권의 기대효용이나 상금 기대치인 확실한 100만원이 주는 효용이 다를 바 없으므로 효용곡선이 직선의 모양을 갖는 것이다. 이러한 위험중립자의 위험프리미엄이 영(0)인 것은 당연하다.

(2) 기대효용과 보험의 선택

이제 기대효용이론이 보험시장에서 어떻게 적용되는지를 살펴보기로 한다. 사람들은 자동차보험, 화재보험, 의료보험 등 각종 보험(unsurance)에 가입함으로써 미래에 발생할 위험에 대비한다. 간단한 모형을 이용하여 화재보험에 가입함으로써 위험을 어떻게 제거하거나 축소하는지 살펴보기로 하자. 어떤 사람이 W_0원짜리의 건물을 소유하고 있는데, 이 건물에 불이 날 확률은 p이며 손실액은 W_L원이라고 하자. 이 건물에 대한 재산의 기대치는 다음과 같다.

W^2가 있다.

16) 위험중립적 태도를 갖는 사람의 폰 노이만-모르겐슈테른 효용함수에 관한 예로서 $U(W)=a+bW(a,\ b$는 상수)를 생각할 수 있다.

[그림 6-19] 위험기피자와 보험의 선택

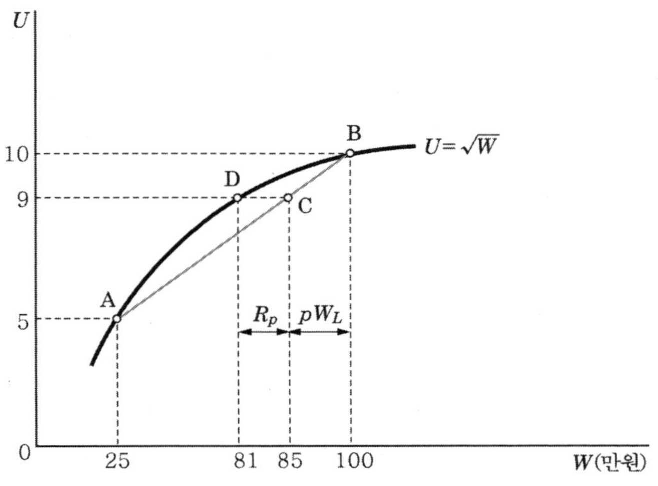

$$(6.\ 18)\quad \begin{aligned} E(W) &= p(W_0 - W_L) + (1-p)W_0 \\ &= pW_0 - pW_L + W_0 - pW_0 \\ &= W_0 - pW_L \end{aligned}$$

여기서 pW_L은 기대손실액을 나타내고 있다. 우리는 보험료가 이것의 크기와 동일하게 결정될 때 **공정한 보험**(fair insurance)이라고 한다. 예컨대 어떤 사람이 재산가치가 100만원인 조그만 창고를 소유하고 있는데, 그 창고에 불이 날 확률이 0.2이며 그 때 75만원의 손실을 입게 되어 재산의 가치가 25만원으로 줄어든다고 하자. 이 사람의 재산에 대한 기대치는 $E(W)=0.2\times25+0.8\times100=85$만원이다. 그리고 불이 났을 때 기대손실액은 15만원($=0.2\times75$)이므로, 공정한 보험료는 이것과 동일한 15만원이 된다.

한편, 화재보험의 기대효용은 $V(L)=0.2\times U(25)+0.8\times U(100)$이다. 화재보험에 가입하려고 하는 사람은 위험기피적 태도를 갖는다고 볼 수 있어서 그의 효용함수가 [그림 6-19]와 같이 $U(W)=\sqrt{W}$라고 하면, 이 사람이 보험으로부터 얻는 기대효용의 크기는 $V(L)=0.2\times\sqrt{25}+0.8\times\sqrt{100}=9$가 된다. 따라서 화재보험의 기대효용과 동일한 수준의 효용을 가져다는 확실한 금액인 확실성등가는 81만원이다.

이는 확실한 결과가 보장된다면 재산의 기대치인 85만원에서 DC에 해당하는 금액인 4만원을 기꺼이 지불할 용의가 있음을 나타낸다. 바로 이러한 4만원이 위험을 회피하기 위해 지불하고자 하는 최대금액으로서 양(+)의 위험프리미엄(R_p)이다. 이상의 논의를 종합해 보면 위험기피자는 공정한 보험료 pW_L =15만원과 위험프리미엄 R_p=4만원을 합한 19만원까지 최대한으로 보험료를 지불할 용의가 있다는 점을 알 수 있다.

[연습문제 6.4]

위험기피자 A가 6,400만원의 재산(M)을 가지고 있는데, 화재가 발생하면 4,800만원의 손실이 발생한다. 화재발생 확률이 1/4이고, 이 사람의 효용함수가 $U=\sqrt{M}$로 주어져 있을 때 최대한으로 보험에 가입할 수 있는 금액은?

연습문제 풀이

[연습문제 6.1]
10만원을 걸었을 때 에이스를 뽑으면 20만원의 상금을 받게 되므로 경기자는 30만원의 현금을 가질 수 있다. 그러나 스페이드를 뽑으면 10만원을 잃게 된다. 따라서 이 게임의 기대금액은 $30 \times 1/3 + 0 \times 2/3 = 30/3 = 10$만원이다. 따라서, 이 게임은 공정하다고 볼 수 있다.

[연습문제 6.2]
게임의 상금에 대한 기대는 $0.5 \times 10{,}000 + 0.5 \times (-9{,}000) = 500$원이다. 상금의 기대치가 0보다 크므로 유리한 게임이다. 따라서 위험선호자와 위험중립자는 유리한 도박에 반드시 참여한다. 그러나 위험기피자의 경우에는 유리한 게임이라고 할지라도 게임에 참여할 때의 기대효용과 게임에 불참할 때의 효용을 비교하여 게임의 참여 여부를 결정한다. 그러므로 위험기피자는 이 도박에 참가할 수도 있고 불참할 수도 있다.

[연습문제 6.3]
투자했을 때의 기대효용의 크기는 $V(L) = U(0) \times 0.6 + U(275) \times 0.4$가 된다. 폰 노이만-모르겐슈테른 효용함수가 $U = 2W$이므로 $U(0) = 0$, $U(275) = 550$이 되어 $V(L) = 220$이다. 한편, 기대소득은 $0 \times 0.6 + 275 \times 0.4 = 110$이다. 따라서 기대소득이 주는 효용은 $U(110) = 220$이 된다. 투자의 기대효용과 기대소득이 주는 효용이 일치하고 있다는 점, 또한 폰 노이만-모르겐슈테른 효용함수가 직선으로 주어지고 있는 점으로 볼 때 투자자가 위험중립적 태도를 갖는다. 만일 A가 투자하지 않고 현금 100만원을 가지고 있으면 $U(100) = 2 \times 100 = 200$이 된다. 현금을 가지고 있으면 200만큼의 효용수준을 누릴 수 있으나, 투자할 때의 기대효용수준이 220이므로 사업에 투자하는 것이 유리하다.

[연습문제 6.4]
재산의 기대치는 $1/4 \times 1{,}600$(화재발생시 재산의 크기)$+3/4 \times 6{,}400 = 5{,}200$만원이고, 기대효용은 $1/4 \times \sqrt{1{,}600} + 3/4 \times \sqrt{6{,}400} = 70$이다. 불확실성하에서와 동일한 효용을 주는 확실한 재산의 크기(확실성등가)는 4,900만원이다. 재산의 기대치가 5,200만원이므로 위험프리미엄은 300만원이다. 화재발생확률이 1/4이고, 화재시 손실액이 4,800만원이므로 기대손실액은 $4{,}800 \times 1/4 = 1{,}200$만원이다. 공정한 보험료

는 기대손실액과 동일하므로 1,200만원이다. 한편, 최대한의 보험료는 공정한 보험료와 위험프리미엄을 합한 1,500만원이다.

제 3 편

생산자 선택이론

기업은 소비자들이 필요로 하는 상품을 생산하는 경제주체이다. 제3편에서는 생산주체인 기업이 추구하는 목표가 무엇이며, 이 목표를 실현하는 과정에서의 선택이 어떠한 것인지를 분석하게 된다. 합리적으로 행동하는 기업의 최적화 행동을 분석한다는 점에서 제2편의 소비자선택이론과 다를 바 없다. 따라서 생산자선택이론의 전개과정이 소비자선택이론과 매우 흡사하다는 점을 알 수 있다. 제7장에서는 생산과정에서 투입되는 생산요소와 이들을 결합하여 생산하는 산출량 사이의 관계를 나타내는 생산함수에 대해서 논의한다. 제8장에서는 주어진 산출량을 생산하는데 소요되는 비용을 극소화하는 결과 나타나게 되는 생산비용에 대해 논의하게 된다. 물론 제3편에서는 기업이 생산하는 상품가격을 명시적으로 고려하지 않기 때문에 이윤극대화를 위한 선택이 어떠한 것인지에 대한 규명은 이루어질 수 없다. 기업의 이윤극대화에 대한 분석은 제4편에서 완전경쟁기업과 불완전경쟁기업이 생산량을 결정하는 과정에서 다루게 된다는 점을 밝혀둔다.

제 7 장 생산기술과 생산함수

1. 기업의 성격
2. 생산기술
3. 단기생산함수
4. 장기생산함수
5. 규모에 대한 수익
6. 기술진보

개 요

본 장에서는 생산기술상의 특징을 대표하고 있는 생산함수의 성격을 단기와 장기로 구분하여 설명하는 것이 주된 목적이다. 먼저 단기생산함수로부터 총생산, 한계생산, 그리고 평균생산의 개념에 대해 설명하고, 이후에는 장기생산함수의 특성에 대해 살펴본다. 장기생산함수를 2차원공간에서 그림으로 나타낸 등량곡선은 소비자의 무차별곡선과 매우 비슷한 성격을 갖고 있음을 알게 될 것이다. 다만 무차별곡선에서 효용은 기수적으로 측정이 불가능하였지만 등량곡선에서 생산량은 기수적으로 측정이 가능하다는 점에서 차이가 있다. 또한 모든 생산요소의 투입규모를 동일한 비율로 늘려갈 때 생산기술의 특성에 따라서 상품의 생산량이 얼마나 증가하는지를 다루게 된다. 이 문제는 규모에 대한 수익의 개념을 이용해서 체계적으로 접근할 수 있다. 이 장의 마지막 부분에서는 기술진보와 관련된 몇 가지 논의를 다루게 될 것이다.

1. 기업의 성격

1.1 기업의 존재 의의

기업(firm)은 여러 가지 생산요소를 투입하여 상품을 생산·공급하는 경제주체이다. 만일 생산활동의 전문화를 추구하는 기업이 없다면 모든 생산활동은 개인들에 의해 이루어질 수밖에 없다. 모든 사람이 각자 필요한 상품을 만드는 생산활동을 수행하는 것은 쉽지도 않을 뿐더러 바람직하지도 않다. 이에 비해 생산활동이 기업에 의해 이루어지면 여러 가지 장점이 있다.

무엇보다 분명한 것은 기업에 의해 생산활동이 수행되면 **거래비용**(transactions cost)을 절감할 수 있다는 점이다. 모든 경제적 거래에는 그것을 성사시키는데 따른 거래비용이 수반된다. 거래 상대방을 물색해야 하며, 상품의 가격과 품질 등 거래조건에 합의하고 이들 합의사항이 원만하게 준수되는지 확인해야 한다. 만일 개인이 자동차를 생산한다면 모든 중간투입물을 시장에서 구입할 수밖에 없는데, 이 과정에는 엄청난 거래비용이 발생한다. 반면에 기업에서 자동차를 생산한다면 대부분의 중간투입물을 스스로 조달할 수 있기 때문에 거래비용을 상당히 줄일 수 있다. 물론 기업에 의해 생산활동이 수행될 때 항상 생산이 효율적으로 이루어지는 것은 아니다. 기업의 규모가 커지면서 조직 내부의 효율성을 유지하기 위해 상당한 **감독비용**(monitoring cost)을 지불해야 하는 문제점이 나타난다. 기업의 규모가 커질수록 조직 운영의 비효율성, 즉 **라이벤슈타인**(H. Leibenstein)이 말하는 ***X*-비효율성**이 나타날 수 있는 것이다.[1)]

그렇다면 기업의 생산활동 범위를 어느 정도로 설정해야 하는 것일까? 예컨대 자동차를 생산하는 기업이 유리창이나 타이어까지 직접 생산하는 것이 효율적인가 하는 문제이다. 기업은 외부적 시장거래(external market transactions)를 통하여 중간투입물을 구입하는 것보다 **내부적 통제**(internal control)하에 두는

1) X-비효율성은 자원배분상의 비효율성 개념과는 달리 기업의 운영과 관련되어 나타나는 비효율성을 의미한다.

것이 유리한 영역들만 생산활동의 범위에 포함시켜야 한다. 시장거래에 의존할 때 드는 거래비용이 매우 큰 영역은 내부적 통제에 의해 직접 생산하는 것이 경제적이라는 의미이다.

기업에 의해 생산활동을 수행하면 **팀에 의한 생산**(team production)이 갖는 이점도 얻을 수 있다. 팀에 의한 생산은 분업에 의한 전문화가 가능하게 됨으로써 생산의 효율성이 증대되기 때문이다. 또한 기업에서는 대량생산이 가능하기 때문에 **규모의 경제**(economies of scale)를 누릴 수도 있으며, 주식이나 회사채의 발행을 통한 대규모의 자원조달이 가능한 것도 기업에 의한 생산의 이점이라고 하겠다.

1.2 기업형태와 생산의 유형

기업은 크게 정부기업과 민간기업으로 구분할 수 있다. **정부기업**(government firm)은 정부가 소유·운영하는 기업으로 우리나라의 한국전력공사, 한국수자원공사, 한국철도공사 등이 그 예이다. **민간기업**(private firm)은 영리기업과 비영리기업으로 구분한다. 영리기업은 이윤추구를 목적으로 조직된 기업으로 자본주의체제에서는 대다수가 여기에 해당한다. 이에 비해 비영리기업은 사회의 특별한 목적을 수행하기 위해 조직된 기업으로 교육서비스를 생산하는 학교, 의료서비스를 생산하는 병원, 종교재단 등이 있다. 영리기업은 농부, 의사, 변호사, 그리고 슈퍼마켓 주인처럼 단독으로 생산활동을 수행하는 **개인기업**(proprietorship), 두 사람 이상이 함께 생산활동을 수행하는 **합명회사**(partnership), 주식을 발행하여 필요한 자금을 조달하는 **주식회사**(corporation) 등이 있다.

개인기업이나 합명회사에서는 기업을 소유하고 있는 사람이 직접 기업을 경영함으로써 소유자와 경영자가 일치하며, 이들 기업의 소유자는 회사의 채무에 대해 직접 연대하여 변제할 무한책임을 지게 된다. 반면에 주식회사의 경우는 출자액에 대해서만 법적 책임을 지게 된다. 따라서 주식회사가 파산할 경우 자기가 가지고 있는 주식가치만 손해를 보면 된다. 대부분의 주식회사는 소유와 경영이 분리되어 소유자인 주주와는 별도로 경영자가 기업을 경영한다. 자본주의체제에서 주식회사가 선호되고 있는 이유는 주식발행을 통한 대규모 자금조달이 용이하며, 독자적인 법인격을 갖는 법인으로서 자연인의 수명과 관계없이 생산활동이 지속가능하기 때문이다.

지금 살펴본 것처럼 기업의 형태는 개인기업, 합명회사, 주식회사 등에 이르기까지 그 종류가 다양하지만 생산활동을 한다는 점에서는 공통적이다. 생산이란 사람의 **효용**을 증가시키는 경제활동을 의미한다. 이러한 정의에 의한 **생산의 유형**은 다음과 같다.

첫째, 어떤 재화를 가공 또는 변형시키거나 그 이전과는 다른 새로운 재화를 제조하는 것은 생산활동이다.

둘째, 서비스를 창출하는 것은 생산활동이다.

셋째, 재화를 수송하는 것도 생산활동이다. 어떤 재화를 다른 곳으로 수송하는 이유는 그 재화의 효용이 작은 곳에서 더 큰 곳으로 운반함으로써 효용을 증대시키기 때문이다.

넷째, 재화를 저장하는 것 역시 생산활동이다. 어떤 재화를 저장한다는 것은 그 재화의 효용이 낮은 시기에 소비를 줄여서 그것을 효용이 높은 시기에 소비하기 위해 보관하는 생산활동을 의미한다.

다섯째, 재화를 교환하는 것도 생산활동이다. 교환과정에서 당사자들은 효용이 상대적으로 낮은 재화를 포기하고 효용이 상대적으로 높은 재화를 얻게 된다. 따라서 교환을 통해서도 사람들의 효용은 증가된다.

이와 같이 생산의 유형은 다양하지만 첫 번째 유형이 가장 전형적인 생산활동이므로 생산이론에서도 이를 중심으로 분석이 이루어지고 있다.

1.3 기업의 목표

전통적으로 경제이론에서는 생산을 담당하는 경제주체인 기업의 행동원리가 **이윤극대화**를 통해 설명되고 있다. 기업은 상품을 생산하고 그것을 판매함으로써 수입을 얻는다. 반면에 상품을 생산하는 과정에서 그가 고용한 노동이나 자본 등 생산요소에 대해 보수를 지불해야 한다. 이와 같이 기업은 시장에서 얻은 판매수입과 상품의 생산을 위해 지불한 비용과의 차이를 의미하는 **이윤**(economic profit)을 극대화하는 논리에 따라 모든 의사결정을 한다는 것이다.

전통적인 이윤극대화 가설은 분명히 비현실적인 측면이 있다. 기업이 이윤극대화를 실현하기 위하여 필요한 정보와 능력에 한계가 있기 때문에 이윤극대화의 목적을 달성하기는 거의 불가능할 뿐만 아니라, 설령 이윤극대화를 추구할 수 있다고 하더라도 그것만을 원하지 않을 수 있다. 개인기업의 경우 외부에서 유능한 경영자를 채용하지 않고 다소 경영능력이 떨어지더라도 가족 중의 한사람이 경영을 책임지는 경우가 있다. 소유와 경영이 분리된 주식회사에서도 이윤극대화를 추구하지 않을 가능성이 매우 높다. 전문 경영인이 이윤극대화 보다는 판매액 극대화, 경영자의 사회적 명성 등을 위하여 기업을 경영할 수 있기 때문이다.

보몰(W. J. Baumol)은 전문경영자가 이윤극대화보다는 자신의 효용이 극대화되도록 기업을 운영한다는 점을 강조한다. 물론 경영자들에게 아무런 제약이 없는 것은 아니다. 주주들이 받아들일 수 있는 주식배당과 기업의 원만한 운영을 위한 최소한의 이윤 등은 확보되어야 한다. 만일 이러한 조건들이 충족되지 못한다면 경영자가 해고될 위험이 있기 때문이다. 그러나 주주들이 요구하는 최소한의 이윤수준이 충족되는 한 전문경영자들은 그들 자신의 효용을 극대화하는 기업목표를 설정할 수 있다. 보몰은 **판매수입**, 즉 매상고가 극대화될 때 경영자의 효용은 극대화된다고 주장한다. 매상고가 증가할수록 경영자 자신의 봉급, 위신 그리고 직업안정성 등이 더욱 커질 수 있기 때문이다. 한편, 기업 소유의 일차적 동기가 장기적 존속에 있기 때문에 경영자는 지속적으로 기업이 존속할 가능성을 극대화하기 위한 행동을 취한다는 주장도 있다. 또한 경영자는 매우 큰 위험을 감당하더라도 기업의 성장을 극대화하는 전략, 예컨대 기업인수를 추구하는 경우도 있다. 이러한 기업의 행동은 분명히 이윤극대화가설과는 차이가 있다.

이상에서 살펴본 것처럼 이윤극대화가설이 많은 비판의 여지를 갖고 있는 것은 사실이다. 그러나 아직도 이윤극대화가설이 다른 어떤 가설보다 많은 장점을 갖고 있기 때문에 대부분의 경제분석에서 확고한 위치를 차지하고 있다. 왜냐하면 이 가설은 기업의 생산활동에 대한 분석을 필요이상으로 복잡하게 만들지 않으며, 기업의 행동을 비교적 정확하게 예측하기 때문이다. **프리드만**(M. Friedman)과 **매클럽**(F. Machlup) 등은 이윤극대화가설이 다른 어떠한 가설보다 현실 설명력이 뛰어나다고 주장한다. 이들의 경험적 연구결과에 의하면 기업의 선택행위는 이윤극대화가설에서 예측하는 것과 일치하는 측면이 많다. 이윤극대화가설은 수요와 비용 등의 변화가 자원배분에 미치는 영향을 다른 어떤 가설보다 잘 예측한다는 것이다. 또한 **적자생존원리**(the survival of the fittest)에 기초를 두고 이윤극대화가설을 옹호하는 학자들도 있다. 이 이론에 의하면 최적자는 이윤을 극대화하는 기업이고 이윤극대를 추구하는 기업이 그러지 못한 기업보다 빠르게 성장한다. 따라서 현실에서 지속적으로 살아남게 되는 기업들은 이윤극대화를 추구해 온 기업이라는 것이다.

기업의 소유자나 주주들은 경쟁이 심한 시장에서 이윤을 추구하지 않는 기업이 결국 시장에서 퇴출될 수밖에 없다는 사실을 잘 알고 있다. 따라서 전문 경영인이 이윤극대화를 위하여 기업을 경영하도록 각종 제도적 장치를 마련하고 있다. 이렇게 본다면 생산활동의 궁극적인 동기는 역시 이윤극대화에 있다고 볼 수 있다. 이상에서 살펴본 바와 같이 경제학에서는 기업들이 이윤만을 추구하지 않을 수 있다는 것을 인정하면서도 기업의 목표가 이윤극대화에 있다고 가정하는데 큰 문제가 없다고 판단하고 있다.

2. 생산기술

2.1 생산요소와 단기 및 장기

상품의 생산과정에는 여러 생산요소들이 투입된다. 먼저 건물과 공장설비를 설치한 다음, 노동자와 원자재 등을 투입해야 비로소 하나의 상품이 생산된다. 이러한 투입요소 중에서 건물이나 공장설비와 같은 것은 일단 그 규모가 정해지면 일정한 기간 동안에는 상품의 생산량이 많고 적음에 관계없이 그것의 투입량이 그대로 유지되지만, 노동이나 원자재 같은 것은 상품의 생산량이 증가하거나 감소함에 따라서 그것의 투입량을 변경시킬 수 있다. 이처럼 상품의 생산량과 관계없이 일정한 기간 동안에 투입량이 고정되어 있는 생산요소를 **고정투입요소**(fixed input)라 하며, 생산량의 증감에 따라서 투입량을 변경시킬 수 있는 생산요소를 **가변투입요소**(variable input)라고 한다.

건물이나 공장설비와 같이 상품의 생산량과 관계없이 일정한 기간 동안에 투입량이 고정되어 있는 생산요소를 **고정투입요소**라 하며, 노동이나 원자재 같이 생산량의 증감에 따라서 투입량을 변경시킬 수 있는 생산요소를 **가변투입요소**라고 한다.

경제학에서는 모든 생산요소의 투입량이 가변적인지 여부와 관련하여 단기와 장기로 구분한다. **단기**(short-run)란 생산과정에 투입되는 생산요소들 중 하나의 생산요소라도 투입량이 고정되어 있는 짧은 기간을 말한다. 생산시설과 기계 등과 같은 자본재는 짧은 시간동안에 그것의 투입량을 변경시키는 것이 쉽지 않다. 따라서 단기란 기업이 생산시설과 기계 등의 규모를 변경시킬 수 없을 만큼 짧은 기간을 의미한다.[2] 이와는 대조적으로 **장기**(long-run)에서는 모든 투입요소가 가변적이어서 고정투입요소는 존재하지 않는다. 즉, 장기란 모든 생산요소의 투입량이 가변적일 수 있는 충분히 긴 기간을 의미한다.

단기란 생산과정에 투입되는 생산요소들 중 하나의 생산요소라도 투입량이 고정되어 있는 짧은 기간을 의미하며, **장기**란 모든 생산요소의 투입량이 가변적일 수 있는 충분히 긴 기간을 의미한다.

장·단기의 구분은 어떤 기업이나 산업을 대상으로 하느냐에 따라서 차이가 난다. 기계나 설비규모를 변경하는데 상대적으로 짧은 기간이 소요되는 의류산업에서 장기는 2~3개월보다 긴 기간을 의미하지만, 기계나 설비규모를 변경하는데 상대적으로 많은 기간이 소요되는 자동차산업에서 장기란 2~3년보다 긴 기간을 의미한다. 따라서 의류산업에서는 단기가 비교적 짧은 기간이 되겠지만, 자동차산업의 경우에는 상대적으로 긴 기간이 된다.

2.2 생산함수

어떤 상품의 생산량은 생산과정에서 투입되는 생산요소들의 양과 이들을 결

2) 단기적으로 생산물에 대한 수요가 증가하면 기업은 기존의 자본설비 가동률을 높이고, 노동과 원자재 등과 같은 가변투입요소의 추가적인 투입 또는 초과작업(overtime works) 등을 통해서 대처하게 된다.

합하는 생산기술에 의해 결정된다. **생산함수**(production function)란 일정기간 동안에 기업이 생산과정에서 투입하는 여러 가지 생산요소와 그 결합으로부터 얻을 수 있는 생산물 사이의 기술적 관계를 말한다. 이러한 관계를 함수식으로 나타내면 다음과 같다.

(7. 1) $Q=f(Z_1, Z_2, Z_3, \cdots, Z_n)$

여기서 Q는 주어진 기간 동안에 생산되는 상품의 수량을, 그리고 Z_1, Z_2, $Z_3, \cdots$, Z_n은 투입되는 각종 생산요소의 양을 의미한다. 물론 상품의 성격에 따라서 투입되는 생산요소의 종류가 많을 수도 있고 적을 수도 있다. 그러나 분석의 편의를 위하여 생산요소는 노동(L)과 자본(K)만 사용한다고 가정한다. 주어진 기간 동안에 노동과 자본을 투입하여 어떤 상품을 생산한다면 생산함수는 식 (7. 2)와 같이 간단하게 나타낼 수 있다.

(7. 2) $Q=F(L, K)$

이러한 생산함수와 관련되는 성격은 다음과 같이 요약된다.

첫째, 생산함수는 일정기간 동안의 생산요소와 생산량과의 관계를 나타내는 **유량**(flow)의 개념으로 정의되어야 한다. 따라서 생산함수에는 반드시 기간이 명시되어야 한다.

둘째, 생산함수는 생산요소의 투입량이 주어져 있을 때 현재 시점에서 이용할 수 있는 가장 우수한 생산기술을 적용하여 얻을 수 있는 **최대생산량** 수준을 보여 준다. 바꾸어 말하면 생산함수에는 주어진 산출량을 생산하기 위해서 투입요소를 가장 효율적으로 사용하고 있다는 의미가 포함되어 있다.

셋째, 생산함수는 주어진 산출량을 생산할 수 있는 다양한 생산방식을 알려준다. 예컨대 쌀 생산을 위하여 노동을 상대적으로 많이 사용하는 노동집약적 생산방식을 사용할 수 있고, 자본을 상대적으로 많이 투입하는 자본집약적 생산방식도 사용할 수 있다.

> 생산함수는 일정한 기간 동안에 기업이 생산과정에서 투입하는 여러 가지 생산요소의 수량과 그 결합으로부터 얻을 수 있는 **최대생산량**과의 관계를 나타낸다.

3. 단기생산함수

3.1 총생산

앞에서 살펴본 식 (7. 2)에서 K의 투입량이 주어져 있으며, L의 투입량만 변한다고 가정하면 생산함수를 다음과 같이 나타낼 수 있다.

(7. 3) $Q = F(L, \overline{K})$

식 (7. 3)은 고정요소가 존재하는 가장 전형적인 **단기생산함수**이다. 이 식에 의하면 기업은 노동의 투입수준을 변경시켜 상품을 얼마만큼 생산할 것인가를 결정해야 한다. 자본량을 고정시킨 채 노동투입량을 변경시켜서 옷을 생산하는 기업의 단기생산함수를 생각해 보자. 〈표 7-1〉의 첫 번째 줄과 두 번째 줄은 노동 투입량과 옷의 생산량 사이의 관계를 나타낸 가상적인 경우이다.

〈표 7-1〉 총생산, 한계생산 및 평균생산

노동투입량(L)	1	2	3	4	5	6	7	8	9
총생산(TP)	1	3	6	10	13	15	16	16	15
한계생산(MP_L)	1	2	3	4	3	2	1	0	-1
평균생산(AP_L)	1.0	1.5	2.0	2.5	2.6	2.5	2.3	2.0	1.7

이를 그림으로 나타낸 것이 **총생산곡선**(total product curve; TP)이다. 총생산곡선의 모양은 생산기술의 특성에 따라 달라지는데 그것의 일반적인 형태는 [그림 7-1] (a)에서 보는 것처럼 S자를 길게 늘여 놓은 모양을 하고 있다.

[그림 7-1] 총생산곡선과 한계생산 및 평균생산곡선(i)

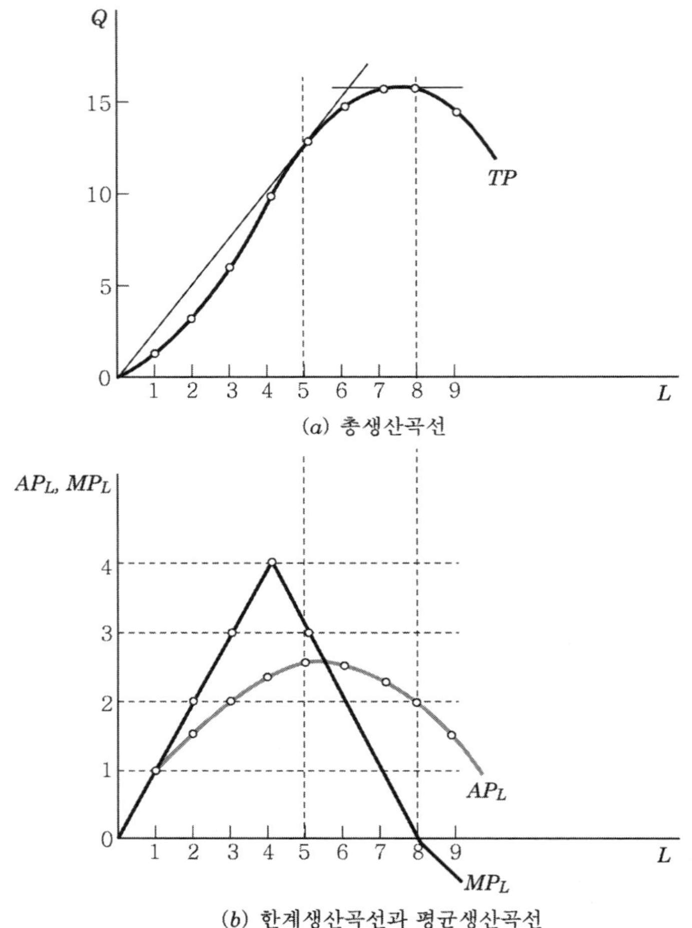

(a) 총생산곡선

(b) 한계생산곡선과 평균생산곡선

이 곡선의 변곡점에서 노동투입량은 4단위이다. 이것보다 노동투입량이 적은 수준에서는 산출량이 빠른 속도로 증가하여 총생산곡선이 볼록한 모양을 하고 있다. 반면에 노동투입량이 4단위보다 많은 수준에서는 산출량이 완만하게 증가하여 총생산곡선이 오목한 모양을 하고 있음을 알 수 있다. 이처럼 *TP*가 *S*자 모양을 하는 것은 경험적 사실을 반영하고 있을 뿐 어떤 법칙에 의한 것이 아니다.

3.2 한계생산과 평균생산

지금까지 살펴본 노동 투입량과 생산물 사이의 기술적 관계는 한계생산곡선과 평균생산곡선에 의해서 알아볼 수도 있다. 경제분석에서는 '총(total)'이란 개념보다 '한계(marginal)'나 '평균(average)'의 개념이 훨씬 편리하게 사용된다. 〈표 7-1〉의 세 번째 줄에 제시되어 있는 숫자는 노동투입량을 한 단위씩 증가시킬 때 옷의 생산량이 얼마만큼씩 증가하는지를 나타내고 있는데, 이를 **노동의 한계생산**(marginal product of labor; MP_L)이라고 한다. 즉, 노동의 한계생산은 다른 생산요소(자본)의 투입량을 일정한 수준에 묶어둔 상황에서 식 (7. 4)와 같이 노동의 투입량을 한 단위 더 추가할 때 나타나는 생산량의 증가분을 나타낸다.

$$(7.\ 4)\quad MP_L = \frac{\text{생산량의 변화}}{\text{노동투입량의 변화}} = \frac{\Delta Q}{\Delta L} = \lim_{\Delta L \to 0} \frac{\Delta Q}{\Delta L} = \frac{dQ}{dL}$$

[그림 7-1]의 (b)에서 처음에는 노동의 한계생산이 증가하다가 노동 투입량을 4단위로 늘린 이후부터는 한계생산이 점차로 감소하는 것으로 나타나 있다. 노동 투입량을 계속해서 늘리다 보면 총생산량이 가장 많은 노동 8단위 투입수준에서 한계생산은 영(0)이 되었다가, 노동 9단위가 투입되면서부터는 총생산량이 감소하여 한계생산이 음(-)이 된다. 합리적인 기업이라면 한계생산이 음(-)인 영역에서는 생산활동을 하지 않을 것이다. 현실에서는 가변투입요소의 투입량을 계속 늘려가면서 한계생산이 감소하는 현상이 일어날 가능성이 큰데, 이를 가리켜 우리는 **한계생산체감의 법칙**(law of diminishing marginal products) 혹은 **수확체감의 법칙**(law of diminishing returns)이라고 한다.

한계생산체감 현상은 농업생산에서 가장 뚜렷하게 나타난다. 토지를 일정한 수준으로 묶어 두고 노동의 투입량을 증가시키면 처음에는 노동과 결합되는 토지면적이 상대적으로 넓어 노동의 한계생산이 증가할 것이다. 이후에도 계속해서 노동투입을 증가시키면 노동과 결합되는 토지 면적이 점차로 줄어들어 한계생산이 감소하게 되며, 지나치게 노동의 투입이 많아지면 한계생산이 음(-)이 될 수 있다. 이처럼 한계생산체감의 법칙은 한 가지 이상의 생산요소를 고정시킨 채 특정 생산요소의 투입을 증가시키는 경우에 일반적으로 관찰되고 있다. 그러므로 모든 생산요소가 가변적인 장기에서는 이 법칙이 의미가 없게 된다.[3)]

노동 투입량과 옷 생산량의 관계로부터 노동 1단위당 옷의 생산량이 얼마인지도 알 수 있다. **노동의 평균생산**(average product of labor; AP_L)은 투입된 노동 1단위당의 산출량을 의미하므로 식 (7. 5)와 같이 생산량을 노동투입량으로 나누어서 구하면 된다.

$$(7.\ 5) \quad AP_L = \frac{\text{생산량}}{\text{노동투입량}} = \frac{Q}{L}$$

〈표 7-1〉의 네 번째 줄의 값은 노동의 평균생산을 나타낸다. 예를 들어 노동이 3단위 투입되었을 때 옷 생산량이 6단위이므로 노동자 한 사람의 평균생산은 옷 2단위가 된다. 이러한 평균생산은 [그림 7-1]의 (b)에서 보는 것처럼 한계생산과는 다르게 음(-)의 값을 갖지 않는다. 옷의 생산량(Q)이 결코 음(-)이 되지 않기 때문에 이를 노동자 수(L)로 나누면 평균생산은 항상 영(0)보다 크게 되는 것이다. 평균생산은 경제학에서 통상 **생산성**(productivity)이라는 용어로 사용된다. 흔히 노동생산성이라고 말할 때는 노동의 평균생산을 의미하는 것이다. 이러한 평균생산은 측정이 쉽다는 이유로 산업간 혹은 국가간 생산성을 비교하는 척도로 많이 사용된다. 그러나 평균생산은 경제적 효율성을 판단하지 못하는 한계가 있다. 경제적 효율성을 측정해 주는 것은 한계생산이다.

3.3 총생산곡선과 한계생산곡선 및 평균생산곡선의 관계

평균생산과 한계생산이 총생산에서 도출되기 때문에 이들 사이에 상호 연관관계가 존재하게 된다. [그림 7-2]에는 매우 작은 단위의 노동투입이 가능하다는 가정하에서 연속적인 총생산곡선, 한계생산곡선 및 평균생산곡선을 그려두고 있다.

3) 한계생산체감의 법칙이 성립되기 위해서는 생산기술의 변화도 없어야 한다. 생산기술이 지속적으로 발전한다면 한계생산체감의 법칙이 일어나지 않을 수 있기 때문이다.

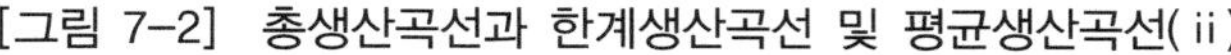

[그림 7-2] 총생산곡선과 한계생산곡선 및 평균생산곡선(ii)

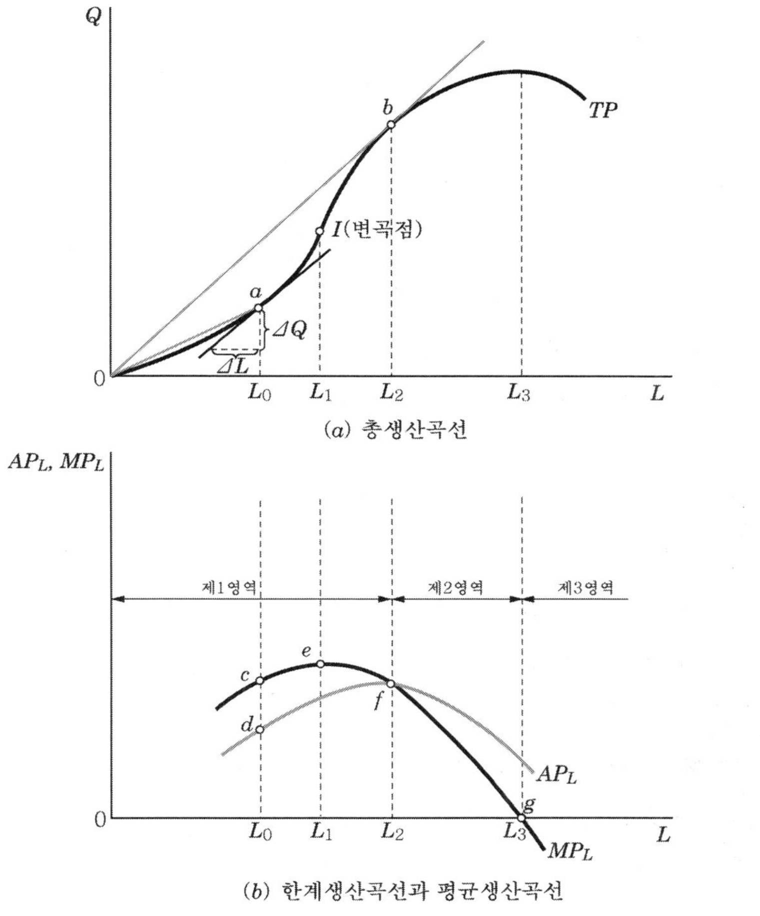

[그림 7-2] (a)의 총생산곡선에서는 변곡점(I)에 해당하는 노동투입량인 L_1 까지는 총생산이 체증적으로 증가하다가 L_1을 지나서는 체감적으로 증가하고 있다. 그러나 L_3 이상으로 노동투입량이 증가하면 총생산은 오히려 감소하고 있다. 노동의 한계생산은 dQ/dL이므로 주어진 고용수준에 해당하는 총생산곡선(TP)의 각 점에서 측정한 접선의 기울기가 바로 **노동의 한계생산**(MP_L)이 된다. 그림 (a)에 나타나 있는 L_0의 고용수준에서는 a점에서 잰 접선의 기울기가 노동의 한계생산이다. 이러한 한계생산은 그림 (b)에 나타나 있는 것처럼 L_1까지는 증가하다가 그 이후부터는 감소하고 있다. 그리고 총생산이 극대점에

도달하면 한계생산은 영(0)이 된다. 이 단계 이후부터 노동투입을 추가하면 오히려 총생산이 감소하기 때문에 한계생산은 음(-)의 값을 갖는다.

노동의 평균생산(AP_L)은 Q/L이므로 원점과 주어진 고용수준에 해당하는 총생산곡선 위의 한 점을 연결한 선분의 기울기가 이것에 해당한다. 그림 (a)에 나타나 있는 a점에서의 노동에 대한 평균생산은 선분 Oa의 기울기(= L_0a/OL_0)로 나타낼 수 있다. 원점과 총생산곡선 위의 한 점을 연결한 선분의 기울기는 노동 투입량의 증가와 더불어 점차로 증가하여 b점에서 최대가 된다. 이처럼 노동투입량이 L_2로 증가할 때까지는 노동의 평균생산이 증가하다가 L_2 이후부터는 감소하게 되는 것이다. 이상에서 살펴본 평균생산과 한계생산의 상호 연관관계는 다음과 같이 두 가지로 요약될 수 있다.

첫째, 노동의 평균생산이 극대가 되는 L_2에 이를 때까지는 한계생산이 평균생산보다 크지만 노동투입량이 L_2 이상으로 증가하면 한계생산이 평균생산보다 작게 된다. 노동투입량이 L_2에 이르기까지는 총생산곡선의 각 점에서 잰 접선의 기울기가 원점과 총생산곡선상의 한 점을 연결한 선분의 기울기보다 더 크지만 노동투입량이 L_2를 넘어서면 이들 관계가 서로 바뀌기 때문이다.

둘째, 평균생산이 극대일 때 한계생산과 평균생산은 일치한다. 노동의 평균생산이 극대가 되는 총생산곡선의 b점에서 잰 접선의 기울기가 그 점에서 원점을 연결한 선분의 기울기가 서로 일치한다는 의미이다.

[연습문제 7.1]

어떤 기업의 단기생산함수가 $Q=\sqrt{L}$일 때 노동의 평균생산과 한계생산과의 관계는?

3.4 생산함수의 세 가지 영역

총생산과 평균생산 및 한계생산 사이의 상호관계를 이용하여 생산함수를 세 가지 영역으로 구분할 수 있다. [그림 7-2]에서 평균생산이 최대가 되는 f점까지의 구간(OL_2)을 **제1영역**(region)이라 하고, f점으로부터 한계생산이 영(0)이 되는 g점까지의 구간(L_2L_3)을 **제2영역**이라 한다. 또한 한계생산이 음(-)이 되는 g점을 넘어선 구간을 **제3영역**이라고 한다. 합리적인 기업이라면 제3영역에서는 절대로 생산하지 않을 것이라는 것을 알 수 있다. 노동투입량을 늘릴수록 총생산이 감소하는 것은 비효율적이기 때문이다. 한편, 제1영역에서 생산하는 것도 효율적이지 못하다. 제1영역에서는 노동의 평균생산이 증가하고 있는데, 이는 생산물의 단위비용이 감소한다는 것을 의미하므로 결과적으로 판매수입이 증가하게 된다. 다시 말하면 이 영역에서는 생산량을 늘릴수록 더 많은 이익을 얻을 수 있기 때문에 기업은 결코 생산을 멈추지 않을 것이다. 이와 같이 생산함수의 제1영역과 제3영역에서 생산하는 것은 비효율적이며, 오직 제2영역에서만 생산의 효율성이 달성될 수 있다. 제2영역내의 어느 점에서 실제로 생산하느냐는 생산물의 가격과 비용조건에 달려 있으며 이것은 제8장 이후에서 다루게 된다.

생산함수의 세 가지 영역과 생산의 효율성과의 관계를 **노동의 생산탄력성**으로 설명할 수 있다. 노동의 생산탄력성(ϵ_L)은 다음 식으로 나타낼 수 있다.

$$(7.\ 6)\qquad \epsilon_L = \frac{\frac{dQ}{Q}}{\frac{dL}{L}} = \frac{dQ}{dL}\frac{L}{Q} = MP_L \times \frac{1}{AP_L} = \frac{MP_L}{AP_L}$$

식 (7. 6)에 의하면 노동의 생산탄력성은 평균생산에 대한 한계생산의 비율을 의미한다. 생산탄력성이 $\epsilon_L < 0$이라면 생산이 비효율적으로 이루어지고 있다는 것을 의미한다. 위 식에서 $AP_L > 0$이므로 MP_L이 영(0)보다 작으면 생산탄력성은 음(-)이 된다. 이는 생산함수의 제3영역에 해당한다.

이와 반대로 생산탄력성이 $\epsilon_L > 1$이라는 것은 생산의 효율성이 증가한다는 의미이다. 생산탄력성이 1보다 큰 경우는 $MP_L > AP_L$이 유지되는 제1영역에 해당한다. 이 영역에서는 생산량을 늘릴수록 효율성이 증가하므로 이윤극대화를 추구하는 기업은 여기에서 생산을 멈추지 않을 것이다. 결과적으로 기업은 제2영역의 어느 한 곳에서 노동투입량을 결정하게 된다.

4. 장기생산함수

지금까지는 자본의 투입량이 고정되어 있고 노동이 유일한 가변투입요소인 경우의 생산함수, 즉 단기생산함수에 대해 설명하였다. 모든 생산요소의 투입량이 가변적일 수 있는 충분히 긴 기간을 의미하는 장기에서의 생산기술은 단기에서의 생산기술과는 차이가 있을 수밖에 없다. 이 절에서는 노동뿐만 아니라 자본도 가변투입요소인 장기생산함수에 대해 설명하기로 한다.

4.1 생산곡면

주어진 기간 동안에 노동과 자본을 이용하여 어떤 상품을 생산하는 경우의 생산함수 $Q=F(L,\ K)$는 [그림 7-3]에서 보는 것처럼 3차원 공간에서 **생산곡면**(production surface)으로 나타낼 수 있다. 이는 제2장에서 설명한 소비자의 효용함수를 효용곡면으로 나타낸 것과 매우 흡사하다.[4] 노동-자본 평면상의 각 점에서 생산곡면까지의 높이는 주어진 기간 동안에 노동과 자본을 투입하여 최대한으로 생산할 수 있는 생산량을 나타내고 있다.

이제 각 생산요소의 투입량과 생산량이 어떤 관계를 갖고 있는지 살펴보기로 하자. K의 투입량을 8단위로 고정시키고 L의 투입량을 증가시키면 처음에는 산출량이 증가하다가 8단위 이상을 투입하면 생산이 감소하기 시작한다. 이번에는 K의 투입량을 6단위로 고정시키고 L의 투입량을 증가시켜보기로 하자. 마찬가지로 처음에는 생산이 증가하다가 L을 7단위 이상을 투입하면 생산이 감소하기 시작한다. 이들 경로는 [그림 7-2](a)의 총생산곡선(TP)과 같은 모양을 하고 있다.

L의 투입량을 고정시킨 채 K의 투입량을 증가시키는 경우도 똑같은 논리가 적용된다. 이와 같이 서로 다른 수준의 K(또는 L)의 투입량을 고정시킨 채 L

4) 그러나 효용곡면에서는 효용의 크기를 서수적으로 나타내지만, 생산곡면에서는 산출량의 크기를 기수적으로 나타낸다는 점에서는 분명한 차이가 있다.

[그림 7-3] 생산곡면

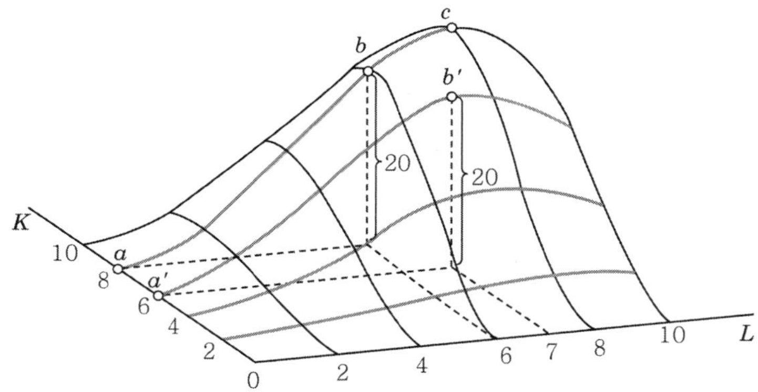

(또는 K)의 투입량을 증가시키는 과정을 반복하면 우리는 두 생산요소 L과 K의 투입량과 생산량 사이의 관계를 나타내는 생산곡면을 도출할 수 있다.

그림에서 노동 6단위와 자본 8단위를 투입할 때 생산되는 상품 20단위는 생산곡면의 b점으로 나타나 있다. 또한 노동과 자본을 각각 7단위와 6단위를 투입할 때의 상품 20단위는 b'점으로 나타나 있다. 이들 이외에도 20단위의 상품을 생산할 수 있는 노동-자본 조합들이 무수히 많다. 이처럼 생산량($Q=20$)을 일정하게 유지하면서 생산곡면을 따라 이동할 경우 b점과 b'점을 포함하는 경로를 그릴 수 있다. 그러나 생산요소들과 생산량과의 관계를 3차원 공간에서 그림으로 나타내는 것이 결코 쉬운 일이 아니며, 생산곡면을 이용해서 생산기술의 특성을 설명하는 것은 매우 복잡하고 불편하다. 따라서 우리는 적절한 가공과정을 통해 생산곡면을 2차원 평면에 옮겨서 나타내기로 한다.

4.2 등량곡선

[그림 7-4]에는 생산량 $Q=10$과 $Q=20$에서 생산곡면을 수평으로 자른 부분과 이렇게 잘라진 단면을 노동-자본의 평면에 투영시켜 그린 곡선이 나타나 있다. 노동-자본의 평면에서 원점으로부터 가까운 곳에 투영된 곡선은 $Q=10$, 그리고 약간 바깥에 투영된 곡선은 $Q=20$임을 보여주고 있다. 이것은 3차원의 생산곡면에 나타나 있는 투입요소와 산출량 사이의 관계를 2차원의 **생산무차별**

[그림 7-4] 생산곡면과 등량곡선

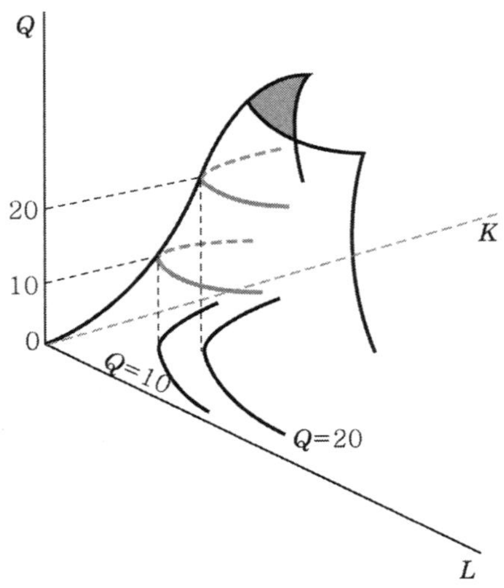

지도로 옮겨 나타낼 수 있다는 것을 의미한다. 그림에서 등고선 모양을 하고 있는 각각의 곡선을 **등량곡선**(isoquant)이라고 한다. 이처럼 등량곡선은 똑같은 상품의 양을 생산할 수 있는 노동(L)과 자본(K)의 투입량과 생산량(Q) 사이의 관계를 2차원 공간에 나타낸 것이다.

> 똑같은 양의 상품을 생산할 수 있는 노동과 자본의 조합들로 구성된 집합을 그림으로 나타낸 것이 **등량곡선**이다.

등량곡선은 제2장에서 살펴본 소비자의 무차별곡선과 매우 비슷한 성격을 가지고 있다. 그 성격들을 등량곡선에 적합하도록 다시 정리하면 다음과 같다.

첫째, 등량곡선은 우하향한다. 이러한 등량곡선의 성격은 **강단조성** 공리와 밀접한 관련이 있다. [그림 7-5]에 나타나 있는 등량곡선 Q_1위의 a점에서 기업이 L의 투입량을 1단위 증가시키면 K의 투입량을 두 단위 감소시켜야 이전과 동일한 산출량 수준을 유지할 수 있다. 이와 같이 L의 투입량을 증가시키면서 이전과 동일한 생산수준을 유지하기 위해서는 반드시 K의 투입량을 줄여야 하기 때문에 등량곡선은 우하향의 기울기를 갖는 것이다.

[그림 7–5] 등량곡선

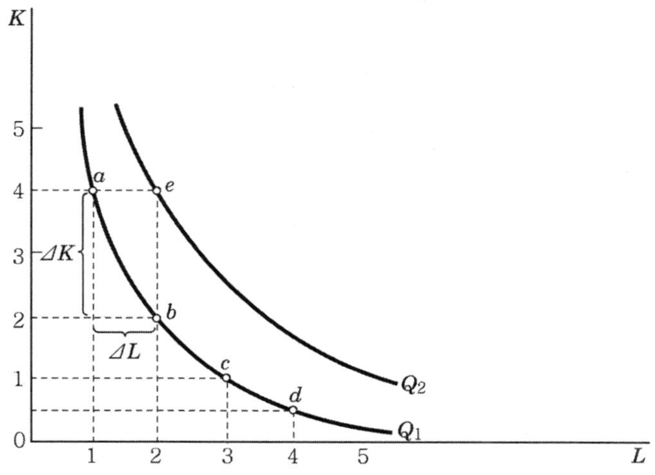

둘째, 원점으로부터 멀리 떨어진 등량곡선일수록 더 높은 생산량을 나타낸다. 이러한 등량곡선의 성격 역시 강단조성 공리와 밀접하게 관련된다. 그림의 e점은 b점에 비해서 L의 투입량은 같지만 K의 투입량이 두 단위 더 많은 것으로 나타나있다. 따라서 e점을 포함하는 등량곡선 Q_2는 b점을 포함하는 등량곡선 Q_1보다 더 많은 산출량 수준을 나타낸다. 이처럼 원점으로부터 멀리 떨어진 Q_2가 Q_1보다 더 높은 생산량을 나타내고 있다. 여기서 분명히 해 둘 것은 등량곡선 Q_1과 Q_2가 산출량의 수준을 **기수적**인 크기로 나타내고 있다는 점이다. 등량곡선의 이러한 성격은 소비자의 무차별곡선과는 매우 대조적이다. 무차별곡선의 서수적인 효용 성격 때문에 각 무차별곡선이 구체적인 효용수준을 나타내지 않지만,[5] 지금 살펴본 등량곡선은 기수적으로 구체적인 **생산량 수준**을 나타내고 있다는 점에서 분명히 차이가 난다.

셋째, 등량곡선은 서로 교차하지 않는다. 각 등량곡선은 하나의 투입요소 결합이 주어질 때 생산할 수 있는 최대한의 생산량 수준을 나타낸 것이다. 따라서 서로 다른 두 개의 등량곡선이 교차할 때 그 점에서의 생산요소 결합이 Q_1의 산출량도 생산할 수 있고 Q_2의 산출량도 생산할 수 있다는 것은 모순이다. 하

5) 무차별곡선의 경우에는 각 곡선에 해당하는 효용의 크기를 알 수 없고, 단지 원점에서 멀리 떨어져 있는 것이 더 높은 효용수준을 가져다준다는 사실만 알 수 있다.

나의 투입요소의 결합이 주어졌을 때 최대로 생산할 수 있는 산출량 수준이 두 개라는 것이 모순이라는 의미다. 결과적으로 등량곡선은 서로 교차할 수 없는 것이다.

넷째, 등량곡선은 원점에 대하여 볼록한 모양을 갖는다. 등량곡선이 원점에 대하여 볼록한 것은 등량곡선의 기울기인 **한계기술대체율**(marginal rate of technical substitution; *MRTS*)이 체감하는 성격과 관련된다. 이에 대해서는 정확한 이해가 필요하므로 이후에 자세히 설명하기로 한다.

4.3 한계기술대체율

[그림 7-5]에서 등량곡선 위의 a점과 b점을 비교해 보기로 하자. a점에서 자본을 2단위 줄이는 대신에 노동을 1단위 추가하여 b점에 도달하더라도 두 점은 동일한 등량곡선 위에 있기 때문에 생산량에는 아무런 차이가 없다. 자본투입량을 줄이는 대신에 노동투입량을 늘려도 생산량에 변화가 없다는 것은 생산과정에서 자본과 노동이 어떤 비율로 대체될 수 있다는 것을 의미한다. 이처럼 생산량을 일정한 수준으로 유지하는 상태에서 ΔK만큼의 자본이 ΔL만큼의 노동으로 대체되는 비율을 **한계기술대체율**이라고 한다.

한계기술대체율은 두 생산요소의 한계생산에 대한 상대적 비율로 나타낸다. 앞에서 살펴본 것처럼 자본 2단위가 노동 1단위로 대체되어도 생산량이 동일한 수준으로 유지된다는 것은 노동의 한계생산(MP_L)이 자본의 한계생산(MP_K)보다 두 배나 크다는 것을 의미한다. 따라서 한계기술대체율은 식 (7. 7)과 같이 자본의 한계생산에 대한 노동의 한계생산의 비율로 나타낼 수 있는 것이다.

$$(7.\ 7)\quad MRTS_{L,K} = -\frac{\Delta K}{\Delta L} = \frac{MP_L}{MP_K}$$

식 (7. 7)의 관계는 수리적인 방법을 이용하여 살펴볼 수 있다. [그림 7-5]의 a점에서 b점으로 이동할 때 노동이 ΔL만큼 변화함으로써 생기는 생산량의 변화는 $MP_L \times \Delta L$이며[6], 자본이 ΔK만큼 변화함으로써 생기는 생산량의 변화는 $MP_K \times \Delta K$이다. 따라서 생산자가 L의 투입량을 증가시키면서 이전과 동일한 산출량 수준을 유지하기 위해서는 식 (7. 8)이 성립되도록 K의 투입량을 감소시켜야 할 것이다.

$$(7.\ 8) \quad MP_L \times \Delta L = -MP_K \times \Delta K$$

식 (7. 8)을 변형하면 한계기술대체율은 식 (7. 7)과 같이 두 생산요소의 한계생산에 대한 비율로 표시될 수 있다.[7)] [그림 7-5]를 보면 등량곡선 Q_1을 따라 L의 투입량을 1단위씩 증가시켜 a점에서 b, c, d점으로 옮겨갈 때, 감소하는 K의 크기가 점차 줄어들고 있음을 확인할 수 있다. a점에서 b점으로 이동하면서 노동 1단위는 자본 2단위와 대체되었다. 그러나 b점에서 c점으로 이동하면 노동 1단위는 자본 1단위와 대체되고, c점에서 d점으로 이동하면 노동 1단위는 자본 0.5단위와 대체되고 있다. 이처럼 자본을 노동으로 대체해감에 따라서 그것의 비율이 점점 감소하는 현상을 **한계기술대체율체감의 법칙**(law of diminishing marginal rate of technical substitution)이라고 한다. 이것은 노동과 자본이 완전하게 대체될 수 없다는 것을 의미한다. 노동투입량이 증가하면서 자본투입량이 점점 감소하게 되면 자본의 한계생산은 커지는 반면에 노동의 한계생산은 작아지기 때문이다. 이처럼 한계기술대체율체감의 법칙이 성립하면 등량곡선은 원점에 대하여 **볼록한 형태**를 갖게 된다.[8)]

[연습문제 7.2]

어떤 상품의 생산함수가 $Q = L^2 + K^2$일 때 한계기술대체율이 체증함을 보여라.

6) 노동의 한계생산($MP_L = \Delta Q / \Delta L$)은 노동의 투입량을 1단위 변화시켰을 때 생산량(Q)이 어느 정도 변화하는지를 나타낸다. 그러므로 노동을 ΔL만큼 증가시킴으로써 생기는 생산량의 변화의 크기는 $MP_L \times \Delta L$이다.

7) 생산함수 $Q = F(L,\ K)$를 전미분하면 $dQ = \dfrac{\partial F(L,\ K)}{\partial L} dL + \dfrac{\partial F(L,\ K)}{\partial K} dK$가 된다. 그런데 하나의 등량곡선상에서 $dQ = 0$이므로 $0 = MP_L \times dL + MP_K \times dK$가 된다. 따라서 $-dK/dL = MP_L / MP_K$가 성립한다.

8) 만일 한계기술대체율이 체증한다면 등량곡선은 원점에 대하여 오목한 형태를 갖게 된다.

[그림 7-6] 등량곡선과 분계선

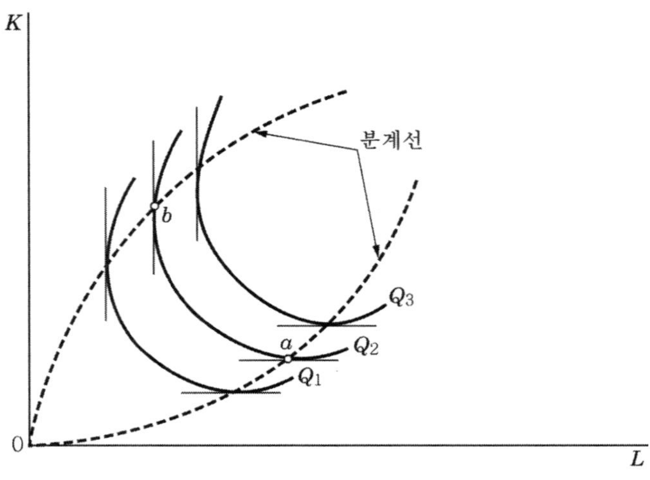

4.4 등량곡선과 분계선

등량곡선이 우하향하는 기울기를 갖는다면 노동의 투입량을 증가시킬 때 자본의 투입량을 감소시킴으로써 생산량을 일정한 수준으로 유지할 수 있다. 이것은 생산요소가 효율적으로 투입되고 있다는 것을 의미한다. 만일 노동과 자본이 비효율적으로 투입된다면 등량곡선은 우상향하는 모양을 갖게 된다.

[그림 7-6]에 그려진 것처럼 노동의 한계생산이 음(-)이면 a점을 기준으로 등량곡선이 우상향하게 되고, 자본의 한계생산이 음(-)이면 b점을 기준으로 등량곡선은 우상향하게 된다. a점 우측 영역에서는 $MP_L<0$이므로 노동 투입량을 증가시키면서 생산량을 Q_2로 일정하게 유지하려면 자본 투입량을 증가시켜야 한다. 반면에 b점 우측 영역에서는 $MP_K<0$이므로 자본 투입량을 증가시키면서 생산량을 Q_2로 일정하게 유지하려면 노동의 투입량을 증가시켜야 한다. 이렇게 볼 때 등량곡선의 기울기가 우상향하는 부분은 **비경제적 생산영역**(uneconomic region of production)이라고 볼 수 있다. 이윤극대화를 추구하는 기업이라면 결코 이 영역에서는 생산하지는 않을 것이다. 반대로 등량곡선의 기울기가 우하향하는 부분은 **경제적 생산영역**(economic region of production)

이라고 볼 수 있다. 이처럼 경제적 영역과 비경제적 영역을 구분하는 선을 **분계선**(ridge line)이라고 한다.

4.5 대체탄력성

생산기술에 따라서 노동과 자본 사이에 대체가 쉽게 이루어지기도 하고 전혀 대체가 불가능한 경우도 있다. 우리는 등량곡선의 모양을 이용하여 노동과 자본 사이에 대체가능성이 얼마나 큰지 파악할 수 있다. [그림 7-7]의 (a)에는 자본이 노동으로 대체되어 a점에서 b점으로 이동하는 과정에서 두 가지 변화가 나타나 있다. 등량곡선의 기울기가 완만해지면서 한계기술대체율인 $MRTS$가 작아지고 있으며, 자본과 노동의 투입비율인 K/L의 크기도 작아지고 있다. 우리는 바로 이러한 두 가지의 변화율을 이용하여 생산요소 사이에 대체가능성이 어느 정도인지 알아볼 수 있다. $MRTS$의 변화에 비해 K/L의 변화가 상대적으로 크면 클수록 노동과 자본의 대체가능성은 더욱 크다고 할 수 있다.

만일 노동과 자본 사이에 대체가 이루어지는 정도를 하나의 수치로 나타낸다면 두 생산요소 사이의 대체가능성 정도를 보다 명확하게 알 수 있을 것이다.[9] **대체탄력성**(elasticity of substitution; σ)은 다음과 같은 식을 통해 그 값을 구할 수 있다.

$$(7.\ 9)\quad \sigma=\frac{\text{생산요소 투입비율의 변화율}}{\text{한계기술대체율의 변화율}}=\frac{d(\frac{K}{L})/(\frac{K}{L})}{dMRTS\,/\,MRTS}$$

$$=\frac{d(K/L)}{d(MRTS)}\cdot\frac{MRTS}{K/L}$$

우리는 [그림 7-7]의 (a)와 (b)를 이용하여 생산기술의 특성에 따른 대체탄력성의 크기를 서로 비교해 볼 수 있다. 자본이 노동으로 대체되면서 한계기술대체율이 $MRTS_1$에서 $MRTS_2$로 변하였는데 그것의 크기가 두 그림에서 동일

9) 한계기술대체율이 크다고 해서 반드시 생산요소 간의 대체가 용의하다는 것을 의미하는 것은 아니다. 한계기술대체율은 노동 한 단위가 대체할 수 있는 자본의 양이 얼마인지를 보여주는 것이다.

[그림 7-7] 생산기술의 볼록성과 대체탄력성

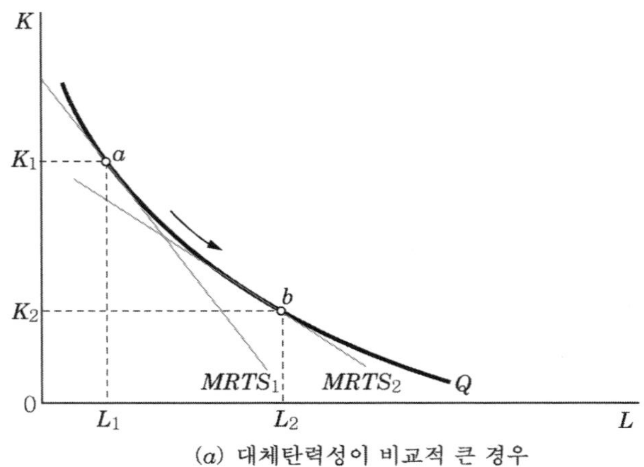

(a) 대체탄력성이 비교적 큰 경우

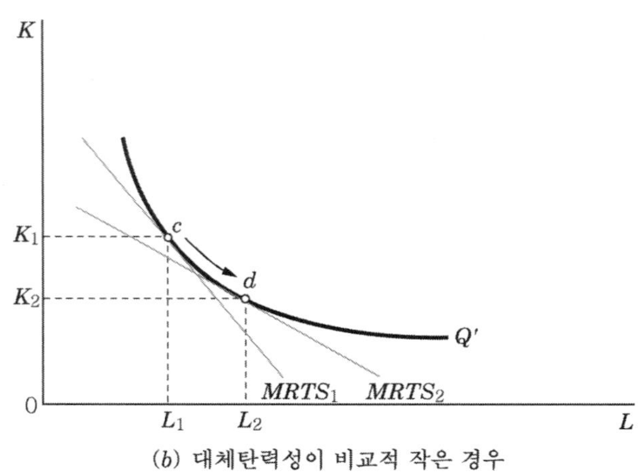

(b) 대체탄력성이 비교적 작은 경우

하게 나타나 있다. 반면에 자본과 노동의 투입비율인 K/L의 변화는 그림 (b)보다 그림 (a)에서 상대적으로 더 크게 나타나 있다. 이것을 식 (7. 9)와 관련시킬 때 분모의 크기는 그림 (a)와 (b)에서 동일한 반면에 분자의 크기는 그림 (a)에서 더욱 큰 값을 갖는다는 것을 의미한다. 따라서 그림 (a)와 같은 생산기술을 갖는 경우에 대체탄력성은 상대적으로 큰 값을 가지며 생산요소 투입비율의 변화가 크다는 것을 알 수 있다. 이러한 사실을 통하여 등량곡선이 선형에 가까울수록 대체탄력성은 매우 큰 값을 갖게 되며, L자 모양에 가까울수록 대체탄력성의 값은 영(0)에 가까워질 것이라는 점을 알 수 있다.

대체탄력성(elasticity of substitution)은 생산요소 사이에 대체가능성이 어느 정도인지를 측정하는 지표로써, 등량곡선이 선형에 가까울수록 대체탄력성은 매우 큰 값을 갖게 되며, L자 모양에 가까울수록 대체탄력성의 값은 영(0)에 가까워진다.

4.6 특수한 형태의 등량곡선

생산기술을 반영하는 생산함수의 특성에 따라 생산요소 사이의 대체 정도가 다르며, 이로 인해 등량곡선의 모양도 달라진다. 아래에서는 네 가지 특별한 경우에 해당하는 선형생산함수, 고정비율 생산함수, 콥더글라스 생산함수, CES 생산함수의 성격과 이들을 대표하는 등량곡선의 형태에 대해 살펴보기로 한다.

(1) 선형생산함수

생산기술의 특성에 따라서 생산요소 사이에 대체가 완전하게 이루어지는 경우가 있다. 예컨대 쌀의 생산과정에서 기계 1단위와 노동 2단위가 완전하게 대체된다면 등량곡선은 [그림 7-8]에서 보는 것처럼 $-1/2$의 기울기를 갖는 직선의 모양을 하게 된다. 그림의 a점에서 보는 것처럼 자본 1단위를 투입하는 대신에 b점에서와 같이 노동 2단위를 투입하더라도 쌀 생산량은 $Q_1=2$를 그대로 유지할 수 있다. 만일 생산량을 2배로 증가시키고 싶다면 c점에서처럼 자본 2단위를 투입하거나, d점에서와 같이 노동 4단위를 투입하면 된다. 이처럼 일정하게 주어지는 생산량수준에서 언제든지 자본 1단위와 노동 2단위를 대체할 수 있으므로 등량곡선은 $-1/2$의 기울기를 갖는 직선이 되는 것이다.

지금 살펴본 것처럼 두 생산요소가 완전히 대체관계인 경우에는 이들과 생산량 사이의 관계를 다음과 같이 **선형생산함수**(linear production function)로 나타낼 수 있다.

(7. 10) $Q=F(L,\ K)=aL+bK$

[그림 7-8] 선형 생산함수의 등량곡선

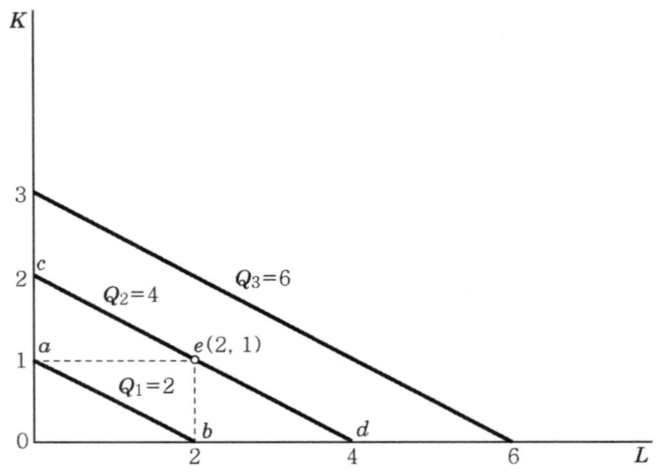

선형생산함수를 나타내는 등량곡선의 기울기는 노동의 투입수준과 관계없이 항상 일정한 값을 갖는다.[10] 노동과 자본의 한계생산이 각각 $MP_L = \partial F/\partial L = a$, $MP_K = \partial F/\partial K = b$이므로, 등량곡선의 기울기를 나타내는 한계기술대체율은 $MRTS_{L,K} = MP_L/MP_K = a/b$로 항상 일정한 값을 갖는다는 점으로 알 수 있다.

이와 같이 등량곡선의 한 점에서 다른 점으로 이동하더라도 한계기술대체율의 변화가 없으므로 대체탄력성이 무한대($\sigma = \infty$)가 된다. 다시 말해 선형생산함수의 생산요소들은 서로 완전한 대체가 가능하다. [그림 7-8]에서와 같이 등량곡선의 기울기가 $-1/2$이면, 노동 1단위를 추가로 투입할 때 자본을 0.5단위 감소시킴으로써 생산량을 항상 일정하게 유지할 수 있다. 이것은 노동투입량의 수준과 관계없이 노동 1단위와 자본 0.5단위가 완전하게 대체될 수 있다는 의미이다.

(2) 고정비율 생산함수

두 생산요소를 일정한 비율로 결합해서 투입해야 생산이 효율적으로 이루어지는 경우도 있다. 이것은 노동(L)과 자본(K)이 서로 완전보완적인 생산기술

10) 앞에서 예를 든 쌀의 생산기술과 관련된 생산함수는 $Q = L + 2K$로 나타낼 수 있으므로, 등량곡선의 기울기는 1/2로 항상 일정한 값을 갖는다.

[그림 7-9] 고정비율 생산함수의 등량곡선

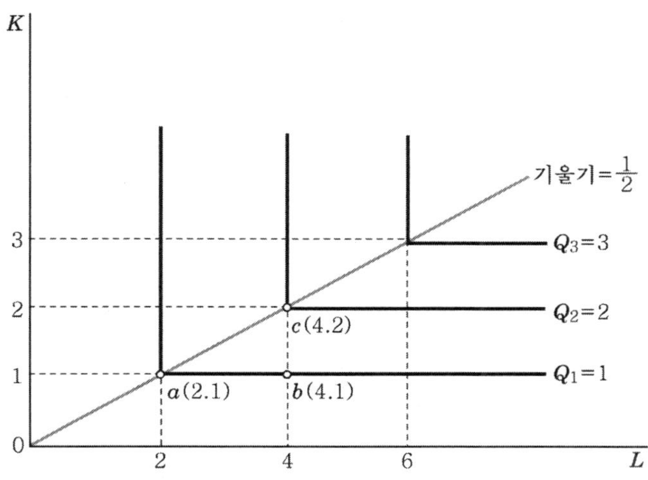

의 특성을 갖고 있다는 의미이다. 이 때 등량곡선은 [그림 7-9]에서 보는 것처럼 L자의 모양을 갖는다. 이 그림에서 보면 상품을 Q_1만큼 생산하려면 반드시 노동 2단위와 자본 1단위를 투입하여야 한다. 만일 자본투입을 1단위로 유지한 채 노동투입을 4단위로 늘리면 어떻게 될까? 지금의 생산기술로서는 추가된 노동 2단위가 전혀 생산에 기여하지 못하게 되어 상품의 생산량은 여전히 Q_1으로 유지된다. 노동 4단위가 투입될 때 자본 2단위가 투입되어야 생산량은 비로소 Q_2로 증가하게 된다. 이처럼 노동과 자본이 2:1의 비율로 투입되어야 생산이 효율적으로 이루어질 수 있다. 따라서 등량곡선은 두 생산요소를 가장 효율적으로 결합하는 점에서 직각으로 꺾이는 모양을 하게 되는 것이다.

이처럼 두 생산요소가 완전히 보완관계인 경우의 생산기술을 나타내는 생산함수를 **고정비율 생산함수**(fixed-proportions production function) 또는 **레온티에프 생산함수**(Leontief production function)라고 하며 식 (7. 11)으로 나타낼 수 있다.

$$Q=F(L,\ K)=\min(aL,\ bK) \quad (7.\ 11)$$

여기서 min은 ( )의 두 가지 값 중에서 작은 값을 취한다는 것을 의미한다.

이것은 aL과 bK 중에서 작은 값에 의해 생산수준이 결정되기 때문에 $aL=bK$가 유지되도록 노동과 자본을 결합해야 생산이 효율적으로 이루어진다는 것을 보여주는 것이다.[11] 따라서 노동에 대한 자본의 투입비율이 a/b로 유지되지 않는 어떠한 생산요소의 투입도 자원의 낭비를 초래하게 된다. 이처럼 생산요소가 항상 고정된 비율로 결합된다면 식 (7. 9)에서 생산요소 투입비율의 변화율이 0(영)이 되므로 대체탄력성은 $\sigma=0$이 된다.

[연습문제 7.3]

> 어떤 기업의 생산함수가 $Q=F(L,\ K)=\min(0.5L,\ K)$일 때 노동 2단위와 자본 3단위가 투입되면 생산량은 얼마인가?

(3) 콥-더글라스 생산함수

생산자선택이론에서 우리는 다른 어떤 생산함수보다 지금 설명하게 되는 **콥-더글라스 생산함수**(Cobb-Douglas production function)를 자주 접하게 된다. 식 (7. 12)으로 나타낼 수 있는 콥-더글라스 생산함수는 두 매개변수 α와 β의 크기에 따라 생산요소의 투입량을 변화시켰을 때 나타날 수 있는 생산량의 변화를 전부 포괄할 수 있다는 장점이 있기 때문이다.

$$(7.\ 12)\qquad Q=F(L,\ K)=AL^{\alpha}K^{\beta}$$

여기서 A, α, β는 양(+)의 값을 갖는 임의의 상수이다. [그림 7-10]에서 보는 것처럼 콥-더글라스 생산함수는 원점에 대해 볼록한 모양의 등량곡선으로 나타나게 되며, 자본과 노동 사이의 대체탄력성이 언제나 일정한 크기, 즉 $\sigma=1$인 특성을 갖는다. 콥-더글라스 생산함수에서 생산요소 사이의 대체탄력성이 1이라는 성격은 본 장의 부록에서 증명될 것이다.

[연습문제 7.4]

> 어떤 기업의 생산함수가 $Q=L\sqrt{K}$일 때 한계기술대체율과 대체탄력성의 크기는?

11) [그림 7-9]에 나타나 있는 생산기술과 관련된 생산함수는 $Q=\min(0.5L,\ K)$로 나타낼 수 있으므로, 노동에 대한 자본의 투입비율이 1/2로 유지되어야 효율적인 생산이 가능하다.

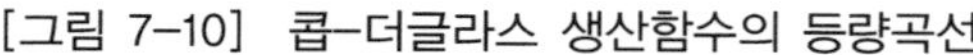
[그림 7-10] 콥-더글라스 생산함수의 등량곡선

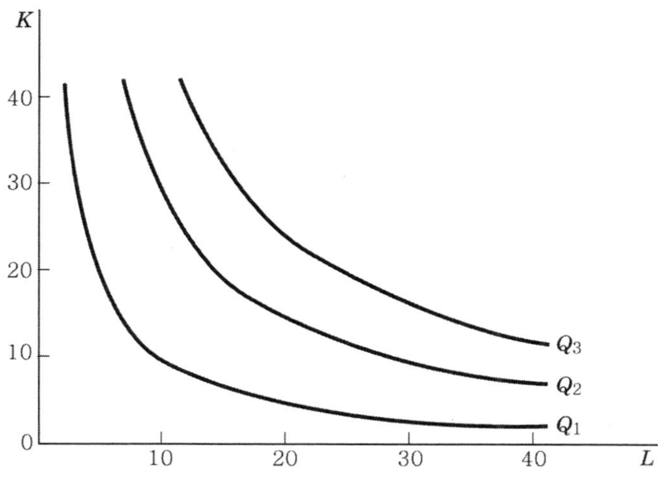

(4) *CES* 생산함수

지금까지 살펴본 선형생산함수, 고정비율 생산함수, 콥-더글라스 생산함수의 대체탄력성은 생산요소의 투입수준과 관계없이 각각 $\sigma=\infty$, $\sigma=0$, $\sigma=1$로 항상 일정한 크기를 갖는다. 이처럼 생산요소 사이의 대체탄력성이 항상 일정한 크기로 주어지는 생산함수를 ***CES* 생산함수**(constant elasticity of substitution production function) 또는 **불변 대체탄력성 생산함수**라고 한다. 이렇게 보면 선형생산함수, 고정비율 생산함수, 콥-더글라스 생산함수는 *CES* 생산함수의 특별한 경우인 것이다. *CES* 생산함수는 다음과 같은 식으로 나타낼 수 있다.

$$(7.\ 13)\qquad Q=F(L,\ K)=A[\alpha L^{-\rho}+(1-\alpha)K^{-\rho}]^{-\frac{1}{\rho}}$$

여기서 $A>0$, $0<\alpha<1$, $\rho\geqq-1$이다. *CES* 생산함수는 1차 동차함수이며, 대체탄력성은 $\sigma=1/(1+\rho)$로 일정한 크기를 갖는다. 이러한 특성은 본 장의 부록에서 증명하도록 하겠다. 대체탄력성 계수를 나타내는 ρ의 크기와 대체탄력성과의 관계는 〈표 7-2〉에 정리되어 있다.

〈표 7-2〉 ρ의 크기와 대체탄력성과의 관계

ρ	σ	생산함수
$\rho \to -1$	$\sigma = \infty$	선형 생산함수
$\rho \to 0$	$\sigma = 1$	콥-더글라스 생산함수
$\rho \to \infty$	$\sigma = 0$	고정비율(레온티에프) 생산함수

[그림 7-11] *CES* 생산함수와 등량곡선

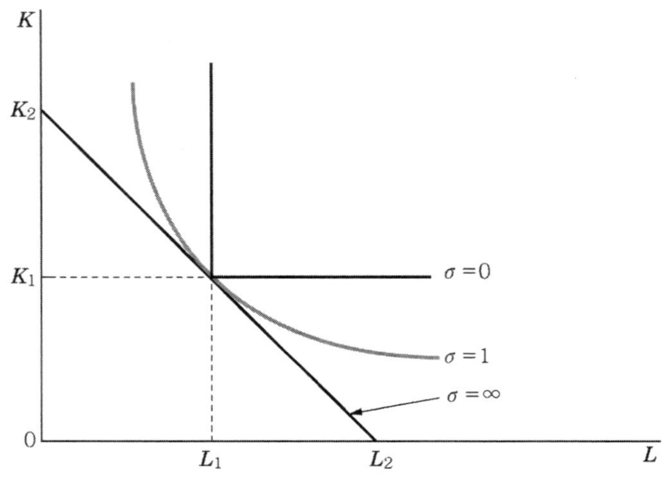

[그림 7-11]은 σ가 0에서 ∞ 사이로 변함에 따라서 *CES* 생산함수가 고정비율 생산함수($\sigma=0$), 콥-더글라스 생산함수($\sigma=1$), 선형생산함수($\sigma=\infty$)로 바뀌는 과정을 보여주고 있다. 이러한 의미에서 *CES* 생산함수는 고정비율 생산함수, 콥-더글라스 생산함수, 선형생산함수를 포괄하는 보다 일반적인 생산함수이다.

> 생산요소 사이의 대체탄력성이 항상 일정한 크기로 주어지는 생산함수를 ***CES* 생산함수**, 또는 **불변 대체탄력성 생산함수**라고 한다. 선형생산함수, 고정비율 생산함수, 콥-더글라스 생산함수는 *CES* 생산함수의 특별한 경우이다.

5. 규모에 대한 수익

기업의 입장에서는 장기적으로 모든 생산요소의 투입규모를 같은 비율로 늘려갈 때 상품의 생산량이 얼마나 증가할 것인가를 파악하는 것이 매우 중요하다. 생산요소들의 투입량과 상품 생산량간의 관계는 **규모에 대한 수익**(returns to scale)으로 설명이 가능하다.

5.1 규모에 대한 수익의 특성

생산과정에서 투입되는 모든 생산요소를 각각 두 배로 증가시킨다고 하자. 그 결과 생산량은 생산기술의 특성에 따라서 두 배 이상으로 증가할 수 있으며, 두 배 이하로도 증가할 수 있다. 또한 생산량이 생산요소의 투입비율과 똑같이 두 배로 증가할 수도 있다.

만일 모든 생산요소의 투입량을 두 배로 증가시켰을 경우 생산량이 두 배 이상으로 증가한다면 생산기술은 **규모에 대한 수익체증**(increasing returns to scale)의 특성을 갖게 되며, 반대로 생산량의 증가가 두 배보다 작게 나타나면 **규모에 대한 수익체감**(decreasing returns to scale)의 특성을 갖는다. 규모에 대한 수익체증은 생산규모가 커지면서 분업에 따른 생산성 향상이 가능한 경우에 나타나는 현상이며, 규모에 대한 수익체감은 생산규모가 계속 커지면서 현재만큼 잘 숙련된 노동자를 추가로 투입할 수 없거나 성능이 우수한 자본을 추가로 투입할 수 없을 때 나타나는 현상이다. 한편, 생산량이 생산요소의 투입비율과 똑같이 두 배로 증가한다면 생산기술은 **규모에 대한 수익불변**(constant returns to scale)의 성격을 갖는다고 한다. 현재 가동하고 있는 공장과 똑같이 복제한 제2공장을 건설하여 현재와 동일한 질적 수준의 노동력을 2배로 늘려 투입한다면 생산량도 2배로 증가할 수 있다.

현실적으로 기업들의 생산과정을 살펴보면 생산수준이 점차로 증가함에 따라 규모에 대한 수익의 특성이 다르게 나타난다. 생산수준이 증가함에 따라서 처음에는 분업에 의한 생산성 향상으로 규모에 대한 수익체증 현상이 나타나지만, 계속해서 생산규모가 커지면서 규모에 대한 수익이 불변하는 과정을 거치게 된다. 그러나 생산수준이 지나치게 커지면 규모에 대한 수익체감 현상이 나타나기도 한다.

이상에서 살펴본 규모에 대한 수익의 유형을 정리하면 식 (7. 14)와 같다. 모든 투입요소를 λ배 만큼 증가시킬 때 생산량도 λ배로 증가하면 규모에 대한 수익불변, 생산량이 λ배 이상으로 증가하면 규모에 대한 수익체증, 그리고 생산량이 λ배보다 적게 증가하면 규모에 대한 수익체감의 현상이 나타난다고 한다.

[그림 7-12] 규모에 대한 수익과 등량곡선

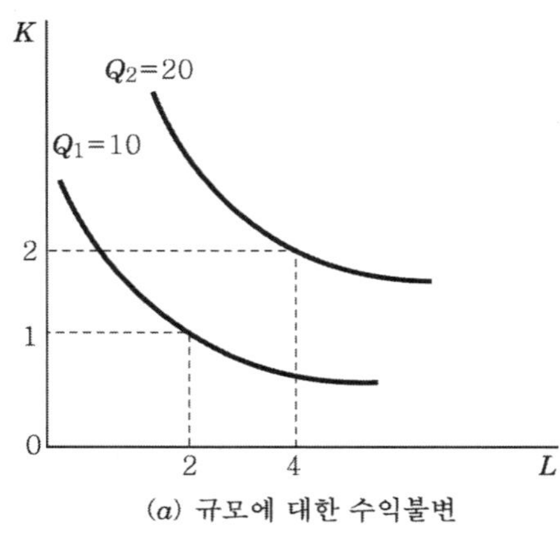

(a) 규모에 대한 수익불변

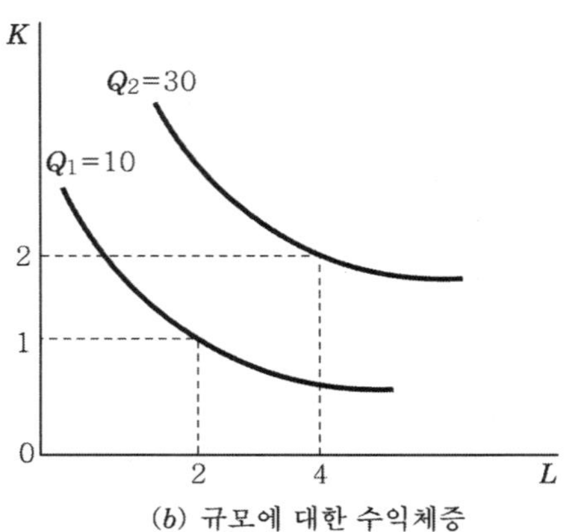

(b) 규모에 대한 수익체증

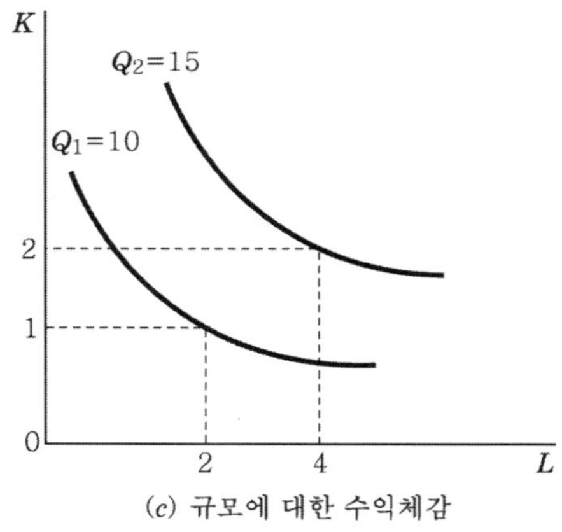

(c) 규모에 대한 수익체감

$$(7.14)\quad \begin{aligned} &\text{규모에 대한 수익불변}:\ F(\lambda L,\ \lambda K) = \lambda Q \\ &\text{규모에 대한 수익체증}:\ F(\lambda L,\ \lambda K) > \lambda Q \\ &\text{규모에 대한 수익체감}:\ F(\lambda L,\ \lambda K) < \lambda Q \end{aligned}$$

지금까지 설명한 규모에 대한 수익은 **장기**(long-run)에서 적용되는 개념이다. 장기에서는 모든 투입요소가 가변적이라는 사실을 생각하면 이 의미를 쉽게 이해할 수 있을 것이다. 따라서 장기생산함수를 나타내는 등량곡선을 이용하여 규모에 대한 수익을 설명할 수 있다.

[그림 7-12]에는 규모에 대한 수익의 유형을 나타내는 생산무차별지도가 나타나 있다. 그림 (a)는 규모에 대한 수익불변 현상이 나타날 때 등량곡선이 이동하는 과정을 보여주고 있다. 노동 2단위와 자본 1단위를 투입하면 생산량이 10단위인데, 두 생산요소를 각각 2배 증가시키면서 생산량도 2배인 20단위로 증가하였다. 이처럼 생산요소의 증가율과 생산량의 증가율이 일치하면 **규모에 대한 수익불변**의 현상이 나타나게 된다.

한편, 그림 (b)에는 노동과 자본의 투입량을 2배로 증가시킬 때 생산량이 2배를 초과하여 증가하는 **규모에 대한 수익체증** 현상이 나타나 있다. 이때는 생산량을 2배로 증가시키기 위해서 노동과 자본의 투입량을 2배보다 적게 증가시켜도 된다. 이와는 반대로 그림 (c)에서는 두 생산요소의 투입량을 2배로 증가시키지만 생산량의 증가는 2배에 미치지 못하고 있어 **규모에 대한 수익체감** 현상이 나타나고 있음을 알 수 있다. 만일 생산량을 2배로 증가시키려고 한다면 두 생산요소의 투입량을 2배 이상으로 증가시켜야 한다.

규모에 대한 수익과 관련하여 지적하고 싶은 것은 이것이 한계생산체감의 법칙과 아무런 관련이 없다는 점이다. 이미 앞에서 살펴본 바와 같이 한계생산 체감의 법칙은 고정요소가 존재하는 단기에서 가변요소의 투입량을 증가시킬 때 나타나는 현상인데 비해 규모에 대한 수익은 모든 생산요소를 동일한 비율로 증가시키는 장기에서 일어나는 현상이다. 그러므로 한계생산이 체감하면서 규모에 대한 수익이 체감하거나 또는 불변, 체증할 수도 있다.

> 규모에 대한 수익은 장기적인 현상으로서 한계생산체감의 법칙과 아무런 관련이 없다. 따라서 규모에 대한 수익이 불변이라도 한계생산은 체감할 수 있다.

5.2 규모에 대한 수익과 생산함수의 동차성

규모에 대한 수익은 장기생산함수와 밀접한 관련을 갖는다. 생산함수 $Q=F(L, K)$에서 노동과 자본을 각각 λ배로 증가시킬 때 다음과 같은 결과가 나타난다고 하자.

(7. 15) $\lambda^k Q=F(\lambda L, \lambda K)$ 단, λ는 임의의 양수임.

식 (7. 15)에서 노동과 자본을 각각 λ배로 증가시키면서 생산량은 λ^k배만큼 증가하였다. 우리는 이러한 생산함수를 **k차 동차생산함수**(homogeneous production function of degree k)라고 한다. 이 식에서 $\lambda=2$이고 $k=1$이라면 생산함수는 $2^1 Q=F(2L, 2K)$가 되어 노동과 자본을 각각 2배로 증가시키면 생산량은 2배만큼 증가하게 된다. 이와 같이 $k=1$인 1차 동차생산함수는 규모에 대한 수익불변의 특성을 갖는다. 물론 $k>1$인 경우는 규모에 대한 수익체증, $k<1$이라면 규모에 대한 수익체감의 특성을 갖게 된다.

콥-더글라스 생산함수(Cobb-Douglas production function)는 규모에 대한 수익의 세 가지 유형을 모두 포괄할 수 있는 장점이 있다. 따라서 실증적으로 규모에 대한 수익을 파악할 때 콥-더글라스 생산함수가 많이 이용된다. 앞에서 제시한 식 (7. 12)의 콥-더글라스 생산함수를 다시 쓰면 다음과 같다.

(7. 12) $Q=AL^{\alpha}K^{\beta}$

여기서 A, α, β는 양(+)의 값을 갖는 임의의 상수이다. 콥-더글라스 생산함수가 규모에 대한 수익과 관련하여 어떠한 특성을 갖는지 알아보기 위해서 식 (7. 12)에 나타나 있는 노동과 자본의 투입량을 각각 λ배씩 증가시켜 보기로 하자. 그 결과는 아래 식 (7. 16)에 나타나 있다.

(7. 16) $Q_1=A(\lambda L)^{\alpha}(\lambda K)^{\beta}=\lambda^{\alpha}\lambda^{\beta}AL^{\alpha}K^{\beta}=\lambda^{\alpha+\beta}AL^{\alpha}K^{\beta}$

이 식에서 $\alpha+\beta=1$이면 $Q_1=\lambda Q$가 된다. 이것은 노동과 자본의 투입량을 각각 λ배씩 증가시켰을 때의 생산량(Q_1)이 원래 생산량 Q의 λ배임을 알 수 있다. 다시 말해 $\alpha+\beta=1$이면 콥-더글라스 생산함수는 규모에 대한 수익불변인 특성을 보이게 된다. 한편 $\alpha+\beta>1$이면 Q_1은 Q의 λ배보다 크기 때문에 규모에 대한 수익체증의 특성을 보이며, 반대로 $\alpha+\beta<1$이면 Q_1은 Q의 λ배보다 적기 때문에 규모에 대한 수익체감의 특성을 보이게 된다. 이처럼 콥-더글라스 생산함수는 매개변수 α, β의 값에 따라 규모에 대한 수익의 특성을 모두 포괄할 수 있다는 장점 때문에 실증분석에서 널리 사용되고 있는 것이다.

[연습문제 7.5]

생산함수가 $Q=2L+3K$일 때 노동과 자본의 투입규모를 각각 2배로 증가시키면 규모에 대한 수익은 어떤 특성을 보이는가?

[연습문제 7.6]

생산함수가 $Q=\min[\frac{L}{2}, \frac{K}{3}]$일 때 노동과 자본의 투입규모를 각각 2배로 증가시키면 규모에 대한 수익은 어떤 특성을 보이는가?

[연습문제 7.7]

생산함수가 $Q=100L^{0.4}K^{0.6}$일 때 노동과 자본의 투입규모를 각각 2배로 증가시키면 규모에 대한 수익은 어떤 특성을 보이는가?

[연습문제 7.8]

생산함수가 $Q=100L^{0.6}K^{0.9}$일 때 노동과 자본의 투입규모를 각각 2배로 증가시키면 규모에 대한 수익은 어떤 특성을 보이는가?

6. 기술진보

지금까지 살펴본 생산함수는 특정하게 주어진 기술수준을 전제로 생산요소 투입량과 생산량 사이의 관계를 나타낸 것이다. 따라서 **연구개발**(research and development; $R\&D$)에 의해 기술진보가 일어난다면 생산함수가 변화하게 된다. **기술진보**를 반영한 생산함수는 앞에서 살펴본 식 (7. 2)를 변형하여 다음과 같이 나타낼 수 있다.

(7. 17) $Q = A(t)F(L, K)$

여기에서 A는 기술진보를 반영하는 계수로서 시간(t)의 함수로 나타내고 있다. 식 (7. 17)에 의하면 L과 K의 투입량이 변하지 않아도 A에 의해 생산량이 증가할 수 있다. 이처럼 기술진보가 발생하면 생산요소 투입량을 증가시키지 않더라도 생산량의 증가가 가능하다. 바꾸어 말하면 기술진보는 그것이 발생하기 이전과 같은 수준의 산출량을 이전보다 더 적은 생산요소의 투입으로 생산이 가능하게 한다.

[그림 7-13]에는 기술진보 이전에 상품 100단위를 생산하는 등량곡선이 기술진보에 의해 원점 방향으로 이동하는 것($Q \rightarrow Q'$)으로 나타나 있다. 기술진보의 결과로 등량곡선이 원점 방향으로 이동하는 것은 이전과 같은 양의 상품을 생산하기 위해 이전보다 더 적은 생산요소가 투입되었다는 의미이다. 그림 (a)는 중립적 기술진보의 경우를 보여주고 있다. **중립적 기술진보**(neutral technological progress)란 모든 생산요소의 생산성을 같은 비율로 상승시켜 모든 생산요소를 동일한 정도로 절약하는 기술진보의 유형을 말한다. 그림 (a)에서 기술진보의 결과 100단위의 생산량에 해당하는 등량곡선이 안쪽으로 이동하지만 한계기술대체율 $MRTS_{L,K}$가 원점으로부터 그은 방사선 위에서 일정하게 유지되고 있다. 이것은 등량곡선의 모양이 전혀 변하지 않은 상태에서 생산량의 증대만 반영하는 기술진보를 의미한다.

[그림 7-13] 기술진보의 유형과 등량곡선

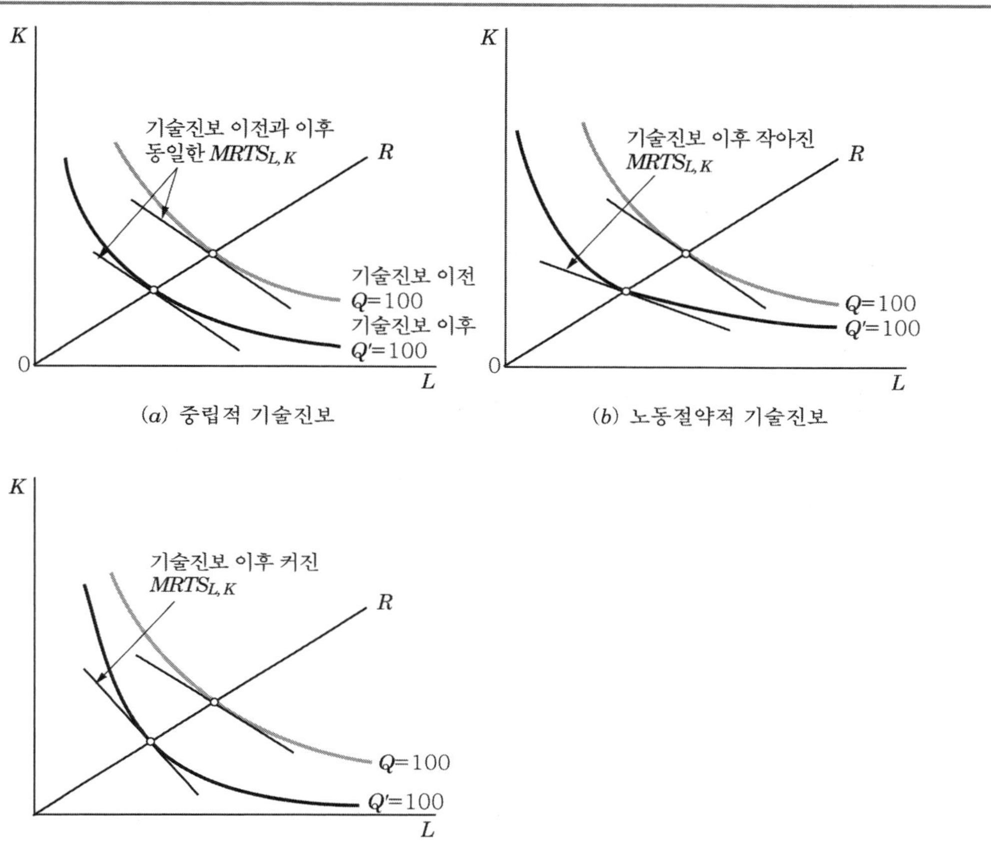

(a) 중립적 기술진보

(b) 노동절약적 기술진보

(c) 자본절약적 기술진보

그림 (b)는 노동절약적 기술진보의 경우를 보여주고 있다. **노동절약적 기술진보**(labor-saving technological progress)는 상대적으로 자본의 생산성을 증대시켜 자본의 투입을 증가시키는 기술진보의 유형을 말한다. 그림 (b)에서는 기술진보의 결과 100단위의 생산량에 해당하는 등량곡선이 안쪽으로 이동하지만 한계기술대체율 $MRTS_{L,K}$의 크기가 이전보다 감소한 것으로 나타나 있다. 이미 알고 있는 것처럼 $MRTS_{L,K} = MP_L / MP_K$이므로 한계기술대체율이 감소하였다는 사실은 기술진보의 결과 자본의 한계생산이 노동의 한계생산보다 더 빠르게 증가하였다는 것을 나타내고 있다. 따라서 생산요소가격이 변하지 않는다면 기업은 자본을 상대적으로 더 많이 투입하게 된다.

그림 (c)는 자본절약적 기술진보의 경우를 보여주고 있다. **자본절약적 기술진보**(capital-saving technological progress)는 상대적으로 노동의 생산성을 증대시켜 노동의 투입을 증가시키는 기술진보의 유형을 말한다. 그림 (c)에서는 기술진보의 결과 등량곡선이 안쪽으로 이동함에 따라 $MRTS_{L,K}$의 크기가 이전보다 증가한 것으로 나타나 있다. 이는 기술진보의 결과 노동의 한계생산이 자본의 한계생산보다 더 빠르게 증가하였다는 의미이다. 따라서 자본절약적 기술진보가 나타날 때 생산요소가격이 변하지 않는다면 기업은 노동을 상대적으로 더 많이 투입하게 된다.

이처럼 기술진보가 발생하면 노동생산성과 자본생산성이 높아지게 된다. 따라서 기술진보는 장기적인 경제성장을 위해서 매우 중요하다. 기술진보를 위해서는 연구개발을 위한 투자가 강화되어야 하며, 우수한 연구개발 인력을 확보하기 위해서 교육에 대한 투자가 지속적으로 이루어져야 한다.

〈부 록〉

❖ 콥-더글라스 생산함수 $Q=AL^{\alpha}K^{\beta}$에서는 생산규모나 생산요소투입비율에 상관없이 대체탄력성의 크기가 항상 1이다.

(증명)

(1) $MP_L=\dfrac{\partial Q}{\partial L}=\alpha AL^{\alpha-1}K^{\beta}$

(2) $MP_K=\dfrac{\partial Q}{\partial K}=\beta AL^{\alpha}K^{\beta-1}$

MP_L과 MP_K를 이용하여 다음과 같이 한계기술대체율이 구해진다.

(3) $MRTS=\dfrac{MP_L}{MP_K}=\dfrac{\alpha}{\beta}\cdot\dfrac{L^{\alpha-1}K^{\beta}}{L^{\alpha}K^{\beta-1}}=\dfrac{\alpha}{\beta}\cdot\dfrac{K}{L}$

그리고 식 (3)으로부터 다음 식이 구해진다.

(4) $\dfrac{MRTS}{K/L}=\dfrac{\alpha}{\beta},\quad \dfrac{d(K/L)}{d(MRTS)}=\dfrac{\beta}{\alpha}$

이들을 대체탄력성을 구하는 제7장의 식 (7. 9)에 대입하면

(5) $\sigma=\dfrac{d(K/L)}{d(MRTS)}\cdot\dfrac{MRTS}{K/L}=\dfrac{\beta}{\alpha}\cdot\dfrac{\alpha}{\beta}=1$이 된다.

❖ CES 생산함수 $Q=A[\alpha L^{-\rho}+(1-\alpha)K^{-\rho}]^{-\frac{1}{\rho}}$는 1차동차함수이며, 대체탄력성의 크기는 $\sigma=\dfrac{1}{\rho+1}$이다.

(증명)

노동과 자본을 각각 λ배로 증가하면 $A[\alpha(\lambda L)^{-\rho}+(1-\alpha)(\lambda K)^{-\rho}]^{-\frac{1}{\rho}}=A[\lambda^{-\rho}\{\alpha L^{-\rho}+(1-\alpha)K^{-\rho}\}]^{-\frac{1}{\rho}}=\lambda A[\alpha L^{-\rho}+(1-\alpha)K^{-\rho}]^{-\frac{1}{\rho}}=\lambda Q$이다. 따라서 CES 생산함수는 1차동차함수이다. 그리고 대체탄력성의 크기가 $\sigma=\frac{1}{\rho+1}$인 것은 다음과 같다.

$$\begin{aligned}
(1)\quad MP_L=\frac{\partial Q}{\partial L}&=-\frac{1}{\rho}A[\alpha L^{-\rho}+(1-\alpha)K^{-\rho}]^{-\frac{1}{\rho}-1}\cdot(-\rho)\alpha L^{-\rho-1}\\
&=\alpha A[\alpha L^{-\rho}+(1-\alpha)K^{-\rho}]^{-\frac{1}{\rho}-1}\cdot L^{-\rho-1}\\
&=\alpha A[\alpha L^{-\rho}+(1-\alpha)K^{-\rho}]^{-\frac{(1+\rho)}{\rho}}\cdot L^{-(\rho+1)}\\
&=\alpha A[[\alpha L^{-\rho}+(1-\alpha)K^{-\rho}]^{-\frac{1}{\rho}}\cdot L^{-1}]^{\rho+1}\\
&=\alpha A^{-\rho}[A[\alpha L^{-\rho}+(1-\alpha)K^{-\rho}]^{-\frac{1}{\rho}}\cdot L^{-1}]^{\rho+1}\\
&=\alpha A^{-\rho}(\frac{Q}{L})^{\rho+1}
\end{aligned}$$

같은 방법을 적용하여 MP_K를 구할 수 있다.

$$(2)\quad MP_K=(1-\alpha)A^{-\rho}(\frac{Q}{K})^{\rho+1}$$

MP_L과 MP_K를 이용하여 다음과 같이 한계기술대체율이 구해진다.

$$(3)\quad MRTS=\frac{MP_L}{MP_K}=\frac{\alpha}{(1-\alpha)}(\frac{K}{L})^{\rho+1}$$

그리고 식 (3)의 양변에 자연로그를 취하면 다음과 같다.

(4) $\ln(MRTS) = \ln\frac{\alpha}{(1-\alpha)} + (\rho+1)\ln(\frac{K}{L})$

식 (4)를 $\ln\frac{K}{L}$에 대해서 미분하면 아래 식이 구해진다.

(5) $\frac{d\ln(MRTS)}{d\ln(\frac{K}{L})} = \rho+1$

자연로그의 미분 공식을 적용할 때 대체탄력성 산식은 다음과 같이 나타낼 수 있다.

(6) $\sigma = \frac{\frac{d(K/L)}{(K/L)}}{\frac{d(MRTS)}{MRTS}} = \frac{d\ln(K/L)}{d\ln(MRTS)}$

식 (6)은 식 (5)의 역수이므로 *CES* 생산함수의 대체탄력성은 $\sigma = \frac{1}{\rho+1}$이 된다.

연습문제 풀이

[연습문제 7.1]

$Q=\sqrt{L}$이면 $AP_L=\sqrt{L}/L$이고, $MP_L=d\sqrt{L}/dL=0.5L^{-0.5}=1/2\sqrt{L}$이다. 따라서 노동($L$)의 투입량이 증가하면서 평균생산이 감소하고 있으며, 한계생산도 감소하고 있다. 이러한 현상은 평균생산이 한계생산보다 큰 경우에 나타나게 된다.

[연습문제 7.2]

주어진 생산함수가 원의 방정식과 동일하다. 따라서 등량곡선은 원점에 대해서 오목하며, 45^o선을 기준으로 대칭적이므로 한계기술대체율이 체증하게 된다는 것을 알 수 있다. 또한 $MP_L=2L$, $MP_K=2K$이므로 대체탄력성 크기는 $MRTS_{L,K}=MP_L/MP_K=L/K$이다. 따라서 노동투입량이 증가할수록 $MRTS_{L,K}$의 크기가 커진다는 것을 알 수 있다.

[연습문제 7.3]

$Q=F(2,\ 3)=\min[0.5(2),\ \ 3]=\min(1,\ 3)$이다. (　　)의 두 값 중에서 작은 것이 1이므로 노동 2단위와 자본 3단위가 투입될 때 생산량은 1단위가 된다.

[연습문제 7.4]

주어진 생산함수는 1.5차 동차함수인 콥-더글라스 생산함수($Q=LK^{0.5}$)이다. 한계기술대체율을 구하기 위해서 먼저 MP_L과 MP_K를 구해야 한다. $MP_L=K^{0.5}$, $MP_K=0.5LK^{-0.5}$이므로 한계기술대체율의 크기는 $MRTS_{L,K}=MP_L/MP_K=2(K/L)$이다. 그리고 주어진 생산함수가 콥-더글라스 생산함수이므로 대체탄력성은 항상 1이 된다.

[연습문제 7.5]

노동과 자본을 각각 2배로 증가시키면 $2(2L)+3(2K)=2(2L+3K)=2Q$가 된다. 따라서 문제에서 주어진 생산함수는 1차 동차함수이므로 규모에 대한 수익불변이다.

[연습문제 7.6]

노동과 자본을 각각 2배로 증가시키면 $F(2L,\ 2K)=\min[\frac{2L}{2},\ \frac{2K}{3}]=2\min[\frac{L}{2},\ \frac{K}{3}]=2Q$이므로 규모에 대한 수익불변의 특성을 보인다. 레온티에프 생산함수가 1차

동차 생산함수라는 것을 알 수 있다.

[연습문제 7.7]

노동과 자본을 각각 2배로 증가시키면 생산량은 $100(2L)^{0.4}(2K)^{0.6}$로 증가한다. 이를 정리하면 $100(2L)^{0.4}(2K)^{0.6} = 2^{0.4}2^{0.6}100L^{0.4}K^{0.6} = 2^{1}Q$가 된다. 이와 같이 노동과 자본을 각각 2배로 증가시키면 생산량도 정확하게 2배 증가한다. 콥-더글라스 생산함수에서 $\alpha+\beta=1$이면 규모에 대한 수익불변의 특성을 보인다는 사실을 실증하는 하나의 사례로 볼 수 있다.

[연습문제 7.8]

노동과 자본을 각각 2배로 증가시키면 생산량은 $100(2L)^{0.6}(2K)^{0.6}$로 증가한다. 이러한 식을 정리하면 $100(2L)^{0.6}(2K)^{0.9} = 2^{0.6}2^{0.9}100L^{0.6}K^{0.9} = 2^{1.5}Q$가 된다. 이와 같이 노동과 자본을 각각 2배로 증가시키면 생산량은 $2^{1.5}(=2\sqrt{2})$배 증가한다. 콥-더글라스 생산함수에서 $\alpha+\beta>1$이면 규모에 대한 수익체증의 특성을 보이게 된다.

제 8 장 생산비용

1. 비용의 개념
2. 비용극소화를 위한 선택
3. 단기에서의 생산비용
4. 장기에서의 생산비용
5. 규모에 대한 수익과 장기평균비용곡선
6. 비용곡선의 이동
7. 규모의 경제와 범위의 경제

이윤극대화를 추구하는 기업은 생산과정에 투입되는 생산요소가 어느 정도인지와 이때 소요되는 비용이 어느 정도인지에 많은 관심을 가질 수밖에 없다. 본 장에서는 먼저 경제학에서 의미하는 비용이 무엇이며, 기업이 계획하는 상품을 생산하는데 비용극소화를 가능하게 하는 생산요소의 결합방식이 무엇인지를 규명한다. 이렇게 함으로써 각 산출량의 수준에서 요구되는 생산비용이 얼마인지를 알 수 있다. 생산비용은 생산과정에서 고려되는 기간의 길이에 따라서 서로 다르기 때문에 단기에서의 생산비용과 장기에서의 생산비용을 구분하여 그것의 성격을 규명한다. 한편 비용곡선은 여러 가지 여건의 변화에 의해 이동하게 된다. 이들 중에서 생산요소 가격의 변화와 기술진보에 의해 그것이 이동되는 과정도 살펴보기로 한다.

1. 비용의 개념

1.1 회계적 비용과 경제적 비용

모든 경제적 선택은 한정된 자원하에서 이루어지는 것이므로 어느 하나를 선택한다는 것은 곧 다른 하나를 포기하는 것을 의미한다. 따라서 하나의 경제적 선택을 위한 비용은 그것으로 인해 포기하는 것의 가치로 파악되어야 진정한 평가가 가능하다. 이와 같은 성격을 갖는 비용의 개념을 경제학에서는 기회비용으로 나타낸다.

어떤 행동의 **기회비용**(opportunity cost)이란 그것을 선택함으로 인해 포기해야 하는 다른 여러 방안들 중 최선의 대안과 관련된 보상을 의미한다. 예컨대 어떤 사람이 수많은 일들을 포기하고 식당을 운영한다고 하자. 아마도 그 사람은 공장에서 노동을 하거나, 아니면 호프집을 경영하거나, 꽃집을 경영하는 일 등을 포기했을 것이다. 식당주인은 그러한 일들을 했을 때 얻을 수 있는 수입을 식당운영의 대가로 지불하고 있는 셈이다. 만일 이 사람이 포기한 일 중에서 공장에서 노동하는 경우에 가장 많은 수입을 얻을 수 있다면 식당을 경영하는데 드는 기회비용은 바로 공장에서 받는 임금이 된다. 이처럼 경제학적으로 의미있는 비용, 즉 **경제적 비용**(economic cost)이 기회비용의 관점에서 파악되어야 경제적 선택에 따른 평가가 정확해질 수 있다.

> 어떤 행동의 기회비용은 그것을 선택함으로 인해 포기하는 **차선**(second best)의 기회에 대한 가치로 측정된다.

기회비용과 관련하여 주의할 것은 시간이 경과하여 상황이 변함에 따라 그것이 변화할 수 있다는 점이다. 어떤 제과점에서 60만원을 주고 구입한 밀가루의 재고를 보유하고 있는데, 이후에 밀가루 가격이 20% 인상되었다고 하자. 그 제과점에서 빵을 생산하는데 사용되는 밀가루의 기회비용은 얼마일까? 이제는 빵을 생산하는데 사용되는 밀가루의 기회비용이 60만원이 아니라 72만원이다. 밀가루를 사용하여 빵을 만들 경우 제과점에서 포기해야 하는 금액이 72만원이기 때문이다. 시간이 경과하여 시장상황이 변하면서 기회비용도 변동한 것이다.

경제학에서 의미하는 경제적 비용과 현실의 기업회계 담당자들이 취급하는 **회계적 비용**(accounting cost)과는 상당한 차이가 있다. 기업회계의 입장에서는 재화나 용역을 생산할 때 소요되는 인건비, 원자재 구입비, 임대료 등과 같이 실제로 지출한 금액인 **명시적 비용**(explicit cost)을 비용으로 간주한다. 그러나 경제학에서는 명시적 비용은 아니지만 비용으로 간주해야 하는 것이 있다. 예컨대 식당을 경영하면서 주인이 직접 노동력을 제공하는 경우에는 인건비가 지출되지 않기 때문에 자신의 노동에 대한 대가를 비용으로 취급하지 않는 경우가 일반적이다. 그러나 내용상으로 보면 그가 제공한 노동력에 대한 대가도 비용에 포함시켜야 한다. 왜냐하면 식당에서와 같은 강도로 공장에서 노동력을 제공하였을 때 받을 수 있는 임금을 포기하였기 때문이다. 경제학에서는 이와 같이 눈에 보이지는 않지만 비용으로 간주해야 하는 것들, 이른바 **암묵적 비용**(implicit cost)도 경제학적으로 의미 있는 비용에 포함시키고 있다.[1)]

〈표 8-1〉 회계적 이윤과 경제적 이윤

(단위 : 만원)

총수입과 회계적 비용		총수입과 경제적 비용	
총 수 입	100	총 수 입	100
총 비 용	70	총 비 용(경제적 비용)	88
명시적 비용	70	명시적 비용	70
임 금	40	임 금	40
원 료 비	20	원 료 비	20
지 대	10	지 대	10
		암묵적 비용	18
		자신의 노동에 대한 임금	5
		자기자본에 대한 이자	3
		정 상 이 윤	10
회계적 이윤	30	경제적 이윤	12

암묵적인 비용의 성격을 갖는 것에는 **정상이윤**(normal profit)도 포함된다. 정상이윤이란 기업으로 하여금 동일한 상품을 계속해서 생산하도록 유인하는 최소한의 이윤을 의미한다. 정상이윤을 암묵적 비용으로 간주하는 것은 기업의

1) 본인의 노동에 대한 대가 뿐만 아니라 식당을 운영하기 위해 투입한 자기자본에 대한 이자도 암묵적 비용에 해당한다. 이와 같이 암묵적 비용은 자신이 소유한 생산요소에 대한 생산비용이며, 명시적 비용에 포함되지 않는 것으로 귀속비용이라고도 한다.

입장에서 그것이 기대되지 않는다면 상품생산을 포기하려고 하기 때문이다. 정상이윤이 회계학의 입장에서는 비용을 초과하는 이윤임에는 틀림없지만 경제학에서는 이를 비용으로 취급한다는 사실에 유의해야 한다.

지금까지 살펴본 바에 의하면 **경제적 이윤**(economic profit)은 총수입에서 명시적 비용뿐만 아니라 자신의 노동에 대한 임금, 자기자본에 대한 이자, 그리고 정상이윤 등을 포함하는 암묵적 비용까지 뺀 나머지로 구해진다. 기업이 합리적인 의사결정을 하기 위해서는 바로 이러한 경제적 이윤을 판단기준으로 삼아야 할 것이다. 〈표 8-1〉은 회계적 이윤과 경제적 이윤의 차이를 보여주고 있으니 참고하기 바란다.

회계적 이윤이 총수입에서 명시적 비용을 뺀 것인데 비해, **경제적 이윤**(economic profit)은 총수입에서 명시적 비용뿐만 아니라 자신의 노동에 대한 임금, 자기자본에 대한 이자, 정상이윤 등을 포함하는 암묵적 비용까지 뺀 나머지로 구해진다.

1.2 매몰비용

비용 중에는 일단 한 번 지출된 다음에는 어떤 방법으로도 회수할 수 없는 **매몰비용**(sunk cost)이 있다. 기업의 입장에서 매몰비용은 다시 회수할 수 없는 비용이므로 합리적 의사결정을 위해서라면 매몰비용은 일체 고려대상에 포함시키지 말아야 한다. 어떤 기업이 새로운 상품을 개발한 뒤 신제품의 홍보를 위하여 막대한 광고비를 지출했다고 하자. 상품의 가격을 설정하는 과정에서 광고비용의 전부 또는 일부를 상품가격에 포함시킬 수 있을까? 당연히 광고비를 상품가격에 포함시켜서는 안 된다. 일단 지출된 광고비는 회수가 불가능한 매몰비용이기 때문이다. 합리적인 의사결정자라면 매몰비용은 상품의 가격결정에 어떠한 영향도 미치지 않도록 해야 한다.

일반적으로 고정비용은 매몰비용이 될 가능성이 크다. 그러나 고정비용이라고 해서 그것의 모두가 매몰비용이 되는 것은 아니다. 기업이 조업을 중단하면서 다른 기업에게 다시 판매할 수 없는 고정요소의 구입에 지출된 것은 매몰비용이지만, 다른 기업에 되팔 수 있는 고정요소의 구입에 지출된 비용은 매몰비용이 아니다. 이렇게 볼 때 고정비용과 매몰비용은 분명하게 구분된다.

1.3 사적 비용과 사회적 비용

비용을 바라보는 관점이 개인적인가 아니면 사회적인가에 따라 그것의 성격이 구분되기도 한다. 사적(私的) 비용과 사회적(社會的) 비용의 차이를 이해하기 위해 노동, 원자재 등을 투입하여 상품을 생산하는 과정에서 각종 오염물질을 배출하는 어떤 기업을 생각해 보자. 이 기업의 입장에서는 인건비, 원자재비, 건물임대료 등을 자신의 비용으로 간주할 것이다. 이처럼 기업이 생산과정에서 직접 지출하는 비용을 **사적 비용**(private cost)이라고 한다. 그러나 사회전체적인 입장에서 본다면 상품 생산과정에서 발생하는 공해로 인하여 나타나는 피해도 비용에 포함시켜야 한다. 하천오염 때문에 직·간접적으로 피해를 입는 사람도 있을 뿐만 아니라 하천오염을 정화하기 위한 각종 비용이 지출되기 때문이다. 이와 같이 사회전체적인 관점에서 파악한 비용을 **사회적 비용**(social cost)이라고 한다.

2. 비용극소화를 위한 선택

2.1 장기비용극소화

기업이 계획하는 양만큼의 상품을 생산하려고 할 때 노동과 자본을 결합하는 방법은 무수히 많다. 이들 중에서 가장 효율적인 생산요소의 결합 방법을 찾는 것이 바로 비용극소화를 위한 선택이다. 이를 위해서는 앞 장에서 설명한 등량곡선과 더불어 등비용곡선의 성격을 파악해야 한다. 이 절에서 설명하는 등비용곡선은 제3장에서 살펴본 소비자선택이론의 예산선과 여러 가지 면에서 유사한 성격을 갖고 있다.

(1) 등비용곡선

기업에게 사용가능한 총지출 규모가 주어지면 이 범위 내에서 노동과 자본을 구입하여 생산과정에 투입하게 된다. 만일 생산요소의 구입을 위한 **총지출**이 C원으로 주어지면 구입 가능한 노동과 자본의 양은 아래 식을 만족하는 L과 K의 조합으로 이루어진다.

(8. 1) $wL+vK=C$

여기에서 w와 v는 각각 노동의 가격(임금률)과 자본의 가격(자본임대료)을 의미하며[2], 단위당 각각 w와 v의 가격만 지불하면 원하는 만큼의 노동과 자본을 구입하여 생산과정에 투입할 수 있다고 가정한다. 식 (8. 1)을 정리하면 다음과 같이 나타낼 수 있다.

(8. 2) $$K=\frac{C}{v}-\frac{w}{v}L$$

식 (8. 2)는 [그림 8-1]에서와 같이 수평축에 노동의 투입량을 나타내고 수직축에 자본의 투입량을 나타내는 평면에서 절편이 C/v이고 기울기가 $-w/v$인 선분으로 나타낼 수 있다. 이 선분은 주어진 총지출로서 구입가능한 생산요소의 조합점들을 그림으로 나타낸 것으로 **등비용곡선**(iso-cost curve)이라고 한다.

[그림 8-1]에는 기업의 총지출이 C_1, C_2, C_3로 주어졌을 때의 등비용곡선이 나타나 있다. $C_1<C_2<C_3$이므로 총지출의 증가에 따라 등비용곡선이 원점에서 바깥쪽으로 평행 이동하도록 그려둔 것이다. 이것은 소비자의 소득이 증가할 때 예산선이 평행이동하면서 원점에서 멀어지는 것과 같다. 또한 노동과 자본 사이의 상대가격이 변화할 때 등비용곡선이 이동하는 것도 예산선의 경우와 다를

2) 엄밀하게 말하면 w는 노동서비스의 가격을 나타내는 시간당 임금률이며, v는 자본서비스의 가격을 나타내는 자본임대료(rental rate of capital)이므로 자본재의 가격과는 구분되어야 한다.

[그림 8-1] 등비용곡선

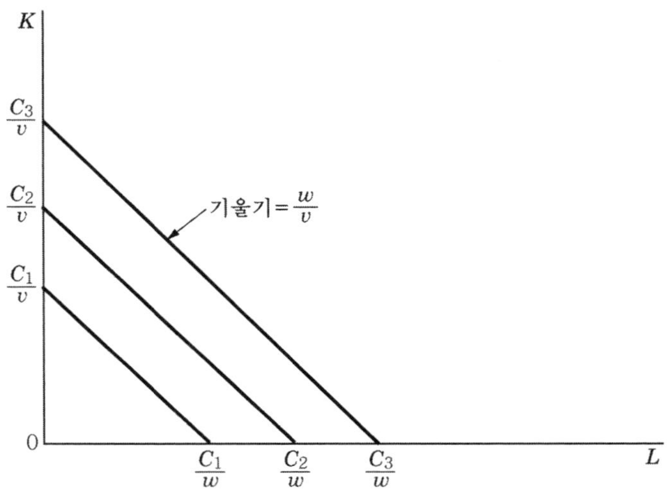

바 없다. 만일 노동의 가격인 임금률(w)이 하락하면 등비용곡선의 절편(C/v)은 그대로이지만 기울기($-w/v$)는 더욱 작아지게 된다. 임금률이 상승하는 경우는 등비용곡선의 기울기만 더욱 커지게 되는 것이 자명하다. 독자들이 직접 확인해 보기 바란다.

(2) 장기비용극소화를 위한 조건

어떤 주어진 양의 상품을 생산하려고 할 때 노동과 자본을 어떤 비율로 결합하면 생산비용이 가장 적게 들까? [그림 8-2]에 나타나 있는 등량곡선은 Q_1을 생산할 수 있는 노동과 자본의 조합들을 나타내고 있다. 기업의 생산목표를 Q_1으로 결정한다면 비용극소화는 등량곡선이 등비용곡선과 서로 접하는 E점에서 달성된다. 즉 노동과 자본을 각각 L_1과 K_1만큼 투입하면 Q_1을 가장 적은 비용(C_2)으로 생산할 수 있다는 의미이다. 물론 생산비를 C_3만큼 지출하더라도 생산목표를 달성할 수 있다. 그러나 C_3/v가 C_2/v보다 바깥쪽에 위치하고 있어서 이때는 생산비가 더 많이 지출된다는 것을 알 수 있다.

장기적으로 비용극소화를 가져다 주는 E점에서는 등량곡선의 기울기와 등비용곡선의 기울기가 서로 일치하기 때문에 식 (8. 3)에서 보는 것처럼 **한계기술**

[그림 8-2] 비용극소화

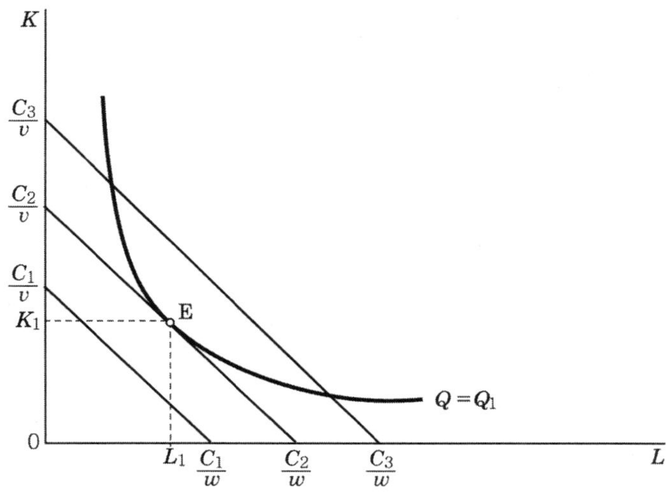

대체율($MRTS_{L,K}$)과 생산요소 사이의 **상대가격비율**(w/v)이 서로 일치하게 된다.

$$(8.\ 3) \quad MRTS_{L,K} = \frac{w}{v}$$

한계기술대체율이 자본의 한계생산(MP_K)에 대한 노동의 한계생산(MP_L)의 상대적 비율과 같다는 사실을 제7장에서 이미 밝힌 바 있다. 따라서 식 (8. 3)은 다음과 같이 나타낼 수 있다.

$$(8.\ 4) \quad MRTS_{L,K} = \frac{MP_L}{MP_K} = \frac{w}{v}$$

이를 다시 아래와 같이 바꿔 쓸 수 있다.

$$(8.\ 5) \quad \frac{MP_L}{w} = \frac{MP_K}{v}$$

이 식에 의하면 노동 1원어치에 해당하는 한계생산과 자본 1원어치에 해당하는 한계생산이 같아지도록 노동과 자본을 투입하면 비용극소화 조건이 충족된다. 우리는 이를 **한계생산균등의 법칙**이라고 하는데 제3장의 소비자의 최적선택에서 살펴본 한계효용균등의 법칙과 매우 유사하다. 비용극소화 조건과 관련하여 반드시 명심해야 할 것은 이것이 **이윤극대화**를 보장하지 못한다는 점이다. 이윤이 극대화되기 위해서는 최적의 생산량 수준을 고려해야 하는데 이 문제는 제9장에서 자세하게 논의될 것이다.

> 비용극소화 조건이 **이윤극대화**를 보장하는 것이 아니다. 이윤이 극대화되기 위해서는 최적의 산출량 수준을 고려해야 한다.

[연습문제 8.1]

> 생산함수가 $Q=10\sqrt{LK}$이고, 노동과 자본의 가격이 각각 $w=1$만원과 $v=4$만원으로 주어져 있다. 연간 100단위의 상품을 생산하고자 할 때 비용극소화를 위한 노동과 자본량의 투입량은 얼마인가?

[연습문제 8.2]

> 어떤 기업의 생산함수가 $Q=2LK$로 주어져 있다고 하자. 임금률은 $w=10$원이고, 자본의 가격이 $v=20$원이라면 노동과 자본을 어떤 비율로 투입하는 것이 최적인가?

[연습문제 8.3]

> 어떤 기업의 생산함수가 $Q=2LK$로 주어져 있다고 하자. 임금률은 $w=10$원이고, 자본의 가격이 $v=20$원이라면 상품 100단위를 만든데 최소비용은 얼마인가?

(3) 확장경로

생산요소의 가격이 일정하게 주어져 있는 상황에서 기업이 생산량을 점차 늘려갈 때 비용극소화를 달성하는 점들을 연결한 궤적을 **확장경로**(expansion path)라고 한다. [그림 8-3]에는 산출량이 Q_1에서 Q_2 그리고 Q_3로 증가할

[그림 8-3] 확장경로

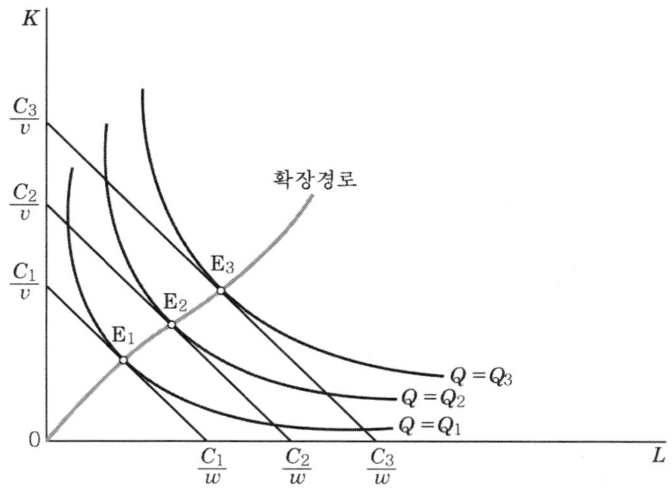

때 비용극소화를 가져다주는 생산요소의 조합이 E_1, E_2, E_3로 이동하는 것으로 나타나 있는데 이것을 연결한 궤적이 바로 확장경로이다.

이러한 확장경로는 생산기술의 특성에 따라서 여러 가지 모양을 갖는다. 그것은 소비자선택이론에서의 소득소비곡선(*ICC*)과 매우 비슷하다. 소비자의 효용함수가 동조적일 때 *ICC*가 원점에서 나오는 방사선이 되는 것처럼 생산함수가 **동조성**(homotheticity)을 갖는다면 확장경로가 원점에서 나오는 방사선의 모양을 갖는다. 이와 같이 생산함수가 동조적이면 [그림 8-4]에서 보는 것처럼 방사선 *OR* 위의 *a*, *b*, *c*점에서 측정한 등량곡선의 기울기가 서로 같기 때문에 비용극소화를 가져다주는 생산요소의 결합비율이 항상 일정하게 된다.

동조함수(homothetic function)의 특별한 형태인 동차함수의 성격을 갖는 생산함수의 경우에도 확장경로는 원점에서 나오는 방사선이 된다. 가장 전형적인 **동차함수**(homogeneous function)인 **콥-더글라스 생산함수**, $Q=AL^{\alpha}K^{\beta}$를 이용해서 이러한 특성을 살펴볼 수 있다. 등량곡선의 기울기를 나타내는 $MRTS_{L,K}$는 MP_L/MP_K이므로, 콥-더글라스 생산함수에서 MP_L과 MP_K를 구하면 다음과 같다.

[그림 8-4] 동차적 생산함수와 확장경로

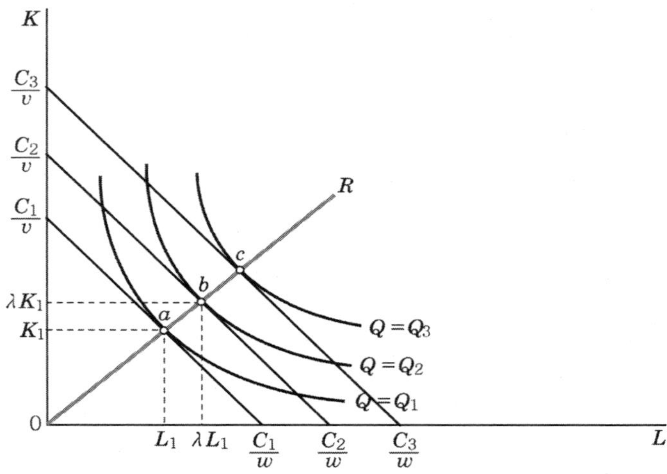

$$(8.\ 6)\quad MP_L = \frac{\partial Q}{\partial L} = \alpha A L^{\alpha - 1} K^{\beta} = \frac{\alpha Q}{L}$$

$$MP_K = \frac{\partial Q}{\partial K} = \beta A L^{\alpha} K^{\beta - 1} = \frac{\beta Q}{K}$$

따라서 한계기술대체율은 식 (8. 7)과 같이 나타낼 수 있다.

$$(8.\ 7)\quad MRTS_{L,K} = \frac{MP_L}{MP_K} = \frac{\frac{\alpha Q}{L}}{\frac{\beta Q}{K}} = \frac{\alpha K}{\beta L}$$

식 (8. 7)에 의하면 α와 β가 임의의 상수이므로 $MRTS_{L,K}$는 K/L의 함수이다. 또한 L과 K를 각각 λ배로 증가시키더라도 $MRTS_{L,K}$의 크기는 그대로 유지된다. 따라서 콥-더글라스 생산함수의 확장경로는 원점에서 뻗어 나오는 방사선이 된다는 점을 알 수 있다.

> 동조함수의 특별한 형태인 **동차함수**(homogeneous function)의 성격을 갖는 생산함수의 경우에 확장경로는 원점에서 나오는 방사선이 된다.

[그림 8-5] 열등투입요소의 확장경로

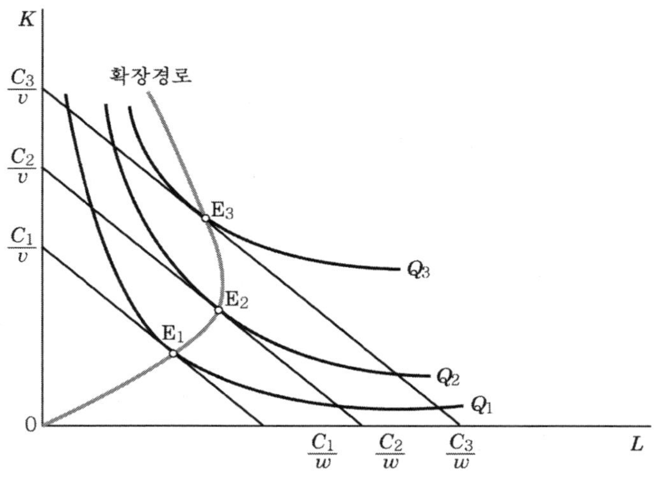

만일 하나의 생산요소, 예컨대 노동이 **열등투입요소**(inferior input)라면 확장경로는 왼쪽방향으로 올라가는 모양을 갖게 된다. [그림 8-5]에는 생산량이 Q_2이상으로 증가하면서 노동 투입량이 점차 줄어들고 있는 것으로 나타나 있다. 노동 그 자체는 열등투입요소가 아니지만 생산기술의 특성에 따라서 미숙련 노동이 열등투입요소가 된다면 확장경로는 그림에서와 같이 E_2점부터 왼쪽방향으로 올라가게 될 것이다.

[연습문제 8.4]

생산함수가 $Q=10\sqrt{LK}$이고, 노동과 자본의 가격이 각각 $w=1$만원과 $v=4$만원으로 주어져있다. 연간 상품 생산량을 100단위에서 200단위로 늘리려고 하는 경우 비용극소화를 달성하는 노동에 대한 자본의 투입비율은 어떻게 변하는가?

[연습문제 8.5]

생산함수가 $Q=2L+3K$이고, 노동과 자본의 가격이 각각 $w=1$만원과 $v=1$만원으로 주어질 때 확장경로를 구하라. 또한 임금률(w)은 일정한데 자본의 가격이 $v=2$만원으로 상승할 때 확장경로를 구하라.

[그림 8-6] 단기적 비용극소화

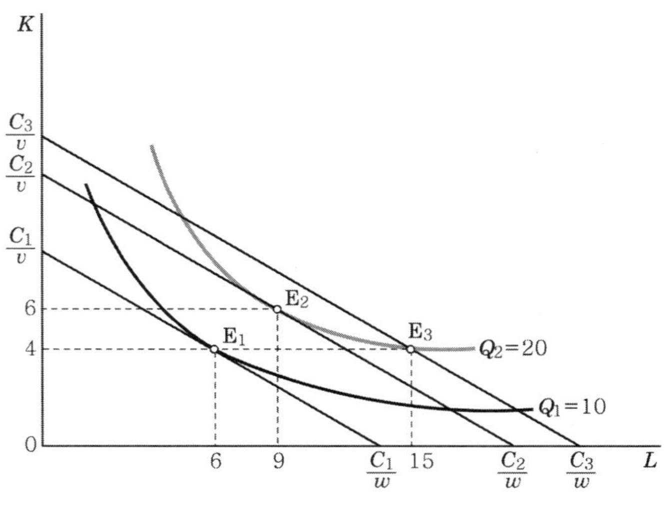

2.2 단기비용극소화

모든 생산요소의 투입량을 변경시킬 수 있는 장기에서는 $MP_L/MP_K = w/v$가 충족되도록 자본과 노동의 투입량을 적절히 조절함으로써 비용극소화를 달성할 수 있으나, 이들 생산요소 중 하나가 고정되어 있는 단기에서는 이러한 조건을 충족하는 것이 거의 불가능하게 된다. 이제 자본투입량을 변경시킬 수 없는 단기적 상황에서 비용극소화를 어떻게 실현하는지 살펴보기로 하자.

[그림 8-6]에서 나타나 있는 것처럼 E_1점에서 $MP_L/MP_K = w/v$의 조건이 충족되고 노동 6단위와 자본 4단위를 투입함으로써 비용극소화를 실현하고 있다. 이후에 상품의 가격이 상승하여 기업에서 생산량을 10단위에서 20단위로 증가시키려 한다고 하자. 노동과 자본의 투입량을 변경시킬 수 있다면 E_2점으로 옮겨가서 노동 9단위와 자본 6단위를 투입함으로써 비용극소화를 달성할 수 있다.

그러나 자본투입량을 원래의 수준($\overline{K}=4$)으로 고정시켜야 하는 상황이라면 E_2점에서 비용극소화를 달성하는 것이 불가능하다. 이렇게 자본이 4단위로 주어질 때 $Q_2=20$을 생산하기 위해서는 E_3점에서 노동 15단위를 투입해야 한다.

[그림 8-7] 단기와 장기의 비용극소화

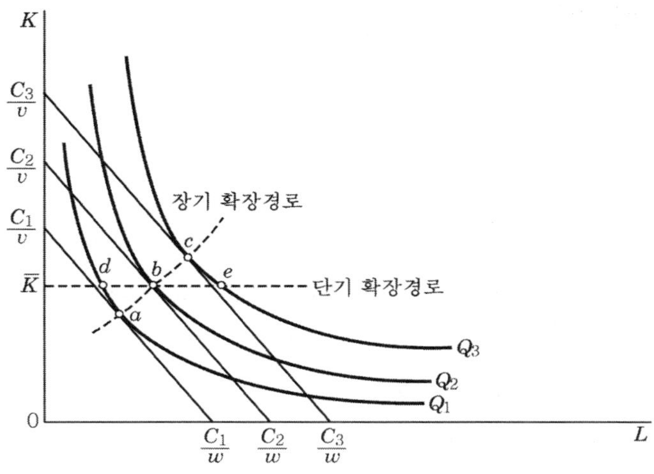

E_3점을 지나는 등비용곡선이 E_2점을 지나는 등비용곡선보다 원점으로부터 더 멀리 위치하고 있어서 생산비용이 더 많이 든다는 것을 보여주고 있다. 단기에서는 장기에서보다 상대적으로 더 높은 비용구조하에서 생산활동이 이루어질 수 있음을 알 수 있다.

물론 드물기는 하지만 기업이 단기적인 측면과 장기적인 측면에서 부담하는 총비용이 일치하는 경우도 있다. [그림 8-7]의 b점이 바로 이러한 경우를 보여주고 있다. 기업이 생산량을 Q_1에서 Q_2로, 다시 Q_2에서 Q_3로 증가시킬 때 장기적으로 비용을 극소화하는 점들을 연결한 **확장경로**가 abc로 나타나 있다. 이러한 확장경로상의 b점은 Q_2를 생산하기 위하여 자본을 $\overline{K}$만큼 투입할 때 장기적인 측면에서 비용이 극소화된다는 것을 의미하는 것이다. 한편 단기적으로 운영되는 기업의 확장경로인 dbe에 위치한 b점은 자본규모가 $\overline{K}$로 주어졌을 때 Q_2를 생산하기 위한 비용극소화를 충족하고 있다. 이렇게 본다면 b점에서는 Q_2를 생산할 때 단기적으로 부담하는 비용과 장기적으로 부담하는 비용이 일치한다는 것을 알 수 있다.

3. 단기에서의 생산비용

3.1 단기총비용

앞 장에서 설명한 바와 같이 단기에서는 가변투입요소뿐만 아니라 하나 이상의 고정투입요소가 존재한다. 따라서 **단기총비용**(short-run total cost: STC)은 고정투입요소를 구입하는데 드는 **총고정비용**(TFC)과 가변투입요소를 구입하는데 드는 **총가변비용**(TVC)의 합으로 구해진다. 공장부지나 생산설비와 같은 고정투입요소는 일단 설치되고 나면 그 규모가 상품의 생산량(Q) 수준과 관계없이 일정기간동안 그대로 유지되는 반면에, 노동자나 원자재와 같은 가변투입요소는 생산량이 많고 적음에 따라 그것의 투입규모를 조절해야 한다. 고정투입요소와 가변투입요소의 이러한 특성을 고려하여 단기에서의 총비용함수는 식 (8. 8)과 같이 나타낼 수 있다.

(8. 8) $STC(Q) = TFC + TVC(Q)$

단기에서의 총비용은 생산량(Q)뿐만 아니라 노동의 가격(w)이나 자본의 가격(v) 등 생산요소가격에 의해서도 영향을 받게 된다. 다른 모든 것이 불변인 상태에서 생산요소가격이 상승하면 생산비용이 증가하는 것은 당연하다. 따라서 총비용함수는 생산량뿐만 아니라 생산요소가격의 함수로 나타내어야 할 것이다. 그런데 이들 독립변수를 모두 고려하는 것은 분석을 매우 복잡하게 만들기 때문에 당분간 w나 v가 일정하게 주어지는 것으로 가정한다.[3] 이러한 가정을 유지한다면 우리가 고려하고자 하는 **단기총비용함수**(short-run total cost function)는 다음과 같은 생산량 Q의 함수로 나타낼 수 있다.

(8. 9) $STC = STC(Q, \overline{w}, \overline{v})$

3) 여기에서 일정한 것으로 가정한 생산요소가격이 변하면 비용곡선은 이동하게 되는데, 이러한 과정은 본장의 제6절에서 설명하기로 한다.

[그림 8-8] 단기총비용곡선

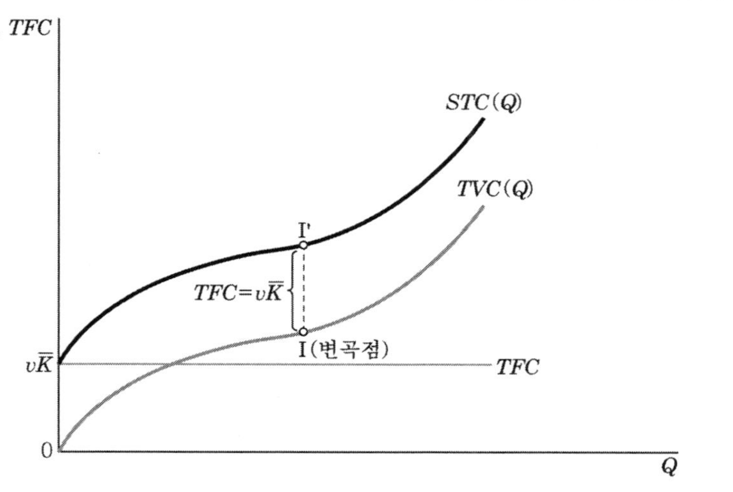

단기총비용은 총고정비용과 총가변비용의 합이므로 이들 두 곡선을 수직방향으로 더함으로써 [그림 8-8]에서 보는 것과 같은 단기총비용곡선을 도출할 수 있다. 총고정비용은 생산량의 크기와 관계없이 항상 일정하게 유지되므로 총고정비용곡선은 그림에서 보는 것처럼 $v\overline{K}$점에서 수평선의 모양을 한다. 이와는 대조적으로 총가변비용곡선은 S자를 뒤집어 놓은 모양을 하고 있다. 이것은 S자 모양을 갖는 **총생산곡선**과 밀접한 관련을 갖는다.

[그림 8-9]는 총생산곡선(TP)과 총가변비용곡선(TVC)을 보여주고 있다. 총생산곡선은 제7장의 [그림 7-2]를 그대로 옮겨둔 것이다. 오른쪽 그림에 나타나 있는 총생산곡선 위의 각 점들은 노동투입량에 대한 생산량 수준을 나타내고 있다. 예컨대 a점은 노동투입량이 L_1일 때 생산량이 Q_1임을 나타내고 있다. 이때 임금률이 $\overline{w}$로 주어져 있다면 Q_1을 생산하는데 드는 가변비용은 $\overline{w}L_1$이 된다. 또한 b점과 c점에서와 같이 노동투입량이 각각 L_2, L_3이면 생산량은 Q_2, Q_3가 되고 이러한 생산량에 대응되는 가변비용은 $\overline{w}L_2$와 $\overline{w}L_3$가 될 것이다.

총가변비용곡선이 상품의 생산량과 총가변비용과의 함수적 관계를 그림으로 나타낸 것이기 때문에 [그림 8-9]의 왼쪽 그림에서 보는 것처럼 Q_1, Q_2, Q_3와 이에 대응되는 $\overline{w}L_1$, $\overline{w}L_2$, $\overline{w}L_3$를 나타내는 a', b', c'점을 연결하면 그것을

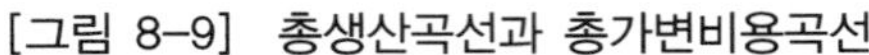
[그림 8-9] 총생산곡선과 총가변비용곡선

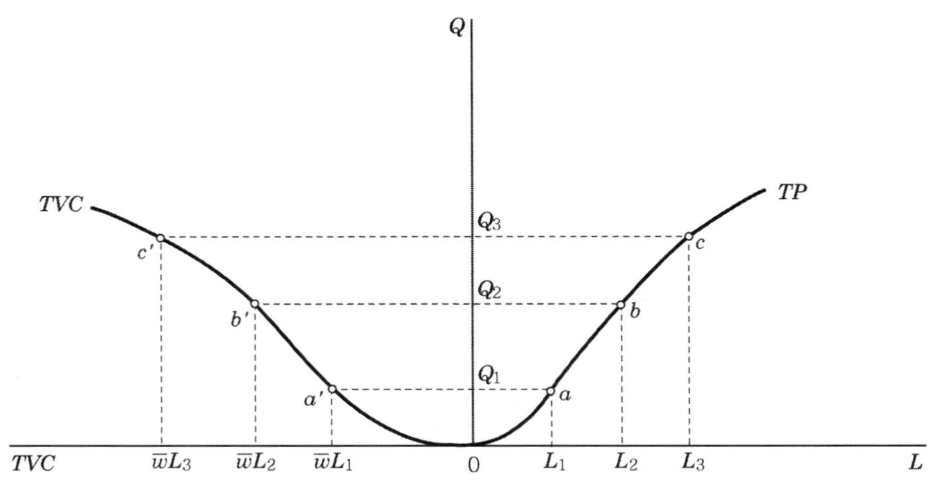

얻을 수 있다. 이 그림을 90° 회전시켜 Q를 횡축으로 두고 TVC를 종축으로 두면 총가변비용곡선은 [그림 8-8]에서와 똑같은 모양을 갖게 된다. 지금까지의 총가변비용곡선이 도출되는 과정을 보면 우리는 생산비용이 생산기술과 밀접하게 연관되어 있다는 사실을 확인할 수 있다.

[그림 8-8]에서 보는 것처럼 STC는 TVC를 총고정비용의 크기를 나타내는 $v\overline{K}$만큼 위로 평행하게 이동시킨 것이므로 단기비용곡선과 총가변비용곡선은 똑같은 모양을 하게 된다. 따라서 동일한 산출량 수준에서 두 곡선의 기울기도 서로 일치하게 된다.4)

3.2 단기평균비용

평균비용(average cost; AC)은 일정기간 동안에 상품 1단위를 생산하기 위해 얼마의 비용이 소요되는지를 나타낸다. 단기에서 총비용은 총고정비용과 총가변비용으로 구성되므로 **단기평균비용**(short-run average cost; SAC)은 식 (8. 10)에서와 같이 이들을 생산량으로 나눈 **평균고정비용**(average fixed cost;

4) 동일한 산출량 수준에서 두 곡선의 기울기가 같다는 것은 한계비용(MC)이 같다는 것을 의미한다.

[그림 8-10] 총고정비용과 평균고정비용곡선

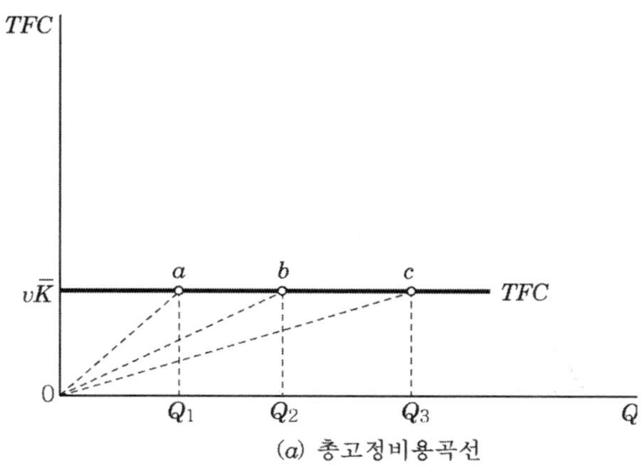

(a) 총고정비용곡선

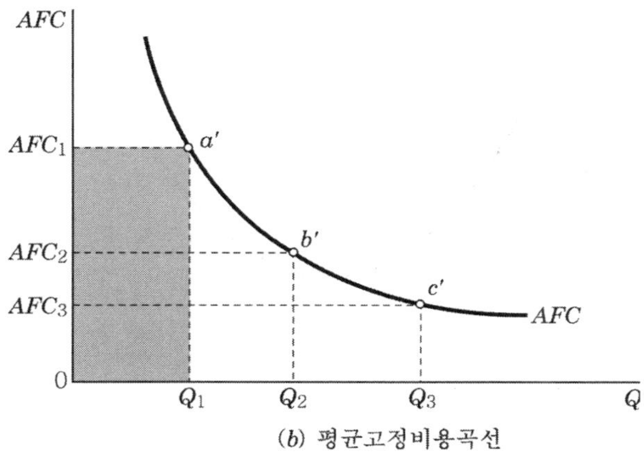

(b) 평균고정비용곡선

AFC)과 **평균가변비용**(average variable cost: AVC)을 합하여 구하게 된다.

$$(8.\ 10)\quad SAC=\frac{STC}{Q}=\frac{TFC}{Q}+\frac{TVC}{Q}=AFC+AVC$$

단기평균비용이 평균고정비용과 평균가변비용의 합이므로 단기평균비용곡선은 이들 비용곡선을 수직방향으로 더하여 도출할 수 있다. 평균고정비용은 원점에서 총고정비용곡선 위의 한 점을 연결한 선분의 기울기로 나타낸다. [그림 8-10]의 (a)와 같이 생산량이 Q_1으로 주어지면 평균고정비용의 크기는 $AFC_1 = Q_1a/OQ_1$가 되

[그림 8-11] 총가변비용곡선과 평균가변비용곡선

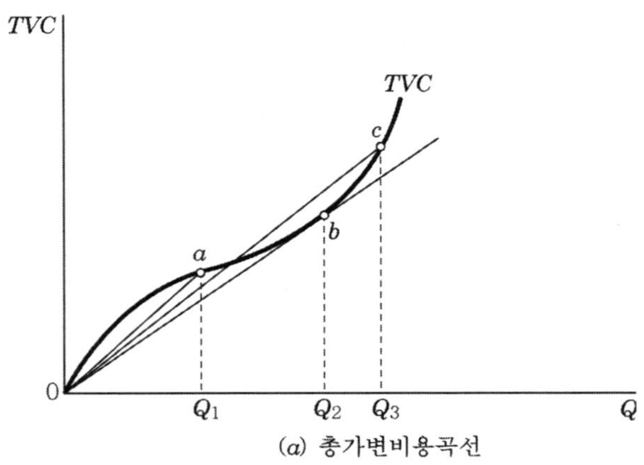

(a) 총가변비용곡선

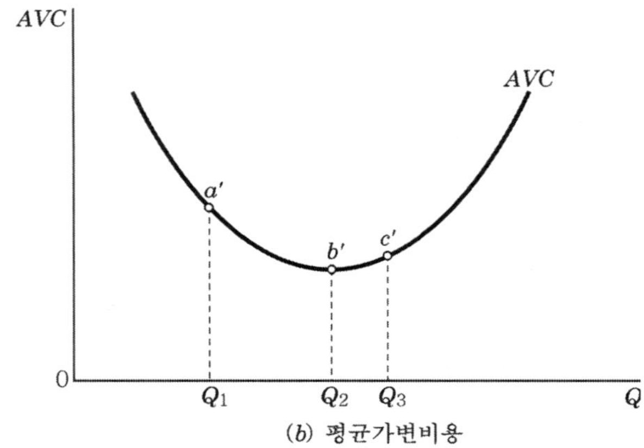

(b) 평균가변비용

고, 생산량이 Q_2로 주어지면 평균고정비용의 크기는 $AFC_2 = Q_2b/OQ_2$가 된다.

이러한 평균고정비용곡선은 **직각쌍곡선**의 모양을 갖는다. 생산량이 Q_1으로 주어지면 총고정비용은 그림 (b)에서 평균고정비용(AFC_1)과 산출량(Q_1)을 곱한 음영으로 표시한 사각형 면적의 크기이다. 단기에서 총고정비용은 생산량과 관계없이 항상 일정하므로 생산량이 Q_2나 Q_3로 주어지더라도 총고정비용을 나타내는 사각형의 면적은 음영으로 표시한 사각형 면적의 크기와 동일해야 하는데 이러한 조건을 만족하는 곡선은 바로 직각쌍곡선이다.

평균가변비용곡선은 [그림 8-11]의 (b)와 같이 U자 모양을 갖는다. 그림 (a)에서 생산량이 Q_1으로 주어지면 평균가변비용은 $AVC_1 = Q_1a/OQ_1$가 된

[그림 8-12] 단기평균비용곡선

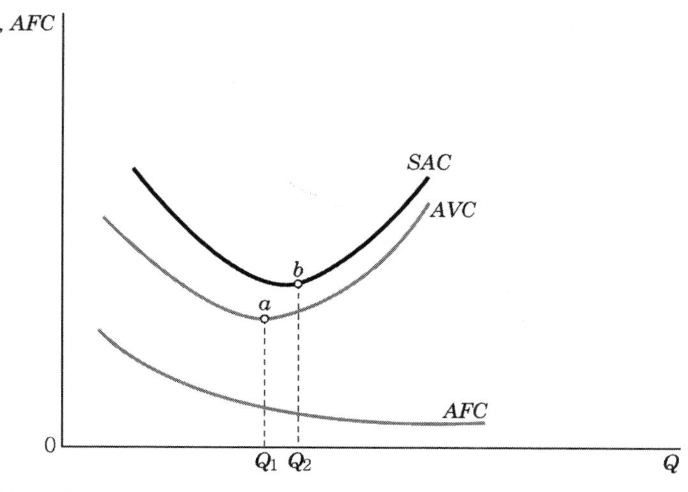

다. 이처럼 평균가변비용의 크기는 원점에서 총가변비용곡선(TVC) 위의 한 점을 연결한 선분의 기울기로 나타낼 수 있다. 평균가변비용은 생산량이 Q_2일 때 최저가 되므로 평균가변비용곡선은 그림 (b)에 나타나 있듯이 a점에서 최저점을 형성하는 U자 모양을 갖는다.

단기평균비용은 평균고정비용과 평균가변비용의 합이므로 이들 곡선을 수직방향으로 합하면 [그림 8-12]에 나타나 있는 것처럼 U자 모양의 단기평균비용곡선(SAC)을 도출할 수 있다. 다만 주의해야 할 것은 평균가변비용의 최저점 a가 반드시 단기평균비용곡선의 왼쪽에 위치하고 있다는 점이다. 그 이유는 단기평균비용과 단기한계비용과의 관계를 논의하는 과정에서 자세히 설명하기로 하겠다.

3.3 단기한계비용

한계비용(marginal cost; MC)은 상품 1단위를 더 생산하기 위해 추가로 지출하는 비용을 의미한다. 단기총비용이 총고정비용과 총가변비용의 합으로 구성되므로 **단기한계비용**(short-run marginal cost; SMC)은 식 (8. 11)과 같이 나타낼 수 있다.

[그림 8-13] 단기총비용곡선과 단기한계비용곡선

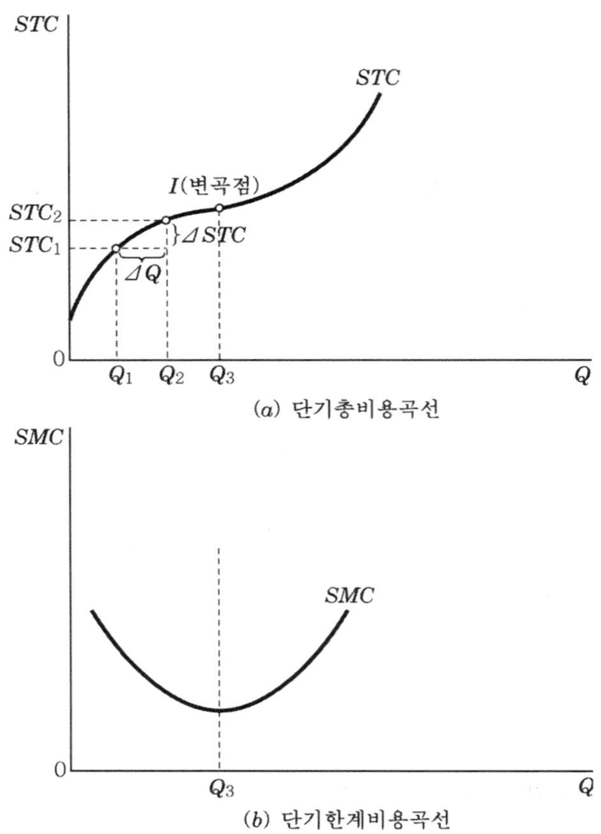

(a) 단기총비용곡선

(b) 단기한계비용곡선

$$(8.\ 11)\quad SMC = \frac{\Delta STC}{\Delta Q} = \frac{\Delta TFC}{\Delta Q} + \frac{\Delta TVC}{\Delta Q} = MVC$$

고정비용은 산출량과 관계없이 일정하게 유지되므로 $\Delta TFC = 0$이 된다. 따라서 식 (8. 11)에 나타나 있는 것처럼 단기한계비용(SMC)은 결국 한계가변비용(MVC)을 의미한다는 것을 알 수 있다.

한계비용의 크기는 총비용곡선(또는 총가변비용곡선) 위의 각 점에서 그은 접선의 기울기로서 나타낼 수 있다. [그림 8-13]에서 생산량이 Q_1에서 Q_2로 증가하면서 단기총비용은 STC_1에서 STC_2로 증가하고 있다. 이 때 단기한계비용 SMC는 $\Delta STC/\Delta Q=(STC_2-STC_1)/(Q_2-Q_1)$가 되는데, 이것은 단기 총비용곡선상의 한 점에서 그은 접선의 기울기의 크기로 단기한계비용을 나타낼 수 있음을 의미한다.

그림에서 보면 STC가 원점에서 I점까지는 오목한 모양을 하다가 그 점을 지나면서 볼록한 모양으로 바뀌고 있다. 따라서 단기한계비용곡선은 변곡점 I가 나타나는 Q_3의 산출량 수준에서 최저점을 갖는다. 이것은 산출량이 증가하면서 한계비용이 체감하다가 변곡점을 지나면서 체증하는 양상으로 바뀌고 있음을 나타낸다. 이것은 단기한계비용곡선도 단기평균비용곡선과 마찬가지로 U자 모양을 갖는다는 것을 의미하고 있다.

3.4 단기평균비용과 단기한계비용과의 관계

앞에서 살펴본 바와 같이 단기총비용곡선이 주어지면 그것 위의 한 점에서 그은 접선의 기울기로 단기한계비용곡선(SMC)을 구할 수 있으며, 또한 그것 위의 한 점과 원점을 연결한 선분의 기울기로 단기평균비용곡선(SAC)을 구할 수 있다. 우리는 이러한 사실을 이용하여 단기평균비용과 단기한계비용과의 상호관계를 규명할 수 있다.

[그림 8-14]에서 보는 것처럼 STC 위의 한 점과 원점을 연결한 선분의 기울기가 a점에서 최소이므로 생산량이 Q_3에 도달할 때까지 SAC는 감소하다가 그 이후부터는 SAC가 증가하게 된다. 이것과 STC 위의 한 점에서 그은 접선의 기울기를 서로 비교해 보면 a점에 이르기까지는 SAC가 SMC보다 크다는 것을 알 수 있다. 그러나 a점을 지나면서 이러한 관계가 바뀌고 있다. 즉, Q_3를 지나면서부터는 SAC가 SMC보다 작게 된다. 그러므로 a점이 의미하는 산출량 수준인 Q_3에서 SMC가 SAC의 최소점(d점)을 아래에서 위로 뚫고 지나가게 된다.

총가변비용곡선 TVC 위의 a'점에서도 이와 비슷한 성격이 나타난다. a'점에 해당하는 산출량 Q_2에 이르기까지 AVC는 감소하다가 그 이후부터는 증가한다. 그리고 Q_2에 이르기까지는 SMC가 AVC보다 작지만 Q_2의 산출량 수준을 지나면서 SMC가 AVC보다 크기 때문에 Q_2의 산출량 수준에서 SMC가

[그림 8-14] 단기에서 비용곡선 사이의 상호관계

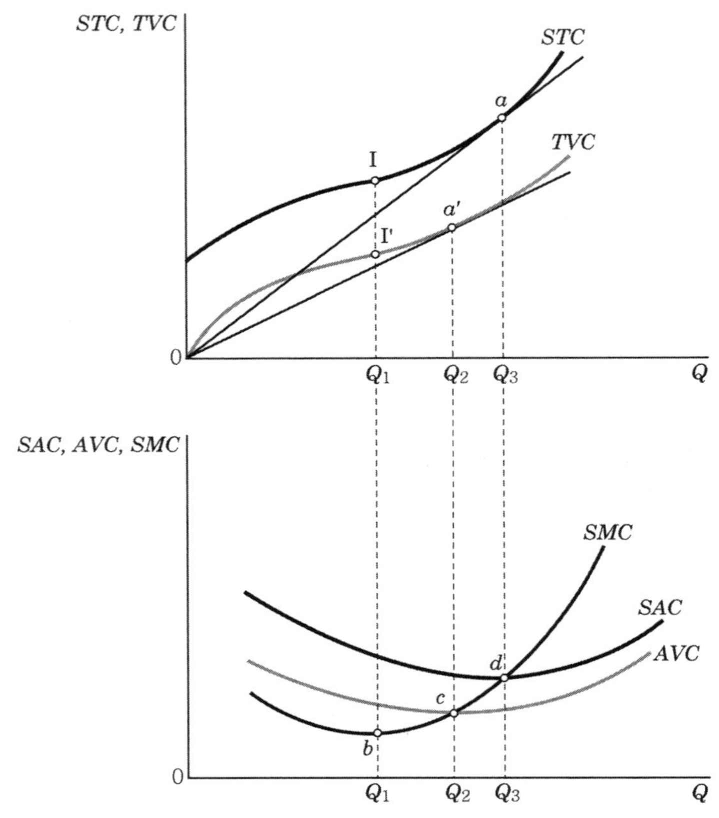

AVC의 최소점(c점)을 아래에서 위로 뚫고 지나고 있다. 이처럼 단기한계비용곡선은 평균가변비용곡선의 최저점인 c점뿐만 아니라 단기평균비용곡선의 최저점인 d점에서도 아래에서 위로 뚫고 지나가게 된다.

> SMC는 AVC의 최소점을 통과한 이후에 SAC의 최소점을 통과하게 된다. 따라서 SAC의 최소점이 AVC의 최소점보다 오른편에 위치하게 된다.

[연습문제 8.6]

기업 A의 단기비용함수가 $TC = 200 + 2Q^2$이다. 생산량(Q)이 100톤일 때 평균가변비용은?

4. 장기에서의 생산비용

생산활동과 관련하여 장기란 공장부지나 생산설비와 같은 자본재를 자유롭게 설치하거나 제거할 수 있을 만큼의 긴 시간을 의미한다. 따라서 자본규모가 일정하게 주어져 있는 단기에서와 같이 고정비용과 가변비용으로 구분할 필요가 없다.

4.1 장기총비용곡선

본 장의 제2절에서 비용극소화를 위한 생산요소의 선택과정을 설명하면서 생산량의 변화에 따라 생산요소의 최적결합이 어떻게 변화되는지 살펴보았다. [그림 8-15]의 (a)는 이를 다시 나타낸 것으로 우리는 이것을 통하여 생산량과 장기총비용의 관계를 알아볼 수 있다. 생산량이 Q_1에서 Q_2, Q_3로 증가하면서 이를 생산하기 위한 최소비용이 $LTC_1 = wL_1 + vK_1$에서 $LTC_2 = wL_2 + vK_2$로 다시 $LTC_3 = wL_3 + vK_3$로 증가하고 있다.

그림 (b)의 LTC는 생산요소의 가격(w, v)과 기술수준(T)이 일정하게 주어져 있을 때 생산량 Q_1, Q_2, Q_3를 생산하는데 소요되는 최소한의 총지출이 어떻게 변화하는지를 보여주고 있다. 이것이 바로 **장기총비용곡선**(long-run total cost; LTC)이다. 지금 살펴본 생산량과 총비용과의 관계를 나타내는 **장기총비용함수**는 다음과 같은 형태로 나타낼 수 있다.

(8. 12) $LTC = LTC(Q, \overline{w}, \overline{v}, \overline{T})$

그림에는 장기총비용곡선이 단기총비용곡선과 마찬가지로 S자를 뒤집어 놓은 모양으로 나타나 있다. 단기총비용곡선이 이러한 모양을 갖는 것은 한계생산체감의 법칙에 기인하지만, 장기총비용곡선의 경우에는 그와 다르다. 장기적으로 생산규모가 증가하면서 어느 수준까지는 생산비용이 감소하는 **규모의 경제**

[그림 8-15] 비용극소화와 장기총비용곡선

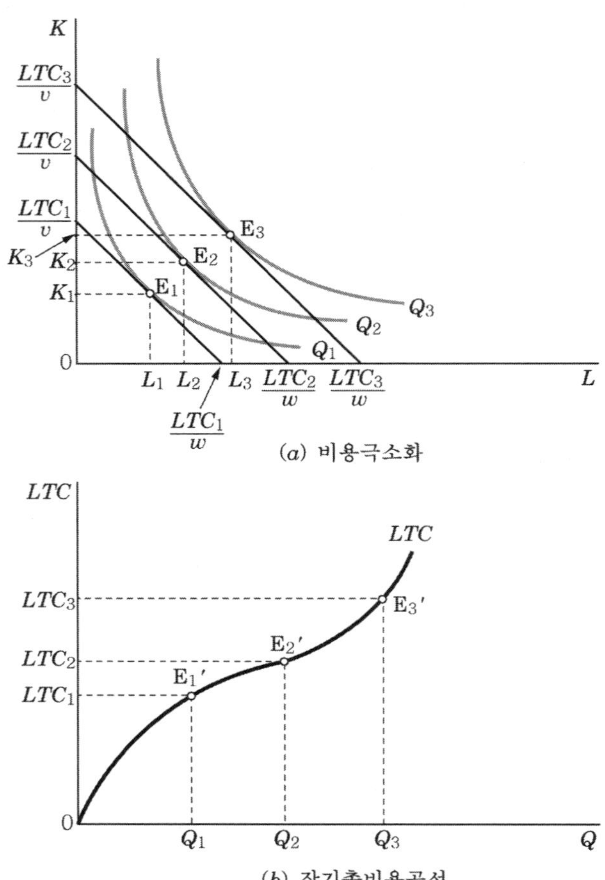

(economies of scale)가 나타나지만, 그 이상으로 생산량을 증가시키면 생산비용이 증가하는 **규모의 불경제**(diseconomies of scale)가 나타나는 일반적인 생산기술이 반영된 결과이다. 이에 대한 설명은 장기평균비용곡선을 설명하는 다음의 4.2절에서 자세히 다루도록 하겠다.

> 장기총비용곡선이 S자를 뒤집어 놓은 모양을 갖는 것은 **규모의 경제**와 관련되지만, 단기총비용곡선이 이러한 모양을 갖는 것은 **한계생산체감의 법칙**에 기인한다.

이러한 장기총비용곡선은 단기총비용곡선과 어떠한 연관을 갖고 있는 것일

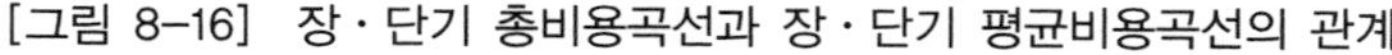

[그림 8-16] 장 · 단기 총비용곡선과 장 · 단기 평균비용곡선의 관계

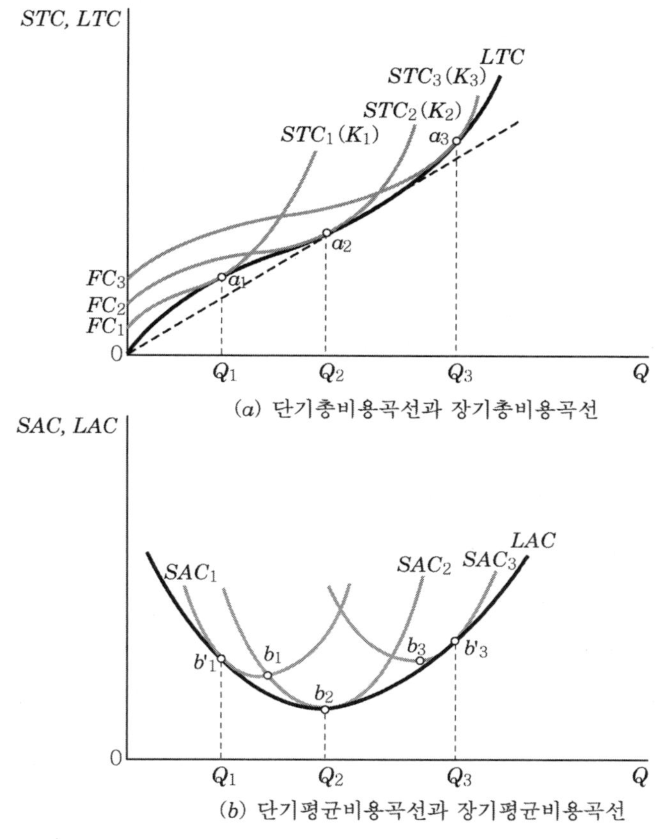

(*a*) 단기총비용곡선과 장기총비용곡선

(*b*) 단기평균비용곡선과 장기평균비용곡선

까? 기업이 투입하는 자본규모가 $K_1 < K_2 < K_3$와 같이 세 종류 밖에 없다고 가정하자. [그림 8-16]의 (a)에서 보는 것처럼 투입된 자본규모에 따른 고정비용(FC)의 크기는 $FC_1 < FC_2 < FC_3$이며, 단기총비용곡선은 $STC_1(K_1)$, $STC_2(K_2)$, $STC_3(K_3)$로 나타나 있다.

생산수준이 낮을 때는 큰 규모의 자본을 투입하여 많은 고정비용을 지출할 필요가 없다. 대규모의 자본투입은 많은 고정비용이 지출되기 때문에 생산수준에 부합되는 수준의 자본량을 투입해야 한다. 그림 (a)에서 보는 것처럼 생산수준이 상대적으로 낮은 Q_1을 생산하려고 하면 K_1에 해당하는 상대적으로 작은 규모의 자본을 투입할 때 가장 적은 비용이 든다. 생산량을 Q_2로 늘리려고 하면 자본투입 규모를 K_2로 증가시키고, 생산량을 Q_3로 늘리려고 하면 자본투입 규모를 K_3로 증가시킬 때 생산비용이 가장 적게 드는 것을 알 수 있다. 이와 같이 각각의 생산량이 주어질 때 이것을 가장 낮은 비용으로 생산할 수 있는 점들을 연결한 것이 장기총비용곡선이다.5)

> 단기총비용곡선들이 주어져 있을 때 각각의 생산량을 가장 낮은 비용으로 생산할 수 있는 단기총비용곡선 위의 점들을 연결한 것이 **장기총비용곡선**이 된다. 이러한 의미에서 장기총비용곡선은 단기총비용곡선들을 아래에서 감싸는 **포락선**이 된다.

지금 우리는 설명을 단순화시키기 위하여 기업이 선택할 수 있는 자본규모를 세 가지로 한정하였지만, 장기에서는 어떠한 수준의 자본규모도 선택할 수 있다. 따라서 각각의 자본규모에 해당하는 단기총비용곡선을 무수하게 많이 그릴 수 있다. 이 때 장기총비용곡선을 구하려면 생산하고자 하는 각각의 산출량 수준에서 단기총비용을 극소화하는 점들을 연결하면 된다. 이러한 의미에서 장기총비용곡선은 [그림 8-16] (a)에 나타나 있는 것처럼 단기총비용곡선들을 아래에서 감싸는 **포락선**(envelope curve)이 된다. 장기총비용곡선이 S자 모양을 뒤집어 놓은 모양을 갖는다는 점에서 단기총비용곡선과 다를 바 없다. 그러나 장기총비용곡선이 원점에서부터 출발한다는 점에서는 단기총비용곡선과 명백한 차이가 난다.

4.2 장기평균비용

[그림 8-16] (b)는 장기총비용곡선을 이용하여 장기평균비용곡선을 도출하는 과정을 보여주고 있다. 장기평균비용은 장기총비용곡선 위의 한 점과 원점을 이은 직선의 기울기로 나타낼 수 있다. 그림 (a)에서 보는 것처럼 LTC 위의 한 점과 원점을 연결했을 때 나타나는 직선의 기울기 크기는 a_2점에서 가장 작다. 따라서 그림 (b)의 b_2에서 최저점을 갖는 U자 모양의 **장기평균비용곡선**

5) 장기에서는 자본규모를 선택할 수 있다. 그러나 일단 자본규모를 선택하고 나면 그것을 교체하기 이전까지는 단기가 되므로 단기비용곡선을 따라서 생산수준을 결정해야 한다. 이렇게 볼 때 장기는 아직 실제적인 자본규모가 결정되기 이전의 **계획단계**(planning stage)라고 부르기도 한다.

(long-run average cost; LAC)을 도출할 수 있다.

장기평균비용곡선이 이러한 모양을 갖는 것은 생산량이 증가하면서 어느 수준까지는 규모의 경제가 나타나지만, 그 이상으로 생산량을 증가시키면 규모의 불경제가 나타나기 때문이다. 생산규모가 작을 때는 생산량을 늘릴수록 분업과 전문화의 이점을 살릴 수 있다. 그러나 생산규모가 증가하면서 분업과 전문화의 이점이 한계에 도달하고, 조직이 비대해지면서 경영상의 비효율이 나타나게 된다. 따라서 생산규모가 적을 때는 생산량이 증가하면서 장기평균비용곡선이 하락하는 규모의 경제가 나타나지만, 생산규모가 커지면서 장기평균비용곡선이 상승하는 규모의 불경제가 나타나게 되는 것이다.

이러한 장기평균비용곡선은 단기평균비용곡선과 서로 어떤 관련을 갖는 것일까? 그림 (b)에는 기업이 선택할 수 있는 세 가지 자본규모에($K_1 < K_2 < K_3$) 해당하는 단기평균비용곡선이 나타나 있다. SAC_1은 자본의 양이 K_1, SAC_2와 SAC_3는 자본의 양이 각각 K_2와 K_3로 주어진 상황에서의 단기평균비용곡선이다. 이제 기업이 상품을 Q_1만큼 생산하기로 결정하였다고 하자. 세 가지 자본규모 중에서 어떤 것을 선택하더라도 Q_1을 생산할 수 있다. 그러나 그림에 나타나 있듯이 K_1의 자본규모에 해당하는 단기평균비용곡선 SAC_1 위의 b_1'점을 선택하는 것이 가장 낮은 비용으로 생산하는 효율적인 방법이 된다. 만일 기업이 생산량을 Q_2로 증가시키려 한다면 자본규모가 K_2로 주어지는 SAC_2 위의 b_2점에서 생산하는 것이 가장 효율적이며, 생산량을 Q_3로 증가시키려고 한다면 자본량을 K_2에서 K_3로 증가시켜 SAC_3 위의 b_3'점에서 생산하는 것이 가장 효율적이다. 이와 같이 단기평균비용곡선이 SAC_1, SAC_2, SAC_3로 주어져 있을 때 각각의 생산량을 가장 낮은 비용으로 생산할 수 있는 점들을 연결한 것이 장기평균비용곡선이 된다. 만일 무수히 많은 시설규모 사이에서 선택이 가능하다면 그림 (b)에서 보는 것처럼 장기평균비용곡선은 각 시설규모에 해당하는 단기평균비용곡선들을 아래에서 감싸고 있는 **포락선**이 된다.

> 단기평균비용곡선이 주어져 있을 때 각각의 생산량을 가장 낮은 비용으로 생산할 수 있는 점들을 연결한 것이 **장기평균비용곡선**이 된다.

단기평균비용곡선과 장기평균비용곡선과의 관계에서 유의해야 할 점이 있다. 그것은 장기평균비용곡선이 단기평균비용곡선들의 극소점을 연결한 것이 아니라는 사실이다. 장기평균비용곡선과 단기평균비용곡선 둘 다 U자 모양이므로 기하학적으로 볼 때 기울기가 음(-)인 장기평균비용곡선의 왼쪽에서는 단기평균비용곡선의 왼쪽 부분과 접해야 하며, 기울기가 양(+)인 장기평균비용곡선 오른쪽에서는 단기평균비용곡선 오른쪽 부분과 접해야 한다.[6] 그림 (b)에서 볼 수 있는 것처럼 SAC_1의 경우는 극소점의 왼쪽에서 장기평균비용곡선과 접하고 있으며, SAC_3의 경우에는 극소점의 오른쪽에서 장기평균비용곡선과 접하고 있다. 오직 SAC_2만이 자신의 극소점에서 장기평균비용곡선과 접하고 있음을 알 수 있다.

이러한 단기평균비용곡선과 장기평균비용곡선과의 관계를 파악하면 기업이 장기에서 어느 규모의 시설을 선택하고 그것을 어떤 수준에서 가동시키는지 알 수 있다. 그림 (b)에 나타나 있는 것처럼 어떤 기업이 상품을 Q_1만큼 생산하기로 결정하였다고 하자. 이 기업은 SAC_1에 해당하는 시설규모(K_1)를 선택한 다음 이를 b_1'점에서 가동시키면 된다. 이렇게 함으로써 가장 적은 비용으로 Q_1을 생산할 수 있는 것이다. 한편 기업이 Q_3을 생산하려고 한다면 SAC_3에 해당하는 시설규모(K_3)를 선택한 다음 이를 b_3'점에서 가동시키면 된다. 이와 같이 장기평균비용이 하락하거나 상승하는 영역에서는 단기평균비용이 가장 낮은 b_1점 또는 b_3점에서 실제로 생산이 이루어지는 것이 아니다.

이상에서 살펴본 것처럼 많은 경우에 단기평균비용이 최저가 되는 점과 실제로 생산이 이루어지는 점은 서로 일치하지 않는다. 단지 장기평균비용이 최저일 때만 단기평균비용이 가장 낮은 점에서 생산이 이루어진다. 이러한 현상은 U자 모양을 갖는 장기평균비용곡선의 성격에 기인한다.

---

6) 장기평균비용곡선이 U자 모양을 하는 이유는 다음 절의 규모에 대한 수익을 설명하면서 규명하기로 한다.

장기평균비용곡선의 최저점인 b_2점에서 이 곡선과 접하는 단기평균비용곡선 SAC_2에 해당하는 시설규모를 **최소효율규모**(minimum efficient scale) 또는 **최적시설규모**(optimum scale of plant)라고 한다. 그리고 장기평균비용곡선이 최저인 상태에서의 생산수준 Q_2를 **장기최적생산수준**(long-run optimal level of production)이라고 한다.

[연습문제 8.7]

생산함수가 $Q=100\sqrt{LK}$이고, 노동과 자본의 가격이 각각 $w=25$원과 $v=64$원으로 주어질 때 장기총비용곡선을 도출하라. 이 장기총비용곡선과 관련된 장기평균비용과 장기한계비용의 크기는 얼마인가?

4.3 장기한계비용

'평균'의 성격을 갖는 곡선이 U자 모양을 갖는 경우에는 '한계'의 성격을 갖는 곡선이 '평균'곡선의 최저점을 아래에서부터 위로 통과하는 기하학적 관계를[7] 적용하여 장기평균비용곡선으로부터 **장기한계비용곡선**을 도출할 수 있다. [그림 8-17]에서 볼 수 있는 것처럼 **장기한계비용곡선**(long-run marginal cost; LMC)은 장기평균비용곡선의 최저점을 아래에서 위로 통과하고 있다. 이것은 단기한계비용곡선이 단기평균비용곡선의 최저점을 아래에서 위로 통과하여 지나는 것과 전혀 다를 바 없다.

[그림 8-17]을 이용해서 장기한계비용곡선과 단기한계비용곡선과의 관계를 알아볼 수 있다. 생산량이 Q_1일 때 a_1점에서 LAC는 SAC_1과 서로 접하고 있으며 바로 그 아래인 a_1'점에서 LMC와 SMC_1이 서로 교차하고 있다. 두 곡선 사이에 이러한 관계가 성립하는 이유는 다음과 같다. 그림에서 볼 수 있듯이 Q_1의 생산수준에서 단기평균비용곡선이 장기평균비용곡선과 서로 접하고 있으므로 단기총비용곡선과 장기총비용곡선이 서로 접하는 것은 당연하다. 생산수준

7) 평균생산곡선처럼 역 U자 모양을 갖는 경우에는 한계생산곡선이 평균비용곡선의 최고점을 위에서 아래로 통과하게 된다.

[그림 8-17] 장기한계비용곡선

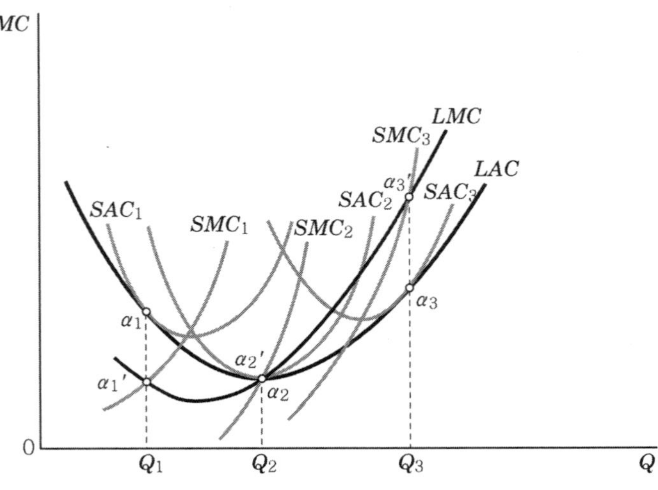

이 Q_1일 때 장기총비용과 단기총비용이 같다는 의미이다. [그림 8-16]의 (a)에서 볼 수 있는 것처럼 생산수준이 Q_1일 때 STC와 LTC가 a_1점에서 서로 접하고 있으므로 총비용곡선의 기울기로 나타내는 한계비용은 장기와 단기에서 일치하게 된다. 같은 논리를 적용하면 생산수준이 Q_3일 때는 a_3점에서 LAC가 SAC_3와 서로 접하고 있으며, 바로 그 위의 a_3'점에서 LMC와 SMC_3가 서로 일치하고 있다.

한편, LAC의 최저점인 a_2에서는 이 곡선과 LMC가 서로 교차하고 있으며, SAC_2와 SMC_2도 서로 교차하고 있다. 따라서 이 점에서는 다음의 식 (8. 13)의 관계가 성립하게 된다.

(8. 13) $LAC = LMC = SAC_2 = SMC_2$

[연습문제 8.8]

생산함수가 $Q = 2L + 3K$이고, 노동(L)과 자본(K)의 가격이 각각 $w = 1$만원과 $v = 1$만원으로 주어질 때 장기총비용함수, 장기평균비용함수, 그리고 장기한계비용함수를 각각 구하라. 또한 임금률(w)은 일정한데 자본의 가격이 $v = 2$만원으로 상승할 때 장기총비용함수, 장기평균비용함수, 그리고 장기한계비용함수를 각각 구하라.

5. 규모에 대한 수익과 장기평균비용

지금까지 우리는 장기평균비용곡선이 U자 모양을 갖는 것으로 가정하고 비용곡선의 성격에 대해 살펴보았다. 그러나 장기평균비용곡선은 생산기술의 특성, 즉 **규모에 대한 수익**(return to scale)에 따라 모든 생산량 수준에서 우상향하거나 수평의 모양을 가질 수 있으며, 경우에 따라서는 우하향하는 모양을 가질 수도 있다. 규모에 대한 수익을 논의할 때는 모든 생산요소를 동시에 증가시키는 경우를 전제로 하기 때문에 그것과 관련된 생산비용을 장기적 관점에서 파악할 수 있는 것이다.

5.1 규모에 대한 수익불변의 경우

생산기술이 **규모에 대한 수익불변**(constant return to scale)의 특성을 갖는다면 모든 생산요소의 투입량을 λ배로 증가시킬 때 산출량도 λ배만큼 증가하게 된다. 이는 생산요소의 가격이 일정하게 주어져 있을 때 생산비용을 λ배 증가시키면 산출량도 똑같이 λ배로 증가하게 된다는 의미이다. 이와 같이 생산함수가 1차 동차의 성격을 갖는 경우에는 산출량이 증가하면서 총비용도 비례적으로 증가하게 되므로 장기평균비용곡선 LAC는 수평선의 모양을 갖는다.

LAC가 수평이면 장기총비용곡선 LTC는 [그림 8-18]에서 보는 것처럼 원점을 통과하는 직선의 모양을 갖게 된다. 따라서 이때는 $LAC = LMC$의 관계가 성립되며, 단기평균비용이 가장 낮은 점에서 생산이 이루어지는 특성이 있다. 그림 (b)에서 나타나 있는 것처럼 기업이 상품을 Q_1만큼 생산하기로 결정하였다고 하자. 이 때 기업은 SAC_1에 해당하는 시설규모를 선택한 다음 이를 단기평균비용이 가장 낮은 a_1'점에서 가동시키면 된다. 만일 Q_2만큼 생산하려고 한다면 SAC_2에 해당하는 시설규모를 선택한 다음 이를 단기평균비용이 가장 낮은 a_2'점에서 가동시키면 되는 것도 다를 바 없다.

[그림 8-18] 규모에 대한 수익불변과 장기평균비용곡선

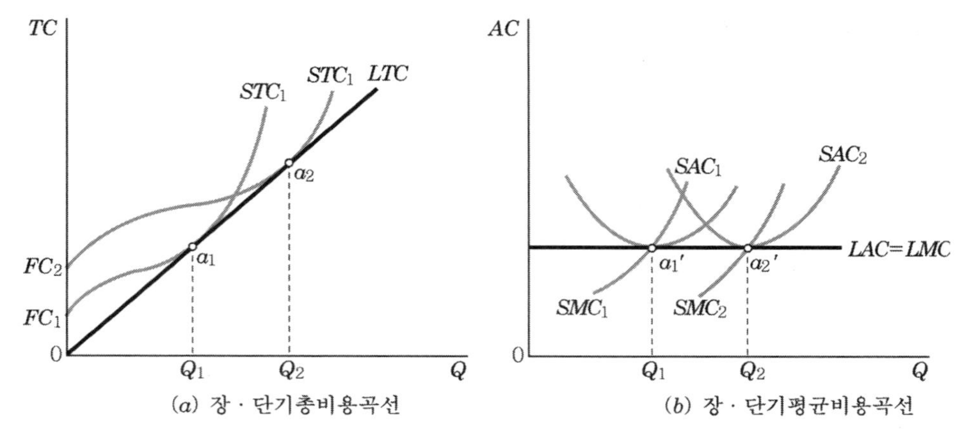

(a) 장 · 단기총비용곡선 (b) 장 · 단기평균비용곡선

여기서 분명하게 해 두어야 할 것은 생산기술이 규모에 대한 수익불변의 성격을 갖는다고 하더라도 생산량이 증가하면서 생산요소가격이 상승한다면 장기평균비용곡선은 수평이 아니라는 점이다. 이 경우에는 생산기술이 규모에 대한 수익불변의 성격을 가지더라도 평균비용은 계속 상승하게 된다. 이렇게 볼 때 장기평균비용곡선이 수평선의 모양을 갖기 위해서는 생산기술이 규모에 대한 수익불변의 성격을 가져야 할 뿐만 아니라 생산요소가격이 반드시 일정한 수준으로 유지되어야 한다.

[연습문제 8.9]

노동(L)과 자본(K)을 투입하여 상품을 생산하는 기업의 생산함수가 $Q=0.8L^{0.6}\cdot K^{0.4}$이다. 이 기업에서 생산량을 늘리기 위해 더 많은 생산요소를 구입함에 따라 두 생산요소의 가격 w와 v가 상승하였다. 장기평균비용곡선은 어떠한 모양을 갖는가?

5.2 규모에 대한 수익체증의 경우

생산기술이 **규모에 대한 수익체증**(increasing return to scale)의 성격을 갖는다면 모든 생산요소의 투입량을 λ배로 증가시킬 때 생산량은 λ배보다 더 많

[그림 8-19] 규모에 대한 수익체증 및 수익체감과 장기평균비용곡선

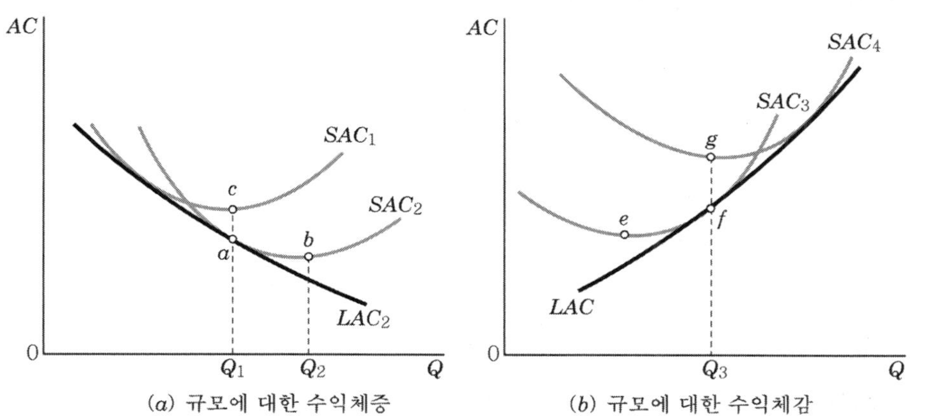

(a) 규모에 대한 수익체증 (b) 규모에 대한 수익체감

이 증가하게 된다. 이것은 생산요소 가격이 일정하게 주어져 있을 때 생산비용을 λ배로 증가시키면 생산량이 λ배보다 더 많이 증가하게 된다는 뜻이다. 따라서 평균비용은 생산량이 증가하면서 점차로 감소하게 되어 [그림 8-19]의 (a)에서 보는 것처럼 장기평균비용곡선은 우하향하게 된다.

그림 (a)를 이용하여 장기평균비용이 점차적으로 감소할 때 기업이 어떤 시설규모를 선택하고 그것을 어떤 수준에서 가동시키는지를 알 수 있다. 어떤 기업이 상품을 Q_1만큼 생산하기로 결정하였다고 하자. 이 때 기업은 SAC_2에 해당하는 시설규모를 선택한 다음 이를 a점에서 가동시키는 것이 가장 효율적이다. 그림에서 볼 수 있는 것처럼 장기평균비용이 하락할 때는 생산목표에 비하여 약간 큰 시설규모인 SAC_2를 선택하는 것이 유리하다. 물론 SAC_2보다 작은 시설규모이면서 Q_1의 생산수준에서 단기평균비용이 최저가 되는 SAC_1을 선택할 수도 있다. 그러나 이 경우에 평균비용은 cQ_1이 되어 aQ_1보다 더 높기 때문에 SAC_2의 시설규모를 선택하는 것이 유리한 것이다. 이와 같이 규모에 대한 수익이 체증하는 경우에는 생산 목표량에 비해 약간 큰 자본규모를 선택하는 것이 비용측면에서 유리하다는 것을 알 수 있다.

5.3 규모에 대한 수익체감의 경우

생산기술이 **규모에 대한 수익체감**(decreasing return to scale)의 특성을 보이면 생산비용의 증가 속도가 생산량의 증가 속도보다 더 빠르게 된다. 따라서 생산량이 증가하면서 평균비용도 증가하게 되어 장기평균비용곡선은 [그림 8-19]의 (b)에 나타나 있는 것처럼 우상향하는 모양을 갖게 된다.

장기평균비용이 점차적으로 증가할 때는 생산 목표량에 비해서 약간 작은 시설규모를 선택하는 것이 유리하다. 만일 상품을 Q_3만큼 생산하려고 한다면 SAC_3에 해당하는 시설규모를 선택한 다음 이를 f점에서 가동시키는 것이 가장 효율적이라는 점을 알 수 있다. Q_3의 생산수준에서 단기평균비용이 최저가 되는 SAC_4에 해당하는 시설규모를 선택할 수도 있지만 이 때 평균비용의 크기는 gQ_3가 되어 SAC_3의 경우(fQ_3)보다 더 높아지게 된다.

5.4 현실에서의 장기평균비용곡선 형태

지금까지의 논의를 통하여 우리는 규모에 대한 수익의 특성에 따라 장기평균비용곡선이 모든 생산량 수준에서 수평이거나 우하향 또는 우상향하는 모양을 가질 수 있다는 점을 확인하였다. 그런데 현실에서의 생산기술은 생산량 수준이 많고 적음에 따라서 각기 다른 규모에 대한 수익의 특성을 보이는 경우가 많다.

장기평균비용곡선에 관한 다수의 실증분석 결과에 의하면 장기평균비용곡선은 [그림 8-20]에서 보는 것처럼 L자 모양을 갖는다고 한다. 낮은 산출량 수준에서는 장기평균비용이 급격하게 하락하지만, 생산량이 어느 수준에 이르면 그것이 일정하게 유지된다는 것이다. 이것은 현실에서의 장기평균비용곡선이 U자 모양이 아니라 L자 모양을 갖는다는 것을 의미한다. 이러한 실증적 연구는 여러 가지 이유로 비판을 받기도 하였다. 그럼에도 불구하고 많은 실증연구에서 장기평균비용곡선이 L자 모양을 갖는다는 결론을 제시하고 있는 것은 전통적인 U자 모양의 장기평균비용곡선이 현실을 충분하게 설명하지 못한다는 점을 시사하는 것이다.

[그림 8-20] 현실에서의 장기평균비용곡선

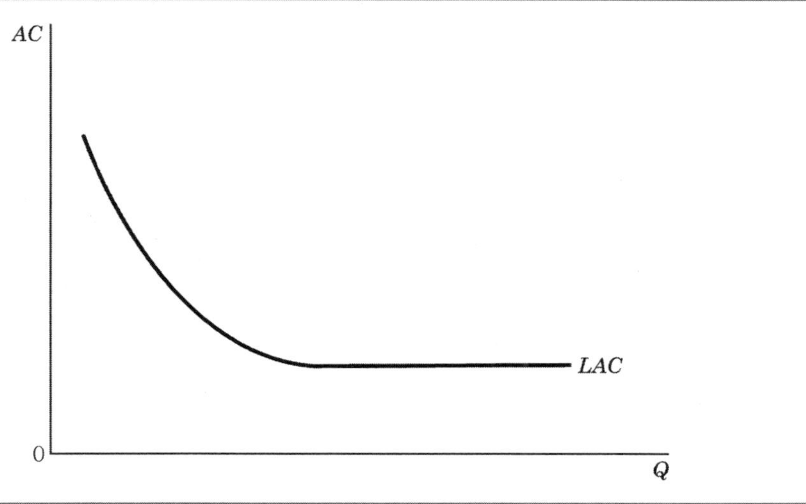

6. 비용곡선의 이동

앞의 제4절에서 우리는 장기생산비용이 오직 생산량(Q)만의 함수라고 가정하고 장기비용곡선의 성격에 대해 살펴보았다. 분석의 단순화를 위하여 생산요소가격, 기술수준 등이 일정하게 주어져 있는 것으로 취급한 것이다. 그러므로 지금까지 일정하게 주어진 것으로 가정한 이들이 변하게 되면 비용곡선이 이동(shift)하게 될 것이다. 본 절에서는 노동의 가격인 임금률이 하락하는 경우와 기술진보가 일어날 때 비용곡선이 어떻게 이동하는지에 대해 살펴보기로 한다.

6.1 생산요소가격의 변화와 비용곡선의 이동

노동이 정상적인 투입요소일 때 임금률이 하락하면 비용곡선에는 어떠한 변화가 나타날까? [그림 8-21]의 (a)에서 노동과 자본의 가격이 각각 w와 v로 주어진 상황에서 두 생산요소를 투입하여 상품을 Q_1만큼 생산할 때 비용극소화를 가져다주는 생산요소의 조합이 E_1점으로 나타나 있다. 이 때 총비용의 크기

[그림 8-21] 임금률 하락과 비용곡선의 이동

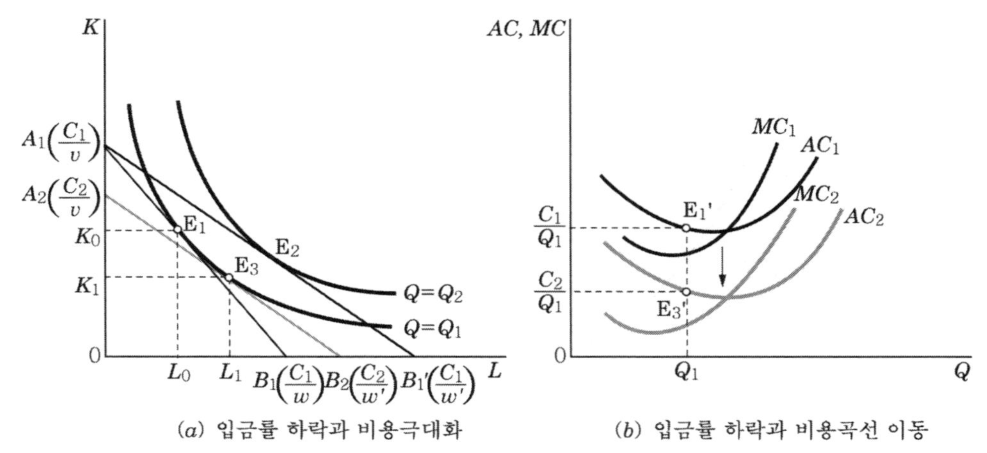

(a) 임금률 하락과 비용극대화 (b) 임금률 하락과 비용곡선 이동

는 C_1이다. 만일 임금률이 w에서 w'으로 하락하면 등비용곡선은 A_1B_1에서 A_1B_1'으로 이동하게 된다. 총비용은 이전과 동일하게 C_1이지만 비용극소화가 달성되는 점이 E_2로 이동하여 산출량은 Q_2로 증가하였다.

생산요소가격의 변화가 비용곡선을 어떻게 이동시키는지를 알아보기 위해서는 생산요소의 가격하락에 따른 생산량변화 효과를 제거하는 것이 바람직하다.[8] 이를 위하여 임금률 하락에 의해 이동한 등비용곡선 A_1B_1'을 원래의 등량곡선과 접하도록 원점 방향으로 평행 이동시켜야 한다. 그림 (a)에서 A_1B_1'과 평행하는 새로운 등비용곡선 A_2B_2는 E_3점에서 원래의 등량곡선 Q_1과 접하고 있다. 그런데 이 등비용곡선이 A_1B_1'보다 안쪽에 위치하고 있다. 이것은 생산량을 Q_1으로 유지하는 상황에서 임금률이 하락하면 생산비용이 C_1에서 C_2로 감소하게 된다는 것을 의미한다. 결과적으로 평균비용이 C_1/Q_1에서 C_2/Q_1로 하락하였으며, 그림 (b)에서 보는 것처럼 평균비용곡선은 AC_1에서 아래쪽에 위치하는 AC_2로 이동하였다.

임금률이 하락함에 따라 동일한 생산량을 가져다주는 생산요소 조합이 E_1점에서 E_3점으로 이동한 것은 임금이 하락할 때 상대적으로 비싸진 자본투입량을

8) 장기총비용함수가 $LTC=LTC(Q,\ \overline{w},\ \overline{v})$이므로 임금률 w가 변할 때 비용곡선이 어떻게 이동하는지에 대해 알려면 생산량 수준을 일정하게 유지시키는 것이 바람직하다.

K_0에서 K_1으로 줄이는 대신에 상대적으로 싸진 노동투입량을 L_0에서 L_1으로 늘렸기 때문이다. 우리는 상대적으로 비싸진 생산요소 대신에 싸진 생산요소로 대체하여 투입하는 것을 **투입요소대체효과**(input substitution effect)라고 한다. 투입요소 대체효과의 크기는 대체탄력성을 나타내는 앞 장의 식 (7. 9)를 이용하여 알 수 있다.

$$(7.\ 9) \qquad \sigma = \frac{\text{생산요소 투입비율의 변화율}}{\text{한계기술대체율의 변화율}} = \frac{\Delta(\frac{K}{L})/(\frac{K}{L})}{\Delta MRTS / MRTS}$$

생산과정에서 기업이 비용극소화 조건, 즉 $MRTS = w/v$을 충족시키게 되면 식 (7. 9)는 다음과 같이 나타낼 수 있다.

$$(8.\ 14) \qquad \sigma = \frac{\Delta(\frac{K}{L})/(\frac{K}{L})}{\Delta MRTS / MRTS} = \frac{\Delta(\frac{K}{L}/(\frac{K}{L})}{\Delta(w/v)/(w/v)}$$

대체탄력성을 이와 같이 생산요소의 상대가격 변화에 대한 생산요소 투입비율의 반응정도로서 정의하면 이 개념이 갖는 의미가 식 (7. 9)보다 더욱 분명해진다. 식 (8. 14)에 의하면 생산요소의 상대가격이 변하면 생산기술의 특성에 따라 생산요소의 투입비율이 변하게 된다. 대체탄력성은 바로 이와 같은 반응의 정도를 측정하는 하나의 지표인 것이다.

> 노동의 가격인 임금이 하락하면 상대적으로 비싸진 자본으로 대체하는 **투입요소대체효과**(input substitution effect)가 나타나게 되는데, 그것의 크기는 대체탄력성(σ)으로 파악할 수 있다.

6.2 기술진보

앞 장에서 살펴보았듯이 기술진보는 등량곡선을 원점 방향으로 끌어들인다. 이것은 기술진보로 인하여 이전보다도 적은 노동과 자본의 투입으로 이전과 동

[그림 8-22] 기술진보와 비용곡선의 이동

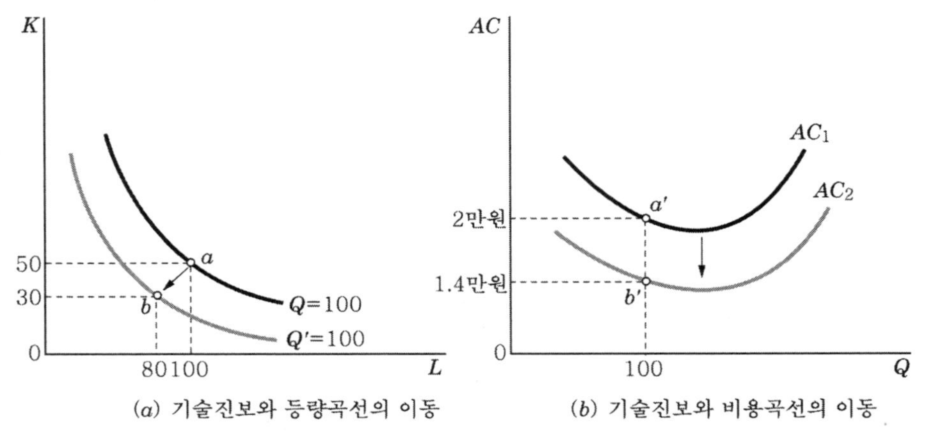

(a) 기술진보와 등량곡선의 이동 (b) 기술진보와 비용곡선의 이동

일한 양의 상품을 생산할 수 있다는 의미이다. 따라서 기술진보는 비용곡선을 아래로 이동시키게 된다.

기술진보에 따른 비용곡선의 이동과정은 [그림 8-22]를 통하여 살펴볼 수 있다. w와 v가 각각 1만원과 2만원으로 주어져 있는 상황에서 기술진보가 일어났다고 하자. 그림 (a)에 의하면 기술진보 이전에는 등량곡선 Q위의 한 점, 예컨대 a점에서 노동 100단위, 자본 50단위를 결합해야 100단위의 상품을 생산할 수 있다. 그런데 기술진보 이후에는 b점이 의미하는 노동 80단위와 자본 30단위의 투입만으로도 상품 100단위를 생산할 수 있다.

기술진보 이전에는 총비용 200만원$(=10{,}000\times100+20{,}000\times50)$이 소요되는 반면에 기술진보 이후에는 총비용 140만원$(=10{,}000\times80+20{,}000\times30)$이 소요된다. 상품 100단위를 생산하기 위한 평균비용이 2만원에서 1.4만원으로 하락하였음을 의미한다. 기술진보는 그림 (b)에서 보는 것처럼 평균비용곡선을 AC_1에서 아래쪽에 위치하는 AC_2로 이동시키게 된다는 것을 알 수 있다.

7. 규모의 경제와 범위의 경제

기업의 경영자들은 자신이 생산하는 상품의 산출량을 증가시킬 때 생산비용이 어느 정도 증가하는지에 대해 많은 관심을 갖는다. 생산비가 기업의 이윤수준과 직접적으로 관련되기 때문이다. 생산비의 변화추세는 기업이 단 하나의 상품만 생산하느냐 아니면 여러 가지의 상품을 함께 생산하느냐에 따라 다를 수 있다. 본 절에서는 이러한 두 경우에 생산비용이 어떠한 특성을 보이는가에 대해 살펴보기로 한다.

7.1 규모의 경제

기업이 하나의 상품만 생산하면서 산출량을 증가시킬 때 단위당 비용, 즉 평균비용이 하락하거나 상승할 수 있다. 생산량을 증가시킬 때 평균비용이 하락하는 경우에 **규모의 경제**(economies of scale)가 존재하며, 반대로 평균비용이 상승하는 경우에는 **규모의 불경제**(diseconomies of scale)가 존재한다고 말한다. 규모의 경제가 존재하는지 여부는 다음에 제시된 **비용-생산량 탄력성**(cost-output elasticity)을 통하여 알아볼 수 있다.

$$(8.\ 15)\qquad \eta_s = \frac{\dfrac{\Delta TC}{TC}}{\dfrac{\Delta Q}{Q}} = \frac{\dfrac{\Delta TC}{\Delta Q}}{\dfrac{TC}{Q}} = \frac{MC}{AC}$$

식 (8. 15)로 표현되는 비용-생산량 탄력성은 생산량이 1% 변할 때 총비용이 몇 %나 변화하는지를 측정하기 때문에 이것의 크기를 이용하여 생산량이 증가할 때 평균비용이 어떻게 변화하는지를 알 수 있다. 만일 $MC < AC$가 되어 $\eta_s < 1$이면 생산량이 1% 증가할 때 총비용은 1%보다 낮은 수준으로 증가하므로 생산량이 증가하면서 평균비용이 하락하는[9] 규모의 경제가 존재하게 된다. 이와는 반대로 $MC > AC$가 되어 $\eta_s > 1$이면 생산량이 1% 증가할 때 총비용은 1%보다 높은 수준으로 증가하므로, 생산량이 증가하면서 평균비용이 상승하는 규모의 불경제가 존재하게 된다. 물론 $MC = AC$가 되어 $\eta_s = 1$이면 생산량이 증가할 때 평균비용도 같은 수준으로 증가하게 되므로 규모의 경제도, 규모의 불경제도 존재하지 않는다.

규모의 경제는 앞의 제5절에서 설명한 **규모에 대한 수익**(return to scale)과 밀접하게 관련되어 있다.[10] 예컨대 규모에 대한 수익이 체증하는 경우에 생산량이 증가하면서 평균비용이 하락한다면 우리는 규모의 경제가 존재한다고 말할 수 있다. 그러나 이들 둘의 개념을 혼돈해서는 안 된다. 규모에 대한 수익은 모든 생산요소를 동일한 비율로 변화시킬 때 적용되는 개념인 반면, 규모의 경제는 이러한 조건이 충족되지 않아도 성립되는 개념이다. 규모의 경제는 생산과정에서 모든 생산요소를 동일한 비율로 증가시키지 않아도 적용될 수 있다는 뜻이다. 또한 규모에 대한 수익과 규모의 경제는 별개로 나타날 수 있다는 점이다. 만일 생산기술이 규모에 대한 수익불변의 성격을 갖는다고 하더라도 생산량의 증가와 더불어 생산요소가격이 상승하면 평균비용이 증가하게 된다는 점을 이미 밝혀둔 바 있다. 생산기술이 규모에 대한 수익불변의 성격을 가지더라도 평균비용은 계속 상승하는 규모의 불경제가 나타날 수 있는 것이다. 심지어 규모에 대한 수익체증의 현상이 나타나더라도 생산량의 증가와 더불어 생산요소가격이 빠르게 상승하면 평균비용이 증가할 수도 있다. 이렇게 볼 때 규모에 대한 수익과 규모의 경제는 별개로 나타날 수 있다는 점을 알 수 있다.

7.2 범위의 경제

앞에서 설명한 규모의 경제는 기업이 하나의 상품만을 생산하는 것을 전제로 한 것이다. 그런데 실제로 많은 기업들이 여러 가지 상품을 함께 생산하고 있는 경우를 우리 주위에서 쉽게 볼 수 있다. 한 기업이 서로 밀접하게 연관된 여러 종류의 상품을 함께 생산하는 것이 여러 기업이 각각 한 가지의 상품을 생산하는 것보다 더 적은 비용이 든다면 그것이 가능하다. 우리는 이러한 경우에 **범위**

9) MC가 AC보다 큰 것은 평균비용이 하락하는 구간에서 성립된다는 것을 앞에서 살펴본 바 있다.

10) 일부 교과서에서는 두 개념을 구분하지 않고 섞어서 사용하기도 한다.

의 경제(economies of scope)가 존재한다고 말한다.

예컨대 한 기업이 반도체와 컴퓨터를 함께 생산할 수 있고, 두 기업이 각각 한 종류씩 생산할 수도 있다고 하자. 반도체의 생산량을 X 그리고 컴퓨터의 생산량을 Y라고 하면, 각 기업이 한 종류씩 따로 생산하는 경우에 드는 비용을 각각 $C(X)$, $C(Y)$로 나타낼 수 있다. 반면에 한 기업이 반도체와 컴퓨터를 함께 생산하는 경우의 생산비용은 $C(X, Y)$로 나타낼 수 있다. 이들 사이에 다음 식 (8. 16)의 관계가 성립할 때 범위의 경제가 존재하게 된다.

(8. 16) $C(X)+C(Y)>C(X, Y)$

이러한 범위의 경제가 나타나게 되는 이유는 다음과 같이 정리할 수 있다.

첫째, 하나의 생산시설이나 생산요소가 여러 상품의 생산에 동시에 사용될 수 있다면 범위의 경제가 나타날 수 있다. 구두를 생산하는 기업이 핸드백도 함께 만드는 경우가 대표적인 예이다. 구두와 핸드백을 서로 다른 두 기업이 만들 경우에는 각각의 기계설비가 필요하겠지만, 한 기업이 이들을 함께 만들 경우에는 하나의 기계설비만 설치하면 된다. 이러한 경우에는 한 기업이 두 가지 상품을 함께 생산할 때 지출되는 비용이 상대적으로 낮아지게 된다.

둘째, 어떤 한 상품을 생산하는 과정에서 나오는 부산물을 활용하여 다른 상품을 만드는 경우에도 범위의 경제가 나타날 수 있다. 구두를 생산하는 과정에서 발생하는 조각난 가죽을 이용하여 동전지갑도 함께 생산한다면 비용상의 이점을 누릴 수 있다. 서로 다른 기업이 각각 구두와 동전지갑을 생산하는 것보다 구두를 생산하는 기업이 동전지갑도 함께 생산하는 것이 비용절감에 유리하기 때문이다.

지금까지 설명한 범위의 경제가 두 가지 이상의 생산물을 대상으로 하는 반면에 규모의 경제는 하나의 생산물을 대상으로 한다는 점에서 분명히 구분되며, 이들 사이에는 어떤 관련도 없다. 범위의 경제와 규모의 경제는 서로 다른 측면에서 나타나는 현상이므로 규모의 경제와 무관하게 범위의 경제가 나타날 수 있으며, 범위의 경제와 관계없이 규모의 경제가 발생할 수 있다.

생산공정의 특성에 따라서 한 기업이 여러 가지 상품을 생산하는 것보다 서로 다른 기업이 한 상품씩 생산하는 것이 더욱 경제적인 경우도 있다. 이 경우에 우리는 생산기술에 **범위의 불경제**(diseconomies of scope)가 존재한다고 말한다. 범위의 불경제는 한 상품의 생산공정이 다른 상품의 생산공정에 방해가 되는 경우에 나타난다. 반도체를 생산하려면 먼지가 일체 없어야 한다. 생산과정에서 많은 먼지가 발생하는 시멘트 공장에서 반도체를 함께 생산하는 것은 매우 비효율적이다. 시멘트를 생산하는 공장에서 반도체를 함께 생산하게 되면 범위의 불경제가 나타날 수밖에 없다.

k차 동차 생산함수 $Q=F(L,\ K)$는 다음과 같이 표현될 수 있다.

(1) $F(\lambda L,\ \lambda K)=\lambda^k F(L,\ K)$

식 (1)의 양변을 L에 대해 편미분하면 다음으로 표현된다.

(2) $\lambda F_{\lambda L}(\lambda L,\ \lambda K)=\lambda^k F_L(L,\ K)$

여기서 $F_L(L,\ K)$은 노동의 한계생산을 의미한다. 식 (2)의 양변을 λ로 나누면 다음과 같다.

(3) $F_{\lambda L}(\lambda L,\ \lambda K)=\lambda^{k-1} F_L(L,\ K)$

같은 방식으로 식 (1)의 양변을 K에 대해 편미분하면 다음 식이 구해진다.

(4) $F_{\lambda K}(\lambda L,\ \lambda K)=\lambda^{k-1} F_K(L,\ K)$

여기서 $F_K(L,\ K)$은 자본의 한계생산을 의미한다. 노동과 자본이 각각 L_0와 K_0만큼 투입될 때 한계기술대체율은 식 (3)을 식 (4)로 나누어 구한다.

(5) $$\frac{F_{\lambda L}(\lambda L_0,\ \lambda K_0)}{F_{\lambda K}(\lambda L_0,\ \lambda K_0)}=\frac{F_L(L_0,K_0)}{F_K(L_0,K_0)}=\frac{MP_L}{MP_K}$$

식 (5)는 기업에서 동차적 생산기술을 보유하고 있다면 자본과 노동을 각각

L_0와 K_0만큼 투입하거나 λL_0와 λK_0배만큼 증가시켜 투입하더라도 한계기술대체율은 항상 일정하게 유지되는 특성을 보이고 있다.

연습문제 풀이

[연습문제 8.1]

노동과 자본의 한계생산이 각각 $MP_L = 5L^{-0.5}K^{0.5}$, $MP_K = 5L^{0.5}K^{-0.5}$이므로 $MP_L/MP_K = K/L$이다. 비용극소화 조건이 $MP_L/MP_K = w/v$이므로 $K/L = 1/4$, 즉 $L = 4K$가 된다. 한편 생산함수 $Q = 10\sqrt{LK}$에 $Q = 100$을 대입하면 $100 = 10 L^{0.5}K^{0.5}$이다. 이를 정리하면 $100 = LK$가 된다. 이 식과 $L = 4K$를 이용하여 풀면 비용극소화를 위한 자본과 노동의 투입량은 각각 $K = 5$단위와 $L = 20$단위가 된다.

[연습문제 8.2]

$MP_L = 2K$, $MP_K = 2L$이다. 비용극소화 조건은 $MP_L/MP_K = w/v$이므로 $2K/2L = 10/20$가 성립되어야 한다. 즉, $L = 2K$이 성립되어야 한다. 따라서 노동을 자본의 2배만큼 투입해야 한다.

[연습문제 8.3]

앞의 문제에서 살펴본 것처럼 비용극소화 조건은 $L = 2K$이다. 이를 주어진 생산함수에 대입하면 $Q = 2(2K)K = 4K^2$이므로 $100 = 4K^2$가 되어 $K = 5$가 된다. 따라서 100단위를 최소비용으로 생산하려면 노동 10단위와 자본 5단위를 투입해야 한다. 100단위를 생산하는데 드는 최소비용은 $10 \times 10 + 20 \times 5 = 200$원이다.

[연습문제 8.4]

본 문제와 똑같은 조건을 제시한 [연습문제 8.1]에서 연간 100단위의 상품을 생산할 때 비용극소화를 위한 자본과 노동의 투입량은 각각 $K = 5$단위와 $L = 20$단위가 된다는 점을 확인하였다. 본 문제에서 제시된 것처럼 생산량을 200단위로 증가시킨다면 $Q = 200$을 생산함수 $Q = 10\sqrt{LK}$에 대입함으로써 $200 = 10L^{0.5}K^{0.5}$을 얻게 되고, 다시 정리하면 $400 = LK$가 된다. 이를 [연습문제 8.1]에서 살펴본 바와 같이 비용극소화조건인 $L = 4K$과 연립하여 풀면 자본과 노동의 투입량은 각각 $K = 10$단위와 $L = 40$단위가 된다. 이처럼 생산함수가 동차함수이면 노동에 대한 자본의 투입비율은 산출수준과 관계없이 $K/L = 1/4$을 유지하고 있음을 알 수 있다.

[연습문제 8.5]

생산함수가 $Q = 2L + 3K$이므로 한계기술대체율은 $MRTS_{L,K} = 2/3$이고, 등비용곡선의 기울기는 $w/v=1/1$이다. $MRTS_{L,K}<w/v$이므로 자본(K)만 투입하는 것이 비용극소화 조건을 충족한다. 따라서 확장경로는 자본을 나타내는 K축이다. 한편, 자본의 가격이 $v=2$로 상승하면 $MRTS_{L,K}>w/v$가 되므로 노동(L)만 투입하는 것이 비용극소화 조건을 충족한다. 따라서 확장경로는 노동을 나타내는 L축이다.

[연습문제 8.6]

단기총비용(TC)은 총고정비용($TFC=200$)과 총가변비용($TVC=2Q^2$)의 합이다. 따라서 $AVC=TVC/Q=2Q$이므로 생산량(Q)이 100톤일 때 평균가변비용은 2×100=200이 된다.

[연습문제 8.7]

(i) 노동과 자본의 한계생산이 각각 $MP_L=50L^{-0.5}K^{0.5}$, $MP_K=50L^{0.5}K^{-0.5}$이므로 $MP_L/MP_K=K/L$이다. 비용극소화 조건이 $MP_L/MP_K=w/v$이므로 $K/L=w/v$가 된다. 이러한 $K=(w/v)L$는 확장경로를 나타내는 식이다. 이를 생산함수에 대입하면 $Q=100L^{0.5}(\frac{w}{v}L)^{0.5}$가 되어, 이를 L과 K에 대해서 풀면 $L=\frac{Q}{100}(\frac{v}{w})^{0.5}$과 $K=\frac{Q}{100}(\frac{w}{v})^{0.5}$이다. 비용극소화 조건을 충족하는 L과 K를 투입할 때 장기총비용 TC는 다음과 같다.

$$LTC(Q)=wL+vK=w\times\frac{Q}{100}(\frac{v}{w})^{0.5}+v\times\frac{Q}{100}(\frac{w}{v})^{0.5}$$

$$=\frac{Q}{100}w^{0.5}v^{0.5}+\frac{Q}{100}w^{0.5}v^{0.5}=\frac{w^{0.5}v^{0.5}}{50}Q$$

이 식에 $w=25$와 $v=64$를 대입하면 $LTC(Q)=4/5\,Q$가 되어 장기총비용곡선은 원점에서 그은 기울기가 4/5인 직선이 된다.

(ii) 장기평균비용은 $LAC(Q)=LTC/Q=[(4/5)Q]/Q=4/5$이므로 장기평균비용이 Q와 관계없이 4/5로 일정한 값을 갖는다. 장기한계비용은 $LMC(Q)=dLTC/dQ=4/5$이다. 장기한계비용도 Q와 관계없이 4/5로 일정한 값을 갖는다. 이상에서 확인할 수 있는 것처럼 장기총비용곡선이 원점을 통과하는 직선인 경우 장기평균비용곡선과 장기한계비용곡선은 똑같이 수평선의 모양을 한다.

[연습문제 8.8]

(i) 생산함수가 $Q=2L+3K$이므로 한계기술대체율은 $MRTS_{L,K}=2/3$이고, 등비용곡선의 기울기는 $w/v=1/1$이다. $MRTS_{L,K}<w/v$이므로 자본(K)만 투입하는 것이 비용극소화 조건을 충족한다. 따라서 $Q=3K$(혹은 $K=Q/3$)가 된다. 장기총비용은 $LTC(Q)=wL+vK$이지만 여기에서는 자본만 투입하므로($wL=0$) 장기총

비용함수는 $LTC(Q)=vK=Q/3$이다. 따라서 $LAC=LMC=1/3$이다.

(ii) 자본의 가격이 $v=2$로 상승하면 $MRTS_{L,K}>w/v$가 되므로 노동(L)만 투입하는 것이 비용극소화 조건을 충족한다. 따라서 $Q=2L$(혹은 $L=Q/2$)가 된다. 이때 장기총비용함수는 $LTC(Q)=wL=Q/2$이고, $LAC=LMC=1/2$이다.

[연습문제 8.9]

생산함수가 1차동차함수이어서 규모에 대한 수익불변이라도 생산요소가격이 상승하면 단위당 생산비용은 계속 올라가게 되므로 장기평균비용곡선이 우상향하는 모양을 갖는다. 즉, 생산기술이 규모에 대한 수익불변이더라도 규모의 불경제가 발생할 수도 있다.

제 4 편

시장조직이론

우리는 제2편과 제3편에서 각각 소비자선택이론과 생산자선택이론에 대해 살펴보았다. 이 편에서는 소비자와 생산자가 만나서 서로 거래를 하는 시장의 작동원리에 대해 설명하기로 한다. 궁극적으로 상품의 가격과 개별기업 및 산업의 생산량이 어떻게 결정되는지를 알아보려고 한다는 의미이다. 상품의 가격과 생산량이 결정되는 과정은 그것이 거래되는 시장의 형태에 따라 달라진다. 따라서 시장의 형태를 완전경쟁시장, 독점시장과 독점적 경쟁, 과점시장의 네 가지로 구분하여 각각의 시장조직에서 가격과 생산량이 어떻게 결정되는지 살펴본다. 마지막에서는 경제학의 여러 분야에 그것의 적용 범위를 넓혀가고 있는 게임이론에 대해 살펴보기로 한다. 게임이론을 습득하게 되면 서로 치열하게 경쟁하는 과점시장에서 나타나는 여러 현상들을 이해하는데 도움을 줄 것이다.

제 9 장 완전경쟁시장

1. 완전경쟁시장의 성격
2. 완전경쟁시장의 총수입곡선과 수요곡선
3. 완전경쟁시장의 단기균형
4. 완전경쟁시장의 장기균형
5. 완전경쟁시장의 성과
6. 시장균형분석의 응용
7. 결합생산물의 이윤극대화
8. 경합시장과 경쟁시장

현실적으로 완전경쟁시장의 조건을 모두 충족시키는 예를 현실에서 찾기는 극히 어렵다. 그러나 이 시장에 대한 분석은 간편하면서도 현실을 분석하는 데 유용한 직관을 제공하기 때문에 우리의 관심을 많이 끌고 있다. 또한 완전경쟁시장은 다른 모든 시장의 성과를 평가하는 기준이 된다는 의미에서도 매우 중요한 시장이다. 이 장에서는 완전경쟁시장에서 상품가격과 기업 및 산업의 생산량이 결정되는 과정을 분석한다.

그런데 가격과 생산량의 결정과정은 분석대상 기간이 긴지 아니면 짧은지에 따라 달라진다. 기간이 비교적 짧은 단기에서는 이미 존재하는 기존기업들만 조업을 하겠지만, 기간이 길어지면 새로운 기업이 들어오기도 하고 시장에 있던 기업들이 이탈하기 때문에 조업에 참여하는 기업의 수가 변하게 된다. 이러한 관점에서 우리는 분석대상 기간을 단기와 장기로 따로 구분하여 가격과 생산량의 결정과정을 분석한다. 또한 완전경쟁시장의 분석에서 살펴본 시장균형분석이 현실에 응용되고 있는지를 살펴본다.

1. 완전경쟁시장의 성격

1.1 시장의 기능

사람들은 수시로 시장에서 일상생활에 필요한 물건들을 사기 때문에 '시장'이라는 말에 익숙해 있다. 우리가 통상적으로 시장이라고 하면 지리적으로 구획되어지는 서울 남대문시장, 부산 자갈치시장, 하동 화개장터 등을 연상하게 한다. 그런데 시장이라고 해서 반드시 상품의 교환이 이루어지는 구체적인 장소만을 지칭하는 것은 아니다. 주식시장이나 외환시장처럼 전화나 인터넷에 의해서 멀리 떨어져 있는 당사자들이 서로 연결되어 거래가 이루어지기도 한다. 이러한 시장들의 공통점은 어떤 상품(재화와 서비스)을 사고자 하는 사람들과 팔고자 하는 사람들이 만나서 상품을 교환한다는 점이다. 따라서 경제학에서 말하는 **시장**(market)이란 여러 가지 상품에 대한 각종 정보가 교환되고 수요(demand)와 공급(supply)이 계속하여 이루어져 가격(price)이 형성됨으로써 상품의 거래가 이루어지는 매개체라고 할 수 있다.

시장에서는 항상 상품을 사려고 하는 사람들과 판매하려고 하는 사람들 사이의 이해관계가 대립된다. 시장에서의 대립된 역학관계에 의해서 가격은 상승하거나 하락하게 되는데, 구매자의 사고자 하는 욕구와 판매자의 팔고자 하는 욕구가 일치하였을 때 형성되는 가격을 **균형가격**(equilibrium price)이라고 한다. 경제학에서 일반적으로 가격을 지칭하는 경우는 바로 균형가격을 의미한다. 균형가격이 시장에서 결정되기 때문에 이를 **시장가격**(market price)이라고도 한다.

이렇게 정의되는 시장가격은 각 경제주체가 경제활동을 스스로 선택하도록 조정하는 역할을 한다. 가계의 구성원인 소비자는 자신의 소득과 다른 상품의 가격을 고려하여 자기가 원하는 상품의 가격이 상대적으로 비싸지 않다고 판단하면 그 상품을 선택하여 소비하게 되며, 기업은 주어진 가격에서 이윤의 크기가 어느 정도인지를 고려하여 판매여부를 결정하게 된다. 이처럼 각 경제주체들이 다양한 의사결정을 내리지만 사전에 간섭을 받거나 조정되는 것은 하나도 없다. 분권화된 경제(decentralized economy)에서는 오직 자신의 판단과 책임 하에서 모든 의사결정을 내리게 된다.

시장경제에서 각 경제주체의 개별적인 행위를 조정해 주는 메커니즘은 **상대가격체계**(relative price system)이다. 모든 생산요소와 상품의 가격이 같은 비율로 상승하면 생산요소를 판매하는 소비자와 상품을 판매하는 기업의 선택에 아무런 변화가 생기지 않는다.[1] 모든 생산요소의 가격이 같은 비율로 상승하면 소비자의 명목소득도 그와 똑같은 비율로 증가하게 된다. 따라서 상품의 가격이 그것과 똑같은 비율로 상승하면 소비자들의 수요도 이전과 동일하게 유지되는 것이다. 한편 생산요소와 상품의 가격이 같은 비율로 상승하면 기업의 이윤 크기도 그와 똑같은 비율로 증가하게 된다. 그러나 명목가치만 증가한 것일 뿐 실질가치상으로는 이전과 전혀 다를 바 없다. 따라서 기업의 선택에도 아무런 변화가 생기지 않게 된다. 이렇게 볼 때 가격의 절대적 수준, 즉 **절대가격**(absolute price)이 어느 정도인가는 각 경제주체들의 의사결정에 아무런 영향을 미칠 수 없고, 오직 상대가격체계만 문제가 된다.

경제주체들이 가격을 지표로 삼아 소비와 생산활동을 자유롭게 수행하면 가격의 자율적인 배분기능에 의하여 시장에서 팔고자 하는 양과 사고자 하는 양이 일치하는 방향으로 조정이 이루어지게 된다. 이러한 과정은 보이지는 않지만 가격기구(price mechanism)가 사람의 손과 같이 자원을 효율적으로 배분하는 역할을 하기 때문에 **애덤 스미스**(Adam Smith)는 이를 '**보이지 않는 손**(invisible hand)'이라고 하였다.[2] 애덤 스미스의 보이지 않는 손의 명제는 각 경제주체의 구성원들이 자신의 이익만을 추구하더라도 공익에 부합된다는 의미로 해석할 수 있다. 여기서 분명히 해 둘 것은 이 명제가 **자원배분**(resource allocation)의 측면에서만 타당한 것이지 소득분배(income distribution)의 공평성을 보장하지는 못한다는 점이다.

---

1) 제3장에서는 이러한 경우에 소비자의 수요가 소득과 가격에 대해서 0차 동차성을 갖는다고 설명한 바 있다.

2) 현실적으로 시장경제에서는 시장의 기능이 완전하게 작동하지 않는 경우가 일반적이다. 예컨대 시장에 관한 각종 정보에 대한 한계로 인하여 시장기능의 일부분이 마비된다면 가격기구에 의한 효율적 자원배분을 기대하기는 어렵다. 일부 경제학자는 이러한 시장경제의 현실을 "**마비된 손**(palsied hand)"이라고 묘사한다.

1.2 완전경쟁의 의미

우리는 매일 다른 사람들과 경쟁하면서 살아가고 있다. 기말시험에서 다른 학생들보다 좋은 성적을 얻기 위해 경쟁하고, 친구들과의 축구경기에서 이기기 위하여 경쟁한다. 심지어 아침에 등교하면서 시내버스의 좌석에 먼저 앉기 위하여 다른 사람들과 경쟁하기도 한다. 지금의 사례에서 보는 것처럼 일반적으로 경쟁을 의미할 때는 이해관계가 상충되는 특정 상대와의 **대항관계**(rivalry)를 의미한다. 그러나 경제이론에서 의미하는 경쟁의 개념은 이와는 분명히 구분된다.

어떤 시장에서 두 기업이 상품을 생산하여 공급하고 있다고 하자. 이 시장에서 한 기업의 판매량 증가는 상대방 기업의 판매량 감소와 직결된다. 따라서 각 기업은 경쟁기업의 판매전략에 대해 적극적으로 대응할 수밖에 없다. 경쟁기업이 판매량을 늘리기 위해서 상품가격을 인하하거나 막대한 광고비를 지출하는 전략을 사용하는 경우에 상대기업도 같이 상품가격을 인하하거나 광고비를 증가시키는 등의 전략으로 적극 대응하는 경우를 쉽게 볼 수 있다. 판매량을 늘리기 위한 치열한 경쟁은 간혹 **가격전쟁**(price war)을 일으키기도 한다. 이와 같이 시장에 참여하는 기업의 수가 적을수록 이해관계가 상충되는 상대기업과 치열하게 경쟁하게 된다.

시간이 경과하면서 이 시장에 참여하는 기업의 수가 점차로 증가하였다고 하자. 경쟁기업의 수가 많아졌기 때문에 결과적으로 시장의 전체적인 경쟁정도는 높아졌다. 그러나 시장에 참여하는 기업의 수가 많아졌기 때문에 기업 상호간의 대립적 경쟁관계는 줄어들게 된다. 만일 이 시장에 참여하는 기업의 수가 무수히 많아진다면 이들 모두가 서로 경쟁 상대이기는 하지만 특정한 기업을 상대로 경쟁할 이유가 없다. 극도로 치열하게 경쟁해야 하는 우리나라의 대학입시에서 고교 3학년 학생과 재수생을 포함한 수십 만 명이 서로 경쟁 상대이기는 하지만 자기반 옆 짝을 상대로 경쟁하지 않는 것과 마찬가지다. 이런 상황에서의 경쟁은 특정한 수험생과의 대항관계가 아닌 불특정 다수를 상대로 이루어지는 완벽한 경쟁(competition)이 된다. 경제학에서 말하는 **완전경쟁**(perfect competition)은 바로 이러한 경쟁상태를 의미한다.

이상에서 살펴본 바에 의하면 경쟁의 정도를 기업의 행위에 중점을 두고 파악할 수도 있고, 시장의 구조와 관련된 특성에 따라 파악할 수도 있다. 경제학에서 경쟁의 정도를 파악할 때는 개별 경제주체의 행위보다 시장의 구조측면을 더욱 강조하는 것으로 볼 수 있다.

1.3 완전경쟁시장의 성립조건

수많은 소비자와 생산자가 상품을 사고파는 **완전경쟁시장**(perfectly competitive market)이 성립되기 위해서는 다음과 같은 네 가지 조건이 충족되어야 한다.

첫째, 시장에 참여하는 수요자와 공급자가 무수히 많아서 어떤 한 소비자가 수요량을 변화시키거나 어떤 한 기업이 생산량을 증가시켜도 상품가격에는 아무런 영향을 줄 수 없어야 한다. 즉, 개별 경제주체는 시장에서 결정된 가격을 주어진 것으로 받아들일 수밖에 없는 **가격수용자**(price taker)로서 행동하게 된다. 소비자와 생산자는 시장에서 결정되는 가격에서 사고자 하거나 팔고자 하는 상품의 수량만 결정할 뿐이다.

둘째, 시장에서 판매되는 상품이 **동질적**(homogeneous)이어야 한다. 상품이 동질적이라는 의미는 각 기업에서 생산하는 상품의 물리적 성격뿐만 아니라 포장까지도 같기 때문에 소비자는 서로 다른 기업에서 생산하는 상품들을 전혀 구분할 수가 없다. 따라서 소비자는 어떠한 기업에 대해서도 차별하지 않는다.

셋째, 모든 경제적 자원의 이동이 자유로워야 한다. 어떠한 생산요소도 소수의 몇몇 기업들에 의해 독점적으로 사용되어서는 안된다는 것을 의미하는 것이다. 예컨대 노동력의 경우 한 지역에서 다른 지역으로, 한 직장에서 다른 직장으로 자유롭게 이동할 수 있어야 한다는 뜻이다. 또한 기업은 어떤 산업에 자유로이 참여하거나 빠져 나갈 수 있어야 한다. 기업들은 이윤을 얻을 수 있다고 판단하면 자유롭게 산업에 **진입**(entry)하고, 손해를 보면 아무런 제약없이 **이탈**(exit)할 수 있어야 하는 것이다.

넷째, 각 경제주체들은 상품 생산과 거래와 관련된 경제적, 기술적 정보를 완전하게 갖고 있어야 한다. 이러한 조건의 의미는 각 경제주체들이 상품 생산과 거래와 관련해서 과거와 현재 뿐만 아니라 미래에 대해서도 **완전한 정보**(perfect information)를 소유해야 한다는 의미이다.

현실에서는 위의 네 가지 조건들을 모두 갖춘 시장을 찾기란 쉽지 않다. 우리가 종종 농산물시장을 완전경쟁시장의 예로 들지만 개별 농가에서 생산된 배추나 쌀의 품질도 완전하게 같다고 보기는 어렵다. 더구나 어떤 시장이 위의 세 가지 조건을 갖춘다고 하더라도 네 번째의 완전한 정보라는 조건을 충족시킨다는 것은 거의 불가능하다.

그렇지만 시장조직이론과 관련해서 완전경쟁시장의 성격을 정확하게 이해하는 것은 매우 중요하다. 완전경쟁시장에서 도출된 결론의 현실 예측력이 매우 우월하기 때문이다. 현실의 시장이 완전경쟁시장의 성립조건을 엄밀하게 충족시키지는 못하더라도 이에 근접한 경우를 볼 수 있다. 어떤 기업으로 하여금 생산비용을 훨씬 초과하는 수준으로 가격을 매길 수 없도록 만드는 **유효경쟁**(effective competition)이 존재하는 시장에서 실제로 나타나는 현상들은 완전경쟁시장모형에서 도출되는 결론과 거의 부합되는 것으로 알려져 있다. 이러한 의미에서 본다면 완전경쟁시장모형에서 도출되는 결론이 상당한 현실 예측력을 갖는다고 볼 수 있다. 또한 완전경쟁시장은 자원배분과 관련하여 가장 이상적인 시장형태라는 점에서 이론적 관심의 대상이 되기도 한다. 완전경쟁시장은 자원배분과 관련하여 우리가 추구해야 할 목표를 제시하기 때문에 독과점기업을 규제하는 기준으로 활용될 수 있다.

2. 완전경쟁기업의 총수입곡선과 수요곡선

2.1 총수입곡선과 평균 및 한계수입곡선

어떤 농민이 배추를 생산하여 판매하는 시장이 완전경쟁적이며 배추 한 포기의 시장가격이 3,000원이라고 하자. 배추 한 포기의 가격이 3,000원이라는 것은 배추 한 포기당 얻을 수 있는 수입, 즉 평균수입이 3,000원이라는 것을 의미한다. 지금의 예에서 보는 것처럼 어떤 상품의 가격 P가 주어지면 그것이 바로 기업의 **평균수입**(average revenue; AR)이 된다. 한편, 식 (9. 1)에서 보는 것처럼 어떤 상품을 판매함으로써 얻는 **총수입**(total revenue; TR)은 상품의 시장가격(P)에 판매량(Q)을 곱하여 구한다.

(9. 1) $TR = P \times Q$

완전경쟁기업이 판매하는 상품의 시장가격은 판매량이 많고 적음에 관계없이 항상 일정하므로 총수입 TR은 판매량 Q에 비례하게 된다.[3] 따라서 총수입곡선은 그림 (a)에서와 같이 원점에서 나오는 직선이 된다.

총수입이 식 (9. 1)로 주어질 때 평균수입은 다음과 같이 나타난다.

(9. 2) $AR = \frac{TR}{Q} = \frac{P \times Q}{Q} = P$

평균수입이 상품의 가격 P를 의미한다는 것은 앞에서 이미 밝혀둔 바 있다. 완전경쟁기업의 상품가격은 생산량의 수준에 관계없이 일정하므로 평균수입곡선은 그림 (b)에 나타나 있듯이 시장가격 P_0에서 수평선이 된다.

수요곡선이 수평선인 경우에는 상품을 하나 더 추가적으로 팔았을 때 추가되는 수입, 즉 **한계수입**(marginal revenue; MR)도 상품가격과 똑같게 된다. 한계수입을 식으로 나타내면 다음과 같다.

(9. 3) $MR = \frac{dTR}{dQ} = \frac{d(P \times Q)}{dQ} = P$

그림 (b)에서 보는 것처럼 완전경쟁기업의 한계수입곡선 역시 시장가격 P_0에서 수평선이 된다. 이상에서 살펴본 바에 의하면 완전경쟁기업의 경우에는 $P = AR = MR$ 의 관계가 성립한다.

> **평균수입**(AR)은 상품 한 단위당 수입, 즉 상품가격(P)이며 **한계수입**(MR)은 상품 한 단위를 추가로 판매할 때 얻게 되는 총수입의 증가분이다.

3) 개별기업의 입장에서 상품가격 P는 상수인 셈이므로, 총수입 TR은 판매량 Q의 함수, 즉 $TR = TR(Q)$로 나타낸다.

[그림 9-1] 완전경쟁기업의 총수입곡선과 평균 및 한계수입곡선

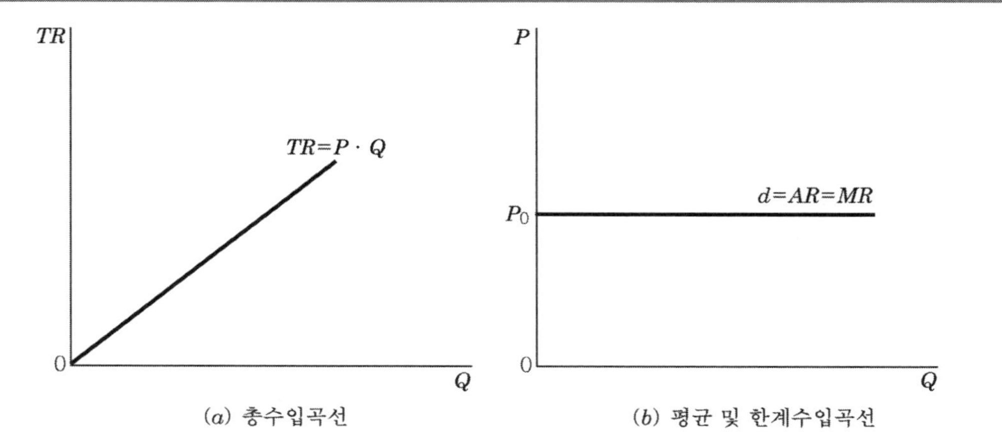

(a) 총수입곡선 (b) 평균 및 한계수입곡선

2.2 완전경쟁기업이 직면하는 수요곡선

시장에 관하여 완전한 정보를 소유하고 있다면 소비자들은 동일한 품질의 상품에 대하여 시장에서 결정된 것보다 더 높은 가격을 지불하려고 하지 않을 것이다. 따라서 어떤 기업이 자신의 상품에 대해 시장가격보다 단돈 1원이라도 더 높은 가격을 매긴다면 그 기업이 판매할 수 있는 수량은 영(0)으로 줄어들게 된다. 이것은 완전경쟁시장에 참여하는 개별기업은 시장에서 결정된 가격을 그대로 받아들일 수밖에 없다는 의미이다.

이처럼 가격수용자(price taker)인 **완전경쟁기업이 직면하게 되는 수요곡선**은 [그림 9-1]의 (b)와 같이 시장가격 P_0에서 수평선이 된다. 지금까지 설명한 내용을 종합하면 시장에서 주어지는 가격수준에서의 수평선은 개별기업이 직면하는 수요곡선이면서 동시에 평균수입곡선 그리고 한계수입곡선이 된다.

3. 완전경쟁시장의 단기균형

3.1 단기에서 기업의 이윤극대화

단기(short-run)에서는 새로운 생산시설을 설치할 수 있을 만큼 기간이 길지 않기 때문에[4] 산업 안에 존재하는 기업의 수도 고정되어 있다. 따라서 단기에서의 생산량 변화는 산업 안에 이미 존재하고 있는 기업의 생산설비하에서 가변요소의 투입량을 변화시킴으로써 가능해진다. 단기에서 이윤극대화를 추구하는 기업은 식 (9. 4)와 같이 총수입(TR)에서 상품생산에 소요되는 **단기총비용**(STC)을 차감한 이윤(Π)이 가장 커지도록 생산량을 결정하면 된다.

(9. 4) $\Pi = TR(Q) - STC(Q)$

[그림 9-2]의 (a)에서 TR은 총수입곡선, STC는 단기총비용곡선을 나타내고 있다. OF는 단기에서의 고정비용의 크기이다. 그림과 같이 총수입곡선과 총비용곡선이 주어지면 기업은 Q_1을 생산할 때 기업의 이윤이 극대화된다. Q_1의 생산수준에서 총수입에서 총비용을 뺀 이윤(Π)의 크기가 가장 커지기 때문이다. 이 때 총수입과 총비용은 각각 Q_1c과 Q_1h이며, 이윤의 크기는 hc이다.

지금처럼 총수입과 총비용의 차이가 가장 커지는 생산량을 찾는 방식은 현실적으로 계산과정이 매우 번거롭다. 따라서 상품 한 단위를 더 생산할 때 추가로 지출하는 비용(MC)과 추가로 벌어들일 수 있는 수입(MR)을 비교하여 이윤극대화의 생산수준을 찾아내는 비교적 간단한 방법이 주로 이용된다.

어떤 생산수준에서 $MR > MC$라고 하자. 상품의 생산량을 한 단위 더 증가할 때 추가로 벌어들일 수 있는 수입이 추가로 지출되는 비용보다 크기 때문에 상품의 생산량을 증가시키면 기업의 이윤은 증가하게 될 것이다. 이와는 반대로

4) 생산기술과 관련하여 **단기**란 기업이 생산시설과 같은 자본규모를 변경시킬 수 없는 짧은 기간을 의미한다.

[그림 9-2] 단기에서 경쟁기업의 이윤극대화

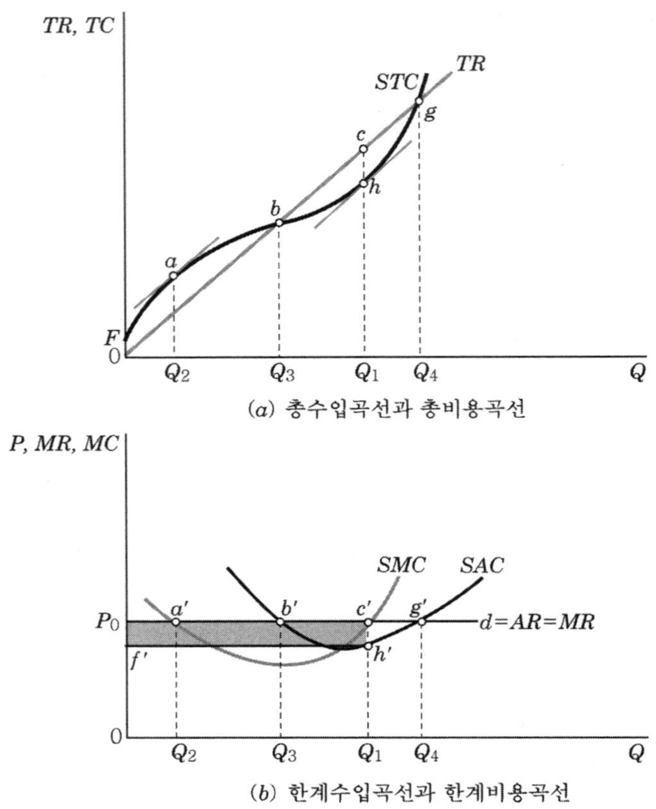

(a) 총수입곡선과 총비용곡선

(b) 한계수입곡선과 한계비용곡선

$MR < MC$라면 기업은 생산량을 감소시킴으로써 이윤을 증가시킬 수 있다. 만일 $MR = MC$가 이루어지고 있다면 이제는 생산량을 변경시킴으로써 이윤을 증가시킬 가능성은 없다. 식 (9. 5)와 같이 한계수입과 한계비용이 같아지는 생산수준에서 이윤이 극대화되기 때문이다.

$$(9.\ 5)\quad MR(Q) = MC(Q)$$

그림 (b)에는 단기평균비용(SAC)곡선과 단기한계비용(SMC)곡선이 나타나 있으며, 상품의 시장가격 P_0의 높이를 따라 평균수입(AR)곡선과 한계수입(MR)곡선이 수평으로 나타나 있다. 그림에서 **이윤극대화 조건인** $MR = MC$는

c'점에서 성립된다. 기업이 c'점에 해당하는 Q_1을 생산하면 Q_1h'만큼의 평균비용을 지출하고 Q_1c'만큼의 평균수입을 얻게 된다. 따라서 기업은 생산 단위당 이윤에 해당하는 선분 $h'c'$와 생산량에 해당하는 선분 $f'h'$의 곱, 즉 음영으로 표시한 사각형 $f'P_0c'h'$의 면적에 해당하는 이윤을 얻게 된다. 기업이 이윤극대화를 달성하고 있으면 외부에서 어떤 충격이 가해지지 않는 한 그 상태를 그대로 유지하게 된다. 이런 의미에서 이윤극대화를 이루고 있는 상황이 바로 **균형상태**이다.

완전경쟁시장에서는 $P=MR$이기 때문에 이윤극대화조건인 식 (9. 5)를 다음과 같이 나타낼 수 있다.

(9. 6) $P=MC$

그림 (b)에서 보면 $P=MC$는 c'점뿐만 아니라 a'점에서도 성립된다. 만일 기업이 a'점에 해당하는 Q_2를 생산하면 평균비용이 평균수입보다 커서 손실을 보게 된다. $P=MC$가 성립하지만 이윤극대화가 달성되는 것이 아니라 오히려 손실이 극대화되는 것이다. 그림 (a)에서 보면 Q_2를 생산할 때 STC와 TR의 간격이 가장 커서 손실이 극대화되고 있음을 알 수 있다. 이렇게 본다면 완전경쟁기업은 $P=MC$의 조건을 충족시키면서, MC곡선이 증가하고 있는 영역에서 산출량을 결정해야 이윤극대화를 달성할 수 있게 된다.

물론 이러한 조건들이 만족한다고 해서 항상 양(+)의 이윤을 얻을 수 있는 것은 아니다. $P=MC$의 조건이 충족되는 산출량수준에서 평균비용곡선이 수요곡선보다 높게 위치하고 있다면 기업은 음(-)의 이윤을 얻게 된다. 또한 이윤극대화조건이 충족되는 생산수준에서 평균비용곡선과 수요곡선이 서로 접하고 있다면 기업이 영(0)의 이윤을 얻게 된다.

[연습문제 9.1]

어떤 완전경쟁기업의 비용함수가 $C(Q)=12+10Q-6Q^2+Q^3$이다. 이 기업에서 생산하는 상품의 가격이 10원일 때 이윤은 얼마인가?

3.2 경쟁기업의 단기공급함수

상품의 수요를 결정하는 요인들이 여러 가지인 것처럼 공급을 결정하는 요인들도 매우 많다. 개별기업이 공급하고자 하는 상품의 양(Q_s)에 가장 큰 영향을 주는 것은 바로 그 상품의 가격(P)이다. 또한 그 상품생산에 투입되는 생산요소가격(w, v)과 기술수준(T), 미래의 예상가격(P^e), 그 상품과 관련된 다른 상품의 가격(P_r)[5], 기업의 위험에 대한 태도(R), 기업 간의 경쟁(C) 등도 공급량의 결정에 영향을 미치게 된다. 기업의 공급에 영향을 미치는 요인들과 그것들을 가장 효율적으로 투입하였을 때 생산되는 공급량[6]의 관계는 식 (9. 7)과 같이 **공급함수**(supply function)로 나타낼 수 있다.

(9. 7) $Q_s = s(P, w, v, T, P^e, P_r, R, C)$

상품의 공급량 결정에 가장 큰 영향을 미치는 해당 상품의 가격(P)을 제외한 나머지 변수들은 고정되어 있다고 가정하면 공급함수를 다음과 같이 나타낼 수 있다.

(9. 8) $Q_s = s(P; w, v, T, P^e, P_r, R, C)$
$= s(P)$

수요량과 마찬가지로 공급량(Q_s)도 특정하게 주어지는 시간, 예컨대 1개월 또는 1년 등에 대해서 정의되는 유량(flow)의 성격을 갖는다.

이러한 공급함수는 기업이 **가격수용자**(price taker)의 입장에 있는 완전경쟁시장에서만 정의될 수 있다. 시장지배력을 보유한 독점이나 과점기업은 시장가격이 어떤 수준일 때 공급량을 어느 수준으로 결정하겠다는 사전적 계획을 갖고 있지 않다. 독과점기업은 자신이 직면하게 되는 수요곡선을 따라 가장 유리

5) 예컨대 보리쌀의 가격은 불변인데 밀의 가격이 상승하면 농민은 보리쌀의 생산을 감소시키고 대체재인 밀의 생산을 증가시킬 것이다. 한편, 커피가격의 인상은 커피의 공급량 증가뿐만 아니라 보완재인 설탕의 공급량도 증가시킬 것이다.

6) 상품에 대한 수요가 소비자의 효용극대화와 관련되는 것이라면, 공급은 기업의 이윤극대화와 관련된다.

[그림 9-3] 경쟁기업의 단기공급곡선

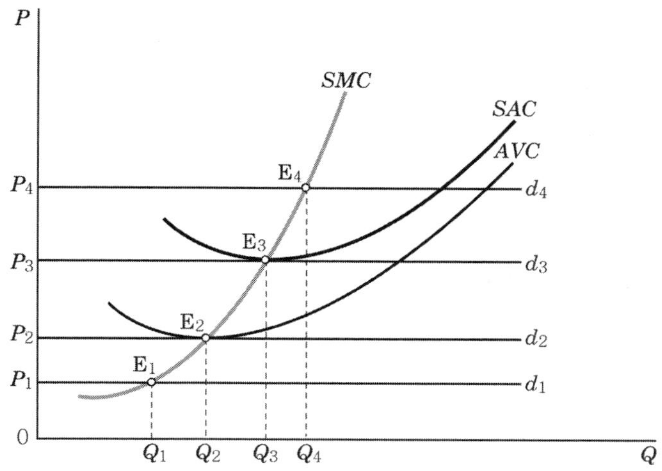

한 가격을 결정하면 공급량은 자동적으로 결정된다. 따라서 가격이 변할 때 이에 대한 사전적인 기업의 최적대응을 나타내는 공급함수라는 개념이 성립되지 않는다. 시장가격이 주어지면 공급량을 어느 수준으로 하겠다는 공급계획은 완전경쟁기업의 경우에만 가능하다.

> 독과점기업은 자신이 직면하게 되는 수요곡선을 따라 가장 유리한 가격을 결정하면 공급량은 자동적으로 결정된다. 따라서 가격이 변할 때 이에 대한 기업의 사전적인 최적대응을 나타내는 공급함수라는 개념이 성립되지 않는다.

이윤극대화를 추구하는 경쟁기업은 시장에서 어떤 가격이 주어지면 그 가격과 단기한계비용이 일치하는 수준에서 상품을 생산하여 공급하게 된다. [그림 9-3]에 나타나 있는 것처럼 시장에서 가격이 P_4로 주어지면 기업은 이것이 단기한계비용곡선과 일치하는 산출량 수준인 Q_4를 생산·공급할 것이고, 가격이 P_3로 주어지면 한계비용곡선을 따라서 Q_3를 생산·공급할 것이다. 이것은 단기한계비용곡선(SMC)이 개별기업의 **단기공급곡선** 역할을 할 수 있다는 것을 의미한다. 이렇게 볼 때 개별기업의 단기공급곡선은 생산설비가 고정된 상황에서 가격의 변화에 대응해 이윤을 극대화하는 생산물의 공급계획을 나타내 주는 곡선이라고 볼 수 있다.

하지만 단기한계비용곡선 그 자체가 단기에서 기업의 공급곡선이 되는 것은 아니다. 가격이 평균가변비용(AVC)보다 낮을 때는 단기한계비용곡선이 공급곡선의 일부가 될 수 없다. 고정비용 전체가 **매몰비용**(sunk cost)의 성격을 갖는다고 가정하면 총수입(TR)이 총가변비용(TVC)보다 작을 때 기업은 생산을 중단해야 한다. 시장에서 주어지는 상품가격이 매우 낮아서 총수입이 총가변비용 마저도 회수하지 못한다면 생산을 중단하여 고정비용만큼 손해를 보는 것이 더 유리하기 때문이다. 식 (9. 9)와 같이 총수입이 총가변비용보다 작으면 손실($TC-TR$)이 총고정비용(TFC)보다 크기 때문에 생산을 중단하는 것이 합리적이다.

(9. 9) $TC-TR>TFC$

식(9. 9)를 정리하여 다음과 같이 바꿔 쓸 수 있다.

(9. 10) $TC-TFC>TR$, 또는 $TVC>TR$

식 (9. 10)은 앞에서 설명한 것처럼 총수입이 총가변비용보다 작을 때 기업은 생산을 중단하는 것이 더 나은 결과를 가져온다는 점을 나타내고 있다. 이 식의 양변을 산출량(Q)으로 나누어서 생산을 중단하는 조건을 다른 형태로 나타낼 수 있다.

(9. 11) $AVC>P$

식 (9. 11)에 의하면 상품가격(P)이 평균가변비용(AVC)보다 더 낮을 때 기업은 생산을 중단하게 된다. 가격이 평균가변비용보다 낮을 때는 단기한계비용곡선이 공급곡선의 일부가 될 수 없다는 것을 의미한다. [그림 9-3]에서 보는 것처럼 시장에서 상품가격이 P_1으로 주어져서 평균가변비용보다 낮다면 기업은 생산을 중단할 수밖에 없다.

주어진 상품가격이 P_2로 상승해 평균가변비용의 최저수준과 같아지면 어떤 결과가 나타날까? 그림에서 볼 수 있듯이 $P_2 = SMC$의 조건이 만족되는 Q_2를 생산·공급하면 총고정비용만큼 손해를 입게 된다. 상품가격이 평균가변비용과 일치하여 총수입과 총가변비용이 같아지기 때문이다. 이처럼 상품가격이 평균가변비용의 최저수준과 같아지면 기업은 생산활동의 지속여부를 결정해야 한다. 우리는 이러한 가격을 **생산중단가격**(shutdown price)이라고 하고, 평균가변비용곡선의 최저점을 **생산중단점**(shutdown point)이라고 부른다. 지금까지의 논의를 종합하면 완전경쟁시장에서 **개별기업의 단기공급곡선**은 평균가변비용곡선의 최저점(E_2) 위로 뻗어 있는 단기한계비용곡선과 일치하게 된다.

개별기업의 단기공급곡선을 도출하면서 지금까지는 고정비용 전체가 매몰비용이라는 가정하에서 논의를 전개해 왔다. 그렇지만 현실적으로 모든 고정비용이 항상 매몰비용의 성격을 갖는 것은 아니다. 만일 고정비용 전체가 회수 가능하여 매몰비용이 영(0)이라면 기업의 단기공급곡선은 어떤 형태일까? 고정비용 전체가 회수 가능하다는 것은 모든 비용이 가변비용이라는 것을 의미하므로 이러한 상황에서는 평균비용과 평균가변비용의 구분이 무의미하게 된다. 당연히 매몰비용이 영(0)인 상황에서 생산중단점은 단기평균비용곡선(SAC)의 최저점이 될 것이다. 따라서 기업의 단기공급곡선은 단기평균비용곡선의 최저점(E_3) 위로 뻗어 있는 단기한계비용곡선과 일치하게 된다. 만일 고정비용의 일부가 매몰비용의 성격을 갖는다면 생산중단점은 P_2와 P_3 사이에 위치할 것이고, 기업의 단기공급곡선은 이러한 점 위로 뻗어 있는 단기한계비용곡선과 일치하게 된다.

[연습문제 9.2]

> 기업 A의 단기비용함수가 $TC = Q^3 - 4Q^2 + 6Q + 10$이다. 조업중단가격은 얼마인가?

[연습문제 9.3]

> 어떤 완전경쟁기업의 비용함수가 $C(Q) = 500 + 3Q^2$이다. 이 기업의 공급함수를 구하라.

3.3 산업의 단기공급곡선

산업(industry)이라는 것은 동일한 상품을 생산하는 모든 기업들의 집합을 의미한다. 단기에서는 산업내 기업의 수가 일정하기 때문에 산업 전체의 공급량은 시장에서 주어지는 각각의 가격수준에서 개별기업이 생산하여 공급하는 상품량을 모두 더하여 구할 수 있다. 식 (9. 8)로부터 개별기업 i의 공급함수를 $s_i(P)$라 두면, 산업의 단기공급(Q_S)은 이들 개별기업의 공급(s_i)을 모두 합하면 된다. 따라서 **산업의 단기공급함수**를 식 (9. 12)와 같이 나타낼 수 있다.

(9. 12) $$Q_S = \sum_{i=1}^{n} s_i(P) = S(P)$$

단, n은 개별기업의 수

[그림 9-4]는 산업내 두 개의 기업이 존재하는 가상적인 경제에서의 산업의 단기공급곡선이 도출되는 과정을 보여주고 있다. 시장에서 상품가격이 P_1으로 주어지면 A기업과 B기업은 각각 Q_{A1}과 Q_{B1}을 생산 · 공급하게 될 것이다. 따라서 산업의 공급량은 $Q_{A1}+Q_{B1}$이 된다. 또한 상품가격이 상승하여 P_2로 주어지면 A기업과 B기업은 각각 Q_{A2}와 Q_{B2}를 공급하므로 산업의 공급량은 $Q_{A2}+Q_{B2}$가 된다. 이처럼 개별기업들의 단기공급곡선이 주어졌을 때 산업의 단기공급곡선은 이들을 수평으로 더하여 구하게 된다.

지금 보는 것처럼 언제든지 개별기업의 공급곡선을 수평으로 더하여 산업의 단기공급곡선을 구할 수 있는 것은 아니다. 상품가격이 상승하면서 모든 기업들이 동시에 생산량을 늘려도 투입요소의 가격이 불변으로 유지되는 경우에만 이러한 방식을 적용할 수 있다. 상품가격과 더불어 투입요소 가격이 상승하고 그 결과 한계비용도 상승하면 기업은 위로 이동한 단기한계비용곡선 위의 한 점을 선택하게 된다. 이것은 투입요소가격이 불변인 경우에 비해서 개별기업들이 생산량을 적게 증가시킨다는 것을 의미한다. 이러한 상황에서 산업의 단기공급곡선은 [그림 9-4]에서 음영으로 나타나 있는 S'처럼 더욱 가파른 모양을 갖게

[그림 9-4] 산업의 단기공급곡선

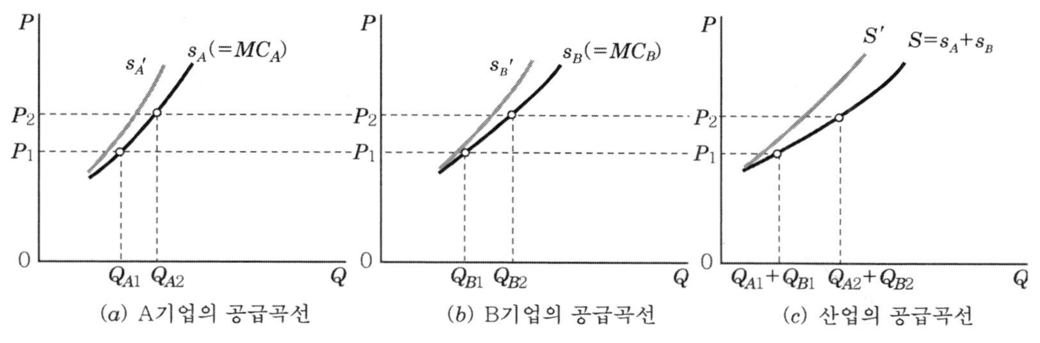

(a) A기업의 공급곡선 (b) B기업의 공급곡선 (c) 산업의 공급곡선

된다.

3.4 공급의 탄력성

(1) 공급의 가격탄력성

앞에서 살펴본 바와 같이 기업이 공급하고자 하는 상품의 양에 영향을 주는 요인에는 그 상품의 가격을 비롯하여 생산요소가격, 그 상품과 관련된 다른 상품의 가격, 기술수준 등이 있다. 수요의 경우와 마찬가지로 이러한 공급의 결정요인들이 변화할 때 공급량이 얼마나 민감하게 변하는지를 공급의 탄력성으로 측정할 수 있다. 그러나 경제이론에서는 식 (9. 13)과 같이 기업이 공급하고자 하는 그 상품의 가격에 대한 탄력성, 즉 **공급의 가격탄력성**에 대해서만 주된 관심을 갖고 있다.

(9. 13) $$\text{공급의 가격탄력성} = \frac{\text{공급량의 변화율}(\%)}{\text{가격의 변화율}(\%)}$$

이러한 공급의 가격탄력성을 수식으로 표시하면 다음과 같다.

(9. 14) $$\epsilon_P = \frac{\frac{dQ}{Q}}{\frac{dP}{P}} = \frac{dQ}{dP} \cdot \frac{P}{Q}$$

[그림 9-5] 공급곡선과 가격탄력성

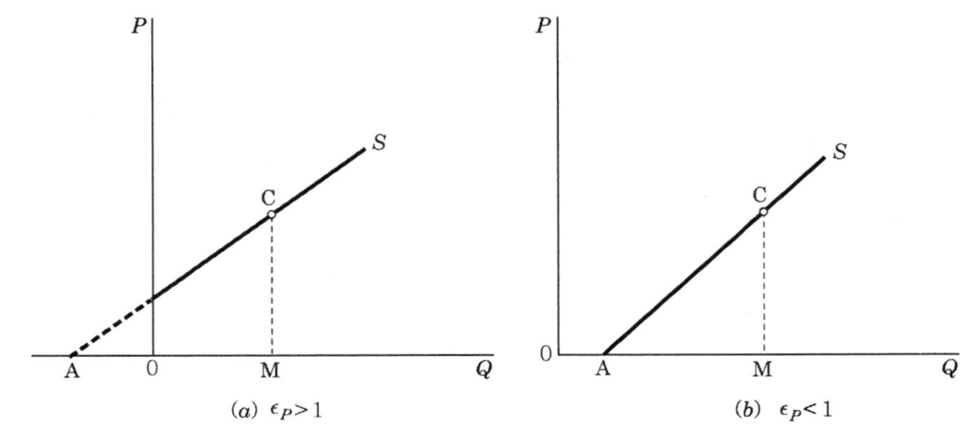

공급의 가격탄력성은 영(0)과 무한대 사이의 어떤 값을 취한다. 가격변화에 대해 공급량이 전혀 변하지 않아 $\epsilon_P = 0$가 되면 완전비탄력적, 가격이 아주 작게 변하여도 공급량이 무한히 변하여 $\epsilon_P = \infty$가 되면 완전탄력적, 상품의 가격변화율과 공급량의 변화율이 같아서 $\epsilon_P = 1$이 되면 단위탄력적이라고 한다. 그리고 $0 < \epsilon_P < 1$이면 비탄력적, $1 < \epsilon_P < \infty$이면 탄력적이라고 한다.

[그림 9-5]의 (a)에서와 같이 공급곡선이 주어지면 C점에서의 가격탄력성은 다음과 같이 구해진다. C점에서 공급곡선을 연장시켜 수평축(공급량의 축)과 만나는 점을 A라고 하고 C점에서 수직으로 내렸을 때 수평축과 만나는 점을 M이라고 하면 $dQ/dP = MA/MC$이 된다. C점에서의 가격과 공급량이 각각 MC와 OM이므로 여기에서의 가격탄력성은 식 (9. 15)와 같이 구해진다.

$$(9.\ 15) \quad \epsilon_P = \frac{dQ}{dP} \cdot \frac{P}{Q} = \frac{MA}{MC} \cdot \frac{MC}{OM} = \frac{MA}{OM}$$

이처럼 공급곡선 위의 한 점에서 수직으로 내린 M점과 공급곡선을 연장시켜 수평축과 만나는 A점을 이용하여 공급의 가격탄력성을 측정할 수 있다. 그림 (a)에서와 같이 공급곡선의 절편이 양(+)이면 공급의 가격탄력성은 1보다 크게 된다. 반면에 그림 (b)에서와 같이 공급곡선이 음(-)의 절편을 갖는다면 공

[그림 9-6] 예외적인 세 가지의 경우

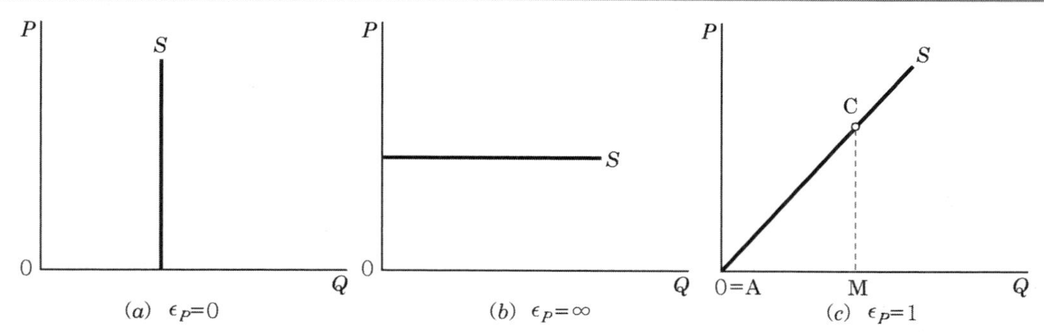

(a) $\epsilon_P=0$ (b) $\epsilon_P=\infty$ (c) $\epsilon_P=1$

급의 가격탄력성은 1보다 작게 될 것이다. 지금까지 설명한 기하학적 성질을 적용하면 가격이 높아질수록 공급의 가격탄력성은 1에 가까워진다는 점을 알 수 있다. 가격상승에 따라 C점이 매우 높은 곳에 위치하면 가격탄력성의 크기를 나타내는 MA/OM의 값이 1에 가까워지기 때문이다.

(2) 예외적인 공급의 가격탄력성

공급곡선 위의 모든 점에서 항상 같은 크기의 탄력성을 갖는 예외적인 경우도 있다. [그림 9-6]에서 나타나 있는 것처럼 공급곡선이 수직선, 수평선, 원점을 지나는 직선인 경우에는 공급곡선상의 어떤 점에 있어서나 공급의 가격탄력성이 각각 0, ∞ 그리고 1이 된다.

공급의 가격탄력성 크기는 여러 가지 요인에 의해서 영향을 받는데 그 중에서 몇 가지만 소개하기로 한다. 생산량이 변화할 때 생산비가 얼마나 민감하게 반응하느냐에 따라 공급량이 증가하는 크기가 달라진다. 생산량이 변할 때 생산비가 급격하게 상승한다면 상품의 공급은 비탄력적이 된다. 공급의 가격탄력성의 크기는 기술수준에 의해서도 영향을 받는다. 기술수준의 향상이 빠를수록 생산량의 변화속도가 커지게 되므로 공급은 탄력적이 된다. 그리고 고려되는 시간의 길고 짧음도 공급탄력성에 영향을 준다. 장기에 있어서는 생산과정에서의 적응력이 커지므로 가격변화에 신축적으로 대응할 수 있게 된다. 따라서 공급의 탄력성은 단기에서보다는 가격변화에 대한 모든 조정이 이루어지는 장기에서 더욱 커지는 것이 일반적이다.

[연습문제 9.4]

어떤 상품의 시장수요함수는 $Q_D = 120 - 2P$, 시장공급함수는 $MC = -60 + 4P$ 이다. 시장의 균형 상태에서 공급의 가격탄력성 크기는?

3.5 생산자잉여

공급곡선이 주어지면 생산자가 교환으로부터 얻게 되는 이득의 크기를 나타내는 생산자잉여를 생각해 볼 수 있다. 생산자잉여의 크기를 알아보기 위해서는 먼저 공급곡선의 의미를 되새겨 볼 필요가 있다. 상품 판매량의 각 수준에 해당하는 공급곡선의 높이는 그 상품 판매량 수준에서 기꺼이 받으려고 하는 금액의 크기를 의미한다. 그런데 생산자가 실제로 상품을 판매할 때는 각각에 대해 동일한 가격을 부과하게 된다. 결과적으로 생산자가 상품을 판매함으로써 실제로 받은 금액과 기꺼이 받으려고 하는 금액과는 서로 차이가 난다. 우리는 이러한 차이를 **생산자잉여**(producer surplus)라고 한다.

생산자가 상품을 판매할 때 실제로 받은 금액과 기꺼이 받으려고 하는 금액과의 차이를 **생산자잉여**라고 한다.

[그림 9-7]에서 나타나 있는 것처럼 상품의 시장가격이 P_0로 주어지면 경쟁기업은 Q_0를 생산하여 공급곡선 아래의 사다리꼴 면적 OaE_0Q_0에 해당하는 금액을 기꺼이 받으려고 한다. 그런데 생산자가 실제로 Q_0를 판매할 때는 각각의 상품단위에 대해 P_0의 가격을 부과하게 되므로 총수입의 크기는 사각형 $OP_0E_0Q_0$의 면적에 해당한다. 결과적으로 생산자는 시장거래를 통하여 삼각형 aP_0E_0의 면적에 해당하는 생산자잉여를 얻게 되는 것이다.

경쟁기업의 공급곡선은 바로 한계비용곡선이라는 것을 이미 밝혀둔 바 있다. 이렇게 볼 때 공급곡선 아래의 사다리꼴 OaE_0Q_0의 면적은 바로 총가변비용을 나타낸다. 따라서 단기에서는 총수입에서 총가변비용을 뺀 금액이 생산자잉여가 된다는 것을 알 수 있다.[7] 물론 장기에서는 모든 비용이 가변적이므로 총

[그림 9-7] 생산자잉여

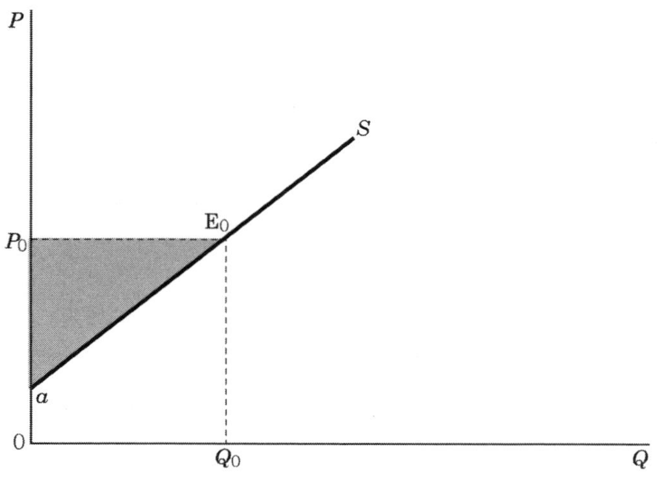

비용과 가변비용이 동일하여 총수입에서 총비용을 뺀 이윤이 생산자잉여가 될 것이다.

3.6 시장(산업)의 단기균형

앞에서 우리는 단기에서 산업의 공급곡선, 즉 시장의 공급곡선을 도출하였다.[8] 이러한 시장의 공급곡선과 제3장에서 도출한 시장의 수요곡선을 서로 연결시켜 시장의 단기균형 상태를 찾을 수 있다. [그림 9-8]의 (a)에서 보는 것처럼 **시장의 단기균형**(short-run equilibrium)은 시장수요곡선(D)과 시장공급곡선(S)이 교차하는 E_1점에서 이루어진다. 이러한 균형점에서 결정되는 가격 P_1을 우리는 **균형가격**(equilibrium price)이라고 한다. **마샬**(A. Marshall)은 수요와 공급의 상호작용에 의해 상품의 균형가격이 결정되는 과정을 가위 양날의 작용에 의하여 종이를 자르는 현상에 비유한 바 있다.

만일 시장에서의 상품가격이 P_1이 아니라 P_2로 주어진다면 어떤 상황이 나

7) 단기에서는 생산자잉여가 총고정비용과 이윤(혹은 손실)으로 구성된다.

8) 산업은 생산을 중심으로 정의되는 개념이고, 시장은 거래를 중심으로 정의되는 개념이다. 산업을 동질의 상품을 생산하는 모든 기업들의 집합으로 정의하면 산업과 시장의 범위가 서로 일치된다.

[그림 9-8] 완전경쟁하의 단기균형

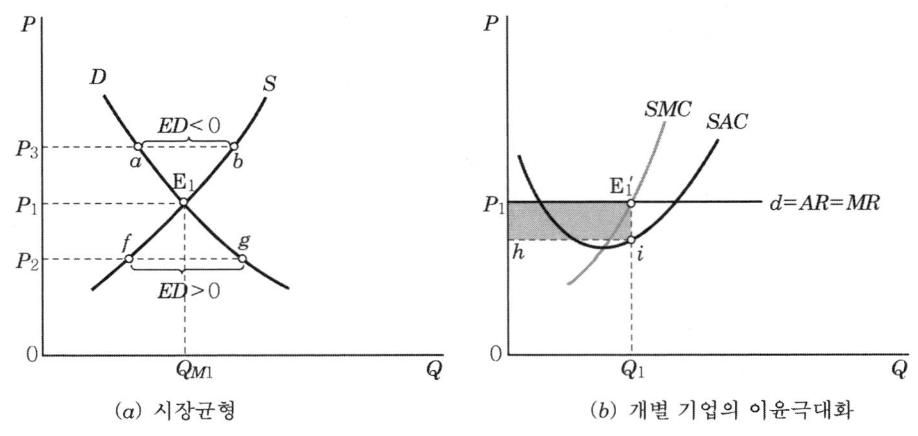

(a) 시장균형

(b) 개별 기업의 이윤극대화

타나게 될까? 이 때 시장에서는 fg만큼의 **초과수요**(excess demand; ED)가 발생하게 된다. 초과수요가 존재하면 소비자들은 구매하고자 하는 상품을 모두 구입할 수 없다. 소비자들은 더 높은 가격을 지불하더라도 그 상품을 구입하고자 하기 때문에 상품가격이 점차 상승하게 된다. 반대로 가격이 P_3와 같이 균형수준보다 높게 주어진다면 ab만큼의 **초과공급**(excess supply)이 발생하여 가격하락의 압력을 받게 된다. 상품을 싼 가격에라도 판매하려는 기업들 사이에 경쟁을 야기시켜 상품가격이 하락하게 되는 것이다. 가격상승과 하락에 의해 초과수요와 초과공급이 완전하게 해소되면 가격의 움직임은 멈추게 된다. 가격조정의 결과 상품가격이 P_1으로 주어지면 외부의 충격이 없는 한 그것이 그대로 유지된다. 이러한 의미에서 P_1을 균형가격이라고 하며, Q_{M1}에서의 수급량을 **균형거래량**이라고 한다.

시장에서 상품가격이 이렇게 결정되면 개별기업은 그것을 주어지는 것으로 받아들이게 된다. 따라서 개별기업이 직면하게 되는 수요곡선은 그림 (b)에서 보는 것처럼 P_1에서 수평이 되고,[9] 이것이 단기한계비용곡선(SMC)과 일치하는 Q_1의 생산량을 선택함으로써 이윤을 극대화하게 된다. 이러한 **경쟁기업의 단기균형** 상태에서 기업이 얻는 이윤의 크기는 사각형 $hP_1E_1'i$의 면적이 된다. 물론 경쟁기업이 손실을 보는 상황에서도 단기균형이 성립할 수 있다. [그림

9) 이것은 시장수요곡선 D가 우하향한다는 것과 분명하게 구분되는 점이다.

9-3]에서 살펴본 바와 같이 단기평균비용곡선의 최저점과 평균가변비용곡선의 최저점 사이에서[10] 시장가격이 결정되는 경우에도 $P=SMC$의 조건이 충족된다면 경쟁기업의 단기균형은 성립한다. 이와 같이 기업이 상품을 생산하면 고정비용의 일부를 회수할 수 있지만, 생산을 포기한다면 일체의 고정비용을 회수할 수 없다. 따라서 기업은 단기적으로 손실을 입겠지만 상품을 생산하는 것이 최적의 선택이 된다.

[연습문제 9.5]

어떤 상품에 대한 개인 A의 수요함수는 $P=100-2Q_A$, 개인 B의 수요함수는 $P=140/3-(2/3)Q_B$로 주어져 있다. 시장공급함수가 $Q_S=-60+4P$일 때 시장균형가격은?

3.7 시장균형의 변화

지금까지 우리는 어떤 상품의 수요량과 공급량이 오직 그 상품의 가격에 의해서만 결정된다는 가정하에서 균형이 결정되는 과정을 분석하였다. 만일 수요량과 공급량의 결정요인들 중에서 일정한 것으로 가정한 다른 요인들에 변화가 있다면 균형에 어떤 변화가 나타날까? 이 경우에는 수요곡선이나 공급곡선이 이동하기 때문에 원래의 균형점이 그대로 유지될 수 없다.

[그림 9-9]의 (a)에서와 같이 소득의 증가에 의해 수요곡선이 D_1에서 D_2로 이동하면 균형점은 E_1점에서 E_2점으로 옮겨간다. 이에 따라 균형가격은 P_2로 상승하고 균형거래량은 Q_2로 증가하게 된다. 이와는 반대로 수요가 감소하는 경우는 균형가격이 하락하고 균형거래량은 감소하게 될 것이다. 한편, 그림 (b)에 나타나 있는 것처럼 기술진보에 의해서 공급곡선이 S_1에서 S_2로 이동하면 균형은 E_1점에서 E_2점으로 옮겨간다. 그 결과 균형가격은 P_2로 하락하고 균형거래량은 Q_2로 증가하게 된다.

10) 단기평균비용과 단기평균가변비용 사이의 크기는 평균고정비용(AFC)이다.

[그림 9-9] 균형의 변화

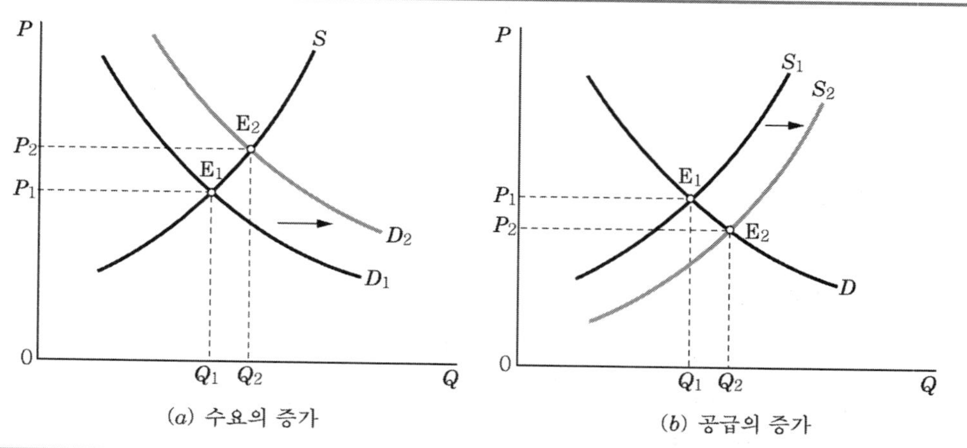

(a) 수요의 증가 (b) 공급의 증가

지금까지는 공급이 일정하게 주어진 상황에서 수요가 변화하는 경우와 수요가 일정하게 주어진 상황에서 공급이 변화하는 경우에 균형이 변화되는 과정을 살펴보았다. 그러나 현실에서는 수요와 공급이 동시에 변하는 경우가 많다. 예컨대 소득증가와 더불어 기술진보가 발생하면 수요곡선과 공급곡선이 동시에 오른쪽으로 이동하게 된다. 이 때 균형가격과 균형거래량이 변동하는 크기는 수요곡선과 공급곡선 중에서 어느 것이 상대적으로 더 많이 이동하느냐에 따라 다르게 나타난다. [그림 9-10] (a)와 같이 공급증가의 크기보다 수요증가의 크기가 더 크면 이전보다 균형가격은 상승하고 균형거래량은 증가하게 된다. 이와

[그림 9-10] 수요와 공급의 동시적 변화

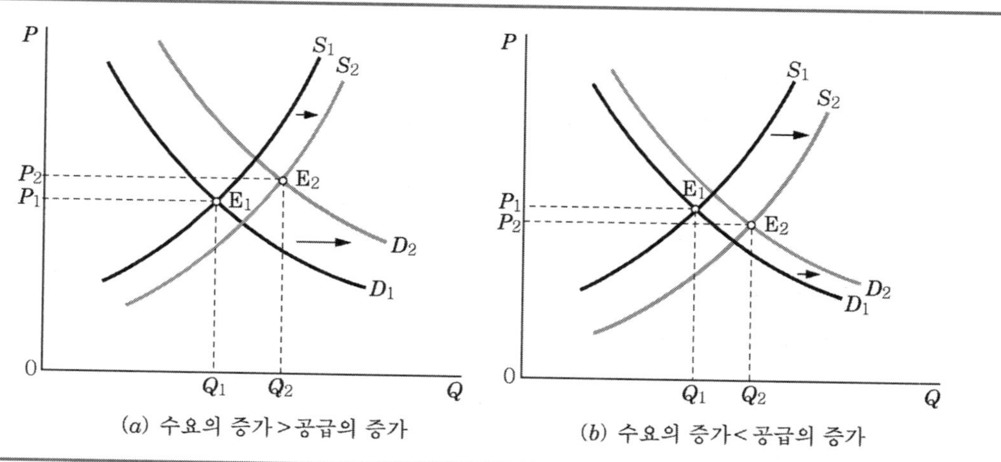

(a) 수요의 증가>공급의 증가 (b) 수요의 증가<공급의 증가

[그림 9-11] 예외적인 경우

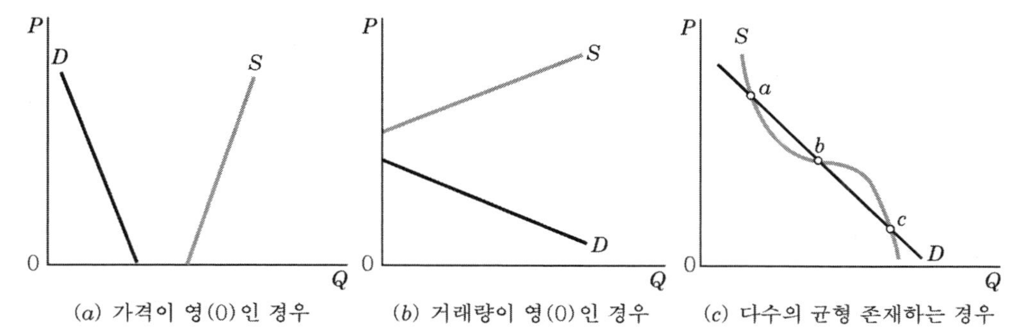

(a) 가격이 영(0)인 경우 (b) 거래량이 영(0)인 경우 (c) 다수의 균형 존재하는 경우

반대로 수요증가의 크기보다 공급증가의 크기가 더 크면 그림 (b)에 나타나 있는 것처럼 이전보다 균형가격은 하락하고 균형거래량은 증가하게 된다. 이 외의 경우는 독자들이 스스로 확인하기를 바란다.

3.8 균형의 존재여부

지금까지 우리는 소비자와 생산자가 각자의 이익을 최대한 추구하는 과정에서 결정되는 상품에 대한 수요량과 공급량이 일치하는 점에서 균형이 성립된다고 가정하여 논의를 진행하여 왔다. 수요곡선과 공급곡선이 교차하는 점에서 균형이 존재하며 그것은 유일하다는 것을 당연하게 받아들여 온 것이다. 그러나 [그림 9-11]에서 보는 것처럼 균형이 항상 존재하는 것은 아니며, 경우에 따라서 다수의 균형이 존재하는 경우도 있다.

그림 (a)는 수요에 비해 공급이 과도하게 많아서 소비자들이 원하는 만큼을 항상 아무런 대가없이 그것을 소비할 수 있는 경우를 나타내고 있다. 공기와 같은 **자유재**(free goods)가 대표적인 사례이다. 자유재의 경우 그것의 가격은 영(0)이며, 균형이 존재하지 않는다. 그림 (b)는 어떤 상품을 생산하는 비용이 많이 소요되어 그것의 공급가격이 지나치게 높아 그 상품을 구입할 의사가 거의 없는 경우를 보여준다. 우주여행을 위한 공급가격은 매우 높을 수밖에 없다. 반면에 갖가지 위험을 감수해야하는 우주여행에 높은 가격을 지불하려는 사람들은 상대적으로 적을 것이다. 이처럼 공급에 비해 수요가 지나치게 적은 경우에는 거래량이 영(0)이며, 균형은 존재하지 않는다.

균형이 존재한다고 하더라도 그것이 유일하지 않는 경우도 있다. 그림 (c)와 같이 공급곡선의 형태가 비선형인 경우에는 다수의 균형이 존재하게 된다. 그림의 a, b, c점이 각각 균형을 이루고 있다는 점에서 다를 바 없지만, 각 점에서 성립되는 균형의 안정성(stability)의 측면에서는 차이가 있다. 균형의 안정성에 관해서는 다음 항에서 논의하기로 한다.

3.9 균형의 안정성

만일 외부의 어떤 교란요인에 의해 균형상태에서 벗어나면 어떤 현상이 나타날까? 시장의 여건에 따라서 원래의 균형으로 다시 복귀하려는 경향이 있을 수 있고, 반대로 원래의 균형으로부터 점점 더 멀어지는 경향이 있을 수 있다. 다시 원래의 균형으로 돌아가려는 경향이 있을 때 그 균형은 안정적이며, 원래의 균형으로 다시 복귀하려는 경향이 없고 점점 더 멀어지면 불안정적이라고 한다.

균형의 안정성은 시간개념의 도입여부에 따라서 정적 안정성과 동적 안정성으로 구분된다. **정적 안정성**(static stability)은 시간의 흐름을 고려하지 않고 운동의 방향만으로 안정성 여부를 판단하는 반면에, **동적 안정성**(dynamic stability)은 시간의 흐름에 따른 경제변수의 변화경로를 파악하여 안정성 여부를 판단한다.

(1) 정적 안정성

(가) 왈라스적 안정성

왈라스(L. Walras)에 의하면 시장에서 어떤 상품의 수요량(혹은 공급량)은 독립변수인 가격(P)에 의해 결정된다. 이러한 논리에 따르면 주어진 가격 P에서 수요량을 $D(P)$, 공급량을 $S(P)$로 나타낼 수 있다. 왈라스는 시장균형조건으로 다음과 같이 **초과수요**(excess demand ; ED)가 영(0)이어야 함을 제시하고 있다.

(9. 16) $ED(P)=D(P)-S(P)$

물론 초과수요가 영(0)이 아니면 시장은 불균형상태에 놓이게 된다. 왈라스

[그림 9-12] 왈라스적 안정성

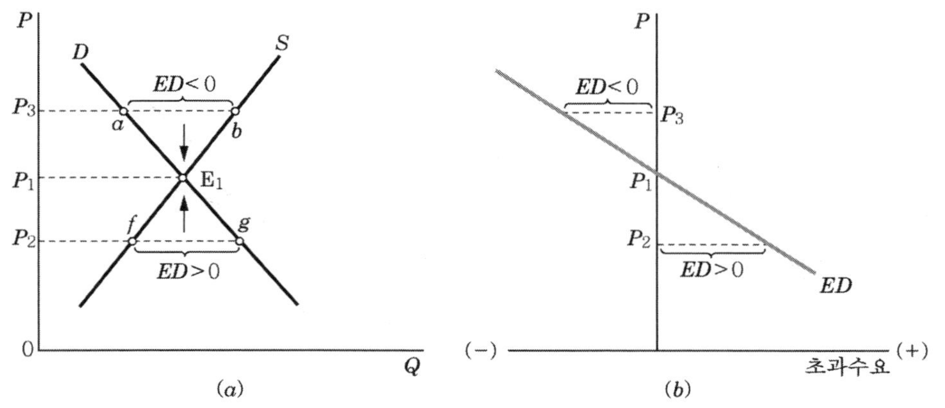

는 경제가 불균형 상태에 있을 때 가격의 변화에 의해서 초과수요와 초과공급을 해소시키는 과정, 즉 **왈라스적 조정과정**(Walrasian adjustment process)을 이용하여 균형의 안정성 여부를 판단한다.

[그림 9-12]의 (*a*)에는 가장 전형적인 형태인 우하향하는 수요곡선과 우상향하는 공급곡선이 나타나 있다. 만일 상품가격이 P_2로 주어지면 시장에서는 fg만큼의 초과수요가 발생하게 된다. 이때는 소비자들이 수요하려는 양이 생산자가 공급하려는 양보다 많기 때문에 가격은 P_1까지 상승하게 된다. 이와 같이 시장가격이 P_2에서 P_1으로 상승하면서 초과수요가 해소된다.

한편, 상품가격이 P_3로 주어지면 ab만큼의 초과공급이 발생하게 된다. 시장에서 상품이 팔리지 못하고 남아돌게 되므로 가격은 균형가격 수준인 P_1까지 하락하게 된다. 이번에는 시장가격이 P_3에서 P_1으로 하락하면서 초과공급이 해소된다. 이처럼 우하향하는 수요곡선과 우상향하는 공급곡선이 주어지면 균형에서 벗어나더라도 가격의 변화에 의해 다시 균형으로 접근하게 되므로, 이 때 성립되는 균형은 안정적이다.

가격의 변화에 따라서 초과공급과 초과수요가 해소되는 과정이 그림 (*b*)에 그려져 있다. 상품의 가격이 P_2에서 P_1으로 상승하면서 초과수요의 크기가 점차 감소하고 있으며, P_1에서 P_3로 높아지면서 초과공급의 크기가 점차로 증가하고 있다. 가격이 높아지면서 초과공급이 증가한다는 것은 바꾸어 말하면 초과

[그림 9-13] 예외적인 경우의 안정성 여부

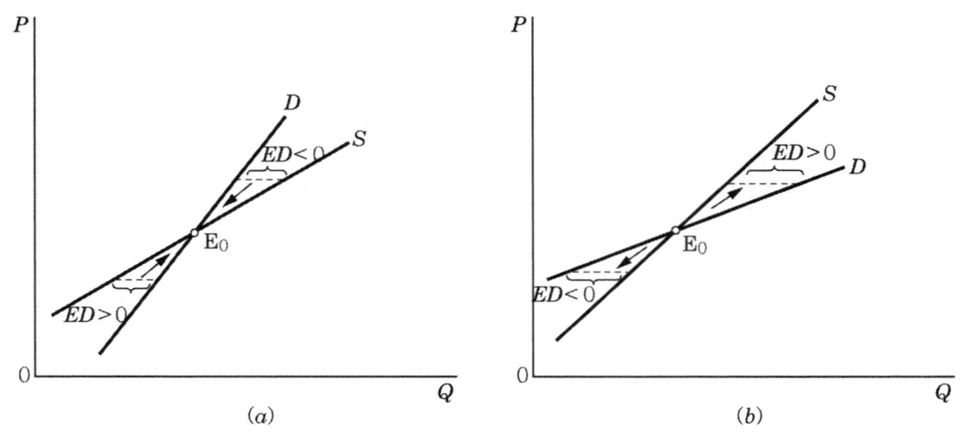

수요가 감소한다는 의미이다. 결국 그림 (*a*)와 같이 수요곡선과 공급곡선이 주어지면 가격이 높아지면서 초과수요가 감소하게 된다. 이처럼 가격이 상승하면서 초과수요가 감소하는 상황에서 성립하는 균형은 **왈라스적 안정성**(Walrasian stability)을 갖는다.

> 가격이 상승함에 따라 초과수요가 감소하는 상황에서 성립되는 균형은 **왈라스적으로 안정적이다.**

[그림 9-13]의 (*a*)에는 기펜재와 같이 우상향하는 수요곡선과 우상향하는 공급곡선이 나타나 있다. 이때도 가격이 상승함에 따라서 초과수요(*ED*)가 감소하므로 왈라스적 안정조건을 만족시키고 있다. 그러나 그림 (*b*)의 경우는 왈라스적 안정조건을 충족시키지 못한다. 가격이 상승함에 따라 초과수요가 감소하는 것이 아니라 오히려 초과수요가 증가하기 때문에 이러한 상황에서 성립하는 균형은 불안정한 것이다. 물론 왈라스적 안정성 여부를 판단하기 위해서는 가격의 변화에 의해 수요량과 공급량이 즉각적으로 변동한다는 것이 전제되어야 한다.

(나) 마샬적 안정성

마샬(A. Marshall)은 왈라스와는 반대로 상품량을 독립변수로 하여 수요가

[그림 9-14] 마샬적 안정성 여부

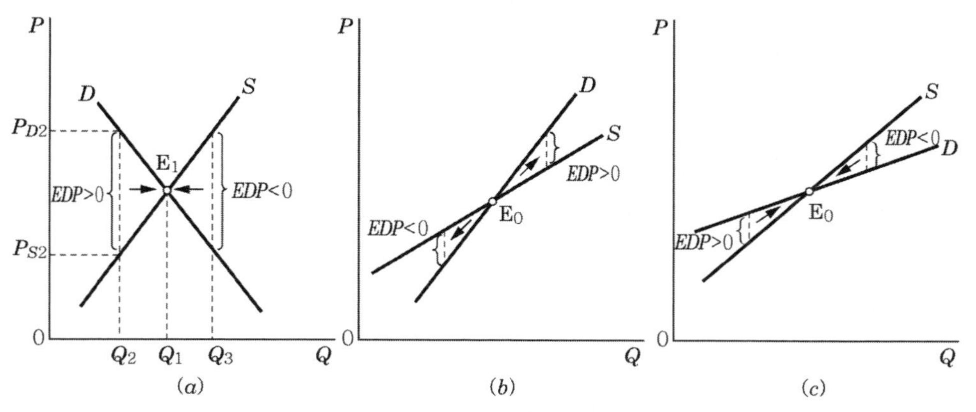

격(P_D)과 공급가격(P_S)이 결정된다고 보았다. 따라서 수요함수는 $P_D = D(Q)$, 공급함수는 $P_S = S(Q)$로 나타낼 수 있다. 마샬에 의하면 식 (9. 17)에서 보는 것처럼 **초과수요가격**(excess demand price; *EDP*)이 영(0)이어야 시장균형이 성립된다.

$$(9.\ 17) \quad EDP(Q) = P_D - P_S = D(Q) - S(Q)$$

반면에 $EDP \neq 0$이면 시장은 불균형상태에 놓이게 된다. 마샬은 경제가 불균형 상태에 있을 때 생산량의 변화에 의해서 초과수요가격을 해소시키는 과정, 즉 **마샬적 조정과정**(Marshllian adjustment process)을 이용하여 균형의 안정성 여부를 판단한다. 왈라스적 안정성에서 가격의 변화(changes in price)가 조정의 중심적 역할을 하는데 비해, 마샬적 안정성에서는 생산량의 변화(changes in production)가 조정의 중심적 역할을 한다는 점에서 차이가 있다.11)

[그림 9-14]의 (a)에는 정상적인 형태의 수요곡선과 공급곡선이 나타나 있다. 만일 Q_2에서 거래 가능성을 모색하는 수요자와 공급자가 있다고 하자. 상

11) 주택과 같이 공급량의 변화 속도가 느린 경우에 불균형이 있다면 가격변동을 통해 수급량의 과부족을 즉각적으로 조정하기는 불가능하다. 이때는 생산량 변화를 통해 불균형을 조정한다고 보는 것이 타당할 것이다.

품의 수량이 Q_2일 때 **수요가격**은 P_{D2}이며 **공급가격**은 P_{S2}이다. 지금처럼 초과수요가격이 $EDP > 0$이면 소비자들이 지불할 용의가 있는 금액이 공급자가 받으려고 하는 금액보다 높기 때문에 공급자로 하여금 더 많은 상품을 생산하도록 유인한다. 그 결과 생산량이 균형수준인 Q_1으로 증가하면서 초과수요가격은 감소하게 된다. 이와는 반대로 Q_3에서 거래를 모색하는 수요자와 공급자가 있다면 $EDP < 0$가 된다. 이때는 생산량이 Q_1으로 감소하면서 초과공급가격이 점차 감소하게 된다. 이처럼 균형에서 벗어나더라도 생산량의 변화에 의해 다시 균형으로 접근하게 되면 그 때 성립하는 균형은 안정적이다. 이것은 상품량이 증가함에 따라 초과수요가격이 하락하는 상황에서 성립되는 균형은 **마샬적 안정성**(Marshllian stability)을 갖게 된다는 것을 의미한다.[12)]

> 생산량이 증가함에 따라 초과수요가격이 하락하는 상황에서 성립되는 균형은 **마샬적으로 안정적**이다.

그림 (b)의 경우에는 생산량이 증가함에 따라서 초과수요가격(EDP)이 상승하므로 마샬적 안정조건을 충족시키지 못하고 있다. 수요곡선이 우상향하면서 공급곡선의 기울기보다 더욱 가파르게 나타나 있어 생산량이 증가함에 따라 초과수요가격이 상승하기 때문이다. 반면에 그림 (c)의 경우에는 수요곡선의 기울기가 공급곡선의 기울기보다 더욱 완만하여 생산량이 증가함에 따라 초과수요가격이 하락하기 때문에 마샬적 안정조건을 충족시키고 있다.

이상에서 살펴본 바에 의하면 수요곡선이 우하향하고 공급곡선이 우상향하는 전형적인 경우에 성립되는 균형상태에서는 왈라스적 안정조건과 마샬적 안정조건을 모두 충족하고 있다. 그러나 그 외의 경우에는 왈라스적 조정과정으로 파악하느냐 마샬적 조정과정으로 파악하느냐에 따라 안정성 여부가 서로 상이함을 확인할 수 있다.

(2) 동적 안정성

경제학에서 사용하는 동태적 혹은 동적(dynamic)이라는 용어에는 경제변수

12) 생산량이 Q_1보다 많은 영역에서는 생산량이 증가하면서 음(-)의 초과수요가격이 점차로 상승하고 있다. 이것은 생산량이 증가하면서 초과수요가격이 하락한다는 의미이다.

에 시간개념이 포함되어 있다. **거미집이론**(cobweb theory)은 수요·공급이론을 적용한 동태적 모형으로 시간 경과와 더불어 경제변수에 어떠한 변화가 일어나는가를 설명해 준다. 거미집이론을 제시한 **에치켈**(M. J. Eziekel)은 어떤 상품에 대한 t기의 수요량은 t기의 가격(P_t)에 의해 결정되는 반면에 공급량은 전기의 가격(P_{t-1})에 의해 결정된다고 가정하고 있다. 따라서 수요함수와 공급함수는 각각 다음과 같이 나타낼 수 있다.

(9. 18) $Q_{Dt}=D(P_t),\quad Q_{St}=S(P_{t-1})$

식 (9. 18)에서 보는 것처럼 t기의 공급량이 $t-1$기의 가격에 의해 결정된다는 것은 생산자가 **정태적 기대**(static expectation)를 이용하여 가격을 예상한다는 것을 의미한다.[13] 정태적 기대방식을 수식으로 표현하면 다음과 같다.

(9. 19) $P_t^e=P_{t-1}$

일정한 생육기간이 경과되어야 공급이 가능한 양파, 고추 등과 같은 농산물의 생산자는 씨앗을 파종하기 이전에 이들의 가격이 어느 정도가 될지를 예상하게 된다. 예컨대 t기의 양파가격이 높을 것으로 예상하면 양파의 생산량을 늘리려고 계획할 것이고, 반대로 양파가격이 낮을 것으로 예상하면 양파의 생산량을 줄이려고 계획할 것이다. 거미집이론에서는 t기의 양파가격이 $t-1$기에도 유지될 것이라는 정태적 기대를 가정하고 있는 것이다.

농산물은 일정한 생육기간이 요구되기 때문에 공급량을 변동시키려는 의도는 어느 정도의 시차(time-lag)가 경과되어야 실현가능하다. 이와 같이 공급이 일정한 시차를 두고 반응하는 경우에는 시장의 여건, 즉 수요와 공급의 탄력성의 크기에 따라서 시간의 경과와 더불어 가격이 균형수준으로 수렴하기도 하고 균형수준으로부터 점점 멀어지기도 한다.

생육기간이 경과되어야 공급이 반응하는 경우에 균형가격이 변동되는 과정을 [그림 9-15]를 이용하여 살펴보기로 하자. 그림에서 보는 것처럼 금년도의 양

13) 경제이론의 대표적인 기대가설에는 **적응적 기대가설**(adaptive expectations hypothesis)과 **합리적 기대가설**(rational expectations hypothesis)이 있다.

[그림 9-15] 거미집 모형

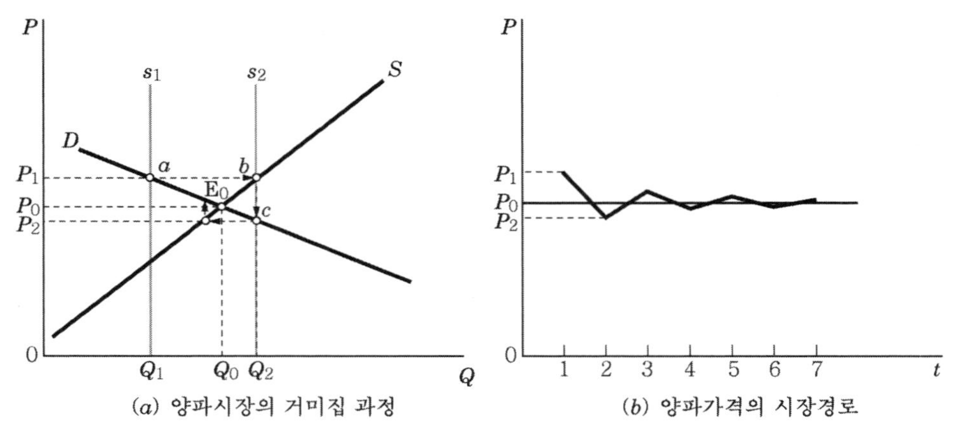

(a) 양파시장의 거미집 과정

(b) 양파가격의 시장경로

파 생산량이 Q_1으로 주어졌다면 올해의 양파에 대한 공급곡선은 Q_1에서 수직으로 나타나게 된다.[14] 그 결과 올해의 양파시장에서의 균형은 수요곡선 D와 Q_1에서 수직인 공급곡선 s_1이 만나는 a점에서 달성되어 올해의 양파가격은 P_1에서 결정된다.

이제 농민들이 올해의 양파가격 P_1이 내년에 그대로 유지될 것으로 기대하고 생산계획을 세운다고 하자. P_1의 가격하에서 농민은 공급곡선인 S상의 b점, 즉 Q_2를 공급하려는 계획을 수립할 것이다. 내년에 Q_2의 양파가 생산되어 시장에 공급되면 Q_2에서 수직인 공급곡선(s_2)이 나타날 것이고, 이것이 수요곡선과 만나는 c점에서 균형이 달성되어 내년의 양파가격은 P_2가 된다. 그 다음 해에도 이러한 과정을 반복함으로써 양파의 시장가격과 거래량은 각각 상하 및 좌우로 진동하면서 균형점 E_0에 접근하게 된다. 이상에서 살펴본 가격과 거래량의 변동경로가 마치 거미집을 연상시키기 때문에 우리는 이를 거미집모형이라고 한다. 거미집 모양의 움직임은 시간의 경과와 더불어 균형가격으로 수렴하거나 균형가격에서 계속 멀어지기도 한다. [그림 9-15]의 경우와 같이 수요의 가격탄력성이 공급의 가격탄력성보다 크면 시장가격은 균형가격으로 수렴하는 **동적 안정성**(dynamic stability)이 존재한다. 그러나 시장가격이 항상 균형점으로 수렴하는

14) 우상향하는 공급곡선은 상품의 가격이 주어졌을 때의 생산계획을 나타내는 곡선이다.

[그림 9-16] 동적 불안정성의 경우

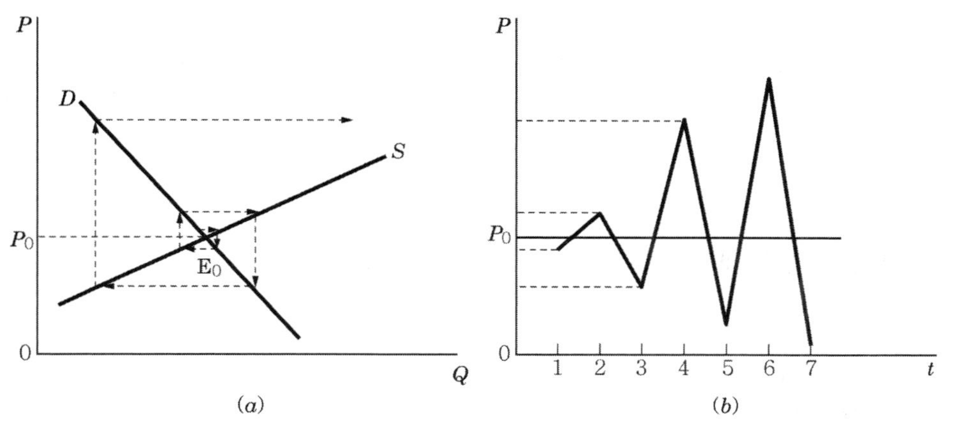

것은 아니다. 시장의 여건, 즉 수요와 공급의 탄력성에 따라서 시간 경과와 더불어 시장가격이 균형가격에서 계속 멀어지는 경우도 있다. [그림 9-16]의 경우와 같이 수요의 가격탄력성이 공급의 가격탄력성보다 작으면 시장가격은 균형가격에서 점점 멀어지게 되는 **동적 불안정성**(dynamic unstability)이 존재하게 된다.

거미집 모형은 시간 경과에 따른 동적 안정성을 설명하는 하나의 이론 모형으로 제시되었지만, 이후에는 농산물가격의 주기적 변동 현상을 설명하는데 유용하게 이용되고 있다. 농산물가격의 주기적 변동이란 어떤 농산물의 과잉공급으로 인한 가격폭락과 뒤이어 일정기간이 지나면 과소공급으로 인한 가격폭등이 주기적으로 발생하는 현상을 말한다. 미국에서는 돼지와 옥수수의 경우에 이와 같은 현상이 뚜렷하게 나타나고 있어서 이를 **콘-호그 사이클**(corn-hog cycle)이라고도 한다. 우리나라의 경우에는 양파뿐만 아니라 마늘, 고추, 배추 등의 농산물에서 이러한 현상이 나타나기도 한다. 어떤 연도에 이들 농산물의 가격이 폭등하면 이듬해에 높은 가격을 기대하는 많은 농민들이 생산량을 증가시켜 가격이 폭락하는 현상을 종종 목격할 수 있다.

[연습문제 9.6]

양파의 수요함수가 $Q_{Dt}=80-2P_t$이고, 공급함수는 $Q_{St}=P_{t-1}-20$이다. 이 때 제1기($t=1$)의 양파 생산량은 4단위로 주어져 있다. $t=2$기의 양파가격과 생산량은?

4. 완전경쟁시장의 장기균형

4.1 장기조정과정

단기에서 개별 기업은 주어진 시설규모에서 적정수준의 상품을 생산함으로써 이윤극대화를 추구할 수밖에 없지만 장기에서는 시설규모 자체를 변경시키면서 이윤극대화를 추구하게 된다. [그림 9-17] (a)에서 보는 것처럼 어떤 상품의 수요곡선 D와 공급곡선 S_1이 주어지면 시장가격은 P_1으로 결정되고, 경쟁기업은 이를 주어진 것으로 받아들이게 된다. 그림 (b)에서 보는 것처럼 경쟁기업이 SAC_1으로 대표되는 시설규모를 보유하고 있다면 이 기업은 이윤극대화 조건인 $P_1=SMC_1$을 충족하는 F_1점을 선택하여 Q_1을 생산할 것이다.

만일 시장여건이 허락하여 시설규모를 변경함으로써 이윤을 더 크게 증가시킬 수 있다면 SAC_1에 해당하는 시설규모를 유지할 이유가 없다. 장기에서는 장기비용곡선 위의 한 점에 해당하는 어떠한 시설규모도 자유롭게 선택할 수 있다. 따라서 그 기업은 장기에서의 이윤극대화 조건인 $P=LMC$를 만족하는 F_2점에 해당하는 Q_2를 생산하게 될 것이다. Q_1을 생산할 때보다는 Q_2를 생산할 때 이윤이 더욱 커지기 때문이다. 이때 기업은 Q_2를 가장 낮은 비용으로 생산하기에 적합한 SAC_2곡선으로 대표되는 시설규모를 선택하게 된다. 지금까지 살펴본 것처럼 시장에서 상품가격이 P_1으로 주어졌을 때 SAC_1곡선으로 대표되는 시설규모에서 SAC_2곡선으로 대표되는 시설규모로 확장시키는 것이 기존기업에 의한 **장기조정과정**(long-run adjustment process)이다.

[그림 9-17] 장기조정과정

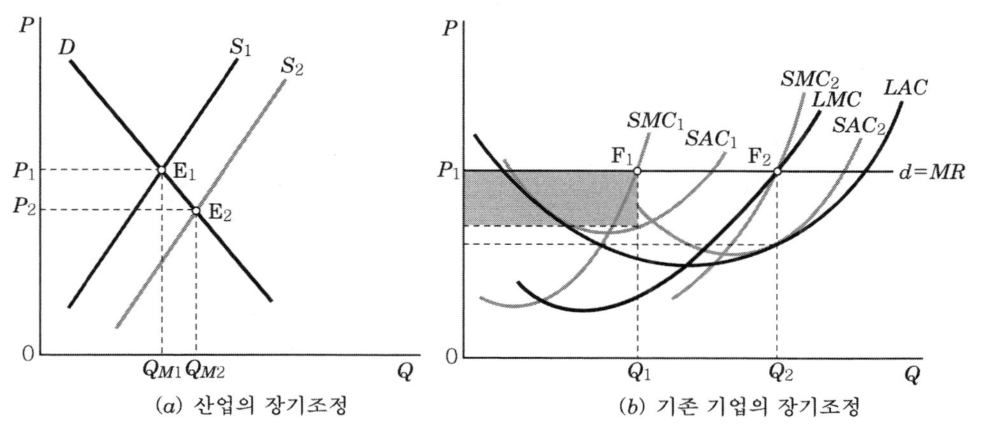

(a) 산업의 장기조정 (b) 기존 기업의 장기조정

장기조정과정에서 산업내의 모든 기업이 생산량을 늘리면 그림 (a)에서 보는 것처럼 시장의 공급곡선이 오른쪽으로 이동하여 시장가격은 P_1이하로 떨어지게 될 것이다. 이러한 상황에서 기업들은 SAC_2곡선으로 대표되는 시설규모가 지나치게 크다는 사실을 알게 될 것이고, 기업들은 시설규모를 다시 조정하게 된다.

한편, 장기에서는 기존의 기업들에 의한 시설규모의 조정이 가능할 뿐만 아니라, 기업의 진입과 이탈도 가능하다. 만일 지금처럼 양(+)의 이윤을 얻고 있다면 새로운 기업들이 이러한 이윤에 끌려 그 산업으로 진입하게 된다. 그 결과 시장의 공급곡선은 오른쪽으로 이동하게 된다. 초과이윤이 존재하는 한 새로운 기업의 진입은 지속될 것이고, 상품가격도 계속하여 하락하게 된다. 이상에서 살펴본 장기조정과정은 장기균형이 달성되고서야 멈추게 된다.

4.2 장기균형

장기조정과정을 거쳐 시장에 참여한 모든 기업들이 더 이상 시설규모와 생산량을 변경시키려 하지 않고, 진입과 이탈도 없다면 **장기균형**(long-run equilibrium)의 상태에 도달하게 된다. 따라서 장기균형 상태에서는 다음 조건이 충족되어야 한다.

[그림 9-18] 완전경쟁하의 장기균형

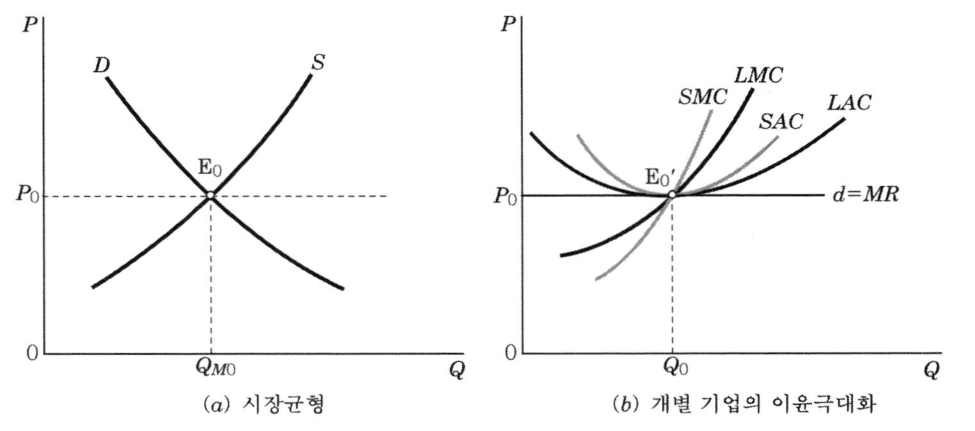

(a) 시장균형 (b) 개별 기업의 이윤극대화

(i) 모든 기업은 이윤을 극대화하는 생산량을 선택하고 있다($P=LMC$).

(ii) 모든 기업의 경제적 이윤이 영(0)이어야 한다($P=LAC$).

(iii) 시장 전체의 수요량과 공급량이 서로 같아야 한다($Q_D=Q_S$).

장기균형의 두 번째 성립 조건과 관련하여 의문을 갖는 독자들이 있으리라 생각된다. 생산결과 이윤이 없는데 어떤 기업이 생산 활동을 계속하겠는가? 기업의 경제적 이윤이 영(0)인 장기균형 상태에서 기업들이 생산 활동을 계속한다는 점을 이해하기 위해서 제8장에서 설명한 바 있는 비용의 개념을 생각해 보자. 암묵적인 비용의 성격을 갖는 **정상이윤**(normal profit)을 경제학에서는 비용으로 취급한다. 따라서 경제적 이윤이 영(0)이라고 하더라도 기업이 생산 활동을 계속하기 위해 필요한 최소한의 이윤을 의미하는 정상이윤은 벌고 있는 것이다. 경제적 비용의 의미를 정확하게 안다면 기업의 이윤이 영(0)인 장기균형 상태에서 기업이 생산 활동을 계속한다는 점을 이해할 수 있을 것이다.

이러한 세 가지 조건이 모두 충족되는 완전경쟁시장의 장기균형 상태는 [그림 9-18]에 나타나 있다. 그림 (b)의 E_0'점에서는 장기에서 이윤극대화가 달성되기 위한 조건인 $P=LMC$가 충족되고 있으며, 이윤이 영(0)이 되는 조건인 $P=LAC$가 충족되고 있다. 이와 같이 $P=LMC$와 $P=LAC$인 조건이 모두 충족되는 경우는 장기평균비용곡선의 최저점에서만 가능하다. 또한 시장가격이 결정되는 그림 (a)의 E_0점에서는 시장 전체의 수요량과 공급량이 일치하고 있다. 이상에서 살펴본 장기균형 상태에서는 다음과 같은 등식이 성립된다.

(9. 20) $P = LMC = LAC = SMC = SAC$

[연습문제 9.7]

완전경쟁시장에서 모든 개별 기업의 비용함수가 $C(Q) = Q^3 - 4Q^2 + 10Q$일 때 장기균형가격은 얼마인가?

4.3 경쟁기업의 장기공급곡선

모든 투입요소를 자유롭게 조절할 수 있는 장기에서 경쟁기업은 장기이윤을 최대로 하는 생산량을 선택하여 공급하게 된다. 경쟁기업의 장기이윤은 다음과 같이 나타낼 수 있다.

(9. 21) $\Pi = PQ - C(Q)$

여기서 $C(Q)$는 비용극소화를 달성하는 조건, 즉 한계기술대체율이 생산요소의 상대가격과 일치하도록($MRTS_{L,K} = w/v$) 노동과 자본을 투입할 때의 **장기총비용**이다. 장기에서 이윤극대화를 위한 제1계 조건은 식 (9. 22)와 같다.

(9. 22) $\dfrac{d\Pi}{dQ} = P - \dfrac{dC}{dQ} = 0$ 혹은 $P = LMC$

이 식에 의하면 장기에서 경쟁기업이 이윤을 극대화하려면 상품가격(P)과 장기한계비용(LMC)이 일치하도록 상품을 생산하여 공급해야 한다.

[그림 9-19]에서 보는 것처럼 가격이 P_1으로 주어지면 장기에서 경쟁기업은 $P_1 = LMC$을 충족하는 Q_1을 생산하며, 가격이 P_2로 주어지면 $P_2 = LMC$를

[그림 9-19] 경쟁기업의 장기공급곡선

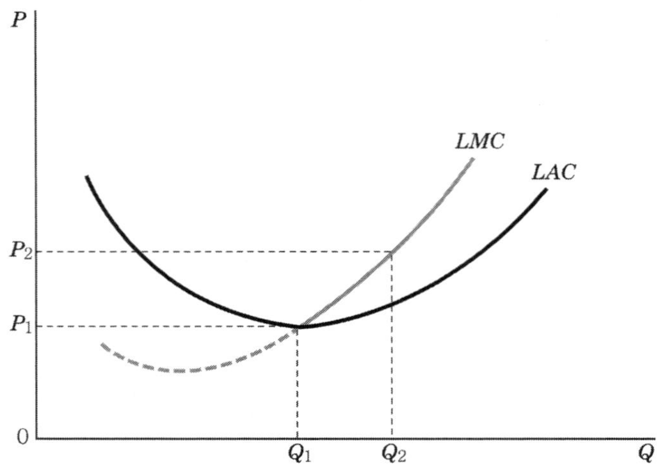

충족하는 Q_2를 생산함으로써 이윤극대화를 달성할 수 있다. 이와 같이 상품가격이 P_1에서 P_2로 상승함에 따라서 기업은 LMC곡선을 따라 생산량을 Q_1에서 Q_2로 증가시키게 된다. 이것은 경쟁기업의 LMC가 **장기공급곡선**(long-run supply curve)의 역할을 할 수 있다는 것을 의미한다. 그렇다고 LMC 그 자체가 기업의 장기공급곡선이 되지는 않는다. 장기에서 손실이 발생하면 생산활동을 포기할 수밖에 없기 때문에 생산이 가능하기 위해서는 반드시 영(0)이상의 경제적 이윤이 보장되어야 한다. 이렇게 볼 때 LAC의 최저점 위에 나타나는 LMC가 경쟁기업의 장기공급곡선이 된다.[15)]

생산요소가격 w와 v가 일정한 수준으로 주어져 있다고 가정하고 상품가격(P)과 이윤극대화를 달성하는 장기적 생산량(Q_{ls}) 사이의 관계를 나타내는 경쟁기업의 **장기공급함수**는 다음과 같이 표현할 수 있다.

$$(9.\ 23)\quad Q_{ls} = ls(P;\ w,\ v) = ls(P)$$

15) 경쟁기업의 장기공급곡선이 장기한계비용곡선으로부터 도출된다는 점에서 단기공급곡선이 도출되는 경우와 근본적으로 차이가 없다.

장기공급함수는 생산시설의 변경을 포함한 모든 조정이 가능한 상황에서 가격의 변화에 대응해 이윤을 극대화하는 생산물의 공급계획을 나타내 준다. 따라서 장기에서의 공급이 단기에서보다 더 탄력적이다. 상품 가격이 변화할 때 단기에서는 가변요소인 노동의 투입량만 조정하여 생산량을 변화시킬 수 있는 반면, 장기에서는 노동 뿐만 아니라 자본의 투입량까지 변화시켜 생산량을 변화시킬 수 있기 때문이다. *LMC*곡선이 *SMC*곡선보다 완만한 기울기를 갖는다는 점만으로도 장기에서의 공급탄력성은 단기에서보다 더욱 탄력적이라는 사실을 알 수 있다.

4.4 산업의 장기공급곡선

제 3절에서 우리는 개별기업의 공급곡선을 수평으로 더하여 산업의 단기공급곡선을 구하였다. 단기에서는 기업의 수가 일정하게 유지되기 때문에 개별기업의 단기공급곡선을 수평으로 더하여 산업의 단기공급곡선을 구할 수 있는 것이다. 그러나 단기의 경우와는 달리 개별기업의 장기공급곡선을 수평으로 더하여 산업의 장기공급곡선을 구할 수가 없다. 장기에서는 기업의 진입과 이탈로 인하여 기업의 수가 변할 수 있으며, 또한 모든 기업이 동시에 생산량을 증가시키는 경우 요소가격이 변화할 수 있다는 점을 감안할 때 이것은 당연하다. 따라서 새로운 기업의 진입 및 이탈 가능성과 생산요소의 가격변화를 고려해서 산업의 장기공급곡선을 도출해야 한다. 산업 전체의 생산량이 증가할 때 생산요소가격이 변화하는 유형을 다음과 같이 세 가지로 구분하여 산업의 장기공급곡선을 도출하기로 한다.

(1) 비용불변산업

기업들이 생산량을 증가시키기 위하여 생산요소에 대한 수요를 증가시키더라도 생산요소가격이 그대로 유지되는 경우에 대해 살펴보기로 하자. [그림 9-20]에 나타나 있는 것처럼 수요와 공급이 일치하는 E_1점에서 시장가격이 P_1으로 주어지면 대표적 개별기업은 E_1'점에서 장기균형을 이루어 Q_1을 생산하게 된다. 이 때 산업 내의 모든 기업이 생산하여 공급하는 상품의 양은 그림

[그림 9-20] 비용불변 산업의 장기공급곡선

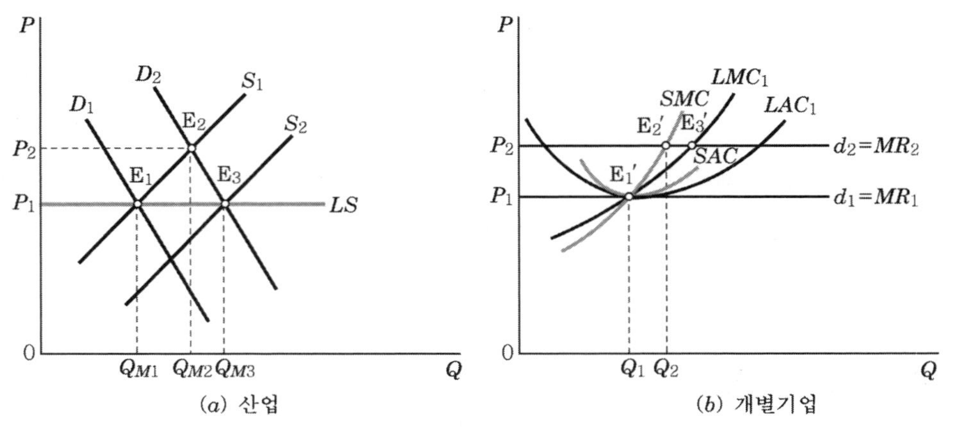

(a)에서 Q_{M1}으로 나타나 있다.

이러한 상황에서 외부의 어떤 요인에 의해 수요가 D_1에서 D_2로 증가하여 시장가격이 P_2로 상승하였다고 하자. 가격이 상승하면 그림 (b)에서 보는 것처럼 단기적으로 기업은 기존 설비를 보다 집중적으로 사용하여 $P_2 = SMC$의 조건이 충족되는 E_2'점에서 Q_2를 생산함으로써 양(+)의 이윤을 얻게 된다. 이때 시장에서의 공급량은 그림 (a)에서 Q_{M2}로 나타나 있다.

E_2'점에서 기업은 단기적으로 이윤을 극대화하고 있지만 장기적으로는 그러하지 못하다. 장기적으로 이윤을 극대화하기 위하여 기업은 $P_2 = LMC$가 성립되는 E_3'점으로 옮겨갈 수 있도록 시설규모를 늘리게 된다. 한편, 기존 기업이 양(+)의 이윤을 얻고 있다는 사실은 새로운 기업들이 이 산업에 진입하는 유인을 제공하게 된다. 기존 기업들의 시설규모 확장과 신규기업의 진입은 그림 (a)에서 보는 것처럼 원래의 공급곡선을 오른쪽으로 이동시키게 된다. 공급곡선의 이동은 상품의 시장가격이 하락하여 양(+)의 이윤이 소멸될 때까지 계속된다.

우리는 여기에서 생산량이 증가하더라도 생산요소가격이 변하지 않는다고 가정하였기 때문에 그림 (b)에서 보는 것처럼 기업의 평균비용과 한계비용곡선이 원래의 모양을 그대로 유지하고 있다. 따라서 상품의 시장가격이 LAC_1의 최저점 수준으로 하락할 때까지 공급은 증가할 수 있다. 즉, 공급곡선이 S_1에서 S_2까지 이동하여 E_3점에서 새로운 균형을 이루게 되어 시장가격이 최초의 가격수준인 P_1으로 하락하게 된다. 따라서 기존 기업은 다시 원래의 균형점인 E_1'으로 돌아가게 된다. 결과적으로 시장에서의 총생산량은 Q_{M3}로 늘어났지만 기존 기업의 생산량은 Q_1으로 최초와 동일한 수준을 유지하게 된다. 시장에서의 생산량 증가는 새로운 기업들의 진입에 의해 이루어진 것이다.

이와 같이 최초의 균형점인 E_1점과 새로운 균형점인 E_3점을 연결하면 수평의 모양을 갖는 **비용불변 산업의 장기공급곡선**(long-run supply curve; LS)을 도출할 수 있다. 이 곡선이 수평선이라는 점은 비용불변산업에서 수요의 변화는 장기적으로 상품가격에 아무런 영향을 미치지 못하고 단지 산업의 생산량만 변화시키는 역할을 한다는 것을 의미한다.

(2) 비용증가산업

주택건설 경기가 활성화될 때 노동자의 인건비를 비롯한 시멘트와 철근 가격이 상승하는 것처럼 산업 전체의 생산량이 증가하면 일반적으로 생산요소가격이 상승하게 된다. 기업들의 생산량 증가와 함께 생산요소가격이 상승하는 경우에 산업의 장기공급곡선이 도출되는 과정을 살펴보기로 하자.

[그림 9-21]에 나타나 있는 것처럼 시장에서 수요와 공급이 일치하는 E_1점에서 시장가격이 P_1으로 주어지면 대표적 개별기업은 E_1'점에서 장기균형을 이루어 Q_1을 생산하게 된다. 이 때 산업 전체의 공급량은 Q_{M1}으로 나타나 있다. 이러한 상황에서 수요가 D_1에서 D_2로 증가하여 시장가격이 P_2로 상승하면, 그림 (b)에서 보는 것처럼 개별기업은 $P_2 = SMC_1$이 성립되는 E_2'점에서 Q_2를 생산하여 단기적으로 초과이윤을 얻게 된다. 이러한 양(+)의 이윤은 기존 기업들의 시설규모 확장과 새로운 기업들의 진입을 유발하여 공급곡선을 오른쪽으로 이동시키게 된다. 이러한 이동은 초과이윤이 소멸될 때까지 계속된다.

비용증가산업의 경우에는 산업 전체의 공급량이 증가하면서 투입요소의 가격이 올라가게 되고, 그에 따라 개별 기업의 장기평균비용곡선이 위쪽으로 이동하게 된다. 그림 (b)를 보면 새로운 장기평균비용곡선이 LAC_2로 나타나 있는데,

[그림 9-21] 비용증가 산업의 장기공급곡선

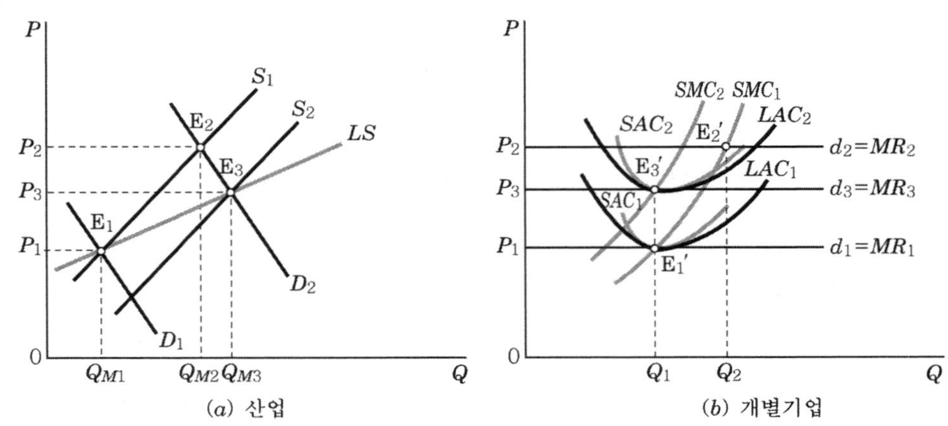

(a) 산업 (b) 개별기업

이 곡선의 최저점(E_3'점)까지 가격이 하락하면 초과이윤은 소멸된다. 따라서 공급곡선은 그림 (a)에서 보는 것처럼 S_2까지 이동할 수 있다. 결과적으로 E_3점에서 다시 균형을 이루어 상품의 가격은 P_3로 하락하게 된다. 최초의 균형점인 E_1과 이러한 균형점 E_3를 연결하면 우상향하는 **비용증가 산업의 장기공급곡선**을 도출할 수 있다.

그림 (a)에 의하면 기업들의 진입에 의해 시장에서의 공급량은 Q_{M3}로 증가하였지만 그림 (b)에 의하면 기존 기업의 생산량은 Q_1으로 이전과 동일하다. 그러나 지금처럼 기존 기업의 생산량이 반드시 원래 수준으로 유지될 필요는 없다. 그림 (b)에서는 생산요소 가격이 상승할 때 평균비용곡선이 수직방향으로 상승하게 그렸기 때문에 기존 기업의 생산량이 수요의 변화 이전과 동일한 것으로 나타나 있을 뿐이다. 만일 평균비용곡선이 원래의 최저점을 기준으로 오른쪽 위로 이동한다면 기존 기업의 생산량은 증가할 것이고, 반대로 평균비용곡선이 왼쪽 위로 이동한다면 생산량은 감소할 것이다.

(3) 비용감소산업

산업 전체의 생산량이 증가할 때 생산요소가격이 하락하는 경우를 쉽게 찾아볼 수 있는 것은 아니지만 그렇다고 반드시 예외적인 현상만은 아니다. 개인용 컴퓨터의 경우 수요가 급증하면서 컴퓨터의 주요 부품이 대량 생산되고 그것의

[그림 9-22] 비용감소 산업의 장기공급곡선

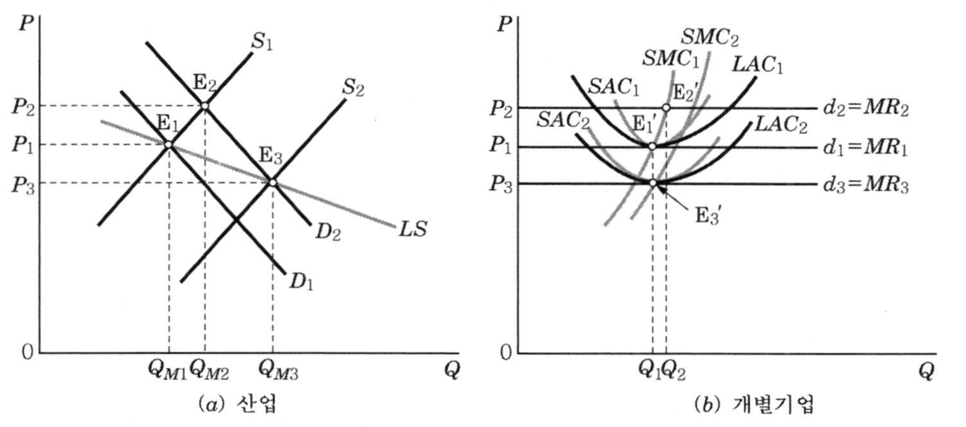

가격이 하락하는 경우가 대표적인 예이다.

[그림 9-22]에 의하면 E_1점에서 시장균형이 달성되고, 이때 결정되는 P_1의 시장가격에서 개별기업은 E_1'점에서 이윤을 극대화하고 있다. 그림 (a)에서 볼 수 있듯이 수요가 D_1에서 D_2로 증가하면 시장가격은 P_1에서 P_2로 상승하고 기업은 단기적으로 초과이윤을 얻게 된다. 이러한 양(+)의 이윤은 기존 기업들의 시설규모 확장과 새로운 기업들의 진입을 유발하여 공급곡선을 오른쪽으로 이동시키게 된다.

생산량이 증가함에 따라서 생산요소가격이 하락하는 경우에는 그림 (b)에서처럼 장기평균비용곡선이 아래로 이동하게 된다. 따라서 상품가격은 LAC_2의 최저점 E_3'에 해당하는 P_3까지 하락하게 된다. 이는 공급곡선이 S_2까지 이동하게 된다는 것을 의미한다. **비용감소 산업의 장기공급곡선**은 그림 (a)에서와 같이 장기균형점인 E_1과 E_3를 연결하면 도출할 수 있다. **비용감소 산업의 장기공급곡선**이 우하향하는 것은 완전경쟁시장에서 수요증가가 장기적으로 상품가격을 하락시킨다는 것을 보여주는 것이다.

5. 완전경쟁시장의 성과

5.1 효율적 자원배분

완전경쟁시장은 자원배분과 관련하여 다른 어떤 시장보다 **효율적**(efficient)인 것으로 알려져 있다. 완전경쟁시장이 효율적인 이유는 이 시장에서는 언제나 가격이 한계비용과 같아지기 때문이다. 그렇다면 $P=MC$가 충족될 때 효율적인 자원배분이 이루어진다고 보는 근거는 무엇일까? 어떤 상품의 시장가격은 마지막 한 단위의 상품에 대하여 지불할 의사가 있는 금액을 말하며, 이것은 곧 그 상품의 마지막 한 단위 소비로부터 얻는 **한계편익**(marginal benefit; MB)을 나타낸다. 반면에 **한계비용**(marginal cost; MC)은 상품 한 단위를 추가로 생산할 때 소요되는 기회비용을 의미한다. 완전경쟁시장에서는 $P=MC$가 성립하므로 결국 $MB=MC$가 성립하게 된다. 상품의 한계편익과 한계비용이 서로 같다는 것은 마지막 단위를 추가로 소비함으로써 얻는 편익과 그것을 생산하는데 드는 기회비용이 같다는 것을 의미한다. 따라서 완전경쟁시장에서는 자원배분이 효율적으로 이루어지게 되는 것이다.

불완전경쟁시장에서처럼 $P>MC$의 관계가 성립된다면 이것은 상품의 마지막 한 단위로부터 얻게 되는 한계편익이 그것을 생산하는데 드는 한계비용보다 더 크다는 것을 의미한다. 따라서 그 상품의 생산을 한 단위 늘리면 가격과 한계비용의 차이만큼 **순편익**이 증가하게 된다. 이는 현재의 생산수준이 비효율적임을 뜻한다. 가격과 한계비용이 서로 일치하지 않는 한 자원배분은 비효율적인 것이다.

또한 완전경쟁시장이 효율적인 자원배분을 가져오게 하는 이유는 장기적인 관점에서 볼 때 모든 기업이 장기평균비용곡선의 최저점에서 생산한다는 점이다. 장기평균비용곡선의 최저점에서 생산이 이루어진다는 것은 현재 주어진 생산기술 수준에서 가장 낮은 비용으로 상품을 생산하고 있음을 뜻한다. 어떤 상품을 가장 낮은 비용으로 생산하는 것이 효율적인 것은 당연하다.

이상에서 살펴본 바와 같이 완전경쟁시장이 자원배분의 관점에서는 이상적이

[그림 9-23] 순사회편익

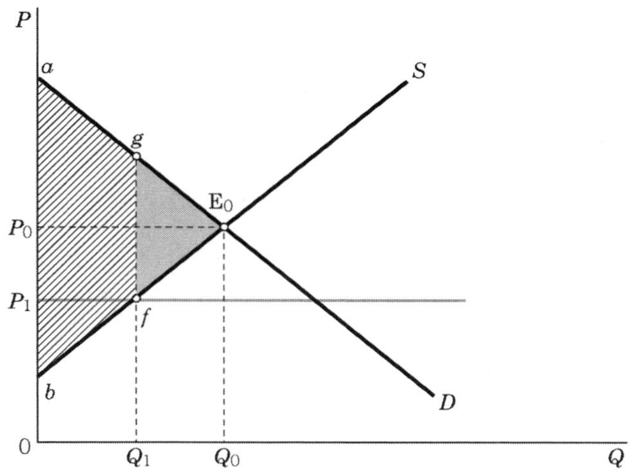

기는 하지만 공평한 소득분배, 즉 **공평성**(equity)의 측면에서는 명백한 한계를 갖고 있다. 다수의 판매자와 구매자가 서로 경쟁을 하고 있다는 사실과 이 시장에서 결정되는 소득이 공평하다는 것은 서로 별개의 문제이다. 그렇다고 완전경쟁시장이 불완전경쟁시장보다 더욱 불공평한 소득분배 상태를 야기시킨다는 것은 아니다. 다만 완전경쟁시장이 공평성과 관련해서 분명한 결과를 기대할 수는 없다는 점을 밝혀두고자 한다.

5.2 사회잉여의 극대화

사람들이 시장에서 물건들을 사고파는 것은 소비자와 생산자 모두에게 이득을 가져다주기 때문이다. 이미 살펴본 것처럼 시장에서 상품을 구입하는 소비자에게는 소비자잉여가 발생하며, 상품을 판매하는 생산자에게는 생산자잉여가 발생한다. 이처럼 소비자잉여와 생산자잉여를 합한 것이 교환으로부터 발생하는 **순사회편익**(net social benefit)이다.

완전경쟁시장에서 어떤 상품의 시장수요곡선과 시장공급곡선이 [그림 9-23]과 같이 주어지면 시장균형은 E_0점에서 달성되고, 그 상품의 가격과 거래량은 각각 P_0와 Q_0가 된다. 이때 소비자와 생산자가 교환을 통하여 얻는 편익은 **소**

비자잉여인 삼각형 P_0aE_0의 면적과 **생산자잉여**를 나타내는 삼각형 bP_0E_0의 면적의 합을 나타내는 삼각형 baE_0의 면적과 같다. 이 크기가 바로 소비자들과 생산자들이 교환으로부터 얻게 되는 순사회편익인 것이다.

이러한 순사회편익은 정부의 어떠한 개입도 없이 수요자와 공급자들 간에 자유로운 교환이 이루어질 때 극대가 된다. 그렇다면 정부가 개입하는 경우에 순사회편익의 크기는 얼마일까? 만일 정부가 상품가격을 P_1으로 규제한다면 그 상품은 P_1의 가격에서 Q_1만큼 생산되어 거래가 이루어지게 될 것이다. 따라서 소비자의 잉여는 빗금으로 표시된 사다리꼴 P_1agf의 면적이 되고, 생산자의 잉여는 빗금으로 표시된 삼각형 bP_1f의 면적이 되어서 정부가 시장에 개입하지 않는 경우보다 순사회편익이 삼각형 fgE_0의 면적만큼 줄어들게 된다. 이러한 사실을 통해서 본다면 수요자와 공급자는 어느 누구의 간섭도 배제한 상태에서 자신들의 의사에 따라 자유롭게 시장에서 상품을 교환할 때 순사회편익이 극대화된다는 점을 알 수 있다.

6. 시장균형분석의 응용

지금까지 살펴본 완전경쟁시장의 균형분석은 현실에서 다양하게 적용된다. 수요-공급분석을 이용하여 경제적 여건의 변화나 정부정책에 따라 나타나는 시장의 반응을 분석함으로써 소비자와 생산자의 이득과 손실을 평가할 수 있을 것이다.

6.1 종량세 부과의 효과

정부가 상품 한 단위당 일정한 세금을 부과하는 물품세로서의 **종량세**(unit tax)를 부과하면 상품가격과 거래량이 얼마나 변하게 되며, 그러한 세금을 누가 부담하는 것일까? 앞에서 살펴본 수요-공급분석을 이용하면 이에 대한 해답을 찾을 수 있다. 정부가 기업에서 생산하는 어떤 상품에 조세를 부과하면 공급

[그림 9-24] 종량세 부과의 효과

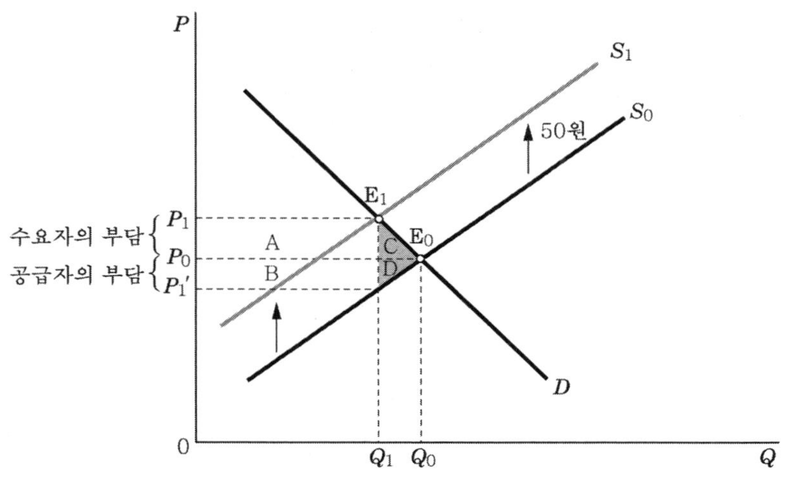

곡선이 이동하게 된다. 따라서 조세부과는 시장가격과 거래량을 변화시키게 되고 그 결과는 생산자나 소비자의 부담으로 돌아가게 된다. 이와 같이 어떤 상품에 매겨진 세금이 생산자와 소비자간에 어떻게 부담되어지는가를 **조세부담의 귀착**(tax incidence)이라고 한다.

[그림 9-24]는 종량세 부과로 인하여 시장균형이 어떻게 변하는가를 보여주고 있다. 예를 들어 제과업자가 생산하는 과자 한 봉지마다 세금을 50원씩 부과한다고 하자. 제과업자는 종량세에 의한 조세부담을 생산비의 일부로 간주하기 때문에 과자의 공급곡선은 $S_0 + T(=50)$만큼 상방으로 평행 이동하게 된다.[16)]

제과업자에게 종량세를 부과하면 그는 과자가격에 물품세를 포함시켜 판매하기를 원할 것이다. 그러나 현실적으로 조세를 소비자에게 모두 전가(shifting)시키는 것은 쉽지 않다. 그림에서 조세부과로 인하여 균형점이 E_0에서 E_1으로 이동함으로써 가격은 P_0에서 P_1으로 상승하고 거래량은 Q_0에서 Q_1으로 감소하였다. 물품세 부과의 결과 과자가격이 P_0에서 P_1으로 상승한 것은 소비자의 부담이 그만큼 커진 것이라고 볼 수 있다. 한편, 과자의 거래량이 Q_1으로 주어

16) 상품가격에 일정한 비율로 세금을 부과하는 **종가세**(ad valorem tax)를 적용하면 가격수준이 높을수록 단위당 조세액은 증가한다.

지면 제과업자가 받을 수 있는 금액은 P_1'로 떨어지게 된다. 결과적으로 소비자는 50원의 세액 중에서 P_0P_1에 해당하는 크기만 부담하고 나머지 P_0P_1'는 제과업자가 부담하게 되는 것이다. 이와 같이 물품세 부담의 귀착은 가격의 변동폭을 통해 분석될 수 있다. 물품세 부과로 인한 생산자의 부담은 세금부과 이전과 이후에 각각 받을 수 있는 상품가격 간의 차이로 측정되며, 소비자의 부담은 소비자가 세금부과 이전보다 추가로 지불하는 상품가격의 상승폭으로 측정된다.

그림에서는 소비자가 부담하는 몫은 조세액(50원)보다 작게 나타나 있다. 이처럼 생산자가 자신에게 부과된 조세를 소비자에게 완전하게 전가시키지 못하는 것은 수요곡선과 공급곡선의 기울기 때문이다. 만일 수요곡선이 수직이라면 조세를 전부 소비자에게 전가시킬 수 있겠지만, 수요곡선이 수평이라면 조세를 소비자에게 전혀 전가시킬 수 없게 된다. 이처럼 조세전가의 정도는 수요의 가격탄력성 크기에 따라 차이가 난다. 또한 공급의 가격탄력성 크기에 따라서도 조세전가의 정도는 다르다. 공급곡선이 수평이라면 소비자에게 조세를 완전히 전가시킬 수 있지만, 공급곡선이 수직이라면 소비자에게 조세를 전혀 전가시킬 수 없어 조세의 전액을 공급자가 부담하게 된다.[17] 독자 스스로 그림을 그려 확인해 보기 바란다.

조세부과로 인한 가격변화는 사회후생을 변화시키게 된다. 소비자가 지불하는 가격이 P_1으로 상승함으로써 소비자잉여는 $(A+C)$만큼 감소하고, 생산자가 받는 가격이 P_1'으로 하락함으로써 생산자잉여는 $(B+D)$만큼 감소하게 된다. 반면에 정부의 조세수입은 $(A+B)$의 면적에 불과하므로 사회 전체적으로 $(C+D)$만큼의 후생손실 혹은 초과부담이 발생하게 된다는 점을 알 수 있다.

[연습문제 9.8]

> 어떤 상품의 수요함수가 $P=300-Q$이고, 공급함수는 $P=2Q$이다. 만일 정부가 이 상품에 개당 60원의 물품세를 부과한다면 소비자와 생산자가 부담하는 세액은 얼마이며, 후생손실의 크기는 얼마인가?

17) 공급이 완전비탄력적인 경우 공급자는 조세가 부과되더라도 공급량을 조절할 수 없으므로 수요자가 지불하는 가격을 받을 수밖에 없다.

6.2 가격규제의 효과

정부가 가격안정을 위하여 시장에서 결정되는 가격에 인위적인 제약을 가하는 경우가 있다. 이러한 가격통제의 가장 전형적인 방법에는 상한(최고)가격을 설정하는 가격상한제와 하한(최저)가격을 설정하는 가격하한제가 있다. 가격규제정책은 가격기구의 혼란을 가져오게 되고, 여러 가지 부정적 효과를 발생시킨다. 우리는 시장균형분석을 통하여 정부에 의한 가격통제정책의 효과를 지나치게 믿어서는 곤란하다는 점을 확인할 수 있다.

(1) 가격상한제의 효과

가격상한제(price ceiling)는 소비자보호와 물가안정을 위하여 정부가 상품가격을 인위적으로 균형가격보다 낮게 억제시키는 가격통제정책이다. 우리나라에서 아파트 분양가격의 상한을 설정하는 것은 가격상한제의 좋은 예이다. [그림 9-25]에서 나타나 있는 것처럼 정부가 시장에서 결정된 아파트 분양가격 P_0가 지나치게 높다고 판단하여 이보다 낮은 수준인 P_c에서 상한가격을 설정하였다고 하자. 분양가격의 상한이 P_c로 주어지면 아파트의 공급은 Q_1만큼 공급이 이루어지게 된다. 따라서 수요자들이 원하는 만큼의 아파트를 구입할 수 없게 되고 시장에서는 Q_1Q_2만큼의 **초과수요**가 발생한다. 그러나 아파트의 생산량이 증가하는 것을 기대하기는 어렵다. 초과수요가 존재하더라도 가격이 상승할 수 없기 때문이다. 결국 시장에서 거래되는 아파트의 양은 Q_1이 될 것이고, 이러한 상태에서는 분양 아파트에 대한 품귀현상이 나타날 수밖에 없다.

가격상한제의 결과로 나타나는 부족한 상품의 배분방식에는 수요자가 상품을 구입하러 오는 순서대로 판매하는 **선착순**(first-come, first-served) **방식**, 정부의 할당기준에 의해서 배급표를 발행하는 **배급제도**(coupon system), **판매자의 선호**(seller's preference)에 따른 방식 등이 있다. 그러나 이러한 여러 가지 방법을 사용하더라도 시장의 고유한 성격으로 인하여 정부가 원래 의도했던 성과를 거두기가 어렵다. 어떠한 방법을 이용하더라도 초과수요가 해소되지 못하기 때문에 **암시장**(black market)이 발생할 가능성이 매우 크다. 시장에 공급되는

[그림 9-25] 가격상한제의 효과

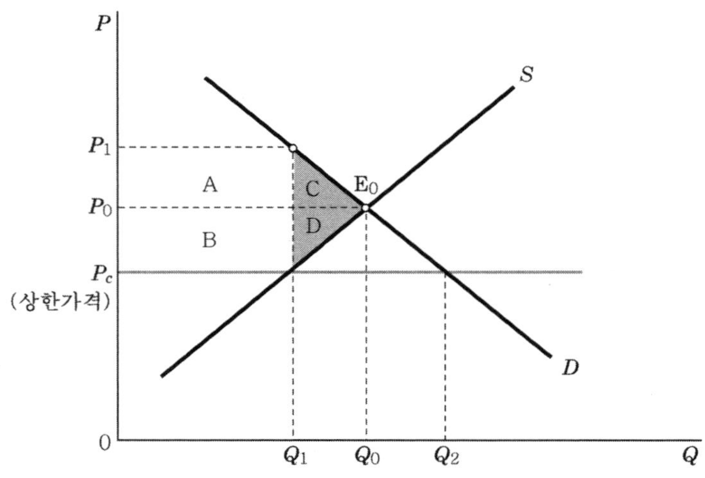

상품의 양이 Q_1밖에 되지 않는다면 사람들이 지불하려고 하는 가격은 가격상한제 실시 이전보다 훨씬 높은 수준인 P_1까지 올라가게 된다. 이렇게 볼 때 정부의 가격상한제의 효과는 극히 제한적일 수밖에 없다.

가격상한제의 시행에 따른 사회후생의 변화 정도를 소비자잉여와 생산자잉여의 크기로써 파악할 수 있다. 가격상한제의 실시로 인하여 상품가격이 하락하고, 소비할 수 있는 수량이 감소함으로써 소비자잉여가 변화하게 된다. 소비자잉여가 B만큼 증가한 반면에 C만큼 감소하였다. 즉, 소비자잉여의 크기가 $(B-C)$만큼 변화하였다. 반면에 생산자의 경우에는 이전보다 낮은 가격으로 적은 양을 판매할 수밖에 없기 때문에 생산자잉여는 $(B+D)$만큼 감소하였다. 따라서 가격상한제를 실시함으로써 사회적으로는 이 두 가지 변화를 합한 $(C+D)$만큼의 후생손실이 발생하게 된다.

[연습문제 9.9]

어떤 상품의 수요함수가 $Q_D = 900 - 2P$이고, 공급함수는 $Q_S = P$이다. 만일 정부가 이 상품에 대해 가격상한제를 실시하여 가격상한을 200원으로 설정한다면 소비자잉여의 변화 크기는?

[그림 9-26] 최저임금제의 효과

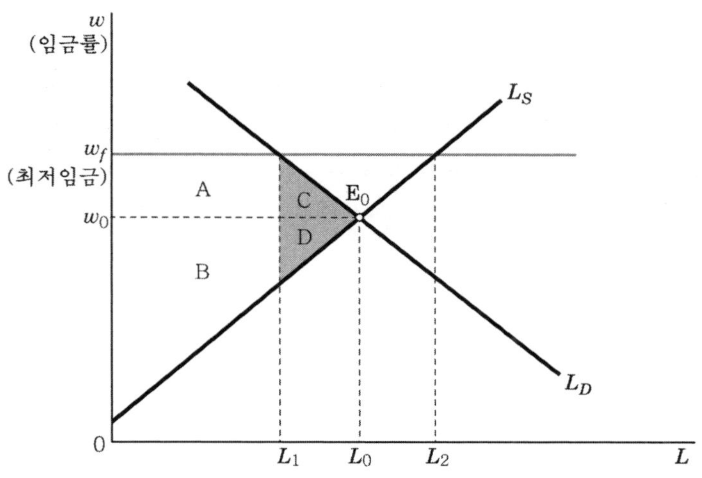

(2) 가격하한제의 효과

가격하한제(price floor)는 정부가 어떤 상품의 가격을 인위적으로 균형가격보다 높게 책정하여 그 이하의 가격으로는 그 상품을 사거나 팔 수 없도록 하는 가격통제정책이다. 가격하한제는 주로 상품의 공급자를 보호하기 위하여 실시된다. 그 구체적인 예는 미숙련 노동자를 위한 **최저임금제**(minimum wage), 농산물 공급자를 위한 **농산물 가격지지정책** 등이 있다.

[그림 9-26]에서 보는 바와 같이 정부가 미숙련노동자를 보호하기 위하여 균형임금률(w_0)보다 높은 수준인 w_f에서 하한가격을 설정하면 L_1L_2만큼의 초과공급이 발생하여 비자발적 실업이 발생하게 된다. 미숙련 노동자를 보호하기 위한 최저임금제의 실시 결과 그들 중 일부가 실직해야 하는 현상이 나타난 것이다. 미숙련노동자 중 계속해서 일자리를 유지한다면 최저임금제를 통하여 혜택을 보게 된다. 반면에 실업자로 전락한 사람은 오히려 손해를 입게 된다.

미숙련노동자에 대한 최저임금제를 시행한 결과의 사회후생의 변화 정도를 소비자잉여와 생산자잉여의 크기로써 파악할 수 있다. 가격하한제의 실시로 임금률이 w_0에서 w_f로 상승하면 노동의 수요자인 기업잉여는 $(A+C)$만큼 감소하지만, 노동의 공급자인 노동자잉여는 A만큼 증가한 반면에 D만큼 감소하였다. 따라서 사회 전체적으로는 이 두 가지 변화를 합한 $(C+D)$만큼의 후생손실이 발생하게 된다. 여기에 최저임금제로 인해 발생하는 비자발적 실업에 따른 손실까지 감안하면 사회적 비효율은 더욱 커지게 된다.

> **가격상한제**(price ceiling)는 소비자보호와 물가안정을 위하여 정부가 상품가격을 인위적으로 균형가격보다 낮게 억제시키는 가격통제정책인 반면에, **가격하한제**(price floor)는 정부가 상품가격을 인위적으로 균형가격보다 높게 책정하여 그 이하의 가격으로는 그 상품을 사거나 팔 수 없도록 하는 가격통제정책이다.

6.3 교역과 후생의 변화

오늘날 대외관계를 맺지 않고 자급자족하는 봉쇄경제체제로 운영되는 국가는 없다. 모든 국가는 그 규모가 크든 작든 외국과의 상품 또는 자본거래를 하는 개방경제체제(open economic system)로 운영되고 있다. 그렇다면 국가간 교역을 통하여 얻게 되는 이득은 무엇일까? 수요-공급분석을 이용하여 교역을 통해 나타나는 이득이 어떤 것인지를 규명하기로 한다.

(1) 자유무역과 사회후생

어떤 상품의 국내시장가격이 외국보다 상대적으로 높은 상황에서 자유로운 교역이 이루어진다면 수입국의 후생에 미치는 영향은 어떤 것일까? [그림 9-27]에서 D와 S는 교역이 없을 때 우리나라의 밀가루에 대한 수요와 공급곡선을 나타내고 있다. 국내시장에서 밀가루 가격은 수요와 공급이 일치하는 수준 P_d에서 결정될 것이다. 이러한 우리나라의 밀가루 가격에 비해 미국의 밀가루 가격은 P_w로 낮게 나타나 있다.

국가간 교역이 자유롭게 이루어진다면 우리나라는 P_w의 가격으로 미국에서 밀가루를 수입할 수 있다. 우리나라 소비자들은 교역 이전보다 낮은 가격으로 밀가루를 구입하여 소비할 수 있으므로 소비자잉여가 증가한다. 반면에 우리나라 생산자들은 가격하락으로 손해를 입을 수밖에 없다. 그림에서 볼 수 있는 것처럼 교역 이전에 소비자잉여와 생산자잉여는 각각 A와 $(B+C)$이다.

[그림 9-27] 자유무역과 사회후생

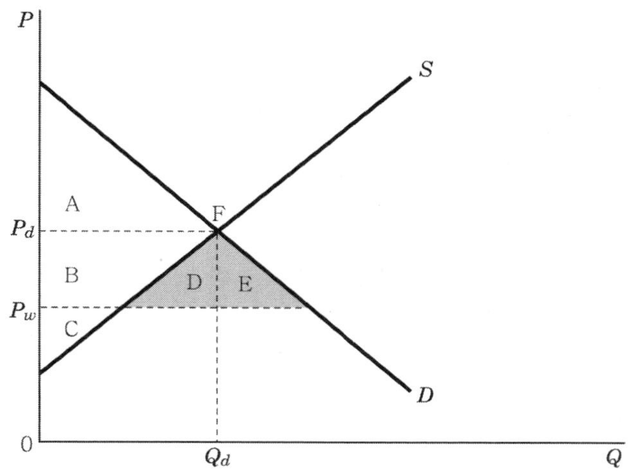

이제 미국으로부터 밀가루를 P_w의 가격으로 수입하여 판매한다고 하자. 밀가루 수입으로 가격이 인하하면서 소비자잉여는 $(B+D+E)$만큼 증가하는 반면에, 생산자잉여는 B만큼 감소하였다. 따라서 사회 전체적으로는 이 두 가지 변화를 합한 $(D+E)$만큼의 후생이 증가하게 된다. 이러한 분석을 통하여 어떤 상품의 국내가격이 국제가격보다 높은 경우 수입을 통하여 국내가격을 안정시키고 소비자의 후생을 증가시킨다는 사실을 확인할 수 있다.

(2) 관세부과와 사회후생

자유무역을 실시하는 경우에 경쟁력이 취약한 산업은 시장에서 살아 남기 어려우므로, 자국의 산업을 보호하기 위해 국가가 직접 나서서 수입을 제한하는 보호무역 정책도 나름대로의 설득력을 얻고 있다. 보호무역 정책 중에서 가장 흔하게 사용하는 관세부과가 사회후생에 미치는 효과를 살펴보기로 하자. 자유무역을 옹호하는 입장에서 보면 보호무역을 위한 관세부과는 오히려 사회후생을 감소시키게 된다. 자유무역이 수입국의 사회후생을 증가시키는 것이 사실이라면 관세와 같은 자유무역에 반하는 정책이 사회후생을 감소시킨다고 주장하는 것은 당연하다.

[그림 9-28] 관세부과와 사회후생

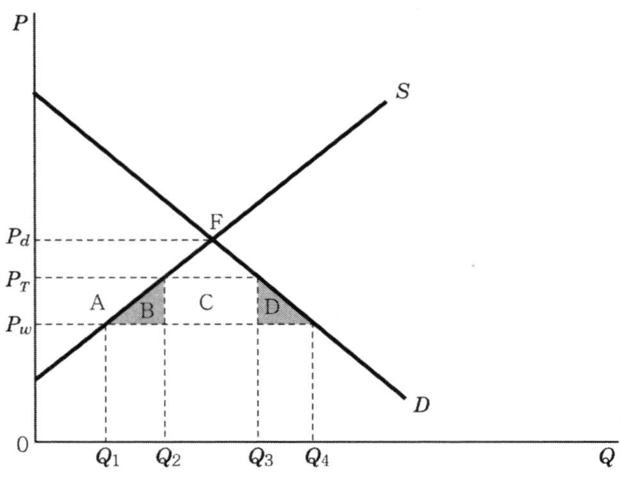

[그림 9-28]를 보면 관세부과 이전의 수입 밀가루의 가격은 P_w인데 관세부과 이후의 수입 밀가루의 가격은 P_T로 나타나 있다. 수입 밀가루에 단위당 T원의 관세가 부과되어 가격이 상승한 것이다. 관세가 부과됨으로써 소비자들은 이전보다 높은 가격을 지불해야 하므로 소비자잉여는 감소하게 된다. 반면에 밀가루 생산자는 더 높은 가격을 받을 수 있기 때문에 생산자잉여는 증가하게 된다. 그림에서 수입상품의 가격이 P_w에서 P_T로 상승함으로써 소비자잉여는 $(A+B+C+D)$만큼 감소하였지만, 생산자잉여는 불과 A만큼 증가하였다. 이 두 가지 변화를 합하면 $(B+C+D)$만큼의 후생손실이 발생하게 된다.

한편, 관세부과는 정부의 조세수입을 증가시키게 된다. 조세수입의 증가는 정부의 후생을 그만큼 증가시킨다고 볼 수 있다. 수입품가격이 P_w에서 P_T로 상승하면 시장거래량은 Q_4에서 Q_3로 감소하게 된다. 이 때 거래량 Q_3는 국내의 밀가루 공급량 Q_2와 미국으로부터의 수입량 Q_2Q_3로 충당된다. 따라서 수입량 Q_2Q_3에 관세를 부과하면 사각형 C만큼의 재정수입 증가효과를 얻게 된다. 결과적으로 소비자잉여와 생산자잉여 뿐만 아니라 재정수입의 증가효과까지 함께 고려한다면 관세부과로 인한 사회후생의 감소규모는 $(B+D)$이다.

7. 결합생산물의 이윤극대화

지금까지는 기업이 하나의 상품만 생산한다는 가정하에서 이윤극대화를 위한 기업의 선택에 대해 설명하였다. 그러나 현실에서는 많은 기업들이 여러 가지 상품을 함께 생산한다. 구두를 만드는 기업이 핸드백을 함께 만드는 경우, 우유를 생산하는 기업이 치즈를 생산하는 경우 등이 대표적인 예이다. 농촌에서도 농민이 고추와 콩을 함께 생산하는 것도 어렵지 않게 볼 수 있다. 하나의 기업에서 여러 종류의 상품을 함께 생산하는 것을 **결합생산**(joint production)이라고 하고, 생산되는 상품을 **결합생산물**(joint products)이라고 한다. 본 절에서는 하나의 기업이 여러 가지 상품을 함께 생산할 때 이윤극대화를 달성하는 과정에 대해 살펴보기로 한다.

7.1 결합생산

하나의 기업에서 결합생산이 이루어지는 것은 여러 상품을 함께 생산할 때 비용상의 이점, 이른바 **범위의 경제**(economies of scope)가 존재하기 때문이다. 생산과정에서 어떤 투입요소가 공동으로 투입되는 경우에는 결합생산방식이 유리할 수 있다. 구두와 핸드백을 만드는 과정에서 가죽 다듬는 기계가 공동으로 투입된다면 범위의 경제가 나타날 수 있다. 또한 한 상품의 생산과정에서 생기는 부산물을 활용하는 경우에도 비용상의 이점이 나타날 수 있다. 구두를 만드는 과정에서 부산물로 생기는 자투리 가죽을 이용해 동전지갑을 생산할 때 범위의 경제가 존재할 수 있는 것이다.

생산과정에서 범위의 경제가 현저히 나타난다면 독립된 여러 기업이 나누어서 생산하는 것보다 하나의 기업에서 생산하는 것이 자원배분의 측면에서 효율적일 수 있다. 이 때 인위적으로 여러 개의 독립된 기업으로 분할하여 각각의 상품을 생산하면 오히려 비효율성을 유발할 수 있다. 여러 상품을 독점적으로 생산하는 대기업을 규제하기 위하여 그 기업을 여러 개의 독립된 기업으로 분할시켜야 하는가의 문제는 범위의 경제와 관련시켜서 판단해야 할 것이다.

7.2 생산변환곡선

예를 들어 어떤 기업이 여러 가지 생산요소를 투입하여 구두와 핸드백을 함께 만든다고 하자. 분석의 편의를 위해 구두와 핸드백을 함께 만들 때 투입되는 여러 가지 생산요소를 하나로 묶어 Z로 나타내기로 한다. 생산요소(Z)를 Z만큼 투입하여 구두(X)와 핸드백(Y)을 각각 X단위와 Y단위를 만든다면 이들 사이의 함수적 관계를 다음과 같이 나타낼 수 있다.

(9. 24) $Z=h(X, Y)$

만일 생산요소가 특정한 수준 Z_0로 주어진다면 최대한으로 생산 가능한 상품들의 조합은 [그림 9-29]에서 보는 것처럼 원점에 대해 오목한 **생산변환곡선**(product transformation curve)으로 나타낼 수 있다.

이 곡선의 기울기인 $\Delta Y/\Delta X$는 **한계생산변환율**(marginal rate of product transformation: $MPT_{X,Y}$)을 나타내는 것으로서 이는 생산과정에서 구두(X)

[그림 9-29] 생산변환곡선

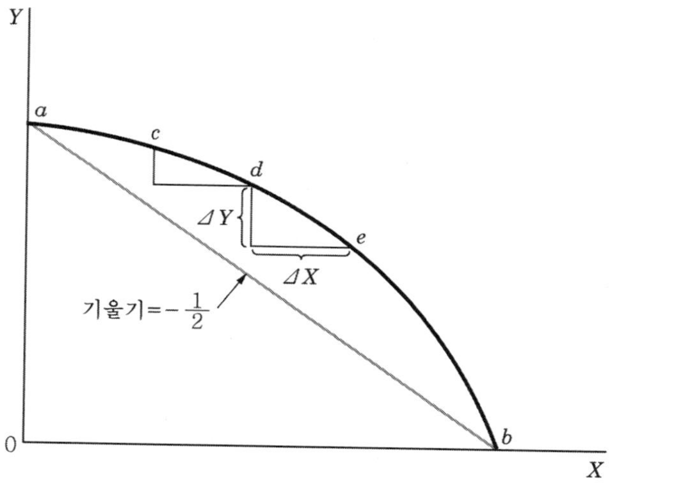

를 한 단위 추가적으로 얻기 위하여 포기해야 하는 핸드백(Y)의 양을 나타낸다. 한계생산변환율은 식 (9. 25)에서 나타나 있는 바와 같이 두 상품을 생산하는데 드는 한계비용의 비율과 같다.

$$(9.\ 25)\quad MPT_{X,Y} = -\frac{\Delta Y}{\Delta X} = \frac{MC_X}{MC_Y}$$

이러한 관계식이 성립하는 이유는 다음과 같다. 식 (9. 24)에서 보면 X재 한 단위를 추가적으로 생산하는데 필요한 생산요소의 양은 h_X, 그리고 Y재 한 단위를 추가적으로 생산하는데 필요한 생산요소의 양은 h_Y로 나타낼 수 있다.[1] 따라서 생산변환곡선 위의 d에서 e점으로 이동하면 생산요소의 변화량 ΔZ의 크기는 $h_X \cdot \Delta X + h_Y \cdot \Delta Y$이다. 그런데 생산변환곡선 위에서는 생산요소의 투입량 크기가 일정하게 주어져 있으므로 다음과 같은 관계가 성립한다.

$$(9.\ 26)\quad \Delta Z = h_X \cdot \Delta X + h_Y \cdot \Delta Y = 0$$

이를 정리하면 식 (9. 27)과 같이 바꿔 쓸 수 있다.

$$(9.\ 27)\quad -\frac{\Delta Y}{\Delta X} = \frac{h_X}{h_Y}$$

X재 및 Y재의 한 단위 추가생산에 필요한 투입요소의 양을 나타내는 h_X와 h_Y에 생산요소 가격(w)을[2] 곱하면 각 상품의 한계비용을 구할 수 있다. 이러한 관계는 다음 식 (9. 28)에 나타나 있다. 상품 한 단위의 생산을 늘렸을 때 추가적으로 드는 생산비용을 한계비용이라는 점을 생각하면 이해가 될 것이다.

---

1) 식 (9. 24)에서 $\partial h/\partial X \equiv h_X$는 X재의 생산을 한 단위 추가하는데 필요한 생산요소의 양, $\partial h/\partial Y \equiv h_Y$는 Y재의 생산을 한 단위 추가하는데 필요한 생산요소의 양을 의미한다.

2) 앞에서 분석의 편의를 위해 여러 가지 생산요소를 하나로 묶어 Z로 나타내기로 하였기 때문에 생산요소가격도 w 하나로 나타낸 것이다.

$$(9.\ 28)\qquad \frac{h_X}{h_Y}=\frac{h_X\cdot w}{h_Y\cdot w}=\frac{MC_X}{MC_Y}$$

식 (9. 27)과 (9. 28)을 이용하면 한계생산변환율($MPT_{X,Y}$)을 식 (9. 25)로 나타낼 수 있게 된다. 생산변환곡선은 그림에서 보는 것처럼 원점에 대해 오목한 모양을 하고 있는데, **한계생산변환율체증의 법칙**(law of increasing marginal rate of product transformation)이 성립하기 때문이다. 이 법칙이 성립하는 것은 생산요소의 양이 일정하게 주어져 있을 때 구두(X)의 생산을 늘리면 이로 인해 감소시켜야 하는 핸드백(Y)의 양이 점점 커지게 되는 것을 의미한다.

한 기업이 일정하게 주어진 생산요소를 Z_0만큼 투입하여 두 상품을 함께 생산하더라도 비용상의 이점이나 불리한 점이 없다면 생산변환곡선은 [그림 9-29]에서 선분 ab로 나타나게 된다. 예컨대 구두 한 켤레를 생산할 수 있는 노동 3단위와 자본 1단위를 투입하여 항상 핸드백 0.5개를 생산할 수 있다면 생산변환곡선상의 모든 점에서 한계생산변환율($MPT_{X,Y}$)는 $-1/2$이 된다. 이에 반해 생산변환곡선이 원점에 대해 오목하다면 주어진 Z_0을 사용하여 두 상품을 함께 생산하는 경우에 선분 ab가 의미하는 산출수준보다 항상 더 많은 구두와 핸드백을 생산할 수 있게 된다. 이것은 바로 범위의 경제가 존재한다는 의미이다. 범위의 경제가 현저하게 나타난다면 X재와 Y재를 각각의 기업이 생산하는 것보다는 하나의 기업이 생산하는 것이 더 효율적이다. 이런 측면에서 본다면 범위의 경제가 존재하는 경우에는 규모가 큰 대기업이 더욱 효율적일 수 있다.

> 한계생산변환율이 체증하는 것은 하나의 기업이 여러 상품을 동시에 생산하는 것이 비용 측면에서 유리한 **범위의 경제** 현상 때문이다.

7.3 등수입곡선과 이윤극대화

[그림 9-30]에서 보는 생산변환곡선은 생산요소의 양이 Z_0로 주어졌을 때 생산 가능한 X재와 Y재들의 조합을 나타내고 있다. 완전경쟁기업은 생산요소 시장에서 결정되는 생산요소 가격을 그대로 받아들일 수밖에 없기 때문에 생산요소의 양이 주어졌다는 것은 생산비용, 즉 총비용이 일정하다는 것을 의미한다. 따라서 이윤(총수입-총비용)의 극대화는 바로 총수입을 극대화하는 문제로 귀결된다. 생산요소를 Z_0만큼 투입하여 X재와 Y재를 생산하여 각각 P_X와 P_Y를 받고 판매함으로써 얻게 되는 총수입 R은 다음과 같이 나타낼 수 있다.

(9. 29) $$R = P_X \cdot X + P_Y \cdot Y$$

생산요소의 양이 Z_0로 주어진 제약조건하에서 총수입의 극대화의 문제는 **라그랑지함수**(Lagrangean)를 이용하여 그 해를 구할 수 있다. 이것에 대해서는 본 장의 〈부록〉에서 설명하도록 하겠다. 여기서는 그림을 이용하여 이윤극대화,

[그림 9-30] 등수입곡선과 이윤극대화

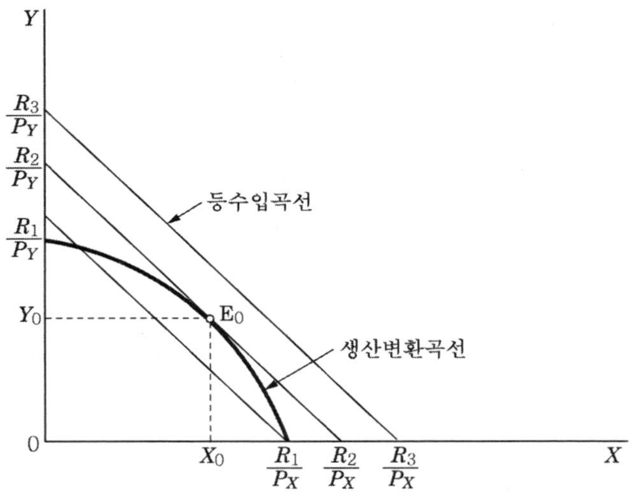

즉 총수입 극대화 과정을 설명하도록 한다. 총수입을 나타내는 식 (9. 29)를 다시 정리하면 식 (9. 30)과 같다.

$$(9.\ 30)\quad Y=\frac{R}{P_Y}-\frac{P_X}{P_Y}X$$

이러한 함수관계를 그림으로 나타내면 기울기가 $-P_X/P_Y$이고, Y축 위의 절편이 R/P_Y인 **등수입곡선**(iso-revenue curve)이 된다. 여기에서 R은 아직 그 크기가 결정되지 않은 상태이므로 그것의 수준이 어떻게 주어지느냐에 따라 서로 다른 등수입곡선을 얻을 수 있다.

[그림 9-30]에는 총수입의 크기가 R_1, R_2, R_3로 주어졌을 때 이에 따른 각각의 등수입곡선이 그려져 있다. 만일 생산변환곡선이 그림에서와 같이 주어지면 총수입이 극대화되는 것은 E_0점이며, 이 때 총수입은 R_2가 된다. 물론 R_3가 R_2보다 크기는 하지만 현재 주어진 생산여건에서는 R_3에 해당하는 총수입을 얻기가 불가능하다. 그러므로 두 상품을 생산하는 기업이 이윤극대화를 달성하기 위해서는 구두와 핸드백을 각각 X_0와 Y_0만큼 생산하면 된다. 결합생산물의 이윤극대화가 이루어지는 E_0점에서는 생산변환곡선과 등수입곡선의 기울기가 일치하므로 다음과 같은 관계가 성립된다.

$$(9.\ 31)\quad MPT_{X,Y}=\frac{MC_X}{MC_Y}=\frac{P_X}{P_Y}$$

이러한 관계식은 이윤극대화를 위한 제1계 필요조건에 해당하는 것이다. 제2계 조건은 생산변환곡선이 원점에 대해 오목하게 그려져 있어서 자동적으로 충족된다.

8. 경합시장과 경쟁시장

8.1 경합시장의 의의

시장에서의 경쟁은 이미 시장에 참여하고 있는 기존 기업들 사이의 경쟁과 시장여건만 구비되면 언제든지 시장에 참여할 수 있는 잠재적 기업들과의 경쟁으로 구분될 수 있다. 이미 시장에 참여하고 있는 기업이 잠재적 기업(potential entrant)과 경쟁하는 사례를 쉽게 찾아볼 수 있다. 과점기업이 **진입저지가격**(limit price)을 설정하거나 독점기업이 막대한 광고비를 지출하는 중요한 이유가 새로운 기업의 진입을 막기 위해서라고 알려져 있다. **경합시장**(contestable market)은 잠재적인 진입기업과의 경쟁에 초점이 맞추어져 정의되는 시장이다.

> **경합시장**은 그 시장에 자유롭게 진입할 수 있으며, 또한 아무런 비용의 지출도 없이 이탈할 수 있는 시장을 의미한다.

1970년대 후반 보몰(W. Baumal), 베일리(E. Bailey), 윌릭(R. Willig) 등은 시장에서의 잠재적인 경쟁에 많은 관심을 갖고 **경합시장이론**(contestable market theory)을 제시하였다. **보몰**에 의하면 경합시장에서는 진입이 절대적으로 자유롭고(absolutely free), 이탈에는 아무런 비용이 수반되지 않는다(absolutely costless). 따라서 아무런 비용도 들이지 않고 진입과 이탈이 자유롭다면 완전경쟁시장, 독점시장, 과점시장 등 어느 것도 경합시장이 될 수 있는 것이다.

8.2 경합시장의 균형

경합시장에서는 기존 기업들이 잠재적 경쟁기업들에 의해 항상 **진입의 위협**(threat of entry)에 노출되어 있다. 기존 기업들이 초과이윤을 벌고 있다면 이를 알고 있는 잠재적 기업들이 아무런 장애 없이 진입하여 초과이윤의 일부

[그림 9-31] 규모의 경제와 경합시장

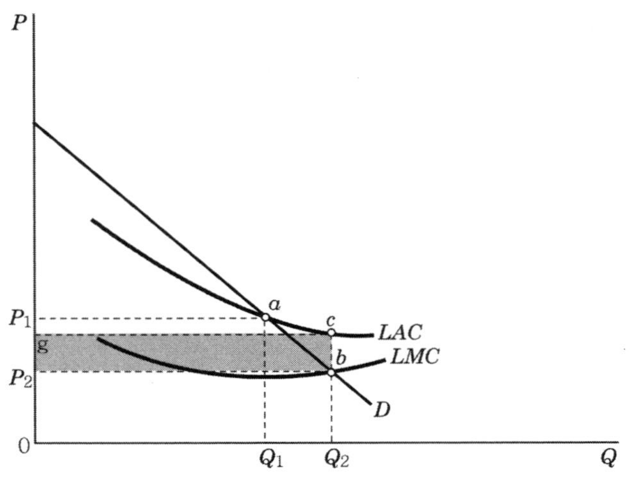

를 얻고, 시장여건이 악화되기 이전에 아무런 비용도 들이지 않고 이탈할 수 있는 것이다. 그러므로 경합시장에서는 기업의 수가 매우 적더라도 완전경쟁시장과 같은 시장성과가 나타나게 된다. 진입의 위협에 노출되어 있기 때문에 기존 기업들은 초과이윤을 얻지 못하며, 완전경쟁시장에서와 같이 평균비용의 최저점에서 생산하게 된다. 만일 기존 기업들이 평균비용의 최저점에서 생산하지 않는다면 더 낮은 평균비용으로 생산할 수 있는 기업이 즉시 진입하기 때문이다. 이처럼 **경합시장의 균형** 상태에서는 시장가격(P)이 평균비용(AC)과 일치하게 된다. 경합시장에서 생산기술에 규모의 경제가 존재하지 않는다면 식 (9. 32)와 같은 완전경쟁시장의 장기균형조건이 그대로 성립된다.

(9. 32) $P = LMC = LAC = SMC = SAC$

만일 규모의 경제가 존재한다면 이러한 조건이 성립될 수 없음이 자명하다. [그림 9-31]에서 보는 것처럼 규모의 경제가 나타나는 경우에 $P = LMC$의 조건이 충족되도록 P_2의 가격으로 Q_2를 생산한다면 장기적으로 사각형 P_2gcb의 면적만큼 손실을 입을 수밖에 없다. 따라서 경합시장에서 기업의 존립자체가 불가능하다. 물론 규모의 경제가 존재하더라도 $P = LAC$의 조건이 충족되면 경합시장의 생산활동이 가능하다. 그림에서 장기평균비용(LAC)곡선이 시장수요곡선 D와 만나는 a점에서는 경합시장의 존립이 가능하다. 정상이윤을 얻을 수 있으며, 어떠한 잠재적 기업도 현재의 시장가격보다 낮은 가격으로 시장에 진입할 수 없으므로 경합시장의 균형상태로 볼 수 있다.

지금까지 살펴본 경합시장의 시장성과는 완전경쟁시장과 다를 바 없다. 그러나 경합시장이 성립되기 위한 조건은 완전경쟁시장보다 상대적으로 단순하다고 볼 수 있다. 시장에 참여하는 기업의 수가 무수히 많을 필요도 없으며, 각 기업이 생산하는 상품의 품질이 같을 필요도 없다. 다만 아무런 비용을 들이지 않고 자유롭게 진입하고 이탈하는 것만 허용하면 된다.

물론 현실에서 경합시장이 성립되기 위한 조건이 충족되는 것도 거의 불가능하다. 따라서 이 이론에서 내리고 있는 결론의 유용성이 매우 제한적이라는 비판을 받고 있다. 그렇지만 경합시장이 독과점규제와 관련하여 매우 유익한 정책적 대안을 제시하고 있다는 점은 부인할 수 없다. 독과점시장의 독점력을 감소시키기 위한 일반적인 방안으로 제시되는 것이 산업내 참여하는 기업의 수를 증가시키는 것이다. 독과점시장에서 경쟁체제를 도입하기 위하여 산업내 기업의 수를 늘리는 것도 중요하다. 하지만 경합시장이론에 따르면 진입장벽(barriers to entry)과 이탈장벽(barriers to exit)을 제거하는 것이 더욱 바람직한 결과를 가져올 수 있다. **잠재적인 경쟁**(potential competition)이 실제적인 경쟁(actual competition)과 똑같은 역할을 하기 때문이다.

〈부 록〉

결합생산물을 생산하는 완전경쟁기업은 $Z_0 = h(X, Y)$의 제약하에서 **총수입**($R = P_X \cdot X + P_Y \cdot Y$)의 크기를 극대화한다. 따라서 식 (9A. 1)과 같은 라그랑지함수(Lagrangean)를 만들어 이윤극대화를 위한 제1계 필요조건을 구할 수 있다.

$$(9A.\ 1) \quad \mathcal{L} = (P_X \cdot X + P_Y \cdot Y) + \lambda(Z_0 - h(X, Y))$$

여기서 P_X와 P_Y는 각각 X재와 Y재의 가격이며, λ는 라그랑지승수를 나타내고 있다. 결합생산물을 생산하는 완전경쟁기업은 상품의 가격을 주어진 것으로 받아들이므로 상수로 취급된다. 라그랑지함수를 X, Y 그리고 λ에 대해서 편미분하여 그 값을 0으로 두면 다음과 같은 이윤극대화를 위한 제1계 필요조건이 도출된다.

(9A. 2)
$$\frac{\partial \mathcal{L}}{\partial X} = P_X - \lambda h_X = 0$$
$$\frac{\partial \mathcal{L}}{\partial Y} = P_Y - \lambda h_Y = 0$$
$$\frac{\partial \mathcal{L}}{\partial \lambda} = Z_0 - h(X, Y) = 0$$

여기에서 각 상품의 한 단위 추가생산에 필요한 투입요소의 양을 나타내는 h_X와 h_Y는 본문에서 살펴본 것처럼 한계비용이 된다. 위의 처음 두 식으로부터 다음과 같은 관계식을 구할 수 있다.

(9A. 3)
$$\frac{P_X}{P_Y} = \frac{h_X}{h_Y} = \frac{MC_X}{MC_Y} = MPT_{X,Y}$$

식 (9A. 3)에 의하면 두 상품의 상대가격(P_X/P_Y)이 한계생산변환율($MPT_{X,Y}$)과 일치하도록 두 상품을 생산하면 결합생산물의 이윤극대화가 달성된다.

연습문제 풀이

[연습문제 9.1]

단기비용함수를 Q에 대해서 미분하면 한계비용은 $MC = 10 - 12Q + 3Q^2$가 된다. 완전경쟁시장에서는 $P = MC$이므로 $10 = 10 - 12Q + 3Q^2$, $Q(Q-4) = 0$이므로 $Q = 0$ 혹은 4이다. 따라서 총수입은 $TR = PQ = 10 \times 4 = 40$원이다. $Q = 4$를 문제의 비용함수에 대입하면 $C = 20$원이므로 이윤은 20원이다.

[연습문제 9.2]

이 기업의 평균가변비용함수는 $AVC = Q^2 - 4Q + 6$이고 조업중단가격은 AVC의 극소점이다. 따라서 $\partial AVC / \partial Q = 2Q - 4 = 0$로부터 AVC가 극소값을 가질 조건은 $Q = 2$이므로 이를 평균가변비용함수에 대입하면 조업중단가격은 $AVC = 2$가 된다.

[연습문제 9.3]

단기비용함수 $C(Q) = 500 + 3Q^2$를 Q에 대해 미분하면 한계비용 $MC = 6Q$를 구할 수 있다. 완전경쟁시장에서는 $P = MC$이므로 $P = 6Q$가 이 기업의 공급함수이다. 한편, 기업의 공급곡선은 평균가변비용곡선의 최저점 이상에 위치하는 한계비용곡선이 되는데, 이 기업의 경우 $MC(=6Q)$가 평균가변비용 $SAVC(=3Q)$보다 크기 때문에 $P = 6Q$가 이 기업의 공급함수가 된다.

[연습문제 9.4]

시장의 균형 상태에서 $Q_D = Q_S$, $120 - 2P = -60 + 4P$이므로 $P_0 = 30$, $Q_0 = 60$이다. 따라서 공급의 가격탄력성은 $\epsilon_P = (dQ/dP) \cdot (P/Q) = 4 \times (30/60) = 2$가 된다.

[연습문제 9.5]

개별수요함수로부터 시장수요함수를 도출하려면 반드시 개별수요함수를 Q에 대해 정리한 다음 합해야 한다. A의 수요함수는 $Q_{dA} = 50 - 0.5P$, B의 수요함수는 $Q_{dB} = 70 - 1.5P$이므로 이들을 합하면 시장수요함수는 $Q_D = 120\text{-}2P$가 된다. 시장의 균형 상태에서 $Q_D = Q_S$, $120 - 2P = -60 + 4P$이므로 $P_0 = 30$이다.

[연습문제 9.6]

제1기의 양파 생산량이 $Q_t = 4$단위로 주어질 때 이를 수요함수에 대입하면 t기의 양파가격을 알 수 있다. 따라서 $P_t = 38$원이다. $t = 2$기의 양파 생산량은 전년도의 가격($P_t = 38$원)에 의해 결정된다고 가정하고 있으므로 이를 공급함수에 대입하면 양파 생산량은 $Q_{St} = 38\text{-}20 = 18$단위이다. 또한 이 생산량 $Q = 18$을 수요함수에 대입하면 $t = 2$기의 양파가격은 31원이다.

[연습문제 9.7]

장기총비용함수가 문제와 같이 주어지면 장기평균비용은 $LAC = (C/Q) = Q^2 - 4Q + 10$이다. 완전경쟁기업의 장기균형가격은 LAC의 최저점에서 결정되므로 $dLAC/dQ = 2Q - 4 = 0$가 된다. 따라서 $Q_0 = 2$이고, 이를 장기평균비용곡선에 대입하면 $P_0 = (2)^2 - 4(2) + 10 = 6$원이다.

[연습문제 9.8]

물품세 부과이전의 거래량과 가격은 $300 - Q = 2Q$에서 $Q = 100$, $P = 200$원이다. 단위당 60원의 조세가 부과되면 공급곡선이 상방이동하게 되므로 조세부과 이후의 공급곡선은 $P = 2Q + 60$가 된다. 조세부과 이후의 거래량과 가격은 $300 - Q = 2Q + 60$에서 $Q = 80$, $P = 220$원이다. 물품세 부과 이후 시장가격이 200원에서 220원으로 상승하였으므로 소비자가 세금 중에서 20원을 부담하는 셈이다. 생산자는 물품세액 중에서 20원을 제외한 나머지 40원을 부담하게 된다. 이 때 후생손실, 즉 초과부담은 $1/2 \times 20 \times 60 = 600$원이다.

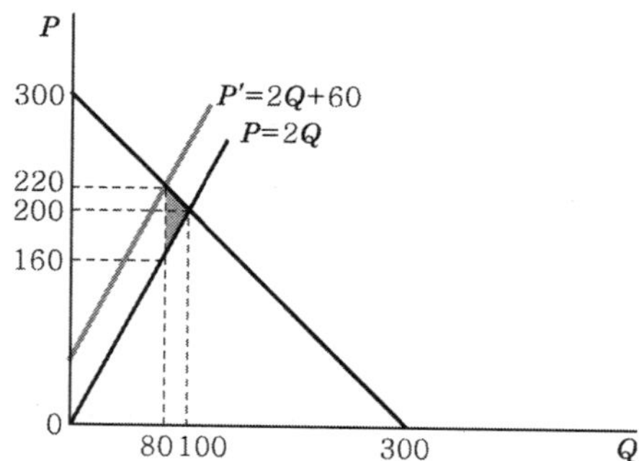

[연습문제 9.9]

가격상한제를 실시하기 이전의 거래량과 가격은 $900 - 2P = P$에서 $P = 300$원, $Q = 300$이다. 가격상한을 $P = 200$으로 설정하면 공급량은 $Q_S = 200$으로 감소한다. 따라서 소비자잉여는 삼각형A의 면적에 해당하는 2,500원만큼 감소하고, 사각형B

의 면적에 해당하는 20,000원만큼 증가하게 된다. 결국 가격상한제 실시로 소비자 잉여는 17,500원만큼 증가하였다.

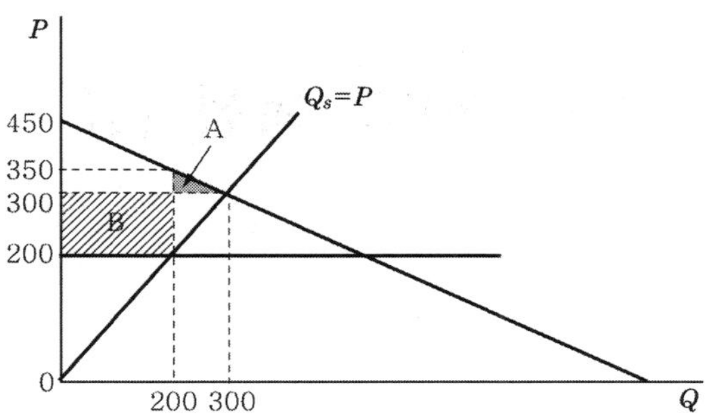

제10장 독점시장

1. 독점시장의 성격
2. 독점기업의 단기 및 장기균형
3. 가격차별
4. 그 밖의 판매전략
5. 독점의 사회적 비용
6. 독점기업의 규제

독점시장에는 상품을 생산하여 판매하는 공급자가 오직 하나밖에 없다. 따라서 독점기업은 시장에서 결정되는 가격을 그대로 수용하는 완전경쟁기업과는 다르게 스스로 가격을 결정하는 특징이 있다. 이러한 관점에 비추어 독점기업이 가격과 생산량을 어떻게 결정하는가를 살펴보는 것이 본 장의 핵심 주제이다. 물론 단기와 장기균형분석을 통하여 가격과 생산량이 결정되는 과정을 분석하게 될 것이다. 다음에는 독점기업이 이윤을 증대시키기 위하여 실시하는 가격차별과 그 밖의 판매전략을 분석하게 된다.

한편, 우리가 흔히 지적하는 독점의 폐단은 어느 정도이며, 아울러 독점이 지닐 수 있는 긍정적 요소들이 무엇인가를 조명해 본다. 이 과정에서 독점의 폐해를 줄이기 위한 규제방안을 모색하고, 그것들에 대한 장·단점을 규명하게 된다.

1. 독점시장의 성격

1.1 독점시장의 의미

시장에 어떤 상품을 공급하는 기업이 오직 하나인 경우를 **독점시장**(monopoly market)이라고 한다. 어떤 시장이 독점화되어 있다는 것은 그 상품에 대한 가까운 대체재가 없다는 것을 의미한다. 만일 어떤 상품을 유일한 하나의 기업이 공급하고 있다고 하더라도 그 상품과 밀접한 대체재를 생산하는 기업이 있다면 이 경우에는 독점화되었다고 보기 어렵다. 따라서 엄밀하게 말하면 독점시장은 밀접한 대체재를 갖고 있지 않는 어떤 상품을 하나의 기업이 공급하는 시장을 의미한다.

독점시장에서는 독점기업이 유일한 공급자이므로 그 기업이 생산하는 상품에 대한 시장수요곡선이 바로 **독점기업이 직면하는 수요곡선**이 되는 것이다. 따라서 완전경쟁시장의 개별기업이 직면하는 수요곡선이 수평선인 것과는 달리 독점기업이 직면하는 수요곡선은 우하향하는 형태를 갖게 된다. 독점기업이 직면하는 수요곡선의 이러한 성격으로 인하여 독점기업은 독자적으로 가격을 결정할 수 있는 특징이 있다. 그리고 몇 가지 전제조건이 충족되면 심지어 독점기업은 자신이 생산하는 상품에 대하여 서로 다른 가격을 매길 수도 있다.

독점기업의 수요곡선이 우하향한다는 것은 완전경쟁기업에 비해 수요의 가격탄력성의 크기가 상대적으로 작다는 것을 의미한다. 그렇다고 시장수요의 측면에서 측정한 독점시장의 가격탄력성이 완전경쟁시장보다 결코 작다는 것을 의미하는 것은 아니다. 개별 기업의 관점에서 측정한 수요의 가격탄력성 크기를 서로 비교하는 것과 시장의 관점에서 측정한 수요의 가격탄력성 크기를 서로 비교하는 것은 별개이다. 쌀과 고추 같은 농산물은 거의 완전경쟁시장에 가까운 성격을 가지고 있지만 이들에 대한 시장수요의 가격탄력성은 매우 작은 편이다. 이렇게 본다면 독점시장의 가격탄력성이 완전경쟁시장보다 더 클 가능성은 얼마든지 있다.

[그림 10-1] 자연독점

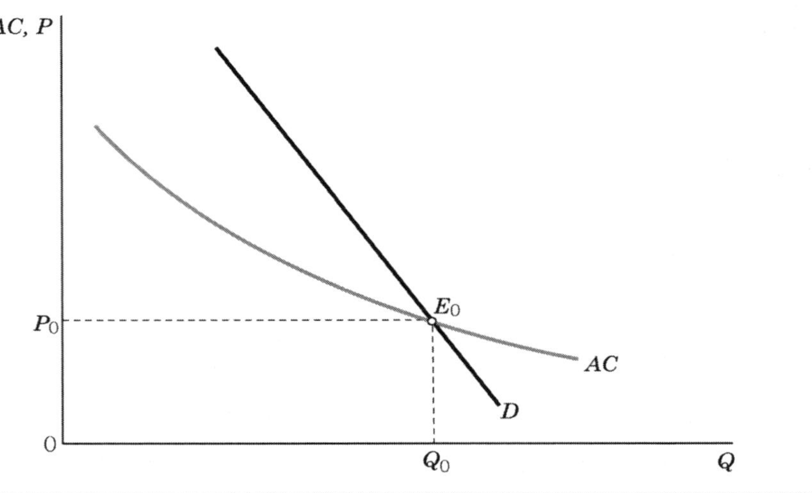

2.2 독점의 발생원인

독점이 발생하여 유지되기 위해서는 새로운 기업이 시장에 진입할 수 없도록 **진입장벽**(barriers to entry)이 구축되어야 한다. 진입장벽은 비용구조의 특성으로 인하여 자연적으로 발생하는 경우도 있고 인위적으로 만들어지는 경우도 있다. 진입장벽이 형성되는 원인을 살펴보면 다음과 같다.

(1) 규모의 경제

전기, 철도서비스 등을 생산할 때와 같이 대규모의 고정자본시설이 요구되는 경우에는 일정한 생산수준까지는 생산량이 증가함에 따라 평균비용이 감소하는 **규모의 경제**가 존재한다. 이 경우에는 하나의 기업이 생산량을 대폭 늘려 경쟁기업들보다 낮은 가격으로 상품을 공급함으로써 경쟁기업들을 시장에서 퇴출시킬 수 있다.

[그림 10-1]에는 규모의 경제가 존재함으로써 평균비용(AC) 곡선이 우하향하는 상황이 나타나 있다. 이처럼 규모의 경제가 현저해 시장 전체의 수요를 충분히 감당할 수 있는 생산수준에서도 평균비용이 계속해서 하락한다면 시장에는 한 개 이상의 기업이 살아남기 어렵다. 어떤 한 기업이 생산량을 증가시키면

경쟁기업에 비해 비용상의 이점을 얻을 수 있어서 경쟁기업을 도태시킬 수 있기 때문이다. 이렇게 해서 하나의 기업만 시장에 참여하는 경우를 **자연독점**(natural monopoly)이라 부른다. 이것은 비용상 우위 때문에 자연스럽게 시장이 독점화된다는 의미에서 붙여진 이름이다.

(2) 원료 또는 생산기술의 독점

어느 한 기업이 특정 원료에 대해 배타적으로 소유권을 행사할 수 있다면 그 기업은 상품공급을 독점할 수 있다. 다른 기업의 상품생산 가능성이 원천적으로 봉쇄되기 때문이다. 마찬가지로 어떤 기업이 신기술을 독자적으로 보유하고 있는 경우도 그 시장이 독점화된다.

독점적인 원료 또는 생산기술을 배타적으로 사용함으로써 독점력을 확보한 사례는 미국의 알루미늄 생산회사인 알코아(ALCOA)가 대표적이다. 알코아는 1888년 알루미늄의 제조기술의 특허를 보유함으로써 독점적 지위를 확보할 수 있었다. 제조기술의 독점적 사용기간이 끝날 무렵에 알코아는 알루미늄 생산 원료인 보오크사이트 광산을 독점함으로써 독점적 지위를 유지하였다. 이후에 미국에서 보오크사이트가 고갈되자 남미 기아나(Guinas)의 보오크사이트 광산을 독점적으로 소유 또는 임대함으로써 제2차 세계대전 말까지 약 50년간 전 세계의 알루미늄 공급을 독점하였다.

(3) 특허권 및 전매권

정부가 새로운 발명품에 대해 **특허권**을 부여해서 일정 기간동안 그것에 대해서 독점력을 행사할 수 있도록 하거나, 한 기업에게 **전매권**을 부여함으로써 어떤 상품을 독점적으로 판매할 수 있도록 허용하는 경우에도 독점적 공급자의 지위를 유지할 수 있다. 정부가 특허권이나 전매권을 부여함으로써 진입장벽을 형성하도록 하는 것이다.

지금까지 살펴본 것 이외에도 공격적인 광고전략, 지나치게 큰 생산시설의 설치, 인수・합병(M&A) 등 기업의 경쟁전략으로 진입장벽이 만들어지는 경우도 있다.

2. 독점기업의 단기 및 장기균형

2.1 총수입과 한계수입

완전경쟁기업은 상품가격을 주어진 것으로 받아들이므로 기업의 총수입이 판매량에 비례하여 증가하지만, 독점기업의 경우에는 생산량 수준에 따라서 가격이 변하기 때문에 총수입이 비례적으로 증가하지 않는다. 독점기업의 총수입(TR)은 다음과 같이 나타낼 수 있다.

(10. 1) $TR = P(Q) \times Q$

독점기업의 총수입곡선은 [그림 10-2]의 (b)에서 보는 것처럼 판매량(Q)이 증가하면서 총수입이 증가하다가 Q_1에 이르면 최고점에 도달하고 그 다음부터는 감소하기 시작하는 것으로 나타나 있다. 이러한 총수입곡선의 형태는 독점기업의 한계수입과 밀접하게 관련되기 때문에 먼저 **한계수입곡선**을 도출하는 과정에 대해 설명하기로 하자. 그림 (a)에서와 같이 수요곡선이 우하향하는 직선으로 주어지면 수요곡선상의 임의의 한 점 e에서 가격축의 방향으로 수평선(be)을 긋고 이 선분을 2등분하는 c점을 찾아서 수요곡선의 절편인 a점과 연결하는 직선을 그으면 한계수입곡선이 도출된다.

만일 판매량이 Q_2로 주어지면 가격은 $Q_2e(=Ob)$로 결정되어 총수입은 사각형 $ObeQ_2$의 면적의 크기가 된다. 다른 한편 총수입은 한계수입의 누계(累計)이므로[1] Q_2를 생산하여 판매할 때 총수입은 사다리꼴 $OafQ_2$의 면적과도 같다. 이러한 사각형과 사다리꼴의 면적이 서로 같은지를 확인하면 바로 앞에서 설명한 한계수입곡선의 도출방법이 정당한지 알 수 있다. 그림의 사각형 $ObeQ_2$와 사다리꼴 $OafQ_2$에서 공통부분인 오각형 $ObcfQ_2$을 제외시킨 삼각형

1) 한계수입은 판매량을 한 단위 더 증가시킴으로써 발생하는 총수입의 증가분이라는 점을 생각하면 한계수입의 누계가 총수입이 된다는 점을 이해할 것이다.

[그림 10-2] 독점기업의 한계수입곡선과 총수입곡선

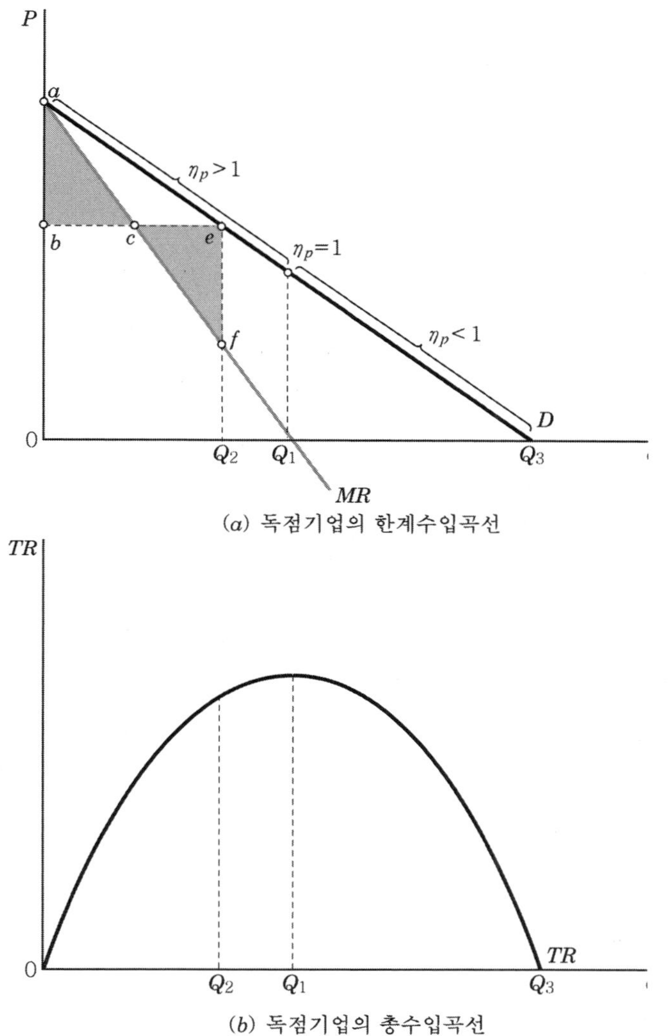

(a) 독점기업의 한계수입곡선

(b) 독점기업의 총수입곡선

ecf와 삼각형 bca의 면적이 동일하면 사각형 $ObeQ_2$와 사다리꼴 $OafQ_2$의 면적도 같게 된다. 삼각형 ecf와 삼각형 bca에서 $\angle ecf$와 $\angle bca$의 크기가 서로 같고 선분 $bc = ce$이기 때문에 두 삼각형은 서로 합동이다. 따라서 사각형 $ObeQ_2$와 사다리꼴 $OafQ_2$의 크기는 서로 같게 된다. 이와 같이 수요곡선상의 임의의 한 점에서 가격축의 방향으로 수평선을 긋고 이 선분을 2등분하는 점을 찾아서 수요곡선의 절편과 연결하면 한계수입곡선이 도출된다는 것을 알 수 있다.

한계수입은 총수입(TR)의 제1계 도함수의 값으로 나타낼 수 있다.

$$(10.\ 2)\quad MR = \frac{dTR}{dQ} = \frac{d[P(Q) \times Q]}{dQ} = P(Q) + Q\frac{dP}{dQ} = P(1 + \frac{Q}{P}\frac{dP}{dQ})$$

$$= P(1 - \frac{1}{\eta_p})$$

여기서 η_p는 수요의 가격탄력성이다. 식 (10. 2)에서 $\eta_p = 1$이면 $MR = 0$가 된다. [그림 10-2]의 (a)에서 보는 것처럼 수요의 가격탄력성이 1인 점에서 수직으로 내릴 때 수량축과 만나는 Q_1점은 OQ_3의 선분을 2등분하게 되고 이 때 한계수입은 영(0)이 된다. 한편, 수요의 가격탄력성이 1보다 큰 영역에서 한계수입은 양(+)의 값을 갖는 반면에 수요의 가격탄력성이 1보다 작은 영역에서는 한계수입이 음(-)의 값을 갖는다.

이러한 한계수입곡선을 이용하여 총수입곡선(TR)을 도출할 수 있다. 수요의 가격탄력성이 1보다 큰 영역에서는 한계수입이 영(0)보다 크기 때문에 판매량이 증가하면서 총수입은 증가하게 되고, 수요의 가격탄력성이 1보다 작은 영역에서는 한계수입이 영(0)보다 작기 때문에 판매량이 증가하면서 총수입은 감소하게 된다. 이처럼 판매량이 증가하면서 총수입은 점차로 증가하다가 가격탄력성이 1인 지점에 이르면 최고점에 도달하고 그 다음부터는 감소하기 시작한다.

[연습문제 10.1]

어떤 상품에 대한 수요함수가 $P = 100 - 2Q$일 때 수입을 극대화하는 상품의 수량을 구하라.

2.2 단기균형

기업이 이윤극대화를 달성하고 있으면 외부에서 어떤 충격이 가해지지 않는 한 그 상태를 그대로 유지하려고 할 것이다. 이런 의미로 볼 때 독점기업이 현재 주어진 시설규모에서 이윤극대화를 달성하고 있다면 바로 이러한 상태가 단기균형인 것이다.

시장에서 주어지는 가격을 그대로 받아들일 수밖에 없는 완전경쟁기업과는 다르게 독점기업은 가격을 조절함으로써 이윤극대화를 추구할 수 있다. 물론 독점기업이라고 해서 상품가격을 마음대로 결정할 수 있는 것은 아니다. 불완전하지만 어느 정도의 대체성을 갖는 상품을 생산하는 기업과 경쟁할 수밖에 없다. 우리나라의 대표적 독점기업인 철도청이 고속버스회사와 항공회사의 경쟁압력을 받고 있다는 점은 이미 잘 알려져 있다. 또한 잠재적 진입기업의 경쟁압력도 피할 수 없다. 지나치게 높은 가격을 설정한다면 새로운 기업이 진입할 수 있기 때문이다. 이렇게 본다면 독점기업이라고 하더라도 시장상황과 생산비 여건을 감안하여 상품가격을 결정할 수밖에 없다. 이러한 것들을 반영한 독점기업의 단기이윤은 다음 식으로 나타낼 수 있다.

(10. 3) $\Pi(Q) = TR(Q) - STC(Q) = P(Q) \cdot Q - STC(Q)$

완전경쟁기업과 마찬가지로 독점기업은 총수입(TR)과 단기총비용(STC)의 차이가 가장 큰 생산량을 선택함으로써 단기적으로 이윤극대화를 달성할 수 있다. [그림 10-3]의 (a)에는 단기총비용곡선과 총수입곡선을 이용하여 단기이윤을 극대화하는 과정이 나타나 있다. 그림에서 독점기업은 Q_0을 생산하여 판매할 때 단기이윤의 크기(ab)가 극대화한다. 총수입과 총비용의 간격을 나타내는 이윤의 크기가 가장 클 때는 총수입곡선의 기울기와 단기 총비용곡선의 기울기가 같을 때이다. 총수입곡선의 기울기를 나타내는 한계수입(MR)과 단기총비용곡선의 기울기를 나타내는 단기한계비용(SMC)의 크기가 서로 같다는 의미다. MR과 SMC의 관계는 식 (10. 3)을 생산량 Q에 대해 미분함으로써 분명해진다.

(10. 4) $\dfrac{\Pi(Q)}{dQ} = \dfrac{TR(Q)}{dQ} - \dfrac{STC(Q)}{dQ} = 0 \quad \rightarrow \quad MR(Q) = SMC(Q)$

[그림 10-3] (b)에 나타나 있는 독점기업의 MR과 SMC는 총수입곡선과 단기 총비용곡선으로부터 도출된 것이다. 이윤극대화를 추구하는 독점기업은 주어진 시설에서 $MR = SMC$가 c점에서 성립하고 있으므로 독점기업은 Q_0을 생

[그림 10-3] 독점기업의 단기균형

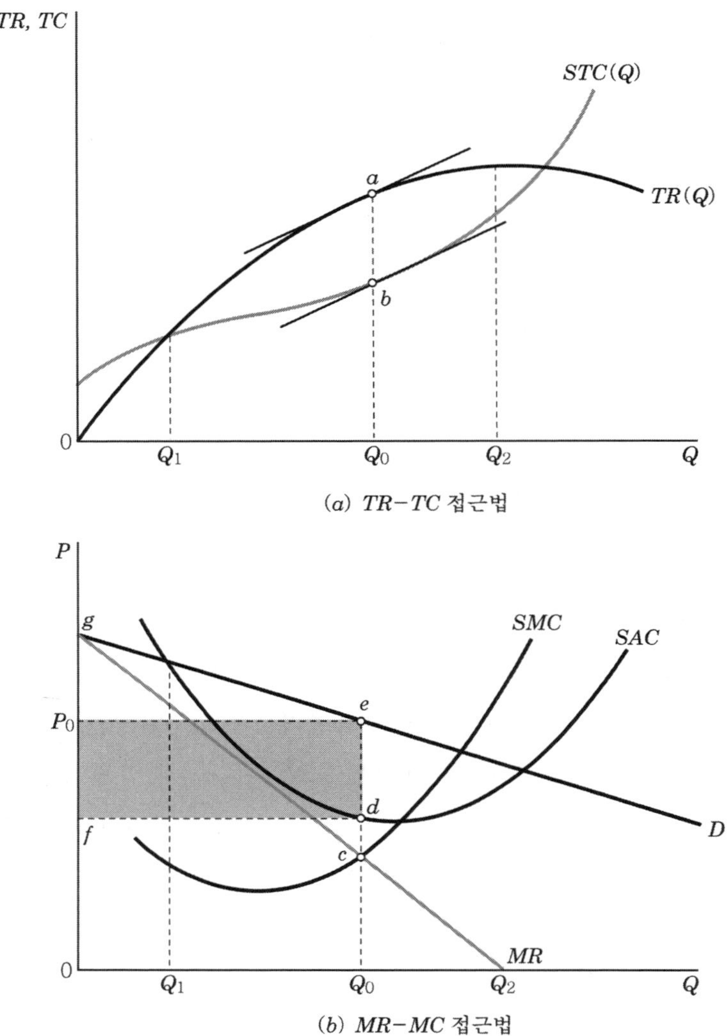

산할 때 이윤을 극대화하게 된다. 독점기업이 Q_0을 생산해서 판매하면 시장에서 받을 수 있는 상품의 가격은 P_0이다. 이처럼 독점기업이 이윤을 극대화하기 위해서 스스로 가격을 결정한다는 의미에서 독점기업은 **가격설정자**(price setter)이다.

Q_0을 생산할 때 평균비용이 Q_0d이므로 독점기업은 단위당 이윤 ed와 생산량 OQ_0을 곱한 값을 나타내는 사각형 fP_0ed의 면적에 해당하는 이윤을 얻게

된다. 독점기업이라고 해서 단기에서 항상 양(+)의 이윤을 얻는 것은 아니다. 시장수요나 비용의 상태에 따라서 이윤을 얻지 못할 수도 있고, 심지어 손실마저 볼 수 있다. 수요곡선이 단기 평균비용곡선보다 아래에 위치한다면 손실을 볼 수밖에 없다. 이상에서 설명한 독점시장의 단기균형에서는 다음 몇 가지 특성이 나타난다.

첫째, 독점시장에서 결정되는 상품가격이 한계비용보다 높다는 것이 완전경쟁시장과의 큰 차이점이다. 완전경쟁시장에서는 항상 $P=MC$이지만 독점시장에서는 한계수입곡선이 수요곡선 아래에 위치하기 때문에 이윤극대화가 달성되는 $MR=MC$인 상황에서 $P>MC$일 수 밖에 없다.[2)] **러너**(A. Lerner)는 식(10. 5)와 같이 독점기업의 가격이 한계비용보다 크다는 사실을 이용하여 **독점도**(degree of monopoly power)를 측정하고 있다.

$$(10.\ 5)\quad d_m=\frac{P-MC}{P}$$

완전경쟁기업의 균형상태에서는 $P=MC$이기 때문에 **러너지수**는 영(0)이 되지만 독점기업의 경우에는 $P>MC$이기 때문에 러너지수는 0보다 크게 된다. 이러한 독점도는 수요의 가격탄력성의 역수($1/\eta_p$)로 나타낼 수 있다.[3)] 따라서 수요의 가격탄력성이 클수록 독점도는 작아진다. 이렇게 볼 때 수요의 가격탄력성이 무한대인 완전경쟁기업의 독점도는 0이 된다는 점을 알 수 있다.

둘째, 독점기업의 단기균형이 성립되는 점에서 측정한 수요의 가격탄력성은 항상 1보다 큰 값을 갖게 된다는 사실이다. 일반적으로 상품생산에 소요되는 한계비용은 0보다 크다. 따라서 $MR=MC$가 성립되는 이윤극대화의 생산수준에

2) 수요곡선상의 한 점에서 상품의 가격이 결정된다는 사실을 안다면 쉽게 이해할 수 있을 것이다.

3) 이윤극대화를 위해서는 $MR=MC$이 성립되어야 한다. 따라서 $d_m=\frac{P-MC}{P}$는 $d_m=\frac{P-MR}{P}$로 바꾸어 쓸 수 있다. 또한 $MR=P(1-\frac{1}{\eta_p})$이므로 $d_m=[P-P(1-\frac{1}{\eta_p})]/P=1-(1-\frac{1}{\eta_p})=\frac{1}{\eta_p}$이 된다.

서는 한계수입이 0보다 큰 것은 당연하다. [그림 10-2]에서 보면 한계수입이 0보다 클 때 수요의 가격탄력성은 항상 1보다 큰 값을 갖는다. 따라서 단기균형이 성립하는 [그림 10-3]의 e점에서 측정한 수요의 가격탄력성은 1보다 크게 되는 것이다.

셋째로 독점시장은 공급곡선이 존재하지 않는다는 특징을 갖는다. **공급곡선**이란 주어진 각각의 가격에서 기업이 얼마만큼의 상품을 생산하여 공급할지를 나타내는 곡선을 의미한다. 그런데 독점기업은 완전경쟁기업처럼 각 수준의 가격에서 공급량을 얼마로 할 것인가에 대한 사전적인 공급계획을 갖고 있지 않다. 앞에서 살펴본 바와 같이 독점기업은 시장에서 주어지는 수요곡선을 따라 생산수준을 얼마로 할 것인가를 결정할 뿐이다.[4)]

> 독점기업은 완전경쟁기업처럼 각 수준의 가격에서 공급량을 얼마로 할 것인가에 대한 사전적인 공급계획을 갖고 있지 않다. 독점기업은 시장에서 주어지는 수요곡선을 따라 생산수준을 얼마로 할 것인가를 결정하기 때문에 공급곡선이 존재하지 않는다.

2.3 장기균형

주어진 시설규모에서 이윤극대화를 달성하는 단기와는 달리 장기에서는 시설규모를 조절함으로써 이윤을 증가시킬 수 있다. 독점기업에게 시설규모를 포함한 모든 생산요소를 적정하게 조절할 수 있는 충분한 시간이 주어지면 그 기업은 장기적으로 이윤을 극대화하는 장기균형에 도달할 수 있다.

[그림 10-4]에서 보는 것처럼 단기에서 SAC_1으로 대표되는 시설규모가 주어지면 이 기업은 $MR=SMC_1$인 a점에 해당하는 Q_1을 선택함으로써 이윤을 극대화한다. 그러나 장기에서는 시설규모를 선택할 수 있기 때문에 장기비용곡선 위의 어떤 점도 선택할 수 있다. $MR=LMC$인 b점에 해당하는 Q_2를 생산하여 P_2의 가격을 매기면 이윤이 더욱 커지게 된다. 이때 기업은 Q_2를 생산하

4) 독점기업에는 공급곡선이 존재하지 않고, 독점이윤을 극대화하는 공급점(supply point)만 존재한다.

[그림 10-4] 독점기업의 장기균형

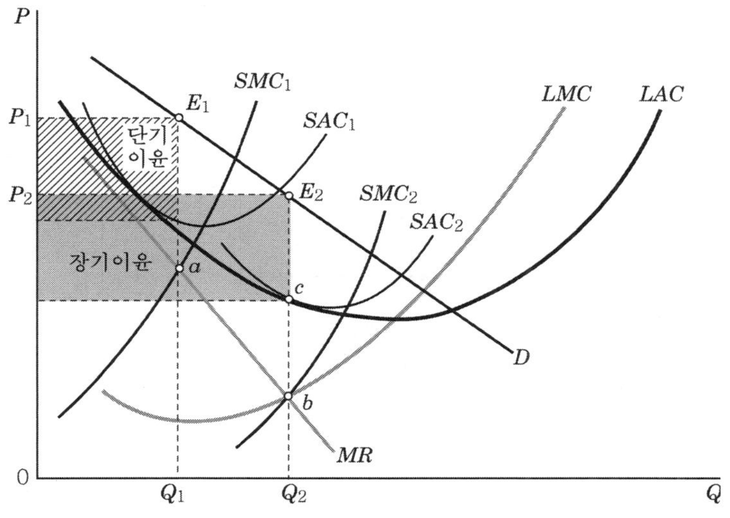

기에 적합한 SAC_2곡선으로 대표되는 시설규모를 선택할 것이다. 이와 같이 SAC_1곡선으로 대표되는 시설규모에서 SAC_2곡선으로 대표되는 시설규모로 확장시키면 그림에서 보는 바와 같이 이윤은 더욱 커지게 된다. 독점기업의 **장기균형** 상태에서는 다음과 같은 관계가 성립한다는 것을 알 수 있다.

(10. 6) $P > MR = LMC = SMC$

이상에서 살펴본 바와 같이 독점기업은 장기균형 상태에서도 양(+)의 이윤을 얻을 수 있다. 독점시장에는 새로운 기업의 진입이 봉쇄되어 있기 때문에 장기균형에서도 초과이윤을 벌 수 있는 것이다. 또한 단기균형에서와 마찬가지로 $P > MC$가 된다. 독점기업의 한계수입곡선이 수요곡선의 아래에 위치하기 때문에 장기에서 이윤극대화의 조건인 $MR = LMC$가 성립하는 생산량수준에서 가격은 한계비용보다 높을 수밖에 없다.

[그림 10-5] 두 개의 공장을 갖는 독점기업의 경우

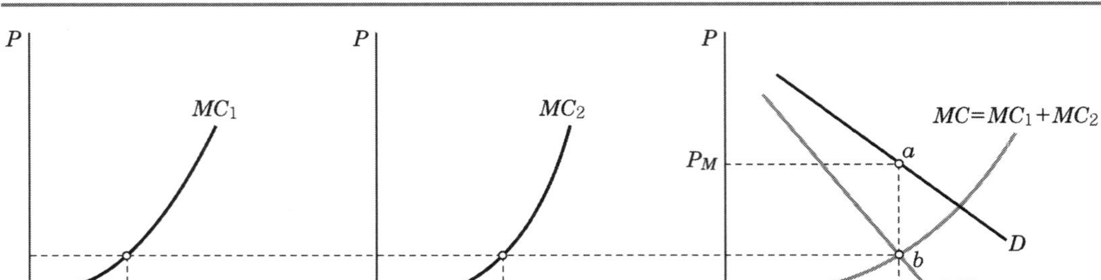

2.4 다공장 독점기업의 경우

독점기업이 여러 개의 공장을 운영하는 대표적인 예는 우리나라의 한국전력공사이다. 독점기업의 형태로 운영되고 있는 한국전력공사에서는 인천, 고성, 여수 등에 화력발전소를 설립하여 전기를 생산하고 있다. 화력발전소가 위치한 각 지역의 특성으로 인하여 전기생산 비용이 서로 다를 수밖에 없다. 이러한 상황에서 한국전력공사는 전기가격과 각 지역별 생산량을 어느 수준으로 결정해야 이윤극대화를 실현할 수 있을까?

[그림 10-5]는 독점기업이 두 개의 공장을 운영하는 경우를 나타내고 있다. 그림에서 MC_1과 MC_2는 제1공장과 제2공장의 한계비용곡선을 나타내고 있으며, MC는 두 공장의 한계비용곡선을 수평으로 합한 것이다. 이윤극대화를 추구하는 독점기업은 그림 (c)에서 보는 것처럼 한계수입곡선(MR)과 기업전체의 한계비용곡선(MC)이 교차하는 b점에서 생산량 Q_M을 결정하고 수요곡선을 따라 가격 P_M을 설정한다. 독점기업 전체의 생산량이 Q_M으로 결정되면 두 공장의 한계비용 MC_1과 MC_2를 반영하여 각각 Q_1과 Q_2씩 할당함으로써 이윤을 극대화하게 된다. 만일 두 공장이 동일한 비용구조를 갖고 있다면 Q_M의 절반씩 나누어 생산하는 것이 최적일 것이다. 이상에서 설명한 **다공장 독점기업**(multi-firm monopoly)의 균형조건은 다음과 같이 나타낼 수 있다.[5)]

(10. 7) $MR = MC = MC_1 = MC_2$

여러 개의 공장을 운영하는 독점기업은 식 (10.7)에서 보는 것처럼 한계수입과 각 공장의 한계비용이 일치하도록 생산량을 결정함으로써 이윤을 극대화한다. 만일 $MC_1 \neq MC_2$라면 두 공장의 생산량을 조절함으로써 비용절약이 가능하다. 제1공장의 한계비용이 제2공장의 한계비용보다도 낮다면 독점기업은 2공장의 생산량을 줄이는 대신에 1공장의 생산량을 늘림으로써 이윤을 증가시킬 수 있는 것이다.

[연습문제 10.2]

두 개의 공장을 운영하는 독점기업의 수요함수는 $P = 200 - 2Q$이고, 각 공장의 장기비용함수는 각각 $LTC_1 = 10Q_1 + 10Q_1^2$와 $LTC_2 = 5Q_2 + 15Q_2^2$이다. 독점기업의 최적 생산량과 가격을 구하라. 또한 두 공장의 최적생산량은 각각 얼마인가?

3. 가격차별

지금까지 독점기업이 생산하는 상품에 하나의 가격을 설정하는 과정에 대해서 살펴보았다. 그러나 독점기업이 같은 상품에 대하여 서로 다른 가격을 매겨서 판매하는 경우도 있다. 의사들이 환자의 소득정도에 따라 진찰료를 다르게 받는다든지, 한국전력공사가 산업용 전기요금을 가정용 전기요금보다 싸게 부과하는 경우가 대표적인 예이다. 이와 같이 독점기업이 생산하는 하나의 상품에 대하여 여러 가지 다른 가격으로 판매하는 행위를 **가격차별**(price discrimination)이라고

5) 각 공장의 생산량이 Q_1, Q_2이라고 하자. 따라서 독점기업의 생산량은 $Q = Q_1 + Q_2$이다. 독점기업의 이윤함수는 $\Pi = TR(Q_1 + Q_2) - TC(Q_1) - TC(Q_2)$이고, 이윤극대화의 제1계 조건은 $\partial \Pi / \partial Q_1 = \partial TR / \partial Q_1 - \partial TC_1 / \partial Q_1 = MR(Q_1 + Q_2) - MC(Q_1) = 0$과 $\partial \Pi / \partial Q_2 = \partial TR / \partial Q_2 - \partial TC_2 / \partial Q_2 = MR(Q_1 + Q_2) - MC(Q_2) = 0$이 된다. 이 두 조건으로부터 $MR = MC_1 = MC_2$를 얻을 수 있다.

한다.

가격차별은 세 가지 유형으로 구분되어진다. 첫째는 동일한 상품의 매 단위마다 모두 다른 가격을 매기는 제1급 가격차별, 소비하는 상품수량을 몇 개의 그룹으로 구분하여 서로 다른 가격을 부과하는 제2급 가격차별, 그리고 수요의 가격탄력성을 달리하는 소비자들을 여러 집단으로 분리하여 각 집단별로 서로 다른 가격을 매기는 제3급 가격차별이 있다.

> 독점기업이 생산하는 상품의 판매단위, 또는 소비자의 특성에 따라 서로 다른 가격을 매기는 것을 **가격차별**(price discrimination)이라고 한다.

3.1 가격차별의 성립조건

독점기업이라고 해서 어떤 경우에나 가격차별을 할 수 있는 것은 아니다. 가격차별이 성립되기 위해서는 다음 두 가지 요건이 갖추어져야 한다.

첫째, 독점기업은 자신이 생산하는 상품을 구입하려는 소비자들에 대한 **수요의 가격탄력성**을 파악해야 한다. 소비자들이 어떤 상품에 대해서 서로 다른 가격을 지불할 용의가 있다는 것은 그 상품에 대한 평가가 다르다는 것을 의미한다. 이러한 평가의 차이는 수요의 가격탄력성으로 표현된다. 따라서 개별 소비자들에 대한 수요의 가격탄력성을 파악할 수 있다면 가격차별이 가능할 수 있다. 또한 경우에 따라서는 소비자들의 소비행태에 따라 그들을 여러 집단으로 구분할 수 있어야 한다. 소비자들을 여러 집단으로 구분하는 가장 일반적인 방법은 수요의 가격탄력성의 크기에 따라 분류하는 것이다.

둘째, 소비자가 일단 구매한 상품은 다른 소비자들에게 **전매**할 수 없어야 한다. 독점기업인 한국철도공사에서는 노인들에게 기차표를 할인하여 판매하고 있다. 만일 노인들이 기차표를 싸게 사서 일반인들에게 정상적인 요금보다 약간 낮은 가격으로 판매할 수 있다면 한국철도공사는 가격차별의 이득을 얻을 수 없을 것이다. 할인가격으로 팔리는 기차표에 대한 수요는 증가할 것이고, 정상가격으로 팔리는 기차표에 대한 수요는 감소할 것이기 때문이다. 따라서 한국철

[그림 10-6] 제1급 가격차별

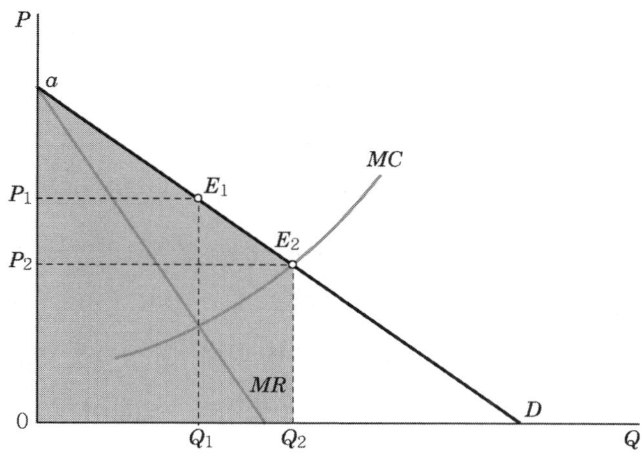

도공사에서는 기차표가 전매되지 못하도록 승객들의 기차표를 확인하는 등 여러 가지 방법을 이용하게 된다. 일반적으로 전매를 방지하기에 적합한 것은 서비스분야이다. 의사들이 부자들에게 비싼 진료비를 받는다고 해서 그들을 대신해서 가난한 사람들로 하여금 진료를 받게 할 수 없는 일이다.

3.2 가격차별하의 가격과 생산량

(1) 제1급 가격차별

수요곡선이란 소비자가 각각의 상품수량에 대해서 기꺼이 지불하려고 하는 가격들을 연결한 곡선을 의미한다. 따라서 독점기업이 소비자들의 수요곡선을 정확하게 알고 있다면, 상품의 매 단위에 대해 소비자가 기꺼이 지불하려고 하는 가격을 부과함으로써 이윤을 극대화할 수 있다. 이처럼 각 상품수량에 대해 완전히 서로 다른 가격을 매기는 것을 **피구**(A. C. Pigou)는 **제1급 가격차별**(first-degree price discrimination)이라고 한다.

[그림 10-6]에서 독점기업이 가격차별화를 실시하지 않는다면 독점기업은 $MR=MC$가 성립하도록 Q_1을 생산하여 P_1의 가격에 판매함으로써 사각형 $OP_1E_1Q_1$만큼의 총수입을 얻게 된다. 그러나 독점기업 가격차별을 실시함으로

써 지금보다 더 많은 수입을 얻을 수 있다. 만일 제1급 가격차별을 실시하면 독점기업이 직면하는 수요곡선 자체가 한계수입곡선(MR)이 된다. 독점기업이 수요곡선 D를 따라 각 판매단위에 대해 서로 다른 가격을 부과하면 한 단위를 추가로 판매함으로써 얻게 되는 수입, 즉 한계수입이 상품가격과 일치하게 되기 때문이다. 따라서 이윤극대화를 추구하는 독점기업은 수요곡선인 $D=MR$과 한계비용곡선인 MC가 일치하는 Q_2를 생산하게 된다. 그 결과 독점기업의 총수입은 음영으로 표시된 사다리꼴 OaE_2Q_2의 면적과 같다. 이와 같이 수요곡선 아래의 전체 면적이 독점기업의 수입이 됨으로써 소비자잉여는 0(영)이 된다. 가격차별이 실시되지 않았다면 소비자가 얻게 될 삼각형 P_1aE_1 면적의 크기에 해당하는 소비자잉여가[6] 독점기업의 수중으로 흘러들어간 것이다.

완전가격차별(perfect price discrimination)이라고도 하는 제1급 가격차별이 실시되기 위해서는 소비자들의 수요곡선을 정확하게 알고 있어야만 가능하다. 그러나 현실에서 그러한 예를 찾기는 쉽지 않다. 다만 자신의 고객들을 개별적으로 만나 거래하는 의사, 변호사들은 제1급 가격차별을 실시할 수 있는 여건이 조성되어 있다고 볼 수 있다.

이상에서 살펴본 바와 같이 제1급 가격차별이 실시되면 완전경쟁시장과 마찬가지로 $P=MC$가 충족되기 때문에 자원배분의 효율성이 달성된다. 그러나 독점기업이 소비자잉여 전부를 차지함으로써 소득분배가 불균등하게 될 위험성이 있다.

[연습문제 10.3]

제1급 가격차별의 경우 한계수입곡선은 수요곡선과 일치한다. 그 이유를 설명하라.

[연습문제 10.4]

독점기업의 수요함수와 비용함수가 각각 $Q=80-P$와 $C=10Q$로 주어져 있다. (ⅰ) 가격차별을 시행하지 않는다면 생산자잉여의 크기는 얼마인가? (ⅱ) 제1급 가격차별을 시행한다면 생산자잉여의 크기는 얼마인가?

---

6) 지금처럼 소비자잉여를 측정하면서 보상수요곡선이 아니라 보통의 수요곡선을 이용하면 약간의 오차가 발생할 수 있다.

[그림 10-7] 제2급 가격차별

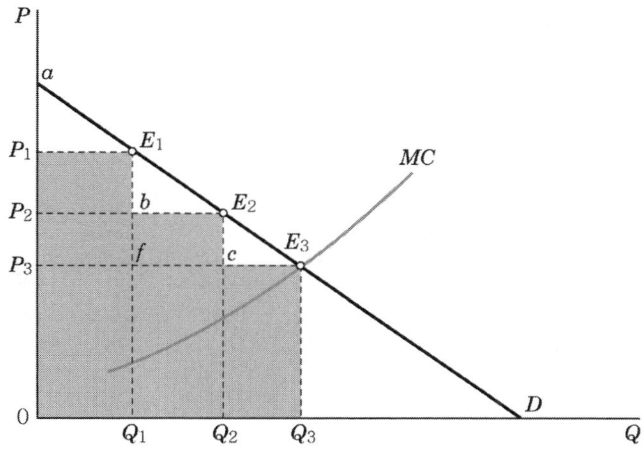

(2) 제2급 가격차별

제2급 가격차별(second-degree price discrimination)이란 상품수량을 몇 개의 블록(block)으로 나누고 각 블록에 대하여 서로 다른 가격을 매기는 가격차별 방식이다. 우리 주위에서 흔히 행해지고 있는 제2급 가격차별의 형태로서 전기, 수도의 사용량에 따라서 다른 요금을 부과하는 경우가 대표적이다.

[그림 10-7]에서 보는 것처럼 독점기업이 상품수량을 세 블록으로 나누고 OQ_1의 블록에서는 P_1의 가격을 매기고, Q_1Q_2의 블록에서는 P_2의 가격 그리고 Q_2Q_3의 블록에서는 P_3의 가격을 매기는 **구간가격설정**(block pricing)방식이 제2급 가격차별이다. Q_3를 생산하여 구간에 따라서 P_1, P_2, P_3로 가격차별한다면 총수입은 사각형 $OP_1E_1Q_1 + Q_1bE_2Q_2 + Q_2cE_3Q_3$의 면적에 해당한다. 그림에서와 같이 MC가 주어지면 이윤극대화는 Q_3에서 이루어진다. Q_2에서 Q_3 구간까지는 가격이 P_3로 일정하게 주어지므로 $MR = P_3$가 된다. 따라서 Q_3에서 $MR = MC$의 조건이 충족되는 것이다.

제2급 가격차별의 결과 얻게 되는 총수입은 가격차별을 실시하지 않았을 때의 총수입(사각형 $OP_3E_3Q_3$의 면적)보다 더 크다. 가격차별을 실시하지 않았을 때의 소비자잉여(삼각형 P_3aE_3의 면적) 일부가 기업의 수입으로 귀속되기

[그림 10-8] 제3급 가격차별

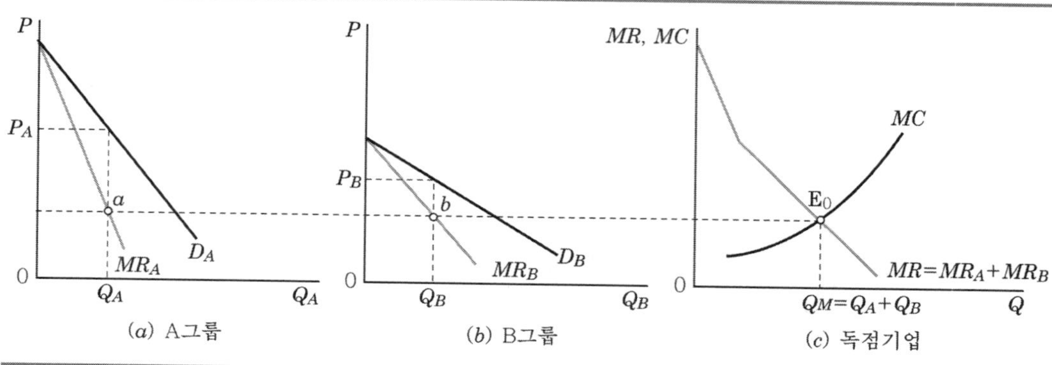

때문이다. 소비자잉여 중에서 기업의 수중으로 흘러들어 가는 금액은 사각형 $P_3P_1E_1f$과 사각형 fbE_2c를 합한 면적이다. 물론 이 금액의 크기는 소비자잉여 모두가 기업의 수중으로 흘러 들어가는 제1급 가격차별의 경우보다는 상대적으로 작다. 제2급 가격차별의 경우에도 완전경쟁시장과 마찬가지로 $P=MC$가 충족되기 때문에 자원배분의 효율성이 달성된다. 그러나 독점기업이 소비자잉여의 일부를 차지함으로써 소득분배가 불균등하게 될 가능성이 있다.

(3) 제3급 가격차별

제3급 가격차별(third-degree price discrimination)이란 독점기업이 소비자들을 수요의 가격탄력성 크기에 따라 두 개 이상의 그룹으로 구분한 다음, 각 그룹에 대하여 서로 다른 가격을 매기는 가격차별 방식이다. 제3급 가격차별의 대표적인 사례는 대중교통, 철도서비스, 영화와 같은 산업에서 수요의 가격탄력성에 높은 그룹에 대해 가격을 할인하는 경우이다. 노인들은 일반인들보다 자유롭게 사용할 수 있는 시간이 많지만, 소득수준은 상대적으로 낮다. 따라서 노인들은 이들 서비스에 대한 수요가 상대적으로 탄력적이다. 독점기업은 이러한 노인들의 특성을 이용하여 자신이 생산하는 상품에 대해 일반인보다 낮은 가격을 부여함으로써 이윤을 증가시킬 수 있다.

[그림 10-8]에는 수요의 가격탄력성이 서로 다른 A, B 두 그룹의 수요곡선이 주어져 있다. D_A는 가격변화에 상대적으로 덜 민감한 비탄력적인 수요곡선, D_B는 가격변화에 상대적으로 민감한 탄력적인 수요곡선을 나타내고 있다. 수요

의 가격탄력성이 상이한 두 그룹에게 상품을 판매하는 독점기업은 그림 (a), (b)에 나타나 있는 A그룹과 B그룹의 한계수입곡선 MR_A와 MR_B를 수평으로 합하여 그림 (c)에서 보는 것처럼 시장 전체의 한계수입곡선 MR을 도출해야 한다. 그 다음 이것이 독점기업의 한계비용곡선 MC와 교차하는 E_0점을 찾아서 이 점에 해당하는 Q_M을 생산하면 이윤이 극대가 된다. 이제는 독점기업이 생산한 Q_M을 각 그룹에 대해 얼마만큼씩 판매해야 하는지를 결정해야 한다. 두 그룹에 판매할 양은 E_0점에서 왼쪽으로 그은 수평선이 각 그룹의 한계수입곡선과 교차하는 a점과 b점에서 결정하면 된다. 즉, $MR_A = MR_B$가 성립되도록 A그룹에는 Q_A, B그룹에는 Q_B를 각각 P_A, P_B의 가격으로 판매함으로써 이윤을 극대화할 수 있다.

만일 $MR_A = MR_B$이 조건이 충족되지 못하고 $MR_A > MR_B$가 성립된다면 어떻게 될까? B그룹에서 판매하던 상품의 일부를 A그룹에 판매한다면 이윤이 더욱 증가하게 될 것이다. 이것은 각 그룹의 한계수입이 서로 불일치하면 이윤극대화를 실현하지 못한다는 것을 의미한다. 지금까지 논의를 정리해서 제3급 가격차별을 실시하는 독점기업의 이윤극대화 조건을 다음과 같이 나타낼 수 있다.

(10. 8) $MR_A = MR_B = MC$

[그림 10-8]을 보면 제3급 가격차별을 이용하여 이윤극대화를 추구하는 독점기업은 수요의 가격탄력성이 상대적으로 작은 그룹에게 더욱 높은 가격을 부과하게 된다는 것을 알 수 있다. 그림 (a)와 그림 (b)에서 나타나 있는 것처럼 A그룹보다는 B그룹의 수요의 가격탄력성이 크다. 따라서 가격탄력성이 작은 A그룹에게는 상대적으로 높은 가격인 P_A를 부과하고 가격탄력성이 큰 B그룹에게는 상대적으로 낮은 가격인 P_B를 부과하게 된다. 한국철도공사에서 수요의 가격탄력성의 크기가 상대적으로 작은 일반인의 기차요금을 노인의 기차요금보다 높게 매기는 경우는 대표적인 예가 될 수 있다. 기차 서비스를 꼭 필요로 하는 일반인들의 가격탄력성은 노인들보다 비탄력적이다. 따라서 노인들보다 일반인들의 기차요금이 상대적으로 비싸게 책정되었다고 볼 수 있다.

> 제3급차별의 경우 수요의 가격탄력성의 크기가 상대적으로 큰 시장에는 그렇지 않는 시장에 비해 상대적으로 낮은 가격을 부과해야 한다.

가격탄력성과 가격과의 관계를 본장의 제2절에서 설명한 $MR = P(1-1/\eta_p)$를 이용하여 확인해 볼 수 있다. 제3급 가격차별을 실시하는 독점기업은 $MR_A = MR_B$의 조건을 만족시킬 때 이윤이 극대화되므로 다음의 관계가 성립된다.

$$(10.\ 9)\quad P_A(1-\frac{1}{\eta_A}) = P_B(1-\frac{1}{\eta_B})$$

여기서 η_A와 η_B는 독점기업이 이윤극대화를 달성하는 상태에서의 각 그룹별 가격탄력성을 나타내고 있다. 만일 $\eta_A < \eta_B$이면 $P_A > P_B$가 성립되므로 A그룹에 상대적으로 높은 가격을 설정해야 한다는 것을 알 수 있다.

[연습문제 10.5]

> 어떤 독점기업이 생산한 상품을 A, B시장에 판매할 때, 독점기업이 각 시장에서 직면하는 수요함수는 $P_A = 50 - 5Q_A$, $P_B = 30 - 2Q_B$이다. 그리고 독점기업의 총비용함수 $C(Q) = 10Q + 6$이다. 단, $Q = Q_A + Q_B$임.
> (ⅰ) 독점기업이 가격차별화를 실시할 때 이윤극대화를 위해 두 시장에 가격(P)과 생산량(Q)을 어느 수준으로 결정해야 하며 그때 총이윤은 얼마인가?
> (ⅱ) 이윤을 극대화하는 A시장과 B시장의 생산량 수준에서 수요의 가격탄력성의 크기는? 또한 A와 B시장의 가격탄력성과 가격의 상호관계를 설명하라.

3.2 가격차별의 다른 형태

(1) 수량에 따른 할인판매

제2급 가격차별의 또 다른 형태로 한꺼번에 대량으로 구매할 때 할인해 주는 경우가 있다. 예를 들어 맥주 한 캔을 구매하려면 슈퍼마켓에서 1,750원을 지불해야 한다. 그런데 6개가 포장되어 있는 한 박스는 7,200원, 24개가 포장되어 있는 한 박스는 25,200원에 구매할 수 있다. 6개짜리 한 박스를 사면 맥주 한 캔에 1,200원을 지불하는 셈이고, 24개짜리 한 박스를 사면 맥주 한 캔에 1,050원을 주고 사는 셈이다. 똑같은 회사에서 생산되는 캔 맥주임에도 불구하고 판매하는 수량의 크기에 따라 서로 다른 가격을 설정한다는 점에서 제2급 가격차별과 비슷하다고 볼 수 있다.

(2) 최대 부하가격 설정

가격차별을 실시하기 위해서 기업은 수요자들의 가격탄력성을 구분해야 한다. 그런데 때로는 기업이 소비자들의 가격 탄력성을 구분할 수 없는 경우가 발생한다. 이런 상황에서 기업은 수요자들이 자신의 가격탄력성에 따라 스스로 선택하도록 상황을 만들어내고, 그에 따라서 서로 다른 가격을 설정할 수 있다. 기업은 수요가 집중될(peak) 때 구매하는 소비자에게는 높은 가격을 부과하고, 그렇지 않을 때 구매하는 소비자에게는 낮은 가격을 부과하는 **최대 부하가격 설정**(peak load pricing) 방식을 도입하여 이윤을 증가시킬 수 있는 것이다.

장거리 전화의 가격결정은 최고부하 가격결정의 좋은 예이다. 대부분의 장거리 전화는 주중의 오후에 집중되는 반면에 소수의 전화만이 밤중과 주말에 이루어진다. 한편, 전화회사가 제공하는 회선은 피크 시점의 수요를 충족하도록 설계되어 있다. 따라서 많은 전화회선이 유휴상태에 있는 시점에서의 한계비용이 낮은 반면에, 전화회선의 사용이 피크인 시점의 한계비용은 상대적으로 높다. [그림 10-9]는 이러한 상황을 보여주고 있다. 한계비용곡선이 Q_2까지는 수평의 모양을 갖다가 그 이후에는 수직선으로 나타나 있다. 전화회사에서는 Q_2까지 전화회선의 공급을 증가시킬 수 있으나 그 이후에는 어떤 가격이 주어지더라도 추가적으로 전화회선을 공급할 수 없다는 것을 보여주는 것이다.

그림에 나타나 있는 D_1은 피크 시간대가 아닌(off-peak) 시점의 수요곡선을 나타내고, D_2는 피크 시간대의 수요곡선을 나타내고 있다. 이들로부터 도출되는 MR_1과 MR_2 그리고 앞에서 설명한 MC를 이용하여 이윤극대화를 달성하는 생산량과 가격을 결정할 수 있다. 즉 피크 시간대가 아닌 시점에는 Q_1을 P_1에 판매하고, 피크 시간에서는 Q_2를 P_2에 판매함으로써 이윤극대화를 달성할 수 있다.

[그림 10-9] 최대 부하가격 설정

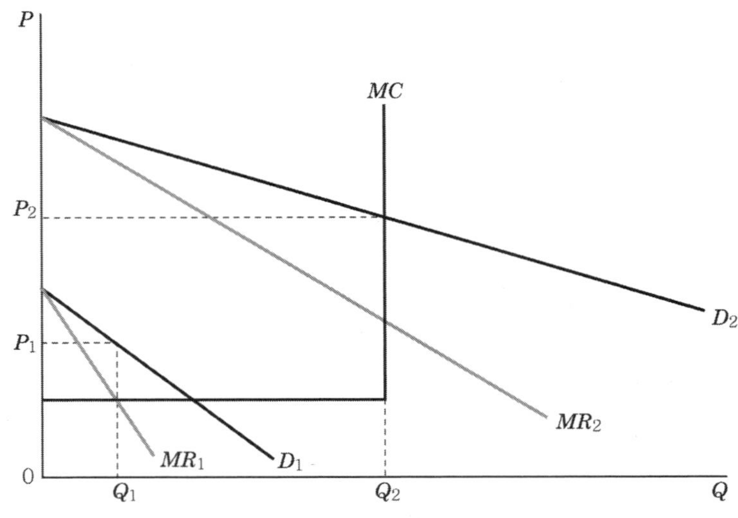

> 수요가 집중될 때(peak) 구매하는 소비자에게는 높은 가격을 부과하고, 그렇지 않을 때 구매하는 소비자에게는 낮은 가격을 부과하는 방식을 **최대 부하가격 설정**이라고 한다.

전기사용량이 상대적으로 적은 심야의 일정시간대에 상대적으로 낮은 전기사용료를 부과하는 경우, 또는 혼잡시간(rush hour)에 통행료를 할증하여 받는 경우도 최대 부하가격 설정의 대표적 사례이다. 또한 콘도 이용료를 비수기에는 낮게 부과하고, 성수기에는 높게 부과하는 것도 관광 업계에서 활용하는 최대 부하가격 설정방식이다.

(3) 할인쿠폰

독점기업은 가격차별의 일환으로 소비자 스스로가 자신의 소비유형을 드러내도록 일종의 장애물(hurdle)을 설치하여 이를 뛰어넘은 소비자에게만 가격을 할인하는 제도를 활용하기도 한다. 우리가 슈퍼마켓에 들어가 보면 식료품에 대한 할인쿠폰을 나누어 주거나, 길거리를 지나다 보면 극장입장료에 대한 할인쿠폰을 나누어 주는 경우를 종종 볼 수 있다. 기업은 무슨 목적으로 이와 같이 일부 소비자들만 활용하는 할인쿠폰을 발행하는가? 그 이유는 할인쿠폰이 구매자들을 차별화하는 수단이라는데 있다. 소비자들 중에는 시간에 대한 가치가 서로 다르다. 소득수준이 높은 사람들의 시간에 대한 가치는 상대적으로 크다. 그러므로 소득수준이 높은 사람들은 쿠폰을 잘라서 지갑에 넣고 다니는 시간비용을 크다고 생각하여 쿠폰이라는 장애물을 잘 넘지 않는다. 상품가격을 할인받기 위해서 시간을 투자하기를 꺼려하는 소비자들은 상품가격의 변화에 덜 민감하다고 볼 수 있다. 반면에 소득수준이 낮은 사람들은 상품가격을 할인받기 위해 쿠폰을 모아서 지갑에 넣고 다니는 수고를 아끼지 않는 경우가 많다. 상품가격을 할인받기 위해서 시간을 투자하는 소비자들은 그렇지 않은 소비자들보다 가격에 더욱 민감하다고 볼 수 있다. 이처럼 쿠폰사용을 위해 기꺼이 시간을 투자하는 소비자들의 수요의 가격탄력성이 상대적으로 크다고 판단할 수 있다.

할인쿠폰제도는 소비자들에게 일종의 장애물을 설치해 놓고 그것을 뛰어 넘는 소비자에게만 가격을 할인해 주는 가격차별의 형태이다. 물론 이 방식이 반드시 가격차별만을 위해 활용되는 것만은 아니다. 독점기업이 소비자들로 하여금 상품을 싸게 소비할 수 있는 기회를 가질 수 있도록 유인함으로써 궁극적으로는 자신의 상품에 대한 수요를 확대시키기 위해 할인쿠폰제도를 활용하기도 한다.

3.4 가격차별의 시장성과

앞에서 살펴본 바와 같이 가격차별을 통하여 소비자잉여가 독점기업의 수입으로 귀속되는 것이 부정적으로 여겨질 수 있다. 그러나 가격차별이 부정적인 것만은 아니다.

첫째, 장기적인 기업의 손실로 인하여 상품의 생산이 불가능할 때 가격차별을 실시함으로써 생산활동을 계속하도록 하는 긍정적인 측면도 있다. [그림 10-10]에서 보는 것처럼 수요곡선이 장기평균비용곡선(LAC)보다 아래에 위치하고 있다면 어떠한 생산량 수준에서도 기업은 손실을 입게 된다. 독점기업이 Q_0를 생산한다면 총수입은 사각형 OP_0cQ_0의 면적의 크기인 반면에 총비용은 사각형 $OFbQ_0$의 면적의 크기이다. 이와 같이 장기적으로 손실을 입는다면 독점기업은

[그림 10-10] 가격차별의 긍정적 효과

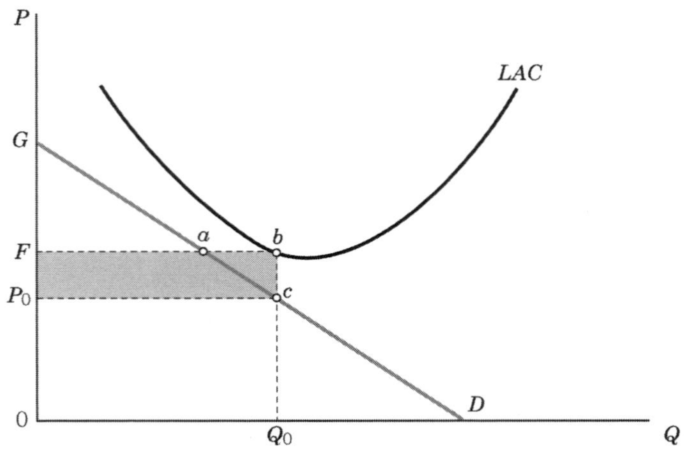

생산활동을 중단할 수밖에 없다. 그러나 가격차별을 통하여 이러한 손실을 해소할 수 있다면 독점기업이 생산활동을 중단할 이유는 없다. 만일 Q_0를 생산하여 제1급 가격차별을 실시한다면 오히려 양(+)의 이윤도 얻을 수 있다. 제1급 가격차별을 실시하는 경우에 총수입은 수요곡선 아래의 사다리꼴 $OGcQ_0$의 면적으로 나타난다. 이러한 독점기업의 총수입 크기가 총비용을 나타내는 사각형 $OFbQ_0$의 면적보다 더 크다면 생산활동이 가능하다.

둘째, 순수독점의 경우보다 가격차별을 실시하는 경우에 생산량이 더 많다는 점도 긍정적인 시장성과이다. 독점시장은 상품을 사회적으로 바람직한 수준보다 적게 생산함으로써 자원배분의 효율성을 감소시키는 문제점을 갖고 있다. 순수독점하에서는 가격이 높아서 상품을 구입하지 못하던 사람들이 가격차별로 인하여 새로운 소비자로 등장할 수 있다. 이러한 경우에는 순수독점의 경우보다 생산량이 증가하게 되므로 자원배분상의 문제점이 어느 정도 해소된다. 특히 제1급 및 제2급 가격차별의 경우에는 완전경쟁시장과 동일한 수준에 해당하는 자원배분의 효율성이 달성된다는 점에서 바람직하다고 볼 수 있다.

셋째, 소득수준이 높은 계층에는 비싼 가격을 부과하고 소득수준이 낮은 계층에는 싼 가격을 부과하는 가격차별은 소득분배측면에서 긍정적인 시장성과이다.

이상에서 살펴본 바와 같이 가격차별은 부정적인 측면보다 긍정적 측면이 더 많은 것 같다. 실증분석에 의하면 순수독점보다는 가격차별을 실시하는 경우에 사회후생이 더욱 증대될 가능성이 크다고 알려져 있다.

4. 그 밖의 판매전략

4.1 이부가격설정

가격차별이 여의치 않는 경우에 독점기업은 또 다른 방식을 이용하여 소비자잉여를 기업의 이윤으로 흡수하기도 한다. **이부가격설정**(two-part tariff pricing)은 소비자로 하여금 특정한 상품을 사용할 수 있는 권리를 구입하게 한 다음, 그것을 구매하는 양에 비례하여 추가적인 가격을 부담시키는 방식이다. 예를 들어 골프장 회원가입비와 이용료, 놀이공원의 입장료와 놀이기구 사용료가 대표적인 예이다. 이부가격설정을 위해서 독점기업은 먼저 골프장 회원가입비나 놀이공원의 입장료를 최적수준으로 결정해야 한다. 이들의 가격을 지나치게 높은 수준으로 매기면 다수의 수요자들이 구입을 포기할 것이고, 낮은 수준으로 매기면 독점기업의 수입이 줄어들기 때문이다.

[그림 10-11]을 이용하여 놀이공원 사용료와 입장료를 각각 어느 수준으로 설정하면 독점기업이 이윤을 극대화할 수 있는지를 살펴보기로 하자. 그림 (a)에는 모든 면에서 동일한 소비자의 수요곡선(D_1)을 수평으로 합한 시장수요곡선이 D_M으로 나타나 있다. 분석의 편의를 위하여 독점기업의 한계비용(MC)은 생산량과 관계없이 일정하게 주어져 있다고 하자.

앞 절에서 우리는 독점기업이 제1급 가격차별을 실시할 때 가장 큰 독점이윤을 얻을 수 있다는 것을 확인하였다. 만일 독점기업이 이부가격을 설정하더라도 제1급 가격차별의 경우와 마찬가지로 모든 소비자잉여를 차지할 수 있다면 독점이윤은 극대화될 것이다.[7] 그림 (a)에서 $P=MC$가 충족되는 Q_1을 소비자들이 선택하도록 유도함으로써 독점기업은 소비자잉여를 최대로 차지할 수 있다. 소비자들이 Q_1을 구입하게 하려면 놀이공원의 시설 **사용료**(usage fee)를

7) 제1급 가격차별의 경우 $P=MC$가 충족될 때 이윤극대화가 달성된다.

[그림 10-11] 가격차별의 긍정적 효과

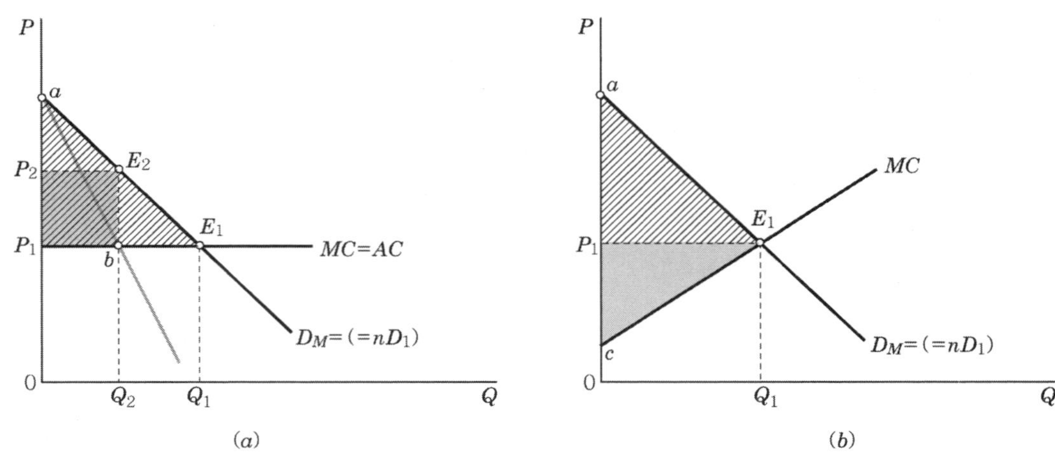

P_1의 수준으로 설정하면 된다. 이 때 소비자잉여의 크기는 삼각형 P_1aE_1의 면적이다. Q_1만큼의 놀이시설을 이용할 때 소비자들은 삼각형 P_1aE_1의 면적에 해당하는 소비자잉여를 기꺼이 지불할 용의를 갖고 있기 때문에 독점기업은 그 크기만큼을 **입장료**(entry fee)로 설정할 수 있다.

그림 (a)와 같이 한계비용곡선이 수평선으로 주어져 있다면 시설 사용료에서는 초과이윤을 얻을 수 없다. 결과적으로 독점기업이 얻는 이윤의 크기는 삼각형 P_1aE_1의 크기에 해당하는 입장료에 의해 결정된다. 이처럼 이부가격을 설정할 때 독점기업은 이 삼각형의 면적에 해당하는 금액을 입장료로 받고 사용료는 한계비용과 일치시킴으로써 이윤을 극대화시킬 수 있다.

한계비용곡선이 수평이 아니고 우상향하는 모양을 갖는 경우에도 지금 도출된 결과의 기본적인 성격은 그대로 유지된다. 단지 [그림 10-11]의 (b)에서 보는 것처럼 놀이공원의 시설 사용료에서도 삼각형 cP_1E_1의 크기에 해당하는 이윤을 추가로 얻을 수 있다는 점에서 차이를 보일 뿐이다. 사용료를 P_1으로 설정할 때 소비자들이 Q_1을 구입한다면 사각형 $OP_1E_1Q_1$의 크기만큼 사용료 수입을 얻게 된다. 한편 독점기업이 Q_1을 생산하기 위해서는 한계비용곡선 아래의 사다리꼴 OcE_1Q_1 면적에 해당하는 생산비용을 지출해야 한다. 결과적으로 독점기업은 사용료에서도 삼각형 cP_1E_1의 크기에 해당하는 이윤을 얻게 되는 것이다.

> **이부가격설정** 방식에 의하면 재화나 서비스의 사용료는 그것의 이용에 따른 한계비용과 동일하게 설정하고, 입장료(또는 가입비)는 소비자잉여와 동일하게 설정하면 이윤을 극대화할 수 있다.

그림 (a)에서 볼 수 있듯이 독점기업이 이부가격설정 방식을 취하지 않고 순수독점 전략을 사용한다면 이윤을 극대화하는 생산량은 Q_2이고 가격은 P_2이다. 이 때 기업의 이윤은 사각형 $P_1P_2E_2b$의 크기가 된다. 이 면적이 이부가격설정 때의 이윤을 나타내는 삼각형 P_1aE_1의 면적보다 작다는 사실을 통해 독점기업이 이부가격설정을 통해 더 많은 이윤을 창출할 수 있다는 사실을 확인할 수 있다.

이상에서 살펴본 바에 의하면 이부가격설정 방식을 적용할 때 독점기업이 소비자잉여를 가입비의 형태로 가져가는 부정적인 측면이 있다. 그러나 독점기업이 선택하는 생산수준이 효율적이라는 긍정적인 측면도 있다. 독점기업이 수요곡선(D_M)과 한계비용곡선이 교차하는 E_1점에서 Q_1을 생산하는 것은 $P=MC$가 충족되는 것을 의미한다. 따라서 이부가격을 설정함으로써 독점기업도 완전경쟁기업과 마찬가지로 자원배분의 효율성을 달성하게 되는 것이다.

[연습문제 10.6]

> 놀이동산을 독점적으로 운영하는 기업의 수요함수가 $Q=80-P$이며, 놀이시설의 월간 이용자는 25명이다. 또한 이 기업의 비용함수는 $C=10Q$로 주어져 있다. (i) 가격차별을 시행하지 않는다면 이윤의 크기는 얼마인가? (ii) 이부가격설정 방식을 적용할 때 놀이동산의 1인당 입장료와 시설 사용료를 얼마로 설정해야 이윤극대화를 달성할 수 있을까?

4.2 끼워팔기

독점기업은 자신이 주력으로 생산하는 상품(main commodities)을 판매할 때 그것과 관련된 제품을 끼워서 판매함으로써 이윤을 증가시키기도 한다. 예컨대 어떤 독점기업이 복사기를 생산하여 판매하고 있다고 하자. 복사기에 대한 가격차별이 가능하다면 일정한 기간 동안에 복사기를 상대적으로 많이 사용하는 수요자에게 높은 가격을 매김으로써 이윤을 증가시킬 수 있다. 그러나 기업의 입장에서 어떤 수요자가 복사기를 많이 사용하는가를 정확하게 파악하는 것은 쉽지 않다. 따라서 복사기에 대한 가격차별이 불가능하게 된다.

이러한 상황에서 독점기업이 복사기와 관련된 제품, 예컨대 토너도 함께 생산하고 있다면 복사기에 대한 시장지배력을 활용하여 **끼워팔기**(tie-in sales) 전략을 수립할 수 있다. 독점기업은 복사기 내부를 자신이 생산하는 토너만 사용하도록 설계할 수 있으며, 복사기를 판매할 때 자신이 생산하는 토너를 항상 구입하도록 강제계약을 맺을 수도 있다. 독점기업이 끼워팔기를 활용하여 토너 가격을 높게 설정한다면 독점기업의 이윤이 증가하는 것은 자명하다. 만일 토너를 끼워서 팔지 않는다면 토너 가격을 높게 매기지 못하고 결과적으로 통상적인 이윤 밖에 얻지 못할 것이다.

이처럼 독점기업이 가격차별을 시행할 수 없는 상황에서는 끼워팔기를 통하여 주력상품과 관련된 제품의 시장점유율을 확대할 수 있다. 끼워팔기의 이러한 특성으로 인하여 주력상품에 끼워서 판매하는 제품이 거래되는 시장에서는 경쟁이 제한될 수밖에 없다. 따라서 끼워팔기의 대상이 되는 제품과 동일한 종류의 제품을 생산하는 경쟁기업들이 독점기업의 불공정거래에 대한 사법적 판단을 요구하기도 한다. 미국에서 끼워팔기에 대한 사법적 판단 기준이 되는 클레이튼(clayton)법에 의하면 끼워 팔려는 제품의 시장점유율이 낮은 경우에는 불법이 아니다. 반면에 맥도날드사가 가맹점들에게 독점판매권을 부여하면서 자사에서 생산하는 냅킨과 컵 등을 구입하도록 강제하는 것은 불공정거래행위에 해당된다. 우리나라에서는 공정거래위원회가 대학교 기숙사의 입사생들에게 매월 일정 매수 이상의 식권을 의무적으로 구입토록 하는 '식권 끼워 팔기'는 독점규제 및 공정거래에 관한 법률 제23조 제1항 제3호에서 금지하는 거래강제행위에 해당된다고 밝힌 바 있다.

4.3 묶어팔기

묶어팔기(bundling)란 두 가지 이상의 상품을 묶어서 그 묶음을 하나의 가격에 판매하는 것을 말한다.[8] 서로 밀접한 관련을 갖는 상품은 함께 묶어서 판매할 때 이윤이 증가하는 경우가 있다. 햄버거와 콜라의 세트메뉴, 안경점에서 안경렌즈와 안경테를 묶어서 팔거나 컴퓨터의 프린터와 토너를 묶어 파는 경우가 대표적인 예이다. 기업에서 두 가지 이상의 상품을 패키지로 묶어서 판매하는 이유는 무엇일까? 소비자들이 각 상품에 대해 상이한 선호를 갖고 있어서 지불하고자 하는 금액이 서로 다른 경우에는 묶어팔기를 하면 이윤을 증가시킬 수 있다.

〈표 10-1〉 지불할 용의가 있는 금액

구 분	햄버거	콜 라
A	4,000원	1,000원
B	3,000원	1,500원

점심시간에 A와 B가 햄버거와 콜라를 사서 먹으려고 한다. A와 B가 두 상품에 대해 지불할 용의가 있는 금액이 〈표 10-1〉과 같이 주어져 있다고 하자. 햄버거에 대해 A는 B보다 더 높은 가격을 지불할 용의가 있는 반면에 콜라에 대해서는 B가 A보다 더 높은 가격을 지불할 용의가 있다.

햄버거와 콜라를 만드는데 많은 비용이 들지 않아 기업에서는 판매수입을 최대로 하는 것이 이윤을 크게 한다고 가정하자. 햄버거와 콜라를 따로 판매한다면 햄버거는 3,000원, 콜라는 1,000원의 가격을 매겨야 두 상품을 A와 B에게 팔 수 있다. 이 때 기업의 총수입은 8,000원이다. 만일 햄버거 가격을 4,000원, 콜라 가격을 1,500원으로 정하면 A는 콜라를 B는 햄버거를 구매하지 않게 되어 판매수입은 5,500원으로 감소하게 될 것이다. 그러나 4,500원에 햄버거와 콜라를 묶어 판다면 두 사람이 햄버거와 콜라를 함께 구입할 수 있게 된다. 이때 기업의 총수입은 9,000원으로 증가한다. 이와 같이 A는 햄버거에 더 높은 가격을 지불할 용의가 있는 반면에 B는 콜라에 더 높은 가격을 지불할 용의가 있어서 두 사람의 수요 사이에 **음(−)의 상관관계**(correlation)가 존재한다면 기업은 묶어 팔기를 이용하여 이윤을 증대시킬 수 있다. 만일 A는 햄버거 뿐만 아

8) 묶어팔기는 끼워팔기의 한 종류이다.

니라 콜라에 대해서도 더 높은 가격을 지불할 용의가 있다면 묶어팔기가 성공할 수 없는 것은 자명하다.

묶어팔기는 소비자가 지불해야 하는 탐색비용, 거래비용을 절감할 수 있어서 소비자에게도 이득을 줄 수 있다. 그러나 마이크로소프트사가 Windows와 Internet Explorer를 묶어 판매함으로써 경쟁상품인 넷스케이프를 도태시킨 사례에서 볼 수 있는 것처럼 부정적인 측면도 존재한다.

5. 독점의 사회적 비용

5.1 자원배분의 비효율성

먼저 **자원배분의 효율성** 관점에서 완전경쟁시장과 독점시장을 서로 비교하기로 하자. 완전경쟁시장의 수요곡선과 공급곡선이 [그림 10-12]에서와 같이 각각 D와 S로 주어져 있다고 하자. 완전경쟁시장의 단기공급곡선은 개별기업의 한계비용곡선을 수평으로 합하여 구해진 것이다. 이 경쟁시장에서 단기균형은 수요곡선과 공급곡선이 교차하는 E_0점에서 이루어져 Q_c의 생산량이 P_c의 가격으로 거래될 것이다.

만일 이러한 완전경쟁시장이 독점화된다면 가격과 생산량은 어떤 수준으로 결정될까? 이 시장 안의 모든 기업이 통합되어 독점화된다면 시장공급곡선 S가 독점기업의 한계비용곡선이 되고, 시장수요곡선은 독점기업이 직면하는 수요곡선이 된다. 이윤극대화를 추구하는 독점기업은 이러한 수요곡선으로부터 도출되는 한계수입곡선과 한계비용이 일치하는 산출량을 선택할 것이다. [그림 10-12]의 a점에서 $MR=MC$의 관계가 성립하므로 독점기업의 생산량과 판매가격은 각각 Q_m과 P_m으로 결정된다. 이처럼 독점시장에서는 완전경쟁시장보다 생산량이 Q_cQ_m만큼 적으면서 가격은 P_cP_m만큼 높게 결정된다는 점을 알 수 있다.

완전경쟁시장에서 $P=MC$이었던 관계가 완전경쟁시장이 독점화함으로 인하여 $P>MC$의 관계로 바뀌게 됨을 알 수 있다. 상품가격은 소비자들이 평가하는 그 상품의 **사회적 한계편익**(marginal social benefit)을 나타내고, 한계비용

[그림 10-12] 경쟁시장과 독점시장의 자원배분

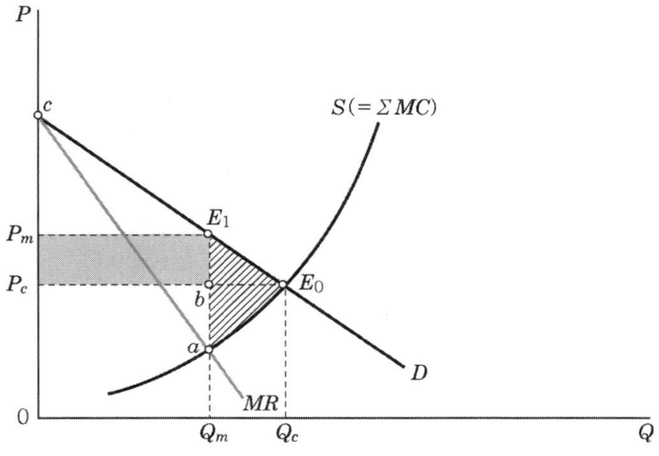

은 그 상품을 생산하는데 소요되는 **사회적 한계비용**(marginal social cost)을 나타낸다. 따라서 $P>MC$이면 자원의 배분은 비효율적일 수밖에 없다. 그 상품의 사회적인 가치인 한계편익이 그것을 생산하는데 드는 사회적인 한계비용보다 크다면, 생산량을 증가시킴으로써 사회적 후생을 증대시킬 수 있기 때문이다.

독점시장의 비효율적 자원배분에 의한 **사회후생의 손실**(social welfare loss)은 그림에서 빗금친 삼각형 aE_1E_0의 면적으로 나타낼 수 있다. 완전경쟁체제가 독점체제로 바뀌어서 생산량이 Q_c에서 Q_m으로 감소하면 상품의 소비로부터 얻는 편익이 감소하게 된다. 이러한 편익의 감소분은 수요곡선 아래쪽의 사다리꼴 $Q_mE_1E_0Q_c$의 면적과 같다. 반면에 생산량이 감소함으로써 줄어드는 비용의 크기는 한계비용곡선 아래쪽의 사다리꼴 $Q_maE_0Q_c$에 해당하는 면적이다. 따라서 이 둘 사이의 차이, 즉 편익이 비용을 초과하는 부분을 나타내는 빗금친 삼각형 aE_1E_0의 면적이 생산량 감소에 의한 사회후생의 감소 크기를 나타낸다. 우리는 독점시장에서 발생하는 사회후생의 손실 크기를 나타내는 이 삼각형을 **후생삼각형**(welfare triangle)이라고 한다. 지금까지의 논의를 종합해 보면 완전경쟁시장이 독점시장으로 바뀔 때 발생하는 사회적 순손실은 소비자잉여의 감소분($\triangle bE_1E_0$)과 생산자잉여의 감소분($\triangle abE_0$)을 합친 것으로 **자중손실**(deadweight loss)이라고도 부른다.

독점시장에서 자원배분이 비효율적이라는 지금까지의 논의는 완전경쟁시장과 독점기업의 비용조건이 동일하다는 전제하에서 이루어졌다. 만일 독점기업이 연구개발(R&D)에 매우 적극적이고 그로 인해 기업의 비용곡선이 아래로 이동한다면 독점시장이 완전경쟁시장보다 비효율적이라는 주장은 설득력을 잃게 된다는 점은 분명히 인식하고 있어야 한다.

완전경쟁시장이 독점시장으로 바뀜에 따라 발생하는 사회적 순손실은 소비자잉여와 생산자잉여의 감소분을 합친 것으로 이것을 **자중손실**(deadweight loss)이라고 한다.

5.2 소득분배의 불공평성

독점시장이 바람직하지 못한 또 다른 이유는 그것이 소득분배 상태를 더욱 불공평하게 할 수 있기 때문이다. [그림 10-12]에서 사각형 $P_cP_mE_1b$의 면적은 완전경쟁시장이라면 소비자에게 돌아가야 할 소비자잉여가 독점기업의 수입으로 전환되는 부분을 나타내고 있다. 완전경쟁시장이라면 소비자잉여의 크기는 삼각형 P_ccE_0에 해당하지만, 이 시장이 독점화됨으로써 소비자잉여는 삼각형 P_mcE_1의 면적에 해당하는 크기로 줄어들었다. 결국 독점화로 인해 소비자잉여가 사다리꼴 $P_cP_mE_1E_0$의 면적만큼 줄어든 것이다. 이 사다리꼴에서 사각형 $P_cP_mE_1b$는 소비자 잉여가 독점기업의 수입으로 바뀐 부분에 해당한다.

물론 독점기업을 소유한 사람과 독점기업이 생산하는 상품을 소비하는 소비자들 사이에 소득이 어떻게 분배되어야 한다는 객관적 기준이 있는 것은 아니다. 다만 독점기업은 그 규모가 큰 것이 대부분인데 독점기업이 소수 몇 사람의 소유로 되어 있다면 부의 편중을 심화시키는 결과를 가져올 수 있다. 독점과 소득분배에 관한 실증적인 연구의 결과에 의하면 독점이윤과 부의 축적과는 밀접한 관련이 있는 것으로 알려져 있다.

5.3 그 밖의 사회적 비용

독점기업은 경쟁상대가 없기 때문에 기술혁신(innovation)과 경영혁신에 소극적일 수 있다.[9] 기업이 경쟁체제에서 살아남으려면 지속적인 기술혁신과 경영혁신으로 대처해야 하지만 독점기업은 진입장벽으로 인하여 이러한 압력으로부터 비교적 자유로울 수 있다. 따라서 독점기업은 기술과 경영혁신에 비용을 지출하기보다는 독점적 지위를 계속 유지하기 위한 **진입장벽의 구축**에 상당한 비용을 지출한다는 지적이 있다.

이외에도 독점기업에서는 **라이벤슈타인**(H. Leibenstein)이 지적하는 것처럼 독점기업 내부의 비효율적 요인들로 인하여 X-**효율성**(X-efficiency)이 떨어지는 경향이 있다. X-효율성이란 자원배분의 효율성과는 다르게 눈에 잘 보이지 않는 측면에서의 효율성을 의미한다. 독점기업의 경우에는 경쟁의 압력이 없기 때문에 경영자나 노동자들이 열심히 일할 동기를 갖지 못할 수 있다. 따라서 독점기업에서 발생하는 이러한 X-**비효율성**(X-inefficiency)까지 고려한다면 독점기업의 비효율성은 앞에서 본 후생삼각형의 면적보다 커질 수 있다.

이상에서 살펴본 여러 가지 독점의 사회적 비용으로 인하여 각국에서는 독점에 대한 규제의 필요성을 인식하여 각종 규제조치를 취하고 있으며 우리나라도 독과점기업을 규제하는 제도적 장치를 마련하고 있다.

6. 독점기업의 규제

독점시장에서는 자원이 비효율적으로 배분된다는 사실로 인하여 각국에서는 나름대로 독점기업을 규제하고 있다. 우리나라에서는 1980년에 제정·공포된 '독점규제 및 공정거래에 관한 법률'을 근거로 독점기업을 규제하고 있으며, 이 법의 위반행위는 공정거래위원회의 직권에 의한 조사와 일반인의 신고에 의해

9) 이와는 반대로 독점기업이 기술혁신에 더욱 적극적이라는 주장도 있다. 슘페터(J. Schumpeter)에 의하면 초과이윤을 얻는 독점기업만이 불확실한 미래를 위해서 연구개발에 투자할 수 있다.

적발된다. 독점기업에 대한 규제의 핵심은 기업합병 등을 통해 시장구조가 독점화 되는 것을 사전에 방지하고 불가피하게 독점화된 시장에 대해서는 독점적 시장행동을 통제하는 것이다. 아래에서는 독점시장을 규제하는 여러 방법을 소개하기로 한다.

6.1 가격에 대한 규제

(1) 가격규제

독점화된 시장을 통제하기 위하여 일반적으로 활용하고 있는 정책으로 **가격규제**(price regulation)를 들 수 있다. **가격상한제**(price ceiling)는 가장 대표적인 가격규제 방식이다. 우리나라에서는 독점사업자로 분류된 기업의 상품에 대해서 일단 가격상한을 정해주고 이후에 원자재 가격, 임금 등이 어느 수준 이상으로 변동하면 그것을 가격상한에 반영하는 방식을 채택하고 있다. 가격상한제는 가격상한을 어느 수준으로 결정하느냐에 따라 한계비용 가격설정과 평균비용 가격설정 방식으로 구분된다.

한계비용 가격설정(marginal cost pricing) 방식은 상품가격(P)을 한계비용(MC)과 같도록 가격상한을 설정함으로써 독점기업으로 하여금 완전경쟁시장과 동일한 수준의 가격과 산출량을 선택하도록 유도하는 것이다. 완전경쟁시장에서 자원배분이 효율적인 것은 이 시장에서 $P=MC$가 성립하기 때문이다. 따라서 이 조건이 충족되도록 가격을 규제한다면 [그림 10-12]에서 보는 것처럼 독점기업이라고 하더라도 효율적인 자원배분이 가능해진다.[10)]

이러한 한계비용 가격설정이 이론적으로는 간단하지만 현실적으로 정책을 집행하기에는 다소 어려움이 따른다. 가격상한을 제대로 설정해 주기 위해서는 정부가 독점기업의 한계비용을 정확하게 파악해야 한다. 그러나 한 기업의 비용구조를 정부가 정확하게 파악하기는 매우 어렵다. 어떤 기업도 비용에 관한 정보를 정확하게 외부에 노출시키려고 하지 않을 것이기 때문이다. 따라서 기업이 제공한 비용에 대한 정보를 이용하여 정부가 가격상한을 설정한다면 가격규제의 효과가 엉뚱한 방향으로 나타날 수 있다.

---

10) [그림 10-12]에서 독점기업에게 가격상한을 P_c로 설정해 주면 $P_c=MC$가 된다.

[그림 10-13] 자연독점의 가격규제

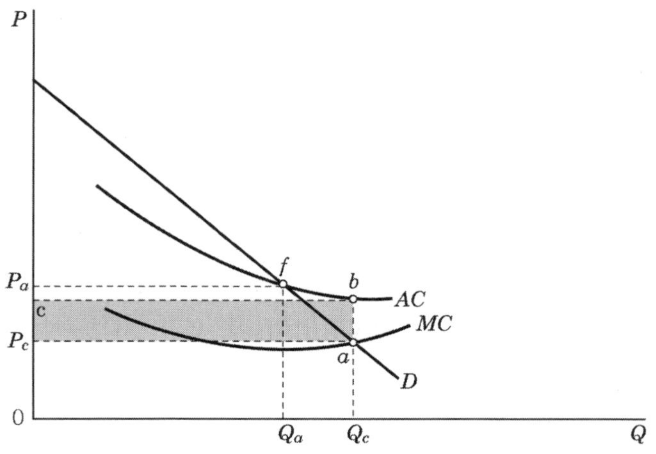

또한 **자연독점**(natural monopoly)의 경우에는 한계비용 가격설정 방식을 적용할 수 없는 문제점도 있다. 자연독점의 경우에는 [그림 10-13]에서 보는 것처럼 시장수요를 충족하는 생산량수준에서도 평균비용이 계속해서 하락하게 된다. 이러한 상황에서 $P=MC$가 되도록 가격을 규제한다면 상품가격이 평균비용보다 낮아서 사각형 $P_c cba$ 면적의 크기만큼 손실을 보게 된다. 이처럼 자연독점이 나타나는 상황에서 가격을 한계비용과 일치하도록 규제한다면 이 기업은 생산활동을 계속할 수 없다.

자연독점의 경우에는 가격상한을 평균비용(AC)과 같아지도록 설정하는 **평균비용 가격설정**(average cost pricing) 방식을 이용할 수 있다. 그림에서와 같이 평균비용과 수요곡선이 교차하는 f점에 해당하는 가격 P_a를 가격상한으로 설정하면 독점기업은 손실을 입지 않게 된다. 이러한 평균비용 가격설정 방식은 자원배분의 측면에서 한계비용 가격설정 방식만큼 효율적이지는 못하지만 독점기업이 손실을 보지 않으면서 가능한 가장 낮은 가격으로 생산하도록 유도할 수 있는 장점이 있다.

[연습문제 10.7]

> 어떤 독점기업의 한계비용함수는 $MC=60+4Q$이고, 이 기업이 직면하는 시장수요함수는 $Q_D=300-2P$이다. 정부가 이 기업을 규제하기 위해 한계비용가격설정 방식을 활용하려고 한다면 가격상한을 어느 수준에서 설정해야 하는가?

(2) 이중가격설정

앞에서 살펴본 평균비용가격설정 방식에 의한 가격규제는 효율적 자원배분 측면에서 분명한 한계가 있다. 자연독점기업에게 손실을 입히지 않으면서 완전경쟁시장의 생산수준을 달성하는 방법은 없을까? 만일 독점기업이 소비자들에 따라 두 가지 가격을 설정할 수 있다면 효율적 자원배분이 가능한 수준까지 생산량을 늘릴 수 있다. 물론 이러한 **이중가격설정**(two-tier pricing) 방식을 취하더라도 상품가격을 한계비용과 일치시킴으로써 입게 되는 손실을 다른 소비자들에게 높은 가격을 매겨 상쇄시켜야만 한다.

[그림 10-14]에서 나타나 있는 것처럼 OQ_1의 구간에서는 P_1으로 설정하고, Q_1Q_c의 구간에서는 P_c로 설정한다면 독점기업이 손실을 입지 않으면서 한계비용과 가격이 일치하는 수준까지 생산량을 늘릴 수 있다. OQ_1의 구간에서 가격

[그림 10-14] 이중가격설정

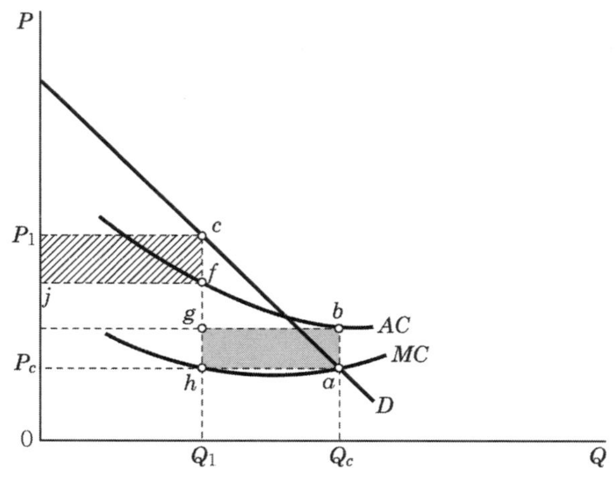

을 P_1으로 설정하여 얻게 되는 초과이윤(빗금으로 표시한 면적)이 Q_1Q_c의 구간에서 한계비용과 일치하는 가격을 설정함으로써 입게 되는 손실(음영으로 표시한 면적)을 상쇄할 수 있다면 장기적으로 독점기업의 존립이 가능해진다. 이와 같이 동일한 상품에 대해 수요자에 따라 두 가지 가격을 설정하는 이중가격설정은 **가격차별**의 일종이다.

이중가격설정을 통하여 생산량을 Q_c까지 증가시킴으로써 자원배분의 효율성이 달성된다. 그러나 현실적으로 누구에게 높은 가격을 부과하며, 누구에게 낮은 가격을 부과할 것인지를 파악하기가 쉽지 않다. 또한 일부 소비자들에게 상대적으로 높은 가격을 부담시킴으로써 나타날 수 있는 공평성(equity)의 문제도 제기될 수 있다.

6.2 조세에 의한 규제

(1) 물품세 부과

물품세(excise tax)는 상품 한 단위당 일정액의 세금을 부과하는 **종량세**(per unit tax)이다. 정부가 독점기업을 규제하는 수단으로 상품 단위당 t원씩 물품세를 부과할 수 있다. 이 때 독점기업의 이윤함수는 다음과 같다.

(10. 10) $\Pi = TR(Q) - TC(Q) - tQ$

여기서 t는 판매량(Q)을 기준으로 단위당 부과되는 조세액이다. 이 식에서 이윤 Π를 극대화하는 제1계 조건은 다음과 같이 나타낸다.

(10. 11) $\dfrac{d\Pi}{dQ} = \dfrac{dTR}{dQ} - \dfrac{dTC}{dQ} - t = MR - MC - t = 0$

식 (10. 11)은 $MR = MC + t$인 조건이 충족되어야 물품세 부과 이후에 독점이윤이 극대화된다는 것을 의미한다. 이러한 조건은 물품세 부과 이전의 이윤극대화 조건($MR = MC$)과 분명한 차이가 있다. 물품세를 부과함으로써 한계비용이 t만큼 인상되기 때문에 독점기업의 생산량이 줄어들게 되고, 결과적으로 자

[그림 10-15] 물품세 부과

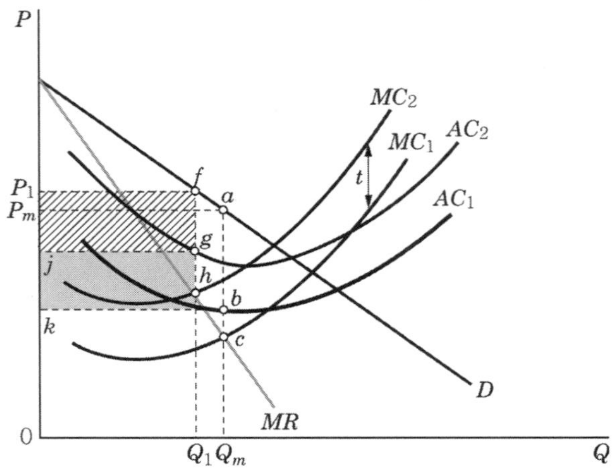

원배분의 효율성은 감소하게 된다. 반면에 정부의 조세수입이 증가함으로써 소득분배의 불평등은 개선될 여지가 있다.

[그림 10-15]에서 보는 것처럼 물품세가 부과되기 이전에 독점기업은 $MR=MC_1$가 충족되는 c점을 기준으로 Q_m을 생산하여 P_m을 받고 판매함으로써 사각형 kP_mab에 해당하는 이윤을 얻고 있다. 이러한 상황에서 정부가 독점기업에게 물품세를 부과하면 어떤 결과가 나타날 것인가? 상품 한 단위당 일정액(t원)의 물품세가 부과되면 한계비용곡선이 t만큼 위로 이동하게 된다. 그림에서 한계비용곡선이 MC_1에서 MC_2로 이동하는 것으로 나타나 있다. 따라서 독점기업은 $MR=MC_2$가 성립하는 Q_1을 생산하여 P_1을 받고 판매함으로써 사각형 jP_1fg에 해당하는 이윤을 얻게 된다.

이와 같이 물품세 부과로 인하여 기업의 생산량이 Q_m에서 Q_1으로 감소하였다. 물품세 부과에 의한 독점기업에 대한 규제는 자원배분의 효율성을 더욱 악화시켰다고 볼 수 있다. 그러나 독점이윤은 사각형 kP_mab에서 사각형 jP_1fg로 줄어들어 소득분배의 불평등은 다소 개선되었다고 할 수 있다. 물품세와 같은 종량세는 독점기업의 이윤 크기를 감소시키지만 자원을 더욱 비효율적으로 배분시키기 때문에 이후에 설명하는 정액세나 이윤세보다 덜 바람직한 것으로 판단할 수 있다.

(2) 종가세 부과

상품의 가격을 기준으로 일정비율의 세율(τ)을 적용하는 **종가세**(ad valorem duty)를 도입하여 독점기업을 규제할 수 있다. 우리나라의 부가가치세는 대표적인 종가세이다. 종가세를 부과하면 상품가격의 일정 비율만큼 세금($\tau P(Q)$)으로 내야 하기 때문에 판매수입의 일정비율($\tau P(Q) \times Q$)을 부담하게 된다. 따라서 종가세 부과 이후의 이윤함수는 다음과 같이 나타낼 수 있다.

$$(10.\ 12)\quad \Pi = TR(Q) - TC(Q) - \tau TR(Q)$$

여기서 τ는 종가세의 세율이며, $0<\tau<1$이다. 식 (10. 12)에서 이윤 Π를 극대화하는 제1계 조건은 다음과 같이 나타낼 수 있다.

$$(10.\ 13)\quad \frac{d\Pi}{dQ} = \frac{dTR}{dQ} - \frac{dTC}{dQ} - \tau\left(\frac{dTR}{dQ}\right) = MR - MC - \tau MR = 0$$

식 (10. 13)은 $(1-\tau)MR = MC$인 조건이 충족되어야 종가세 부과 이후에 독점이윤이 극대화된다는 것을 의미한다.

[그림 10-16]에서 종가세 부과 이전의 수요곡선과 한계수입곡선이 각각 D_1과 MR_1으로 주어져 있다. 독점기업은 $MR_1 = MC$가 충족되는 e_1점을 기준으로 생산량과 가격을 각각 Q_1과 P_1으로 결정하여 사각형 fP_1bc에 해당하는 이윤을 얻는다. 만일 종가세를 부과하면 수요곡선과 한계수입곡선이 각각 D_2와 MR_2로 이동한다. $0<\tau<1$이므로 수요곡선은 n점을 기준으로 시계의 반대방향으로 회전하고, 한계수입곡선은 m점을 기준으로 시계의 반대방향으로 회전하게 되는 것이다. 따라서 독점기업은 $MR_2 = MC$가 충족되는 e_2점을 기준으로 생산량과 가격을 결정하게 된다. 종가세 부과 이전보다 상품가격은 P_2로 인상되고 생산량은 Q_2로 감소하였다.

이와 같이 종가세 부과를 통한 독점기업의 규제는 종량세의 경우와 마찬가지로 자원배분의 비효율성을 더욱 증대시킨다고 볼 수 있다. 그러나 독점이윤은

[그림 10-16] 종가세 부과

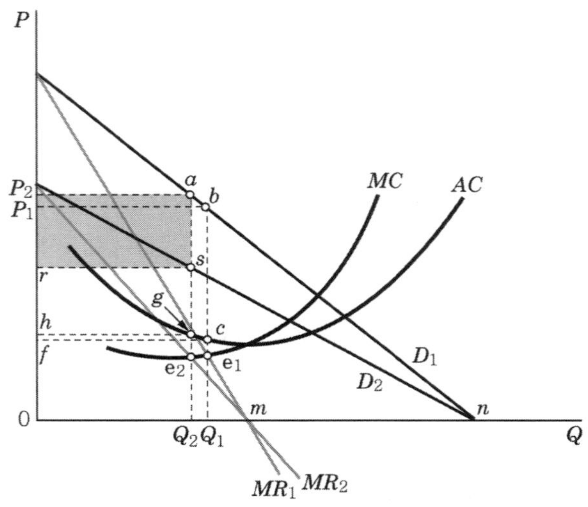

사각형 fP_1bc에서 사각형 $hrsg$로 줄어들어[11] 소득분배의 불평등은 다소 개선되었다고 할 수 있다.

(3) 정액세 부과

정부가 영업허가세와 같은 **정액세**(lump-sum tax)를 부과함으로써 독점기업을 규제할 수 있다. 정액세는 생산량이나 판매액의 크기와 관계없이 일정 규모의 금액을 부과하는 조세이다. 정부가 독점기업에게 T만큼의 영업허가세를 부과하면 독점기업의 이윤함수는 다음과 같이 나타낼 수 있다.

$$(10.\ 14) \quad \Pi = TR(Q) - TC(Q) - T$$

여기서 영업허가세인 T는 생산량 수준과 관계없이 일정한 상수인 정액세이다. 이 식에서 이윤(Π)을 극대화하는 제1계 조건은 다음과 같다.

11) 사각형 rP_2as에 해당하는 면적은 정부가 종가세를 부과함으로써 얻게 되는 조세수입의 크기를 나타내고 있다.

[그림 10-17] 정액세 부과

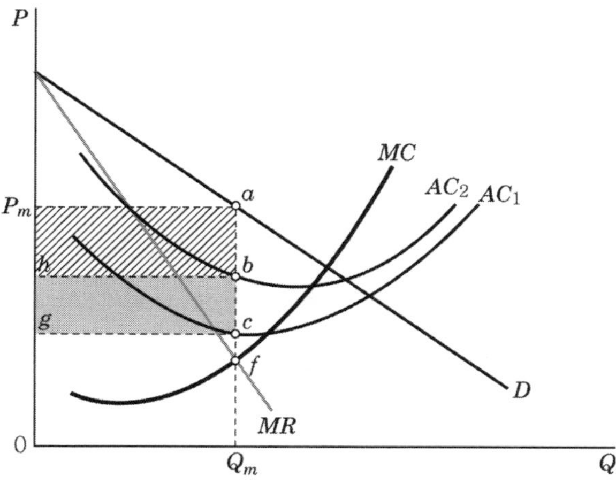

(10. 15) $$\frac{d\Pi}{dQ} = \frac{dTR}{dQ} - \frac{dTC}{dQ} = MR - MC = 0$$

식 (10. 15)는 영업허가세 부과 이전의 이윤극대화 조건($MR = MC$)과 다를 바 없다. 이처럼 영업허가세 부과는 생산량과 가격에 아무런 영향을 주지 않는다. 결과적으로 영업허가세 부과를 통한 독점기업의 규제는 자원배분에 전혀 영향을 미치지 못하고 단지 소득을 재분배시키는 효과만 있다. 독점기업의 이윤만 T만큼 감소하고 정부의 조세수입이 그만큼 증가하게 된다.

영업허가세 부과를 통한 독점기업의 규제효과를 그림을 이용하여 설명할 수 있다. [그림 10-17]에서 영업허가세가 부과되기 이전에 독점기업은 $MR = MC$가 충족되는 Q_m을 생산하여 P_m을 받고 판매함으로써 사각형 gP_mac에 해당하는 초과이윤을 얻고 있다. 정부가 독점기업에게 T만큼의 영업허가세가 부과되면 생산비가 그만큼 증가하기 때문에 평균비용이 $T/Q_m(=bc)$만큼 상승하게 된다. 그림에서 평균비용곡선이 AC_1에서 AC_2로 이동하는 것으로 나타나 있다. 그러나 한계비용에는 아무런 변화가 없다. 영업허가세는 생산량의 크기와 관계없이 부과되므로 고정비용이 그 만큼 늘어나는 것과 같기 때문이다. 이처럼 영업허가세가 부과되더라도 MC가 그대로 유지되므로 생산량이나 가격에 아무런 영향을 미칠 수 없고 이윤의 크기만 사각형 $ghbc$ 면적만큼 감소시키게 된다.

이상에서 살펴본 바와 같이 영업허가세와 같은 정액세는 독점기업의 이윤의 크기만 감소시킬 뿐 가격이나 생산량에는 아무런 영향을 미치지 않는다는 것을 알 수 있다.

(4) 이윤세 부과

독점기업을 규제하기 위해 독점이윤에 대해 일정한 비율로 부과하는 이윤세를 활용할 수도 있다. 법인의 이윤에 대해 부과하는 법인세는 대표적인 이윤세이다. 독점기업의 이윤에 대해 일정률(k)의 조세를 부과하면 독점기업의 이윤함수는 다음과 같이 나타낼 수 있다.

$$(10.\ 16)\quad \begin{aligned} \Pi &= TR(Q) - TC(Q) - k[TR(Q) - TC(Q)] \\ &= (1-k)[TR(Q) - TC(Q)] \end{aligned}$$

여기서 k는 이윤세율이며, $0<k<1$이다. 이 식을 극대화하는 제1계 조건은 다음과 같다.

$$(10.\ 17)\quad \frac{d\Pi}{dQ} = (1-k)\left(\frac{dTR}{dQ} - \frac{dTC}{dQ}\right) = (1-k)(MR - MC) = 0$$

여기서 $1-k \neq 0$이기 때문에 식 (10. 17)은 바로 $MR=MC$인 조건이 충족될 때 독점이윤이 극대화된다는 것을 의미한다. 이것은 이윤세 부과 이전의 이윤극대화 조건 $MR=MC$와 정확하게 일치하는 것이다. 독점이윤에 대해 일정 비율을 세금으로 부과하는 이윤세가 생산비용에 아무런 영향을 주지 않기 때문에 나타난 결과이다.

이처럼 이윤세는 독점기업의 이윤 크기만 감소시킬 뿐 가격이나 생산량에는 아무런 영향을 미치지 못한다는 것을 알 수 있다. 앞에서 본 종량세와 종가세는 자원배분의 효율성의 문제를 더욱 악화시키는데 비해 이윤세는 생산량에 아무런 영향을 주지 않아 정액세와 더불어 상대적으로 바람직한 규제방식으로 평가될 수 있다.

[연습문제 10.8]

독점기업의 수요함수가 $P=180-2Q$이며, 비용함수는 $C=Q^2+50$로 주어져 있다. (i) 이윤을 극대화하는 생산량 수준은? (ii) 상품 한 단위당 30원씩 물품세를 부과했을 때의 생산량 수준은? (iii) 10%의 이윤세를 부과했을 때의 생산량 수준은? (iv) 사회 전체의 후생을 극대화시키는 생산량 수준은 얼마인가?

6.3 공기업화

독과점규제의 또 다른 방법은 전기, 철도 등과 같은 자연독점산업을 **공기업**(public enterprise)화하는 것이다. 전기, 철도 등은 대규모의 설비투자비용이 소요되는 산업이다. 그러나 일단 설비를 갖추고 나면 그 이후에 추가로 드는 생산비용은 상대적으로 아주 미미하다. 따라서 이러한 경우는 생산량이 늘어날수록 생산단가인 평균비용이 감소하기 때문에 자연스럽게 단일기업에 의해 독점화된다. 이와 같은 **자연독점**(natural monopoly)은 대규모의 설비투자가 선행되는 산업에서 자연스럽게 나타나는 현상이므로 자원의 절약을 위해서 독점으로 유지할 필요성도 있다. 대부분의 국가에서는 자연독점의 가능성이 있는 산업들을 공기업화하여 운영하면서 가격책정에 대해서는 철저하게 규제하는 정책을 취하고 있다.

공기업도 근본적으로는 비효율성의 문제를 안고 있기 때문에 공기업화에 대한 비판이 제기되기도 한다. 1970년대 말 이후 영국의 **대처**(Thatcher)정부와 미국의 **레이건**(Reagan)정부에서는 공기업을 민영화하는 시도가 있었으며 이후에도 이러한 추세가 세계 각국으로 확산되기도 하였다.

6.4 경쟁체제 도입

독점산업에 경쟁체제를 도입함으로써 독점의 비효율성을 줄이는 방법을 생각해 볼 수 있다. 물론 규모의 경제에 의해 발생하는 자연독점의 경우에는 이것이 쉽지 않다. 자연독점의 경우에는 기술적인 이유로 인하여 경쟁체제 도입이 원천적으로 불가능하기 때문이다. 그러나 규모의 경제가 현저하게 나타나는 전기, 전화 그리고 철도 등과 같은 독점산업을 몇 가지 독립된 사업 분야로 구분하여 그 중 일부 사업부문에 대해 경쟁체제를 도입하는 정책을 실시할 수도 있다.

우리나라 전기산업의 경우 송전사업부문을 제외하고 어느 정도의 경쟁이 가능한 발전사업 부문에 대하여 경쟁체제를 도입하려는 사례가 대표적인 경우이다. 소규모의 화력발전소와 열병합발전소는 어느 정도 경쟁력을 가질 수 있기 때문에 발전사업부문에서는 경쟁체제의 도입이 가능할 것이다.

연습문제 풀이

[연습문제 10.1]
기업의 총수입은 수요의 가격탄력성이 1일 때 극대가 된다. 수요함수가 $P=100-2Q$이므로 수요함수의 중간 지점에서 상품가격은 50이다. $P=50$을 수요함수에 대입하면 $Q=25$이다. 혹은 $TR=PQ=(100-2Q)Q=100Q-2Q^2$가 된다. $\eta_p=1$, 즉 $MR=0$일 때 수입이 극대화되므로 $MR=100-4Q=0$, $Q=25$이다.

[연습문제 10.2]
각 공장의 한계비용은 $MC_1=10+20Q_1$과 $MC_2=5+30Q_2$이다. 독점기업의 한계비용함수를 구하기 위해서는 각 공장의 한계비용곡선을 Q에 대해서 수평으로 합해야 한다. 각 공장의 한계비용을 Q의 함수로 나타내면 $Q_1=-1/2+(1/20)MC_1$, $Q_2=-1/6+(1/30)MC_2$가 된다. 한편, Q_1과 Q_2를 수평으로 합하면 $Q_1+Q_2=Q=-4/6+(1/12)$인 MC가 독점기업의 한계비용함수가 된다. 이를 다시 정리하면 $MC=8+12Q$이다. 이제는 $MR=MC$는 의 관계를 이용하여 이윤극대화를 달성하는 생산량과 가격을 구할 수 있다. 총수입이 $TR=PQ=(200-2Q)Q=200Q-2Q^2$이므로 $MR=MC$는 $200-4Q=8+12Q$가 된다. 이로부터 이윤극대화를 달성하는 생산량 $Q_0=12$를 구할 수 있다. 이 생산량을 수요함수에 대입하면 $P_0=176$이다. $Q_0=12$를 생산할 때 독점기업의 한계비용은 $MC=8+12(12)=152$가 된다. 두 개의 공장을 운영할 때 이윤극대화 조건이 $MR=MC=MC_1=MC_2$이므로, 두 공장에 할당되는 생산량은 $MC=152$를 각 공장의 한계비용함수에 대입하여 구하면 된다. $Q_1=-1/2+(1/20)152=7.1$, $Q_2=-1/6+(1/30)152=4.9$이다. 따라서 총생산량 12개 중에서 제1공장은 7.1개, 제2공장에서는 4.9개를 생산해야 한다.

[연습문제 10.3]
본문 내용 참고할 것.

[연습문제 10.4]
(ⅰ) 수요함수를 다시 정리하면 $P=80-Q$이므로 $MR=80-2Q$이고, $MC=10$이다. 가격차별을 시행하지 않는 경우에 $MR=MC$의 조건이 충족되면 $80-2Q=10$, 즉 $Q_0=35$이다. 이를 수요함수에 대입하면 $P_0=45$이다. 따라서 총수입 $TR=45$

$\times 35 = 1,575$이고, $TC = 10 \times 35 = 350$이므로 생산자잉여(=총수입−총가변비용)는 1,225이다. (ⅱ) 제1급 가격차별의 경우 생산자잉여는 $(70 \times 70)/2 = 2,450$이다.

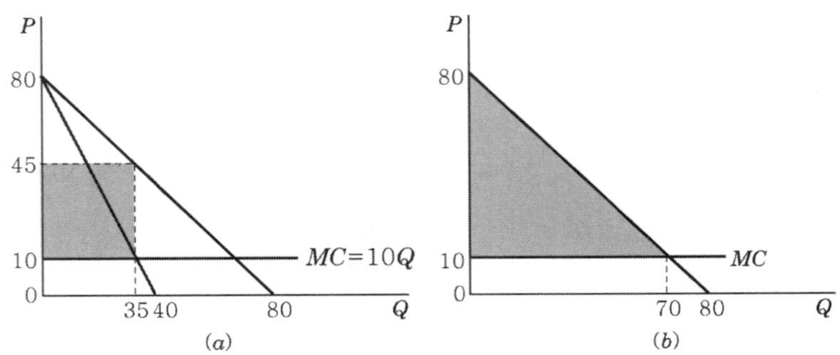

[연습문제 10.5]

(ⅰ) 독점기업의 가격차별을 실시할 때 이윤의 크기는 $\Pi = TR(Q_A) + TR(Q_B) - TC(Q)$이다. $TR(Q_A) = P_A \cdot Q_A = 50Q_A - 5Q_A^2$, $TR(Q_B) = P_B \cdot Q_B = 30Q_B - 2Q_B^2$이므로 $MR_A = 50 - 10Q_A$, $MR_B = 30 - 4Q_B$이고, 또한 $MC = 10$이다. 따라서 이를 이윤극대화의 제1계 MR_B조건 $MR_A = MR_B = MC$에 의하면 $Q_A = 4$, $P_A = 30$이고, $Q_B = 5$, $P_B = 20$이다. 이를 이윤식에 대입하면 $\Pi = 124$가 된다. (ⅱ) 각 시장의 수요함수를 정리하여 $dQ/dP = -1/5$, $-1/2$를 구하고, 앞에서 구한 각 시장의 산출량과 가격을 가격탄력성 식($dQ/dP \times P/Q$)에 대입하면 A시장의 가격탄력성은 3/2, B시장의 가격탄력성은 2가 된다. 즉, A시장에 비해 B시장이 가격에 더 민감하게 반응하게 된다. 이는 수요함수식에서 A시장 기울기(-5)보다 B시장 기울기(-2)가 더 완만한 것으로 알 수 있다. B시장 수요자들이 가격에 더 민감하므로 이 기업은 B시장 소비자에게는 낮은 가격, A시장 소비자에게는 높은 가격을 부과해 이윤을 극대화할 수 있다.

[연습문제 10.6]

(ⅰ) 수요함수를 다시 정리하면 $P = 80 - Q$이므로 $MR = 80 - 2Q$이다. 그리고 $MC = 10$이다. 가격차별을 시행하지 않는 경우에 $MR = MC$의 조건이 충족되면 $80 - 2Q = 10$, 즉 $Q_0 = 35$이다. 이를 수요함수에 대입하면 $P_0 = 45$원이다. 따라서 총수입 $TR = 45 \times 35 = 1,575$원이고, $TC = 10 \times 35 = 350$원이므로 이윤(=총수입−총비용)의 크기는 1,225원이다. (ⅱ) 이부가격설정 방식을 적용할 때 놀이동산의 입장료 수입은 $(70 \times 70)/2 = 2,450$원이다. 따라서 1인당 입장료는 98원(2,450/25), 시설사용료는 한계비용, 즉 10원으로 매기면 이윤극대화를 달성하게 된다.

[연습문제 10.7]

가격상한은 $P=MC$가 성립하는 수준에서 결정되어야 한다. $150-0.5Q=60+4Q$의 관계를 만족하는 생산량은 $Q_0=20$가 된다. 이를 수요함수에 대입하면 $P_0=140$이 된다. 즉, 가격상한을 140원으로 설정하면 완전경쟁시장에서와 똑같은 시장성과를 얻을 수 있다.

[연습문제 10.8]

(i) 독점기업의 이윤은 $\Pi=PQ-TC=180Q-2Q^2-(Q^2+50)=-50+180Q-3Q^2$이다. 이윤극대화 조건은 $\partial\Pi/\partial Q=180-6Q=0$이므로 $Q_0=30$이다. (ii) 상품 한 단위당 30원의 물품세를 부과하면(30Q) 독점기업의 이윤은 $\Pi=PQ-TC=180Q-2Q^2-(Q^2+50+30Q)=-50+150Q-3Q^2$이고, $\partial\Pi/\partial Q=150-6Q=0$이므로 $Q_1=25$이다. (iii) 10%의 이윤세를 부과하면 $\Pi=(1-0.1)[180Q-2Q^2-(Q^2+50)]=(1-0.1)(-50+180Q-3Q^2)$가 되고, $\partial\Pi/\partial Q=(1-0.1)(180-6Q)=0$이므로 $Q_2=30$이다. 종량세인 물품세는 자원배분의 효율성의 문제를 악화시키는데 비해 이윤세는 생산량에 아무런 영향을 주지 않아 상대적으로 바람직한 규제방식으로 평가할 수 있다. (iv) 완전경쟁 수준의 생산량을 유지하면 사회 전체의 후생을 극대화시킬 수 있다. 따라서 $P=MC$, 즉 $180-2Q=2Q$인 생산량 수준은 $Q_3=45$이다.

제11장 독점적 경쟁시장

1. 독점적 경쟁시장의 특성
2. 독점적 경쟁시장의 균형
3. 독점적 경쟁시장에 대한 평가

독점적 경쟁시장이란 문자 그대로 독점적 요소와 경쟁적 요소가 함께 내재되어 있는 시장조직을 말한다. 독점적 경쟁시장에 참여하는 각 기업들이 조금씩 차별화된 상품을 생산한다는 점에서 보면 독점시장에 가깝다. 그러나 이 시장에 무수히 많은 기업이 있고, 이들의 진입과 이탈이 자유롭다는 점에서 본다면 완전경쟁시장과도 흡사하다. 우리 주변에서 볼 수 있는 무수히 많은 식당과 미용실 등은 독점적 경쟁기업의 대표적인 예이다. 이들의 특징은 각자가 유사한 서비스를 생산하지만 나름대로 독점력을 확보하고 있다는 점이다. 본 장에서는 독점적 경쟁시장에서 대표적인 한 기업이 가격과 판매량을 어떻게 결정하며 장기적으로 어떤 균형 상태에 도달하는지를 분석한다.

1. 독점적 경쟁시장의 특성

1.1 독점적 경쟁의 의미

앞의 제9장과 제10장에서 양 극단적인 시장형태인 완전경쟁시장과 독점시장에 대하여 각각 살펴보았다. 본 장에서는 이 두 시장의 중간 형태인 독점적 경쟁시장의 성격에 대해서 살펴보기로 한다. **독점적 경쟁시장**(monopolistic competition market)이란 독점적인 요소와 경쟁적인 요소를 함께 지니고 있는 시장조직을 말한다. 여기에서 의미하는 독점적인 요소란 이 시장에 참여하는 개별기업들이 **차별화된 상품**(differentiated products)을 생산하고 있어서 각 기업은 일부 소비자들에 대해서 어느 정도의 독점력을 행사할 수 있다는 것을 의미한다. 독점적 경쟁시장의 이러한 특성으로 인하여 '독점적 경쟁산업'이라는 개념 자체에 문제가 있다는 지적이 있다. 우리가 '산업'을 정의할 때는 **동질적인 상품**(homogeneous goods)을 생산하는 기업들의 집합을 의미한다. 그런데 독점적 경쟁시장에서는 개별기업들이 모두 조금씩 다른 상품(heterogeneous goods)을 생산하고 있기 때문에 산업의 개념을 엄밀하게 적용하는데 문제가 있을 수 있다. 그래서 산업이라는 용어 대신에 **'상품집단'**(product group)이라는 용어가 적절하다는 주장이 설득력을 얻고 있다.

한편, 독점적 경쟁시장이 경쟁적인 요소를 지니고 있다는 것은 경쟁관계에 있는 다수의 생산자가 서로 밀접한 대체재를 생산하고 있다는 것과, 이 산업으로의 진입과 이탈이 자유롭다는 것을 의미한다. 따라서 어떤 기업이 생산하는 상품의 가격이 상승하면 소비자들은 다른 기업이 생산하는 상품으로 쉽게 대체할 가능성이 있으며, 장기에서는 초과이윤의 존재 여부에 따라서 기업들이 자유롭게 그 시장으로 진입하거나 이탈할 수 있다.

우리가 흔히 볼 수 있는 식당, 미용실 등이 독점적 경쟁시장의 성격에 비교적 부합된다. 우리 주위에는 수없이 많은 식당들이 있지만, 각 식당들은 나름대로 음식 맛의 차별화를 알리면서 각자 고객들을 확보하고 있다. 이렇게 볼 때 각각의 식당들은 경쟁적인 요소와 독점적인 요소를 함께 지니고 있다고 볼 수 있다. 그런데 많은 식당 중에서도 맛이 좋기로 소문이 나서 손님이 찾아와 줄을 서서 기다리는 곳이 있다. 이 식당은 주위의 다른 식당들과는 경쟁이 되지 않기 때문에 거의 독점에 근접한 것으로 보아야 한다는 점에서 구분되어져야 한다.

1.2 독점적 경쟁시장 모형의 기본가정

챔벌린(E. Chamberlin)과 **로빈슨**(J. Robinson)에 의해 체계화된 독점적 경쟁 시장은 다음과 같은 기본가정을 전제로 하고 있다.

첫째, 다수의 생산자와 소비자가 존재한다. 상품집단에 다수의 생산자가 존재하면 어느 한 기업의 행위에 대하여 다른 기업들이 전혀 반응하지 않게 된다. 이 가정은 완전경쟁시장의 기본가정과 아무런 차이가 없다.

둘째, 새로운 기업의 진입과 기존 기업의 이탈이 완전히 자유롭다. 이 가정 또한 완전경쟁시장의 기본가정과 전혀 다를 바 없다. 기업은 이윤의 존재 여부에 따라서 시장에 진입하거나 이탈하게 되는데, 진입과 이탈이 자유롭다면 시장에서의 장기균형 상태에서 개별기업의 초과이윤은 영(0)이 된다는 점을 예상할 수 있다.

셋째, 상품집단에 속하는 많은 기업들이 조금씩 품질이 다른 차별화된 상품을 생산하고 있다. 차별화된 상품을 생산한다는 것은 어느 정도의 시장지배력을 갖는다는 것을 의미하는 것이다. 따라서 독점적 경쟁시장에서 개별기업이 직면하게 되는 수요곡선은 우하향하는 모양을 갖게 된다.

넷째, 각 기업이 차별화된 상품을 생산한다면 기업들 사이에 가격경쟁이 나타날 가능성이 있으며, 이때 개별기업은 경쟁기업이 어떻게 반응할지를 추측하여 가격을 결정하게 된다. 독점적 경쟁시장에서는 각 기업이 가격을 결정할 때 경쟁기업들은 현재의 가격을 그대로 유지시킬 것으로 추측하여 행동한다고 본다. 이러한 가격의 추측에 대한 가정을 **꾸르노 유형의 가정**(Cournot-type assumption)이라고 한다.[1)]

1) 각 기업은 경쟁기업이 현재의 생산량을 그대로 유지할 것이라는 추측하에서 자신의 생산량을 결정한다는 것이 꾸르노 가정이다. 여기서 꾸르노 유형의 가정이라고 하는 것은 독점적 경쟁기업이 추측하는 대상이 생산량에서 가격으로 바뀌었기 때문이다.

다섯째, 모든 기업들은 동일한 비용곡선과 수요곡선을 갖는다. 이 가정은 차별화된 상품을 생산하는 독점적 경쟁시장의 특성을 감안할 때 매우 제한적이라고 할 수 있다. 그러나 각 기업이 당면하게 되는 것들이 모든 면에서 동일하다고 가정함으로써 하나의 '대표적 기업'(representative firm)에 대한 분석을 통하여 시장전체에서 나타나는 현상들을 논리적으로 파악할 수 있게 된다.

2. 독점적 경쟁시장의 균형

2.1 단기균형

독점시장의 성격을 이해하고 있다면 [그림 11-1]이 결코 낯설지 않다는 생각을 할 것이다. 독점기업의 단기 균형과 독점적 경쟁기업의 단기 균형의 그림을 단순히 비교해 보면 아무런 차이점을 발견 못할지도 모른다. 물론 차이가 없다는 의미는 아니다. 자세히 보면 독점적 경쟁기업이 직면하는 수요곡선은 독점기업이 직면하는 수요곡선보다 기울기가 상대적으로 좀 더 완만하게 나타나 있다. 독점적 경쟁시장에서는 밀접한 대체재를 생산하는 많은 기업들이 존재하기 때문에 개별기업은 독점기업보다 훨씬 탄력적인 수요곡선을 갖게 되는 것이다.[2)]

[그림 11-1]에서 대표적 기업은 $MR=MC$를 만족하는 산출량 수준인 Q_0를 생산하여 P_0의 가격에서 판매함으로써 이윤을 극대화하고 있다. 바로 이때가 독점적 경쟁기업의 단기균형 상태이다. 그림에는 단기균형 상태에서 대표적 기업이 양(+)의 경제적 이윤을 얻고 있는 것으로 나타나 있는데, 평균비용곡선과 수요곡선의 상대적인 위치에 따라 손실을 볼 수도 있다.

단기적으로 독점적 경쟁기업에서 나타나는 특징은 독점기업의 경우와 거의 비슷하다. 단기균형 상태에서 $P>MC$이므로 생산이 비효율적으로 이루어져 독점의 경우와 마찬가지로 사회적 자중손실이 발생하게 된다. 또한 독점적 경쟁기업의 공급곡선이 존재하지 않는다는 것과 가격차별이 가능하다는 것도 독점기

2) 극단적으로 완전경쟁시장에서와 같이 각 기업이 생산하는 상품의 품질이 같아서 서로 완전한 대체관계에 있다면 수요곡선은 수평선의 모양을 갖게 된다.

[그림 11-1] 독점적 경쟁기업의 단기균형

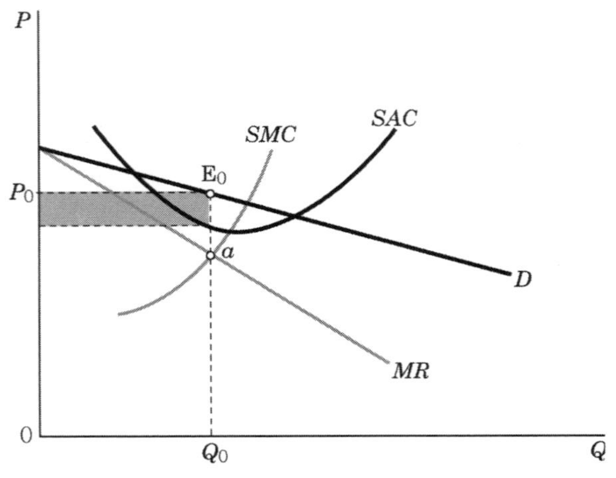

업의 경우와 다를 바 없다.

2.2 장기균형

장기균형을 설명하기 이전에 독점적 경쟁시장의 두 번째 가정에 대해 다시 생각해 볼 필요가 있다. 장기에서는 기업의 진입과 이탈이 완전히 자유롭다는 점이다. 따라서 시장에 초과이윤이 발생하면 새로운 기업이 진입하게 될 것이며, 반대로 손실이 발생한다면 기존 기업이 이탈하게 될 것이다. 결국 독점적 요소가 강하게 나타났던 단기에서의 상황은 두 번째의 가정으로 인하여 끝나게 된다. 장기적으로 보면 독점적 경쟁시장에서는 독점시장과 다르게 초과이윤의 존재 여부에 따라서 진입과 퇴출이 언제나 가능하기 때문이다.

[그림 11-2]에서 보는 것처럼 대표적 기업이 직면하는 수요곡선이 D_1으로 주어져 음영으로 표시된 면적만큼 양(+)의 경제적 이윤을 얻고 있다면 장기적으로는 새로운 기업들이 시장으로 진입하게 된다. 새로운 기업의 진입으로 산업 내 기업의 수가 늘어나면 각각의 가격수준에서 기업이 판매할 수 있는 양은 감소할 수밖에 없다. 이 때 대표적 기업이 직면하게 되는 수요곡선은 왼쪽(D_1에서 D_2)으로 이동하는 것으로 나타나 있다.

[그림 11-2] 독점적 경쟁기업의 장기적 조정

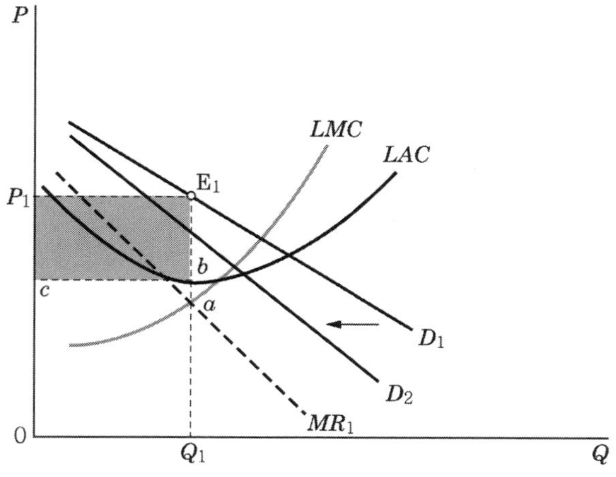

독점적 경쟁기업의 장기적 조정은 [그림 11-3]과 같이 수요곡선이 장기평균비용곡선(LAC)와 접할 때까지 계속된다. 즉, 새로운 기업의 진입은 대표적 기업의 이윤이 사라질 때 멈출 것이고, 이 때 독점적 경쟁시장에서는 균형을 이루게 된다. 그림에서 볼 수 있듯이 수요곡선(D)과 장기평균비용곡선(LAC)이 서로 접하는 생산수준(Q_0)에서는 반드시 $MR=LMC$가 성립하게 된다. 이것은 대표적 기업의 장기균형이 한계수입과 장기한계비용이 일치하는 점에서 이루어지고 있음을 보여주는 것이다. 이때 대표적 기업은 Q_0를 생산하기에 적합한 시설규모인 SAC_0를 선택하게 된다.

이상에서 살펴본 것처럼 독점적 경쟁기업은 장기균형 상태에서 P_0의 가격을 설정하여 Q_0를 생산・판매함으로써 영(0)의 이윤을 얻게 된다. 따라서 다음과 같은 등식관계가 성립한다는 것을 알 수 있다.

(11. 1) $P=LAC=SAC$

지금 살펴보는 것처럼 장기균형 상태에서 독점적 경쟁기업이 경제적 이윤을 얻지 못한다는 것은 **정상이윤**만 얻는다는 것을 의미하는데, 이것은 완전경쟁기업의 경우와 다를 바 없다. 다만 수요곡선이 우하향하고 있어 장기균형이 LAC

[그림 11-3] 독점적 경쟁기업의 장기균형

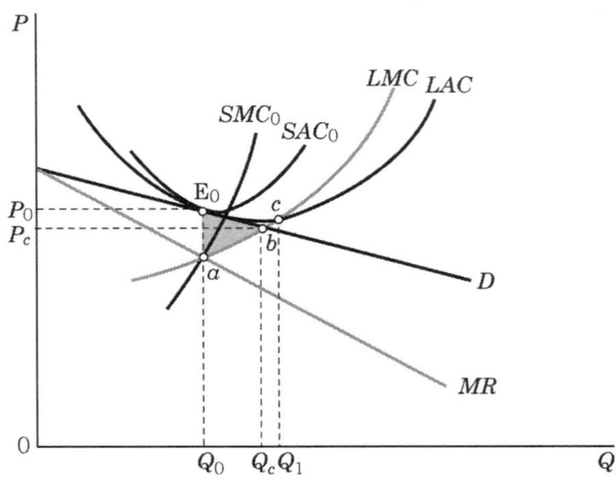

의 최저점보다 왼쪽에서 나타나고 있다는 점에서 차이를 보이고 있다.

[연습문제 11.1]

독점적 경쟁시장과 독점시장의 차이점을 비교 설명하라.

3. 독점적 경쟁시장에 대한 평가

3.1 차별화된 상품의 생산

독점적 경쟁기업들은 소비자들의 기호에 부합되도록 차별화된 다양한 상품을 생산하기 위하여 많은 노력을 기울이게 된다. 소비자들이 각자 차별화된 상품을 소비함으로써 그들의 다양한 욕구를 충족시킬 수 있다면 제품차별화는 소비자의 후생을 증가시키는 것임에 틀림없다. 모든 사람이 똑같은 옷을 입고 똑같은 신발을 신고 살아가는 것이 얼마나 무미건조한 삶이 될지 한번 상상해 보라. 이런 측면에서 보면 제품차별화는 독점적 경쟁시장의 긍정적 요인이다.

3.2 비효율적인 생산

독점적 경쟁기업은 독점기업과 마찬가지로 우하향하는 수요곡선을 가지기 때문에 완전경쟁기업에 비해 상대적으로 적게 생산하고 높은 가격을 설정하게 된다. [그림 11-3]을 살펴보면 장기균형 상태에서 $P>LMC$가 성립하고, 개별기업의 생산활동은 LAC의 최저점보다 왼쪽에서 이루어지고 있는 것을 알 수 있다. 만일 독점적 경쟁기업이 완전경쟁기업처럼 행동한다면 어떠한 상황이 발생하게 될까? 이 독점적 경쟁기업은 장기한계비용곡선과 수요곡선이 일치하는 b점을 찾아내 생산량을 Q_c로 증가시키고 가격은 P_c로 낮출 수 있다. 이는 독점적 경쟁시장이 자원배분에 있어서 비효율적이란 의미이다.

독점적 경쟁기업의 비효율적 생산으로 인하여 나타나는 사회적 순손실의 크기는 그림에서 음영으로 표시된 삼각형 aE_0b의 면적에 해당한다. 장기균형 상태에서 $P>MC$가 성립한다는 것은 이 상품의 마지막 한 단위에 대한 사회적 한계편익이 사회적 한계비용을 초과한다는 것을 의미한다. 따라서 이 상품의 생산을 증가시키는 것이 사회적으로 바람직하다. 그림에서 생산량을 Q_0에서 Q_c로 증가시키면 사회적 총편익은 수요곡선 아래쪽의 사다리꼴 $Q_0E_0bQ_c$의 면적만큼 증가하는 반면에, 사회적 총비용은 한계비용곡선 아래쪽의 사다리꼴 Q_0abQ_c의 면적만큼 증가하게 된다. 이렇게 볼 때 독점적 경쟁기업에 의한 사회적 순손실의 크기는 이들 둘의 차이에 해당하는 삼각형 aE_0b의 면적과 같다고 볼 수 있다. 이러한 개별기업의 **자중손실**(deadweight loss)을 모두 더함으로써 독점적 경쟁으로 인한 사회적 비효율의 크기를 측정할 수 있다.

> 독점적 경쟁시장은 시장균형상태에서 $P>MC$가 성립하므로 사회적 자중손실을 초래하지만, 차별화된 다양한 상품을 제공함으로써 소비자들의 후생을 증가시키는 양면성을 갖는다.

3.3 유휴시설의 존재

어떤 기업이 평균생산비가 가장 낮은 수준에서 생산하고 있다면 그 기업의 가동률은 최적화된 상태이다. 만일 평균비용이 최소가 되는 생산량보다 작은 수준에서 생산되고 있다면 주어진 생산설비가 모두 가동되지 못한 상태라고 볼 수 있다. 일부 경제학자들은 이와 같은 이상적인 생산량 수준과 장기균형에서의 생산량 수준과의 차이, 즉 [그림 11-3]에서 Q_0Q_1을 **과잉시설** 혹은 **초과설비**(excess capacity)로 규정하고, 이를 독점적 경쟁시장의 부정적인 측면으로 지적하기도 한다. 아직도 규모의 경제가 끝나지 않아 생산비를 낮출 수 있음에도 불구하고 E_0점에서 생산을 한다는 의미에서 유휴시설이 존재한다고 규정한 것이다.

한편, 장기균형 상태에서 대표적 기업은 장기적으로 SAC_0에 해당하는 생산시설을 보유하게 되는데, 이때의 생산량 Q_0는 SAC_0의 최소점에서 결정되는 생산량에 미달하게 된다. 이것은 장기균형 상태에서 지나치게 많은 기업이 참여하고 있기 때문에 개별기업의 시장점유율이 하락하게 되고, 그 결과 대표적 기업은 자신이 보유한 생산시설을 효율적으로 활용하지 못하게 된다는 것을 의미한다.

독점적 경쟁시장은 초과설비가 존재한다는 측면에서 비효율적이다. 그러나 독점적 경쟁시장이 바람직하지 않다고 단정지울 수만은 없다. 왜냐하면 독점적 경쟁기업이 소비자들의 기호에 부합되도록 차별화된 다양한 상품을 공급해 줌으로써 소비자의 후생을 증가시키는 측면이 있기 때문이다. 소비자들의 취향에 부합되는 다양한 상품을 생산하기 위해서 평균비용이 최저수준보다 약간 높아지는 것을 부정적으로만 볼 수 없다는 반론도 제기되고 있다.

[연습문제 11.2]

독점적 경쟁시장에서 초과설비가 의미하는 바와 경제후생과 관련하여 그것에 대해 어떤 평가를 내릴 수 있는지에 대해 설명하라.

[그림 11-4] 광고의 긍정적 효과

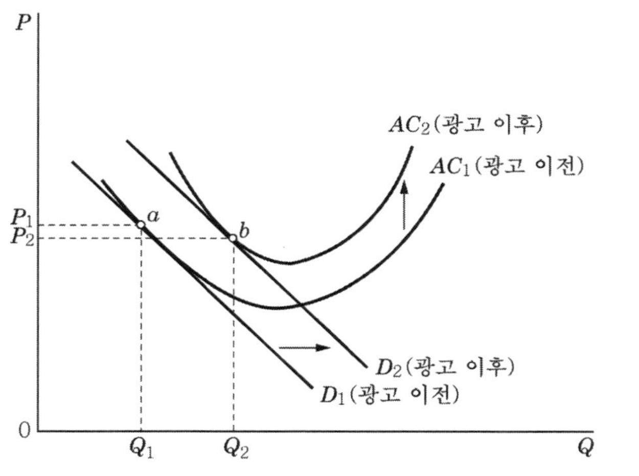

3.4 비가격경쟁

독점적 경쟁기업들은 각자 약간씩 차이가 나는 상품을 생산하기 때문에 경쟁기업의 것들보다 우수하다는 점을 강조함으로써 판매량을 증가시킬 수 있다. 따라서 기업간의 경쟁은 가격보다는 상품의 질이나 판매서비스 등에 차이를 두는 행태로 나타날 가능성이 크다. 이와 같이 가격이 아닌 다른 형태의 경쟁을 **비가격경쟁**(non-price competition)이라고 한다.

또한 독점적 경쟁시장에서는 소비자들에게 자신이 생산한 상품의 특징을 부각시키기 위해 많은 비용을 광고에 투입하는 현상이 나타날 수 있다. 그렇다고 광고비의 지출이 자원배분의 효율성을 감소시키는 것만은 아니다. [그림 11-4]에서 보는 것처럼 수요 증가에 의해 상품가격이 P_1에서 P_2로 하락하고 생산량은 Q_1에서 Q_2로 증가한다면 자원배분의 효율성은 증가하게 된다.

연습문제 풀이

[연습문제 11.1]
교과서 본문의 내용을 참조할 것.

[연습문제 11.2]
교과서 본문의 내용을 참조할 것.

제12장 과점시장

1. 과점시장의 특징
2. 과점기업의 독자적 행동모형
3. 과점기업의 협조적 행동모형
4. 그 밖의 과점시장 모형

개 요

현실에서는 완전경쟁과 독점과 같은 극단적인 시장보다는 그 중간에 해당하는 과점시장을 더 많이 볼 수 있다. 우리나라의 자동차시장, 가전제품시장 등이 여기에 해당한다. 이러한 과점시장에는 소수 몇 개의 기업만 존재하기 때문에 각 기업의 행동이 다른 경쟁기업들에게 직접적으로 영향을 미치게 된다. 따라서 과점시장의 행동을 규명하는 모형들은 나름대로 경쟁기업들의 반응을 추측하고 그에 입각하여 이윤을 극대화하는 전략(산출량이나 가격)을 분석한다. 물론 과점시장의 모형들은 전략변수가 산출량인지 가격인지에 따라, 그리고 경쟁기업의 반응에 대한 추측이 어떤 것인지에 따라서 서로 다른 결론이 도출된다.

한편, 과점시장에서는 전략적인 관점에서 서로 협조하는 것이 상호간에 이익이 된다고 판단될 경우 기업들이 담합을 통한 공동행동을 추구하기도 한다. 본 장에서는 카르텔과 가격선도모형을 이용하여 협조적 과점시장에서 가격과 생산량이 어떻게 결정되는가를 분석한다. 마지막으로 비용할증가격설정과 진입저지가격설정 모형을 이용하여 과점시장에서 가격이 결정되는 과정을 살펴보기로 한다.

1. 과점시장의 특징

1.1 과점시장의 성격

과점(oligopoly)**시장**이란 2개 이상 소수(a few)의 기업들이 유사한 상품을 생산하여 서로 경쟁하는 시장형태를 의미한다. 과점시장의 이러한 성격으로 인하여 기업들은 경쟁 상대방의 행동에 매우 민감하게 반응하게 된다. 과점시장에서 어떤 한 기업이 가격이나 생산량을 변경하여 이윤증대를 모색한다면 그것은 경쟁기업들의 판매수입이나 이윤에 직접적으로 영향을 미치게 되므로 상대기업의 반응을 고려하지 않고 일방적인 행동을 취하는 기업은 살아남기 어렵기 때문이다.

과점기업들이 가격과 생산량을 결정하는 과정을 분석하기 위해서는 경쟁기업 간의 **상호의존적**(interdependence) **관계**를 파악하여야 한다. 만일 A, B 두 기업이 존재하는 과점시장에서 A기업이 판매량을 증대시키기 위해 가격을 인하하였다고 하자. 이 때 B기업은 자신이 점유하고 있는 시장을 A기업에게 빼앗기지 않기 위하여 적절한 대응방안을 모색하게 되는데, 과점시장의 조정은 이러한 B기업의 대응방법에 따라 다르게 될 것이다. 물론 A기업도 가격인하를 결정하는 과정에서 자신의 행동에 B기업이 어떻게 반응할 것인가에 대해 자기 나름대로 추측하였을 것이다. 그러므로 과점시장의 조정은 A기업이 자신의 행동에 대한 B기업의 반응을 어떻게 추측하는가와 실제로 B기업이 어떻게 반응하느냐에 달려 있다. 이와 같이 과점시장에는 경쟁기업의 반응을 고려하여 자신의 행동을 결정해야 하는 **전략적 상황**(strategic situation)이 존재하기 때문에 과점기업의 행동원리를 하나의 이론으로 정립하기는 매우 어렵다. 그 결과 과점시장을 설명하는 이론모형도 다양할 수밖에 없다.

1.2 과점시장의 발생원인

과점시장이 발생하게 되는 원인은 독점시장과 상당히 유사하다. 과점시장이 발생하기 위해서는 새로운 기업이 진입할 수 없도록 진입장벽이 구축되어야 한다. 규모의 경제는 진입장벽을 형성하게 하는 요인들 중 하나이다. 규모의 경제가 존재하는 산업에서 시장규모와 비교하여 **최소효율규모**(minimum efficient scale)[1]가 비교적 크다면 그 산업은 과점적 성격을 갖게 될 가능성이 크다. 또한 기존 기업들이 새로운 기업의 진입을 저지하기 위한 전략적인 행동의 결과로써 과점시장이 발생하기도 한다. 기존기업들에 의한 **진입저지 가격설정**(limit pricing)이 그 대표적인 예이다. 그리고 소수의 기업들이 합법적 또는 비합법적인 방법을 통하여 상대기업을 시장에서 쫓아냄으로써 과점시장이 발생하기도 한다.

1.3 과점시장이론의 구분

과점시장을 설명하는 이론은 크게 독자적 행동모형과 협조적 행동모형으로 구분할 수 있다. 어떤 과점기업이 독자적으로 행동한다는 것은 과점 산업내의 경쟁기업과 독립적이거나 비협조적으로 의사결정을 내린다는 것을 의미한다. 물론 과점기업이 독자적으로 행동할 때는 항상 다른 기업이 어떤 반응을 보일지를 추측하고 행동하게 된다. 독자적 행동모형은 경쟁기업의 생산량을 추측하고 자신의 생산량을 결정하는 모형과 경쟁기업이 설정하는 가격을 추측하고 자신의 가격을 결정하는 모형으로 구분된다.

과점시장에서 기업들이 항상 비협조적으로 행동하는 것은 아니다. 전략적인 관점에서 서로 협조하는 것이 상호간에 이익이 된다고 판단하면 기업들은 담합을 통하여 공동행동을 추구하기도 한다. **카르텔**(cartel)이 그 대표적인 예이다. 그런데 독점금지법(antitrust law)이나 공정거래법에 의해 카르텔과 같은 명시적 담합을 금지하고 있기 때문에 과점기업들은 암묵적으로 협조체제를 유지하는 경우가 일반적이다. **가격선도**(price leadership)는 암묵적 담합의 대표적인

1) 장기평균비용곡선의 최저점에 해당하는 생산수준을 최소효율규모라고 한다.

유형이다.

2. 과점기업의 독자적 행동모형

앞에서 살펴본 완전경쟁시장과 독점시장의 경우는 이론체계가 일반화되어 있어서 우리는 별다른 논쟁없이 이들 시장에서 기업의 행동원리를 분석할 수 있었다. 이에 반해 과점시장에서는 일반화된 이론체계가 구축되지 않고, 기업들의 다양한 측면을 분석하는 여러 가설들만 제시되고 있는 실정이다. 과점시장에서는 어떠한 상황에서 의사결정을 해야 하는가에 따라 과점기업들의 전략적 행동이 다르게 되고 그 결과 시장균형의 성격도 달라지기 때문이다. 본 절에서는 과점기업이 시장에서 독자적으로 행동하는 경우에 예상할 수 있는 대표적인 모형들을 소개하기로 한다.

2.1 꾸르노 모형

(1) 모형의 가정

과점시장에서 기업의 행동을 설명하는 가장 고전적인 이론은 1838년 **꾸르노**(A. Cournot)에 의해 제시되었다. 꾸르노 모형은 동질의 상품을 생산하는 두 기업이 동시에 생산량을 결정하는 과정에 대해 분석하는 복점모형(duopoly)이다.[2] 상품의 품질이 같기 때문에 기업 간 가격경쟁은 있을 수 없고 오직 생산량 수준만 경쟁할 수 있다. 메모리 반도체를 생산하는 삼성전자와 SK하이닉스, 휘발유를 판매하는 SK이노베이션과 GS칼텍스 등과 같은 과점기업들의 행동은 생산량을 전략변수로 삼는 꾸르노 모형이 적합할 수 있다.

꾸르노 모형에서 소비자들은 완전한 정보를 갖고 있으며, 모든 면에서 동일한 두 기업이 상품을 생산하는데 드는 한계비용은 일정한 수준에서 변화하지 않는

2) 이런 의미에서 보면 꾸르노 모형은 A기업과 B기업이 생산량을 전략변수로 삼고 그것을 결정하는 비협조적 동시게임이라고 볼 수 있다. 비협조적 동시게임에 관해서는 제13장을 참고하기 바란다.

다고 가정한다. 또한 각 기업은 경쟁기업이 현재의 생산량을 그대로 유지할 것이라고 보고 독자적으로 자신의 행동을 선택한다고 가정한다. 이 가정은 꾸르노 모형의 가장 중요한 특징인데, 각 기업은 경쟁기업이 일단 어떤 생산량을 선택하면 이것을 주어진 여건으로 보고 자신의 이윤을 극대화하는 생산량을 선택한다고 보는 것이다. 두 기업 모두 **추종자**(follower)로 행동한다는 것을 의미한다. 이를 수식으로 다음과 같이 표현할 수 있다.

$$(12.\ 1)\quad CV_q = \frac{\triangle Q_B}{\triangle Q_A} = 0$$

이러한 생산량의 **추측된 변화**(conjectural variation)를 나타내는 CV_q가 영(0)이라는 것은 A기업이 생산량을 $\triangle Q_A$만큼 변화시킬 때 B기업은 현재의 생산량을 그대로 유지($\triangle Q_B = 0$)할 것이라고 추측한다는 것을 의미한다.

추측된 변화(conjectural variation)

기업이 경제적 선택행위를 변경시키려고 할 때는 자신의 그러한 의사결정에 대해 경쟁기업이 어떻게 반응할지를 나름대로 예상하게 되는데, 이를 **추측된 변화**(conjectural variation)라고 한다. 추측된 변화는 변화의 대상이 생산량인지 아니면 가격인지에 따라 두 가지로 구분할 수 있다.

생산량의 추측된 변화(conjectural variation in output)는 i기업이 생산량을 $\triangle Q_i$만큼 변화시킬 때 j기업이 생산량을 얼마만큼 변화시킬 것인가에 대한 추측을 뜻한다. i기업이 생산량을 $\triangle Q_i$만큼 변화시킬 때 i기업이 경쟁상대인 j기업에 의한 생산량의 변화가 $\triangle Q_j$일 것이라고 추측한다면, 생산량의 추측된 변화(CV_q)를 다음과 같이 나타낼 수 있다.

$$(1)\quad CV_q = \frac{\triangle Q_j}{\triangle Q_i}$$

만일 i기업이 생산량을 변화시킬 때 j기업은 전혀 생산량을 변화시키지 않을 것이라고 추측한다면 CV_q의 값은 0이 된다.

가격의 추측된 변화(conjectural variation in price)는 i기업이 가격을 ΔP_i만큼 변화시킬 때 j기업이 가격을 얼마만큼 변화시킬 것인가에 대한 추측을 의미한다. i기업이 가격을 ΔP_i만큼 변화시킬 때 i기업이 경쟁상대인 j기업에 의한 가격의 변화가 ΔP_j일 것이라고 추측한다면, 가격의 추측된 변화(CV_p)를 다음과 같이 표현할 수 있다.

$$(2) \quad CV_p = \frac{\Delta P_j}{\Delta P_i}$$

이러한 추측된 변화의 대상에 따라 다양한 이론모형이 제시되고 있다. 생산량에 대한 추측을 가정하는 **꾸르노모형**과 **슈타켈버그모형**이 있으며, 가격에 대한 추측을 가정하는 **베르뜨랑모형**과 **굴절수요곡선모형**이 있다.

(2) 개별기업의 수요곡선

먼저 꾸르노 모형에서 개별기업이 직면하는 수요조건에 대해 살펴보기로 하자. [그림 12-1]에는 시장수요곡선이 D_M으로 나타나 있다. B기업이 아무 것도 생산하지 않고 있어서 A기업이 유일한 공급자라면 A기업이 직면하게 되는 수요곡선은 바로 시장수요곡선 D_M이 될 것이다. 만일 B기업의 생산량이 Q_{B1}이라면 A기업이 직면하게 되는 수요곡선은 어떤 모양을 할까? 꾸르노의 가정

[그림 12-1] 과점기업이 직면하는 수요곡선

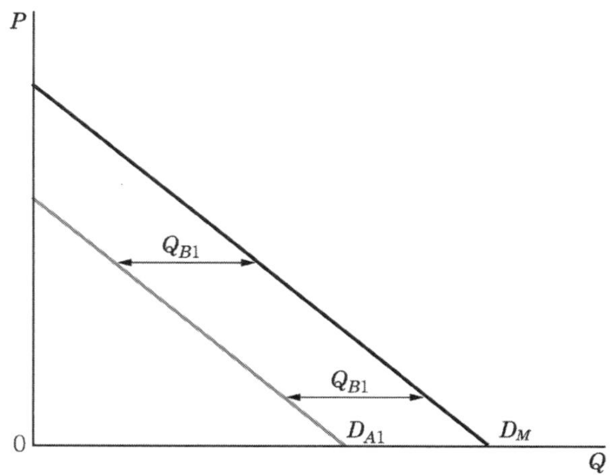

에 의해 B기업이 현재의 생산량을 그대로 유지할 것이라고 예상한다면 A기업은 전체의 시장수요에서 Q_{B1}을 뺀 나머지 부분을 자신에 대한 수요라고 인식하게 될 것이다. 그림에서 A기업이 직면하는 수요곡선은 시장수요곡선 D_M에서 Q_{B1}만큼 왼쪽으로 이동시킨 D_{A1}이 된다.

이상에서 살펴본 바에 의하면 A기업의 수요곡선은 B기업의 생산량이 어느 수준으로 주어지느냐에 따라 달라진다. 만일 B기업의 생산량이 Q_{B1}보다 더 많다면 A기업의 수요곡선은 D_{A1}보다 더욱 왼쪽으로 이동하게 될 것이다. A기업의 수요곡선이 시장수요곡선과 평행인 것은 B기업이 현재의 생산량을 그대로 유지할 것이라는 추측하에 자신의 행동을 결정한다는 꾸르노의 가정에 의한 것이다.

(3) 반응곡선

앞에서 우리는 A기업이 직면하는 수요곡선은 B기업의 생산량 수준에 따라 달라진다는 것을 확인하였다. [그림 12-2]의 (a)에 나타나 있는 것처럼 B기업이 생산량이 영(0)이면, A기업은 시장수요곡선 D_M을 자신의 수요곡선으로 간주하여 이로부터 도출되는 MR_M이 MC와 일치하는 점에서의 생산량을 결정하게 된다. 분석을 단순화하기 위해 한계비용을 영(0)이라고 가정하면 수평축이 바로 한계비용곡선이 되고, 따라서 과점기업은 MR_M이 이것과 교차하는 점에서 Q_{AM}을 선택할 것이다. 이와 같이 B기업이 영(0)의 생산량을 선택하면 이에 대한 A기업의 최적대응은 Q_{AM}이다.

한편, B기업이 Q_{B1}을 생산하고 있다면 A기업은 D_{A1}으로부터 한계수입곡선 MR_{A1}을 도출하고 이것이 $MC(=0)$와 교차하는 점에 해당하는 Q_{A1}을 선택하여 이윤을 극대화할 수 있다. 이와 같이 B기업이 Q_{B1}을 생산하면 이에 대한 A기업의 최적대응은 Q_{A1}이다. 또한 B기업이 시장에서 판매할 수 있는 가장 많은 생산량 Q_0를 선택한다면 이것을 주어진 것으로 받아들이는 A기업의 최적대응은 영(0)이 될 수밖에 없다.

이상에서 살펴본 바와 같이 B기업의 생산량에 대한 A기업의 최적대응은 그림 (b)에 나타나 있는 a, b, c점으로 대표될 수 있는데, 이를 연결한 곡선이

[그림 12-2] A 기업의 반응곡선 도출

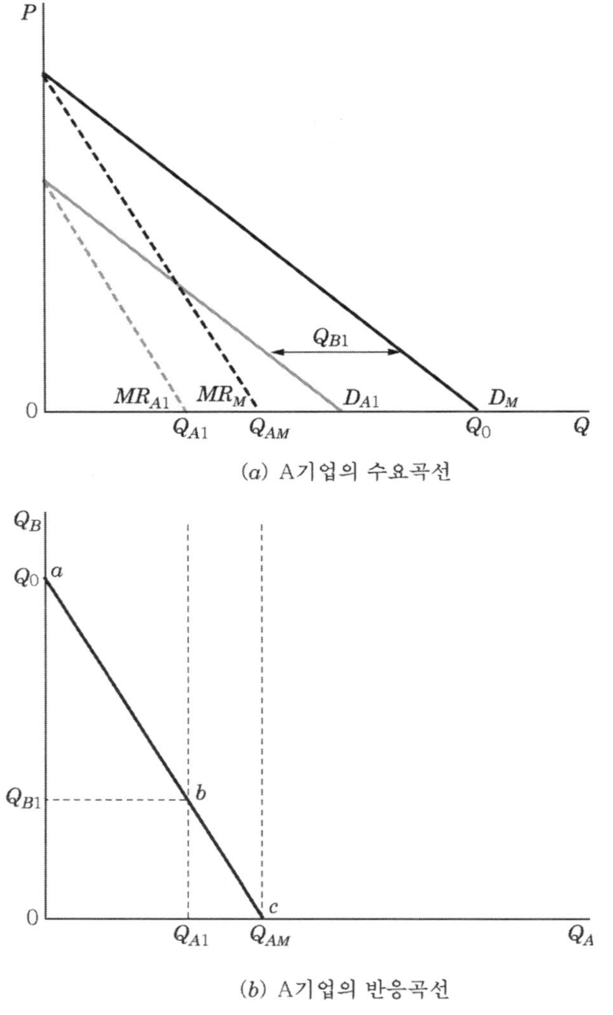

바로 A기업의 **반응곡선**(reaction curve)이다. B기업의 생산량이 증가하면서 A기업의 생산량은 점차로 감소하기 때문에 반응곡선의 기울기는 음(-)이 된다. B기업의 반응곡선도 지금과 같은 과정을 이용하여 도출할 수 있다. 꾸르노 모형에서는 A, B기업이 모든 면에서 동일하다고 가정하기 때문에 두 기업의 반응곡선은 서로 [그림 12-3]에서 보는 것처럼 대칭의 모양을 갖는다.

[그림 12-3] 꾸르노 균형

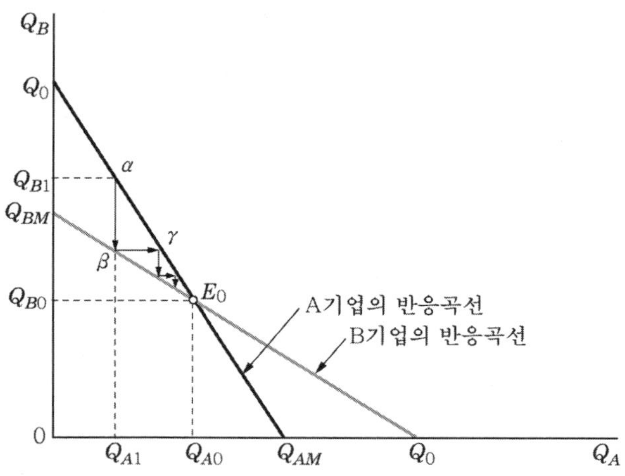

> *A*기업의 **반응곡선**(reaction curve)은 *B*기업의 생산량이 주어져 있을 때 이것과 *A*기업의 이윤극대화가 실현되는 생산량과의 관계를 나타내는 곡선이다.

(4) 꾸르노 균형

복점시장에서 균형을 달성하려면 두 기업 모두 최적상태에 있어야 한다. 설령 *A*기업이 최적상태에 있다고 하더라도 *B*기업이 최적상태에 있지 않다면 시장은 균형을 이룰 수 없다. 이 때 *B*기업은 그 상태에서 머무르지 않고 자신의 행동을 변화시킬 것이 분명하다.

두 기업이 동시에 최적상태에 이르는 꾸르노 균형은 [그림 12-3]에서 보는 것처럼 *A*기업과 *B*기업의 반응곡선이 교차하는 E_0점에서 이루어진다. E_0점은 *A*기업의 반응곡선 위에 있기 때문에 *B*기업이 Q_{B0}를 선택하면 *A*기업은 Q_{A0}의 생산량으로 대응할 것이다. 또한 E_0점은 *B*기업의 반응곡선 위에도 위치하기 때문에 *A*기업이 Q_{A0}를 선택하면 *B*기업은 Q_{B0}의 생산량으로 대응하게 될 것이다. 이처럼 E_0점에서는 두 기업 모두 최적의 상태에 도달하기 때문에 자신들의 생산량을 변화시킬 이유가 없다. 이러한 의미에서 본다면 E_0점은 바로 꾸르노 모형에서의 균형, 즉 **꾸르노 균형**(Cournot equilibrium)이다.[3)]

> 꾸르노 모형에서는 각 기업이 상대방의 생산량이 주어지는 것으로 보고 자신의 생산량을 설정하는 **추종자**(follower)로서 행동한다.

이러한 꾸르노 균형은 **안정적**(stable)이다. 예컨대 시장이 균형상태가 아니어서 A기업의 생산량이 0이고, B기업의 생산량이 Q_{B1}인 점에 위치하고 있다고 하자. 이때 A기업은 B기업이 Q_{B1}의 생산량을 유지할 것으로 보고 자신의 반응곡선 위에 있는 α점에서 Q_{A1}을 생산하려고 할 것이다. 이러한 상황을 알고 있는 B기업은 A기업이 Q_{A1}의 생산수준을 유지할 것으로 추측하고 자신의 반응곡선 위의 β점으로 이동하게 될 것이다. 그런데 이 점에서도 시장은 균형을 이루지 못한다. 따라서 A기업은 B기업이 β점에 해당하는 산출량을 유지할 것으로 보고 자신의 반응곡선을 따라 γ점으로 이동하게 된다. 이와 같은 과정이 계속되어 결국에는 두 기업의 반응곡선이 교차하는 E_0점으로 수렴하게 된다. 이러한 의미에서 꾸르노 균형은 안정적인 것이다.

(5) 꾸르노 균형의 예시

꾸르노 균형이 자원배분 측면에서 완전경쟁시장과 독점시장의 균형과 어떻게 다른지 시장수요함수가 $P=70-Q$이고, A기업과 B기업의 총비용함수는 각각 $TC_A=10Q_A$와 $TC_B=10Q_B$인 경우를 통하여 살펴보기로 하자. 두 기업이 직면하게 되는 시장의 상황은 모든 면에서 동일하며, 상품의 품질도 같다고 가정한다. 꾸르노 균형은 두 기업의 반응곡선이 교차하는 점에서 달성되므로 이들 두 곡선의 함수식을 알아야 한다. 각 기업의 반응함수는 그들의 이윤극대화를 위한 제1계 조건으로부터 구할 수 있다.

A기업의 총수입(TR_A)과 한계수입(MR_A)은 다음과 같이 나타낼 수 있다.

(12. 2) $$TR_A=P\times Q_A=[70-(Q_A+Q_B)]Q_A=70Q_A-Q_A^2-Q_AQ_B$$
$$MR_A=70-2Q_A-Q_B$$

---

3) 제13장에서 살펴보겠지만 꾸르노 균형은 내쉬(Nash)균형의 특별한 경우이다. 각 경기자가 상대방의 전략을 주어지는 것으로 보고 자신에게 최적인 전략을 선택할 때, 이 전략의 짝을 내쉬균형(Nash equilibrium)이라고 한다. 이러한 이유로 꾸르노 균형을 **꾸르노-내쉬균형**이라고 한다.

A기업의 한계비용은 $MC_A(=dTC_A/dQ)=10$이므로 생산량과 관계없이 일정하다. A기업의 이윤극대화 조건이 $MR_A=MC_A$이므로 최적산출량은 다음과 같이 결정된다.

$$(12.\ 3)\quad 70-2Q_A-Q_B=10$$

이 식을 Q_A에 대해 정리하면 다음과 같다.

$$(12.\ 4)\quad Q_A=30-\frac{1}{2}Q_B$$

식 (12. 4)는 주어진 B기업의 생산량 Q_B에 대한 A기업의 최적생산량을 보여주는 A기업의 반응함수이다. A기업과 B기업이 모든 면에서 동일하다고 꾸르노 모형에서 가정하고 있기 때문에 다음과 같이 서로 대칭인 B기업의 반응함수를 구할 수 있다.

$$(12.\ 5)\quad Q_B=30-\frac{1}{2}Q_A$$

[그림 12-4] 꾸르노 균형의 사례

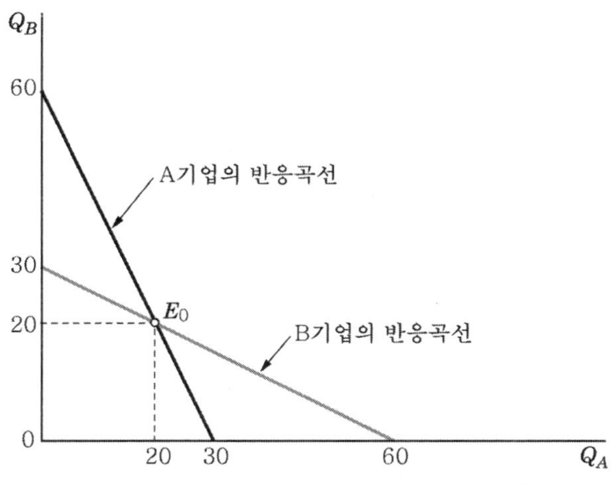

[그림 12-4]에 두 기업의 반응곡선이 그려져 있는데, 이들이 교차하는 E_0점에서 꾸르노 균형이 성립된다. 두 기업의 반응함수를 이용하여 Q_A와 Q_B에 대해서 풀면 $Q_A=20$, $Q_B=20$이 된다. 따라서 시장에서의 거래량은 $Q_o=40$이 되고 이를 시장수요함수에 대입하면 시장균형가격은 $P_0=30$이 된다.

만일 A기업과 B기업이 카르텔을 형성하여 독점기업처럼 행동한다면 총수입이 $TR=(70-Q)Q$이므로 한계수입은 다음과 같다.

$$(12.\ 6)\quad MR=\frac{dTR}{dQ}=70-2Q$$

두 기업이 독점화할 때의 이윤극대화 조건은 독점기업이 여러 개의 공장을 운영할 때의 이윤극대화 조건인 $MR=MC_A=MC_B$와 동일하다. A와 B기업의 한계비용이 $MC_A=MC_B=10$이므로 시장에서의 거래량은 $Q_m=30$이다. 이를 시장수요함수에 대입하면 균형가격은 $P_m=40$이 된다.

만일 A, B기업이 완전경쟁기업처럼 행동한다면 $P=MC$일 때 이윤극대화를 달성한다. 각 기업의 한계비용이 $MC=10$이므로 이윤을 극대화하는 가격, 즉 시장균형가격은 $P_c=10$이다. 따라서 이 가격을 시장수요함수에 대입하면 $Q_c=60$이 된다.

〈표 12-1〉 복점, 독점 및 경쟁시장 균형의 비교

시장조직	생산량	가격
복점시장	$Q_0=40\,(Q_A=20,\ Q_B=20)$	$P_0=30$
독점시장	$Q_m=30$	$P_m=40$
경쟁시장	$Q_c=60$	$P_c=10$

이상에서 살펴본 결과가 〈표 12-1〉에 요약되어 있다. 꾸르노 균형에서의 생산량은 이 시장이 독점화되는 경우보다는 많지만, 완전경쟁화되는 경우의 2/3 수준에 해당한다는 것을 알 수 있다. 또한 상품가격은 이 시장이 독점화될 때

보다는 낮고, 완전경쟁화 될 때보다는 높다는 사실도 확인할 수 있다.

[연습문제 12.1]

꾸르노(Cournot) 복점모형에서 시장수요함수는 $P=70-Q$이고, 두 기업의 한계비용은 $MC=10$으로 동일하다. 꾸르노 균형에서의 시장가격 P와 판매량 Q는?

[연습문제 12.2]

꾸르노 모형에서 기업의 수(n)가 무한히 증가할 경우 시장이 효율적임을 보여라. 단, 각 기업의 한계비용은 동일하다.

2.2 슈타켈버그 모형

(1) 슈타켈버그 모형의 의의

앞에서 설명한 꾸르노 모형에서 각 기업은 경쟁기업이 현재의 생산량을 그대로 유지할 것으로 추측한다고 가정하였다. 각 기업이 경쟁기업의 생산수준을 그대로 받아들인다는 의미에서 두 기업은 모두 수동적인 **추종자**(follower)인 셈이다. 그러나 기업 간 경쟁이 치열한 과점시장에서 상대방의 반응을 사전에 파악하여 자신에게 가장 유리한 전략을 선택하려고 시도할 가능성이 매우 크다. 어떤 기업이 경쟁기업의 반응을 미리 알고 있다는 것은 그 기업이 과점시장에서 **선도자**(leader)의 지위를 갖게 된다는 의미로 해석할 수 있다. **슈타켈버그**(H. von Stackelberg)는 두 기업 중 한 기업이 선도자인 경우와 두 기업 모두 서로 선도자가 되려고 하는 경우에 과점시장에서 어떤 현상이 나타나는지를 분석한다.

(2) 반응곡선과 등이윤곡선

꾸르노 모형에서 두 기업 중 하나 또는 둘 모두가 선도자로 행동하는 상황을 이해하기 위해서 먼저 **등이윤곡선**(iso profit curve)의 성격을 파악해 둘 필요가 있다. [그림 12-5]에는 A기업의 등이윤곡선(Π_{Ai})이 나타나 있는데, 이것은

[그림 12-5] A기업의 등이윤곡선

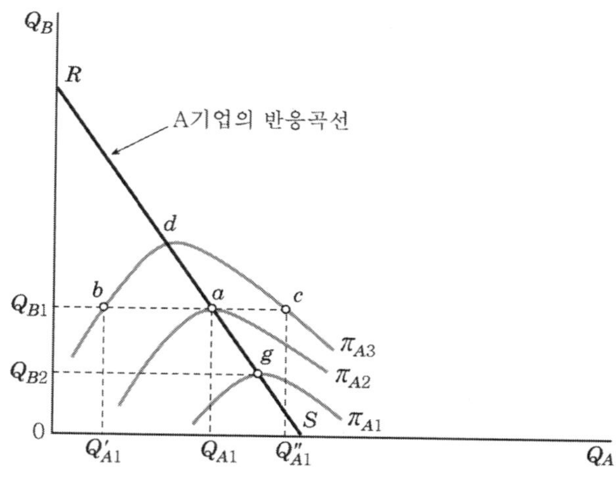

A기업에게 일정한 수준의 이윤을 가져다주는 A기업과 B기업의 생산량 조합으로 이루어진다. 예를 들어 그림의 b, c, d점이 포함된 등이윤곡선은 A기업에게 Π_{A3}의 이윤수준을 가져다주는 Q_A과 Q_B의 조합들이다.

앞에서 살펴본 **반응곡선**의 특성에 의하면 A기업의 반응곡선 RS 위의 a점은 B기업의 생산량이 Q_{B1}일 때 A기업에게 최대이윤을 가져다주는 생산량이 Q_{A1}임을 보여주고 있다. 한편, B기업의 생산량이 Q_{B1}에서 Q_{B2}로 감소하면 A기업이 판매할 수 있는 상품수량은 늘어나게 된다.[4] 결과적으로 a점보다 아래 위치한 RS상의 g점으로 이동하면서 A기업의 이윤이 증가하게 될 것이다. 이처럼 A기업의 반응곡선 RS을 따라 아래로 내려올수록 A기업의 이윤은 증가하기 때문에 a점을 포함하는 등이윤곡선 Π_{A2}보다는 g점을 포함하는 등이윤곡선 Π_{A1}의 이윤수준이 더 높다는 사실을 알 수 있다.

> **등이윤곡선**(iso profit curve)은 동일한 이윤을 보장하는 생산량 조합의 궤적을 의미한다.

다음으로 등이윤곡선이 그림에서 보는 것처럼 역U자 모양을 갖는다는 점을

4) 꾸르노 모형에서는 시장수요가 주어진 것으로 간주하기 때문에 B기업이 생산량을 줄이면 A기업은 이를 주어지는 것으로 받아들이고 생산량을 늘리게 된다.

알아보기 위하여 B기업의 생산량이 Q_{B1}로 주어졌을 때 만일 A기업이 a점이 아닌 b점이나 c점에 해당하는 산출량 Q_{A1}' 또는 Q_{A1}''을 선택하게 되면 A기업의 이윤의 크기가 어떻게 변하는지 살펴보자. B기업의 생산량이 Q_{B1}으로 주어졌을 때 A기업의 이윤을 극대화하는 생산량 수준이 아닌 그 외의 생산량 수준에서는 A기업의 이윤수준이 낮아질 수밖에 없다. 따라서 b점이나 c점이 포함되는 등이윤곡선 Π_{A3}는 Π_{A2}보다 낮은 이윤을 나타내야 한다. 이러한 논리가 성립되기 위해서는 등이윤곡선이 역U자 모양을 가져야 된다. 만일 등이윤곡선이 U자 모양을 갖는다면 b점이나 c점이 포함되는 Π_{A3}의 이윤수준이 Π_{A2}보다 더 높아지는 모순이 발생하게 된다. 앞에서 살펴보았듯이 반응곡선을 따라 아래로 내려올수록 A기업의 이윤은 증가하기 때문이다.

이상에서 살펴본 논의를 정리하면 A기업의 등이윤곡선은 역U자 모양을 가지며, 그것의 정점이 반응곡선 위에 위치하게 된다. 또한 등이윤곡선이 아래에 위치한 것일수록 A기업에게 더 높은 이윤수준을 가져다 주게 된다.

(3) 슈타켈버그 균형

먼저 A기업이 선도자로 행동할 때 각 기업이 산출량을 결정하는 과정을 살펴보기로 하자. A기업이 시장에서 선도자의 지위를 활용하여 B기업의 반응곡선을 정확하게 파악하고 있다면 A기업은 B기업의 반응곡선 위에서 자신의 이윤을 가장 크게 하는 생산량을 결정할 것이다. A기업이 이와 같은 생산량을 결정하면 추종자인 B기업은 이것을 주어지는 것으로 받아들여 자신의 반응곡선을 따라 생산량을 결정하게 된다. 이런 의미에서 슈타켈버그 모형은 **순차게임**(sequential game)에 해당한다고 볼 수 있다.[5)]

[그림 12-6]에서 보는 것처럼 B기업의 반응곡선 위에 위치하면서 A기업에게 가장 큰 이윤을 가져다주는 등이윤곡선은 Π_{A2}이다. 따라서 A기업은 B기업의 반응곡선과 자신의 등이윤곡선이 접하는 α점에서 Q_{A1}의 산출량을 선택하게 된다. A기업의 최적생산량이 Q_{A1}으로 결정되면, 추종자인 B기업은 이것을 주

5) 동시게임이라고 볼 수 있는 꾸르노 모형과는 대조적이다. 순차게임에 관해서는 제13장을 참고하기 바란다.

[그림 12-6] 슈타켈버그 균형

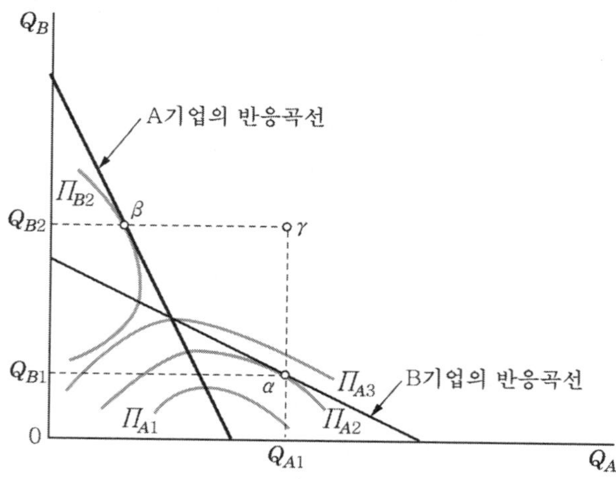

어지는 것으로 보고 자신의 반응곡선 위의 Q_{B1}의 산출량을 선택하게 된다. 이렇게 볼 때 두 기업은 주어진 시장여건에서 각자 최적의 선택을 하고 있는 것이다.

두 기업 모두가 최적 대응을 하고 있는 α점은 A기업이 선도자이고 B기업이 추종자인 복점시장의 균형상태를 나타낸다. 이러한 **슈타켈버그 균형**(Stackelberg's equilibrium)에서는 꾸르노 균형에 비해 A기업의 산출량이 증가한 반면에 B기업의 산출량은 감소한다는 것을 알 수 있다. A기업이 선도자의 지위를 이용한 결과이다.

앞선 꾸르노 모형의 예와 같이 시장수요함수가 $P=70-Q$이며, A기업과 B기업의 총비용함수는 각각 $TC_A=10Q_A$와 $TC_B=10Q_B$인 경우를 이용하여 슈타켈버그 균형과 꾸르노 균형의 특성을 비교하여 보기로 하자. A기업이 선도자이며 B기업은 추종자로 행동하는 경우를 가정한다. A기업의 이윤함수는 다음과 같이 나타낼 수 있다.

$$(12.\ 7)\quad \Pi_A(Q_A)=PQ_A-TC_A=(70-Q_A-Q_B)Q_A-10Q_A$$
$$=60Q_A-Q_A^2-Q_AQ_B$$

A기업이 선도자로서 B기업의 반응함수를 파악하고 있으므로 A기업은 B기업의 반응함수를 자신의 이윤함수에 대입하여 이윤을 극대화할 수 있다. B기업의 반응함수는 앞에서 살펴본 식 (12. 5)와 같다.

$$(12.\ 5)\qquad Q_B = 30 - \frac{1}{2}Q_A$$

이러한 B기업의 반응함수를 식 (12. 7)에 대입하면 A기업의 이윤은 다음과 같이 나타낼 수 있다.

$$(12.\ 8)\qquad \Pi_A(Q_A) = 60Q_A - Q_A^2 - Q_A\left(30 - \frac{1}{2}Q_A\right) = 30Q_A - \frac{1}{2}Q_A^2$$

식 (12. 8)을 보면 선도자인 A기업의 이윤은 자신의 생산량 Q_A에 의해서 결정된다. A기업의 이윤을 극대화하는 제1계조건 $d\Pi_A/dQ_A = 30 - Q_A = 0$로부터 A기업의 최적생산량이 $Q_A = 30$임을 알 수 있다. 이것을 B기업의 반응함수에 대입하면 B기업의 최적생산량은 $Q_B = 15$이다. 이러한 결과가 〈표 12-2〉에 요약되어 있다.

〈표 12-2〉 꾸르노 균형과 슈타켈버그 균형의 비교

구분	생산량	가격
꾸르노 균형	$Q_A = 20$, $Q_B = 20$	$P_c = 30$
슈타켈버그 균형	$Q_A = 30$, $Q_B = 15$	$P_s = 25$

B기업이 선도자이고 A기업은 추종자인 경우에는 이상에서 살펴본 것과 동일한 방법을 이용하여 균형점 β를 찾을 수 있다. B기업이 선도자의 지위를 이용한 결과 B기업의 산출량은 증가하는 반면에 추종자인 A기업의 산출량은 감소하게 된다. 이상에서 살펴본 바와 같이 복점시장에서 어떤 기업이 선도자가 되면 그 기업의 이윤은 증가하는 반면에 추종자의 이윤은 감소하게 된다. 이러

한 상황을 잘 알고 있는 두 기업은 모두 선도자로서 행동하기를 원하게 될 것이다.

> 슈타켈버그 모형에서는 두 기업 중 한 기업 혹은 두 기업이 모두 선도자(leader)로서 행동하는 경우를 분석한다.

(4) 슈타켈버그 불균형

[그림 12-6]의 α점은 A기업이 선도자이고 B기업이 추종자일 때의 균형이며, β점은 B기업이 선도자이고 A기업이 추종자일 때의 균형상태를 나타내고 있다. 그러나 모든 면에서 똑같은 두 기업 중에서 어떤 기업은 선도자가 되고 다른 기업은 추종자가 된다는 것은 현실적으로 설득력이 약하다고 볼 수 있다. 만일 두 기업이 모두 선도자가 되려는 경우에는 어떤 현상이 나타날까?

두 기업이 서로 선도자로서 행동한다면 [그림 12-6]에서 보는 것처럼 A기업은 Q_{A1}의 생산량을 선택하려 할 것이며, B기업은 Q_{B2}의 생산량을 선택하려 할 것이다. 이러한 상태는 그림에서 γ점으로 나타나 있다. 이것은 두 기업 모두 자신이 결정한 생산수준을 경쟁기업이 받아들여서 그들의 반응곡선을 따라 움직일 것으로 기대하지만, 두 기업 모두가 선도자로 행동하기 때문에 균형을 이룰 수 없다는 것을 보여주고 있다. 이와 같은 상태를 우리는 **슈타켈버그의 불균형**(Stackelberg's disequilibrium)이라고 한다. 과점시장이 슈타켈버그의 불균형상태에 놓이게 되면 각 기업은 일종의 경제적 전쟁, 즉 슈타켈버그의 전쟁(Stackelberg warfare)을 벌이게 된다.

[연습문제 12.3]

> 복점시장에서 수요함수는 $P=70-0.5Q$이다. A기업의 비용함수가 $TC_A=15Q_A$, B기업의 비용함수가 $TC_B=20Q_B$로 주어져 있다. (i) 이 시장에서 꾸르노 균형의 생산량과 가격을 구하라. (ii) A기업이 선도자이고 B기업이 추종자일 때 슈타켈버그 균형의 생산량과 가격을 구하라.

2.3 베르뜨랑 모형

앞에서 살펴본 꾸르노 모형과 슈타켈버그 모형은 과점기업들이 생산량을 전략변수로 삼고 경쟁을 벌이는 과정을 설명하고 있다. 그러나 현실에서의 기업들은 생산량 대신에 가격을 전략변수로 취급하고 경쟁하는 경우가 많다. 예컨대 스마트폰 생산기업들은 가격을 가장 중요한 전략적 변수로 삼고, 경쟁기업의 가격을 고려하여 자신의 스마트폰 가격을 결정하게 된다.

1883년 **베르뜨랑**(J. Bertrand)은 생산량 경쟁을 가정하는 꾸르노 모형을 비판하고, 한계비용과 상품의 품질 등 모든 면에서 동일한 두 기업이 서로 가격을 경쟁하는 복점모형을 제시하였다. 그의 모형에서 각 기업은 경쟁기업이 현재의 가격을 그대로 유지할 것으로 기대하고 자신의 이윤을 극대화하는 가격을 선택한다고 가정하고 있다. 이것은 베르뜨랑 모형에서 두 기업 모두 **추종자**(follower)로 행동한다는 것을 의미한다. 이 가정은 식 (12. 9)와 같이 나타낼 수 있다.

$$(12.\ 9) \quad CV_p = \frac{\Delta P_B}{\Delta P_A} = 0$$

여기서 CV_p는 가격의 추측된 변화를 나타내고 있으며, A기업이 가격을 ΔP_A만큼 변화시킬 때 B기업은 현재의 가격을 그대로 유지할($\Delta P_B = 0$) 것이라고 추측한다는 것을 의미한다. 또한 소비자들은 완전한 정보를 갖고 있으며, 상품을 생산하는데 드는 한계비용은 일정한 수준을 유지한다고 가정한다.

이제 A기업이 한계비용보다 높은 수준에서 상품가격을 결정하였다고 하자. 이러한 상황에 직면하는 B기업은 A기업이 현재의 가격을 그대로 유지할 것으로 기대하고 이보다 약간 낮은 가격을 매겨 모든 소비자를 유인하려고 할 것이다. 두 기업이 생산하는 상품이 동질적이므로 완전한 정보를 갖고 있는 소비자들은 더 낮은 가격을 매긴 B기업의 상품을 구매하게 된다.

B기업이 제시한 가격이 여전히 한계비용보다 높다면, 이번에는 A기업이 B기업보다 가격을 좀더 낮춤으로써 모든 소비자를 유인하려고 할 것이다. 이와 같은 가격인하 경쟁은 상품가격이 한계비용보다 높은 한 계속된다. 결과적으로

어떤 기업도 한계비용을 초과하는 가격을 매길 수 없게 된다. 각 기업이 매기는 상품가격이 한계비용 수준까지 떨어지면 더 이상 상품가격을 변화시킬 유인이 없다. 이러한 의미에서 본다면 식 (12. 10)이 충족될 때 바로 **베르뜨랑 균형**(Bertrand equilibrium)이 성립되는 것이다.[6)]

(12. 10) $P = MC$

식 (12. 10)에서 보는 것처럼 베르뜨랑 균형에서는 **완전경쟁시장**에서와 마찬가지로 효율적 자원배분이 이루어지며 각 기업은 0의 이윤을 얻게 된다. 이러한 시장성과는 매우 제한적인 가정하에서 도출된 것이다. 두 기업이 생산하는 상품이 서로 동질적이고 한계비용도 같다는 가정이 전제되지 않고서는 완전경쟁시장에서와 똑같은 자원배분을 기대할 수 없다. 또한 두 기업이 생산하는 상품이 완전히 동질적임에도 불구하고 가격경쟁을 한다는 것도 현실과 괴리가 있다. 상품의 품질이 동일한 시장에서 기업 간 가격경쟁을 한다는 가정을 쉽게 받아들이기 어렵다. 품질이 동일한 상품을 생산하여 판매하는 경우에는 가격보다는 생산량을 전략변수로 보고 경쟁하는 것이 더 자연스러운 가정이다.

> 베르뜨랑 모형에서 각 기업은 상대방의 가격이 주어지는 것으로 보고 자신의 가격을 설정하는 **추종자**(follower)로서 행동한다.

현실에서는 과점기업에서 생산하는 상품의 품질에 차이가 나는 것이 일반적이다. 코카콜라와 펩시콜라, 하이트맥주와 오비맥주, 삼성*TV*와 엘지*TV* 등에서 볼 수 있는 것처럼 상품차별화가 이루어진 시장에서는 **차별적 과점모형**을 분석하는 것이 설득력이 있다. 각 기업이 생산, 공급하는 상품이 동질적인 것이 아니라 어느 정도 특화된 경우에 반응곡선을 활용하여 베르뜨랑 균형을 설명하기로 한다. 서로 차별화된 상품을 생산하는 두 기업이 다음과 같이 각기 다른 수요함수에 직면하고 있다고 하자.

(12. 11) $Q_A = 100 + 2P_B - P_A$

6) 각 기업은 경쟁기업이 현재의 가격을 그대로 유지할 것으로 기대하고 자신의 가격을 선택하게 되므로, 이 때 성립되는 베르뜨랑 균형도 내쉬(Nash)균형의 특별한 경우이다.

$$(12.\ 12)\quad Q_B = 92 + \frac{1}{2}P_A - P_B$$

분석을 단순화하기 위하여 각 기업의 고정비용이 100이고 가변비용은 0으로 동일하다고 가정한다. 위의 두 식에서 알 수 있듯이 A기업이 가격을 인상하면 B기업의 수요가 증가하고, 반대로 B기업이 가격을 인상하면 A기업의 수요가 증가한다. 이것은 두 기업에서 생산하는 상품이 서로 대체관계에 있다는 것을 의미한다. A기업과 B기업의 이윤함수는 다음과 같이 나타난다.

$$(12.\ 13)\quad \Pi_A = P_A Q_A - 100 = P_A(100 + 2P_B - P_A) - 100$$
$$= 100P_A + 2P_A P_B - P_A^2 - 100$$

$$(12.\ 14)\quad \Pi_B = P_B Q_B - 100 = P_B(92 + \frac{1}{2}P_A - P_B) - 100$$
$$= 92P_B + \frac{1}{2}P_A P_B - P_B^2 - 100$$

위 두 식에 의하면 각 기업의 이윤은 자신이 결정하는 가격 뿐만 아니라 경쟁기업의 가격에 의존하고 있다는 것을 보여준다. 각 기업의 이윤극대화를 위한 제1계 조건은 다음과 같다.

$$(12.\ 15)\quad \frac{\partial \Pi_A}{\partial P_A} = 100 + 2P_B - 2P_A = 0$$

$$(12.\ 16)\quad \frac{\partial \Pi_B}{\partial P_B} = 92 + \frac{1}{2}P_A - 2P_B = 0$$

각 기업의 이윤극대화를 위한 제1계 조건으로부터 다음과 같은 두 기업의 **반응함수**를 도출할 수 있다.

$$(12.\ 17)\quad P_A = 50 + P_B$$

[그림 12-7] 차별적 과점과 베르뜨랑 균형

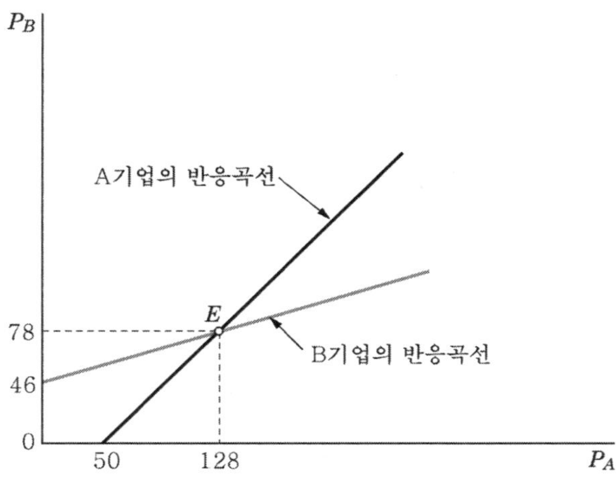

(12. 18) $P_B = 46 + \frac{1}{4}P_A$

[그림 12-7]에서 A기업의 **반응곡선**은 B기업이 설정한 가격에 따라 A기업의 이윤을 극대화하는 가격이 어떻게 변화하는지를 알려준다. 물론 B기업의 반응곡선은 A기업의 가격수준에 따라 자신의 이윤을 극대화하는 가격이 어떻게 변화하는지를 보여준다. 그림에서 두 기업의 반응곡선이 우상향하게 나타나 있다. 따라서 경쟁기업이 가격을 인하시키면 자신의 상품가격도 낮추어야 한다. 어떤 기업이 상품가격을 인하시키는 공격적인 전략을 취하면 경쟁기업도 상품가격을 낮추는 공격적인 전략으로 대응하는 것이다. 이러한 점에서 베르뜨랑 모형은 꾸르노 모형과는 매우 대조적이다. 꾸르노 모형에서는 어떤 기업이 생산량을 증가시키는 공격적인 전략을 취하면 경쟁기업은 자신의 상품 생산량을 감소시키는 수동적 전략으로 대응한다고 볼 수 있다.

식 (12. 17)과 식 (12. 18)의 연립방정식을 만족하는 해를 구하면 $P_A = 128$, $P_B = 78$이다. 이러한 균형가격의 조합은 [그림 12-7]에서 A기업의 반응곡선과 B기업의 반응곡선이 교차하는 E점에 해당한다. 이 점에서 각 기업은 상대기업이 설정한 가격이 주어진 상황에서 최적의 선택을 하고 있기 때문에 어느 기업도 자신의 가격을 변화시키려는 유인을 갖지 않는다. 여기서 구한 균형가격을 식

(12. 11)과 식 (12. 12)에 대입하면 각 기업의 생산량은 $Q_A=128$, $Q_B=78$이 된다. 이와 같이 상품이 차별화된 과점시장에서 각 기업들은 가격경쟁에도 불구하고 서로 다른 가격과 생산량을 결정할 수 있다.

[연습문제 12.4]

서로 차별화된 상품을 생산하는 두 기업이 직면하는 수요곡선이 각각 $Q_A=100+2P_B-P_A$, $Q_B=92+(1/2)P_A-P_B$으로 주어져 있다. 베르뜨랑 모형에서와 같이 가격을 전략변수로 삼고 서로 경쟁하는 상황에서 A기업이 선도자이고, B기업은 추종자인 경우 두 기업의 가격과 산출량을 구하라. 단, 각 기업의 고정비용이 100이고 가변비용은 0으로 동일하다고 가정한다.

2.4 굴절수요곡선 모형

(1) 굴절수요곡선

가격을 전략변수로 삼고 경쟁을 벌이는 가장 고전적인 과점시장모형은 1939년 **스위지**(P. Sweezy)에 의해 제시되었다. 그가 체계화한 **굴절수요곡선 모형**(kinked demand curve model)에서는 어떤 기업이 가격을 인상하면 경쟁기업은 현재의 가격을 그대로 유지하고, 가격을 인하하는 경우에는 경쟁기업도 똑같이 인하함으로써 대응한다고 가정한다. 이러한 **가격의 추측된 변화**(conjectural variation in price)에 대한 가정은 다음과 같이 나타낼 수 있다.

(12. 19) $$CV_p=\frac{\Delta P_B}{\Delta P_A}=0 \ : \ \Delta P_A>0\text{인 경우}$$

(12. 20) $$CV_p=\frac{\Delta P_B}{\Delta P_A}=1 \ : \ \Delta P_A<0\text{인 경우}$$

[그림 12-8]에서 보는 것처럼 현재 A기업이 가격 P_0에서 Q_0단위를 판매하고 있다고 하자. 이 때 A기업은 다음과 같이 서로 다른 두 종류의 수요곡선에

[그림 12-8] 굴절수요곡선

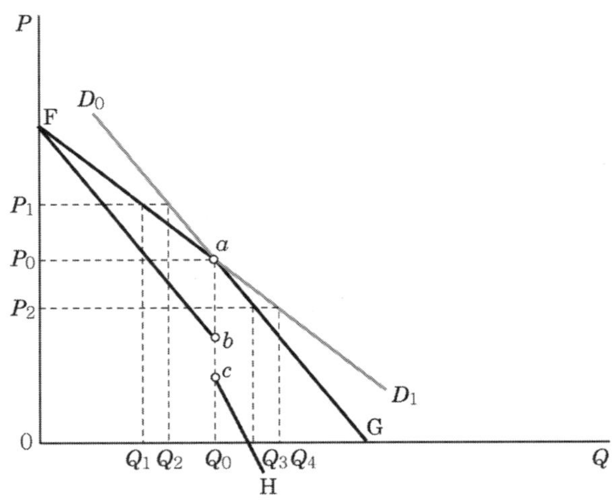

직면하게 될 수 있다. 만일 A기업이 가격을 변화시킬 때 경쟁기업도 같이 행동한다면 A기업이 직면하는 수요곡선은 보다 비탄력적인 D_0가 될 것이고, 경쟁기업이 가격을 그대로 유지한다면 A기업이 직면하는 수요곡선은 보다 탄력적인 D_1이 된다.

이제 A기업이 가격을 P_0에서 P_2로 인하시켰다고 하자. 경쟁기업도 똑같이 가격을 P_2로 인하시킨다면 이 기업의 판매량은 Q_0에서 Q_3로 조금 증가하겠지만, 경쟁기업이 이전과 동일한 P_0를 고수한다면 A기업의 판매량은 급격하게 증가하여 Q_4가 될 것이다. 이번에는 A기업이 생산하는 상품의 가격을 P_0에서 P_1으로 인상시켰다고 하자. 만일 경쟁기업도 똑같이 가격을 P_1으로 인상시켰다면 이 기업의 판매량은 Q_0에서 Q_2로 조금 감소할 것이다. 그러나 A기업의 가격인상에도 불구하고 경쟁기업이 P_0를 고수한다면 이 기업의 판매량은 급격하게 감소하여 Q_1이 될 것이다.

지금 살펴본 것처럼 A기업의 가격변화에 경쟁기업들이 어떻게 반응하느냐에 따라 이 기업이 직면하게 되는 수요곡선은 D_0가 될 수 있고, D_1이 될 수도 있다. **스위지**의 가정에 따라 A기업이 가격을 P_0에서 P_2로 낮추면 경쟁기업은 고객을 잃지 않기 위해서 함께 가격을 인하하지만, 가격을 P_0에서 P_1으로 올

[그림 12-9] 굴절수요곡선 모형의 균형

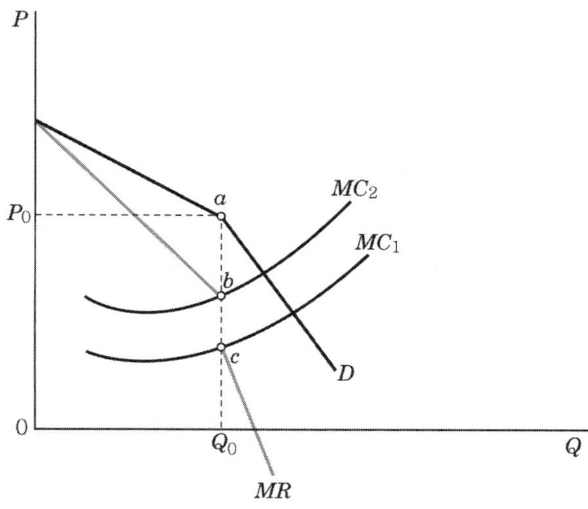

릴 경우에는 경쟁기업이 더 많은 고객을 확보하기 위하여 현재의 가격을 그대로 유지한다면 A기업이 직면하게 되는 수요곡선은 [그림 12-8]에서 나타나 있는 것처럼 a점에서 굴절하는 FaG가 될 것이다.

> 어떤 기업이 가격을 낮추면 경쟁기업은 고객을 잃지 않기 위해서 함께 가격을 인하하지만, 가격을 올릴 경우에는 경쟁기업이 현재의 가격을 그대로 유지함으로써 그 기업만 고객을 잃어버리도록 만들 것이라고 가정한다면 그 기업이 직면하게 되는 수요곡선은 굴절하는 모양을 갖는다.

수요곡선이 굴절하면 한계수입곡선은 어떠한 모양을 갖는 것일까? 그림에서와 같이 수요곡선 D_1과 D_0에 상응하는 한계수입곡선을 각각 구한 다음, 수요곡선 D_1의 Fa구간에 해당하는 한계수입곡선 Fb와 수요곡선 D_0의 aG구간에 해당하는 한계수입곡선 cH를 합치면 수요곡선 FaG에 해당하는 한계수입곡선이 도출된다. 이렇게 수요곡선이 굴절하면 한계수입곡선은 [그림 12-8]에서 보는 것처럼 b점과 c점의 구간에서 **불연속적**이 된다.

[그림 12-9]는 개별기업의 한계비용곡선이 MC_1으로 주어져 있을 때 a점에서 이윤이 극대화되는 것을 보여주고 있다. 그림의 c점에서 한계수입과 한계비

용이 일치하므로 이 기업은 P_0의 가격을 설정하여 이윤극대화를 추구하는 것이다. 만일 한계비용이 MC_1에서 MC_2로 상승한다면 어떠한 현상이 나타날까? 특이한 것은 한계비용이 MC_2로 상승하더라도 기업은 가격을 그대로 유지시킨다는 점이다. 한계비용곡선이 MC_2로 상승하면 b점에서 한계수입과 한계비용이 일치하므로 이때도 과점기업은 P_0의 가격을 매기게 된다.

일반적으로 한계비용이 상승하면 가격도 상승하게 된다. 그러나 [그림 12-9]에 나타나 있는 것처럼 한계수입곡선이 불연속적인 bc구간에서는 한계비용이 상승하더라도 시장가격이 안정적으로 유지되고 있음을 알 수 있다. 이것은 과점시장에서 기업들이 수시로 가격을 변화시키면 고객을 잃을 가능성이 크기 때문에 생산비용이 일정한 범위 안에서 변하는 경우에는 상품가격을 안정적으로 유지시키는 경향이 있다는 것을 보여주는 것이다. 지금까지 살펴본 것뿐만 아니라 한계비용곡선을 고정시켜 놓고 a점의 높이를 그대로 유지하면서 수요곡선을 좌우로 약간 이동시키더라도 P_0의 가격이 그대로 유지될 수 있다. 이러한 경우는 독자 스스로가 그려보기 바란다.

이상에서 살펴본 **굴절수요곡선 모형**은 과점시장에서 균형가격이 어떻게 결정되는지에 대해서 설명하지 못한다는 비판을 면할 수 없다. 다만 시장에서 일단 결정된 과점가격(P_0)이 쉽게 변하지 않는다는 사실을 **사후적**(*ex post*)으로 확인해줄 뿐이다. 어떤 시장모형이든지 이론으로서 의미를 갖기 위해서는 시장에서 가격과 생산량이 어떻게 결정되는지를 설명할 수 있어야 하는데, 굴절수요곡선 모형은 이런 측면에서 한계를 갖고 있다. 또한 스티글러(G. Stigler)의 실증적 연구에 의하면 굴절수요곡선 모형에서 가정하는 것과는 달리 어떤 기업이 가격을 올릴 때 경쟁기업들도 함께 가격을 올리는 경우를 흔히 볼 수 있다고 한다. 이것은 과점기업이 직면하는 수요곡선이 굴절되지 않음을 의미한다.

3. 과점기업의 협조적 행동모형

3.1 카르텔 모형

상호의존성이 높은 과점시장에서 어떤 기업이 취한 행동은 경쟁기업에게 민감한 반응을 야기시켜 서로 파국적인 결과를 가져올 수도 있다. 보다 많은 고객확보를 위한 기업의 일방적인 가격인하는 경쟁기업으로 하여금 가격을 더욱 하락하도록 자극함으로써 결국에는 시장전체가 **가격전쟁**(price war) 상태로 빠져들게 할 수도 있다. 따라서 과점시장에서는 서로 협조체제를 구축하고자 하는 유인이 나타나기도 한다.

과점시장에서 협조체제는 **담합**(collusion)의 형태로 이루어진다. 담합의 목적은 과점기업들이 독점적 연합체를 구성함으로써 기업들 사이에 경쟁을 피하고 시장전체의 이윤극대화를 추구하는 것이다. 이러한 목적으로 결성되는 담합 중에서 공식적으로 가장 완전한 것이 **카르텔**(cartel)이다. 과점기업들이 카르텔을 결성하면 독점체제를 구축하는 것과 같은 결과를 가져온다. 마치 독점기업이 여러 개의 공장을 운영하는 경우와 비슷한 방법으로 카르텔은 이윤극대화를 시도하게 된다.

똑같은 상품을 생산하는 두 기업이 카르텔을 결성하여 이윤을 극대화하는 과정을 [그림 12-10]을 통하여 살펴보기로 하자. 카르텔에 참여한 두 기업의 한계비용곡선이 그림 (a)와 (b)에서처럼 MC_A, MC_B로 주어지면 카르텔은 이들을 수평으로 합하여 그림 (c)에서와 같이 카르텔 전체의 한계비용곡선에 해당하는 ΣMC를 구할 수 있다. 만일 이 산업의 시장수요곡선이 그림에서와 같이 D로 주어지면 이에 상응하는 한계수입곡선(MR)을 도출할 수 있다. 이러한 한계비용곡선과 한계수입곡선이 구해지면 카르텔은 두 곡선이 일치하는 산출량 수준인 Q_m을 생산하고 가격을 P_m으로 설정함으로써 이윤극대화를 달성할 수 있다.

[그림 12-10] 카르텔의 균형

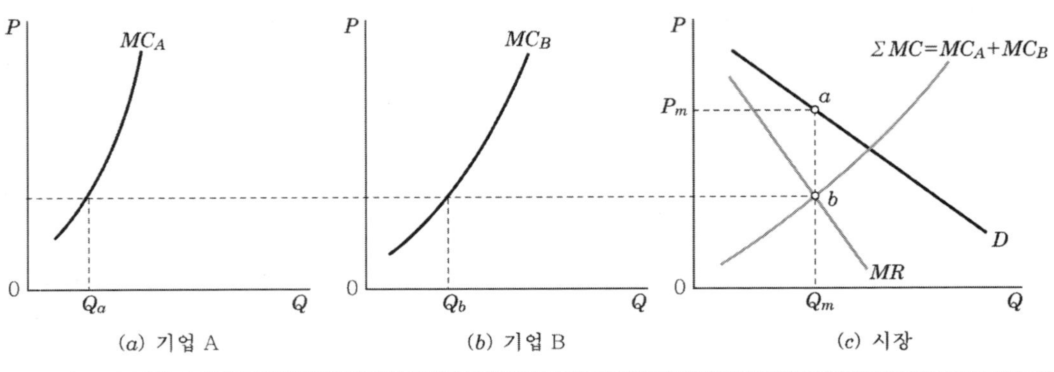

(a) 기업 A (b) 기업 B (c) 시장

문제는 이렇게 결정된 Q_m을 카르텔에 참여할 기업들 사이에 어떻게 할당하느냐 이다. 카르텔이 한계수입과 각 기업의 한계비용이 모두 일치하도록 생산량을 할당하면 이윤극대화를 달성할 수 있다. 즉, 카르텔에서 이윤이 극대화되는 생산량(Q_m)을 구한 뒤 이를 두 기업의 한계비용이 똑같아지도록 Q_a와 Q_b만큼씩 생산하도록 하면 된다. 이러한 관계는 다음과 같은 등식으로 나타낼 수 있다.

(12. 21) $$MR = MC_A = MC_B$$

지금까지 살펴본 카르텔의 이윤극대화 과정이 현실에서 그대로 유지되기는 쉽지 않다. 서로 이해관계가 다른 기업들이 카르텔로부터 할당받은 생산량을 계속해서 준수한다는 것은 매우 어려운 일이다. 어떤 기업이 카르텔의 협정을 무시하고 몰래 가격을 내리거나 할당량 이상으로 생산하여 판매한다면 자신의 이윤을 크게 증가시킬 수 있기 때문이다. 따라서 가맹기업들은 카르텔의 협정을 무시하고 독자적으로 행동하려는 유인을 갖게 된다. 이처럼 카르텔은 원천적으로 내재적인 취약점을 갖고 있기 때문에 존립 그 자체가 매우 불안정할 수밖에 없는 것이다.

카르텔이 안정적으로 유지될 수 있느냐의 여부는 카르텔에 참여하는 **기업의 수**에 따라 다르다. 카르텔에 참여하는 기업의 수가 많으면 카르텔의 지속적인 유지가 그만큼 어렵다. 카르텔 협정을 위반하는 기업들을 적발하기가 쉽지 않기 때문이다. 또한 경기가 **불황국면**에 있는 경우에도 카르텔의 실효성은 낮다. 경기가 침체되어 수요가 감소한다면 기업의 이윤도 감소할 수밖에 없기 때문에 모든 기업들이 독자적인 행동을 취할 가능성은 매우 높아진다.

카르텔이 결성될 무렵에는 잘 운영되다가 시간이 경과하면서 결속력이 약해지는 경우를 석유수출기구(OPEC)의 경험을 통하여 알 수 있다. 1960년에 결성된 OPEC은 1970년대 초반부터 1980년대 초반까지 세계석유시장을 좌지우지할 만큼 결속력이 강하여 카르텔의 역사상 가장 성공적인 것 중 하나로 알려졌었다. 그러나 1980년대 초반 이후부터 가맹국들의 이해관계가 서로 대립되면서 OPEC의 위력은 점점 약화되어 1981년에 배럴당 34.5달러이던 원유가격이 1985년에는 28.1달러, 1988년에는 19.0달러까지 하락하였다. 카르텔이 내재적인 취약점을 갖고 있기 때문에 존립 그 자체가 매우 불안정할 수밖에 없다는 것을 보여주는 대표적인 사례이다.

3.2 가격선도 모형

명시적 담합인 카르텔은 대부분의 국가에서 불법화하고 있기 때문에 과점기업들은 **묵시적 담합**을 통하여 그들 사이에 경쟁을 피하고 공동의 이익을 추구하기도 한다. 묵시적 담합의 가장 대표적인 유형이 **가격선도**(price leadership)이다. 가격선도는 과점시장에 참여하고 있는 어느 한 기업이 가격을 인상하면 나머지 기업들도 따라서 가격을 인상시키는 경우를 말한다. 지배적 기업이 가격을 선도하고 나머지 기업들이 이에 따르는(price following) 협조체제를 유지하게 되면 가격경쟁을 회피할 수 있기 때문이다.

일반적으로 가격선도자로서의 역할은 다른 기업에 비해 경제력이 상대적으로 우위인 **지배적 기업**(dominant firm)이 맡게 된다. 예컨대 과점시장에서 가장 높은 시장점유율을 가진 기업은 가격결정에 있어서 선도적인 역할을 할 수 있기 때문에 지배적 기업이 될 수 있다.

가격선도모형에서 추종기업들은 지배적 기업이 설정한 가격을 그대로 받아들이고, 지배적 기업은 **추종기업**들이 각각의 가격수준에서 팔려고 하는 양만큼을 모두 판매할 수 있도록 허용하는 것으로 가정한다. 따라서 지배적 기업은 시장에서 추종기업들이 각 가격수준에서 팔고 싶은 만큼 모두 팔게 한 후 시장수요의 나머지 부분을 자신의 수요곡선으로 간주하여 이윤극대화를 시도한다. [그림

[그림 12-11] 가격선도 모형

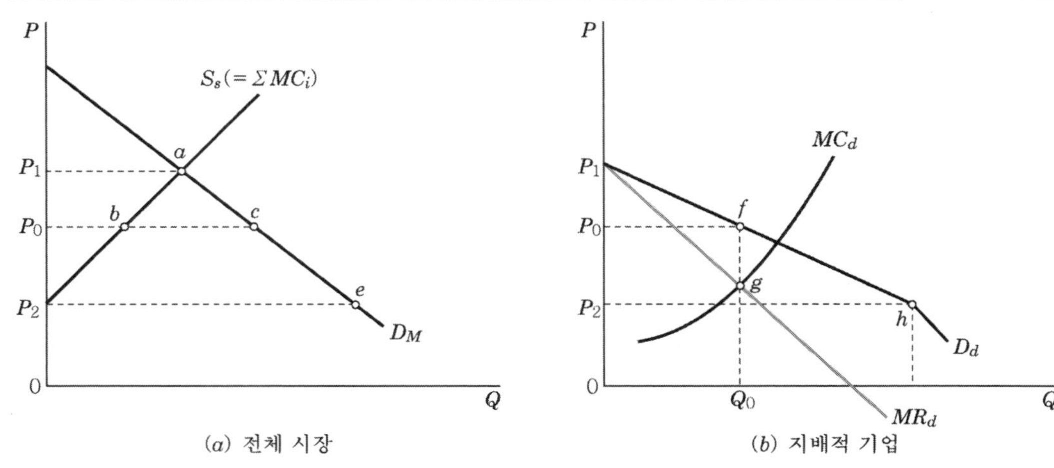

12-11]의 (a)에서와 같이 과점시장의 수요곡선이 D_M으로 주어져 있고, 추종기업 전체의 공급곡선이 $S_s(=\sum MC_i)$로 주어져 있다고 하자. 이 모형에서 추종기업들은 지배적 기업이 설정한 가격을 그대로 받아들이고, 이 가격에서 팔려고 하는 양만큼을 팔수 있도록 허용한다고 가정하기 때문에 경쟁적 기업에서와 같이 **가격수용자**이다. 따라서 추종기업의 한계비용곡선이 그 기업의 **공급곡선**이 된다.

> 가격선도 모형에서 군소기업은 경쟁기업처럼 **가격수용자**로 행동하지만 초과이윤을 얻을 수 있는 것이 일반적이다.

지배적 기업은 시장전체의 수요곡선인 D_M에서 추종기업들의 공급곡선을 합한 $\sum MC_i$를 수평으로 뺀 나머지 부분을 자신의 수요곡선으로 간주하게 된다. 만일 상품가격이 P_1으로 주어지면 a점에서 볼 수 있듯이 시장전체의 수요량과 추종기업들의 공급량이 일치하고 있어 지배적 기업의 수요량은 0(영)이 된다. 한편, 상품가격이 P_0로 주어지면 시장전체의 수요량은 c점으로 나타나고, 추종기업들의 공급량은 b점으로 나타난다. 따라서 이 두 점 사이의 차이를 나타내는 선분 bc가 바로 지배적 기업이 직면하게 되는 수요량(P_0f)이 된다. 이러한 과정을 반복하면 그림 (b)에서 보는 것처럼 지배적 기업의 수요곡선이 도출된다. 지배적 기업의 수요곡선이 D_d로 주어지면 이에 상응하는 한계수입곡선(MR_d)과 자신의 한계비용곡선(MC_d)이 일치하는 점에서 생산량과 가격을 결정하게 된다. 즉, 지배적 기업은 가격을 P_0로 매기고 Q_0를 생산할 때 이윤이 극대화된다. 이러한 의미에 본다면 지배적 기업은 **독점자**와 같은 입장이다.

지배적 기업이 상품가격을 P_0로 설정할 때 과점시장에서는 그림 (a)에서 볼 수 있듯이 선분 P_0c만큼의 상품이 거래된다. 추종기업들이 선분 P_0b만큼의 상품을 생산·판매하고, 지배적 기업은 시장수요에서 이를 제외한 선분 $bc(=P_0f)$만큼의 상품을 생산·판매한 결과이다.

[연습문제 12.5]

> 가격선도기업이 존재하는 어떤 산업의 시장수요는 $Q=100-0.5P$이며, 가격선도기업 이외의 모든 추종기업들의 한계비용 합이 $MC=\Sigma MC_i=2Q$이다. 가격선도기업의 한계비용이 $MC_a=20$일 때 가격선도기업과 추종기업들의 판매량을 구하라. 단, 가격선도기업은 추종기업들이 각 가격수준에서 팔려고 하는 만큼을 모두 팔도록 허용하는 것으로 가정한다.

4. 그 밖의 과점시장모형

지금까지 설명한 과점시장모형 이외에 과점시장에서 관찰할 수 있는 가격결정 방식들이 있다. 여기서는 비용할증에 의한 가격설정과 진입저지 가격설정에 대해 설명하기로 한다.

4.1 비용할증에 의한 가격설정

홀과 히치(R. L. Hall and C. I. Hitch)를 비롯한 여러 학자들의 실증적 연구결과들에 의하면 많은 과점기업들이 상품가격을 결정할 때 **비용할증 가격설정** 방식을 채택한다는 것이다. 그들은 한계수입과 한계비용이 일치하는 수준에서 가격을 결정하는 방식과는 다르게 현실에서 많은 과점기업들이 식 (12. 22)와 같이 목표생산량 수준에서의 평균비용(AC)을 추계한 다음 일정한 이윤율(m)을 부가하는 방식으로 가격을 결정한다고 주장한다.

(12. 22) $P = AC(1+m)$

이와 같이 평균생산비용에 일정한 이윤율을 할증하여 상품가격을 결정한다는 의미에서 이를 **비용할증 가격설정**(full-cost pricing or mark-up pricing)이라고 부른다. 비용할증 가격설정 방식이 이윤극대화 방식과 어느 정도 관련성이 있는지에 대해서 많은 논란이 있어 왔다. 얼핏 보면 비용할증 가격설정에 의해서 이윤극대화를 달성할 수 없는 것 같다. 그러나 일부 경제학자들은 비용할증 가격설정 방식이 결과적으로는 이윤극대화 방식에 근접하게 된다고 믿는다. 이들에 의하면 비용할증 가격설정 방식이 기업들 간의 경쟁을 완화시키고, 따라서 치열한 경쟁에서 비롯되는 불확실성을 감소시킨다고 주장한다. 더구나 장기평균비용이 최저가 되는 수준에서 생산이 이루어진다면 비용할증 가격설정은 이윤극대화에 상당히 근접할 수 있다고 본다.

> 비용할증 가격설정 방식에서는 목표생산량 수준에서의 평균비용을 기준으로 가격을 설정하기 때문에 시장수요가 변하더라도 가격이 쉽게 변하지 않는 경직성이 나타난다.

이러한 주장의 근거를 알아보기 위해 먼저 식 (12. 22)를 다음과 같이 m에 대해 정리하여 보자.

(12. 23) $m = \dfrac{P - AC}{AC}$

장기평균비용이 최저가 되는 수준에서는 $AC = MC$이므로 식 (12. 23)은 다음과 같이 나타낼 수 있다.

$$(12.\ 24) \quad m = \frac{P - MC}{MC}$$

그런데 이윤극대화를 위해서는 $MR = MC$이므로 이 때 이윤율은 다음과 같이 바꾸어 쓸 수 있다.

$$(12.\ 25) \quad m^* = \frac{P - MR}{MR}$$

또한 $MR = P(1 - 1/\eta_p)$이므로 이윤율 m^*은 식 (12. 26)으로 나타낼 수 있다.

$$(12.\ 26) \quad m^* = \frac{1}{\eta_p - 1}$$

이 식에 의하면 이윤극대화를 추구하는 과점기업은 이윤율 m^*의 크기를 수요의 가격탄력성(η_p)과 반비례하도록 결정하면 된다. 수요의 가격탄력성이 큰 경우에는 낮은 이윤율을 부과하고, 수요의 가격탄력성이 작은 경우에는 높은 이윤율을 부과함으로써 이윤극대화를 추구할 수 있다. 이렇게 볼 때 비용할증 가격설정 방식이 이윤극대화 원리와 전혀 무관하지 않음을 알 수 있다.

많은 기업들이 비용할증 가격설정 방식으로 가격을 설정하는 것으로 알려져 있지만 이 모형에서 이윤율 m의 결정요인에 대한 구체적인 설명이 없는 한 과점시장이론으로서 한계가 있을 수밖에 없다. 현실에서 많은 과점기업들이 어떤 목표수익률(target rate of return)에 맞추어 이윤율을 설정하고 있다고 하더라도 실제의 기업수익률은 이 목표수익률과 일치하지 않는 것이 일반적이다. 결국 과점기업이 결정하는 이윤율의 크기가 그대로 지켜지지 못한다는 것을 알 수 있다. 비용할증 가격설정 방식으로는 이러한 치명적인 문제점을 극복하기에는 한계가 있다.

4.2 진입저지 가격설정

지금까지 설명한 과점시장 모형은 단기에서의 가격 또는 생산량 결정에 관한 것이다. 장기적으로 볼 때 일부 과점기업들이 현재의 지위를 유지하기 위해서 여러 가지 형태의 진입장벽을 구축함으로써 새로운 기업의 진입을 억제하기도 한다. 그런데 진입장벽 중에는 규모의 경제가 존재하는 경우처럼 자연발생적으로 생겨나는 것도 있지만, 기존 기업들이 인위적으로 만들어 놓은 것도 있다. 인위적으로 구축하는 진입장벽의 가장 대표적인 경우가 기존기업들이 합의하여 새로운 기업의 진입을 저지하기에 충분히 낮은 가격을 설정하는 이른바 **진입저지 가격설정**(entry-limit pricing) 방식이다.

새로운 기업의 진입을 봉쇄하기 위해서 상품가격을 인하하여 상품의 판매량을 증가시킨다면 진입기업이 직면하게 되는 시장수요가 줄어들 수밖에 없다. 또한 진입기업은 기존 기업에 비해 생산비용에 있어서 불리한 것이 일반적이다. 따라서 기존 기업이 상품가격을 내리면 진입기업은 손해를 볼 수밖에 없다. 이렇게 가격을 낮게 설정하면 기존 기업들도 단기적으로는 손실을 볼 수도 있다. 그러나 새로운 기업의 진입을 저지함으로써 장기적으로는 가격인상을 통해 초과이윤을 얻을 수 있게 된다.

새로운 기업의 진입을 저지하기 위하여 설정하는 진입저지가격은 이윤을 극대화하는 수준보다 현저히 낮은 것이 일반적이다. 진입저지가격의 수준은 해당 산업으로 새로운 기업의 진입이 얼마나 어려운가에 달려 있다. 물론 산업 내 기존기업들은 진입저지 가격설정의 타당성과 적절한 가격수준에 대한 합의가 있어야 할 것이다.

5. 과점시장의 문제

어느 정도의 독점력을 지니고 있는 과점기업이 직면하는 수요곡선은 우하향하게 된다. 과점기업의 수요곡선이 우하향한다면 한계수입곡선은 수요곡선보다 아래에 위치하게 된다. 따라서 과점시장에서는 독점시장과 마찬가지로 가격이 한계비용보다 더 높은 수준에서 결정된다. 또한 과점시장에서는 완전경쟁시장에서 비해 상품가격이 경직적인 경향이 나타나기도 한다. 이러한 사실들은 과점시장에서 **자원배분의 비효율성**이 존재한다는 것을 의미한다.

또한 과점기업은 독점기업과 마찬가지로 정상이윤을 초과하는 이윤을 얻게 될 가능성이 크다는 측면에서 소득분배의 불평등을 야기시킬 수 있다. 과점시장에 참여하고 있는 기업들은 그 규모가 큰 것이 일반적인데, 이 기업들이 개인의 소유로 되어 있다면 부의 편중은 심화될 것이다.

과점시장의 경제적 효과가 부정적인 측면만 있는 것은 아니다. 과점기업들은 시장지배력을 확장하기 위하여 광고나 제품의 다양화에 많은 비용을 지출하는 경향이 있지만 광고는 소비자들에게 유용한 정보를 제공하고, 제품의 다양화는 소비자들의 다양한 욕구를 충족시키기도 한다. 물론 과점기업들이 광고나 제품의 다양화를 위해 지출하는 비용이 적정한 것인지에 대해서는 분명한 답을 제시할 수 없다. 실증적 연구결과에 의하면 일부 과점기업들의 경우 광고나 제품의 다양화에 지출된 비용이 사회적 최적수준에 비해 과다한 것으로 알려져 있다.

연습문제 풀이

[연습문제 12.1]

꾸르노 모형에서 생산량은 완전경쟁시장의 2/3의 수준이다. 완전경쟁시장의 균형은 $P=MC$이므로 $70-Q=10$이다. 완전경쟁시장에서의 균형생산량이 $Q=60$이므로 꾸르노 복점모형에서의 생산량은 $Q_0=60\times 2/3=40$이다. 이를 수요함수에 대입하면 $P_0=30$이다.

[연습문제 12.2]

꾸르노의 복점모형에서 두 기업은 각각 완전경쟁시장에서 생산되는 산출량의 1/3씩 생산한다. 만일 기업의 수가 n개로 늘어나면 각 기업의 생산량은 $1/(n+1)$이 되고 시장전체의 생산량은 $n/(n+1)$이 된다. 만일 기업의 수가 무한히($n=\infty$) 늘어나면 시장전체의 생산량은 $\infty/\infty=1$이 되어 완전경쟁시장의 산출량과 일치하게 된다. 이처럼 꾸르노 모형에서 기업의 수(n)가 무한히 증가하면 자원이 효율적으로 배분되는 것이다.

[연습문제 12.3]

(i) A기업의 총수입과 한계수입은 각각 $TR_A=[70\text{-}0.5(Q_A+Q_B)]Q_A=70Q_A-0.5Q_A^2-0.5Q_AQ_B$, $MR_A=70-Q_A-0.5Q_B$이다. A기업의 비용함수가 $TC_A=15Q_A$이므로 $MC_A=15$이다. A기업의 이윤극대화 조건 $MR_A=MC_A$에 이를 대입하면 $70-Q_A-0.5Q_B=15$이다. 이것을 Q_A에 대해 정리하면 A기업의 반응곡선은 $Q_A=55-0.5Q_B$가 된다. 한편, B기업의 총수입과 한계수입은 각각 $TR_B=[70-0.5(Q_A+Q_B)]Q_B=70Q_B-0.5Q_B^2-0.5Q_AQ_B$, $MR_B=70-Q_B-0.5Q_A$이다. B기업의 비용함수가 $TC_B=20Q_B$이므로 $MC_B=20$이다. B기업의 이윤극대화 조건 $MR_B=MC_B$에 이를 대입하면 $70-Q_B-0.5Q_A=20$이다. 이것을 Q_B에 대해 정리하면 B기업의 반응곡선은 $Q_B=50-0.5Q_A$가 된다. 꾸르노 균형은 A기업의 반응곡선과 B기업의 반응곡선이 교차하는 점에서 결정된다. 두 기업의 반응함수식에 대한 해는 $Q=40$, $Q_B^*=30$이 된다. 그리고 두 기업의 수요량을 합하여 수요함수에 대입하면 균형가격은 $P^*=35$이다.

(ii) A기업의 이윤함수는 $\Pi_A=TR_A-TC_A=70Q_A-0.5Q_A^2-0.5Q_AQ_B-15Q_A$이다. 선도자인 A기업은 B기업의 반응곡선을 자신의 이윤방정식(Π_A)에 대입하여

이윤극대화를 추구한다. 따라서 $\Pi_A = 55Q_A - 0.5Q_A^2 - 0.5Q_A(50 - 0.5Q_A)$ $= 30Q_A - 0.25Q_A^2$ 가 된다. A기업의 이윤극대화의 제1계 조건에 의하면 $d\Pi_A/dQ_A$ $= 30 - 0.5Q_A = 0$이므로 $Q_A^* = 60$이다. 이를 B기업의 반응곡선에 대입하면 Q_B^* $= 20$이다. 두 기업의 수요량을 합하여 수요함수에 대입하면 균형가격은 $P^* = 30$이다.

[연습문제 12.4]

본 교재의 베르뜨랑 모형에서 제시된 식 (12. 11) ~ (12. 18)을 그대로 활용하면 된다. 가격을 전략변수로 삼고 서로 경쟁하는 상황에서 A기업이 선도자이고 B기업은 추종자라면 A기업은 B기업의 반응함수를 미리 파악하여 이를 자신의 이윤함수에 반영할 것이다. A기업의 이윤함수인 식 (12. 13)에 B기업의 반응함수인 식 (12. 18)을 대입하면 $\Pi_A = 100P_A + 2P_A[46 + (1/4)P_A] - P_A^2 - 100 = 192P_A - (1/2)P_A^2 - 100$이 되고, 이윤극대화를 위한 제1계 조건은 $d\Pi_A/dP_A = 192 - P_A = 0$가 된다. 따라서 A기업은 $P_A^* = 192$의 가격을 설정하게 된다. 한편 B기업은 이것을 주어지는 것으로 받아들여 자신의 반응곡선 $P_B = 46 + (1/4)P_A$를 따라 $P_B = 94$의 가격을 매기게 된다. 이러한 두 기업의 가격을 식 (12. 11)과 식 (12. 12)에 대입하면 $Q_A^* = 96$, $Q_B^* = 94$가 된다.

[연습문제 12.5]

가격선도모형에서 추종기업들은 완전경쟁기업처럼 가격수용자이므로 그들의 한계비용곡선이 바로 공급곡선이 된다. 시장수요함수 $Q = 100 - 0.5P$를 정리하면 $P = 200 - 2Q$가 된다. 이를 한계비용 추종기업의 한계비용 $MC = 2Q$과 일치시키면 $Q_s = 50$, $P_s = 100$이다. 이 때 가격선도기업의 수요량은 0(영)이 된다. 한편, 상품가격이 0(영)이면 추종기업의 공급량이 0이 되므로 가격선도기업의 수요량은 100이다. 따라서 가격선도기업이 직면하는 수요함수는 $P = 100 - Q$이고 $MR = 100 - 2Q$이다. 가격선도기업의 한계비용이 $MC_a = 20$이므로, 가격선도기업이 이윤을 극대화하는 생산량과 가격은 각각 $Q_a = 40$와 $P_a = 60$이다. 또한 $P = 60$이면 시장수요량은 70단위이므로 추종기업의 판매량은 30단위이다.

제13장 게임이론과 경쟁전략

1. 게임이론의 성격
2. 게임의 균형
3. 최소극대화전략과 안장점
4. 동시게임의 응용
5. 반복게임
6. 순차게임

게임이론은 어떤 주체의 행동으로 인하여 상대방이 반응하는 전략적 상황에서 각 주체들이 어떤 행태를 보이는지를 분석하는 학문분야이다. 따라서 자신의 이윤을 극대화하기 위하여 나름대로 전략을 구사하는 과점기업의 행동을 분석하는데 게임이론이 매우 유용한 도구로 활용될 수 있다. 뿐만 아니라 게임이론은 전략적 상황에 처해 있는 기업들의 다양한 행동을 체계적으로 분석할 수 있는 장점도 있다.

본 장에서는 먼저 게임의 성격과 구성요소를 소개하고, 게임의 균형과 그 성격에 대해 설명한다. 게임의 균형은 게임 참가자들이 자신에게 가장 유리한 결과를 가져오는 전략을 선택한다고 전제하고 있다. 경우에 따라서 게임 참가자들이 극대화전략을 쓰지 않고 보수적 전략을 사용할 때가 있다. 이러한 상황에서 게임의 결과가 어떻게 나타나는지에 대해서도 살펴보게 될 것이다. 마지막으로 게임의 참가자가 순차적으로 의사결정을 내리는 순차게임에서 균형이 어떻게 결정되는지, 그리고 그 성격은 어떠한 것인지에 대해서 논의한다.

1. 게임이론의 성격

1.1 게임이론의 의의

둘 이상의 주체가 상호연관 관계를 통해 자신의 이익을 추구하고 있으나 어느 누구도 그 결과를 마음대로 좌우할 수 없는 경쟁적 상황을 게임(game)이라고 한다. 1944년 물리학자 **노이만**(J. Von Neuman)과 경제학자 **모겐스턴**(O. Morgenstern)에 의해 제시된 **게임이론**(game theory)은 사람들의 이해관계가 서로 맞물려 전략적 상호작용이 존재하는 게임의 상황에서 경기자들이 어떤 행동을 선택해야 할 것인가에 대한 분석틀을 제시한다.

게임의 과정에서 의사결정자는 상대방이 어떤 전략을 사용할 것인가를 예측하고 나름대로 전략을 구사하게 된다. 따라서 게임에서의 전략과 상대방의 대응방식에 따라 무척 다양하고 복잡한 결과가 나타날 수밖에 없다. 더구나 게임에 참가하는 경기자의 수가 많아지면 게임이 어떤 양상으로 전개될 것이며, 게임의 결과가 어떻게 될 것인지를 예측하기가 매우 어렵다. 그러나 참가자의 수와 상대의 전략에 어느 정도의 제약을 부과하면 전략적 상황에서 다양한 전략을 구사하는 의사결정자의 행동을 게임이론의 틀에서 분석할 수 있다.

게임이론의 이러한 성격으로 인하여 이 이론은 사회학, 정치학 등 사회과학뿐만 아니라 생물학과 같은 자연과학 등 여러 분야에서 다양하게 적용되어 왔으며, 경제학에서는 특히 과점시장을 중심으로 발전되어 왔다. 앞 장에서 살펴본 과점시장의 가장 중요한 특징은 각 기업들이 **전략적 상황**(strategic situation)에 직면하고 있다는 점이다. 전략적 상황이란 각 경제주체가 어떤 행동을 취하기 위한 결정과정에서 다른 경제주체의 행동을 고려해야 하는 경우를 의미한다. 따라서 전략적 상황에 처해 있는 과점기업들의 행태를 체계적으로 분석하는데 게임이론이 매우 유용하게 이용될 수 있었던 것이다.

1.2 게임의 구성요소

게임의 형태는 무척 다양하지만 모든 게임은 공통적으로 경기자, 전략, 보수 등의 요소로 구성된다. 어떤 게임에 참여하는 의사결정 주체를 **경기자**(player)라고 하는데, 개인뿐만 아니라 기업 그리고 정부도 경기자가 될 수 있다. 이러한 경기자들은 경기 도중에 어떤 행동을 취할 것인가에 대한 계획을 세우게 되는데 이를 **전략**(strategy)이라고 한다. 게임의 결과는 **보수**(payoff)로 나타나게 되는데, 효용 또는 금액으로 표현하는 것이 일반적이다. 이상에서 살펴본 게임의 기본구성요소를 과점시장에 적용한다면 경기자는 기업, 전략은 기업의 생산량 혹은 가격수준이 될 수 있고 보수는 기업의 시장점유율 또는 기대이윤 등이 된다.

게임은 경기자들의 상호협조 여부에 따라 협조적 게임과 비협조적 게임으로 구분된다. **협조적 게임**(cooperative game)은 경기자들이 공동으로 추구할 전략에 대해 서로 협약을 체결하고 이에 따라 각자의 행동을 규제하는 과정에서 벌이는 게임을 가리킨다. 예컨대 어느 한 기업도 신기술을 개발하는 것이 불가능한 경우에 두 기업이 공동으로 기술을 개발하기로 협의하였다고 하자. 기술개발 이후에 발생할 수 있는 가장 큰 문제는 기술개발의 결과 발생하는 수입을 두 기업 간에 어떻게 배분하느냐이다. 수입의 배분에 관해서는 두 기업이 첨예하게 대립할 가능성이 매우 크다. 만일 두 기업이 투자수익을 어떻게 배분할 것인지에 대한 협약을 체결하고 그것을 준수한다면 양쪽 모두를 더 나은 상태로 만드는 것이 가능하다. 이와 같은 기업들 사이의 전략적 제휴는 협조적 게임의 대표적인 사례이다.

이에 반해 **비협조적 게임**(non-cooperative game)은 경기자들이 서로 협상할 여지가 없는 상태에서 상대방과 치열하게 경쟁하는 과정에서 벌이는 게임이다. 경쟁기업의 전략을 사전에 예측하고 그것에 따라 자신의 행동을 스스로 결정하는 과정에서 벌이는 과점기업들의 경쟁적 상황은 비협조적 게임의 대표적인 사례라고 할 수 있다. 바둑, 화투 등과 같이 우리 주변에서 볼 수 있는 대부분의 게임이 이러한 유형에 속한다. 이렇게 본다면 협조적 게임과 비협조적 게임의 기본적인 차이점은 협약의 가능성에 있다고 할 수 있다. 협조적 게임에서는 서로를 규제하는 협약이 존재하지만 비협조적 게임에서는 그러한 계약이 불가능하기 때문이다.

또한 게임은 경기자들의 전략선택이 이루어지는 순서에 따라 동시게임과 순차게임으로 분류할 수도 있다. 꾸르노 모형과 베르뜨랑 모형에서처럼 복점기업이 동시에 전략을 선택하는 상황은 **동시게임**(simultaneous game)이다. 반면에 슈타켈버그 모형에서와 같이 선도자가 먼저 생산량을 결정하고 추종자가 이후에 생산량을 결정하는 상황은 **순차게임**(sequential game)이 이루어진다고 볼 수 있다.

> 두 기업이 동시에 전략을 선택하는 꾸르노 모형과 베르뜨랑 모형에서는 동시게임이 이루어지는 반면에, 선도자가 먼저 생산량을 결정하고 추종자가 이후에 생산량을 결정하는 슈타켈버그 모형에서는 순차게임이 이루어진다.

2. 게임의 균형

균형이란 외부에서 충격이 없는 한 현재의 상태를 유지하려는 경향을 의미한다는 것을 이미 밝힌 바 있다. 이와 같은 균형의 개념을 게임에도 적용시킬 수 있다. 게임에서 균형이란 경기자들이 선택한 전략에 따라 행동한 결과 모든 경기자들이 만족하여 외부적 충격이 없는 한 더 이상 전략을 변화시킬 의도가 없는 상태를 의미한다. 이렇게 본다면 균형은 게임에 참여하는 합리적인 경기자가 선택한 결과로서 나타날 가능성이 가장 큰 상태라고 볼 수 있다. **게임의 균형**에는 우월전략균형, 내쉬균형, 혼합전략균형, 최소극대화전략균형 등이 있다.

2.1 우월전략균형

게임의 균형을 이해하기 위해서 먼저 각 학문분야에서 많이 적용되고 있는 **용의자의 딜레마**(prisoner's dilemma) 게임을 살펴보자. 공범으로 보이는 두 명의 용의자가 독방에서 분리된 채 심문을 받고 있다. 만일 두 사람이 모두 자백하면 각각 3년형을 받게 되며, 두 사람이 끝까지 범행을 부인할 경우에는 증거불충분으로 각각 1년씩의 징역을 선고 받는다. 그런데 한 명은 범행을 부인하고 다른 한명은 범행을 자백할 경우, 범행을 부인한 용의자는 위증죄가 추가되어 징역 10년형을 선고받는 반면에 자백한 용의자는 정상이 참작되어 집행유예를 선고받게 된다. 두 용의자가 받게 되는 형량을 효용으로 환산하여 정리해 둔 **보수행렬**(payoff matrix)은 〈표 13-1〉과 같다. 먼저 집행유예로 풀려나는 경우에 10의 보수를 부여하였고, 10년형을 사는 최악의 경우에는 1의 보수를 부여하였다. 그리고 1년형을 사는 것과 3년형을 사는 경우에 각각 6과 3의 보수를 부여하였다.

〈표 13-1〉 용의자 딜레마 게임의 보수행렬

구 분		용의자 B	
		부인	자백
용의자 A	부인	A, B 모두 1년형 (6, 6)	A는 10년형, B는 집행유예 (1, 10)
	자백	A는 집행유예, B는 10년형 (10, 1)	A, B 모두 3년형 (3, 3)

용의자 A와 B가 선택할 수 있는 전략은 자백하는 것과 부인하는 것 두 가지이며, 형량은 자신이 선택하는 전략과 상대방이 선택하는 전략에 의해 결정된다. 먼저 용의자 A가 어떻게 하는 것이 좋을지 생각해 보자. 용의자 A가 범행을 부인할 때 B도 범행을 부인하면 1년 형을 살고, B가 자백하면 A는 10년형을 살게 된다. 한편, 용의자 A가 범행을 자백할 때 B가 부인하면 A는 집행유예로 풀려나고 B도 자백하면 A는 3년형을 살게 된다. 따라서 용의자 A에게 있어서는 B가 어떤 전략을 선택하든 상관없이 자백하는 것이 부인하는 것보다 유리한 전략이 된다. 마찬가지로 용의자 B의 입장에서도 A가 어떤 전략을 선택하든 상관없이 자백하는 것이 유리한 전략이 된다. 이와 같이 상대방의 전략과 관계없이 자신에게 언제나 유리한 보수를 가져다주는 전략을 **우월전략**(dominant strategy)이라고 한다.

> 상대방의 전략과 관계없이 자신에게 언제나 유리한 보수를 가져다주는 전략을 **우월전략**이라고 한다.

지금 살펴본 용의자 딜레마 게임의 결과로서 일어날 가능성이 높은 것은 둘 다 자백하는 것이다. 따라서 둘 다 자백하는 것이 용의자 딜레마 게임의 균형이 된다. 이러한 균형은 경기자 모두가 우월전략을 사용한 결과로써 나타났기 때문에 **우월전략균형**(dominant strategy equilibrium)이라고 한다. 우월전략이 게임에서 최선의 결과를 가져다주는 것은 아니다. 〈표 13-1〉에서 볼 수 있는 것처럼 만일 두 용의자가 끝까지 범행을 부인하면 증거불충분으로 각각 1년씩의 징역만 선고 받게 된다. 그러나 상대방이 합리적이라는 전제가 되어 있다면 두 사람 모두 부인하는 경우는 결코 나타날 수 없게 된다. 두 용의자가 완전히 분리되어 서로 협조가 불가능한 상황이기 때문에 둘 다 자백함으로써 각각 3년형을 사는 결과가 나타날 수밖에 없다.

2.2 Nash균형

상대방이 무슨 전략을 선택하든지 관계없이 자신에게 가장 많은 보수를 가져다주는 전략의 짝을 우월전략균형이라 하였는데, 이러한 균형이 존재하는 게임이 현실에서 그렇게 많지 않다. 상대방의 모든 전략에 대해서 최적인 전략을 갖는다는 것은 매우 까다로운 조건이다. 우리는 이러한 조건을 다소 완화시킨 경우를 생각해 볼 수 있다. 상대방의 전략이 주어진 것으로 보고 이에 대한 최적의 전략을 선택하는 게임이 있을 수 있다. 우월전략과는 달리 주어진 상대방의 전략에 대해 최적인 전략의 짝을 **내쉬균형**(Nash equilibrium)이라고 한다. 내쉬균형의 존재여부를 〈표 13-2〉를 이용해 살펴보기로 하자.

〈표 13-2〉에는 A기업이 a_1, a_2전략을 선택하고, B기업은 b_1, b_2전략을 선택하는 경우의 결과가 보수행렬로 나타나 있다. 괄호안의 앞의 숫자는 A기업의 보수, 뒤의 숫자는 B기업의 보수를 나타내고 있다. 만일 A기업이 a_1전략을 선택하면 B기업은 b_2전략을 선택하는 것보다는 b_1전략을 선택할 때 보수가 더 많다. B기업이 b_1전략을 선택하면 10억원의 보수를 얻게 되지만, b_2전략을 선

택하면 8억원의 보수를 얻기 때문이다. 마찬가지로 B기업이 b_1전략을 선택하면 A기업은 a_2전략을 선택하는 것보다는 a_1전략을 선택할 때 보수가 더 많다. 이렇게 A기업이 a_1전략을 선택하고 B기업은 b_1전략을 선택하는 전략의 짝은 내쉬균형이 된다.

〈표 13-2〉 내쉬균형

구 분		B기업	
		b_1전략	b_2전략
A기업	a_1전략	(20억원, 10억원)	(8억원, 8억원)
	a_2전략	(8억원, 8억원)	(10억원, 20억원)

> 상대방이 선택한 전략을 주어진 것으로 보고 각 경기자가 이에 대한 최적의 전략을 선택했을 때, 이들 최적전략의 짝을 **내쉬균형**이라고 한다.

한편, A기업이 a_2전략을 선택하면 B기업의 최적전략은 b_2가 된다. B기업이 b_1전략을 선택하면 8억원의 보수를 얻게 되겠지만 b_2전략을 선택하면 20억원의 보수를 얻게 되기 때문이다. 또한 B기업이 b_2전략을 선택하는 경우 A기업의 최적대응은 a_2전략을 선택하는 것이다. 따라서 A기업이 a_2전략을 선택하고 B기업은 b_2전략을 선택하는 경우도 내쉬균형이 된다. 이처럼 게임의 성격에 따라서는 하나 이상의 내쉬균형이 존재할 수 있다.

여기서 A기업이 a_1전략을 선택하는 경우와 a_2전략을 선택하는 경우에 B기업의 대응이 달라지는 것을 확인할 수 있다. 이러한 점은 이 게임에서는 우월전략균형이 존재하지 않는다는 것을 의미한다. 그러나 우월전략균형은 존재하지 않더라도 각 경기자가 상대방의 전략을 주어진 것으로 보고 자신에게 최적인 전략을 선택하는 내쉬균형이 존재하게 된다.[1)]

[연습문제 13.1]

> 복점시장에서 꾸르노균형은 내쉬균형인가?

1) 우월전략균형은 내쉬균형이지만, 내쉬균형이라고 해서 우월전략균형인 것은 아니다.

[연습문제 13.2]

우월전략균형은 반드시 내쉬균형이 되는가? 또한 내쉬균형은 반드시 우월전략균형이 되는가?

2.3 혼합전략균형

(1) 동전 앞뒷면 맞추기 게임

지금까지 살펴본 우월전략균형과 내쉬균형에서 각 경기자는 하나의 전략을 선택하여 그것을 고수하는 **순수전략**(pure strategy)을 사용하였다. 그러나 순수전략을 사용할 때 내쉬균형이 존재하지 않는 게임도 있다. 예컨대 동전 앞뒷면 맞추기 게임(matching pennies)이 대표적인 예이다. A와 B가 동시에 앞면 또는 뒷면을 선택하면 A가 100원의 이득을 보고, 앞뒷면이 서로 다르면 B가 100원 이득을 보는 동전 앞뒷면 맞추기 게임이 있다고 하자. 이때의 보수행렬이 〈표 13-3〉으로 주어져 있다.

〈표 13-3〉 동전 앞뒷면 맞추기 게임의 혼합전략균형

구 분		B 경기자	
		앞 면	뒷 면
A 경기자	앞 면	(100, -100)	(-100, 100)
	뒷 면	(-100, 100)	(100, -100)

만일 A가 앞면을 선택하면 B는 뒷면을 선택하려 할 것인데, B가 막상 뒷면을 선택하면 이번에는 A가 뒷면을 선택하려고 할 것이다. 마찬가지로 이번에는 B가 앞면을 선택하는 등 게임이 끝없이 순환하게 된다. 지금 살펴본 동전 앞뒷면 맞추기 게임에서 순수전략만 사용하면 경기자가 현재의 결과에 만족하여 더 이상 자신의 전략을 바꿀 유인이 없는 상태, 즉 게임의 균형이 존재하지 않는다.

그러나 내쉬(J. Nash)에 의해 정규형의 2인 게임의 경우에 순수전략으로는 균형을 갖지 않는 경우에도 혼합전략을 허용하면 균형을 갖는다는 것이 증명되어 있다. 만일 A가 앞면을 선택하여 그것을 고수하는 순수전략을 사용한다면

손실을 볼 수밖에 없다. 순수전략은 우연을 허락하지 않기 때문에 상대방에게 자신의 전략이 완전히 노출되고 이 경우 A의 전략을 알아차린 B는 당연히 뒷면을 선택할 것이다. 이 게임의 경기자는 무작위(random)하게 동전의 앞면과 뒷면을 선택하는 전략, 즉 **혼합전략**(mixed strategy)을 사용하는 것이 최선이다.

> **혼합전략**이란 선택 가능한 여러 순수전략들을 주어진 확률분포에 따라 임의로 선택하는 것을 의미한다.

앞에서 설명한 바와 같이 혼합전략이란 게임에 참여하는 각 경기자가 여러 가지 전략을 무작위로 선택하는 것을 의미하는데, 문제는 각 전략을 어떻게 혼합하느냐이다. 각 경기자는 상대방이 어떤 전략을 선택하든지 항상 동일한 **기대보수**(expected payoff)를 얻도록 각각의 전략을 선택하면 된다. 이러한 상황이 주어지면 상대방은 보수를 증가시키는 전략을 찾을 유인이 없기 때문이다.

동전 앞뒷면 맞추기 게임에서 A가 앞면을 선택할 확률이 p, 뒷면을 선택할 확률이 $1-p$라고 하자. 이 때 B가 앞면을 선택할 때와 뒷면을 선택할 때 다음과 같은 기대보수를 가지게 된다.

(13. 1) B가 앞면을 선택할 때 기대보수 : $-100p+100(1-p)$
B가 뒷면을 선택할 때 기대보수 : $100p+(-100)(1-p)$

이 때 A는 자신이 어떤 전략을 선택하든 간에 B의 기대보수가 같아지도록 식 (13. 2)를 만족하는 확률 p를 구하면 된다.

(13. 2) $-100p+100(1-p)=100p+(-100)(1-p)$

식 (13. 2)에서 $p=1/2$이므로 A가 1/2의 확률로 앞면을 선택함으로써 B의 기대보수가 항상 같아지도록 할 수 있다. 이것은 A의 입장에서 동전의 앞면과 뒷면을 1/2의 확률로 섞는 혼합전략을 선택하는 것이 최선이라는 의미이다. 물론 B의 입장에서도 A와 똑같은 혼합전략을 선택하는 것이 최선이다. 우리는 이러한 두 사람의 혼합전략 짝을 **혼합전략균형**(mixed strategy equilibrium)

이라고 한다.

동전 앞뒷면 맞추기 게임에서 A와 B가 각각 1/2의 확률로 앞면과 뒷면을 선택하는 혼합전략균형은 일종의 내쉬균형, 즉 **혼합전략 내쉬균형**이다. 이것이 균형인 것은 A와 B가 지금의 혼합전략을 다른 것으로 바꿀 유인이 없기 때문이다. 만일 A가 앞면과 뒷면을 $p=3/4$, $1-p=1/4$의 확률로 섞는 전략으로 바꾼다면 B는 뒷면을 자주 선택하는 전략으로 수정하여 이득을 증가시킬 수 있다. 따라서 어떤 경기자도 앞에서 본 혼합전략균형의 상태에서 벗어나려 하지 않을 것이다. 이러한 의미에서 A와 B가 각각 1/2의 확률로 앞면과 뒷면을 선택하는 것이 균형인 것이다.

[연습문제 13.3]

두 사람의 가위, 바위, 보 게임에서 이기면 상대방으로부터 1,000원을 가져온다고 하자. 순수전략(pure strategy)에 의한 내쉬균형이 존재하는가?

(2) 성의 대결(battle of sexes)

서로 연인관계에 있는 갑돌이와 갑순이가 다음 주말을 함께 보내는 방법을 의논하고 있다. 그런데 두 사람의 취향이 서로 다르다. 갑돌이는 등산을 원하고, 갑순이는 영화감상을 원한다. 그렇지만 갑돌이는 혼자 등산하는 것보다 갑순이와 함께 영화 보는 것을 더 좋아한다. 갑순이도 마찬가지로 혼자서 영화보는 것보다는 갑돌이와 함께 등산하는 것을 더 좋아한다. 두 사람의 의견이 일치하지 않아 각자 등산이나 영화감상을 하면 즐거움이 크게 줄어드는 상황이다. 갑돌이와 갑순이가 주말에 여가를 즐기면서 느끼는 만족감(효용)을 보수행렬로 나타내면 〈표 13-4〉와 같다.

〈표 13-4〉 성의 대결

구 분		갑순이	
		등산	영화감상
갑돌이	등산	(100, 80)	(20, 20)
	영화감상	(10, 10)	(80, 100)

이제 각자가 원하는 여가활용 방안을 동시에 제시하는 경우에 달성되는 균형

이 무엇인지 살펴보자. 먼저 갑돌이가 등산을 제시하면 갑순이도 함께 등산을 제안하는 것이 최선이며, 다시 갑순이가 등산을 제안하면 갑돌이도 등산을 제시하는 것이 최선이다. 만일 갑순이가 영화감상을 제시한다면 갑돌이 역시 영화감상을 제안하는 것이 최선이다. 지금처럼 상대방의 선택이 주어진 상태에서는 어느 누구도 자신의 결정을 바꾸려고 하지 않을 것이다. 결과적으로 두 개의 순수전략 내쉬균형이 존재하게 되는 것이다.

이 게임에서는 두 개의 순수전략 내쉬균형 뿐만 아니라 두 사람이 혼합전략을 사용하는 경우에도 균형이 존재한다. 먼저 갑순이가 등산을 선택할 확률이 p, 영화감상을 선택할 확률이 $1-p$라고 하자. 이 때 갑돌이의 여가활동 선택에 따른 기대효용은 다음과 같다.

(13. 7) 등산을 선택할 때의 기대효용 : $100p+20(1-p)$
영화감상을 선택할 때의 기대효용 : $10p+80(1-p)$

갑순이는 갑돌이가 어떤 선택을 하든지 항상 동일한 기대효용을 얻도록 식 (13. 8)에서 확률 p를 선택하면 된다. 이러한 상황에서 갑돌이는 자신의 효용을 증가시키는 전략을 찾을 유인이 없기 때문이다.

(13. 8) $100p+20(1-p)=10p+80(1-p)$

이 식에서 $p=2/5$이므로 갑순이가 2/5의 확률로 등산을 선택하고, 3/5의 확률로 영화감상을 선택할 때 갑돌이는 자신의 선택과 관계없이 동일한 기대효용을 갖게 된다. 따라서 갑순이가 혼합전략을 사용한다면 등산과 영화감상을 각각 2/5와 3/5의 확률로 섞는 것이 최선이다.

한편, 갑돌이가 등산을 선택할 확률이 ρ, 영화감상을 선택할 확률이 $1-\rho$라고 하면, 갑순이의 기대효용은 다음과 같다.

(13. 9) 등산을 선택할 때의 기대효용 : $80\rho+10(1-\rho)$
영화감상을 선택할 때의 기대효용 : $20\rho+100(1-\rho)$

갑돌이는 식 (13. 9)에서 보는 것처럼 갑순이가 어떤 전략을 선택하든지 항상 동일한 기대효용을 얻도록 $80\rho+10(1-\rho)=20\rho+100(1-\rho)$를 만족하는 확률 ρ를 선택하면 된다. 식 (13. 9)에서 $\rho=3/5$이므로 갑돌이가 혼합전략을 사용한다면 3/5의 확률로 등산을 선택하고, 2/5의 확률로 영화감상을 선택하는 것이 최선이다.

지금까지 살펴본 갑순이와 갑돌이가 선택하는 혼합전략의 짝을 **혼합전략균형**(mixed strategy equilibrium)이라고 한다. 갑순이가 혼합전략을 사용한다면 갑돌이는 혼합전략 외의 어떤 전략을 사용하더라도 더 좋은 상태에 도달할 수 없다. 이러한 점은 갑순이의 경우에도 마찬가지이다. 두 사람이 혼합전략을 사용할 때 갑돌이와 갑순이는 각각 52의 기대효용을 얻게 된다.[2)]

그렇다면 현실적으로 두 사람이 혼합전략을 사용할 것인가? 두 사람이 합리적으로 행동한다면 이 게임에서 혼합전략을 사용할 가능성은 없다. 왜냐하면 갑돌이와 갑순이가 앞에서 살펴본 내쉬균형 중에서 어떤 것을 선택하는데 합의한다면 각자는 적어도 80의 기대효용을 얻게 되지만, 혼합전략을 사용함으로써 얻는 기대효용이 52에 불과하기 때문이다. 이 게임 뿐만 아니라 다른 많은 게임에서도 혼합전략이 제시하는 균형이 현실적으로 실현될 가능성은 비교적 낮은 편이다.

3. 최소극대화전략과 안장점

3.1 최소극대화전략

A기업과 B기업이 각자 자신들의 전략을 선택할 때 수익이 〈표 13-5〉의 보수행렬로 주어져 있다고 하자. A기업에게는 우월전략이 존재하지 않지만 B기업에게는 우월전략 b_2가 존재한다. A기업으로서는 B기업이 당연히 이 전략을 선택할 것을 기대하고 a_2전략을 선택함으로써 50억원의 수익을 얻으려고 할 것

2) 식 (13. 7)에 $p=2/5$를 대입하면 기대효용수준은 52가 되고, 식 (13. 9)에 $\rho=3/5$를 대입하면 기대효용수준은 52가 된다.

이다. 이와 같이 A기업이 a_2전략, B기업은 b_2전략을 선택하는 것이 이 게임의 유일한 내쉬균형이 된다. 물론 이와 같은 내쉬균형은 A기업과 B기업이 합리적으로 행동한다는 것을 전제하고 있다.

〈표 13-5〉 최소극대화전략의 보수행렬

구 분		B기업	
		b_1전략	b_2전략
A기업	a_1전략	(20억원, 30억원)	(30억원, 60억원)
	a_2전략	(-100억원, 5억원)	(50억원, 40억원)

만일 B기업이 게임의 성격을 잘못 파악하거나 비합리적으로 전략을 선택한다면 이 게임의 결과가 어떻게 될까? A기업이 a_2의 전략을 선택하였는데 B기업이 b_2전략 대신에 b_1전략을 선택한다면 그 자신의 이득도 5억원으로 감소하지만 A기업으로서는 100억원의 손실을 입게 된다. 이처럼 A기업이 상대기업의 게임에 관한 정보파악 능력이나 합리성에 대해 신뢰하지 못한다면 A기업은 a_2전략 대신에 a_1전략을 선택하는 극단적인 위험기피적 태도를 취할 수 있다. 이렇게 함으로써 A기업은 자신의 수익이 어느 정도 감소하더라도 상대기업이 비합리적인 선택을 했을 때 발생하는 치명적인 손실을 회피할 수 있기 때문이다.

만일 A기업이 상대방의 합리성에 대해 의심을 갖는다면 내쉬전략 대신에 **최소극대화전략**(maximin strategy)을 사용할 수 있다. A기업이 a_1전략을 선택하면 최소보수가 20억원이고, a_2전략을 선택할 때의 최소보수가 −100억원이므로 이 중에서 가장 큰 보수를 가져다주는 a_1전략을 선택한다는 의미에서 최소극대화전략이라고 한다. A기업이 최소극대화전략을 사용하여 a_1를 선택하게 되면 B기업은 우월전략인 b_2전략을 선택할 것이므로 이때의 균형은 $(a_1,\ b_2)$가 된다.

앞에서 살펴본 것처럼 최소극대화전략은 경기자가 상대방이 어떤 전략을 선택하느냐와 상관없이 자신의 보수에 입각하여 전략을 선택한다. 경기자 자신이 어떤 전략을 선택했을 때 나타날 수 있는 최악의 상황을 비교하여 그 중에서 가장 덜 나쁜 결과가 나타나는 전략을 선택하는 것이다. 이러한 선택은 경기자의 보수적인 태도를 반영한다고 볼 수 있다. 다시 말하면 경기자는 **극단적인 위험기피적 태도**를 갖는 것이다.

3.2 정합게임과 안장점

<표 13-5>에서 살펴본 게임은 경기자들이 얻는 보수의 합이 일정하게 주어지지 않은 **비정합게임**(non-constant sum game)이다. 경제현상 중에는 이처럼 비정합게임이 적용되는 경우가 더 많기는 하지만 시장점유율 경쟁게임과 같이 경기자들이 얻는 보수의 합이 항상 일치하는 **정합게임**(constant sum game)도 있다.3)

<표 13-6>은 두 기업이 시장점유율을 경쟁하는 게임으로 보수의 합이 항상 100%인 정합게임을 나타내고 있다. 이 때 A기업은 B기업이 어떤 전략을 선택하든 가장 나쁜 결과로 몰아갈 것이며, B기업은 A기업이 어떤 전략을 선택하든 가장 나쁜 결과로 몰아갈 것이라고 생각할 수 있다. 정합게임에서는 상대방에게 최악의 결과를 가져다주는 것이 자신에게는 최선의 결과로 나타나기 때문이다. 이러한 상황에서 각 기업은 자신이 직면하게 되는 최악의 결과들을 비교해서 그것들 중에서 최선의 전략을 선택할 수 있다.

<표 13-6> 안장점과 보수행렬

구 분		B기업	
		b_1전략	b_2전략
A기업	a_1전략	(50, 50)	(45, 55)
	a_2전략	(55, 45)	(40, 60)

A기업이 a_1전략을 선택할 때 최소보수가 45이고 a_2전략을 선택하면 최소보수가 40이므로, 이 중에서 가장 큰 보수를 가져다주는 a_1전략을 선택하는 것이 최소극대화전략이다. 이때 A기업은 최소한 45의 보수를 확보할 수 있다. B기업의 경우에는 b_1전략을 선택할 때 최소보수가 45이고 b_2전략을 선택하면 최소

3) 화투게임은 사람들이 딴 금액과 다른 사람이 잃은 금액의 합은 영(0)이므로 영합게임(zero sum game)이다.

보수가 55이므로, 이 중에서 가장 큰 보수를 가져다주는 b_2전략을 선택하는 것이 최소극대화전략이다. B기업은 최소극대화전략을 선택함으로써 최소한 55의 보수를 확보할 수 있다. 이러한 두 전략의 짝 a_1과 b_2는 각 기업에게 최소한으로 보장된 보수를 확보할 수 있게 하는데 이를 **안장점**(saddle point)이라고 한다.

A기업의 전략이 a_1으로 주어지면 B기업이 선택할 수 있는 전략 중에는 b_2가 A기업의 보수를 극소화한다. 한편, B기업의 전략이 b_2로 주어졌을 때 A기업이 선택할 수 있는 전략 중에는 a_1이 A기업의 보수를 극대화한다. 이와 같이 게임의 결과 나타나는 보수가 한편에서는 극소화하지만, 다른 한편에서는 극대화하는 현상이 말안장 모양을 닮아서 붙인 이름이다. 물론 모든 정합게임에서 안장점이 존재하는 것은 아니라는 점을 분명히 밝혀둔다.

지금 살펴보고 있는 게임의 안장점은 내쉬균형이다. A기업이 a_1전략을 선택하면 B기업은 b_2전략으로 대응하는 것이 최적이고, 이번에는 B기업이 b_2전략을 선택하면 A기업은 a_1전략으로 대응하는 것이 최적이다. 따라서 이러한 두 전략의 짝 (a_1, b_2)는 내쉬균형의 성격도 갖고 있는 것이다.

4. 동시게임의 응용

4.1 가격전쟁

기업들 사이의 지나친 가격경쟁은 모든 기업에게 피해를 주게 되고, 이것이 심화되면 서로 치명적으로 손해를 입게 되는 **가격전쟁**(price war) 상태로 빠져들 수 있다. 가격경쟁이 심화되면 가격전쟁 상태에 빠져들게 된다는 사실을 알면서도 기업들은 왜 가격경쟁을 하는 것일까?

〈표 13-7〉에 제시된 기업들 사이의 가격전쟁에 대한 보수행렬은 **용의자 딜레마 게임**의 경우와 너무나 흡사하다. 각각의 보수에는 아무런 차이가 없고, 다만 부인하는 전략을 가격유지, 자백하는 전략을 가격인하로 바꾼 것만 다를 뿐이다. A기업과 B기업이 각각 게임에 참여하는 경기자 역할을 하며 그들이 현재의

가격을 계속 유지하거나 아니면 가격을 낮추는 경우에 기대할 수 있는 이윤이 〈표 13-7〉과 같이 주어져 있다고 하자. 여기에서 괄호안의 첫 번째 숫자는 A기업의 이윤, 두 번째 숫자는 B기업의 이윤을 나타내고 있다.

〈표 13-7〉 가격전쟁

구 분		B기업	
		가격유지	가격인하
A기업	가격유지	(6억원, 6억원)	(1억원, 10억원)
	가격인하	(10억원, 1억원)	(3억원, 3억원)

먼저 B기업이 현재의 가격수준을 유지한다고 하자. 보수행렬에 의하면 B기업이 현재의 가격을 유지할 때 A기업은 현재의 가격을 준수하는 것보다는 가격을 인하함으로써 더 많은 이윤(10억원)을 얻을 수 있다. 또한 B기업이 가격을 인하할 때도 A기업도 가격을 인하함으로써 더 많은 이윤(3억원)을 얻을 수 있다. 따라서 A기업의 입장에서는 B기업의 전략과 상관없이 가격을 인하하는 것이 우월전략이다.

동일한 논리로 B기업의 입장에서도 A기업의 전략과 상관없이 가격을 인하하는 것이 우월전략이다. 결과적으로 두 기업 모두 가격을 인하하게 되고, 그 때 그 두 기업의 이윤은 각각 3억원이 된다. 이와 같이 두 기업 모두 가격을 인하하는 우월전략을 계속해서 고수하게 되면 결국에는 가격전쟁이 발생할 수 밖에 없다.

기업들 사이의 지나친 가격경쟁은 모든 기업에게 피해를 주게 되고, 이것이 심화되면서 서로에게 치명적으로 손해를 입히게 되는 상황을 **가격전쟁**이라고 한다.

이처럼 두 기업 모두 자신에게 가장 유리한 전략을 선택하였지만 가격을 변경하지 않는 경우에 비해 더 열악한 상황에 처하게 된 것이다. 만일 두 기업이 합의를 통해 현재의 가격을 유지하였다면 둘 다 6억원의 이윤을 얻을 수 있었다. 바로 이러한 경우가 앞서 살펴본 용의자의 딜레마와 똑같은 상황이다.

4.2 시장선점전략

어떤 동네에서 생맥주집을 개설하려는 두 사람 A, B가 있다. 한 사람만 생맥주집을 개설하면 연간 3,000만원의 이윤을 얻게 되지만 두 사람 모두 생맥주집을 개설하면 과열경쟁으로 인하여 1,000만원씩 손실이 발생한다고 하자. 이러한 상황이 〈표 13-8〉에서와 같은 보수행렬로 나타나 있다.

〈표 13-8〉 시장선점자의 이익

구 분		B	
		개설	포기
A	개설	(-1,000만원, -1,000만원)	(3,000만원, 0원)
	포기	(0, 3,000만원)	(0원, 0원)

두 사람 모두 상대방이 개설하면 포기하고, 상대방이 포기하면 개설하는 것이 최선의 전략이다. 따라서 이 게임에서 A가 개설하고 B가 포기하는 짝과 A가 포기하고 B가 개설하는 짝이 내쉬균형이 된다. 이러한 두 개의 내쉬균형 중에서 어떤 것이 실제로 실현될 것인가는 누가 먼저 생맥주집을 개설하느냐에 달려 있다. 만일 A가 생맥주집을 먼저 개설하면 B가 포기함으로써 A는 3,000만원의 이윤을 누리게 된다. 반면에 B가 생맥주집을 먼저 개설하면 A가 포기함으로써 B는 3,000만원의 이윤을 누리게 된다.

결국 두 사람 중에서 누가 먼저 생맥주집을 개설하느냐에 따라 이윤의 크기가 결정된다. 이와 같이 경쟁자들보다 먼저 전략을 선택함으로써 얻게 되는 이득을 **선점자의 이익**(first-mover's advantages)이라고 한다. 선점자의 이익을 누리기 위해서 경쟁자보다 먼저 점포를 임대하고 생맥주집을 개설할 것이라는 사실을 주위에 알리는 방법이 이용될 수 있다

4.3 성의 대결

제2절에서 살펴본 **성의 대결**(battle of sexes) 게임에서의 보수행렬인 〈표 13-4〉를 다시 나타내기로 하자. 이 게임에서 갑돌이와 갑순이가 함께 등산을

선택하는 것이 내쉬균형이며, 둘이 함께 영화감상을 선택하는 것도 내쉬균형이다. 이처럼 다수의 내쉬균형이 존재하는 게임에서 실제로 도달하는 균형상태는 어떤 것일까?

〈표 13-4〉 성의 대결

구 분		갑순이	
		등산	영화감상
갑돌이	등산	(100, 80)	(20, 20)
	영화감상	(10, 10)	(80, 100)

성의 대결 게임에서 갑돌이가 두 사람 사이에서 주도권을 쥐고 있다면 둘이 함께 등산할 가능성이 크고, 갑순이가 주도권을 쥐고 있다면 둘이 함께 영화를 볼 가능성이 크다. 이와 같이 내쉬균형이 다수 존재할 때는 **협상능력**(bargaining power)이 우수한 경기자에게 유리한 내쉬균형에 도달할 가능성이 크다.

또한 경기자가 자신이 어떤 전략을 선택했다는 것을 상대방에게 일방적으로 통보하는 방법, 즉 **공약**(commitment)을 통해서 자신이 원하는 균형상태를 실현할 수도 있다. 성의 대결 게임에서 갑돌이가 갑순이에게 주말의 데이트를 포기하는 한이 있더라도 등산을 가겠노라고 일방적으로 통보하는 것이 공약에 해당한다. 여자친구에게 자기 멋대로 행동하는 남자친구가 있다면 그는 이러한 전략을 취하고 있는지 모른다. 만일 남자친구의 일방적인 행동이 불만인 여자친구가 있다면 그녀는 일시적인 고통을 무릅쓰고서라도 더 강력한 공약을 선택해야 한다. 예컨대 여자친구가 남자친구에게 '만일 네가 계속해서 일방적으로 행동하면 헤어지겠다.'고 선언하는 것이다. 문제는 그런 공약이 성립되기 위해서는 남자친구가 그러한 선언을 믿을 수밖에 없는 충분한 근거가 있어야 한다. 다시 말하면 공약이 신뢰성을 가져야 한다는 점이다.

4.4 카르텔의 불안정성

과점시장에 참여하고 있는 기업들이 상호의존 관계를 무시하고 독자적인 행동을 취하면 서로가 치명적인 손실을 입을 수 있다는 사실을 잘 알고 있는 기업들은 상호 협조체제를 구축하려는 유인을 갖기도 한다. *A*기업과 *B*기업이 카르텔을 결성하여 서로 협력하기로 하였다고 하자. 각 기업이 카르텔의 협정을 계속 준수하거나 위반하는 경우에 기대할 수 있는 보수가 〈표 13-9〉와 같이 주어져 있다. 이 표는 앞의 〈표 13-7〉에서 보았던 보수행렬과 거의 똑같다. 두 기업이 선택한 전략에 따른 보수의 크기에는 아무런 차이가 없고 가격유지와 인하를 각각 카르텔 협정의 준수와 위반으로 바꾼 것만 다를 뿐이다.

〈표 13-9〉 카르텔의 불안정성

구 분		*B*기업	
		준수	위반
*A*기업	준수	(6억원, 6억원)	(1억원, 10억원)
	위반	(10억원, 1억원)	(3억원, 3억원)

이 표에서 보면 두 기업 모두 카르텔 협정을 준수할 때 각각 6억원의 이윤을 얻을 수 있지만, 상대기업이 협정을 준수할 때 자신은 협정을 위반함으로써 더 많은 이윤(10억원)을 얻을 수 있다. 따라서 각 기업은 카르텔의 협정을 위반할 유혹에 빠지게 된다. 이처럼 각 기업은 카르텔의 협정을 무시하고 독자적으로 행동하려는 취약점을 갖고 있기 때문에 카르텔의 존립 그 자체가 매우 불안정할 수밖에 없다.

그러나 우리의 현실 경험에 의하면 카르텔이 비교적 오랜 기간 동안 유지된 사례도 있다. 실제로 시장에서 기업 사이의 거래는 일회성으로 끝나는 것이 아니라 지속적으로 이루어지기 때문에 협조적인 분위기가 조성될 수 있는 것이다. 카르텔 협정을 위반하는 기업이 있다면 단기적으로는 이윤을 증가시킬 수 있겠지만, 협정을 위배한 기업에게 가해지는 보복을 고려하면 장기적으로는 오히려 손해를 볼 수 있기 때문이다.

5. 반복게임

5.1 반복게임의 성격

과점기업들이 서로 협조하면 모두가 이득을 볼 수 있음에도 불구하고 상대방을 신뢰하지 못하여 서로에게 손해가 되는 전략을 선택할 가능성이 높다는 것을 앞 절에서 살펴보았다. 이러한 상황은 용의자들이 서로 협조함으로써 각자의 형량을 감소시킬 수 있음에도 불구하고 상대방을 믿지 못하여 최선의 결과를 얻지 못하는 용의자의 딜레마 게임과 다를 바 없다. 용의자의 딜레마 게임에서 그러한 결과가 나타날 수 있는 것은 게임이 단 한번으로 끝나기 때문이다.[4] 만일 용의자의 딜레마 게임이 반복적으로 이루어진다면 지금까지와는 전혀 다른 결과가 나타날 수 있다. 현실에서 이루어지고 있는 게임을 보면 그것이 일회성으로 그치지 않고 여러 번 반복해서 이루어지는 경우가 많다. 시장에 참여하는 기업들은 가격 또는 생산량 결정과정에서 경쟁기업과 지속적으로 **반복게임**(repeated game)을 하고 있다고 볼 수 있다.

반복게임은 게임이 종결되는 시점이 정해진 상태에서 반복되는 **유한반복게임**과 게임이 종결되는 시점이 정해져 있지 않은 상태에서 반복되는 **무한반복게임**으로[5] 구분된다. 반복게임에서 서로 협조적 전략이 선택되는 것은 무한반복게임의 경우에만 가능하다. 만일 반복게임의 횟수가 유한하다면 경기자들은 어떤 전략을 선택할까? 게임이 n번에 걸쳐 반복되는 용의자의 딜레마 게임을 생각해 보자. n번째 게임이 마지막이므로 각 용의자는 n번째 게임에서 자신에게 이득이 되는 비협조적 전략(자백)을 선택할 것이다. 각자가 비협조적 전략을 선택하더라도 상대방으로부터 보복당할 기회가 더 이상 없기 때문이다. 그렇다면 $n-1$번째의 게임에서도 서로 협조적인 전략(부인)을 선택할 이유가 없다. 이렇

4) 지금까지 보는 것처럼 게임이 단 한번만 행해지는 경우를 일회게임(one-shot game)이라고 한다.

5) 경제학에서 취급하는 무한반복게임은 게임이 영원히 지속되는 것이 아니라, 게임이 끝나는 시점이 언제인지 모르는 게임을 의미한다.

게 **역진귀납법**(backward induction)적[6] 논리를 계속해서 적용해 나가면 결국 첫 번째의 게임에서도 각자 비협조적 전략을 선택하게 될 것이다. 이처럼 반복게임의 횟수가 유한하다면 참가자들이 비협조적인 전략으로 일관하게 된다는 점을 확인할 수 있다. 따라서 게임에서 협조적인 전략이 선택될 수 있는 경우는 게임의 횟수가 무한히 반복되는 게임에 한정된다.

5.2 방아쇠 전략

반복게임에서 각 기업은 경쟁기업이 이전에 어떤 전략을 선택하였는지를 보고 자신의 전략을 결정할 수 있게 된다. 만일 경쟁기업이 카르텔 협정을 준수한다면 자신도 협정을 준수하겠지만, 경쟁기업이 카르텔 협정을 위반한다면 자신도 이후의 모든 게임에서 협정을 위반하는 전략을 선택한다고 하자. 즉, A기업이 카르텔 협정을 위반하는 전략을 선택하면 B기업은 영원히 협정을 위반하는 '방아쇠'를 당기는 것이다. 물론 그 역도 똑같다. 만약 무한반복게임에서 두 기업이 이러한 **방아쇠 전략**(trigger strategy)을 선택하면 어느 기업도 카르텔 협정을 위반할 가능성은 매우 낮다. 왜냐하면 어떤 기업에 의해 시작된 한 번의 비협조적인 행동이 이후부터는 협조체제를 영원히 무산시키는 냉혹한 상황을 촉발시키기 때문이다.

> 방아쇠 전략(trigger strategy)은 무한반복게임에서 경기자가 상대방의 이전 행동이 협조적이면 협조하고, 비협조적이면 이후의 모든 게임에서 보복하는 방식으로 대응하는 전략을 말한다.

〈표 13-9〉를 이용하여 방아쇠 전략을 선택할 때 카르텔이 안정적으로 유지될 가능성이 어느 정도인지 알아보기로 하자. A기업이 카르텔 협정을 준수할 때 B기업도 같이 협정을 준수한다면 6억원의 이윤을 얻을 수 있지만, B기업이 협정을 위반한다면 이윤을 10억원으로 증가시킬 수 있다. 그러나 B기업이 카르텔 협정을 위반할 때는 그것에 대한 대가를 치루어야 한다. B기업이 협정을 위반하면 그 다음부터 A기업은 계속해서 카르텔 협정을 위반하는 방아쇠 전략으

6) 실제로 게임이 진행되는 방향과 반대로 거슬러 올라가는 방식을 역진귀납법이라고 한다.

로 대응하기 때문이다. 결과적으로 B기업이 처음에는 10억원의 이윤을 벌겠지만 이후에는 매기마다 3억원의 이윤만 얻게 된다. 따라서 기간당 할인율이 r로 주어져 있을 때 이윤의 흐름에 대한 **현재가치**(present value; PV)는 식 (13. 10)과 같이 무한등비급수의 합으로[7] 나타낼 수 있다.

$$(13.\ 10)\quad PV_n = 10 + \frac{3}{1+r} + \frac{3}{(1+r)^2} + \frac{3}{(1+r)^3} + \cdots$$

$$= 10 + \frac{\frac{3}{1+r}}{1-\frac{1}{1+r}} = 10 + \frac{3}{r}$$

한편 두 기업이 서로 카르텔의 협정을 준수한다면 B기업은 지속적으로 6억원의 이윤을 벌 수 있으므로 기대이윤의 현재가치는 식 (13. 11)과 같이 무한등비급수의 합으로 나타낼 수 있다.

$$(13.\ 11)\quad PV_c = 6 + \frac{6}{1+r} + \frac{6}{(1+r)^2} + \frac{6}{(1+r)^3} + \cdots$$

$$= \frac{6}{1-\frac{1}{1+r}} = \frac{6(1+r)}{r}$$

이제 위의 두 식을 비교함으로써 카르텔을 안정적으로 유지할 수 있는 조건을 알 수 있다. 카르텔 협정을 위반했을 때의 기대이윤에 대한 현재가치가 협정을 준수했을 때의 기대이윤에 대한 현재가치보다 작거나 같다면 B기업이 협정을 위반할 유인이 없다. 즉, 다음 식 (13. 12)의 조건이 성립되면 카르텔 협정을 위반할 이유가 없는 것이다.

$$(13.\ 12)\quad 10 + \frac{3}{r} \leq \frac{6(1+r)}{r}$$

7) 무한등비급수의 합은 $|r|<1$일 때 $\frac{a}{1-r}$이다. 여기서 a는 초항을 나타내고 있다.

이 식을 정리하면 $r \leq 3/4$이라는 것을 알 수 있다. 다시 말하면 기간당 할인율, 즉 시장이자율 r이 75.0%보다 작다면 B기업은 협정을 준수함으로써 기대이윤을 더욱 증가시킬 수 있게 된다. A기업과 B기업은 서로 대칭적이기 때문에 이 조건은 A기업에게도 똑같이 적용된다. 이렇게 볼 때 방아쇠전략이 사용되면 두 기업이 서로 협력함으로써 카르텔을 안정적으로 유지할 가능성이 매우 높다는 것을 알 수 있다.

5.3 맞받아 치기전략

지금 살펴본 방아쇠 전략이 카르텔의 협조체제를 구축하는 유일한 것은 아니다. '눈에는 눈, 이에는 이(tit for tat)'라는 **맞받아 치기전략**(tit for tat strategy)을 사용하더라도 서로 카르텔 협정을 준수하는 결과를 이끌어 낼 수 있다. **관대한 방아쇠 전략**(forgiving trigger strategy)으로 알려진 이 전략은 상대방이 카르텔 협정을 위반하는 비협조적 전략을 취한다면 그 다음 게임에서 자신도 위반하는 전략으로 보복하고, 상대방이 협조적인 전략으로 변경하면 다시 자신도 협정을 준수하는 협조적 전략으로 바꾸는 것을 말한다. **액셀로드**(R. Axelrod)는 반복적인 용의자 딜레마 게임에 대한 컴퓨터 모의실험을 통하여 맞받아 치기전략이 가장 우월하다는 것을 밝히고 있다. 현실에서도 카르텔을 유지하기 위해 맞받아 치기전략이 사용되었다는 **포터**(R. Porter)의 연구결과도 있다. 경쟁기업의 비협조적인 행동에 대해 철저하게 응징함으로써 자신도 상당한 피해를 입게 되는 방아쇠 전략에 비해 맞받아 치기전략이 효율적이라고 할 수 있다.

> 맞받아 치기전략(tit for tat strategy)은 반복게임에서 경기자가 상대방의 이전 행동이 협조적이면 협조하고, 비협조적이면 보복하는 방식으로 대응하는 전략을 말한다.

6. 순차게임

지금까지 살펴본 게임은 두 경기자가 동시에 전략을 선택하였지만, 게임의 성격에 따라서는 한 경기자가 먼저 전략을 선택하면 다른 경기자는 그것을 보고 그들 자신의 전략을 선택하는 경우도 있다. 바둑을 두는 대국자는 상대방이 두는 수를 보고 나서 그 자신이 바둑을 두게 된다. 이처럼 경기자가 순서에 따라서 전략을 선택해야 하는 게임을 **순차게임**(sequential game)이라고 한다. 앞 장에서 살펴본 슈타켈버그 과점모형에서도 선도자가 먼저 산출량을 결정하면 뒤를 이어 추종자가 산출량을 결정하기 때문에 순차게임이 이루어진다고 볼 수 있다.

6.1 순차게임의 의미

순차게임은 새로운 기업의 시장진입 여부를 분석하는데 유용하게 이용될 수 있다. A기업이 독점하고 있는 시장에 B기업이 진입을 시도하려고 한다고 하자. B기업이 먼저 시장의 진입여부를 선택하게 되는데, A기업은 이것을 확인한 이후에 서로 공존하는 전략을 선택하거나 아니면 치열하게 경쟁하는 전략을 선택하게 된다. 이러한 순차게임에서 각 기업은 자신이 전략을 선택할 순서가 되었을 때, 그 이전에 선택된 모든 전략뿐만 아니라 게임의 보수구조도 정확하게 알고 있다고 전제한다. 따라서 이 절에 논의하는 순차게임은 **완전정보게임**(perfect information game)이라고 볼 수 있다.[8] 완전정보게임이라고 하더라도 진입여부를 먼저 결정해야 하는 B기업은 자신의 전략에 대해 A기업이 어떻게 대응할 것인가를 나름대로 예측하고 이에 따라 전략을 결정하게 된다.

경기자의 전략선택이 시차를 두고 순서에 따라 이루어지는 게임은 [그림 13-1]과 같이 **전개형**(extensive form)으로 나타내는 것이 적합하다.[9] 게임의

8) 경기자가 상대방이 선택한 전략을 모르는 상태에서 자신의 전략을 선택해야 한다면 불완전정보게임(imperfect information game)이 된다.

9) 앞에서 살펴 본 바와 같이 동시게임의 경우는 보수행렬로 그 결과를 요약해서 나타내는

각 단계에서 전략을 선택해야 하는 시점이 굵은 점으로 표시되고 있는데, 이것을 **결정마디**(decision node)라고 한다. 순차게임은 결정마디를 따라 가면서 진행되기 때문에 **게임나무**(game tree)로 게임의 진행과정을 나타낼 수 있다. 경기자들이 어떤 전략을 선택하느냐에 따라 여러 가지 가능한 결과가 나오는데 각 경기자가 얻게 되는 보수가 괄호 안에 나타나 있다. 괄호 안의 숫자 중에서 앞의 것은 B기업의 이윤, 뒤의 것은 A기업의 이윤을 나타낸다.

[연습문제 13.4]

성의 대결(battle of sexes) 게임에서의 보수행렬인 〈표 13-4〉를 불완전정보 게임의 게임나무로 나타내면?

6.2 완전균형

(1) 진입게임과 완전균형

이제 순차게임에서 균형이 이루어지는 과정에 대해 살펴보기로 하자. 독점시장에서 신규진입을 노리는 선도자인 B기업으로서는 A가 어떤 반응을 보일지를 철저하게 파악해서 진입여부를 결정해야 한다. 한편, A기업은 B기업이 진입하면 독점이윤이 감소하게 되므로 당연히 진입을 저지하기 위한 전략을 구사하려 할 것이다. 그럼에도 불구하고 B기업이 시장에 진입하면 A기업은 서로 치열하게 경쟁을 하든지 아니면 B기업의 진입을 수용하는 공존전략 중에서 하나를 선택해야 한다.

순차게임에서 균형을 찾을 때 가장 핵심적인 것은 선도자(B기업)가 자신의 전략을 선택할 때 먼저 추종자(A기업)의 반응을 고려한다는 점이다. [그림 13-1]에 제시된 진입게임에서 추종자인 A기업의 최적전략이 무엇인지 알아보자. B기업이 선택할 수 있는 전략에 대한 A기업의 대응전략은 다음과 같다. 만일 B기업이 진입하는 전략을 선택하면 A기업은 적은 생산량(L)을 선택함으로써 10억원의 이윤을 얻으려하고, B기업이 진입을 포기하는 전략을 선택할 때

정규형(normal form)이 적합하다.

[그림 13-1] 진입게임

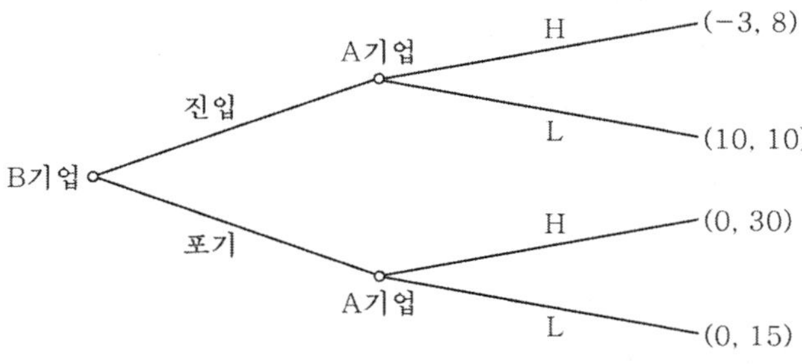

는 많은 생산량(H)을 선택함으로써 30억원의 이윤을 얻으려고 할 것이다. 물론 두 경우 모두 **내쉬균형**이다. 두 기업 중에서 어느 한 기업이 독자적으로 전략을 바꾸어 자신의 이윤을 증가시킬 수 없다는 의미에서 내쉬조건이 충족되고 있는 것이다.10) 이러한 내쉬균형 중에서 실제로 B기업은 어떤 것을 선택하게 될까? 게임이론에서는 각 경기자가 합리적이라고 가정하고 있다. 따라서 B기업은 진입하는 전략을 선택함으로써 10억원의 이윤을 얻으려고 할 것이다. 두 기업이 합리적으로 행동한다면 B기업이 진입을 포기하고 A기업은 H를 선택하는 상황은 결코 나타날 수 없다.

그렇다면 어떤 상황에서 B기업이 진입을 포기하고 A기업은 H를 선택하는 내쉬균형이 나타날 수 있을까? 만일 A기업이 B기업에게 '당신네 기업이 진입한다면 우리 기업은 많은 생산량(H)으로 대응하겠다.'고 협박하고, 이를 B기업이 신뢰하게 되면 진입을 포기할 수 있다. 문제는 이러한 협박은 믿기 어렵다는데 있다. 정작 B기업이 A기업의 협박을 무시하고 진입할 때 A기업이 H로 대응하겠다는 것은 신빙성이 없다. A기업이 L로 대응하면 10억원의 이윤을 얻을 수 있는데, H로 대응하면 이윤이 8억원으로 줄어들기 때문이다. 이렇게 볼 때 B기업이 포기하는 전략을 선택하고 A기업은 H로 대응하는 내쉬균형이 현실에서 나타나기가 매우 어렵다는 것을 알 수 있다. 이것은 **내쉬조건**(Nash condition)을 충족하고 있지만 **신빙성 조건**(credibility condition)을 충족하지 못하여 순차게임의 합리적인 균형으로 볼 수 없는 것을 의미한다.

10) B기업이 진입하였다고 하자. A기업이 L전략을 선택하였는데, B기업이 포기하는 전략으로 바꾸면 수입은 0으로 감소한다. 한편, A기업이 L전략에서 H전략으로 바꾸면 그의 수입은 8억원으로 감소한다.

순차게임에서 내쉬조건 뿐만 아니라 **신빙성 조건**까지 충족시키는 전략(B기업이 진입하고 A기업이 L로 대응하는 전략)의 짝을 **완전균형**(perfect equilibrium)이라고 한다. 순차게임의 성격에 부합되는 균형의 개념은 바로 이러한 완전균형이다. 지금 설명한 순차게임에서 균형이 결정되는 과정을 보면, 그것이 **역진귀납법**(backward induction)에 의해 도출되었다는 것을 알 수 있다. 선도자인 B기업은 먼저 A기업이 어떤 전략을 선택할 것인지를 파악하고, 이를 주어진 것으로 보고 자신에게 최적인 전략을 선택하는 과정에서 게임의 균형을 찾을 수 있었던 것이다. 이처럼 순차게임에서는 실제로 게임이 진행되는 방향과 반대로 거슬러 올라가는 역진귀납의 방법에 의해 균형을 찾게 된다.

> 순차게임에서 내쉬조건 뿐만 아니라 **신빙성 조건**까지 충족시키는 전략의 짝을 **완전균형**(perfect equilibrium)이라고 한다.

(2) 슈타켈버그균형과 완전균형

제12장에서 설명한 바 있는 슈타켈버그모형에서 선도기업은 추종기업의 반응곡선을 찾아내고, 이 반응곡선상에서 자신의 이윤을 가장 극대화하는 생산량을 선택하게 된다. 선도기업이 추종기업의 반응곡선을 파악한다는 것은 순차게임에서 추종기업의 열등전략을 제거하는 것과 같다. 합리적인 추종기업이라면 선도기업의 선택에 대해 가장 유리한 전략으로 대응해 나갈 것이기 때문이다. 추종기업의 열등전략을 제거하는 과정을 살펴보기로 하자.

선도기업과 추종기업이 자신들의 이윤을 극대화하기 위하여 생산량을 어느 수준으로 결정할 것인가를 두고 서로 게임을 하고 있다고 하자. [그림 13-2] (a)의 위쪽 결정마디에서 보면 추종기업은 적은 생산량(L)의 전략을 선택하여 3억원의 이윤을 얻는 것이 최선의 전략이다. 만일 추종기업이 많은 생산량(H)의 전략을 선택하면 자신의 이윤이 1억원으로 줄어들기 때문에 이는 열등전략이 된다. 따라서 위쪽 결정마디에서 H를 나타내는 게임나무의 가지를 제거할 수 있다. 한편 아래쪽 결정마디에서는 추종기업이 많은 생산량(H)의 전략을 선택하여 5억원의 이윤을 얻는 것이 최선이므로 L전략을 나타내는 가지를 제거할 수 있다.

[그림 13-2] 완전균형과 슈타켈버그균형

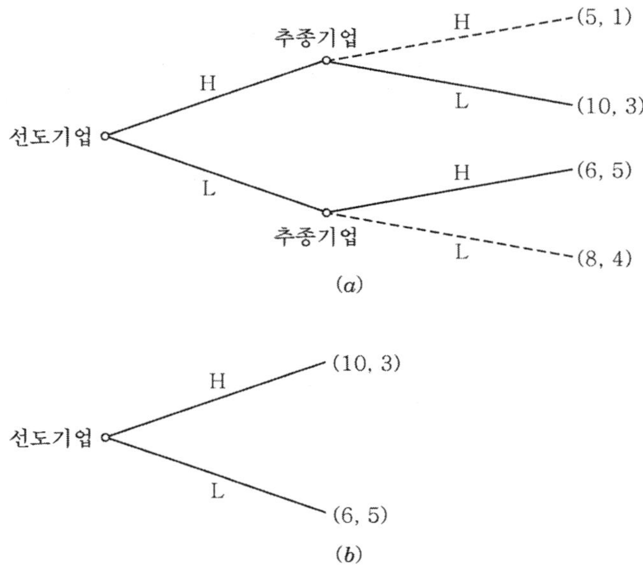

이렇게 열등전략에 해당하는 게임나무 가지를 제거하고 나서 남은 가지들로 축약된 순차게임을 나타내면 [그림 13-2] (*b*)와 같다. 이 그림은 추종기업의 반응곡선을 반영한 게임나무를 그려둔 것으로 생각할 수 있다. 이 게임나무가 주어지면 선도기업은 *H*를 선택함으로써 10억원의 이윤을 얻게 되고, 추종기업은 3억원의 이윤을 얻게 될 것이다. 축약된 게임나무에서 선도기업이 자신의 최적전략을 선택하는 것은 슈타켈버그모형에서 선도기업이 추종기업의 반응곡선상에서 자신의 최적산출량을 결정하는 것과 다를 바 없다. 즉, 슈타켈버그의 균형은 순차게임의 완전균형과 동일한 것이다.

[연습문제 13.5]

A, *B*기업이 생산량 수준을 놓고 서로 경쟁하고 있다. *A*기업이 높은 생산량(*H*)을 선택하는 것을 보고 *B*기업도 생산량을 증가시킨다면 각 기업은 각각 17억원과 4억원의 이윤을 얻고, *B*기업이 생산량을 감소시킨다면 각각 12억원과 6억원의 이윤을 얻는다고 한다. 한편, *A*기업이 낮은 생산량(*L*)을 선택하는 것을 보고 *B*기업이 생산량을 증가시킨다면 각각 9억원과 8억원의 이윤을 얻지만, *B*기업도 생산량을 감소시킨다면 각각 10억원과 7억원의 이윤을

얻는다고 한다.

(ⅰ) 이러한 상황을 게임나무로 나타내고 내쉬균형을 찾아보아라. (ⅱ) A기업이 생산량을 증가시키면 B기업도 생산량을 증가시킬 것이라고 위협한다고 하자. 이 위협은 신뢰성이 있는가? (ⅲ) 완전균형은? (ⅳ) B기업이 자신은 산출량을 증가시키는 전략을 고수할 것이라는 점을 A기업에게 인식시키는 것이 B기업의 이윤을 증가시킬 수 있는가?

6.3 진입저지전략

[그림 13-1]에서 보는 것처럼 진입게임의 완전균형은 A기업에게 최선의 결과를 가져다주는 것이 아니다. B기업이 진입을 포기한다면 A기업의 수입은 30억원까지 늘어날 수도 있다. 그렇다면 B기업이 진입을 포기하게 하는 방법은 무엇일까? A기업이 생산설비를 확장하거나 상품가격을 낮추는 등의 신빙성 있는(credible) 위협을 가함으로써 B기업으로 하여금 진입을 포기하도록 유도할 수 있다. 이러한 위협은 불가역적(irreversible)일 때 더욱 강력한 신뢰성을 갖는다. 이른바 스스로 퇴로를 차단하고 배수진을 치는 '**건너온 다리 불태우기**(burning the bridge behind)' 전략을 선택하는 것이다.

(1) 진입저지를 위한 전략적 투자

[그림 13-1]에 나타나 있는 진입게임에서 A기업이 B기업의 진입을 저지하기 위한 전략적 투자의 일환으로 5억원이 소요되는 생산설비를 추가로 설치하였다고 하자. 이 생산설비는 B기업이 시장에 진입했을 때 맞대응하기 위해 A기업이 많은 생산량(H)을 선택하는 경우에만 사용된다고 하자. 따라서 B기업이 진입을 포기하거나, B기업이 설령 진입하더라도 A기업이 서로 공존하기로 결정하고 적은 생산량(L)을 선택하는 경우에는 그러한 생산설비는 유휴설비로 보유하게 된다.

진입저지를 위해 투자한 생산설비를 생산과정에서 활용하지 않고 유보설비로 보유한다면 A기업의 이윤의 크기는 그만큼(5억원) 감소할 수밖에 없다. 그러나 B기업이 진입하고 A기업은 H로 대응하는 경우에는 추가된 생산설비가 더 이

[그림 13-3] 생산설비 확장하의 진입게임

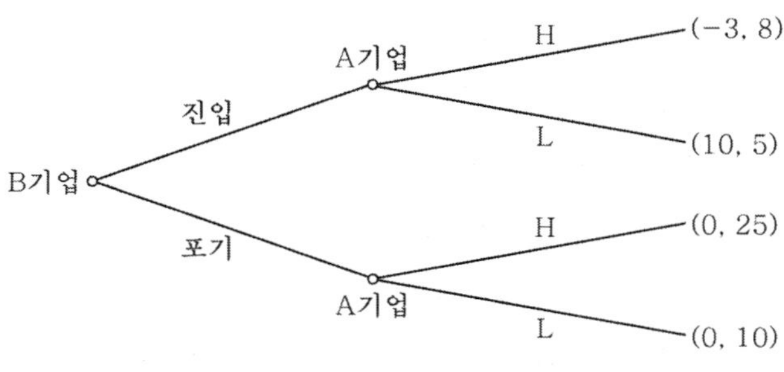

상 유휴설비가 아니고 *H*전략을 수행하는데 실제로 이용되기 때문에 이윤수준이 8억원으로 유지될 수 있다. 따라서 *A*기업이 전략적 투자를 할 때의 보수체계는 [그림 13-3]과 같이 바뀌게 된다.

진입저지를 위한 *A*기업의 전략적 투자가 이루어지고 나면 '*B*기업이 진입할 때 *H*를 선택하겠다.'는 공약은 더 이상 신빙성 없는 위협이 아니다. *B*기업이 진입할 때 *A*기업은 *H*를 선택함으로써 이윤을 더 증가시킬 수 있기 때문이다.[11] 따라서 *B*기업은 진입을 포기할 수밖에 없다. *A*기업이 이미 지출한 생산설비에 대한 투자비용, 즉 **매몰비용**(sunk cost)이 신빙성 있는 공약으로 효과를 발휘한 것이다. 결과적으로 *A*기업은 *H*를 선택함으로써 두 기업의 보수가 (0, 25)로 결정되는데, 이것은 순차게임에서의 완전균형을 의미한다. 이때 *A*기업의 이윤수준은 생산설비를 확장하기 이전(10억원)보다 높은 것으로 나타나 있다.

새로운 기업의 진입을 저지하기 위한 생산시설 확장은 규모의 경제가 존재하는 경우에 더욱 효과적이다. 규모의 경제가 존재하는 상황에서 기존기업이 추가적으로 생산설비를 확장한다면 생산량을 증가시킴으로써 상품가격을 급격하게 인하시킬 수 있다. 따라서 모든 면에서 불리한 입장에 놓인 진입기업으로서는 기존기업과의 생산량 경쟁이 거의 불가능하다고 볼 수 있다.

(2) 진입저지가격설정

새로운 기업의 진입을 저지시키는 전략으로서 기존기업이 진입기업의 평균생

11) *B*기업이 진입할 때 *A*기업이 *L*을 선택하면 5억원의 이윤을 얻지만, *H*를 선택하면 8억원의 이윤을 얻게 된다는 것을 알 수 있다. 이 때 *B*기업은 3억원의 손실을 입게 된다.

산비보다 낮은 수준으로 상품가격을 설정하는 방식을 활용하기도 한다. 기존기업은 잠재적 진입기업보다 비용상의 이점이 있기 때문에[12] 진입저지를 위하여 낮은 가격을 설정할 여건이 조성되어 있다고 볼 수 있다. 그렇다고 기존기업의 평균생산비가 절대적으로 낮은 경우에만 진입가격을 설정하는 것만은 아니다. 기존기업이 자신의 비용수준과는 관계없이 잠재적 진입기업에게 자신이 낮은 비용을 갖고 있다는 것을 믿게 하기 위해서 전략적으로 진입기업의 평균비용보다 낮은 수준으로 상품가격을 설정하는 경우가 있다. 우리는 이러한 가격설정 방식을 **진입저지가격 설정**(limit pricing)이라고 한다.

> **진입저지가격설정**(limit pricing)은 기존기업이 새로운 기업의 진입을 막기 위해서 전략적으로 진입기업의 평균비용보다 낮은 수준으로 상품가격을 설정하는 방식을 말한다.

B기업이 진입할 때 A기업이 B기업의 평균생산비보다 낮은 수준으로 상품가격을 결정한다면 B기업은 막대한 손실을 감수할 수밖에 없다. 이러한 잠재적 진입기업의 입장을 잘 알고 있는 A기업은 잠재적 진입기업에게 자신이 낮은 비용을 갖고 있다고 믿게 하는 방안을 모색할 것이다. A기업이 '자신의 평균비용이 매우 낮으니 진입을 자제하라.'고 단순히 위협하는 것은 별로 신빙성이 없다. 그러나 실제로 A기업이 진입기업인 B의 평균비용보다 낮은 수준으로 상품가격(P_L)을 설정했다면 상황은 달라진다. B기업은 P_L을 A기업의 비용구조가 낮다는 **신호**(signal)로 인식하고 진입을 포기하게 된다. 이때 P_L은 신빙성 있는 위협으로 작용한 것이다. 진입저지가격설정은 기존기업으로 하여금 단기적으로는 이윤극대화를 희생하도록 하지만 새로운 기업의 진입으로 인하여 일어날 수 있는 장기이윤의 감소를 막을 수 있는 전략적 행동이다.

6.4 불완전정보게임

지금까지 살펴본 순차게임에서는 게임의 특성, 보수 및 전략에 대한 정보가

12) 기존기업은 오랫동안의 기업경영에서 얻어지는 기술축적과 우수한 노동자 및 양질의 원료 확보 등의 측면에서 진입기업보다 상대적으로 유리한 것이 일반적이다.

완전하게 알려져 있다고 가정하고 있다. 그러나 현실의 순차게임에서는 모든 정보가 완전하게 주어진 경우가 그렇게 흔하지 않다. 게임 상대방에 대한 정보가 제한되어 있는 경우에는 어떤 결과를 가져올까?

(1) 불완전정보게임의 의미

게임의 상황에 따라서는 경기자가 상대방의 전략은 알고 있지만 상대방이 어떤 선택을 했는지 그 내용을 모르는 상태에서 자신의 전략을 선택해야 하는 경우가 있다. 우리는 이러한 상황에서 경기자들 사이에 이루어지는 게임을 **불완전정보게임**(game of imperfect information)이라고 한다. 예컨대 *B*기업이 산업에 진입하였는지 혹은 포기하였는지 모르는 상태에서 *A*기업이 전략을 선택해야 한다면 불완전정보게임이 이루어지고 있는 것이다.[13)]

또한 경기자가 게임의 구조를 정확하게 알지 못한 채 게임에 참여하는 경우도 있다. 이는 분명히 불완전정보게임과는 구별되어진다. 어떤 산업에 진입여부를 고민하고 있는 잠재적 진입기업이 이미 산업에서 생산활동을 하고 있는 기존기업의 비용구조를 전혀 모른다면 이 경우에는 **불완비정보게임**(game of incomplete information)이 이루어지고 있는 것이다.

> 경기자가 상대방의 전략을 알고 있지만 상대방이 어떤 전략을 선택하는지 관찰할 수 없는 상황에서 일어나는 게임을 불완전정보게임이라고 하는 반면에, 경기자가 게임의 구조를 알지 못하는 상황에서 일어나는 게임을 불완비정보게임이라고 한다.

게임나무에서 각 경기자가 자신이 게임나무의 위쪽 마디에 있는지 아래쪽 마디에 있는지를 모르는 경우는 불완전정보게임이 되고, 각 경기자가 게임나무 그 자체의 모양이 어떻게 생겼는지를 모르는 경우는 불완비정보게임이 된다. 이와 같이 엄밀하게는 불완전정보게임과 불완비정보게임이 구분되지만, 이들을 게임나무로 나타내는 데는 본질적인 차이가 없기 때문에 많은 경우에 이들을 구분하지 않고 불완전정보게임으로 통칭한다.

---

13) 정규형 게임의 경우에는 상대방의 전략을 알고 있지만, 상대방이 어떤 전략을 선택하는지 관찰할 수 없다. 이러한 의미에서 본다면 불완전정보게임에서 균형을 찾는 과정은 정규형 게임에서 균형을 찾는 것과 같다.

[그림 13-4] 불완전정보하의 진입게임

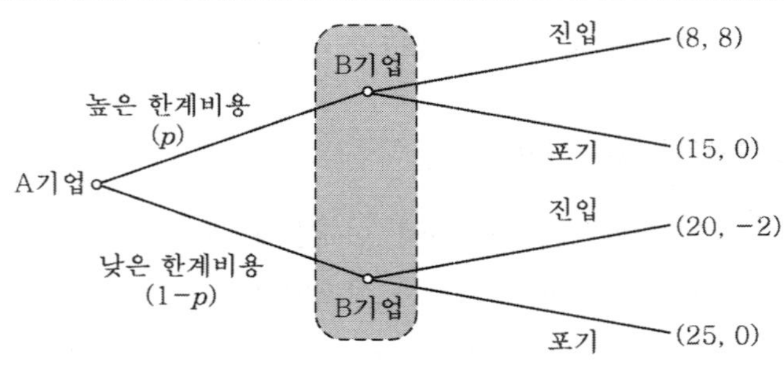

(2) 불완전정보와 진입게임

어떤 산업에 진입할 것인지를 고려하고 있는 *B*기업이 이미 시장에 참여하고 있는 *A*기업의 한계비용구조를 전혀 알지 못하고 있다고 하자. 만일 이러한 상황에서 게임이 이루어진다면 *B*기업은 게임나무의 모습을 정확히 모른 채 참여할 수밖에 없다. *B*기업이 불완비정보게임의 상황에 직면하게 되는 것이다. 이러한 불완비정보게임에 약간의 손질을 가하면 불완전정보게임의 형식으로 바꿀 수 있다.

진입기업 *B*가 기존기업 *A*의 한계비용이 높은 경우와 낮은 경우로 구분하고, 각각에 대해 p과 $(1-p)$의 확률을 부여할 수 있다면 [그림 13-4]에서 보는 것과 같은 게임나무를 그릴 수 있다. 이때 *B*기업은 자신이 게임나무의 위쪽 마디에 있는지 아래쪽 마디에 있는지를 모르고 있다. 다만 자신이 위에 위치할 확률이 p이고 아래에 위치할 확률이 $(1-p)$라는 사실만 알고 있을 뿐이다. 그림에서 점선으로 표시된 타원은 **정보집합**(information set)을 나타내는 것으로, 이것은 경기자가 자신이 처해 있을 수 있으나 분간하지 못하는 결정마디들의 집합을 의미한다.

이러한 상황에서 잠재적 진입기업은 어떻게 진입여부를 결정할 것인가? *B*기업이 진입하기로 결정한다면 *A*기업의 한계비용이 높은 경우에는 p의 확률로 8억원의 이윤을 얻을 수 있고, 한계비용이 낮은 경우에는 $1-p$의 확률로 2억원의 손실을 입게 된다. 따라서 진입을 시도하는 *B*기업의 기대보수는 다음과 같다.

(13. 13) $8p+(-2)(1-p)=10p-2$

한편, B기업이 진입을 포기한다면 그 때의 기대이윤은 당연히 0(영)이 된다. 따라서 B기업은 진입함으로써 얻을 수 있는 기대이윤이 진입을 포기했을 때 얻을 수 있는 기대이윤보다 크다면 진입을 시도할 것이다. 이러한 진입여부의 판단기준은 다음과 같이 나타낼 수 있다.

(13. 14) $10p-2>0$

식 (13. 4)에 의하면 p가 1/5보다 크다고 판단할 경우에 B기업은 진입을 시도하게 된다. 이것은 잠재적 진입기업 B는 A기업이 높은 한계비용을 지니고 있을 확률이 0.2이상인 것으로 판단되면 시장에 진입한다는 말이다. 결론적으로 진입기업은 기존기업의 한계비용이 높을 가능성이 커서 자신에게 대응할 수 있는 능력이 약하다고 판단하는 경우에 시장으로 진입하게 된다는 의미이다.

(3) 진입저지전략

시장에 진입을 시도하는 기업은 진입여부를 결정하기 이전에 먼저 기존기업의 한계비용 구조를 파악하려고 할 것이다. 이것을 예상하는 기존기업은 진입을 시도하는 기업으로 하여금 자신이 낮은 생산비용구조를 지니고 있는 것으로 믿게 하는 전략적 행동을 취할 수 있다. 즉, 진입기업이 자신의 한계비용 크기를 추측하는 주관적 확률에 영향을 줌으로써 진입을 저지시키는 것이다.

기존기업은 자신의 한계비용이 낮다는 사실을 믿게 하기 위해서 앞에서 설명한 진입저지가격설정 방식을 활용할 수 있다. 만일 기존기업의 진입저지가격의 설정을 한계비용구조가 낮다는 신호로 인식하게 되면 잠재적 진입기업은 진입을 포기할 것이다.

연습문제 풀이

[연습문제 13.1]

꾸르노 모형에서는 두 기업의 반응곡선이 교차하는 점에서 균형이 결정된다. 그런데 반응곡선은 경쟁기업의 산출량이 주어져 있는 것으로 보고 자신에게 가장 큰 이윤을 가져다주는 생산량을 선택할 때 나타나는 생산량의 조합을 의미한다. 이렇게 본다면 꾸르노 균형은 내쉬균형이 된다. 따라서 꾸르노 균형을 꾸르노-내쉬균형이라고도 한다.

[연습문제 13.2]

모든 경기자가 상대방이 어떤 전략을 사용하는가와 관계없이 우월전략을 사용한다면 상대방의 전략이 주어진 상황에서 최적의 전략을 사용하는 셈이다. 따라서 우월전략균형은 반드시 내쉬균형이 된다. 그러나 내쉬균형이라고 해서 모두 우월전략균형이 되는 것은 아니다.

[연습문제 13.3]

이 게임에서는 1/3확률로 가위, 바위, 보를 무작위적으로 내는 것이 최선의 전략이다. 따라서 혼합전략균형이 존재하게 된다. 즉, 순수전략에 의한 내쉬균형은 존재하지 않지만 혼합전략에 의한 내쉬균형이 존재하게 된다.

[연습문제 13.4]

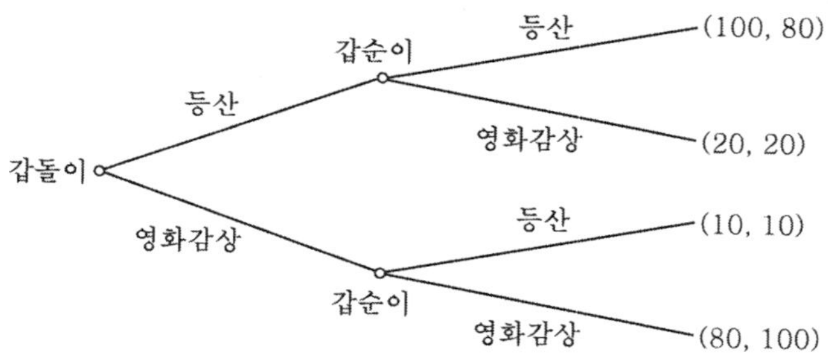

[연습문제 13.5]

(i) A기업이 H전략을 선택하면 B기업은 적은 생산량(L)을 선택함으로써 6억원의 이윤을 얻으려하고, A기업이 L전략을 선택할 때는 많은 생산량(H)을 선택함으로써 8억원의 이윤을 얻으려고 할 것이다. 두 경우 모두 내쉬균형이다. 두 기업

중에서 어느 한 기업이 독자적으로 (H, L)과 (L, H)의 전략을 바꾸어 자신의 이윤을 증가시킬 수 없다는 의미에서 내쉬조건이 충족되고 있는 것이다. (ii) 막상 A기업이 H전략을 선택했을 때 B기업이 이에 대해 H로 대응한다는 것은 신빙성이 없다. L로 대응하면 6억원의 이윤을 얻을 수 있는데, H로 대응하면 이윤이 4억원으로 줄어들기 때문이다. (iii) 내쉬조건 뿐만 아니라 신빙성 조건까지 충족시키는 전략의 짝 (H, L)이 완전균형이다. (iv) B기업의 그러한 노력이 성공할 때 A기업이 H전략을 선택하면 A기업의 이윤이 7억원이 되고, A기업이 L전략을 선택하면 A기업의 이윤은 9억원이 된다. 따라서 A기업은 L전략을 선택하게 되므로 B기업은 8억원의 이윤을 얻을 수 있다. 완전균형이 성립할 때보다 이윤이 2억원(8억원−6억원) 증가하게 된다.

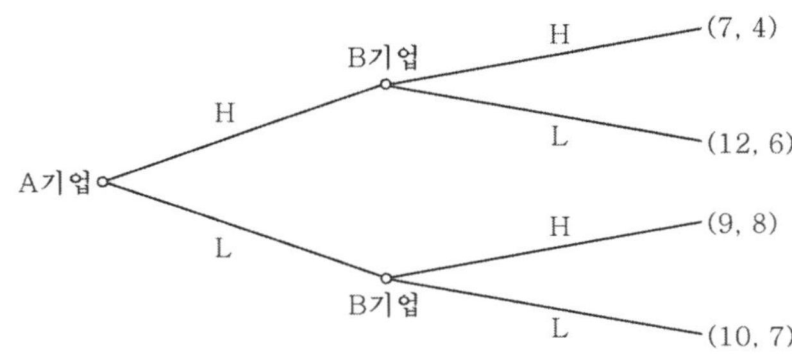

제 5 편

생산요소시장과 소득분배

제5편에서는 각 상품의 생산을 가능케 해주는 생산요소의 가격과 고용량이 어떻게 결정되는지를 분석하고 이후에는 소득분배의 문제를 다루어 보려고 한다. 제14장에서는 생산요소시장에 대한 균형분석의 기본원리를 설명하고, 완전경쟁적 생산요소시장과 불완전경쟁적 생산요소시장을 분리하여 각각의 시장에서 가격과 고용량이 결정되는 과정을 설명하게 된다. 제15장에서는 여러 생산요소시장 중에서 자본시장을 따로 떼어 이 시장의 특성에 대해 살펴보게 될 것이다. 자본은 다른 생산요소와 다르게 일단 한번 구입하면 오랜 기간에 걸쳐 사용할 수 있다는 점과 생산과정에 투입되는 것은 자본 그 자체가 아니라 그것으로부터 나오는 서비스, 즉 자본서비스라는 특성이 있기 때문이다.

제16장에서는 앞의 두 장에서 설명한 생산요소시장이론에 입각하여 노동소득과 자본소득이 분배되는 과정을 설명한다. 그리고 생산요소 제공자들에게 귀속된 소득이 어느 정도 평등하게 분배되어졌는가를 측정하는 방법에 대해 살펴보고 소득재분배를 위한 정책수단을 모색해 본다.

제14장 생산요소시장

1. 분석의 기본원리
2. 완전경쟁 생산요소시장
3. 불완전경쟁 생산요소시장
4. 생산요소에 대한 보수의 성격

생산요소는 생산과정에 투입되는 모든 재화나 서비스를 말하는 것으로 노동, 자본, 토지뿐만 아니라 원료와 중간재 등이 포함된다. 생산요소시장은 이러한 생산요소에 대한 수요와 공급이 지속적으로 이루어지고 생산요소의 가격과 고용수준이 결정되는 시장을 의미한다. 이런 측면에서 본다면 생산요소시장은 상품시장과 근본적으로 다를 것이 없다. 그러나 생산요소에 대한 수요가 그것에 의해 생산되는 상품에 대한 수요가 많고 적음에 따라 결정된다는 점에서 차이를 보이고 있다. 따라서 본 장에서는 생산요소가 거래되고 있는 시장뿐만 아니라 그것을 투입하여 생산·판매하는 상품시장이 어떠한 경쟁적 형태를 갖는지를 반영하여 생산요소의 가격과 고용수준의 결정과정에 대해 논의하게 될 것이다.

1. 분석의 기본원리

1.1 생산요소시장의 형태

기업이 노동, 자본, 토지 등과 같은 생산요소를 필요로 하는 이유는 그것에 의해 생산되는 상품을 소비자들이 수요하기 때문이다. 기업에서 생산하는 상품에 대한 수요가 증가하면 생산요소에 대한 수요도 증가하고 상품에 대한 수요가 감소하면 생산요소에 대한 수요도 감소하게 된다. 이처럼 생산요소에 대한 수요는 기업이 이윤극대화를 추구하는 과정에서 결정되는 **파생수요**(derived demand)이다. 생산요소에 대한 수요가 기업에 의해 이루어지는 반면에 생산요소에 대한 공급은 노동, 자본, 토지 등을 보유하고 있는 가계에 의해 이루어진다. 따라서 생산요소에 대한 공급은 효용을 극대화하고자 하는 가계의 목적을 달성하는 과정에서 결정된다고 볼 수 있다.

> 생산요소에 대한 수요는 그것이 생산하는 상품의 수요에서 파생되어 나오는 **파생수요**(derived demand)이다.

이러한 성격을 지닌 생산요소의 가격과 고용량이 결정되는 과정을 이해하려면 먼저 생산요소가 거래되는 시장의 형태가 어떤 것인지 알아야 한다. 뿐만 아니라 생산요소에 대한 수요가 파생수요라는 점을 감안할 때 생산요소에 의해 생산되는 상품시장이 어떤 경쟁의 양상을 지니고 있는지도 파악해야 한다.

생산요소의 가격과 고용량이 결정되는 유형은 [그림 14-1]과 같이 4가지로 구분할 수 있다. 생산요소시장이 완전경쟁일 때 상품시장이 완전경쟁인 경우가 있으며, 불완전경쟁인 경우도 있다. 또한 생산요소시장이 불완전경쟁일 때도[1] 상품시장이 완전경쟁인 경우가 있으며, 불완전경쟁인 경우가 있을 수 있다. 이

1) 불완전경쟁적 생산요소시장에서는 생산요소가 하나의 기업에 의해 구매가 이루어지는 수요독점과 생산요소의 공급자가 하나만 존재하는 공급독점 그리고 생산요소의 수요자와 공급자가 각각 하나 뿐인 쌍방독점이 경제적 분석의 주된 관심 대상이다.

[그림 14-1] 생산요소의 가격과 고용량 결정 유형

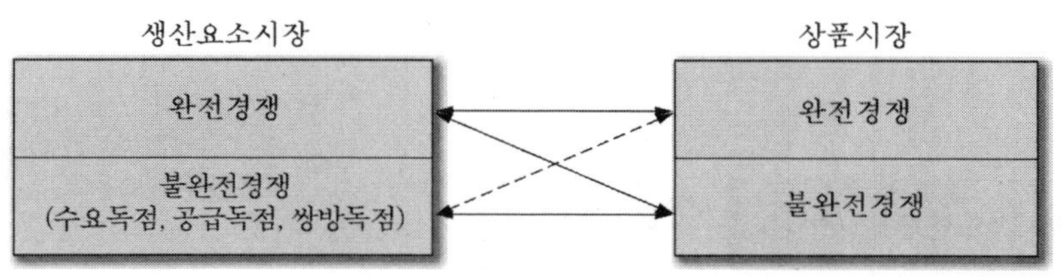

러한 유형 중에서 생산요소시장이 불완전경쟁인데 상품시장이 완전경쟁인 경우는 거의 없다고 볼 수 있다. 따라서 본 장에서는 [그림 14-1]에서 볼 수 있듯이 3가지 유형을 중심으로 생산요소의 가격과 고용량이 결정되는 과정을 설명하기로 한다.

1.2 이윤극대화와 생산요소에 대한 수요

기업이 이윤을 극대화하기 위해서는 한계수입(MR)과 한계비용(MC)이 일치하도록 생산량을 결정해야 한다. 한계수입이 상품을 한 단위 더 팔았을 때 추가로 얻게 되는 수입이라는 점은 잘 알고 있다. 생산요소의 수요에 관한 분석에서는 이와 밀접하게 관계되는 한계수입생산의 개념을 이해해야 한다. **한계수입생산**(marginal revenue product; MRP)이란 생산요소를 한 단위 더 고용했을 때 추가로 얻게 되는 수입을 의미한다. [그림 14-2]에 나타나 있는 것처럼 생산요소 한 단위가 추가되면(ΔL) 상품 생산량을 증가시키고(ΔQ), 그것을 판매하면 총수입이 증가하게(ΔTR) 될 것이다. 이와 같이 생산요소 한 단위를 추가로 투입함으로써 얻게 되는 수입의 증가분이 식 (14. 1)로 표현되는 한계수입생산이다.

(14. 1) $$MRP_L = \frac{\Delta TR}{\Delta L}$$

식 (14. 1)의 분자와 분모에 ΔQ를 곱하면 다음과 같이 바꿔 쓸 수 있다.

[그림 14-2] 한계수입생산과 한계요소비용의 연관성

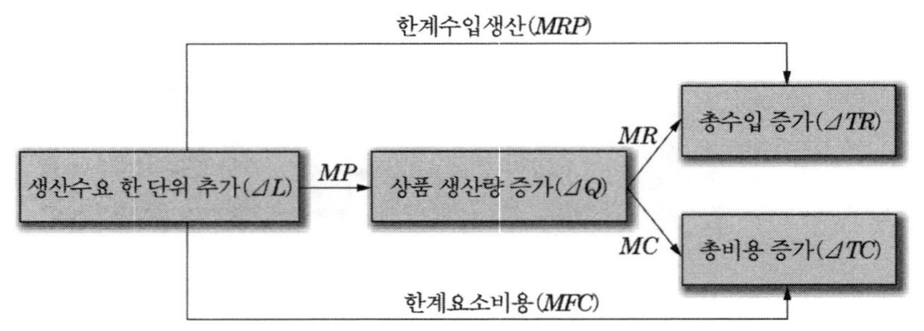

$$(14.\ 2)\quad MRP_L = \frac{\Delta TR}{\Delta L} = \frac{\Delta Q}{\Delta L}\frac{\Delta TR}{\Delta Q} = MP_L \cdot MR$$

식 (14. 2)에 의하면 노동의 한계수입생산은 노동의 한계생산과 상품판매에서 나오는 한계수입을 곱한 값으로 나타낼 수 있다.

이제 한계비용과 밀접한 관련이 있는 한계요소비용의 개념에 대해서 알아보기로 하자. 그림에서 볼 수 있는 것처럼 생산요소 한 단위가 추가되면(ΔL) 상품 생산량을 증가시키고(ΔQ), 이것은 다시 총비용을 증가시키게(ΔTC) 된다.[2] 이처럼 생산요소를 한 단위 더 추가로 고용하기 위해 지출해야 하는 비용을 **한계요소비용**(marginal factor cost; MFC)이라고 하는데, 식 (14. 3)과 같이 나타낼 수 있다.

$$(14.\ 3)\quad MFC_L = \frac{\Delta TC}{\Delta L} = \frac{\Delta Q}{\Delta L}\frac{\Delta TC}{\Delta Q} = MP_L \cdot MC$$

이 식에 의하면 노동의 한계요소비용은 노동의 한계생산과 한계비용을 곱한 값으로 나타낼 수 있다. 그러면 이윤극대화 조건인 $MR = MC$와 MRP_L과 MFC_L은 어떤 관계가 성립되는 것일까? 식 (14. 2)와 (14. 3)을 정리하면 다음과 같다.

2) 상품을 한 단위 더 생산했을 때(ΔQ) 추가로 지출하게 되는 비용(ΔTC)이 한계비용(MC)이라는 것은 이미 설명한 바 있다.

(14. 2)′ $MRP_L = MP_L \cdot MR$

(14. 3)′ $MFC_L = MP_L \cdot MC$

두 식의 우변에 MP_L이 공통으로 포함되어 있기 때문에 $MR = MC$라는 이윤극대화 조건은 결국 다음과 같이 MFC_L과 MRP_L이 일치한다는 것을 의미한다.

(14. 4) $MFC_L = MRP_L$

식 (14. 4)에 의하면 노동의 투입에 따른 한계요소비용과 한계수입생산이 일치하도록 노동을 고용하면 이윤극대화를 달성할 수 있다. 이 식의 좌변은 노동을 한 단위 더 고용했을 때 추가로 지출하게 되는 비용을 의미한다. 반면에 우변은 노동을 한 단위 추가로 고용함으로써 얻게 되는 수입의 증가분을 의미한다. 기업이 이윤극대화를 달성하기 위해서 어떤 생산요소를 추가로 한 단위 더 고용할 때 드는 비용과 그것으로부터 나오는 수입이 서로 같아지게 해야 하는 것은 당연하다.

생산요소를 한 단위 더 고용했을 때 추가로 지출해야 하는 비용, 즉 한계요소비용(MFC)과 이때 추가로 얻게 되는 수입, 즉 한계수입생산(MRP)이 일치하도록 생산요소를 투입하면 기업은 이윤극대화를 달성할 수 있다.

[연습문제 14.1]

수요독점기업이 현재 4,000원의 임금으로 3단위의 노동을 고용하고 있다. 이 기업이 4번째 노동자를 고용할 때는 5,000원의 임금을 지급해야 한다면 4번째 노동자를 고용할 때의 한계요소비용(MFC)의 크기는?

2. 완전경쟁 생산요소시장

어떤 기업이 완전경쟁적인 생산요소시장에서 생산요소를 구입한다고 하자. 그러나 이 기업에서 생산하는 상품은 완전경쟁시장에서 거래될 수 있으며, 불완전경쟁시장에서 거래될 수도 있다. 본 절에서는 먼저 생산요소시장과 상품시장이 완전경쟁적일 때 생산요소의 가격과 고용량이 어떻게 결정되는지 설명한다. 이후에 생산요소시장은 완전경쟁이지만 상품시장이 불완전경쟁적인 경우에 대해 설명하기로 한다.

2.1 상품시장이 완전경쟁적인 경우

(1) 단기의 생산요소에 대한 수요

완전경쟁적 노동시장에서 결정되는 노동의 가격, 즉 임금률(w)은 노동 한 단위를 더 고용할 때 추가로 지출하는 비용(MFC_L)과 일치한다.[3] 따라서 이윤극대 조건을 나타내는 식 (14. 4)는 다음과 같이 나타낼 수 있다.

(14. 5) $w = MRP_L$

한편, 상품시장이 완전경쟁적이면 한계수입과 상품의 가격이 일치하기 때문에 식 (14. 2)는 다음과 같이 변형된다.

(14. 6) $MRP_L = MP_L \cdot MR = MP_L \cdot P$

따라서 식 (14. 5)는 다음 식으로 바꾸어 표현할 수 있다.

---

3) 노동이 유일한 투입요소라면 총비용은 $TC = w \times L$이다. 생산요소시장이 완전경쟁일 때 임금률은 개별기업의 입장에서는 상수이므로 다음과 같이 한계요소비용(MFC_L)은 임금(w)과 일치한다. 즉, $MFC_L = \Delta TC / \Delta L = w \cdot \Delta L / \Delta L = w$가 된다.

[그림 14-3] 단기에서의 노동에 대한 수요곡선

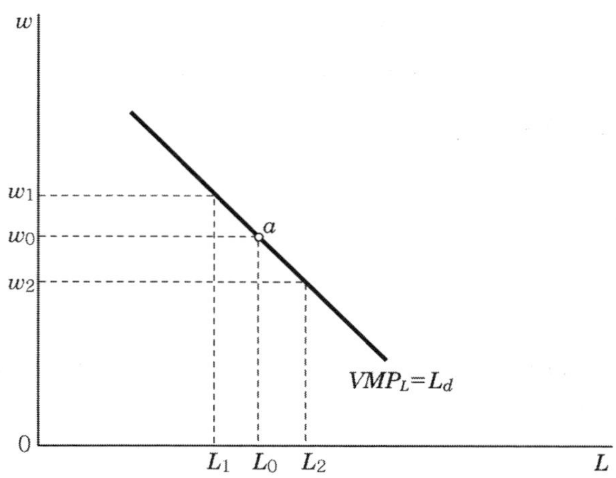

$$(14.\ 7)\quad w = MP_L \cdot P = VMP_L$$

이 식은 임금률 w가 노동의 한계생산과 상품의 가격을 곱한 **노동의 한계생산가치**(value of marginal product of labor; VMP_L)와 같아야 이윤극대화를 달성한다는 것을 의미한다. 이처럼 노동시장과 상품시장이 완전경쟁적이면 노동의 한계생산가치와 임금률이 일치할 때 노동에 대한 최적고용수준의 조건이 달성된다. 따라서 [그림 14-3]에서 보는 것처럼 VMP_L곡선이 바로 **단기의 노동에 대한 수요곡선**(L_d)이 된다. 그림에서 임금률이 w_0로 주어졌을 때 L_0, L_1, L_2의 고용수준 중에서 L_0만이 이윤극대화 조건을 충족시키고 있는데, 이는 한계생산가치곡선 위의 a점이 노동에 대한 수요곡선 위의 한 점이 된다는 것을 의미한다.

노동의 수요곡선에 해당하는 VMP_L곡선이 우하향하는 형태를 보이고 있는 것은 노동에 대한 **한계생산체감의 법칙** 때문이다. 노동량의 투입을 증가시킴에 따라 한계생산이 점차 감소하므로 노동의 한계생산가치도 감소하게 된다. 그러므로 노동에 대한 수요곡선은 우하향하는 모양을 갖게 되는 것이다. 이러한 노동에 대한 수요곡선의 성격은 자본과 토지 등 대부분의 생산요소에서도 동일하게 적용된다.

> 생산요소의 투입을 증가시킴에 따라 한계생산이 점차 감소하므로 생산요소의 한계생산가치곡선(VMP_L)은 우하향의 형태가 된다. 따라서 생산요소에 대한 수요곡선은 우하향한다.

[연습문제 14.2]

> 생산요소시장과 상품시장이 완전경쟁적이다. 노동의 한계생산(MP_L)과 임금률(w)이 각각 5와 6,000원이고, 이 기업이 생산하는 상품가격(P)은 1,000원이라고 하자. 단기적으로 이윤을 극대화하기 위해 이 기업은 노동의 투입을 늘려야 하는가?

(2) 장기의 생산요소에 대한 수요

장기에서는 노동뿐만 아니라 자본의 투입량이 가변적이므로 노동의 한계생산가치곡선 그 자체가 노동에 대한 수요곡선이 되는 단기에서의 논리가 그대로 적용될 수 없다. 단기에서 고정되어 있는 자본의 투입량이 변화함에 따라 노동의 한계생산이 변동하게 되고, 결과적으로 노동의 한계생산가치곡선이 이동하기 때문이다. 따라서 장기에서는 자본투입량의 변화에 따른 노동의 한계가치곡선이 이동하는 것을 고려하여 노동에 대한 수요곡선을 도출해야 한다.

노동의 가격, 즉 임금률이 w_1으로 주어져 있고 목표 생산량이 Q_1일 때 [그림 14-4] (a)에서 보는 것처럼 L_1만큼의 노동과 K_1만큼의 자본을 투입하여 E_1점에서 비용극소화를 달성하고 있다. 이제 임금률이 w_1에서 w_2로 하락했다고 하자. 임금률이 하락하면 기업은 지금까지 투입하던 자본의 투입량을 줄이고 상대적으로 싸진 노동으로 대체하려고 할 것이다. 이러한 효과는 그림 (a)에 나타나 있는 등량곡선 Q_1 위의 E_1점에서 E_1'점으로 옮겨간 것으로 나타나 있다. 임금률 하락으로 노동의 투입량이 L_1에서 L_1'으로 증가하였다는 것을 알 수 있다. 이처럼 상대적으로 싸진 생산요소의 투입을 증가시키는 것을 **요소대체효과**(factor substitution effect)라고 하는데, 소비자이론의 대체효과와 비슷한 성격을 갖고 있다.

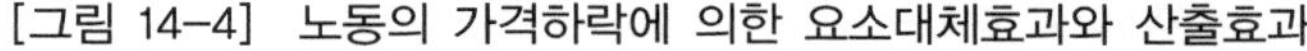

[그림 14-4] 노동의 가격하락에 의한 요소대체효과와 산출효과

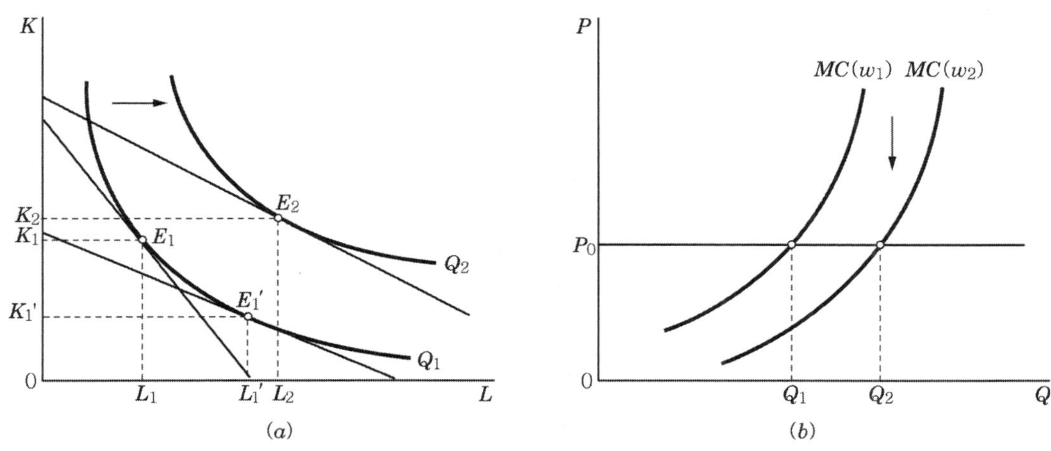

임금률이 하락하면 일반적으로 생산량이 증가하는 현상이 나타난다. 그림 (b)에서 보는 것처럼 노동이 정상투입요소라면 임금률이 w_2으로 하락하면서 한계비용이 $MC_1(w_1)$에서 $MC_2(w_2)$로 하향 이동하여 이윤을 극대화하는 생산량이 Q_1에서 Q_2으로 증가하게 된다. 이러한 생산량의 증가는 그림 (a)에서 등량곡선이 Q_1에서 Q_2으로 이동한 것으로 나타나 있는데 이에 따라 노동투입량은 L_1'에서 L_2로 증가하고 있다. 우리는 이를 **산출효과**(output effect)라고 한다.[4] 새로운 등량곡선 Q_2와 접하는 등비용곡선은 임금률이 하락했을 때의 새로운 요소가격비율을 보여주고 있으며, 이 두 곡선이 접하는 E_2점은 비용극소화를 나타내는 노동과 자본의 조합(L_2와 K_2)을 보여주고 있다.

지금까지 살펴본 것처럼 임금률이 w_1에서 w_2로 하락하면 노동 투입량은 궁극적으로 L_1에서 L_2로 증가하게 된다. 이것은 노동에 대한 수요량이 요소대체효과에 의해 L_1에서 L_1'으로 증가하고 산출효과에 의해 L_1'에서 L_2로 증가한 것의 합이다. 이처럼 요소대체효과와 산출효과는 항상 같은 방향으로 나타나는 특성이 있다. 임금률이 하락하는 경우 요소대체효과와 산출효과에 의해 노동의

4) 산출효과는 소비자이론의 소득효과와는 본질적으로 다르다. 소비자이론에서 소비자의 소득이 일정하게 주어져 있었지만, 기업의 입장에서는 총비용이 일정하게 주어지는 것이 아니다. 이윤극대화를 위해서는 총비용을 얼마든지 늘릴 수 있기 때문이다. 다시 말하면 기업은 총비용에 대해 제한을 받지 않는다고 보는 것이다.

[그림 14-5] 가변투입요소가 둘인 경우 노동에 대한 수요곡선

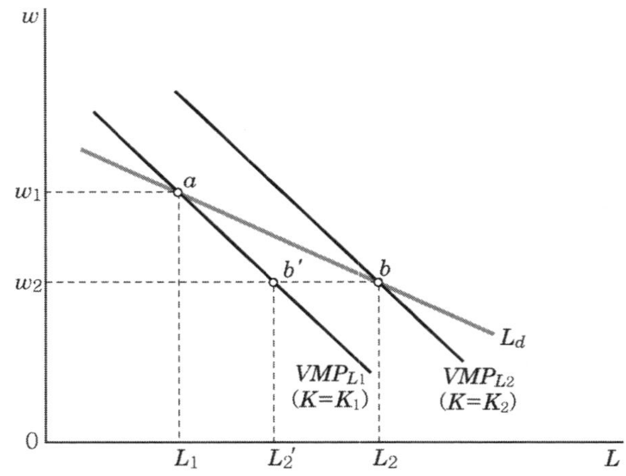

고용량이 증가하는 현상은 열등투입요소인 경우에도 성립하는 것으로 알려져 있다.[5] 생산요소에 대한 수요의 경우에는 상품의 수요처럼 가격과 수요량이 같은 방향으로 움직이는 이른바 **기펜의 역설**(Giffen's paradox) 현상은 나타나지 않는다.[6]

> 생산요소의 가격이 하락하면 **요소대체효과**에 의해 생산요소에 대한 수요가 증가할 뿐만 아니라 **산출효과**에 의해서도 생산요소에 대한 수요가 증가한다. 따라서 생산요소의 가격이 하락하면 반드시 생산요소에 대한 수요가 증가하게 된다.

임금률이 하락하여 노동의 투입량이 증가하면 자본은 상대적으로 희소하게 되고 자본의 한계생산이 증가하게 된다. 따라서 기업은 임금률이 하락하기 이전보다 자본 투입량을 더욱 늘리게 되고 결과적으로 종전과 같은 노동의 투입량

5) 열등투입요소의 가격이 하락하면 상대적으로 싸진 요소를 더 고용하는 요소대체효과에 의해서 열등투입요소의 투입량은 증가한다. 한편, 열등투입요소가격의 하락은 한계비용을 증가시키는 것으로 알려져 있다. 정상투입요소가격의 하락이 한계비용을 감소시키는 것과 대조적이다. 한계비용의 증가로 생산량이 감소할 때 노동이 열등투입요소라면 그것에 대한 수요가 오히려 증가하는 산출효과가 나타난다. 따라서 열등투입요소의 가격이 하락하면 그것의 투입량은 증가하게 된다.

6) 소비자는 한정된 예산범위 내에서 소비행위를 해야 하는 것으로 가정하지만, 기업은 예산제약을 받지 않기 때문이다.

으로 더 많은 상품을 생산할 수 있게 된다. 이것은 모든 노동투입 수준에서 노동의 한계생산이 증가하게 되는 것을 의미하는 것으로 [그림 14-5]에서 노동의 한계생산가치곡선이 $VMP_{L1}(K=K_1)$에서 오른쪽으로 이동하여 $VMP_{L2}(K=K_2)$가 되는 것으로 나타나 있다.

노동과 자본 둘 다 가변적인 장기에서 임금률이 w_1에서 w_2로 하락하면 그림에서 나타나 있는 것처럼 노동 수요량을 L_2'으로 증가시키는 것이 아니라 L_2로 증가시키게 된다. 따라서 임금률과 노동 고용량의 조합인 a점과 b점을 연결하면 **장기의 노동에 대한 수요곡선**(L_d)이 도출되는데, 이것은 단기에서보다 더욱 탄력적인 모양을 갖는다.

(3) 생산요소에 대한 시장수요곡선

상품시장에서는 개별 소비자의 수요곡선을 수평으로 합하여 시장수요곡선을 도출할 수 있었다. 그러나 생산요소에 대한 시장수요곡선은 개별기업의 생산요소에 대한 수요곡선을 수평으로 합하여 구할 수가 없다. 왜냐하면 임금률이 하락함에 따라서 시장에 참여한 모든 기업들이 동시에 생산량을 늘리면 상품의 가격이 하락하여 노동의 한계생산가치곡선이 왼쪽으로 이동하기 때문이다.[7]

[그림 14-6]의 (a)에 의하면 임금률이 w_1으로 주어졌을 때 개별 기업은 L_1의 수준의 노동을 고용하고 있다. 이 산업에 비용구조가 동일한 기업이 n개가 있다면 시장전체의 노동에 대한 수요량은 $n \times L_1 = L_{M1}$이 될 것이다. 이제 임금률이 w_1에서 w_2로 하락한다고 하자. 앞에서 살펴본 것처럼 임금률이 하락하면 기업들은 노동의 고용을 늘려 생산량을 증가시키기 때문에 상품의 가격(P)이 하락하게 된다. 이에 따라 노동의 한계생산에 상품의 가격을 곱해서 구해지는 한계생산가치(VMP_L)가 하락하기 때문에 노동에 대한 수요곡선은 그림 (a)에서 나타나 있는 것처럼 L_{d1}에서 L_{d2}로 이동하게 된다. 이렇게 임금률이 w_2로 하락할 때 개별 기업의 고용량은 L_2가 되고, 시장전체의 노동에 대한 수요량은 $n \times L_2 = L_{M2}$이 된다.

---

7) 노동의 한계생산가치가 $MP_L \cdot P$이므로 상품가격 P가 하락하면 노동의 한계생산가치가 감소하게 된다.

[그림 14-6] 노동에 대한 시장수요곡선

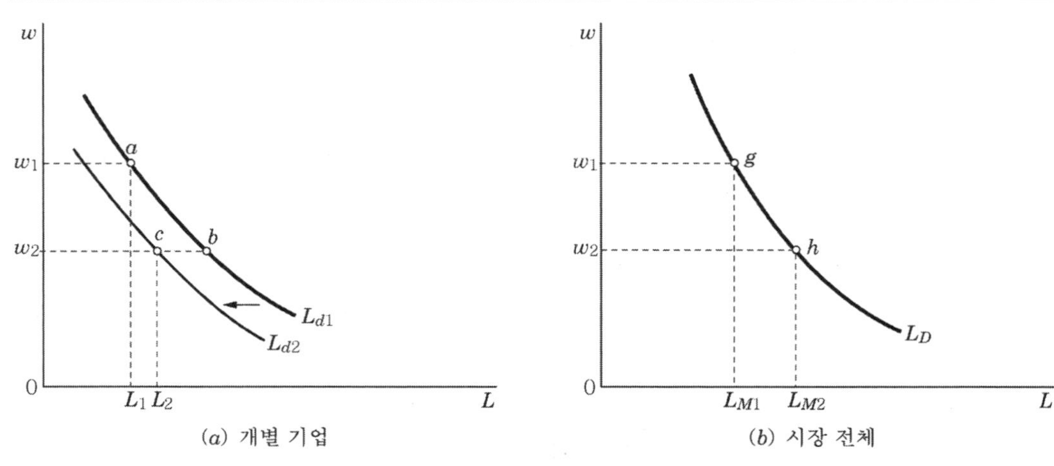

이상에서 살펴본 바와 같이 임금률이 w_1으로 주어졌을 때 시장전체의 노동에 대한 수요량은 L_{M1}이며 임금률이 w_2로 하락할 때 시장전체의 노동에 대한 수요량은 L_{M2}이다. 따라서 그림 (b)에서 보는 것처럼 두 점 g와 h를 이은 L_D가 **노동에 대한 시장수요곡선**이 된다.

(4) 생산요소에 대한 수요의 가격탄력성 결정요인

생산요소의 가격변화에 따라 생산요소에 대한 수요량이 얼마나 민감하게 변화하느냐는 기업의 생산기술과 그 생산요소에 의해 생산되는 상품의 수요에 의해 결정된다. 이러한 점들을 고려하여 **생산요소에 대한 수요의 가격탄력성**을 결정하는 요인들을 정리해 보면 다음과 같다.

첫째, 어떤 생산요소에 대한 수요의 가격탄력성은 그 요소와 다른 생산요소와의 대체가능성이 클수록 더욱 커진다. 생산요소 사이에 대체가 쉬울수록 어떤 생산요소의 가격이 조금만 올라도 그 요소에 대한 수요량을 대폭 감소시킬 수 있기 때문이다.

둘째, 총생산비에 대한 어떤 생산요소의 지출액 비중이 클수록 그 생산요소에 대한 수요의 가격탄력성은 크게 된다. 총생산비 중에서 어떤 생산요소에 지출되는 비용의 비중이 크다면 기업이 그 생산요소의 가격변화에 민감하게 반응하는 것은 당연하다.

셋째, 어떤 생산요소에 대한 수요의 가격탄력성은 단기보다 장기에서 더 크게 나타난다. 장기로 갈수록 각 생산요소의 가격변화에 대한 기업의 적응력이 향상되기 때문이다.

넷째, 어떤 생산요소에 대한 수요의 가격탄력성은 그 생산요소에 의해 생산되는 상품에 대한 수요의 가격탄력성 크기와 비례한다. 상품의 가격이 조금만 상승해도 상품에 대한 수요가 급격하게 감소한다면 생산요소에 대한 수요도 큰 폭으로 감소하게 될 것이다. 생산요소에 대한 수요가 파생수요이기 때문이다.

(5) 생산요소의 시장공급곡선

지금까지 살펴본 생산요소에 대한 수요와 다르게 생산요소에 대한 공급의 경우에는 모든 생산요소에 공통적으로 적용되는 원칙이 없다. 생산요소의 특성에 따라 각기 다른 과정을 통해 공급이 결정되기 때문이다. 이 절에서는 노동과 토지의 공급에 대해 살펴보고, 자본의 공급에 대해서는 다음 장에서 자세히 다루기로 한다.

(가) 효용극대화에 따른 여가와 소득의 선택

노동공급이란 생산과정에서의 **인적 투입**(human input)을 의미한다. 노동공급량은 노동시간, 노동자의 수 그리고 노동의 질을 나타내는 유효단위로 측정되어질 수 있다. 그러나 노동의 질을 측정하는 일은 방법론적인 한계뿐만 아니라 분석을 복잡하게 하므로 일반적으로는 노동의 동질성을 가정하여 노동시간과 노동자의 수를 이용하여 노동의 공급량을 측정한다. 특히 미시경제이론에서는 개인이 노동시간을 어떻게 결정하는지에 관심을 갖는다.

노동공급의 경제주체인 소비자가 노동시간을 결정하는 과정에 대해서는 제5장에서 이미 살펴본 바 있다. [그림 14-7]은 그 때의 분석과정을 그대로 옮겨놓은 것이다. 이것은 시간당 임금률이 w_1에서 w_2, w_3, w_4로 점차 상승할 때 소비자의 선택점이 어떻게 변화하는지를 보여주고 있다. 시간당 임금률, 즉 여가의 기회비용이 w_1으로 주어지면 사람들은 E_1점에서 H_1의 여가시간을 선택함으로써 자신의 효용을 극대화한다. 한편 임금률이 w_2로 상승하면 예산선의 절편이 $14w_1$에서 $14w_2$로 커지게 되고 사람들이 효용을 극대화하는 점은 E_2로

[그림 14-7] 임금률의 변화와 여가의 선택

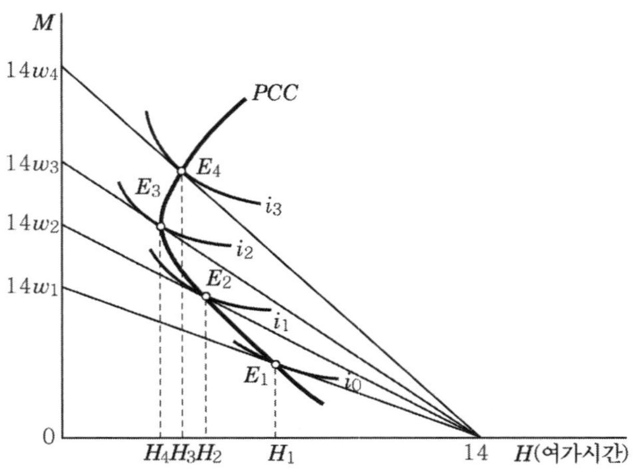

이동하게 된다. 임금률이 계속해서 인상되면 예산선은 시계방향으로 회전하고 이에 따라 사람들이 효용을 극대화하는 점이 E_3, E_4로 이동하게 된다. 지금까지의 설명을 통하여 우리는 임금률이 w_1, w_2, w_3, w_4로 상승하면서 사람들의 여가에 대한 소비량은 H_1, H_2, H_3, H_4로 변한다는 사실을 알 수 있다.

임금률 상승이 여가시간에 미치는 영향은 일정하지 않다. 대체효과와 소득효과가 서로 반대방향으로 작용하기 때문이다. 임금률 상승은 여가 1시간을 사용하는데 따르는 기회비용의 상승을 의미하므로 상대적으로 비싸진 여가를 적게 소비하게 하는 **대체효과**가 나타난다. 한편, 임금률 상승은 이전과 같은 시간의 노동투입으로도 소득이 증가되는 **소득효과**를 발생시켜 정상재인 여가를 더 많이 소비하도록 만든다. 임금률 상승이 여가시간에 미치는 영향은 이러한 대체효과와 소득효과의 상대적인 크기에 따라서 결정된다. 그림에는 임금률이 w_1에서 w_3으로 상승할 때까지는 소득효과보다 대체효과가 커서 여가의 소비가 감소($H_1 \rightarrow H_2 \rightarrow H_3$)하지만, 임금률이 w_3에서 w_4로 상승하면 대체효과보다 소득효과가 크게 나타나서 여가의 소비가 증가($H_3 \rightarrow H_4$)하는 것으로 나타나 있다.

(나) 노동의 공급곡선

[그림 14-7]에서 보는 것처럼 임금률이 상승함에 따라 사람들이 효용을 극대화하는 점이 E_1, E_2, E_3, E_4로 이동하고 있다. 이러한 균형점들을 연결한 **가**

[그림 14-8] 개인의 노동공급곡선

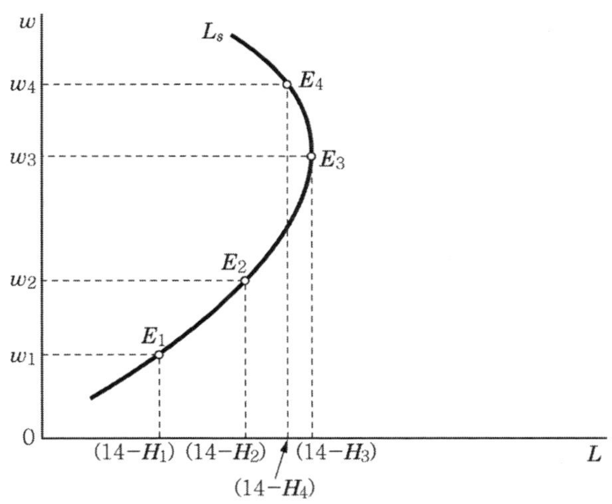

격소비곡선(PCC)의 정보를 이용하여 개인의 노동공급곡선을 도출할 수 있다. 하루 24시간 중 사람들이 먹고 자는데 필요한 최소한의 시간이 10시간이라고 하고 나머지 14시간을 노동이나 여가로 쓸 수 있다고 하자. 시간당 임금률이 w_1일 때 H_1의 여가시간을 선택했다는 것은 임금률이 w_1으로 주어지면 일하려고 하는 시간이 $(14-H_1)$이라는 것을 의미한다. 같은 방식으로 임금률이 상승하여 w_2로 주어지면 $(14-H_2)$, w_3로 주어지면 $(14-H_3)$가 노동할 수 있는 시간이다. 그림에서 보면 임금률이 w_1에서 w_3로 점차 상승하면서 노동공급이 증가하고 있다. 그러나 임금률이 w_3에서 w_4로 상승하면 여가의 소비를 증가시킴으로써 노동공급 시간은 오히려 $(14-H_4)$로 감소하고 있다.

지금까지 살펴본 임금률(w)과 개인의 노동공급 시간(L) 사이의 관계를 나타낸 것이 **개인의 노동공급곡선**이다. [그림 14-8]에서는 임금률이 w_3로 상승할 때까지는 노동공급량이 증가하다가 그 이상으로 임금률이 상승하면 노동공급량이 줄어드는 **후방굴절형**(backward bending) **노동공급곡선**을 보여 주고 있다.

[연습문제 14.3]

여가가 열등재라면 노동공급곡선은 어떤 형태를 갖는가?

[그림 14-9] 노동의 시장공급곡선

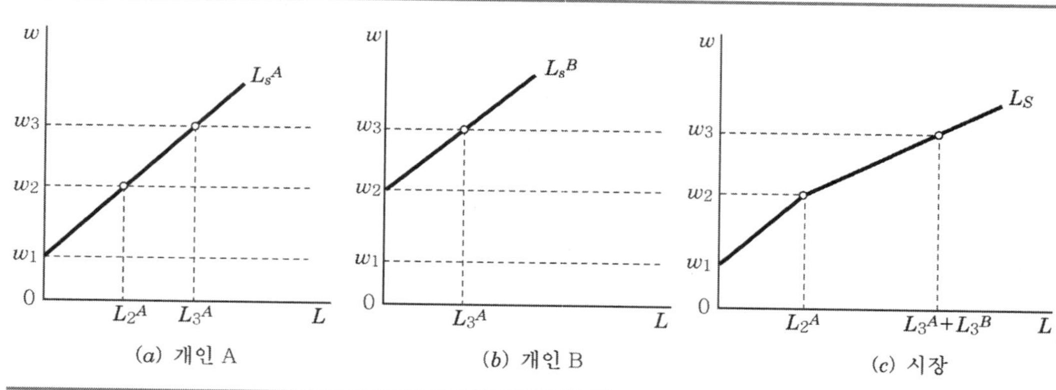

[연습문제 14.4]

노동자에게 근로소득세를 부과했을 때 노동공급에 미치는 영향은?

(다) 노동의 시장공급곡선

앞에서 도출한 개인의 노동공급곡선을 수평으로 합하면 시장전체의 노동공급곡선을 구할 수 있다. [그림 14-9]에서 개인 A의 경우는 노동시장에 참여하기 위해 요구하는 최소한의 임금률, 즉 자신의 **유보임금률**(reservation wage rate)에 해당하는 w_1 이상의 수준에서 노동을 공급하는 것으로 나타나 있으며, 개인 B의 경우는 자신의 유보임금률에 해당하는 w_2 이상의 임금률 수준에서 노동을 공급하는 것으로 나타나 있다.

두 사람의 노동공급곡선이 각각 L_s^A과 L_s^B로 주어지면, 이들을 수평으로 더함으로써 그림 (c)의 **노동의 시장공급곡선** L_S를 구할 수 있다. 실증분석의 결과에 의하면 개인 뿐만 아니라 시장전체의 노동공급곡선도 후방굴절하는 형태를 가질 가능성이 매우 크다고 한다. 그러나 분석의 편의를 위해 그림 (c)에서 시장의 노동공급곡선은 우상향하는 모양을 갖는 것으로 나타내고 있다.

지금까지의 설명은 노동자가 자신의 노동시간을 마음대로 선택할 수 있다는 것을 전제로 하고 있으나, 현실적으로 임금률이 변함에 따라서 노동시간을 마음대로 선택하는 사람은 극소수이다. 기껏해야 의사, 변호사와 같은 자유직업을 갖는 사람들이나 **비공식부문**(informal sector)에서 노동하는 단순 노동자와 노점상 등이 이에 해당할 것이다. 그렇지만 지금까지 살펴본 논리가 사람들이 노동공급을 결정하는 배후에 작용하기 때문에 노동공급을 설명하는 수단으로 이용되고 있다.

(라) 토지의 시장공급곡선

노동공급에 대한 기본원리는 토지의 공급에서도 그대로 적용될 수 있다. 경제적 용도로 사용되는 대부분의 토지에 대한 시장공급곡선은 양(+)의 기울기를 갖는다. 특정한 용도로 사용되는 토지의 가격이 올라간다면 그 용도로 사용되는 토지의 공급량을 증가시킬 수 있기 때문이다. 예컨대 주택을 짓기 위한 토지의 가격이 높아진다면 사람들은 농지나 임야의 용도를 변경함으로써 택지의 공급을 증가시킬 수 있는데, 이는 토지에 대한 시장공급곡선이 우상향의 모양을 갖는다는 것을 의미한다.

물론 국민경제 전체의 토지 공급량은 지가(land price)와 관계없이 고정되어 있다. 지가가 높아진다고 해서 우리나라 전체의 토지 공급량을 늘릴 수는 없는 노릇이다. 이처럼 토지의 공급곡선은 국민경제 전체의 관점에서는 수직선이 되지만, 특정한 경제적 용도로 사용되는 토지의 공급곡선은 우상향하게 된다.

> 국민경제 전체의 토지 공급량은 지가(land price)와 관계없이 고정되어 있지만, 특정한 경제적 용도로 사용되는 토지의 공급곡선은 우상향하게 된다.

(6) 생산요소시장의 균형

완전경쟁적인 생산요소시장의 균형은 상품시장의 경우와 마찬가지로 수요곡선과 공급곡선이 교차하는 점에서 이루어진다. [그림 14-10] (a)와 같이 생산요소의 시장수요곡선 L_D와 시장공급곡선 L_S가 주어지면, 이 두 곡선이 교차하는 E_0점에서 생산요소의 균형가격과 균형고용량이 각각 w_0와 L_{M0}로 결정된다.

생산요소시장이 완전경쟁이면 개별 기업은 **가격수용자**(price taker)이므로 시장에서 주어지는 균형가격(w_0) 수준에서 원하는 만큼의 생산요소를 고용할 수 있다. 이는 **개별기업이 직면하는 생산요소의 공급곡선**(L_s)이 그림 (b)에서 보는 것처럼 w_0에서 **수평선**임을 의미한다. 개별기업은 이러한 생산요소의 공급

[그림 14-10] 생산요소시장의 균형

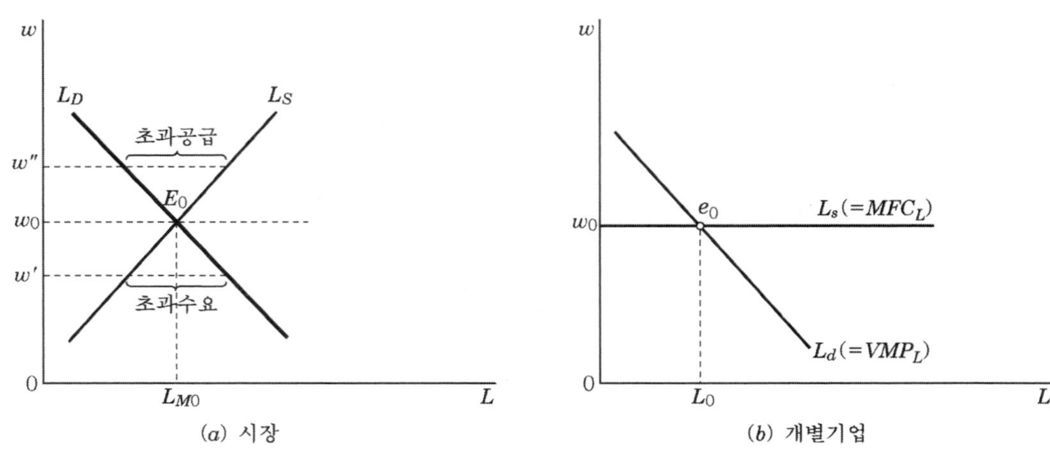

곡선과 생산요소에 대한 수요곡선(L_d)이 일치하는 L_0수준까지 생산요소를 고용하게 된다. 즉, 완전경쟁적 생산요소시장에서 개별기업은 한계생산가치(VMP_L)와 한계요소비용(MFC_L)이 일치하는 수준까지 생산요소를 고용하는 것을 알 수 있다.

완전경쟁적 생산요소시장에서 결정되는 생산요소의 가격은 그것의 한계생산가치와 밀접하게 관련된다는 점을 알 수 있다. 그림 (b)에서 보면 기업이 생산요소에 대해 지불하는 가격 w_0는 L_0의 고용수준에서 수요곡선의 높이와 일치하므로 w_0는 생산요소의 **한계생산가치**(VMP_L)와 같다고 볼 수 있다. 이렇게 볼 때 각 생산요소는 생산에 기여한 가치만큼의 보수를 받게 되며, 그것의 크기는 생산요소의 균형가격에 균형고용량을 곱한 크기, 즉 사각형 $Ow_0e_0L_0$의 면적에 해당한다.

> 완전경쟁적 생산요소시장에서 결정되는 생산요소의 가격은 그것의 한계생산가치와 일치하기 때문에 각 생산요소는 생산에 기여한 가치만큼의 보수를 받게 된다.

2.2 상품시장이 불완전경쟁적인 경우

지금까지는 생산요소시장과 상품시장이 완전경쟁적이라는 것을 전제로 생산요소가격과 고용량이 결정되는 과정에 대해 살펴보았다. 만일 상품시장에 불완전경쟁이 존재하면 생산요소의 가격과 고용량에는 어떠한 변화가 있을까? 상품시장에 불완전경쟁이 존재하더라도 기업의 이윤극대화 과정에서 생산요소에 대한 수요가 결정된다는 점은 제1절에서 설명한 내용과 다를 바 없다. 다만 상품시장에서 시장지배력이 있는 기업의 행동을 생산요소에 대한 수요에 반영하기만 하면 된다.

제1절의 기업의 이윤극대화 조건에서 도출한 식 (14. 2)와 (14. 5)를 정리하면 다음과 같이 나타낼 수 있다.

(14. 8) $w = MRP_L = MP_L \cdot MR$

식 (14. 8)은 상품시장의 경쟁형태가 어떤 것이든 관계없이 생산요소의 최적고용을 위한 일반적인 조건을 나타내고 있다. 상품시장이 완전경쟁적인 경우에는 한계수입이 가격과 같기 때문에 $MP_L \cdot MR$을 $MP_L \cdot P$로 바꾸고, 이것을 **한계생산가치**(VMP_L)라고 하였다. 그러나 상품시장이 불완전경쟁이면 더 이상 $P = MR$의 관계가 성립하지 않기 때문에 생산요소의 가격과 그것의 한계생산가치가 일치하는 수준까지 생산요소를 고용해야 된다는 표현은 잘못된 것이다. 상품시장이 불완전경쟁일 때는 생산요소의 가격(w)이 생산요소의 한계생산(MP_L)과 상품 판매에서 나오는 한계수입(MR)을 곱한 **한계수입생산**(MRP_L)과 일치할 때까지 생산요소를 고용해야 한다.

어떤 생산요소의 한계수입생산곡선이 구해지면 이 곡선을 이용해서 그 생산요소에 대한 개별기업의 수요곡선을 도출할 수 있다. 그 과정은 제2절에서 살펴본 상품시장이 완전경쟁적인 경우와 동일하다. 가변투입요소가 하나인 경우에는 한계수입생산곡선이 생산요소에 대한 수요곡선이 되며, 가변투입요소가 둘 이상인 경우에는 한계수입생산곡선의 이동을 고려해서 생산요소에 대한 수요곡선을

[그림 14-11] 상품시장이 불완전경쟁일 때 생산요소에 대한 수요곡선

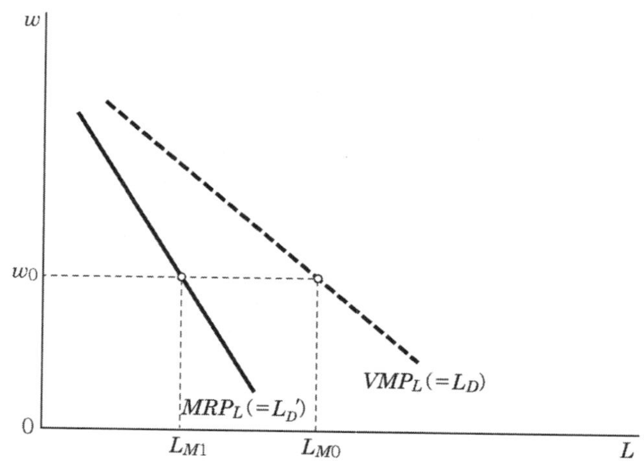

도출하면 된다.

상품시장에 불완전경쟁이 존재하고 가변투입요소가 하나인 경우에 개별기업의 노동에 대한 수요곡선의 모양은 [그림 14-11]에서 실선으로 나타나 있는 곡선($MRP_L = M_D{}'$)와 같다. 이것은 상품시장이 완전경쟁적일 때($VMP_L = L_D$)보다 왼쪽에 위치하게 되는데 상품시장이 불완전경쟁적이면 $P > MR$이므로 $VMP_L > MRP_L$이 되는 것은 당연하다.

[그림 14-12]의 (a)에서 보는 것처럼 개별기업의 생산요소에 대한 수요곡선으로부터 도출된 시장수요곡선이 $L_D{}'$으로 주어지면 이것과 시장공급곡선 L_S가 교차하는 E_1점에서 생산요소시장의 균형이 달성된다. 이때 균형임금률과 고용량은 각각 w_1과 L_{M1}으로 결정된다. 만일 상품시장이 완전경쟁적이면 생산요소에 대한 시장수요곡선은 L_D로 주어져 E_0점에서 균형이 달성되고, 이때의 균형임금률과 고용량은 각각 w_0와 L_{M0}가 될 것이다. 이처럼 상품시장에 불완전경쟁이 존재하면 상품시장이 경쟁적인 경우보다 생산요소의 가격은 낮고 고용량은 줄어든다는 것을 알 수 있다.

완전경쟁적 생산요소시장에서 생산요소 가격이 w_1으로 결정되면 개별기업은 이 가격수준에서 원하는 만큼의 생산요소를 고용할 수 있으므로, 개별기업이 직면하는 생산요소의 공급곡선 L_s는 w_1에서 수평선이 된다. 이러한 생산요소의

[그림 14-12] 상품시장이 불완전경쟁일 때 생산요소시장의 균형

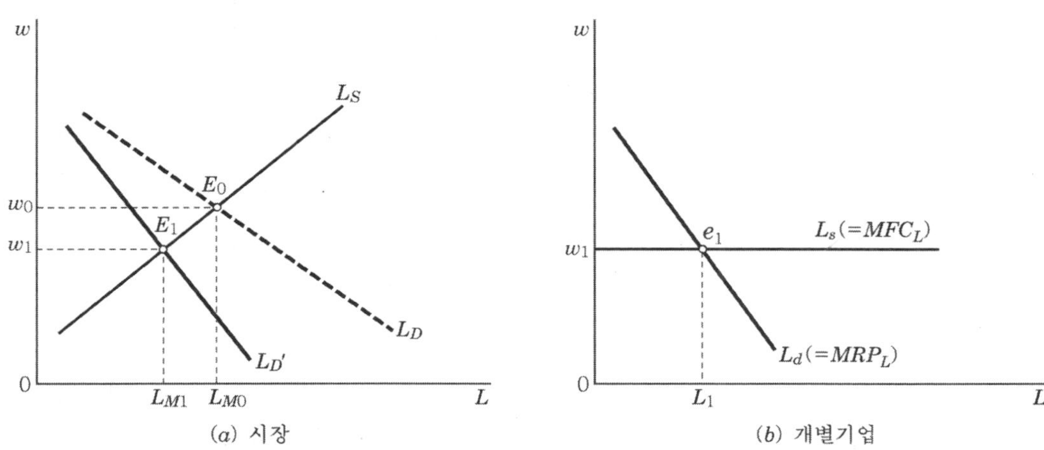

공급곡선과 생산요소에 대한 수요곡선(L_d)이 교차하는 e_1점에서 균형을 이루게 되고, 개별기업은 L_1만큼의 노동을 고용하게 된다.

3. 불완전경쟁 생산요소시장

지금까지는 생산요소시장이 완전경쟁적인 경우에 생산요소의 가격과 고용량이 결정되는 과정에 대해 설명하였다. 본 절에서는 생산요소시장이 불완전경쟁적인 수요독점, 공급독점 그리고 생산요소의 수요자와 공급자가 유일한 쌍방독점의 경우에 생산요소가격과 고용량이 결정되는 과정을 설명하기로 한다.

(1) 생산요소시장에서의 수요독점

담배제조 기술자와 같이 전문화된 생산요소를 필요로 하는 기업이 유일하다면 그 기업은 생산요소를 독점적으로 수요하게 된다. 이처럼 생산요소에 대한 수요가 하나의 기업에 의해 독점되는 경우를 **수요독점**(monopsony)이라고 한다.[8] 군수물자시장도 수요독점의 또 다른 하나의 예라고 볼 수 있다. 정부가

8) 어떤 기업이 수요독점적 지위를 확보하면 그 기업이 참여하는 상품시장은 불완전경쟁적이다.

군수물자에 대한 유일한 수요자이기 때문이다. 수요독점의 이러한 특성으로 인하여 이 시장에서는 완전경쟁적 생산요소시장에서 볼 수 없는 전혀 다른 특징들이 나타난다.

수요독점의 경우에는 생산요소를 구입하는 기업이 유일하기 때문에 생산요소의 시장공급곡선 자체가 그 기업이 직면하는 공급곡선(L_S)이 된다는 점이다. 따라서 생산요소시장이 완전경쟁일 때 개별기업이 직면한 생산요소의 공급곡선이 수평인 것과는 다르게 수요독점기업이 직면하는 공급곡선은 우상향하는 모양을 갖게 된다. 또한 상품시장이 독점일 때 공급곡선이 존재하지 않는 것과 대조적으로 수요독점일 때는 생산요소에 대한 수요곡선이 존재하지 않는다. 수요독점의 경우에는 생산요소를 수요하는 기업이 하나밖에 없으므로 생산요소의 공급곡선을 보고서 얼마만큼의 생산요소를 수요하겠다는 결정을 할 수 있다. 수요독점기업은 애초부터 생산요소에 대한 수요곡선을 갖고 있지 않는 셈이다. 이처럼 수요독점의 경우에는 수요·공급원리가 적용될 수 없기 때문에 완전경쟁적 생산요소시장과는 다른 방식으로 생산요소의 가격과 고용량을 결정하게 된다.

> 수요독점의 경우에는 생산요소를 수요하는 기업이 하나밖에 없으므로 생산요소의 공급곡선을 보고서 얼마만큼의 생산요소를 수요하겠다는 결정을 할 수 있다. 따라서 수요독점시장에서는 생산요소에 대한 수요곡선이 존재하지 않는다.

수요독점기업은 생산요소를 추가로 한 단위 투입함으로써 얻을 수 있는 수입과 이에 드는 비용이 서로 일치하는 점에서 생산요소의 가격과 고용량 수준을 결정함으로써 이윤을 극대화할 수 있다.[9] 수요독점기업이 생산요소를 추가로 한 단위 더 투입함으로써 벌어들일 수 있는 수입이 얼마인지는 한계수입생산곡선(MRP)을 통해 알 수 있다. 한편, 이 기업이 생산요소를 추가로 한 단위 투입하는데 드는 비용이 얼마인지를 나타내는 **한계요소비용곡선**(marginal factor cost; MFC)은 수요독점기업이 직면하는 생산요소의 공급곡선으로부터 알아낼 수 있다. 어떤 생산요소의 공급곡선은 그것을 한 단위 고용하는데 드는 평균적

9) 상품시장에서 독점기업은 시장에서 나타난 수요곡선으로부터 한계수입곡선(MR)을 도출하고 이것이 한계비용곡선(MC)과 일치하는 점에서 이윤을 극대화한다. 이와 비슷하게 생산요소시장의 수요독점기업은 생산요소의 공급곡선을 이용해서 한계요소비용곡선(MFC)을 도출하고 이것이 한계수입생산곡선(MRP)과 일치하는 점에서 이윤을 극대화한다.

[그림 14-13] 생산요소의 시장공급곡선과 한계요소비용곡선

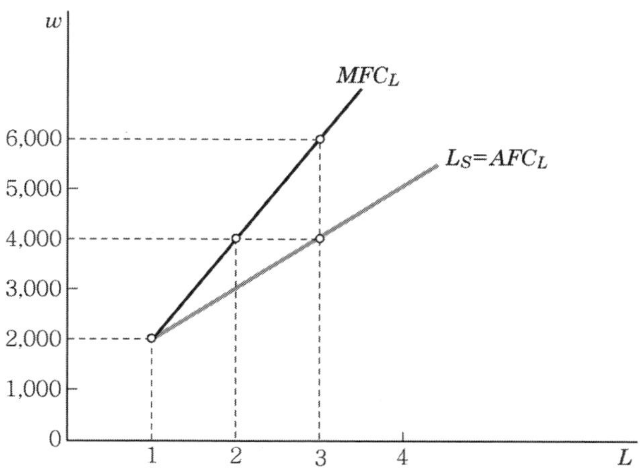

인 비용, 즉 **평균요소비용**(average factor cost; *AFC*)이 얼마인가를 보여준다. 평균요소비용곡선이 바로 생산요소의 공급곡선에 해당한다는 의미이다. 그러므로 '평균'의 의미를 갖는 곡선으로부터 '한계'의 의미를 갖는 곡선을 찾아내는 방법을 이용해 생산요소의 공급곡선(평균요소비용곡선)으로부터 한계요소비용곡선을 도출할 수 있다. 수리적 관계로 볼 때 평균값이 증가하면 한계값은 항상 평균값보다 크게 된다. 이러한 논리를 적용하면 [그림 14-13]에서 보는 것처럼 한계요소비용은 평균요소비용인 공급곡선(L_S)보다 위에 위치하여 더욱 가파른 기울기를 갖게 된다.

평균값과 한계값

지난 학기까지 여러분의 평균학점이 3.5라고 하자. 만일 여러분들이 평점을 더 높이려고 한다면 이번 학기에는 3.5보다 더 높은 점수를 받아야 한다. 이와는 반대로 이번 학기에 3.5보다 낮은 학점을 받는다면 평점은 떨어진다. 여기서 평점은 평균값에 해당하고 이번 학기의 학점이 한계값에 해당한다. 이러한 예를 통하여 볼 때 평균값이 상승하면 한계값은 항상 평균값보다 크게 되고, 평균값이 하락하면 한계값은 항상 평균값보다 작게 되는 것을 알 수 있다.

생산요소의 공급곡선과 한계요소비용곡선 사이의 관계는 〈표 14-1〉을 이용하

여 확인해 볼 수 있다. 수요독점기업은 첫 번째 단위의 생산요소를 고용할 때 2,000원을 지불해야 하고, 생산요소의 투입량을 1단위씩 증가시킬 때마다 1,000원씩 올려줘야 한다고 하자. 생산요소 1단위를 고용할 때는 총비용이 2,000원이므로 평균요소비용과 한계요소비용은 똑같이 2,000원이다. 생산요소의 고용을 2단위로 증가시키면 총비용은 6,000원이고 평균요소비용과 한계요소비용은 각각 3,000원과 4,000원이다. 또한 생산요소 3단위를 고용할 때는 총비용이 12,000원이고 평균요소비용과 한계요소비용은 각각 4,000원과 6,000원이 된다. 이러한 예를 통하여 우리는 평균요소비용이 상승, 즉 생산요소의 공급곡선이 우상향할 때 MFC_L곡선은 L_S곡선의 위에 위치한다는 점을 확인할 수 있다.

〈표 14-1〉 평균요소비용과 한계요소비용

고용량 (L)	생산요소가격 (w)	총요소비용 ($TFC_L = w \cdot L$)	평균요소비용 ($AFC_L = TFC/L$)	한계요소비용 ($MFC_L = \Delta TFC/\Delta L$)
1	2,000	2,000	2,000	2,000
2	3,000	6,000	3,000	4,000
3	4,000	12,000	4,000	6,000
4	5,000	20,000	5,000	8,000

지금까지 살펴본 한계요소비용(MFC_L)과 한계수입생산(MRP_L)이 주어지면 수요독점기업은 다음 식과 같은 조건이 충족되도록 생산요소의 가격과 고용량을 결정한다.

$$(14.\ 9)\quad MFC_L = MP_L \cdot MR = MRP_L$$

[그림 14-14]에서 보면 $MFC_L = MRP_L$는 a점에서 달성되어 수요독점기업은 L_1을 고용하고 공급곡선을 따라 w_1의 생산요소가격을 지불하게 된다.[10] 만약 이 생산요소시장이 완전경쟁이었으면 MRP_L과 L_S가 서로 교차하는 E_0점에서 이루어져 생산요소의 균형가격과 고용량은 각각 w_0와 L_0가 되었을 것이다.

10) MRP_L곡선은 수요독점기업의 수요곡선이 아니다. 수요독점에서는 생산요소에 대한 수요곡선이 존재하지 않는다는 점을 이미 설명한 바 있다.

[그림 14-14] 수요독점기업의 균형

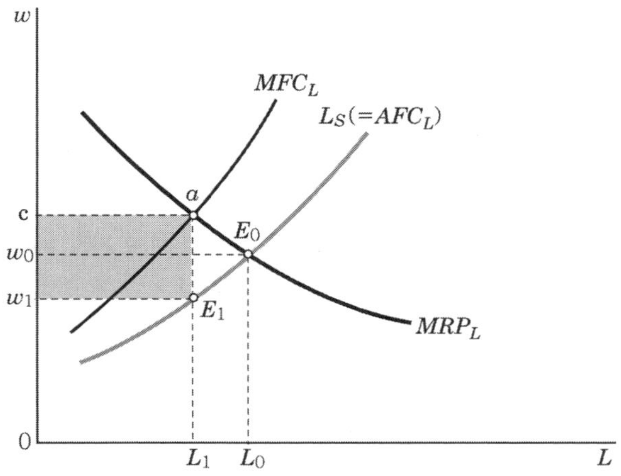

생산요소시장이 수요독점이면 생산요소의 균형가격과 고용량이 완전경쟁인 경우보다 낮다는 사실을 알 수 있다.

또한 [그림 14-14]에서 보면 수요독점기업이 지불하는 생산요소의 가격(w_1)은 한계수입생산(aL_1)보다 낮다는 것을 알 수 있다. 이때 우리는 **수요독점적 착취**(monopsonistic exploitation)가 발생하였다고 한다. 수요독점기업의 균형상태에서 노동의 추가적 고용은 기업에게 한계수입생산의 크기만큼 수입을 가져다주므로 그 크기만큼의 임금지불이 가능하다. 그러나 수요독점기업은 독점적 지위를 이용하여 이보다 낮게 임금을 지불한 것이다. 수요독점적 착취의 크기는 사각형 w_1caE_1의 면적으로 나타나 있다.

> 수요독점기업이 지불하는 생산요소의 가격이 한계수입생산보다 낮을 때 **수요독점적 착취**가 발생하였다고 한다.

당연한 말이지만 생산요소의 공급곡선이 비탄력적일수록 수요독점적 착취가 크게 나타나게 된다. 왜냐하면 생산요소의 공급이 생산요소의 가격변화에 덜 민감할수록 수요독점기업은 그러한 상황을 자신에게 유리하게 활용할 수 있기 때문이다.

[연습문제 14.5]

수요독점하에서 최저임금제를 실시하면 노동의 고용량이 감소하는가?

[연습문제 14.6]

수요독점기업이 직면하는 노동공급곡선이 $w=5{,}000+5L$로 주어져 있고, 이 기업의 한계수입생산이 $MRP_L=8{,}000-5L$로 주어져 있다고 하자. (ⅰ) 이윤을 극대화하는 고용량과 임금률의 수준은 얼마인가? (ⅱ) 수요독점적 착취의 크기는? (ⅲ) 정부가 최저임금률을 6,200원으로 설정하면 고용수준은 얼마인가?

(2) 생산요소시장에서의 공급독점

생산요소시장에서 생산요소의 공급자가 유일한 경우도 있을 수 있다. 산업 전체적으로 강력한 노동조합(labor union)을 결성하여 노동공급을 독점하는 경우가 있다면 이것은 **공급독점**의 예가 될 수 있다. 노동 공급독점자의 입장에서 보면 자신이 공급하는 노동 서비스가 하나의 상품이다. 따라서 노동공급을 독점하는 노동조합의 행동원리는 상품시장에서 독점기업이 이윤을 극대화하는 과정과 전혀 다를 바 없다. 상품시장에서 독점기업이 한계수입과 한계비용을 일치시켜 이윤극대화를 달성하는 과정을 그대로 적용하면 된다. 노동공급을 독점하는 노동조합은 당연히 노동자들의 잉여를 극대화할 수 있도록 행동할 것이다.[11] 따라서 노동조합은 노동에 대한 수요곡선에서 한계수입곡선(MR)을 도출하고, 이것이 노동공급량을 한 단위 늘릴 때 추가적으로 소요되는 비용을 의미하는 한계비용곡선(MC)과 일치하는 수준에서 임금과 고용량을 결정할 것이다.

[그림 14-15]는 제10장에서 독점기업이 이윤을 극대화하는 과정을 설명하는 것과 똑같은 모양을 하고 있다는 것을 알 수 있다. 노동조합은 노동의 유일한 공급자이므로 그가 직면하는 노동에 대한 수요곡선(L_D)은 한계수입생산곡선(MRP) 그 자체이다. 노동조합은 이러한 수요곡선으로부터 MR곡선을 도출하여 이것이 MC곡선과 교차하는 a점에 해당하는 L_1만큼의 노동을 공급하고 w_1의 임금을 받음으로써 조합원들의 잉여를 극대화하게 된다.

11) 공급독점자인 노동조합의 입장에서는 이윤극대화라는 표현 보다는 잉여극대화라는 용어가 적합할 것이다.

[그림 14-15] 공급독점기업의 균형

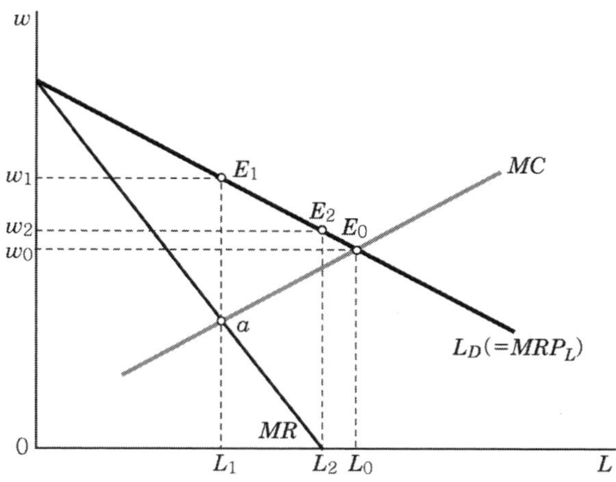

그런데 노동조합은 조합원들의 잉여를 극대화할 때와 다른 수준의 고용량을 선택할 가능성도 있다. 만일 조합원들의 고용량이 극대화되기를 원한다면 노동조합은 완전경쟁일 때와 마찬가지로 노동의 수요와 공급이 일치하는 고용수준을 선택하게 될 것이다. 노동조합이 완전경쟁기업처럼 행동한다면 노동공급에 따른 한계비용곡선이 노동의 공급곡선이 된다. 따라서 노동조합은 노동의 수요곡선(L_D)과 한계비용곡선(MC)이 서로 교차하는 E_0점에 해당하는 L_0의 노동을 공급하고 w_0의 임금을 받으려고 할 것이다. 또한 조합원들의 총임금 혹은 총수입이 극대화되기를 원한다면 노동조합은 $MR=0$가 되는 L_2의 노동을 공급하여 w_2의 임금을 받으려고 할 것이다.

(3) 쌍방독점

생산요소시장에서 생산요소의 수요자가 유일하며, 공급자도 유일한 경우를 **쌍방독점**(bilateral monopoly)이라고 한다. 담배제조 기술자들이 노동조합을 결성하여 수요독점기업인 담배제조회사에 대응한다면 이것은 쌍방독점에 해당한다고 볼 수 있다. 먼저 수요독점자가 시장의 주도권을 완전하게 장악하는 경우와 공급독점자가 시장의 주도권을 완전하게 장악하는 경우를 구분하여 생산요소의 가격과 고용량이 결정되는 과정을 알아본다. 이후에는 실제로 쌍방독점하에서 생산요소의 가격과 고용량이 어떻게 결정되는지 살펴보기로 한다.

[그림 14-16] 쌍방독점

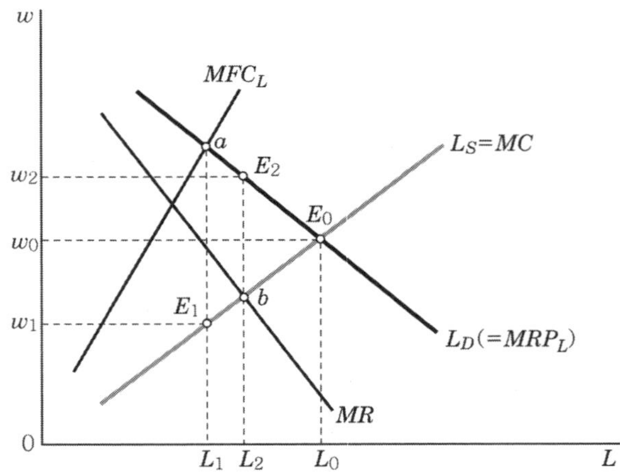

생산요소시장에서 생산요소의 수요자가 유일하며, 공급자도 유일한 경우를 **쌍방독점**이라고 한다.

[그림 14-16]은 [그림 14-14]와 [그림 14-15]를 결합하여 나타낸 것이다. 이미 살펴본 바와 같이 수요독점인 담배제조회사가 시장의 주도권을 완전히 장악하게 되면 노동조합은 완전경쟁시장에서의 개별기업처럼 행동할 수밖에 없는 입장이다.[12] 따라서 노동조합에서는 생산요소의 가격(w)이 한계비용(MC)과 같아지는 수준까지 노동을 공급할 것이다. 이것은 노동공급자의 한계비용곡선이 노동의 공급곡선이 된다는 것을 의미한다. 한편 수요독점자는 이 공급곡선에서 도출된 한계요소비용곡선(MFC)과 한계수입생산곡선(MRP)이 일치하는 a점을 찾아내 w_1의 임금률에서 L_1만큼의 노동을 고용하려고 할 것이다.

생산요소의 공급독점자인 노동조합이 주도권을 완전히 장악하게 되면 상황은 완전히 바뀌게 된다. 이 경우에 노동조합의 입장에서는 당연히 노동자들의 잉여 극대화를 추구할 것이다. 노동조합은 자신이 직면하는 노동의 수요곡선인 한계수입생산곡선(MRP)으로부터 MR곡선을 도출하여 이것이 MC곡선과 교차하

12) 수요독점기업인 담배제조회사가 시장에서 주도권을 완전하게 장악하게 되면, 노동조합은 요소시장에서 주어지는 생산요소가격하에서 이윤을 극대화할 수밖에 없다.

는 b점에 해당하는 L_2만큼의 노동을 공급하여 w_2의 임금을 받고자 한다.

이상에서 살펴본 것처럼 쌍방독점인 경우에는 서로 자신에게 유리한 가격을 설정하려고 하기 때문에 균형점이 유일하게 결정되지 않는다. 수요독점자인 담배제조회사는 독점적 지위를 이용하여 완전경쟁시장에서의 임금률 수준인 w_0보다 낮은 w_1 수준의 임금률을 지불하려고 하는 반면에 공급독점자인 노동조합은 독점적 지위를 이용하여 w_0보다 높은 w_2 수준의 임금률을 받으려고 하기 때문이다. 쌍방독점에서 실제의 임금률 수준은 두 집단의 교섭력(bargaining power)에 따라 w_1와 w_2사이에서 결정될 수밖에 없다.

4. 생산요소에 대한 보수의 성격

앞에서 설명한 생산요소의 공급자에게 귀속되는 보수는 기회비용의 관점에서 파악될 수 있다. 그러나 기회비용만으로 생산요소에 대한 보수 성격을 정확하게 알 수 없는 경우가 있다. 따라서 생산요소에 대한 기회비용뿐만 아니라 아래에서 설명하게 되는 경제적 지대의 개념 역시 생산요소의 공급자에게 귀속되는 보수의 성격을 규명하는 데 필요하다.

4.1 경제적 지대

전통적인 의미에서 **지대**(rent)란 생산과정에 토지를 제공한 대가로 받는 보수를 의미한다.[13] 토지의 특성 중 하나는 그것의 공급이 완전히 고정되어 있다는 점이다. 어떤 생산요소의 공급이 완전 비탄력적이라면 그것의 가격은 전적으로 수요측 요인에 의해 결정된다. [그림 14-17]에서 보는 것처럼 토지의 공급곡선(L_S)이 수직이고 그에 대한 수요곡선이 L_{D0}로 주어진다면 토지서비스[14]의

13) 고전학파 경제학자인 리카도(D. Ricardo)가 제시한 차액지대설에 의하면 어떤 토지의 지대는 그 토지의 생산성과 비옥도가 가장 낮은 한계지의 생산성과의 차이에 의해 결정된다.

14) 생산요소에 대한 수요·공급이론에서 언급되는 노동, 토지, 자본은 각각 유량개념으로서 엄밀하게 말해서 노동서비스, 토지서비스, 자본서비스를 의미한다.

[그림 14-17] 생산요소의 공급이 완전비탄력적인 경우의 지대

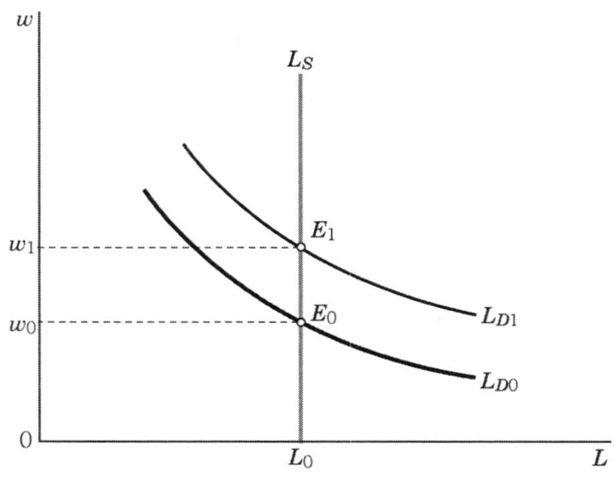

가격은 w_0으로 결정된다. 이 때 토지의 소유자에게 귀속되는 보수, 즉 지대의 크기는 $Ow_0E_0L_0$이다. 만일 토지에 대한 수요가 증가하여 수요곡선이 L_{D1}이 되면 어떤 현상이 나타날까? 그림에서 보는 것처럼 토지의 수요가 증가하더라도 토지의 거래량은 그대로 유지되는 반면에 토지서비스의 가격이 w_1으로 상승하여 지대의 크기도 $Ow_1E_1L_0$로 증가하게 된다.

지대의 개념은 토지만큼은 아니지만 공급이 비탄력적인 생산요소에 대해서도 적용될 수 있다. [그림 14-18]을 보면 어떤 생산요소를 단위당 w_0의 가격으로 L_0만큼 고용함으로써 사각형 $Ow_0E_0L_0$의 면적에 해당하는 보수를 지급하고 있다. 이 중에서 생산요소의 공급곡선 아래의 면적은 생산요소의 고용수준을 L_0로 유지하기 위해 지급해야 하는 최소한의 보수를 나타낸다. 생산요소의 각 고용수준에서 공급곡선의 높이는 생산요소의 공급자가 매 단위에 대해서 기꺼이 받으려고 하는 금액을 나타낸다는 것을 생각해 보면 이것이 이해될 것이다. 이와 같이 생산요소의 공급에 따른 기회비용(opportunity cost)은 **전용수입**(transfer earnings)이라고 한다.

이렇게 본다면 생산요소에 지불한 보수 중에서 전용수입을 초과하는 부분은 그 생산요소를 현재의 용도로 사용하기 위해 반드시 지불하지 않아도 되는 부분이다. 그림에서 생산요소의 공급곡선(L_S) 위에 나타나 있는 삼각형 aw_0E_0의

[그림 14-18] 경제적 지대와 전용수입

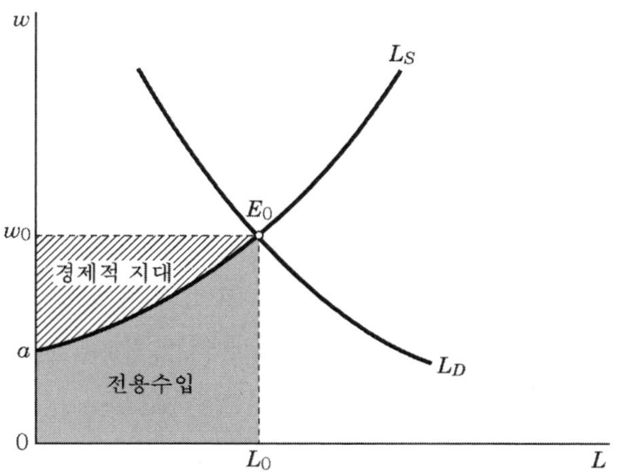

면적이 그것에 해당한다. 이처럼 생산요소의 기회비용, 즉 전용수입을 초과하여 추가로 지불되는 보수가 **경제적 지대**(economic rent)이다. 경제적 지대의 크기는 생산요소의 공급탄력성이 어느 정도인가에 의해 결정된다. 만일 생산요소의 공급이 완전탄력적이어서 L_S가 수평선이라면 경제적 지대에 해당하는 면적의 크기는 영(0)이다. 수평인 공급곡선 아래의 면적은 모두 전용수입에 해당하기 때문이다. 이와는 반대로 생산요소의 공급이 완전비탄력적이어서 L_S가 수직선이라면 생산요소에 지급되는 보수 전부가 경제적 지대에 해당한다.

지금까지의 논의에 의하면 경제적 지대는 생산요소의 공급이 비탄력적이기 때문에 추가로 발생하는 보수라고 볼 수 있다. 이러한 의미에서 경제적 지대의 개념은 전통적 지대의 개념을 일반화한 것이다. 유명 운동선수나 인기 연예인은 상대적으로 공급이 매우 비탄력적이다. 따라서 이들이 받는 보수는 상당한 부분이 경제적 지대인 셈이다. 어느 유명 프로야구선수가 연봉 5억원을 받고 있다고 하자. 그런데 그 선수가 일반인처럼 평범한 사원으로 기업에 취업하는 경우에 연봉 3,000만원을 받을 수 있다면 그 선수의 연봉 중 4억 7,000만원이 경제적 지대에 해당한다.

경제적 지대는 전통적인 지대의 개념을 일반화한 것으로써 생산요소의 공급이 비탄력적이기 때문에 전용수입을 초과해서 추가로 발생하는 보수를 말한다.

현실적으로 일부 산업에서는 법적 혹은 제도적 장치를 통하여 그 산업으로의 노동공급을 제한함으로써 경제적 지대를 얻는 경우를 볼 수 있다. 의사나 변호사들이 고소득을 얻을 수 있는 것은 제도적 장치를 통하여 이들의 공급을 극히 제한하고 있기 때문이다. 이들은 경제적 지대를 보호하기 위해 이익집단을 형성하여 각종 로비활동을 하게 된다. 이와 같이 생산요소의 공급을 제한함으로써 경제적 지대를 얻거나 지키기 위해 행하는 노력을 **지대추구행위**(rent seeking behavior)라고 한다.[15] 일반적으로 정부의 각종 규제가 많아질수록 지대추구행위가 활발해지는 경향이 있다고 알려져 있다. 이익집단이 새로운 이권을 얻거나 기득권을 지속적으로 유지하기 위한 지대추구행위는 사회 전체적으로 볼 때 자원의 낭비를 초래하는 것이 분명하다.

토지단일세론

토지서비스의 가격이 변동하더라도 공급량이 변하지 않는다면 지대에 높은 세율의 조세를 부과하더라도 자원배분의 왜곡현상이 발생하지 않게 된다. 토지의 이러한 성격으로 인하여 **헨리 조지**(Henry Georgy)는 '세금은 지대에서만 걷어야 한다'는 **토지단일세제**를 제창한 적이 있다. 그에 의하면 지주들이 지대를 받는 것은 그들이 생산적인 일을 하기 때문이 아니라, 그들이 소유한 토지가 우연히 비옥도가 높거나 혹은 좋은 곳에 위치해 있기 때문이다. 따라서 헨리 조지는 지대가 불로소득이고, 또 세금을 부과하더라도 토지의 수급이 그대로 유지되므로 지대에만 조세를 부과할 것을 주장하였다.

4.2 준지대

앞에서 우리는 생산요소의 가격과 고용량, 그리고 생산요소에 대한 보수가 결정되는 과정을 설명하면서 한계개념을 적용하였다. 그러나 한계개념이 항상 적용될 수 있는 것은 아니다. 한계수입생산 또는 한계생산가치의 개념은 생산요소의 투입량이 변경가능한 경우에만 적용 가능하다. 투입규모를 변경할 수 없는 고정투입요소에 대해서는 '한계'라는 개념 자체를 적용할 수 없다. 따라서 고정

15) 독점기업이 독점력을 유지하기 위하여 로비활동을 하거나, 정부의 각종 인·허가를 얻기 위해 로비활동을 하는 것도 지대추구행위이다.

[그림 14-19] 준지대

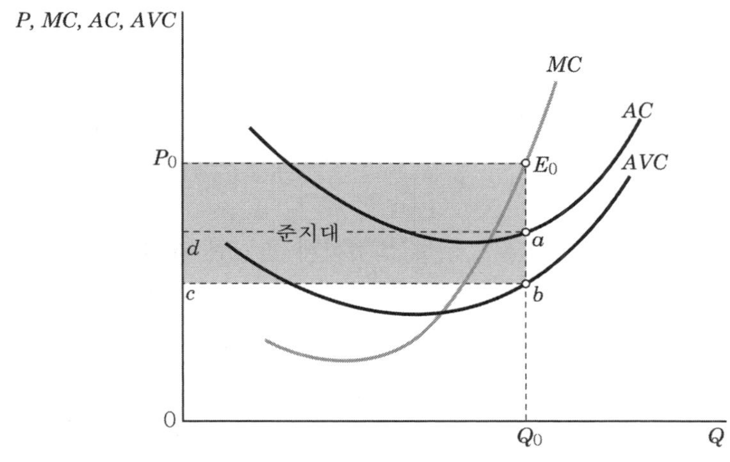

투입요소에 대한 보수를 규명하기 위해서는 지금과는 다른 방식을 적용해야 할 것이다.

경제학에서는 경제적 지대의 개념을 원용하여 단기적으로 고정된 투입요소에 대한 보수를 설명하고 있다. 앞에서 경제적 지대란 어떤 생산요소에 지불한 보수 중에서 그 생산요소의 기회비용을 초과하는 부분으로 정의한 바 있다. 그렇다면 가변투입요소와 고정투입요소를 투입하여 생산하는 경우에는 상품의 판매로부터 얻은 총수입 중에서 가변요소에 대한 보수를 뺀 나머지를 고정투입요소의 보수로 귀속시키면 될 것이다. 이처럼 단기적으로 고정되어 있는 생산요소에 귀속되는 보수를 **마샬**(A. Marshall)은 **준지대**(quasi-rent)라고 불렀다.

어떤 기업의 단기비용곡선이 [그림 14-19]와 같다고 하자. 이 기업이 생산하는 상품의 시장가격이 P_0로 주어진다면 Q_0를 생산함으로써 사각형 $OP_0E_0Q_0$의 면적에 해당하는 판매수입을 얻게 될 것이다. 이 중에서 평균가변비용의 크기에 의해 결정되는 사각형 $OcbQ_0$의 면적은 가변투입요소에 대한 보수로 지급된다. 따라서 판매수입에서 이를 제외한 사각형 cP_0E_0b의 면적이 준지대가 되는 것이다. 준지대를 나타내는 사각형 cP_0E_0b는 총고정비용에 해당하는 사각형 $cdab$와 경제적 이윤에 해당하는 사각형 dP_0E_0a를 합한 것으로 구성되어 있다. 물론 준지대가 항상 양(+)의 값을 갖는 것은 아니며, 그렇다고 음(-)의 값을 갖는 경우도 없다. 준지대가 음(-)의 값을 갖는다는 것은 생산과정에서 가변비용마저 회수하지 못하고 있다는 것을 의미하므로 이때는 기업이 생산을 중단하기 때문이다.

> 단기적으로 고정되어 있는 생산요소에 귀속되는 보수를 **준지대**(quasi-rent)라고 한다.

준지대와 경제적 지대가 서로 밀접하게 관련된 개념임에도 불구하고 이들 사이에는 분명하게 구분해야 할 점이 있다. 경제적 지대가 단기에서 뿐만 아니라 장기에서도 발생할 수 있는 것과 다르게 준지대는 고정요소가 존재하는 단기에서만 발생한다는 점이다. 고정요소가 존재하지 않는 장기에서는 판매수입이 가변요소의 기회비용과 일치하기 때문에 준지대가 발생할 수 없는 것이다. 또한 경제적 지대가 생산요소의 공급자에게 귀속되는 보수와 관련되는 반면에, 준지대는 생산요소를 고용하는 개별기업의 판매수입과 관련되는 점에서도 차이가 있다.

[연습문제 14.7]

> 어떤 완전경쟁기업의 이윤극대화를 달성하는 생산량이 100단위이고, 이 생산량 수준에서 한계비용이 30원, 평균비용이 25원 그리고 평균고정비용이 5원이다. 준지대의 크기는?

연습문제 풀이

[연습문제 14.1]
노동자 3명을 고용할 때는 총요소비용(임금)이 12,000원이고, 4명을 고용할 때는 총요소비용이 20,000원이므로 4번째 노동자를 고용할 때의 MFC은 8,000원이다. 〈표 14-1〉을 참고할 것.

[연습문제 14.2]
$MP_L=5$이고, 이 기업에서 생산한 상품의 가격이 $P=1,000$원이므로 노동 1단위를 추가적으로 고용할 때 얻게 되는 수입, 즉 한계생산가치는 $VMP_L=MP_L\times P=5\times1,000=5,000$이다. 노동을 1단위 추가적으로 고용할 때 얻게 되는 수입이 5,000이고, 추가적으로 소요되는 비용(임금률)이 6,000이므로 노동의 투입을 줄여야 한다.

[연습문제 14.3]
임금이 상승하면 대체효과에 의해 상대적으로 비싸진 여가소비를 감소(노동공급 증가)시키게 된다. 그러나 임금이 상승하여 소득이 증가할 때 나타나는 소득효과는 여가의 성격에 따라 다르게 나타난다. 여가가 정상재라면 소득증가에 따라 여가 소비가 증가하겠지만, 열등재라면 여가의 소비가 감소하여 노동공급이 증가하게 된다. 열등재의 경우 소득이 증가하면 소비가 감소하는 특성을 갖기 때문이다. 따라서 여가가 열등재라면 노동공급곡선은 항상 우상향하게 된다.

[연습문제 14.4]
노동자에게 근로소득세를 부과하면 그의 실질임금이 하락하게 되므로 노동공급이 영향을 받게 된다. 노동공급의 변화 정도는 실질임금의 하락에 따른 대체효과와 소득효과의 상대적인 크기에 따라 다르다. 근로소득세의 부과로 실질임금이 하락하면 여가의 가격이 하락하는 결과를 초래하여 여가의 소비를 늘리게 된다. 한편 실질임금의 감소로 인하여 실질소득이 감소하면 정상재인 여가의 소비가 감소하게 된다. 따라서 근로소득세 부과에 따른 대체효과와 소득효과의 상대적 크기에 따라 노동공급에 미치는 영향이 다르게 나타나게 된다. 만일 대체효과가 소득효과보다 크다면 노동공급은 감소할 것이고, 반대로 소득효과가 대체효과보다 크다면 노동공급은 증가하게 된다.

[연습문제 14.5]

수요독점의 경우 최저임금제 실시하기 이전에는 임금률이 w_0이고 고용량은 L_0이다. 만일 w_1의 수준으로 최저임금수준으로 결정하면 노동공급곡선은 w_1abL_S, 한계비용곡선은 w_1abcd로 바뀌게 된다. 수요독점기업은 $MRP_L = MFC_L$인 a점에서 노동고용량을 결정하게 된다. 최저임금제를 실시하였기 때문에 임금률은 w_1으로 상승하였고 고용수준은 L_1으로 증가하였다.

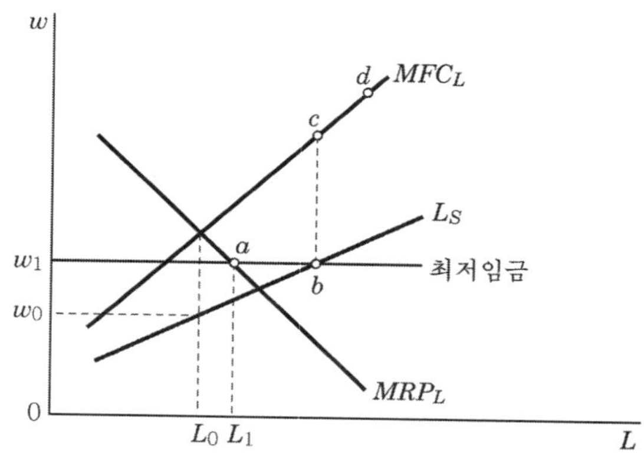

[연습문제 14.6]

(ii) 총요소비용이 $TFC_L = w \cdot L = 5{,}000L + 5L^2$이므로 L에 대해서 미분하면 한계요소비용을 구할 수 있다. $MFC_L = 5{,}000 + 10L$이고 한계수입생산이 $MRP_L = 8{,}000 - 5L$이므로, $MFC_L = MRP_L$로 두면 $5{,}000 + 10L = 8{,}000 - 5L$가 된다. 따라서 $L_0 = 200$을 구할 수 있으며, 이를 노동공급곡선에 대입하면 $w_0 = 6{,}000$이 된다. (ii) $L = 200$일 때 $MRP_L = 7{,}000$이므로 수요독점적 착취는 1,000(=7,000−6,000)이다.
(iii) 최저임금률을 6,200으로 설정할 때 고용량 수준은 노동공급함수에 대입하여 구할 수 있다. $6{,}200 = 5{,}000 + 5L$이므로 고용수준이 $L_1 = 240$이다. 수요독점하에서는 최저임금제가 고용량을 증가시킬 수 있다는 것을 보여주는 사례이다.

[연습문제 14.7]

완전경쟁기업의 균형은 $P = MC$이므로 이 기업이 생산하는 상품의 가격은 30원이다. 이윤극대화를 달성하는 생산량이 100단위이므로 $TR = 3{,}000$원이다. 한편, 상품을 100단위 생산할 때 평균비용이 25원이고 평균고정비용이 5원이므로 평균가변비용은 20원이다. 준지대는 총수입에서 총가변비용(TVC)을 차감하여 구할 수 있다. 준지대 $= TR - TVC = 3{,}000 - (20 \times 100) = 1{,}000$원. 따라서 이 완전경쟁기업의 준지대는 1,000원이다.

제15장 자본시장과 투자

1. 자본재와 자본서비스
2. 자본재 판매시장
3. 자본재 임대시장
4. 투자의 결정

개 요

제14장에서는 노동서비스를 중심으로 생산요소의 가격과 고용량이 결정되는 기본원리에 대해 살펴보았다. 그런데 자본은 노동과는 매우 다른 특성을 갖고 있다. 자본은 일단 한번 구입하면 오랜 기간에 걸쳐 사용하면서 수입을 얻을 수 있다는 점이다. 또한 생산과정에 투입되는 것은 자본 그 자체가 아니라 그것으로부터 나오는 서비스, 즉 자본서비스라는 특성도 있다. 따라서 자본서비스의 가격과 투입량이 결정되는 과정을 제14장에서 살펴본 분석의 틀에 맞추어 설명하는 것은 한계가 있다. 자본의 이러한 특성으로 인하여 본 장에서는 자본이 거래되는 시장을 판매시장과 임대시장으로 구분하여 두 시장에서 가격과 거래량이 결정되는 과정을 설명할 것이다. 이 과정에서 생산요소로서 자본서비스의 가격과 투입량이 어떻게 결정되는지 파악할 수 있다. 아울러 자본재를 구입하는 경제활동으로서 투자의 결정과정에 대해서도 살펴보기로 한다.

1. 자본재와 자본서비스

1.1 생산요소로서의 자본

자본(capital)이란 사람이 만든 자원(man-made resource)을 의미한다. 예컨대 건물, 공장, 기계설비, 재고품 등은 사람들이 만들어낸 대표적인 생산요소이다. 경제학에서는 이러한 자본의 개념을 명확하게 하기 위하여 **자본재**(capital goods)라는 용어를 사용하기도 한다.

이에 반해 우리가 일상생활에서 자본이라는 용어를 사용할 때는 자본재를 생산하기 위하여 투입되는 자금(혹은 화폐)을 의미하는 경우가 많다. 개인이나 기업의 입장에서 보면 화폐가 자본임에 틀림없다. 화폐 그 자체가 직접적으로 생산과정에 투입되는 것은 아니지만, 그것으로 생산에 필요한 건물, 공장, 기계설비와 같은 자본재를 조달할 수 있기 때문이다. 이렇게 볼 때 양자가 밀접한 관련을 갖기는 하지만 경제학에서는 특별한 언급이 없는 한 실물적 관점에서의 자본을 의미한다.[1)]

1.2 자본서비스의 성격

자동차를 생산하려면 철판이나 페인트 그리고 용접로봇 등을 투입해야 한다. 생산과정에 철판이나 페인트는 일단 투입되고 나면 그것들이 남아 있지 않고 소모되는 반면에 용접로봇과 같은 자본재는 그대로 남아 있게 된다. 생산과정에서 사용되는 것은 건물, 기계, 설비 등과 같은 자본재 그 자체가 아니라 그것이 제공하는 **자본서비스**(capital service)이다.[2)]

1) 국민경제 전체로 본다면 화폐나 회사채는 자본으로 취급할 수 없다. 화폐와 회사채는 개인의 입장에서 보면 그것을 보유한 사람들의 자산이지만 금융기관과 회사의 입장에서 보면 부채이다. 국민경제 전체의 입장에서 보면 이들은 서로 상쇄되기 때문에 실물자본만 자본으로 취급해야 한다.

2) 어느 시점에서의 존재량을 의미하는 자본재는 저량(stock) 변수인 반면에, 자본서비스는 유량(flow) 변수의 성격을 갖는다.

생산과정에 자본서비스를 투입하는 방법은 기업 스스로 기계를 구입하여 사용하거나, 그것을 빌려서 사용하는 것이다. 자본재를 빌리는 경우에는 자본재 임대시장에서 형성된 **임대료**(rental rate)를 지불해야 하는데, 이것이 바로 **자본서비스의 가격**이다. 기업이 직접 자본재를 구입하여 사용하는 경우에도 자본서비스에 대한 기회비용은 발생한다. 현실적으로 많은 기업들이 주식 또는 회사채를 발행하거나 금융기관으로부터 대출을 받아 자본재를 구입하는 방법을 활용한다. 이때는 주식 또는 회사채의 보유자들이 자본재를 구입하여 기업에게 임대하는 것으로 간주하면 된다. 따라서 본 장에서는 기업이 필요로 하는 모든 자본서비스를 자본재 임대시장에서 빌리는 것을 가정한다.

> 자본재 임대시장에서 형성된 **임대료**(rental rate)를 지불해야 하는데, 이것이 **자본서비스의 가격이다.**

2. 자본재 판매시장

자본이 거래되는 시장은 임대업자들이 자본재 생산기업으로부터 자본재를 구입하는 **판매시장**과 임대업자들이 구입한 자본재를 원하는 기업에게 빌려주는 **임대시장**으로 구성된다. 이처럼 두 시장은 서로 밀접하게 관련되어 있기 때문에 자본서비스 가격과 거래량이 결정되는[3] 과정을 규명하기 위해서 먼저 자본재가 거래되는 판매시장의 성격을 파악하기로 한다.

2.1 자본재에 대한 공급

자본재라는 상품을 생산하는 기업은 그것의 가격이 변함에 따라 이윤극대화를 달성하는 생산량을 변화시키게 되는데, 이러한 궤적을 연결하면 자본재에 대한 공급곡선을 구할 수 있다. 즉, 자본재를 생산하는 경쟁기업의 공급곡선은 제

3) 생산요소로서의 자본서비스 가격과 고용량은 자본재 임대시장에서 결정된다.

9장에서 논의된 완전경쟁기업의 공급곡선이 도출되는 과정을 그대로 적용하면 된다. 자본재의 공급곡선은 그것을 생산하는데 드는 한계비용곡선으로부터 도출할 수 있다는 의미이다.

자본재에 대한 시장공급곡선은 개별기업의 공급곡선을 수평으로 합하여 ($\sum MC_i$) 도출할 수 있다. 자본재에 대한 개별기업의 공급곡선과 마찬가지로 시장공급곡선도 우상향하는 모양을 갖게 된다. 이 역시 제9장에서 설명한 내용을 그대로 적용한 것이다.

2.2 자본재에 대한 수요

자본재에 대한 수요가 결정되는 과정은 다소 복잡하여 구체적인 논의가 필요하다. 자본재를 빌려주는 임대업자가 자본재를 수요하는 궁극적인 이유는 그것을 기업에 임대함으로써 수입을 얻을 수 있기 때문이다. 임대업자는 P_K원을 지출하여 자본재 한 단위를 구입하고, 이것을 기업에게 빌려줌으로써 매기마다 임대료(v)를 받을 수 있다. 그렇다면 자본재의 구입여부를 어떻게 판단해야 할까?

자본재 임대업자는 자본재 구입비용(P_K)과 그것을 구입하여 빌려줄 때 얻게 되는 수입을 비교하여 자본재의 구입여부를 결정하게 된다. 그러나 이 때 미래의 임대수입 흐름을 단순히 합계하여 자본재 구입비용과 비교해서는 안 된다. 사람들은 미래의 1원 보다 현재의 1원을 더욱 선호하기 때문이다. 따라서 미래의 여러 기간에 걸쳐 발생하는 임대료 수입을 적정한 비율로 할인(discounting)하여 이것을 자본재의 가격과 비교하는 기준으로 삼아야 한다. 예컨대 현재 1원을 투자하여 자본재를 구입한 후, 이것을 임대했을 때 1기 이후에 r의 **수익률**이 발생한다면 임대업자의 수입은 $(1+r)$로 늘어난다. 바로 이 수익률을 기간당 **할인율**(discounting rate)로 간주하여 미래에 예상되는 임대수입을 현재가치화 할 수 있다.

기간당 할인율이 r로 주어질 때 v원의 임대료를 n기에 걸쳐 얻을 수 있다면 자본재 임대수입의 **현재가치**(present value; PV_R)는 다음과 같다.

$$(15.\ 1)\quad PV_R = \frac{v}{(1+r)} + \frac{v}{(1+r)^2} + \cdots + \frac{v}{(1+r)^n} = \frac{v}{r}$$

식 (15. 1)에 의하면 임대업자가 현재소비의 일부를 희생하여 자본재를 구입하고, 그것을 빌려줌으로써 얻을 수 있는 임대수입의 현재가치는 v/r원에 해당한다. 임대업자는 이러한 임대수입의 현재가치와 자본재를 구입하는데 드는 비용에 해당하는 P_K를 비교하여 자본재의 구입여부를 결정하게 된다. 만일 $P_K < v/r$이면 자본재를 구입하겠지만, $P_K > v/r$라면 자본재 구입을 포기할 것이다. 결국 임대업자는 식 (15. 2)와 같이 $P_K = v/r$가 이루어지는 수준에서 자본재에 대한 수요량을 결정하게 된다.

$$(15.\ 2)\quad P_K = \frac{v}{r} \quad \text{또는} \quad r = \frac{v}{P_K}$$

이제 자본재에 대한 수요곡선을 도출하기 위해 자본재 가격과 수요량의 관계를 살펴보기로 하자. 임대료가 v_0로 일정하게 주어져 있는 상황에서 자본재 가격(P_K)이 하락하면 자본재 구입여부의 판단에 어떠한 영향을 미치게 될까? P_K의 하락은 식 (15. 2)의 조건을 $P_K < v/r$로 바꾸게 된다. 즉, 자본재 가격보다 임대수입의 현재가치가 더 커지게 되므로 임대업자는 자본재 구입을 증가시키게 될 것이다. 반대로 자본재 가격이 상승하면 $P_K = v/r$의 관계가 $P_K > v/r$로 바뀌게 되어 임대업자는 자본재 구입을 감소시키게 된다. 이렇게 볼 때 자본재에 대한 수요는 자본재 가격의 감소함수임을 알 수 있다.

2.3 자본재 판매시장의 균형

앞에서 도출한 개별 임대업자의 자본재에 대한 수요곡선을 수평으로 합하면 우하향하는 시장수요곡선을 얻을 수 있으며, 자본재를 생산하는 개별기업의 한계비용곡선을 수평으로 합하여 우상향하는 시장공급곡선을 구할 수 있다.

[그림 15-1] 자본재 판매시장의 균형

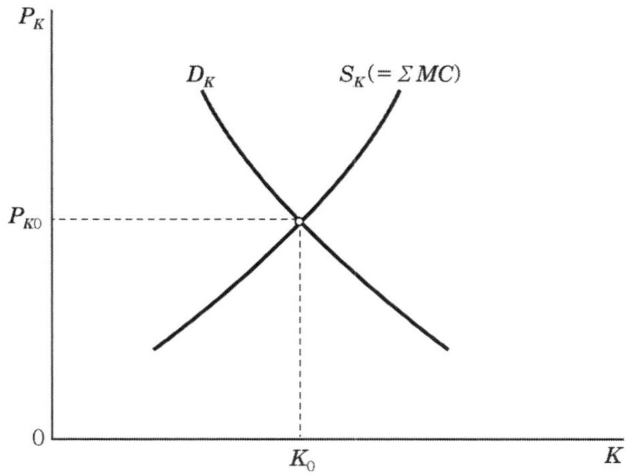

[그림 15-1]에는 자본재에 대한 시장수요곡선 D_K가 우하향하며, 시장공급곡선 S_K는 우상향하는 것으로 나타나 있다. 자본재 판매시장에서는 이러한 수요곡선과 공급곡선이 교차하는 E_0점에서 균형을 이루어 P_{K0}의 가격수준에서 K_0 만큼의 자본재가 거래된다. 이러한 P_{K0}와 K_0는 임대료가 v_0로 일정하게 주어져 있을 때 결정된 것임을 밝혀둔다.

3. 자본재 임대시장

자본재 임대시장에서 자본서비스에 대한 수요자인 기업은 자본서비스를 추가로 투입했을 때 가져다주는 수입과 임대료를 고려하여 수요를 결정할 것이다. 반면에 자본서비스의 공급자인 임대업자는 자본재 가격과 임대료를 고려하여 공급을 결정하게 된다. 본 절에서는 이러한 자본재 임대시장에서의 수요와 공급을 이용하여 자본서비스 가격과 거래량이 어떻게 결정되는지를 분석하기로 한다.

[그림 15-2] 임대료의 변화가 자본재 거래량에 미치는 효과

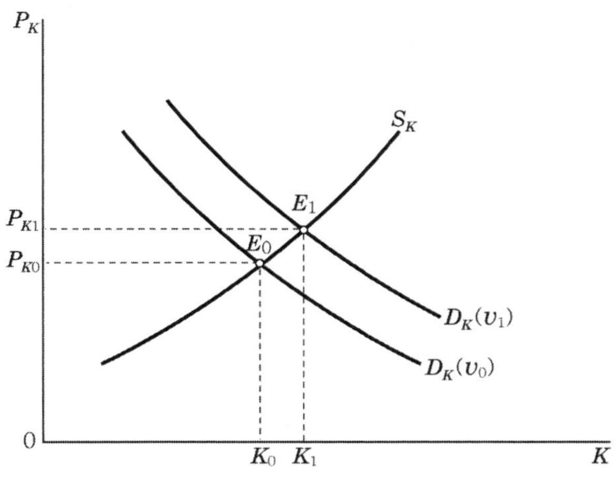

3.1 자본서비스의 공급

임대료가 v_0일 때 자본재 임대시장에서 공급되는 자본서비스의 양은 [그림 15-1]에서 보는 것처럼 자본재 판매시장의 균형거래량 K_0에 의해 결정된다. 만일 지금 주어져 있는 임대료가 v_0에서 v_1으로 상승하면 자본재 임대시장에는 어떠한 변화가 나타날까? 자본재의 임대료가 변하면 자본재 판매시장의 균형거래량이 변화될 것이고, 결과적으로 자본서비스의 공급량도 변하게 되는 것을 예상할 수 있다.

식 (15. 2)의 $P_K = v/r$에서 임대료가 상승하면 이러한 조건은 $P_K < v/r$로 바뀌게 된다. 자본재 가격보다 임대수입의 현재가치가 큰 경우에는 임대업자들이 자본재에 대한 수요량을 증가시키게 되는데, 이것은 [그림 15-2]에서 $D_K(v_0)$가 $D_K(v_1)$으로 이동하는 것으로 나타나 있다. 결과적으로 자본재 거래량이 K_0에서 K_1으로 증가하게 되는데, 이것은 임대료가 높아지면서 자본서비스의 공급량이 증가하게 된다는 것을 의미한다.

[그림 15-3] 자본서비스에 대한 공급곡선

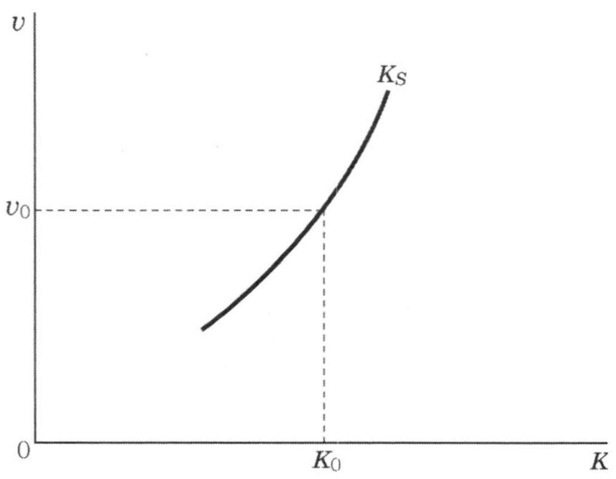

> 자본재에 대한 수요와 공급과 관련하여 언급되는 것은 건물, 기계설비 등과 같은 자본재 그 자체가 아니라 그것이 제공하는 **자본서비스**(capital service)이다.

지금까지의 논의를 정리하면 임대료가 상승할 때 임대시장에서 자본서비스의 공급량이 증가하게 된다는 것을 알 수 있다. 따라서 **자본서비스에 대한 공급곡선**(K_S)은 [그림 15-3]과 같이 우상향하는 모양을 갖게 된다.

3.2 자본서비스에 대한 수요

제14장에서 살펴본 것처럼 노동에 대한 수요가 $w = MP_L \cdot MR$의 조건을 충족하는 수준에서 결정되는 것과 동일한 논리로 자본서비스에 대한 수요도 다음 조건이 성립되는 수준에서 결정해야 한다.

(15. 3) $v = MP_K \cdot MR$

이 조건은 유량(flow)의 성격을 갖는 자본서비스를 대상으로 하는 것이지,

저량(stock)의 성격을 갖는 자본재를 대상으로 하는 것이 아니라는 점을 분명히 해두어야 한다. 따라서 이 식의 좌변에 나타나 있는 v는 자본재가 제공하는 자본서비스의 가격, 즉 **임대료**(rental rate)를 나타내는 것이다. 임금률(w)이 노동자가 제공하는 노동서비스의 가격을 의미하는 것과 마찬가지이다.[4] 이제 자본서비스의 가격인 임대료가 어떻게 결정되는지 알아보기로 하자.

자본재를 임대시장에서 빌려 쓰는 기업은 임대료를 지불해야 한다. 자본재의 임대와 관련된 비용은 자본재 구입비용(P_K)에 대한 이자비용과 자본재의 감가상각과 관련되는 비용으로 구성된다. 연간 실질이자율이 r이고,[5] 감가상각률이 d라면 자본재 한 단위를 1년간 사용하는데 소요되는 비용은 ($P_K r + P_K d$)가 될 것이다. 만일 자본재 임대시장이 완전경쟁적이라면[6] 임대료의 크기는 식(15. 4)와 같다.

(15. 4) $$v = P_K r + P_K d = P_K(r+d)$$

이것이 바로 자본재 한 단위를 1년간 구입하여 사용함으로써 기업이 부담해야 하는 기회비용이다. 자본재를 빌려 쓰는 기업의 입장에서는 이 임대료와 자본서비스를 추가적으로 투입했을 때 가져다 주는 수입이 일치하는 수준에서 자본서비스에 대한 수요를 결정할 것이다.

3.3 자본재 임대시장의 균형

앞에서 살펴본 것처럼 자본서비스에 대한 시장공급곡선은 우상향하는 모양을 갖는 반면에 시장수요곡선은 우하향하는 모양을 갖는다. 자본서비스에 대한 시장수요곡선이 우하향하는 것은 자본의 투입을 증가시킴에 따라서 한계수입생산(VMP_K)이 점차 감소하기 때문이다.

자본재 임대시장의 균형은 자본서비스에 대한 시장수요곡선과 공급곡선이 교

4) 노예제도가 실시되는 경우가 아닌 한 노동자 자체를 구입할 수 없으며, 다만 계약에 의해 노동서비스를 구입할 뿐이다.

5) 실질이자율과 명목이자율의 관계는 '실질이자율=명목이자율-(예상)인플레이션율'로 나타낼 수 있는데, 이를 **피셔효과**(Fisher effect)라고 한다.

6) 완전경쟁적 자본재 임대시장의 가정에서 기업의 이윤은 0이 된다.

[그림 15-4] 자본재 임대시장의 균형

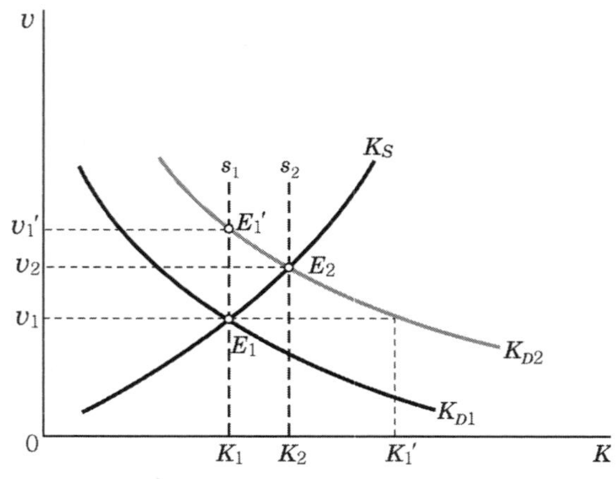

차하는 점에서 이루어진다. [그림 15-4]에서 보는 것처럼 자본서비스에 대한 수요곡선이 K_{D1}, 그리고 공급곡선이 K_S로 주어지면 E_1점에서 균형을 이루어 균형임대료와 균형고용량은 각각 v_1과 K_1으로 결정된다.

만일 상품의 수요증가와 같은 외생적인 요인에 의해 상품의 가격이 상승함으로써 자본의 한계수입생산(MRP_K)이 증가하면 자본재 임대시장에서는 어떠한 변화가 나타날까? 자본의 한계수입생산의 증가는 자본서비스에 대한 시장수요곡선을 K_{D1}에서 K_{D2}로 이동시키게 될 것이다. 그러나 자본서비스에 대한 수요증가에 대응하여 즉각적으로 자본의 투입량을 증가시키는 것은 불가능하다. 단기에서 자본은 그것의 투입량을 변화시킬 수 없는 고정투입요소이기 때문이다.

자본의 투입량이 K_1 수준으로 주어져있을 때 자본서비스에 대한 수요가 증가하면 임대료는 v_1에서 v_1'으로 상승하게 된다. 임대료가 높아진다는 것은 자본재의 수익률이 증가하는 것을 의미한다. 따라서 자본투입의 변경이 가능한 장기에서 임대업자는 자본서비스의 공급을 늘리게 될 것이다. 이러한 조정은 자본량이 K_2의 수준에 도달할 때까지 계속된다. 즉, 자본서비스에 대한 수요의 증가는 결국 자본규모를 늘림으로써 E_2점에서 장기균형을 달성하게 되는 것이다. 이때 자본서비스에 대한 균형임대료와 균형고용량은 각각 v_2과 K_2로 결정된다.

> 자본재 판매시장에서는 자본재에 대한 수요곡선과 공급곡선이 교차하는 점에서 균형이 결정되는 반면에, 자본재 임대시장에서는 자본서비스에 대한 시장 수요곡선과 공급곡선이 교차하는 점에서 균형이 결정된다.

4. 투자의 결정

생산과정에 자본재를 투입하는 방법 중 하나로서 기업 스스로가 자본재를 구입하는 경제행위를 **투자**(investment)라고 한다. 이미 설명한 것처럼 자본재에 대한 수요 즉, **투자수요**(investment demand)를 결정할 때는 미래에 발생할 것으로 예상하는 투자수익의 흐름을 현재가치로 환산해 판단의 기준으로 삼아야 한다. 기업이 투자여부를 판단하기 위하여 가장 많이 사용하는 기준에는 현재가치법과 내부수익률법이 있다.

4.1 현재가치법

제2절의 자본재에 대한 수요곡선을 도출하는 과정에서 **현재가치법**(present value criterion)에 대해 간단하게 설명한 바 있다.[7] 이 절에서 다시 현재가치법을 소개하는 것은 이전과는 달리 이자율과 투자수요의 관계를 규명하기 위한 것이다. 현재 P_K원을 주고 어떤 자본재를 구입하면 1기 이후에 R_1원, 2기 이후에는 R_2원, $\cdots$, R_n원의 수익을 n기 동안 얻을 수 있다고 하자. 기간당 할인율이 r로 주어져 있을 때 이 수익의 흐름을 현재가치(PV_R)로 나타내면 식 (15. 5)와 같다.

$$(15.\ 5)\quad PV_R = \frac{R_1}{(1+r)} + \frac{R_2}{(1+r)^2} + \cdots + \frac{R_n}{(1+r)^n}$$

---

7) 제2절에서는 자본재의 가격과 자본재에 대한 수요의 관계를 규명하기 위하여 현재가치법을 소개하였다.

[그림 15-5] 투자수요곡선

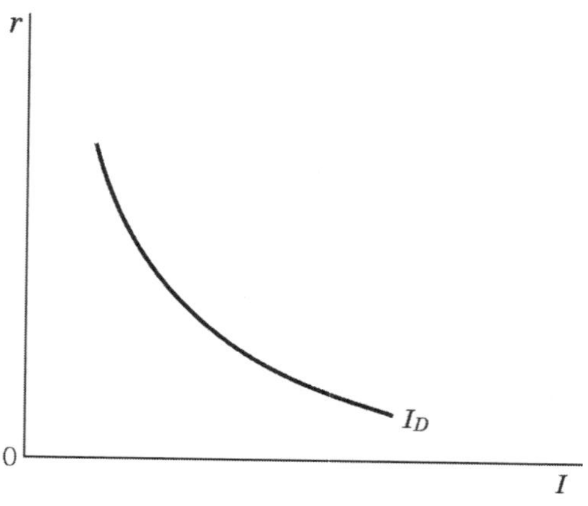

기업은 이렇게 구해지는 미래수익의 현재가치와 자본재 가격(P_K)을 비교하여 $PV_R = P_K$가 이루어지는 수준까지 자본재를 구입하려고 할 것이다.

> 자본재를 구입했을 때 여러 기간에 걸쳐 얻게 되는 예상투자수익의 현재가치가 자본재의 가격보다 클 경우에는 자본재를 구입하고, 그 반대의 경우에는 자본재를 구입하지 않는 원리를 **현재가치법**(present value criterion)이라고 한다.

그런데 할인율 r에 변화가 생기면 이와 같은 결정에 어떤 변화가 나타날까? 할인율이 시장에서 결정되는 이자율과 정확하게 일치하는 것은 아니지만, 그것은 이자율과 밀접하게 관련되어 결정된다. 따라서 특별한 언급이 없는 한 시장이자율을 할인율로 간주하는 것이 일반적이다. 다른 것이 일정하게 주어져 있을 때 이자율의 상승은 식 (15. 5)의 분모 값을 증가시키게 되므로 PV_R의 크기를 작게 만든다. 따라서 $PV_R = P_K$의 상태가 $PV_R < P_K$로 바뀌게 되고, 그 결과 자본재에 대한 수요량은 감소하게 된다. 이것은 이자율의 상승이 투자수요를 감소시키게 된다는 것을 보여주는 것이다. 물론 이자율이 하락하여 $PV_R > P_K$가 되면 투자수요는 증가하게 된다. 따라서 **투자수요곡선**(investment demand curve)은 [그림 15-5]에서 보는 것처럼 우하향하는 형태를 갖게 된다. 거시경제학에서 투자수요를 시장이자율의 감소함수로 나타내고 있는데, 그것이 도출된

이론적 근거를 여기에서 찾을 수 있다.

> **투자**(investment)는 기업 스스로가 자본재를 구입하는 경제행위를 말하는데, 자본재에 대한 수요, 즉 투자수요는 이자율의 감소함수이다.

[연습문제 15.1]

> 어떤 기업이 2,000만원짜리 기계를 구입하여 생산과정에 투입하면 다음 해부터 3년간 1,200만원, 1,440만원, 1,728만원의 수익을 가져다준다고 하자. 이자율이 $r=0.2$일 때 이 수익의 흐름을 현재가치로 나타내면? 그리고 투자여부를 판단하라.

4.2 내부수익률법

어떤 자본재를 구입할 것인지 여부를 판단하는 기준으로 **내부수익률법**(internal rate of return criterion)이 이용되기도 한다. 자본재의 구입비용 P_K를 투자하여 n기 동안에 R_1, R_2, ⋯, R_n원의 수익을 얻게 된다고 하자. 이 때 식 (15. 6)의 관계를 충족하는 ρ를 **내부수익률**이라고 한다.

$$(15.\ 6)\qquad P_K=\frac{R_1}{(1+\rho)}+\frac{R_2}{(1+\rho)^2}+\cdots+\frac{R_n}{(1+\rho)^n}$$

기업은 이러한 내부수익률과 자본재의 구입과 관련된 기회비용, 즉 이자율(r)을 비교하여 $\rho=r$가 이루어지는 수준까지 자본재를 구입하게 된다. 만일 이자율이 상승하여 이러한 조건을 충족시키지 못하고 $\rho<r$이면 기업은 자본재 구입을 감소시키려고 할 것이고, 그 반대의 경우면 자본재 구입을 증가시킬 것이다. 이것은 이자율과 투자수요가 서로 역의 관계를 갖는다는 것을 의미한다.

지금 설명한 내부수익률법은 투자여부를 판단해 주는 일관된 기준을 제공하지 못하는 한계가 있다. 내부수익률을 구하는 식 (15. 6)을 보면 그것은 ρ에 대한 n차방정식이다. 따라서 ρ에 대한 n개의 해가 구해질 가능성이 크다.[8] 내부수익률법은 이들 중에서 어느 것을 자본재에 대한 내부수익률로 삼을지에 대한 아무런 기준을 제시해 주지 못한다. 현재가치법에서 미리 주어져 있는 할인율 r을 적용함으로써 일관된 평가를 가능하게 하는 것과는 대조적이다. 이러한 내부수익률법의 문제점으로 인하여 투자 여부의 판단기준으로 현재가치법이 일반적으로 많이 사용되고 있다.

[연습문제 15.2]

시장의 이자율이 $r=0.2$일 때 어떤 기업이 2,000만원짜리 기계를 구입하여 생산과정에 투입하면 다음 해부터 3년간 1,200만원, 1,440만원, 1,728만원의 수익을 가져다준다고 한다. 이 사업의 내부수익률을 이용하여 투자여부를 판단하라.

8) 연립방정식에서 중근(重根)이 나오는 경우에는 해(solution)의 개수가 n보다 작아지게 된다.

연습문제 풀이

[연습문제 15.1]
자본재 구입에 따른 수익의 현재가치는 $PV_R = 1,200/(1.2) + 1,440/(1.2)^2 + 1,728/(1.2)^3 = 3,000$만원이다. 수익의 현재가치가 기계를 구입하는데 드는 비용(P_K)보다 크므로, 즉 $PV_R > P_K$이므로 자본재를 구입하는 것이 유리하다.

[연습문제 15.2]
내부수익률 ρ는 자본재의 구입비용과 그것으로부터 발생하는 예상투자수익을 일치시켜 주는 할인율이다. 즉, $2,000 = 1,200/(1+\rho) + 1,440/(1+\rho)^2 + 1,728/(1+\rho)^3$에서 결정되는 ρ가 내부수익률이다. [연습문제 15.1]과 비교하면 ρ의 크기가 $r = 0.2$보다는 크다는 것을 짐작할 수 있다. 따라서 $\rho > r$이므로 자본재를 구입하는 것이 유리하다.

제16장 소득분배와 재분배정책

1. 소득분배의 의의
2. 기능별 소득분배
3. 계층별 소득분배
4. 소득재분배정책

개 요

소득분배는 생산에 참여한 각 생산요소의 기능에 따라 경제 전체의 생산액이 나누어지는 과정이다. 본 장에서는 먼저 국민소득 중에서 가장 큰 비중을 차지하는 노동소득과 자본소득으로 분배되는 몫이 각각 얼마인지를 분석하는 기능별 소득분배이론에 대해 살펴볼 것이다.

이어서 인적(人的) 혹은 계층별 소득분배와 관련된 논의를 다룬다. 현실적으로 노동소득과 자본소득 등을 함께 벌고 있는 사람들이 적지 않다. 따라서 소득의 원천이 무엇이든 한 개인을 기준으로 모든 소득을 합산하여 이를 기준으로 분배상태를 파악하는 것이 더욱 바람직할 수도 있다. 우리가 일반적으로 소득분배라고 할 때는 가난하고 부유한 사람들 사이에 소득이 어떤 비율로 분배되어지는가를 분석하는 계층별소득분배를 의미한다. 이처럼 개개인의 불평등한 소득분배문제가 중요시되고 있음에 비추어 소득불평등의 발생원인과 소득불평등도의 측정방법을 알아본다. 마지막으로 바람직한 소득분배 상태에 관한 다양한 견해를 살펴보고 소득재분배를 위한 정책수단을 모색해 본다.

1. 소득분배의 의의

소득분배란 한 사회의 총생산물이 생산에 참여한 각 생산요소의 소유자에게 귀속되는 과정을 의미한다. 이러한 관점에서 소득분배는 기업의 입장에서 본다면 생산요소의 사용 대가에 대한 비용의 지불과정이며, 가계의 입장에서는 소득의 형성과정이라고 할 수 있다. 노동자에게는 노동서비스의 제공에 대한 대가로 임금, 지주에게는 토지서비스의 제공에 대한 대가로 지대, 자본가에게는 자본서비스의 제공에 대한 대가로 이자 그리고 기업가에게는 기업활동에 대한 대가로 이윤이 각각 지불된다. 이러한 생산요소에 대한 보수가 바로 소득이며, 소득이 형성되는 과정을 소득분배라고 한다.

소득의 분배문제에 관한 접근방법은 기능별 소득분배와 인적(人的) 혹은 계층별(階層別) 소득분배로 구분된다. **기능별 소득분배**(functional distribution of income)이론은 생산에 참여한 각 생산요소의 기능에 따라 경제 전체의 생산액이 어떻게 나누어지는가의 관점에서 분배문제를 파악한다. 즉, 국민소득이 임금, 이자, 지대, 이윤 등으로 분배되는 몫이 각각 얼마인지를 분석하는 것이 기능별 소득분배 이론이다. 이와는 대조적으로 **계층별 소득분배**(size distribution of income)이론은 어떤 특정인 또는 특정계층에 소득이 얼마만큼 분배되는가를 규명하는 이론이다. 현실적으로 보면 많은 사람들이 임금, 지대 및 이자소득 등을 함께 벌고 있다. 따라서 소득의 원천이 무엇이든 한 개인을 기준으로 모든 소득을 합산하여 이를 기준으로 분배상태를 파악하는 것이 더욱 바람직할 수도 있다. 우리가 일반적으로 소득분배라고 할 때는 가난하고 부유한 사람들 사이에 소득이 어떤 비율로 분배되어지는가를 분석하는 계층별소득분배를 의미한다.

2. 기능별 소득분배

기능별 소득분배 이론은 고전학파의 경제학자 **리카도**(D. Ricardo)에 의해 처음으로 제시되어 **신고전학파**(neoclassical economics)에 의해 발전되었다. 이 이론에서는 생산활동에 참여한 각 생산요소별로 보수가 어떻게 결정되는가에 관심을 갖는다. 각 생산요소의 가격과 고용량은 제14장에서 이미 살펴본 것처럼 가계와 기업의 최적화행동의 결과 도출되는 생산요소에 대한 수요곡선과 공급곡선에 의해 결정된다. 여기서 결정된 생산요소가격과 고용량을 곱한 금액이 바로 각 생산요소가 생산활동에 참여한 대가로 받는 보수이다.[1] 이처럼 신고전학파의 기능별 소득분배이론에서 각 생산요소는 그것의 한계생산에 상응하는 보수를 받기 때문에 **한계생산성이론**(marginal productivity theory)이라고 부르기도 한다.

2.1 노동소득과 자본소득의 분배

신고전학파의 소득분배이론을 이해하기 위하여 편의상 자본과 노동 두 생산요소만 있다고 가정하여 이들 생산요소를 제공하는 자본가와 노동자 사이에서 소득이 분배되는 과정을 살펴보자. 제8장에서 살펴본 바와 같이 이윤극대화를 추구하는 기업의 비용극소화 조건은 아래의 식 (8. 4)와 같다.

$$(8.\ 4) \quad MRTS_{L,K} = \frac{MP_L}{MP_K} = \frac{w}{v}$$

여기에서 w와 v는 각각 노동과 자본의 가격을 나타내고 있다. 이 식의 양변에 노동과 자본의 투입비율인 L/K를 곱해 주면 다음과 같다.

$$(16.\ 1) \quad \frac{w}{v} \cdot \frac{L}{K} = \frac{MP_L}{MP_K} \cdot \frac{L}{K}$$

이 식의 좌변에 나타난 분모($v \cdot K$)는 **자본소득**을 나타내고 있으며 분자($w \cdot L$는 **노동소득**을 나타내고 있다. 이 식에 의하면 자본소득과 노동소득의

1) 제14장에서 살펴본 것처럼 생산요소시장과 상품시장이 완전경쟁적이면 각 생산요소의 가격은 그 생산요소의 한계생산가치(VMP)와 일치하게 된다.

상대적 몫은 자본과 노동의 한계생산인 MP_L과 MP_K의 크기에 직접적으로 영향을 받는다. 이러한 의미에서 신고전학파의 소득분배이론을 **한계생산성**에 입각한 분배이론이라고 하는 것이다. 지금 살펴본 신고전학파의 소득분배이론에 의하면 각 생산요소의 한계생산성에 의해 보수의 크기가 결정되고 그것들의 합은 경제 전체의 총생산액과 일치하게 된다.

각 생산요소의 한계생산성에 상응하는 보수를 지불했을 때 총생산액이 항상 과부족 없이 분배될 수 있을까? 만일 총생산액보다 더 많은 보수가 지불되거나, 모든 생산요소에 대한 보수를 지급하고 나서도 총생산액의 일부가 남게 된다면 한계생산성에 입각한 분배이론은 내적 정합성에 한계를 보일 수밖에 없다. 신고전학파의 소득분배이론을 옹호하는 **윅스티드**(P. Wicksteed)에 의하면 총생산함수가 1차 동차함수(homogeneous of degree 1)인 경우, 즉 생산기술이 **규모에 대한 수익불변**이라면 각 생산요소에 지급된 보수의 합이 총생산액과 정확하게 일치하게 된다. 이러한 윅스티드의 주장은 **오일러 정리**(Euler's theorem)를 통하여 확인할 수 있다. 총생산함수가 1차 동차함수인 경우의 오일러 정리는 다음과 같다.

(16. 2) $MP_L \cdot L + MP_K \cdot K = Q$

이러한 오일러 정리가 기능별 소득분배와 어떠한 관련을 갖고 있는지 알아보기로 하자. 식 (16. 2)의 양변에 상품의 가격 P를 곱하면 다음과 같다.

(16. 3) $P \cdot MP_L \cdot L + P \cdot MP_K \cdot K = P \cdot Q$

여기에서 $P \cdot Q$는 총생산물의 시장가치(국내총생산)를 의미한다. 모든 생산요소시장이 완전경쟁적이면 $P \cdot MP_L = w$와 $P \cdot MP_K = v$가 성립한다. 이를 이용하여 오일러 정리를 다시 쓰면 다음과 같다.

(16. 4) $w \cdot L + v \cdot K = P \cdot Q$

여기서 $w \cdot L$은 노동에 대해 지불된 금액이며, $v \cdot K$는 자본에 대해 지불된 금액이다. 따라서 총생산함수가 1차 동차함수일 때 총생산액 모두가 생산에 참여한 노동과 자본에 분배된다는 것을 보여준다. 현실에서의 총생산함수가 1차 동차함수하고 확실하게 말할 수는 없다. 그러나 신고전학파의 분배이론에 의하면 경제 전체로서는 규모에 대한 수익체증과 규모에 대한 수익체감이 서로 상쇄되어 대체적으로 규모에 대한 수익이 불변이라고 본다.

신고전학파의 소득분배이론에 의하면 총생산함수가 1차동차함수일 때 각 생산요소의 한계생산에 상응하는 보수가 지급되면 각 요소에 지급된 보수의 합과 총생산액과 일치한다.

[오일러 정리(Euler's theorem)]

생산함수 $Q = F(L,\ K)$가 k차 동차 생산함수이면 다음 식이 성립된다.

(1) $F(\lambda L,\ \lambda K) = \lambda^k F(L,\ K)$

이 식을 λ에 대해 미분하면 다음과 같다.

(2) $L \cdot F_{\lambda L}(\lambda L,\ \lambda K) + K \cdot F_{\lambda K}(\lambda L,\ \lambda K) = k\lambda^{k-1} F(L,\ K)$

한편 식 (1)을 L과 K에 대해서 편미분하면 다음 식과 같다.

(3) $\lambda F_{\lambda L}(\lambda L,\ \lambda K) = \lambda^k F_L(L,\ K)$, $\lambda F_{\lambda K}(\lambda L,\ \lambda K) = \lambda^k F_K(L,\ K)$
혹은 $F_{\lambda L}(\lambda L,\ \lambda K) = \lambda^{k-1} F_L(L,\ K)$, $F_{\lambda K}(\lambda L,\ \lambda K) = \lambda^{k-1} F_K(L,\ K)$

이제 식 (3)을 식 (2)에 대입하고 양변을 λ^{k-1}로 나누면 식 (4)를 구할 수 있다.

(4) $L \cdot F_L(L,\ K) + K \cdot F_K(L,\ K) = kF(L,\ K)$
혹은 $L \cdot F_L + K \cdot F_K = kQ$

여기서 $F_L(L,\ K)$와 $F_K(L,\ K)$는 각각 노동의 한계생산과 자본의 한계생산을 의미한다. 이와 같이 k차 동차 생산함수 $Q=F(L, K)$에 대해 $L \cdot MP_L + K \cdot MP_K = kQ$가 성립하는 것을 오일러 정리(Euler's theorem)라고 한다. 만일 생산함수가 1차 동차함수($k=1$)이면 오일러 정리는 다음과 같이 나타낼 수 있다.

(5) $MP_L \cdot L + MP_K \cdot K = Q$

이 식에서 보면 생산함수가 1차 동차함수일 때 각 생산요소의 한계생산에 입각한 보수가 지급된다면 그것의 합은 총생산(Q)와 정확하게 일치하게 된다. 즉, 생산된 총생산물 모두가 노동소득과 자본소득으로 분배되기 때문에 기업의 이윤은 0이 된다.

2.2 요소가격의 변화와 분배 몫

생산량 수준이 일정하게 유지되는 상태에서 노동의 가격(w)이 상승할 때 노동과 자본의 분배 몫은 어떻게 변화될까? 여기서 생산량의 수준이 일정하다는 것은 식 (16. 4)의 $P \cdot Q$가 일정하다는 것을 의미한다. 임금률 w가 상승하면 노동이 자본에 비하여 상대적으로 비싸지므로 기업은 노동의 일부를 자본으로 대체하고 노동투입(L)을 감소시킬 것이다. 따라서 임금률 상승에 의한 노동의 상대적 몫인 $w \cdot L/P \cdot Q$는 w의 상승과 L의 감소 중 어느 것이 더 큰가에 달려 있다. 예컨대 임금률이 10% 상승하는 경우 노동투입량 감소가 10% 미만이라면 $w \cdot L$은 커지겠지만, 노동투입량 감소가 10% 이상이라면 $w \cdot L$은 작아질 것이다.

생산요소의 상대가격이 변화할 때 노동과 자본의 분배 몫이 어떻게 변화할 것인지는 **대체탄력성**(elasticity of substitution; σ)을 이용하여 알 수 있다. 대체탄력성은 식 (8. 14)에서 보는 것처럼 생산요소의 상대가격(w/v)이 1% 변화할 때 생산요소 투입비율(K/L)이 몇 % 변화하는가를 측정한다.

(8. 14) $$\sigma = \frac{\Delta(\frac{K}{L})/(\frac{K}{L})}{\Delta MRTS / MRTS} = \frac{\Delta(\frac{K}{L}/(\frac{K}{L})}{\Delta(w/v)/(w/v)}$$

예를 들어 대체탄력성이 $\sigma=0.5$라고 하는 것은 생산요소의 가격비율(w/v)이 1% 상승할 때 생산요소 투입비율(K/L)은 0.5%만큼 증가한다는 의미이다. 이를 식 (16. 1)에 적용하면 $w/v \times L/K$에서 w/v가 1% 증가할 때 L/K는 0.5% 감소하게 된다. 따라서 w/v과 L/K를 곱한 값은 임금률이 상승하기 전보다 더 커지게 되어 임금률이 상승하면 노동의 상대적 분배 몫이 증가할 것임을 알 수 있다. 이처럼 σ가 1보다 작아 대체탄력성이 비탄력적이면 w가 상승해도 자본과 노동의 대체가능성이 낮기 때문에 노동투입량 감소 정도가 작아 $w \cdot L$은 증가하게 된다. 반면에 σ가 1보다 커서 대체탄력성이 탄력적이면 w가 조금만 상승하여도 자본으로 쉽게 대체하기 때문에 노동의 분배 몫이 이전보다 감소하게 된다. 만약 σ가 1의 값을 갖는다면 생산요소의 상대가격이 변화하더라도 분배의 상대적 몫은 그대로 유지될 것이다.

콥-더글라스(Cobb-Douglas) 생산함수는 대체탄력성이 1인 가장 전형적인 생산함수이다. 우리는 이 생산함수를 이용하여 생산요소의 상대가격이 변화하더라도 노동소득과 자본소득이 차지하는 상대적 몫은 항상 일정하게 된다는 점을 확인해 볼 수 있다. 만일 콥-더글라스 생산함수가 $Q=AL^{\alpha}K^{1-\alpha}$의 형태로 주어지면 노동과 자본의 한계생산은 각각 $MP_L=A\alpha L^{\alpha-1}K^{1-\alpha}$, $MP_K=A(1-\alpha)L^{\alpha}K^{-\alpha}$이다. 이를 식 (16. 1)에 대입하면 다음과 같다.

$$(16.\ 5) \quad \frac{w \cdot L}{v \cdot K}=\frac{MP_L}{MP_K}\cdot\frac{L}{K}=\frac{A\alpha L^{\alpha-1}K^{1-\alpha}}{A(1-\alpha)L^{\alpha}K^{-\alpha}}\cdot\frac{L}{K}=\frac{\alpha}{1-\alpha}$$

식 (16. 5)를 보면 α가 상수이므로 분배의 상대적 몫이 항상 일정한 값$[\alpha/(1\text{-}\alpha)]$을 갖는다는 것을 알 수 있다. 이는 대체탄력성이 1의 값을 갖는다면 생산요소의 상대가격이 아무리 변화하더라도 분배의 상대적 몫은 그대로 유지된다는 점을 확인시켜 주는 예이다.

> 국민경제의 생산체계가 **콥-더글라스**(Cobb-Douglas) **생산함수**로 주어지면 생산요소가격의 상대적 비율(w/v)이 변화하더라도 소득분배의 상대적 몫은 $\alpha/(1\text{-}\alpha)$로 항상 일정한 값을 갖는다.

[연습문제 16.1]

한 국가의 총생산함수가 $Q=100L^{\alpha}K^{\beta}$이고 노동(L)과 자본(K)의 가격은 각각 w와 v이다. 각 생산요소의 한계생산에 의해 보수가 지급된다고 할 때 두 생산요소 사이의 분배비율은 얼마인가? 단, $\alpha=0.4$, $\beta=0.6$이다.

[연습문제 16.2]

노동과 자본을 투입하는 B기업의 생산함수가 $Q=2L^{0.8}K^{0.4}$이고, 각 생산요소의 한계생산에 상응하는 크기의 보수가 지급된다면 이윤의 크기는 얼마인가?

3. 계층별 소득분배

앞 절에서 생산요소의 기능 혹은 생산에 기여한 정도에 따라 노동소득과 자본소득이 귀속되는 과정에 대해서 살펴보았다. 이러한 기능별 소득분배원리에 의해 발생한 소득은 사회 각 계층 간의 소득분포를 결정하게 되는데 이를 **인적** 혹은 **계층별 소득분배**(size distribution of income)라고 한다. 우리가 주로 관심을 갖는 것은 총생산액이 각 생산요소에 귀속되는 과정을 설명하는 기능별 소득분배보다는 소득이 높고 낮은 계층 간에 귀속되는 과정을 설명하는 계층별 소득분배이다.

3.1 소득분배상태의 측정

시간이 경과하면서 계층별 소득분배 상태가 개선되고 있는지 아니면 악화되고 있는지를 파악하려면 이를 측정할 수 있는 기준이 제시되어야 한다. 본 절에서는 계층별 소득분배 상태를 측정하는 지표들에 관하여 설명하고자 한다.

(1) 로렌츠곡선

로렌츠곡선(Lorenz curve)은 소득분배 상태의 변화를 측정하는 가장 오래된 도구중 하나로서 인구의 누적비율과 소득의 누적점유율을 이용하여 소득분배

[그림 16-1] 로렌츠곡선

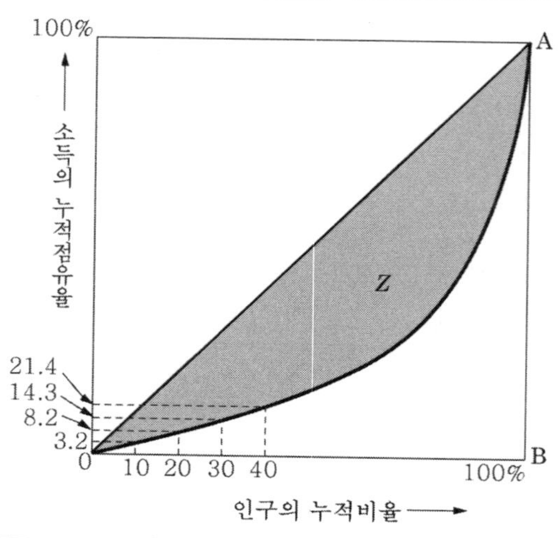

상태에 관한 **서수적 판단**을 가능하게 한다. 그림의 횡축에 인구의 누적비율을, 그리고 종축에 소득의 누적점유율을 나타내고 모든 사회구성원들이 동일한 소득을 가지고 있는 경우의 로렌츠곡선을 도출해 보자. 모든 개인의 소득이 동일하다면 10%의 인구가 점유하는 소득은 전체소득의 10%이며, 20%의 인구가 점유하는 소득은 전체소득의 20%가 될 것이다. 이러한 과정을 계속하여 찾아낸 점들을 연결하면 [그림 16-1]의 남서쪽 끝점과 북동쪽 끝점을 연결하는 직선 OA가 그려진다. 이처럼 완전한 균등분배 상태에서는 로렌츠곡선이 대각선 모양으로 나타나게 된다.

그러나 현실의 로렌츠곡선이 대각선의 모양을 갖는 경우는 거의 없다. 〈표 16-1〉에서 제시된 도시근로자 가구의 10분위별 소득분포를 이용하여 로렌츠곡선을 도출해 보기로 하자. t년의 소득분포를 보면 하위 10%(제1분위) 소득계층이 전체소득의 3.2%를 점유하고 있으며, 하위 20%(제1분위~제2분위) 소득계층이 전체소득의 8.2%, 그리고 하위 30%(제1분위~제3분위) 소득계층이 전체소득의 14.3%를 점유하고 있다. 이러한 누적과정을 계속해 가면서 로렌츠곡선을 그려보면 [그림 16-1]에서처럼 아래로 볼록한 모양의 로렌츠곡선이 나타나게 된다. 만일 t년보다 소득분배상태가 더욱 나쁘다면 로렌츠곡선의 모양은 아래로 더욱 볼록해진다. 극단적으로 어떤 사회의 모든 소득이 한 사람에게 집중된다면 로렌츠곡선은 L자를 옆으로 뒤집어 놓은 모양인 OBA가 된다.

이와 같은 로렌츠곡선을 이용하면 한 나라의 소득분배 상태에 어떤 변화가 있는지를 판단할 수 있을 뿐만 아니라, 여러 나라의 로렌츠곡선을 동시에 그려봄으로써 소득분배 상태에 관한 국제간 비교도 가능하다. 그러나 로렌츠곡선은 어느 하나의 분배상태가 다른 분배상태보다 어느 정도 개선된 것인지에 대한 기수적 판단을 가능하게 하는 어떠한 정보도 제공하지 못하는 한계를 갖고 있다. 다만 어느 하나의 분배 상태가 다른 분배 상태보다 더 평등한지 아닌지 그 자체만 알려줄 뿐이다. 또한 로렌츠곡선이 교차하는 경우에는 어느 쪽이 더 평등한지조차도 비교할 수 없다는 문제점도 안고 있다. 바로 이러한 이유로 인하여 기수적인 소득분배 측정지표의 필요성이 제기된다.

〈표 16-1〉 도시근로자 가구의 10분위별 소득분포

(단위 : %)

구 분	t-5년	t-4년	t-3년	t-2년	t-1년	t년
제1분위	2.7	2.9	2.9	3.0	2.7	3.2
제2분위	4.6	4.7	4.6	4.7	4.8	5.0
제3분위	5.8	5.8	5.7	5.8	6.1	6.1
제4분위	6.8	6.9	6.8	6.9	7.1	7.1
제5분위	7.9	7.9	7.8	7.9	8.1	8.2
제6분위	9.1	9.1	9.1	9.2	9.3	9.3
제7분위	10.5	10.5	10.5	10.5	10.7	10.7
제8분위	12.3	12.2	12.3	12.4	12.5	12.4
제9분위	15.0	14.7	15.0	15.1	15.0	15.1
제10분위	25.3	25.4	25.4	24.6	23.8	22.9
Gini계수	0.320	0.317	0.319	0.312	0.306	0.291
10분위분배율	0.494	0.506	0.495	0.514	0.534	0.563

(2) 지니계수

소득분배 상태를 기수적으로 측정하는 지표인 **지니계수**(Gini coefficient ; G)는 로렌츠곡선을 이용하여 도출된다. 앞에서 설명한 것처럼 로렌츠곡선이 대각선에서 멀어질수록 소득분배 상태가 악화되었다고 판단하게 된다. 이는 대각선과 아래로 볼록한 곡선 사이의 면적을 적절하게 이용하면 소득분배 상태의 **기수적 측정**이 가능함을 시사하는 것이다. 우리는 [그림 16-1]에 나타나 있는 대각선과 로렌츠곡선 사이에 만들어진 볼록한 부분의 면적 Z를 삼각형 면적

OAB로 나눈 비율로서 지니계수(G)를 구할 수 있다.

(16. 6) $$G = \frac{Z}{\triangle OAB}$$

식 (16. 6)에 나타나 있는 지니계수는 소득분배의 불균등 정도를 기수적으로 측정하는 지표로서 그 값이 클수록 소득분배가 불균등한 상태이며, 그 값이 작을수록 소득분배가 균등한 상태임을 의미한다. 극단적으로 모든 사람의 소득이 균등하게 분배가 되어 있다면 아래로 볼록한 면적은 없을 것이므로 이 때 지니계수의 값은 0이 된다. 이와는 반대로 단 한사람이 모든 소득을 다 가지고 있어서 나머지 사회구성원은 단 1원도 가지지 못한 상황이라면 그 값은 1이 될 것이다. 이와 같이 지니계수의 값이 0에 가까울수록 소득분배 상태는 균등한 것이며, 그 값이 1에 가까울수록 소득분배 상태는 불균등한 것으로 판단할 수 있다.

이상에서 살펴본 지니계수는 소득분배 상태를 기수적으로 측정 가능하게 하지만, 여전히 소득이 얼마나 균등하게 배분되었는지에 대해서 아무런 대답을 하지 못하는 한계가 있다.

[연습문제 16.3]

> 사회전체의 도시근로자 10명 중 8명의 소득이 각각 50원이고, 나머지 2명의 소득이 각각 300원이라면 지니계수의 크기는 얼마인가?

(3) 십분위분배율

십분위분배율(deciles distribution ratio; D)도 지니계수와 마찬가지로 소득분배상태를 기수적으로 측정하는 지표이다. 한 나라의 전체가계를 소득수준의 크기에 따라서 10개의 분위로 배열하였을 때 최하위 10%를 제1분위, 다음의 10%를 제2분위, …… 그리고 마지막 10%를 제10분위라고 한다. 이러한 각 소득분위가 전체소득의 몇 %를 점유하고 있는지를 파악하면 식 (16. 7)을 이용하여 십분위분배율을 측정할 수 있다. 이 식에 의하면 **십분위분배율**은 상위 20%(제9분위~제10분위)의 소득점유율에 대한 하위 40%(제1분위~제4분위)

의 소득점유율의 비중으로 측정된다.

$$(16.\ 7)\qquad D=\frac{\text{하위 40\%의 소득점유율}}{\text{상위 20\%의 소득점유율}}$$

만일 각 소득분위가 차지하는 소득점유율이 모두 동일하다면 십분위분배율은 2가 될 것이며, 모든 소득이 상위 20%에게 집중되고 하위 40%는 소득이 전혀 없다면 그 값은 0이 된다. 이와 같이 십분위분배율이란 0에서 2 사이의 값을 가지며 0에 가까울수록 소득분배상태는 불균등해지는 것이다. 물론 십분위분배율이 2에 가까울수록 소득분배상태는 균등하다고 판단할 수 있다.

〈표 16-1〉에 제시된 t년의 십분위별 소득분포를 보면 상위 20%의 소득계층이 차지하는 소득점유율이 38.0%이고, 하위 40%(제1분위~제4분위)의 소득계층이 차지하는 소득점유율이 21.4%이므로 십분위분배율은 $D=0.563(=21.4/38.0)$가 된다. 표에서 보면 십분위분배율이 t-3년 이후로 계속해서 높아지는 추세임을 알 수 있다. 이것은 3년 이전부터 소득불균형 상태가 상대적으로 개선되고 있음을 의미한다.

[연습문제 16.4]

인구가 100만명인 어떤 국가에서 국민의 절반은 개인소득이 500달러이고, 나머지 절반은 개인소득이 1,000달러라고 한다. 이 국가의 10위분배율은?

(4) 앳킨슨지수

앳킨슨지수(Atkinson index; A)란 한 사회의 평균소득과 **균등분배대등소득**을 이용하여 소득분배 상태를 측정하는 지표이다. **균등분배대등소득**(equally distributed equivalent income)이란 소득분배가 불균등한 상태의 사회후생수준과 똑같은 사회후생수준을 가져다 주는 균등소득의 크기를 말한다. 예컨대 현재 1인당 평균소득이 100만원인데 소득분배 상태는 매우 불균등하다고 하자. 만일 모든 사람들에게 균등하게 70만원의 소득을 분배하여 현재와 똑같은 수준의 사회후생을 얻는다고 한다면 1인당 70만원의 소득이 균등분배대등소득이 된다. 물론 균등분배대등소득이 반드시 70만원이 될 이유는 없으며, 사회후생에 관한 **가치판단**(value judgement)에 따라서 다양한 값이 주어질 수 있다.

소득분배의 불평등은 사회후생을 감소시키는 요인이다. 따라서 현재의 소득분배가 불균등하다면 평균소득보다 적은 금액을 균등하게 분배하여 현재와 같은 사회후생을 얻을 수 있을 것이다. 반면에 현재의 소득분배상태가 비교적 균등하다면 지금과 동일한 사회후생을 얻기 위한 균등분배대등소득은 현재의 평균소득에 근사할 것이다. 이러한 균등분배대등소득과 평균소득을 이용하여 측정하는 앳킨슨지수(A)는 식 (16. 8)과 같다.

$$(16.\ 8)\quad A = \frac{\text{평균소득} - \text{균등분배소득}}{\text{평균소득}} = 1 - \frac{\text{균등분배대등소득}}{\text{평균소득}}$$

현실의 소득분배상태가 완전히 균등하다면 평균소득과 균등분배대등소득이 동일하여 $A=0$이 될 것이고, 소득의 분배가 매우 불균등하다면 균등분배대등소득이 0에 가까워지면서 $A=1$에 근접할 것이다. 물론 한 사회의 가치판단기준을 어떻게 설정하는가에 따라 균등분배대등소득의 크기가 달라질 수 있으므로 앳킨슨지수의 크기는 측정하는 사람의 가치판단기준에 따라 상이한 값을 가지게 된다.

[연습문제 16.5]

> 경제 내 A, B 두 사람이 존재하며, 사회후생함수가 $SW(Y_A, Y_B) = Y_A Y_B$이라고 하자. 두 사람의 소득이 각각 $Y_A = 90$만원과 $Y_B = 40$만원일 때 앳킨슨지수의 크기는?

3.2 소득불평등 발생 원인

소득불평등을 발생시키는 원인들은 무수히 많지만 중요한 몇 가지만 소개하기로 한다.

첫째, 소득불평등을 발생시키는 중요한 원인으로서 **개인능력**의 차이를 들 수 있다. 개인의 정신적 · 육체적 능력은 그 사람의 생산성을 결정하는 중요한 요인이다. 정신적 · 육체적 능력이 개인에 따라 서로 다르다면 각자의 소득에서 차이가 나는 것은 당연하다. 그러나 개인능력의 차이만으로 현실의 소득격차를 모두 설명하기에는 한계가 있다.

둘째, 소득불평등은 **증여** 혹은 **상속재산**의 차이에 의해 나타나기도 한다. 증여나 상속에 의해 많은 재산을 물려받은 부유층 자녀들이 그렇지 못한 저소득층 자녀들보다 상대적으로 소득이 높은 경우를 어렵지 않게 볼 수 있다. 우리나라 재벌기업 창업자의 자녀들뿐만 아니라 손자들의 소득이 매우 높은 현상은 증여 혹은 상속재산의 차이에 의해서 설명이 가능할 것이다. 특히 경제구조가 낙후된 시기에는 재산의 증여나 상속이 빈부의 격차를 결정하는 중요한 요인이 될 수 있다. 그러나 경제구조의 고도화와 더불어 노동소득이 차지하는 비중이 점차 증가하면서 증여 혹은 상속재산의 차이로서 소득격차를 설명할 수 있는 부분은 상대적으로 줄어들게 되었다.

셋째, 소득불평등을 각 개인의 자발적인 선택의 결과로 보는 견해도 있다. 사람들이 소득을 벌 수 있는 기회는 무수하게 다양하다. 오랫동안 학교 교육을 받은 후에 취업할 수 있으며, 학교 교육을 짧게 받는 대신에 직업훈련을 받고 취업할 수 있다. 또한 보수는 적지만 쾌적한 분위기의 직장을 선택하거나, 열악한 작업 여건이지만 보수를 많이 주는 직장을 선택할 수도 있을 것이다. 이러한 선택 가능한 대안들 중에서 사람들이 자유롭게 선택한 결과에 따라 보수가 차이 나는 것은 당연하다.[2)]

넷째, 경제정책의 기조, 재분배정책 등과 같은 정책적 요인에 의해서도 소득불평등이 발생하기도 한다. 경제개발과정에서 기업가와 노동자, 도시와 농촌, 대기업과 중소기업 사이에 소득이 불평등하게 배분되는 것을 볼 수 있다.

이상과 같은 소득불평등의 발생 원인들은 나름대로의 설득력을 가지고 있다. 그러나 현실적으로 존재하는 소득불평등은 이들 각각의 요인들이 서로 상호작

2) 소득격차를 개인의 자발적인 선택의 결과로 본다면 소득재분배정책의 정당성에 관한 문제가 발생할 수 있다.

용하여 나타날 수밖에 없다. 따라서 아직까지도 소득불평등의 원인에 대한 명쾌한 분석이 제시되지 못하고 있는 실정이다.

4. 소득재분배 정책

4.1 경제성장과 소득분배

쿠즈네츠(S. Kuznets)는 각국의 소득에 관한 통계자료를 이용하여 경제발전단계와 소득분배의 균등도 사이의 관계를 설명한다. 그에 의하면 소득분배의 균등도가 경제개발 초기단계에는 점점 낮아지지만, 경제성장이 계속되면서 전근대적 산업부문이 사라지고 소득재분배정책이 실시됨에 따라서 소득분배의 균등도가 점차 높아진다. 이러한 관계를 세로축에 소득분배 균등도, 가로축에 경제발전단계를 표시하는 그림으로 나타내면 소득분배상태의 변화 경로가 U자 모양과 비슷하여 **쿠즈네츠의 U자 가설**이라고 한다. 만일 세로축을 소득분배 불균등도로 바꾸면 그 모양이 반대가 되기 때문에 **역U자 가설**이라고도 한다.

한편, **루이스**(W. A. Lewis)도 경제개발 초기에 나타나는 소득분배의 불평등은 불가피한 것으로 생각하고 있다. 그는 경제개발 초기에 임금소득은 대부분 소비되는 반면 자본소득은 저축되기 때문에 경제성장에 절대적으로 필요한 자본 축적을 위해서 자본소득을 장려해야 한다고 주장한다. 따라서 이 과정에서 발생하는 소득분배의 불균등은 불가피한 것으로 본다. 많은 개발도상국에서 이러한 주장이 받아들여져서 **선성장 후분배**(先成長 後分配)의 논리가 지배하기도 하였다.

4.2 소득분배를 바라보는 몇 가지 관점

바람직한 소득분배란 무엇인지에 대한 유일한 정답은 없다. 소득분배를 바라보는 시각에 따라 다양한 견해가 제시될 수밖에 없는 것이다. 본 절에서는 바람직한 소득분배 상태에 관한 공리주의, 평등주의, 진보주의, 그리고 자유주의적

[그림 16-2] 화폐소득의 한계용과 소득분배

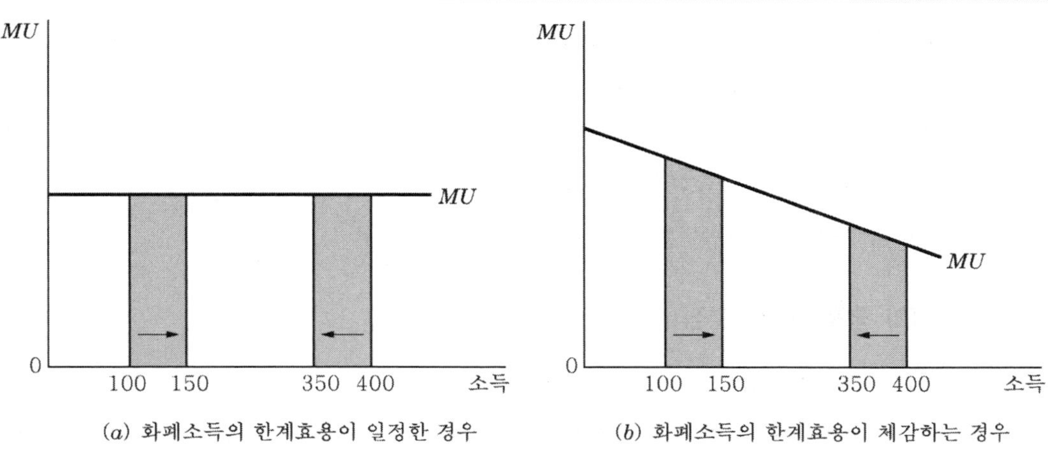

(a) 화폐소득의 한계효용이 일정한 경우 (b) 화폐소득의 한계효용이 체감하는 경우

관점을 살펴보기로 한다.

(1) 공리주의적 관점

최대다수의 최대행복이라는 사상으로 대표되는 **벤담**(J. Bentham)의 **공리주의적**(utilitarian) **관점**에서 가장 바람직한 소득분배상태는 사회구성원 전체의 효용의 합이 최대가 되도록 소득을 분배하는 것이다. 공리주의적 가치판단에 의하면 화폐소득에 대한 한계효용(marginal utility of money)을 어떻게 가정하느냐에 따라서 소득재분배정책의 정당성에 대한 평가가 다르게 나타난다. 개인의 화폐소득에 대한 한계효용(MU)이 소득수준에 관계없이 모두 동일하다면 소득계층간 재분배는 당위성을 지닐 수 없다. 고소득자가 화폐 한 단위로부터 얻는 한계효용이나 저소득자가 얻는 화폐 한 단위로부터 얻는 한계효용에 아무런 차이가 없다면 소득재분배에 의한 사회전체적인 효용증가가 없기 때문이다.

[그림 16-2] (a)에는 한 달에 400만원을 버는 사람의 소득에서 50만원을 공제했을 때 감소하는 효용의 크기와 100만원을 버는 사람에게 50만원을 보조했을 때 증가하는 효용의 크기가 동일하게 나타나 있다. 따라서 공리주의적 관점에 의하면 이러한 경우에는 소득재분배정책이 정당화될 수 없다. 고소득자로부터 저소득자에게로 소득이 이전되더라도 사회전체적인 입장에서 보면 효용이 증가하지 않기 때문이다.

반면에 개인의 소득수준이 증가함에 따라서 화폐소득의 한계효용이 체감한다면 소득계층 사이의 재분배문제는 정당화될 수 있다. 그림 (b)를 보면 한 달에 400만원을 버는 개인의 화폐에 대한 한계효용이 100만원을 버는 개인의 화폐에 대한 한계효용보다 낮다면 고소득자의 소득 일부를 저소득자에게 이전함으로써 사회후생을 증가시킬 수 있다. 고소득자의 소득 중에서 50만원을 저소득자에게 재분배할 때 고소득자들이 잃는 효용보다 저소득자들이 얻는 효용이 더 크기 때문에 사회 전체적인 효용의 크기가 증가한다.

(2) 평등주의적 관점

평등주의적 관점은 고소득계층에 비해서 저소득계층을 사회적으로 중요하게 생각한다. 따라서 재분배 과정에서 저소득계층에게 보다 높은 가중치를 부여한다. 현실적으로 고소득자들에게 상대적으로 높은 누진세율을 적용하는 이론적 근거가 바로 이러한 평등주의적 가치판단에 따르고 있다.

그런데 문제는 고소득자들에 비해서 저소득자들에게 얼마나 높은 가중치를 부여할 것인가에 대한 객관적인 기준이 없다는 점이다. 고소득자들에게 20%의 세율을 그리고 저소득자들에게 5%의 세율을 적용하면 평등한 것인가? 아니면 저소득자들에게 세부담을 요구하지 않고 고소득자들에게만 세부담을 요구하는 것이 평등한 것인가? 재분배문제에 관하여 평등주의자들의 시각이 상대적으로 공평하다고 볼 수 있다. 그러나 평등에 관해서 어떠한 기준도 마련되어진 것이 없다는 점에서 한계를 보이고 있다.

(3) 진보주의적 관점

소득분배에 관한 **롤즈**(J. Rawls)의 사고는 앞에서 언급한 평등주의적 관점을 극단적으로 표현하고 있다고 할 수 있다. 한 사회의 가장 가난한 사람을 최대한 배려해야 한다는 것이 롤즈의 생각이다. 그는 가장 가난한 사람의 효용수준에 의해서 한 국가의 사회적 후생수준이 결정된다고 보기 때문이다.

이러한 관점에 의하면 사회구성원 모두가 똑같이 한 달에 100만원의 소득을 얻는 평등한 소득분배 상태보다는 가장 가난한 사람이 한 달에 110만원을 얻고 나머지 모든 사람들이 한 달에 200만원 소득을 얻는 불평등한 소득분배 상태가 더욱 바람직하게 된다. 이처럼 진보주의적 관점에 의하면 저소득계층의 소득상태를 개선시키지 않고서는 어떠한 사회후생의 증가도 기대할 수 없다. 이렇게 볼 때 롤즈는 재분배과정에서 소득이 가장 낮은 계층에 대해 극단적인 가중치를 부여하고 있다고 볼 수 있다.

(4) 자유주의적 관점

자유주의자들은 소득재분배의 문제와 관련하여 정당한 권리의 원칙을 주장한다. 이 원칙에 의하면 소득의 차이만으로 정부가 세금을 부과하는 것은 개인의 정당한 권리를 침해할 소지가 있다. 정당한 과정을 거쳐 소득을 획득하였다면 정부는 이에 간섭할 권리가 없다는 것이 그들의 기본적인 시각이다. 따라서 많이 벌었다는 이유로 많은 세부담을 해야 하며, 적게 벌었다는 이유로 이전지급을 수혜하는 것이 자유주의적 관점에서는 정당화될 수 없다. 물론 이러한 정당한 권리의 원칙이 현실적으로 적용될 수 있는가에 대해서는 비판이 있을 수 있다.

4.3 소득재분배 정책과 문제점

각 가계의 소득은 1차적으로 **기능별 소득분배 과정**을 통하여 결정된다. 그러나 생산요소시장에서 결정되는 소득으로는 공평한 분배가 실현될 수 없다. 따라서 정부는 개인별 소득분배 상태를 조정하는 **소득재분배**(income redistribution) 정책을 실시하게 된다. 재분배정책은 크게 두 가지 방식으로 이루어지는데 그 하나는 조세제도를 활용하는 것이며, 다른 하나는 재정지출의 수단을 동원하는 것이다.

정부는 여러 종류의 조세를 통하여 소득을 재분배할 수 있으나 누진적인 소득세와 재산세를 활용하면 상대적으로 강력한 소득재분배 효과를 얻을 수 있다.[3] **소득세**의 경우 저소득층에 다양한 형태의 소득공제제도를 적용하여 이들의 세부담을 경감시키는 한편, 고소득층에 대해서는 높은 누진세율을 적용함으로써 소득재분배 효과를 얻게 된다. 상속세와 증여세와 같은 **재산세**에도 누진세율을 적용함으로써 재산보유의 불공평으로 인한 소득불평등 문제를 완화시킬 수 있다.

3) 간접세를 통하여서도 소득을 재분배할 수 있다. 가난한 사람들이 상대적으로 많이 사용하는 생활필수품에 대해서는 낮은 세율을 부과하고 부유한 사람들이 많이 사용하는 사치품에는 높은 세율을 부과하여 소득을 재분배하기도 한다.

또한 **부의 소득세**(negative income tax)를 도입하여 저소득층에게 현금을 이전지출함으로써 소득분배의 불균등도를 개선할 수도 있다. 부의 소득세제는 소득이 일정한 수준을 넘으면 조세를 부과하지만 소득이 과세최저한도에 미달하는 경우에는 이전지출을 통해 소득을 보상해주는 제도이다. 부의 소득세는 자유 재량적 사회보장지출의 문제점을 극복하기 위한 목적으로 **프리드만**(M. Friedman)과 **토빈**(J. Tobin) 등이 제안하였으나 소득을 정확하게 포착하는데 많은 비용이 소요될 것으로 예상되어 실제로 시행되지는 못하였다.

재정지출, 즉 정부지출과 이전지출을 통하여 소득재분배 효과를 얻을 수도 있다. **정부지출**(government expenditure)의 증가는 경제의 생산능력을 성장시킬 뿐만 아니라 외부효과를 통하여 저생산부문이나 저소득층의 소득을 증대시킨다. 농촌지역에 대한 공공투자는 농업부문의 생산성과 농민의 소득을 증가시킬 것이며, 도시지역에 대한 공공투자는 해당지역의 생산성과 주민의 소득을 증대시킬 것이다. 소득재분배를 위한 보다 직접적인 방법은 사회보장 성격의 **이전지출**(transfer payment)을 증대시키는 것이다.[4] 최저소득을 보장하도록 빈곤계층에게 보조금이나 식료품 등을 지급하는 방법은 확실한 소득재분배 효과를 갖는다. 우리나라에서 시행하는 생활보호사업은 이러한 정책의 대표적인 예이다.

소득재분배 정책과 관련하여 반드시 인식해야 할 점은 공평성과 효율성이 서로 상충된다는 사실이다. 소득재분배를 위하여 높은 누진소득세율을 적용하면 세금납부 이후의 가처분소득을 감소시켜 사람들의 **근로의욕**을 떨어뜨린다. 그 결과 사회 전체의 생산성이 하락하고 분배할 수 있는 소득총량 자체가 줄어들 수 있다. 또한 저소득층에게 계속해서 생계 보조금을 지급하는 경우에 일할 수 있는 능력을 가진 사람들이 일하지 않고 사회보장제도만에 의존하는 이른바 **복지병**(welfare disease)현상이 나타나기도 한다. 이처럼 소득재분배정책에 의해 효율성이 감소하는 결과를 초래할 수 있다. 재분배정책이 원래 의도하는 바를 달성하기 위해서는 사람들이 일하고자 하는 의욕을 저해하지 않아야 하며, 교육 및 훈련을 통하여 스스로 빈곤에서 벗어나도록 유도하는 정책이 동반되어야 한다.

---

4) 정부지출은 한 해 동안에 생산된 최종재에 대한 정부의 지출을 나타내는 반면에, 이전지출은 아무런 대가 없이 구매력을 이전한 것을 의미하므로 정부지출과 구분된다.

연습문제 풀이

[연습문제 16.1]

제14장에서 이미 확인한 바 있는 것처럼 $w = MP_L \cdot P$, $v = MP_K \cdot P$이다. 노동과 자본의 분배몫은 각각 $w \cdot L$과 $v \cdot K$이므로, 노동과 자본으로 분배되는 소득의 상대적 비율은 다음과 같이 나타낼 수 있다.

$$\frac{w}{v} \cdot \frac{L}{K} = \frac{MP_L}{MP_K} \cdot \frac{L}{K} = \frac{100\alpha L^{\alpha-1}K^{\beta}}{100\beta L^{\alpha}K^{\beta-1}} \cdot \frac{L}{K} = \frac{\alpha}{\beta}$$

$\alpha = 0.4$, $\beta = 0.6$이므로 자본소득(vK)에 대한 노동소득(wL)의 비율은 2/3이다.

[연습문제 16.2]

$MP_L = 0.8 \times 2L^{-0.2}K^{0.4}$이므로 $MP_L \times L = 0.8 \times 2L^{0.8}K^{0.4} = 0.8 \times Q$가 된다. 그리고 $MP_K = 0.4 \times 2L^{0.8}K^{-0.6}$이므로 $MP_K \times K = 0.4 \times 2L^{0.8}K^{0.4} = 0.4 \times Q$가 된다. 생산요소의 한계생산에 상응하는 만큼의 보수가 지급된다면 $MP_L \times L + MP_K \times K = 1.2Q$가 보수의 크기이다. 결과적으로 총생산 Q보다 더 많은 보수가 지급되므로 기업의 이윤은 $-0.2Q$가 되어 손해를 보게 된다.

[연습문제 16.3]

저소득계층 8명의 소득이 400원이고, 고소득계층의 소득이 600원이므로 사회전체의 총소득은 1,000원이다. 소득의 크기를 100원단위로 나타내면 로렌츠곡선은 그림과 같이 굴절되는 직선의 모양을 갖는다. 이 때 지니계수는 Z의 면적을 $\triangle OBA$로 나누면 된다. $\triangle OBA$의 면적이 50(=1/2×10×10)이고, α의 면적 16(=1/2×8×4), β의 면적 8(=2×4), γ의 면적 6(=1/2×2×6)이므로, 지니계수는 {50-(16+8+6)}/50=0.4가 된다.

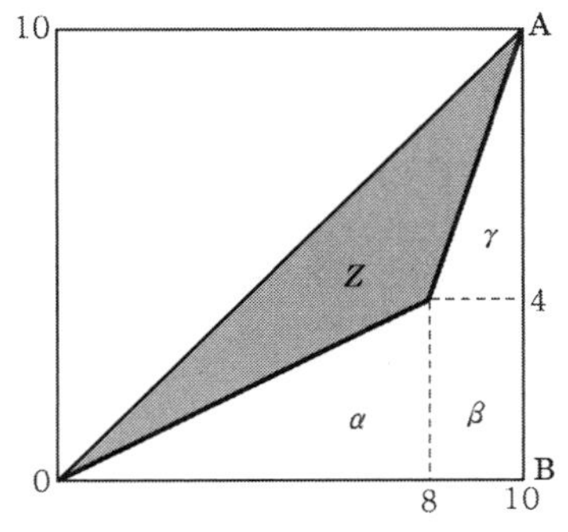

[연습문제 16.4]

국민의 하위 40%의 소득과 상위 20%의 소득이 정확하게 일치하므로 10분위분배율은 1이 된다.

[연습문제 16.5]

사회후생의 크기는 $SW(Y_A, Y_B)=90\times40=3{,}600$이고, 사회전체의 평균소득은 $\overline{Y}=(90+40)/2=65$만원이다. A와 B의 소득이 모두 60만원이면 사회후생이 3,600이 되므로 균등분배대등소득은 $Y_e=60$만원이 된다. 따라서 앳킨슨 지수는 $\alpha=(\overline{Y}-Y_e)/\overline{Y}=(65-60)/65=5/65$이다. 즉, 앳킨슨 지수는 $1/13\doteqdot0.08$이다.

제 6 편

일반균형이론 및 후생경제학

지금까지는 경쟁시장의 가격기구에 의한 자원배분이 효율적이라는 사실을 그대로 받아들였을 뿐 왜 그러한 결과가 나오는지에 대해서는 구체적으로 언급하지 않았다. 제6편에서는 경쟁시장의 가격기구에 의한 자원배분이 효율적이라는 사실을 엄밀한 이론적 근거를 갖고 규명하는 한편, 이것을 전제로 하여 사회적으로 가장 바람직한 배분이 어떤 것인지 규명하고자 한다.

제17장에서는 지금까지의 부분균형분석과는 달리 경제내의 모든 상품시장과 생산요소시장이 동시에 균형을 달성하는 과정에 대해 살펴보기로 한다. 경제 내에는 수많은 시장이 존재하며, 그들은 서로 영향을 주기도 하고 받는 것이 현실이다. 따라서 각 시장 사이의 상호연관 관계를 고려하여 모든 시장이 동시에 균형을 달성하는 상태를 규명하고, 현실적으로 이러한 일반경쟁균형이 존재하기 위해 갖추어야 하는 조건들이 무엇인지 알아보기로 한다.

제18장에서는 자원의 효율적 배분이 달성되기 위해 만족되어야 하는 조건들을 구체적으로 도출하고, 이것을 전제로 하여 사회적으로 가장 바람직한 배분에 대해 살펴본다. 이 장을 통해 우리는 어떤 배분상태가 가장 바람직한지를 판단하게 되는 규범적 분석의 영역을 다루게 되는 것이다.

제17장 일반균형이론

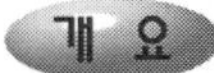

개 요

지금까지 우리는 특정한 하나의 상품시장이나 생산요소시장에 국한하여 자원배분과 관련된 논의를 진행시켜 왔다. 이 과정에서 각 시장은 다른 시장들로부터 완전히 격리된 것으로 취급하였다. 따라서 개별시장에서의 행동은 다른 시장에 전혀 영향을 주거나 받지도 않는다. 그러나 어떤 시장에서 일어난 가격이나 생산량의 변화는 다른 시장에 연쇄적으로 영향을 주는 등 여러 시장들은 밀접한 상호연관관계를 맺고 있는 것이 현실이다

본 장에서 논의하게 되는 일반균형이론은 경제내의 모든 상품시장과 생산요소시장을 동시에 고려하여 경제 내에서 균형이 어떻게 달성되는지와 자원배분 측면에서 시장가격기구의 역할에 대해서 설명한다. 또한 경제 안의 모든 시장이 동시에 균형을 이루는 일반균형이 존재하는지, 존재한다면 그 특징이 무엇인가에 대해 분석하기로 한다.

1. 일반균형의 개념

1.1 일반균형의 의미

지금까지 우리는 특정한 하나의 상품시장이나 생산요소시장에만 국한하여 자원이 배분되는 과정을 살펴보았다. 이 과정에서 각 시장은 다른 시장들로부터 완전하게 격리된 것으로 취급하였다. 따라서 하나의 개별 시장이 다른 시장에 미치는 영향은 분석하지 않았다. 이러한 의미에서 지금까지의 분석은 **부분균형분석**(partial equilibrium analysis)이다.

그러나 현실적으로 외부충격에 대한 어떤 시장에서의 대응은 다른 시장에 영향을 미치게 된다. 예를 들어 외부의 어떤 교란요인으로 인하여 맥주에 대한 수요가 증가하였다고 하자. 맥주에 대한 수요 증가는 맥주의 시장가격을 상승시켜 맥주의 생산량을 증가시킬 것이다. 맥주시장의 생산량 변화는 막걸리시장이나 소주시장에 영향을 미치게 되고, 각종 안주시장과 맥주의 원료시장에도 영향을 미치게 된다. 이처럼 맥주시장에서의 여건 변화에 대한 조정과정은 다른 시장들의 균형을 교란하게 만들고, 이러한 교란은 다시 맥주시장으로 되돌아와서 영향을 미치게 되는 것이다. 부분균형분석과는 다르게 **일반균형분석**(general equilibrium analysis)은 서로 연관관계를 맺고 있는 각 시장들의 수요·공급 조건이 상호작용하여 모든 시장이 동시에 균형을 이루게 되는 과정을 규명하는 이론이다.

모든 시장이 동시에 균형을 이루고 있다는 것은 모든 시장에서 수요와 공급이 일치한다는 의미이다. 이미 살펴본 바와 같이 수요는 소비자의 효용극대화, 공급은 기업의 이윤극대화를 전제로 도출된 것이므로 일반균형상태에서 소비자와 생산자는 어느 누구의 간섭도 없이 최적상태에 도달하게 된다. 이렇게 본다면 일반균형이론은 **애덤 스미스**(Adam Smith)의 **'보이지 않는 손'**에 의한 자원의 최적배분을 이론적으로 입증한 것이라고 할 수 있다. 일반균형이론은 19세기 말 **왈라스**(Leon Walras), **파레토**(V. Pareto) 등에 의해 체계화되었으며, 1950년대 와서 **애로우**(K. Arrow)와 **드브뢰**(G. Debreu)는 왈라스 모형의 한계를 보완하고 더욱 정밀하게 일반균형이론을 발전시켜 경쟁시장 균형의 존재를 밝힌 바 있다. 우리는 다음 세 가지 조건이 충족될 때 일반균형이 성립된다고 한다.

(i) 모든 소비자는 효용이 극대화하도록 상품을 소비하고 그들이 원하는 만큼의 생산요소를 공급하고 있다.
(ii) 모든 기업은 이윤이 극대화되도록 상품을 생산하고 그들이 원하는 만큼의 생산요소를 수요하고 있다.
(iii) 주어진 가격체계에서 모든 상품시장과 생산요소시장에서는 수요량과 공급량이 일치하고 있다.

이 세 가지 조건이 충족되면 외부의 충격이 없는 한 어떤 경제주체도 다른 상태로 변화하는 것을 바라지 않게 된다. 따라서 다른 교란요인이 없는 한 현재의 상태가 계속 유지되려는 경향을 갖게 된다. 이러한 의미에서 지금의 상태에서 일반균형이 성립된다고 할 수 있다.

1.2 시장 상호간 연관관계

현실의 시장은 복잡하게 서로 연관되어 움직이고 있다. 시장 상호간의 연관관계를 이해하기 위하여 서로 대체관계에 있는 맥주와 막걸리시장의 예를 들어보기로 한다. [그림 17-1]의 (a)에서는 완전경쟁적인 맥주시장의 수급상황이 나타나 있으며 E_1점에서 균형을 이루고 있다. 이제 정부가 조세수입의 증대를 위하여 맥주(X) 1병당 T원씩 **물품세**(excise tax)를 부과하였다고 하자. 물품세의 부과는 맥주의 시장공급곡선을 S_{X1}에서 S_{X2}로 이동시킴으로써 맥주가격이 P_{X1}에서 P_{X2}로 상승하고 판매량은 Q_{X1}에서 Q_{X2}로 감소하게 된다. 지금까지의 물품세 부과에 대한 논의는 맥주와 밀접하게 관련을 갖고 있는 막걸리시장을 배제한 채 맥주시장만 고려한 부분균형분석이다. 따라서 이러한 결과를 이용하여 현실을 예측하기에는 한계가 있을 수밖에 없다. 보다 현실성 있는 분석이 이루어지기 위해서는 서로 관련을 맺고 있는 맥주시장과 막걸리시장을 함께 고려하는 일반균형분석의 틀을 사용해야 한다.

[그림 17-1] 맥주시장과 막걸리시장의 상호작용

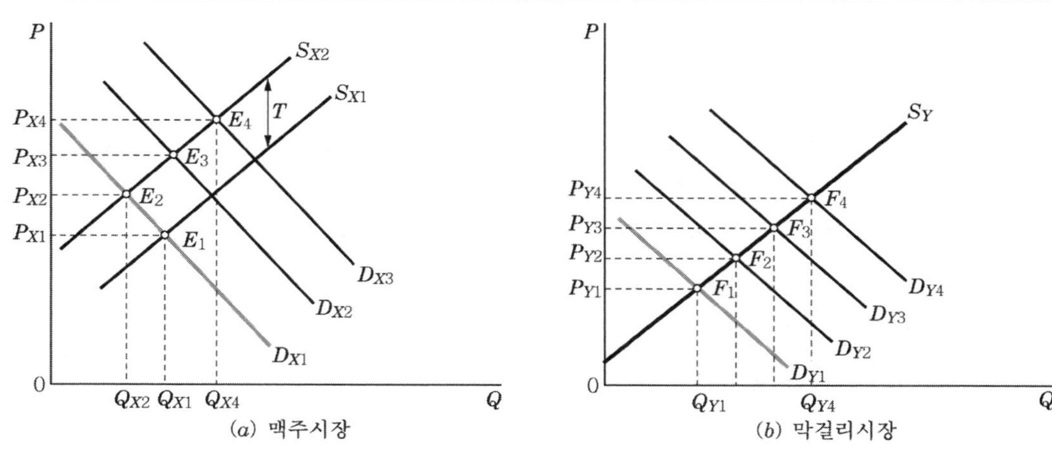

이제 맥주에 대한 물품세 부과가 맥주시장과 막걸리시장이 상호작용을 통하여 서로에게 미치는 영향을 살펴보기로 하자. 물품세 부과에 의한 맥주가격 상승은 대체재인 막걸리(Y)의 수요를 증가시킨다. 그림 (b)에서와 같이 막걸리에 대한 수요곡선이 D_{Y1}에서 D_{Y2}로 이동하게 되고 막걸리가격은 P_{Y2}로 상승한다. 이러한 막걸리가격의 상승은 막걸리의 대체재인 맥주의 수요를 증가시키게 된다. 그림 (a)에서 맥주에 대한 수요곡선이 D_{X1}에서 D_{X2}로 이동하면 맥주가격은 P_{X3}으로 상승한다. 맥주가격 상승은 다시 막걸리의 수요를 증가시켜 수요곡선이 D_{Y3}으로 이동하고 막걸리가격은 P_{Y3}으로 상승하게 된다.

이와 같은 시장간 상호작용은 맥주의 수요곡선이 D_{X3}로 이동하고, 막걸리의 수요곡선이 D_{Y4}로 이동하면 멈추게 된다. 결국 맥주시장은 E_4점에서 균형을 이루어 가격은 P_{X4}이고 거래량은 Q_{X4}가 되며, 막걸리시장은 F_4에서 균형을 이루어 가격은 P_{Y4}이고 거래량은 Q_{Y4}가 된다.

2. 순수교환경제의 일반균형

경제 내의 모든 시장에서 동시에 균형이 성립하는 상태를 찾는 일반균형분석은 매우 복잡할 수밖에 없다. 본 절에서는 이러한 복잡성을 줄이기 위해 매우 단순한 경제를 설정하였다. 우선 생산경제를 완전히 제외시킨 상태에서 시장가격에 의해 교환이 이루어지는 **순수교환경제**(pure exchange economy)의 일반균형을 분석한다.

2.1 교환의 에지워스상자와 교환의 이득

(1) 교환의 에지워스상자

우리가 분석하는 단순한 순수교환경제에는 A, B 두 사람이 존재하고, 이들은 X와 Y 두 상품만 소비한다고 가정하자. [그림 17-2]는 소비자 A와 B의 무차별곡선을 나타내고 있다. 교환이 발생하기 이전에 A와 B가 보유하고 있는 **초기부존자원**(initial endowment)은 각각 $Q_A=(X_{A0},\ Y_{A0})$와 $Q_B=(X_{B0},\ Y_{B0})$이다. 따라서 현재 경제 전체가 보유하고 있는 X재의 양은 $X_T=X_{A0}+X_{B0}$이고, Y재의 양은 $Y_T=Y_{A0}+Y_{B0}$가 된다.

그림에서 초기부존자원 상태를 그대로 소비할 경우 A의 효용수준은 U_{A0}이고, B의 효용수준은 U_{B0}이다. 이러한 상황에서 소비자들이 교환을 통하여 각자의 효용수준을 증가시킬 가능성은 없을까? A는 Y재를 ΔY만큼 B에게 주고 그 대가로 X재를 ΔX만큼 받음으로써 효용수준을 U_{A0}에서 U_{A1}으로 증가시킬 수 있다. 마찬가지로 B는 Y재를 A로부터 ΔY만큼 받고 X재를 ΔX만큼 대가로 지불하면 효용수준을 U_{B0}에서 U_{B1}으로 증가시킬 수 있다. 이처럼 A, B 모두 교환을 통하여 I점에서 F점으로 이동함으로써 효용수준을 증가시킬 수 있다.

지금까지 우리는 두 사람의 효용곡선(무차별곡선)을 따로따로 그려둔 채 교환에 의해 각자의 효용수준을 증가시킬 수 있음을 살펴보았다. 이러한 두 소비

[그림 17-2] 소비자들의 초기부존자원과 효용수준

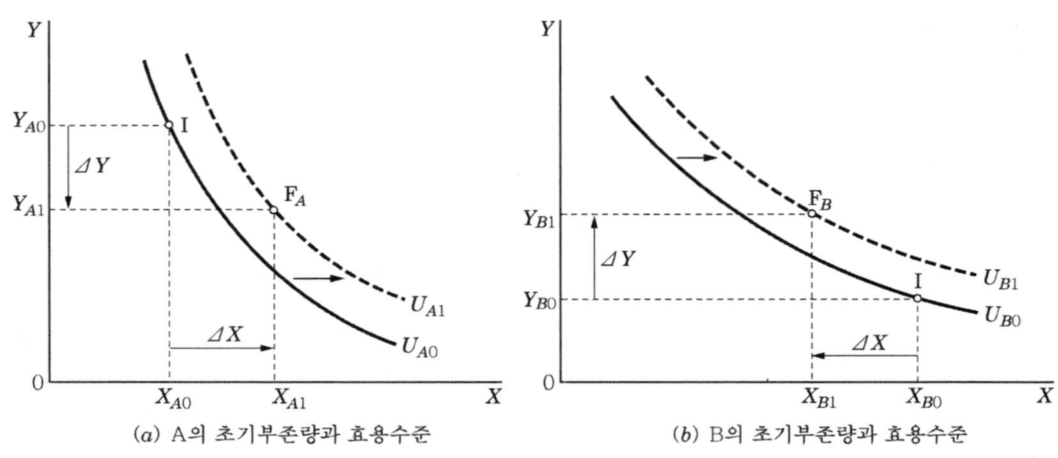

(*a*) A의 초기부존량과 효용수준 (*b*) B의 초기부존량과 효용수준

자의 상호관계를 일목요연하게 살펴보기 위해 두 무차별곡선을 하나의 좌표상에서 나타내는 방법을 생각해 볼 수 있다. [그림 17-2]의 (*a*)와 (*b*)를 결합하면 [그림 17-3]에서 보는 것처럼 하나의 **에지워스상자**(Edgeworth box)를 만들 수 있다. 에지워스상자에 나타나 있는 O_A는 소비자 A의 무차별곡선이 그려지는 축의 원점이다. 이를 중심으로 수평축은 A의 X재 소비량, 수직축은 Y재 소비량을 나타내고 있다. 한편 O_A의 맞은 편에 있는 O_B는 소비자 B의 무차별곡선이 그려지는 축의 원점으로 수평축과 수직축은 각각 B의 X재 소비량, Y재 소비량을 나타내고 있다. 따라서 이 상자의 가로의 길이는 두 소비자가 가지고 있는 X재의 총부존량을 나타내고, 세로의 길이는 두 소비자가 가지고 있는 Y재의 총부존량을 나타낸다.

교환이 이루어지기 이전에 소비자 A, B가 보유하고 있는 초기부존자원인 $Q_A=(X_{A0},\ Y_{A0})$와 $Q_B=(X_{B0},\ Y_{B0})$를 나타내고 있는 I점은 에지워스상자 안에서 실현 가능한 수많은 **자원배분**(resource allocation) 혹은 **배분**(allocation) 중의 하나이다. 만일 이러한 초기부존자원 상태에서 X재와 Y재를 교환함으로써 서로가 이득을 볼 수 있다면 두 사람은 지금과는 다른 배분상태로 옮겨가려고 할 것이다.

[그림 17-3] 에지워스상자

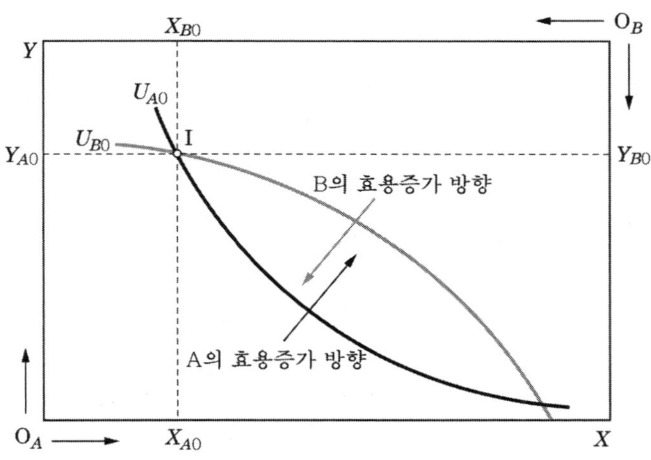

(2) 교환의 이득

초기부존자원을 나타내는 *I*점에서 벗어나 서로 이득이 되는 배분으로 옮겨가는 과정을 이해하려면 먼저 두 사람의 선호체계를 알아야 한다. [그림 17-3]에서 볼 수 있는 것처럼 소비자 *A*의 무차별지도는 O_A를 기준으로 그려져 있기 때문에 동북쪽으로 갈수록 *A*의 효용이 증가하며, 소비자 *B*의 무차별지도는 O_B를 기준으로 그려져 있기 때문에 서남쪽으로 갈수록 *B*의 효용이 증가한다.

두 상품 사이에 자유로운 교환이 가능하다면 *A*와 *B*는 상대방과의 교환을 통해 더 나은 상품묶음을 선택하려고 할 것이다. [그림 17-4]에 의하면 두 사람은 **초기부존자원**인 *I*점을 떠나 *A*와 *B*의 무차별곡선으로 둘러싸인 음영으로 표시된 영역 안에 있는 어떤 점으로 옮겨감으로써 각자 더 높은 효용수준에 도달할 수 있다. 예컨대 음영으로 표시된 내부의 한 점이 *F*라고 하자. *A*의 입장에서 볼 때 이 점은 *I*점을 지나는 무차별곡선 U_{A0}보다 바깥쪽에 위치하고 있다. 따라서 *F*점에서 *A*가 얻게 되는 효용수준은 *I*점보다 더 높게 된다. 동일한 논리로 *F*점에서 *B*가 얻게 되는 효용수준도 *I*점보다 더 높게 된다. 만일 그러한 *F*점이 음영으로 표시된 영역의 경계선상에 위치하는 경우에는 두 사람 중 어느 한 사람의 효용수준만 증가하게 된다.

두 사람이 교환을 통해 *I*점에서 *F*점으로 옮겨갔다고 해서 교환이 끝나는 것

[그림 17-4] 교환의 이득

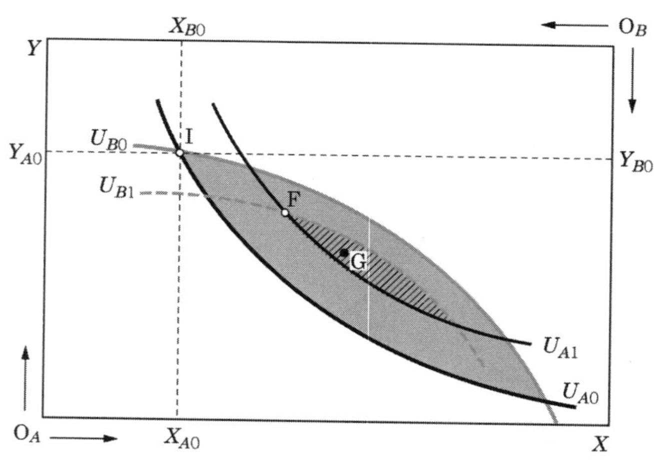

은 아니다. 만일 *F*점에 비해 서로에게 이득을 가져다주는 또 다른 배분상태가 있다면 다시 그 곳으로 옮겨가게 된다. 그림에 나타나 있는 것처럼 *A*, *B*가 교환을 통해서 *F*점을 통과하는 U_{A1}과 U_{B1}으로 둘러싸인 빗금 친 영역 안에 있는 *G*점으로 다시 옮겨간다면 두 사람은 더 높은 효용수준을 얻을 수 있다.

결국 [그림 17-5]의 *G*점과 같이 두 소비자의 무차별곡선이 서로 접하는 곳에 위치한다면 두 소비자에게 이득이 되는 교환이 더 이상 일어날 수 없다. 이처럼 더 이상 모두에게 이득이 되는 배분을 만들어 낼 수 없는 상태를 **파레토 효율적 배분**(Pareto efficient allocation)이라고 한다. 파레토 효율적인 배분상태에서는 다른 사람에게 손해를 입히지 않고서 적어도 어느 한 사람에게 이득을 가져다주는 **파레토개선**(Pareto improvement)이 불가능하다.

파레토 효율성(Pareto efficiency)이란 다른 사람에게 손해를 입히지 않고서는 어느 누구에게도 이득을 가져다 줄 수 없는 상태를 말한다.

그런데 이 순수교환경제에서 파레토 효율적 배분을 나타내는 상태가 *G*점 하나만 있는 것이 아니다. 초기부존자원의 배분에 따라 파레토 효율적인 각기 다른 점들이 나타날 수 있다. 예컨대 [그림 17-5]의 *H*와 *J*점도 파레토 효율적인 배분을 나타낸다. 그림에서 O_A와 O_B를 연결한 **계약곡선**(contract curve)은

[그림 17-5] 계약곡선

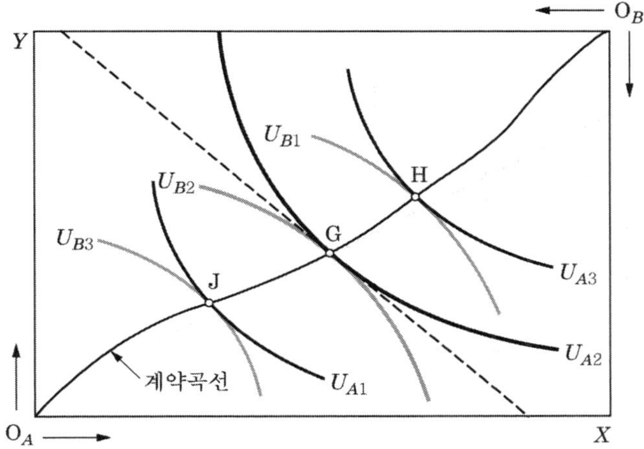

이러한 파레토 효율적인 점들의 집합을 나타내고 있다. 여기서 계약곡선이라는 이름을 붙인 것은 소비자들이 이 선상의 한 점에서 최종적으로 상품의 교환을 위한 계약을 체결하기 때문이다.

[연습문제 17.1]

경제 내 모든 상품을 A가 전부 다 소유하고 있다. 이때 자원배분은 파레토 효율적인가?

2.2 상품의 교환비율과 오퍼곡선

지금까지는 초기부존자원에서 교환을 통하여 두 사람 모두에게 이득을 가져다주는 자원배분상태로 옮겨갈 수 있다는 것을 보여주었다. 그렇다면 구체적으로 어떤 과정을 통하여 그러한 상태에 도달하게 되는 것일까? 실제로 상품의 교환은 그들 사이의 교환비율에 의해 이루어진다. 따라서 상품의 교환과정을 구체적으로 파악하기 위하여 상품의 교환비율이 변할 때 소비자의 선택점이 어떻게 이동하는지 살펴보기로 한다.

[그림 17-6] 소비자의 예산선

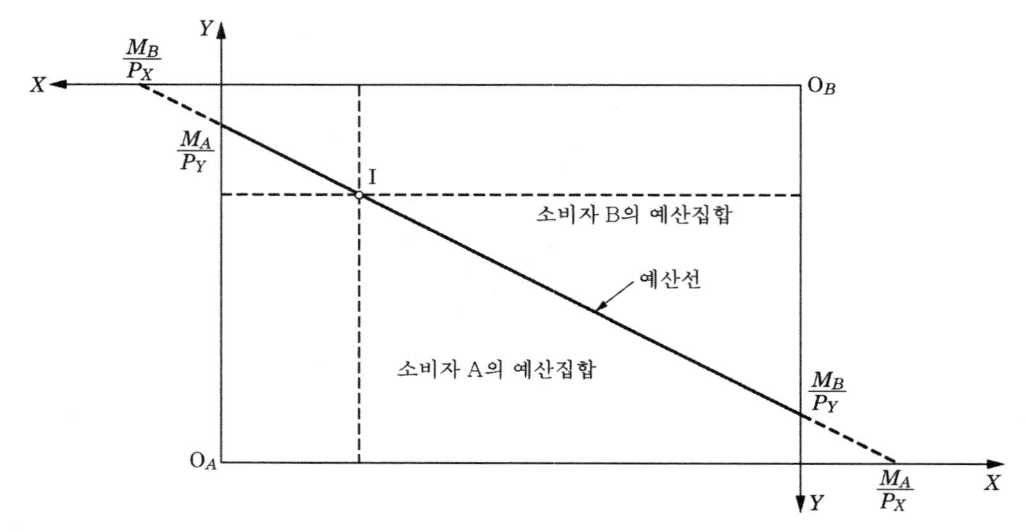

(1) 상품의 교환비율

순수교환경제에서 소비자들의 화폐소득은 부존자원인 X재와 Y재의 수량과 그것의 가격에 의해 결정된다. 소비자 A의 화폐소득은 $M_A = P_X \cdot X_A + P_Y \cdot Y_A$ 이므로 그의 **예산제약**(budget constraint)은 다음과 같다.

(17. 1) $M_A \geq P_X \cdot X_A + P_Y \cdot Y_A$

식 (17. 1)에 의하면 A의 **예산선**(budget line)은 [그림 17-6]의 에지워스 상자에서 X축의 M_A/P_X점과 Y축의 M_A/P_Y점을 연결한 직선으로 나타난다. A의 화폐소득은 그가 보유한 초기부존자원(I)의 가치와 일치하게 되므로 예산선은 반드시 I점을 통과하게 된다. 한편, 소비자 B의 예산제약은 식 (17. 2)와 같으며 그의 예산선도 반드시 I 점을 통과하게 된다.

(17. 2) $M_B \geq P_X \cdot X_B + P_Y \cdot Y_B$

[그림 17-7] 소비자 A의 오퍼곡선

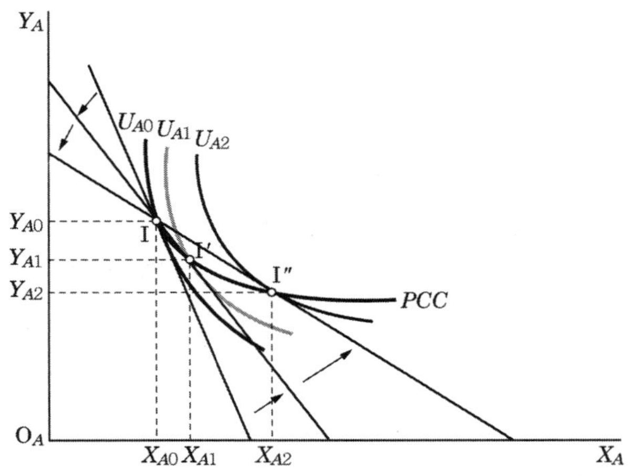

예산선의 기울기는 두 상품의 객관적 교환비율인 P_X/P_Y로 나타나고[1], 이러한 기울기를 갖는 예산선은 에지워스상자에서 소비자 A의 예산집합(budget set)과 B의 예산집합을 양분한다.

(2) 오퍼곡선

소비자의 예산선이 주어지면 그는 예산선 위의 한 점에서 자신의 효용을 극대화하는 상품묶음을 선택하게 된다. [그림 17-7]에서 보면 예산선과 무차별곡선 U_{A0}가 서로 접하고 있으므로 소비자 A는 I점에서 효용을 극대화하고 있다. 따라서 A는 지금 주어진 가격체계에서 교환을 원하지 않을 것이다. 그러나 P_X나 P_Y가 변하면 상황은 달라진다. 만일 P_X가 하락하거나 P_Y가 상승하여 교환비율이 하락하면 예산선은 I점을 축으로 시계 반대방향으로 회전하면서 기울기가 완만해진다.

교환비율이 하락하여 새로운 예산선이 무차별곡선 U_{A1}와 I'점에서 접한다고 하자. 이 때 A는 소비점을 I에서 I'점으로 바꾸기 위해 Y재를 $(Y_{A0}-Y_{A1})$만큼 제공(offer)하여 X재를 $(X_{A1}-X_{A0})$만큼 얻는 교환을 원할 것이다. 또한

1) 소비자의 예산선 기울기가 두 상품 시장가격의 상대적 비율인 P_X/P_Y라는 점을 제3장에서 이미 확인한 바 있다.

[그림 17-8] 주어진 가격비율하에서의 선택

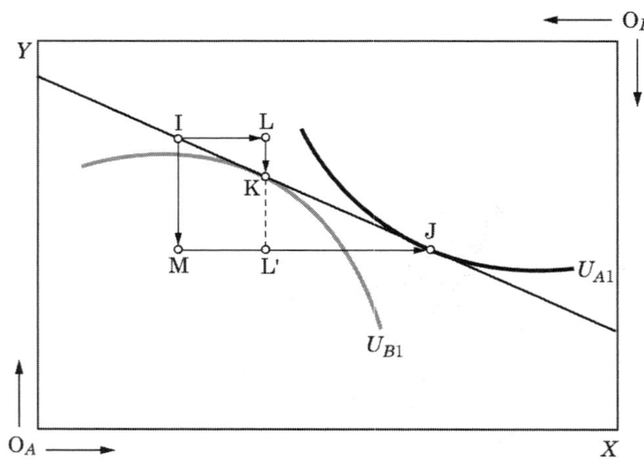

교환비율이 더욱 하락하여 예산선이 무차별곡선 U_{A2}와 I''점에서 접하게 되면 이제는 X재를 $(X_{A2}-X_{A1})$만큼 얻기 위해 Y재를 $(Y_{A1}-Y_{A2})$만큼 제공하려고 할 것이다. 이와 같이 각각의 교환비율이 주어질 때 효용극대화를 달성하는 점들의 집합을 **오퍼곡선**(offer curve)이라고 한다. 같은 방법으로 소비자 B의 오퍼곡선도 도출할 수 있다. 이렇게 본다면 오퍼곡선은 상품의 가격변화에 따른 소비자들의 효용을 극대화하는 점들을 연결한 **가격소비곡선**(PCC)인 셈이다.

2.3 순수교환경제의 일반균형

(1) 모색과정

이제 초기부존상태에서 파레토 효율적 배분 상태로 옮겨가는 교환과정을 살펴보기로 하자. [그림 17-8]에서 두 사람의 초기부존자원 I점을 지나는 직선은 두 상품의 상대가격(P_X/P_Y)으로 표현되는 **예산선**이다. 이 상대가격하에서 효용극대화를 추구하는 소비자 A와 B는 자신의 무차별곡선과 예산선이 서로 접하는 J점과 K점을 각각 선택하려고 할 것이다.

그러나 이 상태에서 두 상품에 대한 시장수요와 시장공급이 일치하지 않는다. A는 초기부존 상태에서 J점으로 옮겨가기 위해 Y재의 소비를 IM만큼 줄이는 반면에 X재의 소비를 MJ만큼 늘리려고 한다. 이것은 B에게 IM만큼의 Y재를 제공(공급)하는 대신에 MJ만큼의 X재를 얻으려고(수요) 한다는 의미이다. 한편 B는 I점에서 K점으로 옮겨가기 위해 IL만큼의 X재를 제공(공급)하는 대신에 LK만큼의 Y재를 얻으려고(수요) 한다. 따라서 X재에는 $L'J$ 크기의 **초과수요**(excess demand; ED)가 존재하며, Y재에는 KL' 크기의 **초과공급**(excess supply)이 존재하는 불균형이 발생한다. 시장에 이러한 초과수요와 초과공급이 존재하면 상품가격은 조정된다. 초과수요가 존재하는 X재의 가격은 상승하고, 초과공급이 존재하는 Y재의 가격은 하락하게 된다.[2] 우리는 이렇게 조정이 이루어지는 과정을 **모색과정**(tâtonnement process)이라고 한다.

> **모색과정**은 가격기구에 의해 초과수요가 존재하는 상품의 가격은 상승하고, 초과공급이 존재하는 상품의 가격은 하락함으로써 시장가격체계가 조정되는 과정을 말한다.

(2) 왈라스균형

이러한 모색과정은 두 상품에 대한 수요와 공급이 일치하여 X재의 초과수요가 $ED_X=0$이고, Y재의 초과수요가 $ED_Y=0$일 때까지 계속된다. [그림 17-9]에 나타나 있는 것처럼 두 상품의 상대가격(P_X/P_Y)을 나타내는 예산선이 I점을 축으로 시계방향을 따라 회전하여 두 소비자의 무차별곡선이 예산선상에서 서로 접하는 G점에 도달하면 마침내 모색과정은 끝나게 된다. G점에서는 A가 공급하려는 Y재의 양이 B가 수요하려는 양과 일치하게 되며, B가 공급하려는 X재의 양은 A가 수요하려는 양과 정확하게 일치하게 된다.

경제내에 이와 같은 균형이 달성되게 하는 가격체계와 배분을 우리는 **왈라스균형**(Walrasian equilibrium)이라고 한다. 지금까지의 내용을 정리하면 순수교환경제의 왈라스균형 상태에서는 다음과 같은 조건이 충족되고 있음을 알 수 있다.

$$MRS^A_{X,Y}=\frac{P_X}{P_Y}=MRS^B_{X,Y} \qquad (17.\ 3)$$

2) 이때 예산선은 I점을 축으로 시계방향으로 회전하게 된다.

[그림 17-9] 왈라스균형

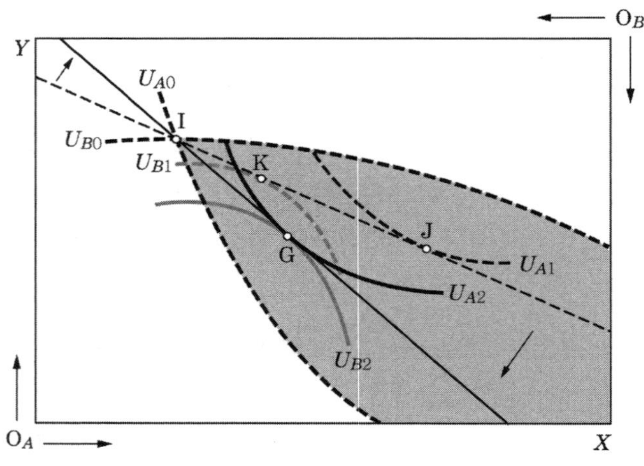

$$(17.\ 4)\quad ED_X = ED_Y = 0$$

식 (17. 3)과 (17. 4)가 의미하는 것은 순수교환경제의 일반균형 상태에서 모든 개인은 각자의 효용을 극대화하고 있으며, 모든 상품에 대한 수요량과 공급량이 일치하고 있다는 의미로 일반화할 수 있다. 이 때 각 경제주체는 가격수용자로서 행동하기 때문에 **일반경쟁균형**(general competitive equilibrium)이 달성된 상태라고 볼 수 있다.

왈라스균형과 관련하여 우리가 가질 수 있는 의문은 그것을 달성하기 위해서 반드시 초기부존자원의 상태에서 교환을 통하여 다른 배분으로 옮겨가야만 하는가이다. [그림 17-10]에서 보면 초기부존자원 상태인 I점에서 예산선과 A와 B의 무차별곡선이 서로 접하고 있다. 이것은 두 소비자 사이에 서로 이득이 되는 교환의 기회가 존재하지 않는다는 것을 의미한다. 따라서 초기부존자원 상태가 바로 **일반경쟁균형**이 된다. 일종의 **자급자족균형**(autarky)으로서 극히 예외적인 경우에 해당한다.

[그림 17-10] 초기부존자원 상태와 일반경쟁균형

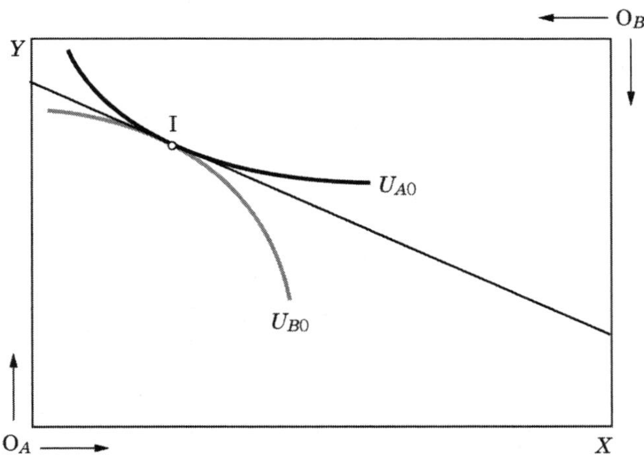

[연습문제 17.2]

한 경제의 초기부존자원을 개인 A는 X재 10단위와 Y재 20단위를 가지고 있으며, 개인 B는 X재 40단위와 Y재 10단위를 가지고 있다. 그리고 두 사람의 효용함수가 각각 $U_A = X_A Y_A$로 $U_B = \sqrt{X_B Y_B}$로 주어져 있다. (i) 개인의 효용극대화 조건과 계약곡선을 구하라. (ii) X재에 대한 수요함수와 초과수요함수를 구하라. (iii) 일반경쟁균형을 가져다주는 상대가격체계(P_X/P_Y)를 구하라.

[연습문제 17.3]

한 경제의 초기부존자원을 개인 A는 X재 30단위와 Y재 60단위를 가지고 있으며, 개인 B는 X재 80단위와 Y재 40단위를 가지고 있다. 그리고 두 사람의 효용함수가 각각 $U_A = \min(2X_A,\ Y_A)$로 $U_B = \min(X_B,\ 2Y_B)$로 주어져 있다. 소비자들의 효용극대화 조건과 일반경쟁균형을 가져다주는 상대가격체계(P_X/P_Y)를 구하라.

[그림 17-11] 생산경제의 일반균형

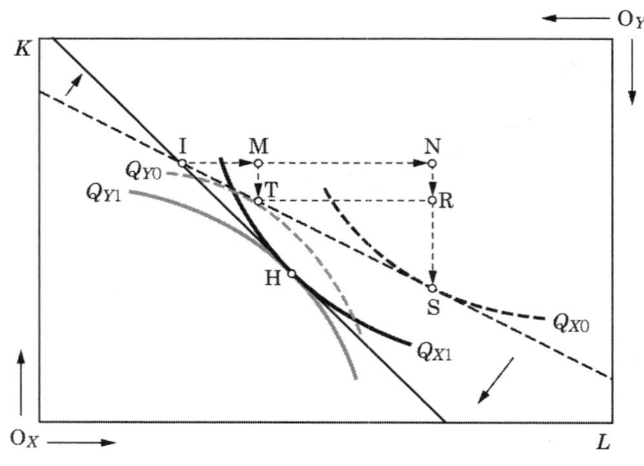

3. 생산경제의 일반균형

이제 생산경제에 대한 일반균형분석을 살펴보기로 하자. 순수교환경제의 일반균형분석과 똑같이 에지워스상자를 이용하고, 모색과정을 그대로 적용하면 된다. 생산요소시장은 완전경쟁적이며, 분석의 단순화를 위하여 기업은 두 생산요소 노동(L)과 자본(K)을 투입하여 두 상품 X재와 Y재를 생산한다고 가정하자. [그림 17-11]에는 앞에서와 같은 모양의 에지워스상자가 그려져 있으며, 횡축은 노동의 투입량을 나타내며 종축은 자본의 투입량을 나타내고 있다. 생산경제와 관련된 에지워스상자이기 때문에 O_X를 기준으로 X재에 대한 등량곡선이 그려져 있고, O_Y를 기준으로 Y재에 대한 등량곡선이 그려져 있다. 이 상자 안의 어떠한 점도 실현가능한 생산요소의 배분이다.

생산경제에서 최적수준의 X재와 Y재를 생산하기 위하여 각 기업은 비용을 극소화하는 노동과 자본의 투입량을 결정해야 한다. [그림 17-11]에서 I점은 기업이 초기에 보유하고 있는 생산요소의 부존량이다. I점을 통과하는 점선은 두 생산요소의 상대가격(w/v)으로 표현되는 **등비용곡선**을 나타내고 있다. 노동의 가격(w)과 자본의 가격(v)에 따라 등비용곡선의 기울기가 결정되면, 두 기업은 이것이 등량곡선과 서로 접하는 S점과 T점에서 비용극소화를 달성하려고 할 것이다. 그러나 이 두 점에서 노동과 자본에 대한 시장수요와 공급이 일치하지 않는 불균형이 나타나 각 기업의 그러한 의도는 실현되지 못한다.

초기부존자원 I점과 비교해서 노동에는 MN 크기의 **초과수요**가 존재하며, 자본에는 RS 크기의 **초과공급**이 발생한다.[3] 따라서 노동과 자본의 시장가격은 조정된다. 초과수요가 존재하는 노동의 가격(w)은 상승하고 초과공급이 존재하는 자본의 가격(v)은 하락함으로써 등비용곡선은 I점을 축으로 시계방향을 따라 움직이게 된다. 이러한 모색과정은 각 생산요소에 대한 수요와 공급이 일치하여 노동에 대한 초과수요가 $ED_L=0$이고, 자본에 대한 초과수요가 $ED_K=0$일 때까지 계속된다. 그림에 나타나 있는 것처럼 두 생산요소의 상대가격(w/v)을 나타내는 등비용곡선과 두 개의 등량곡선과 접하는 H점에 도달하면 마침내 모색과정은 끝나게 된다. 즉, 생산경제의 일반균형이 성립되기 위해서는 다음과 같은 조건이 충족되어야 한다는 것을 알 수 있다.

(17. 5) $MRTS^X_{L,K}=\dfrac{w}{v}=MRTS^Y_{L,K}$

(17. 6) $ED_L=ED_K=0$

식 (17. 5)와 (17. 6)은 생산경제에서의 일반균형이 달성될 때 기업들은 비용극소화 조건을 달성하고 있으며, 동시에 각 생산요소에 대한 수요와 공급이 일치하게 된다는 것을 의미한다.

[연습문제 17.4]

X재를 생산하는 기업 A의 생산함수는 $Q_X=0.4\sqrt{L_XK_X}$이고, Y재를 생산하는 기업 B의 생산함수는 $Q_Y=0.2\sqrt{L_YK_Y}$이다. 노동(L)과 자본(K)의 초기부존은 $L=200$, $K=100$이다. 생산의 파레토효율성을 만족하는 생산의 계약곡선을 구하라.

3) T점에서는 I점에 비해 노동투입을 IM만큼 줄이는 반면에 자본투입은 MT만큼 늘리려고 한다. 한편, S점에서는 I점에 비해 자본투입을 NS만큼 줄이는 반면에 노동투입은 IN만큼 늘리려고 한다.

4. 생산과 교환경제의 일반균형

지금까지 우리는 교환경제와 생산경제를 따로 분리하여 각각에 대한 일반균형의 성격에 대해 살펴보았다. 본 절에서는 생산과 교환을 동시에 포함하는 일반균형의 성격에 대해 살펴보기로 한다. 현실적으로 생산과 소비는 동시에 이루어지기 때문에 이들에 대한 분석이 함께 이루어져야 경제 전체에 대한 일반균형의 상태를 정확하게 파악할 수 있다.

기업은 이윤극대화를 위해서 비용극소화의 조건을 충족하는 노동과 자본의 투입량이 결정하여 X재와 Y재를 생산하게 된다. 완전경쟁시장에는 식 (17. 7)과 같이 각 상품의 가격과 한계비용(MC)이 일치하도록 각 상품의 생산량을 결정하여 이윤극대화를 달성한다.

(17. 7) $P_X = MC_X,\ P_Y = MC_Y$

혹은 $\dfrac{MC_X}{MC_Y} = \dfrac{P_X}{P_Y}$

이 식에서 MC_X/MC_Y는 사회적 관점에서 볼 때 X재 한 단위를 더 생산하기 위해 포기해야 하는 Y재의 수량으로서 X재를 한 단위 추가로 생산하는 기회비용을 의미한다.[4] 이것은 제9장에서 이미 설명한 바 있는 **한계생산변환율**($MPT_{X,Y}$)에 해당한다. 따라서 식 (17. 7)은 다음과 같이 나타낼 수 있다.

(17. 8) $\dfrac{P_X}{P_Y} = \dfrac{MC_X}{MC_Y} = MPT_{X,Y}$

4) 예컨대 $MC_X = 2$, $MC_Y = 1$이라면 Y재를 1단위 더 생산하기 위해서 1원을 추가로 지출해야 하지만 X재를 1단위 더 생산하기 위해서는 2원을 추가로 지출해야 한다. 따라서 $MC_X/MC_Y = 2$인 경우에는 X재 1단위를 추가로 생산하기 위해서는 Y재 2단위를 포기해야 한다.

한편, 소비자 A와 B는 효용을 극대화하기 위해서 식 (17. 3) $MRS^A_{X,Y} = P_X/P_Y = MRS^B_{X,Y}$가 되도록 X, Y재를 교환하기 때문에 식 (17. 8)은 다음과 같이 나타낼 수 있다.

(17. 9) $$MRS^A_{X,Y} = MRS^B_{X,Y} = MPT_{X,Y}$$

식 (17. 9)는 생산경제와 교환경제가 동시에 균형이 달성되기 위해서 충족해야 하는 조건을 보여주고 있다. 이 식에서 MPT는 생산에 있어서 한 상품이 다른 상품으로 변환될 수 있는 비율을 나타내고, MRS는 소비자들이 한 상품을 다른 상품으로 교환하고자 하는 비율을 나타내고 있다. 경제가 일반균형의 상태에 도달하기 위해서는 반드시 이 두 비율이 일치해야 한다. 그래야만 기업의 생산계획과 소비자의 소비계획이 일치하여 생산과 소비가 균형을 이루게 되기 때문이다.

결국 생산과 소비가 함께 이루어지는 경제에서 상품에 대한 수요·공급과 생산요소에 대한 수요·공급은 상품과 생산요소의 가격체계, 즉 (P_X, P_Y, w, v)에 의해 결정된다. 기업의 이윤극대화와 소비자의 효용극대화 과정에서 도출되는 생산요소에 대한 수요와 공급, 그리고 상품에 대한 수요와 공급을 일치시키는 가격체계(P^*_X, P^*_Y, w^*, v^*)가 바로 생산과 교환경제의 균형을 동시에 달성하는 일반균형가격체계이다.

[연습문제 17.5]

> 경제 내의 두 기업 중에서 A는 X재, B는 Y재를 생산하고 있다. 이때 각 기업의 한계비용은 $MC_X = 200$, $MC_Y = 100$이다. 현재의 생산수준에서 두 소비자가 한계대체율이 $MRS^A_{X,Y} = MRS^B_{X,Y} = 1$이 되도록 X재와 Y재를 배분하고 있다면 생산과 교환경제가 동시에 균형을 달성하는가?

5. 일반경쟁균형의 존재

지금까지 우리는 가장 단순화된 경제를 모형으로 일반경쟁균형이 성립되기 위한 조건을 규명하였다. 그런데 현실에서 일반경쟁균형이 언제나 존재한다는 보장은 없다. 이 절에서는 일반경쟁균형이 존재한다는 의미를 설명하고 일반경쟁균형이 존재하기 위한 조건들을 살펴보고자 한다.

5.1 일반경쟁균형 존재의 의미

경제 내에 n개의 상품이 존재하고, 이들 상품의 가격을 $\mathbb{P}=(P_1,\ P_2,\ \cdots\ P_n)$인 벡터로 나타내기로 하자. 어떤 가격체계가 주어졌을 때 각 경제주체는 그것에 따라 상품에 대한 수요량과 공급량을 결정하게 된다.[5] 어떤 상품은 수요량이 공급량보다 많을 수 있고, 어떤 상품은 공급량이 수요량보다 많을 수 있다. 물론 수요량과 공급량이 일치하는 상품도 있을 것이다. 이때 **초과수요**(excess demand)가 존재하는 상품의 가격은 올라가고, 초과공급이 존재하는 상품의 가격은 내려가는 조정과정을 거치게 된다.

일반경쟁균형이 존재한다는 것은 바로 모든 상품에 대한 수요량과 공급량을 일치시키는 가격체계 $\mathbb{P}^*=(P_1^*,\ P_2^*,\ \cdots\ P_n^*)$가 존재한다는 의미이다. 즉, 다음 식과 같이 각 상품의 초과수요함수 $ED_i(\mathbb{P})$가 모두 0이 되게 하는 연립방정식의 해(solution) $\mathbb{P}^*$가 존재해야 한다.

$$
\begin{aligned}
(17.\ 10)\quad & ED_1(\mathbb{P}^*)=0 \\
& ED_2(\mathbb{P}^*)=0 \\
& \quad\vdots \\
& ED_n(\mathbb{P}^*)=0
\end{aligned}
$$

5) 모든 경제주체가 가격수용자가 되는 경쟁적 상황을 나타내고 있다.

식 (17. 10)의 연립방정식은 n개의 미지수(P_1, P_2, $\cdots$, P_{n-1}, P_n)와 n개의 방정식(ED_1, ED_2, $\cdots$, ED_{n-1}, ED_n)으로 구성되어 있다. 그러나 곧이어 설명하겠지만 이 n개의 방정식 가운데 상호독립적인 방정식의 수는 $(n-1)$개이며, 실질적인 미지수도 $(n-1)$개이다. 이렇게 미지수의 수와 방정식의 수가 같은 경우에는 몇 가지 조건이 충족될 때 연립방정식체계를 만족시키는 해(solution) $\mathbb{P}^*$를 구할 수 있다. 이러한 조건에 대해서는 이후에 자세히 설명하도록 하겠다.

5.2 왈라스법칙

X재와 Y재의 초기부존자원을 A, B 두 사람이 나누어서 보유하고 있는 순수교환경제를 가정하자. 만일 A가 B로부터 X재를 얻고자 한다면 B에게 그에 상응하는 가치만큼의 Y재를 반드시 제공해야 한다. 그러므로 식 (17. 11)에서와 같이 X재의 수요가치와 Y재의 공급가치가 일치하게 된다.

(17. 11) $P_X D_X \equiv P_Y S_Y$

혹은 $P_X D_X - P_Y S_Y \equiv 0$

한편, B가 Y재를 추가로 얻고자 한다면 A에게 그와 똑같은 가치에 해당하는 X재를 그 대가로 제공해야 한다. 따라서 다음의 관계식이 성립한다.

(17. 12) $P_Y D_Y \equiv P_X S_X$

혹은 $P_Y D_Y - P_X S_X \equiv 0$

시장 전체의 총수요가치와 총공급가치를 구하기 위해 식 (17. 11)과 식 (17. 12)를 더하면 다음의 식을 얻는다.

(17. 13) $P_X D_X + P_Y D_Y \equiv P_X S_X + P_Y S_Y$

혹은 $P_X(D_X - S_X) + P_Y(D_Y - S_Y) \equiv 0$

여기서 $(D_X - S_X)$는 X재의 초과수요이며, $(D_Y - S_Y)$는 Y재의 초과수요를 나타내고 있다. 식 (17. 13)에서 보면 X재와 Y재에 대한 수요가치의 합이 두 상품에 대한 공급가치의 합과 항상 일치하는 **항등식**(identity)으로 나타나 있다. 따라서 P_X와 P_Y가 어떤 값으로 주어지더라도 경제 전체의 총초과수요가치는 항상 0(영)이 된다는 것을 의미한다. 이것이 바로 **왈라스법칙**(Walras' law)이다.[6)]

왈라스법칙이 성립된다고 해서 개별 상품시장에서 수요와 공급이 일치하는 것을 보장하는 것은 아니다. [그림 17-8]을 통하여 왈라스법칙의 의미를 살펴볼 수 있다. 초기부존자원을 나타내는 I점을 지나는 예산선이 주어지면 효용극대화를 추구하는 A는 J점으로 옮겨가기를 원하고 B는 K점으로 옮겨가기를 원하고 있다. 이때 A와 B는 각자 자신이 수요하려는 상품과 똑같은 가치에 해당하는 다른 상품을 그 대가로 제공해야 하기 때문에 경제전체의 초과수요가치는 항상 0이 되는 것이다. 그러나 이때도 개별 상품에 대한 수요와 공급이 일치하는 것은 아니다. X재에는 $L'J$만큼의 초과수요가 나타나고, Y재에는 KL'만큼의 초과공급이 나타나고 있다. 이처럼 개별 상품의 수요와 공급은 일치하지 않더라도 경제 전체적으로 총수요가치와 총공급가치는 항상 일치하게 된다는 것이 왈라스 법칙이다.

> **왈라스법칙**은 시장에서 어떤 가격체계가 주어지더라도 경제전체의 초과수요가치는 항상 0(영)이 된다는 것을 의미한다.

지금까지의 논의를 n개의 상품이 존재하는 경우로 확장하면, 식 (17. 13)의 항등관계는 다음과 같이 나타낼 수 있다.

$$(17.\ 14)\quad P_1D_1 + P_2D_2 + \cdots + P_{n-1}D_{n-1} + P_nD_n \equiv P_1S_1 + P_2S_2 + \cdots + P_{n-1}S_{n-1} + P_nS_n$$

6) 모든 경제주체가 가격수용자로 행동하는 시장경제에서는 **왈라스법칙**이 성립하지만, 케인즈가 생각하는 것처럼 기업의 행동이 유효수요에 의해 제약을 받는다면 왈라스법칙은 성립되지 않는다.

혹은 $P_1D_1 - P_1S_1 + P_2D_2 - P_2S_2 + \cdots + P_{n-1}D_{n-1}$
$- P_{n-1}S_{n-1} + P_nD_n - P_nS_n \equiv 0$

식 (17. 14)을 다시 정리하면 다음과 같다.

(17. 15) $P_1(D_1 - S_1) + P_2(D_2 - S_2) + \cdots + P_{n-1}(D_{n-1} - S_{n-1})$
$+ P_n(D_n - S_n) \equiv 0$

혹은 $P_1 \cdot ED_1 + P_2 \cdot ED_2 + \cdots + P_{n-1} \cdot ED_{n-1} + P_n \cdot ED_n \equiv 0$

5.3 왈라스법칙의 시사점

왈라스법칙은 경제 내에 존재하는 n개의 시장 중에서 $(n-1)$개 시장이 균형을 이루고 있다면 나머지 한 개의 시장도 균형 상태에 있음을 시사하고 있다. 이러한 왈라스법칙의 함축적 의미를 살펴보기 위해 먼저 각 상품의 **초과수요함수**(excess demand function)를 정의하기로 하자. n개의 상품이 존재하는 경제에는 n개의 초과수요가 존재하며, 각각의 초과수요는 n개의 가격 $(P_1, P_2, \cdots, P_{n-1}, P_n)$의 함수로 표현된다.

(17. 16)
$$ED_1 = ED_1(P_1, P_2, \cdots, P_{n-1}, P_n)$$
$$ED_2 = ED_2(P_1, P_2, \cdots, P_{n-1}, P_n)$$
$$\vdots$$
$$ED_n = ED_n(P_1, P_2, \cdots, P_{n-1}, P_n)$$

만일 이 경제에 존재하는 n개의 상품시장 중에서 $(n-1)$번째까지의 시장이 균형을 이루어서 $ED_1 = ED_2 = \cdots = ED_{n-1} = 0$의 등식관계가 성립한다고 하자. 그러면 다음의 등식관계가 성립한다.

(17. 17) $P_1 \cdot ED_1 + P_2 \cdot ED_2 + \cdots + P_{n-1} \cdot ED_{n-1} = 0$

식 (17. 15)와 (17. 17)을 비교하면 다음과 같은 등식관계가 성립하게 된다.

$$(17.\ 18) \quad P_n \cdot ED_n = 0$$

우리가 분석하는 대상이 경제재(economic goods)이므로 그것의 가격은 항상 0보다 크다. 따라서 식 (17. 18)에서 $P_n > 0$이므로 $ED_n = 0$이 된다. 즉, n개의 시장 중에서 $(n-1)$개의 시장에서 균형을 이루고 있으면, 나머지 n번째 시장은 자동적으로 균형이 성립된다. 따라서 식 (17. 16)에 제시된 연립방정식체계에서 상호독립적인 방정식의 수는 $(n-1)$개에 지나지 않는다.

> 왈라스 법칙으로 인하여 n개의 상품시장 중에서 $(n-1)$개의 시장에서 균형을 이루고 있으면, 나머지 n번째 시장은 자동적으로 균형이 성립된다.

5.4 상대가격체계

우리는 경제내의 각 상품에 대한 초과수요함수들로 구성된 n개의 연립방정식 체계에서 서로 독립적인 방정식의 수는 $(n-1)$개라는 사실을 알 수 있었다. 독립적인 방정식의 수가 $(n-1)$개인 연립방정식체계에서 해(solution)를 구하려면 미지수의 수도 $(n-1)$개이어야 한다. 그런데 식 (17. 16)의 연립방정식 체계에서 보면 미지수(P_1, P_2, $\cdots$ P_n)가 n개이므로 해를 구할 수 없을 것 같다. 일반균형의 존재를 이론적으로 확인할 수 없는 것처럼 보인다는 의미이다. 그러나 자원배분과 관련되는 가격체계가 가격의 절대수준이 아니라 상대가격이라는 점을 이용하면 연립방정식체계에서 미지수를 $(n-1)$개로 줄일 수 있다.

소비자들로부터 노동(L)과 자본(K)을 구입하여 X재와 Y재를 생산하는 기업의 이윤은 $(P_X X + P_Y Y) - (wL + vK)$로 나타낼 수 있다.[7] 상품의 생산이 소비자 A, B가 주주가 되어 운영되는 기업에 의해 이루어지고 있다고 가정하

7) 기업의 수입은 $TR = P_X X + P_Y Y$이고, 비용은 $TC = wL + vK$이다. 지금 우리는 분석하고 있는 장기에서는 완전경쟁기업의 이윤은 0(영)이다.

고, 이윤의 눈배문제는 고려 대상에서 제외시키기로 한다. 만일 모든 가격이 똑같은 비율(λ)로 상승하면 이윤은 $(\lambda P_X X+\lambda P_Y Y)-(\lambda wL+\lambda vK)=\lambda[(P_X X+P_Y Y)-(wL+vK)]$가 된다. 따라서 이윤극대화를 위한 조건인 $MR=MC$에 변화가 생기지 않기 때문에 이윤극대화를 위한 생산량 수준에 아무런 변화가 없다. 물론 이윤은 λ배만큼 증가하겠지만 이것도 명목가치상으로만 그렇게 되는 것일 뿐 실질가치는 이전과 다를 바가 없다. 우리는 이러한 경우에 상품공급 및 생산요소의 수요가 가격에 대해 **영차동차성**(homogenity of degree 0)을 갖는다고 말한다.

한편, 생산요소를 판매하여 얻게 되는 소비자의 소득은 $M=wL+vK$이므로 소비자의 예산제약은 $wL+vK=P_X X+P_Y Y$가 된다. 따라서 모든 가격이 λ배로 상승하는 경우에는 소비자의 명목소득도 똑같은 비율로 상승하기 때문에 그의 예산선에 아무런 변화가 생기지 않는다. 결과적으로 소비자의 효용극대화를 위한 소비수준에 전혀 영향을 주지 않는다. 생산요소를 판매하여 받은 소득으로 생활하는 소비자의 상품에 대한 수요도 가격에 대하여 영차동차성을 갖게 된다.

이상에서 살펴본 바와 같이 기업의 상품공급, 생산요소에 대한 수요 및 소비자의 상품수요가 모두 가격체계에 대하여 영차동차이면 일반균형모형에서 가격의 절대적 수준은 전혀 문제되지 않는다. 자원배분의 측면에서는 오직 상품과 상품 사이의 상대적 가격비율, 즉 **상대가격**(relative price)만이 의미를 가진다는 것을 알 수 있다. 어떤 절대가격(absolute price)체계 $\mathbb{P}=(P_1, P_2, \cdots P_n)$에서 n번째의 상품가격을 기준으로 상대가격체계를 나타내면 다음과 같다.

$$(17.\ 19)\quad \mathbb{P}_r=\left(\frac{P_1}{P_n},\ \frac{P_2}{P_n},\ \cdots,\ \frac{P_{n-1}}{P_n},\ 1\right)$$

여기서 절대가격체계를 상대가격체계로 나타낼 때 기준이 되는 n번째의 상품을 **단위가격재화**(numeraire)라고 한다. 현실적으로 화폐는 단위가격재화의 좋은 예가 된다. 화폐를 단위가격재화로 쓰는 경우 화폐의 가격은 $P_n=1$이므로 식 (17. 19)의 상대가격체계는 다음과 같이 나타낼 수 있다.

$$(17.\ 20) \quad \mathbb{P}_r=(P_1,\ P_2,\ \cdots\ P_{n-1},\ 1)$$

(17. 20)에서 볼 수 있듯이 n개의 상품가격을 단위가격재화의 가격에 대한 비율로 나타내면 미지수는 $(n-1)$개가 된다.

5.5 일반경쟁균형의 존재조건

이상의 논의로부터 초과수요함수를 나타내는 연립방정식체계에서 독립적인 방정식과 미지수가 각각 $(n-1)$개라는 사실을 확인하였으므로 그것의 해를 구할 수 있다. 그러나 연립방정식의 해가 존재한다고 해서 항상 일반경쟁균형이 존재한다는 보장은 없다. 일반경쟁균형의 존재가 이론적으로 보장되기 위해서는 다음 두 가지의 조건이 추가되어야 한다.[8]

첫 번째 조건은 경제내에 존재하는 모든 상품은 '바람직하다'(desirable)는 것이다. 어떤 상품이 바람직하다는 것은 그 상품의 가격이 0(영)으로 수렴하면 그것에 대한 초과수요 $ED_i(\mathbb{P})$가 무한히 커진다는 뜻이다. 제2장에서 본 것처럼 소비자 선호체계에 **강단조성 공리**(strongly monotonous axiom)가 적용되면[9] 상품의 가격이 낮아질 때 그것에 대한 수요, 또는 초과수요가 매우 커지게 된다. 그러므로 소비자의 선호가 강단조적이면 첫 번째 조건은 항상 성립한다. 우리는 이 조건을 도입함으로써 일반경쟁균형분석에서 공해나 쓰레기와 같이 가격이 음(-)인 상품을 제외시킬 수 있다. 부언하면 모든 상품이 바람직하다는 조건에 의해 연립방정식 (17. 16)의 해(solution)가 음(-)의 값을 가지는 경우, 즉 상품의 가격이 $P_i^* < 0$인 경우를 제외시킬 수 있는 것이다.

두 번째로 각 상품에 대한 초과수요함수는 가격체계에 대해 연속적(continuous)이라는 조건을 추가해야 한다. 각 소비자의 수요함수가 연속적이고 각 기업의 공급함수가 연속적이면, 상품별 초과수요함수가 가격체계에 대해 연속성을 갖게

8) 그러한 조건들이 충족된다고 해서 현실의 가격체계가 왈라스 균형으로 실현되는 것이 보장되는 것은 아니다. 다만 왈라스 균형의 존재를 이론적으로 규명할 수 있다는 의미이다.
9) '많으면 많을수록 좋다.'(the more the better)는 제2장의 소비자 선호에 대한 강단조성 공리가 그대로 유지된다는 의미이다.

된다는 가정이다. 이 조건은 경제이론에서 일반적으로 받아들이는 가정으로서 가격이 조금 변화하면 초과수요량도 조금 변화하게 되며, 갑자기 큰 폭으로 변하지 않는다는 것을 의미한다.

$n=2$인 경우에 일반경쟁균형, 즉 왈라스균형을 나타내는 $\mathbb{P}^*=(P_1^*,\ P_2^*)$가 이론적으로 존재하는지 규명해 보자. 두 상품의 가격이 $P_1+P_2=1$이 되도록 가격의 절대적 수준을 설정하면 상품 1의 가격이 P_1이므로 상품 2의 가격은 $1-P_1$이 될 것이다. 상품 1의 가격 P_1이 0에서 1로 상승할 때 이에 따른 가격체계 $\mathbb{P}=(P_1,\ 1-P_1)$는 고려할 수 있는 모든 상대가격체계를 포함하게 된다. 가격이 모두 양(+)인 경우만을 고려하기 때문에 P_1의 범위는 개구간 (0, 1)이 된다.[10] 개구간 (0, 1)에서 아래 식 (17. 21)의 연립방정식을 만족시키는 P_1^*이 존재함을 보이면 일반경쟁균형의 존재를 증명하게 되는 것이다.

(17. 21) $$ED_1(P_1^*,\ 1-P_1^*)=0$$
$$ED_2(P_1^*,\ 1-P_1^*)=0$$

왈라스법칙에 의하면 위의 두 방정식 중에서 하나만 만족하면 된다. $ED_1(P_1^*,\ 1-P_1^*)=0$이면 반드시 $ED_2(P_1^*,\ 1-P_1^*)=0$가 성립되기 때문이다.

[그림 17-12]에는 상품 1의 가격이 0에서부터 1로 변함에 따라 초과수요 $ED_1(P_1,\ 1-P_1)$이 변하는 과정을 보여주고 있다. 앞에서 설명한 첫번째 조건에 의하면 P_1이 0에 가까워짐에 따라 $ED_1(\mathbb{P})$는 매우 큰 양(+)의 값을 갖게 된다. 그림에서 보면 P_1이 0에 접근할 때 초과수요는 매우 높은 A점에 위치하고 있다. 한편, P_1이 1에 가까워지면 P_2는 0에 가까운 값을 갖게 된다. 따라서 상품 2에 대한 초과수요 $ED_2(\mathbb{P})$는 매우 큰 양(+)의 값을 갖게 될 것이다. 왈라스법칙에 의해 $P_1\cdot ED_1(\mathbb{P})+P_2\cdot ED_2(\mathbb{P})\equiv 0$이므로 $ED_2(\mathbb{P})$가 큰 양

10) P_1의 범위가 개구간 (0, 1)이 된다는 것은 P_1이 0(영)보다는 크고 1보다는 작다는 것을 의미하는 것이다.

[그림 17-12] 일반경쟁균형 존재

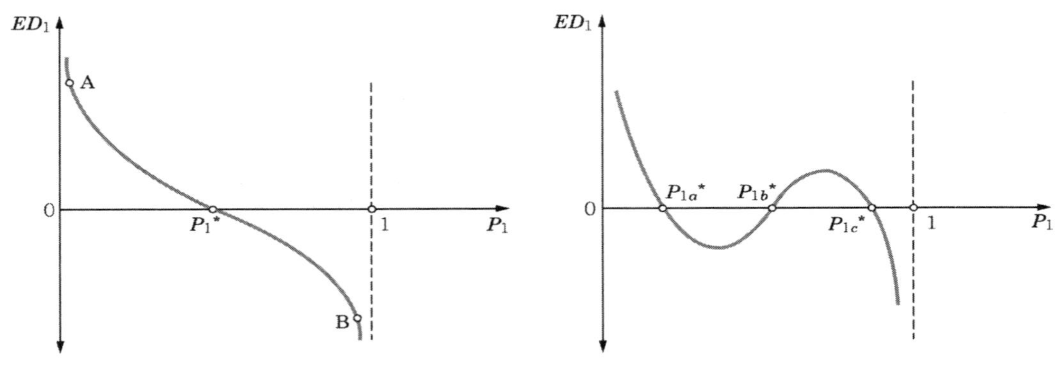

(+)의 값을 갖는다면 $ED_1(\mathbb{P})$는 그림 (a)의 B점처럼 매우 큰 음(-)의 값을 갖게 된다.

지금까지의 논의를 통해 상품 1에 대한 초과수요곡선은 A점과 B점을 통과하게 된다는 것을 알 수 있다. 그런데 두 번째 조건에 의하면 초과수요함수가 연속적으로 이 초과수요곡선이 A점과 B점을 동시에 지나려면 반드시 $ED_1(\mathbb{P})=0$인 수평축을 통과해야 한다. 그림 (a)에서 보는 것처럼 이 곡선이 수평축을 통과하는 점이 P_1^*인데, 이것이 바로 일반경쟁균형을 달성하는 상품 1의 가격이다. 상품 1의 가격이 이렇게 주어지면 상품 2의 가격은 $1-P_1^*$로 결정된다. 두 상품의 가격이 P_1^*과 $1-P_1^*$일 때 $ED_1(P_1^*,\ 1-P_1^*)=0$의 관계가 성립하고, 왈라스법칙에 의해 $ED_2(P_1^*,\ 1-P_1^*)=0$의 관계도 성립하게 된다. 결과적으로 일반경쟁균형을 가져다주는 P_1^*와 $1-P_1^*$의 상대가격체계가 존재한다는 것을 알 수 있다.

각 상품에 대한 초과수요함수가 연속적이고 모든 소비자의 선호가 강단조적이면 일반경쟁균형을 가져다주는 상대가격체계가 이론적으로 최소한 하나 이상 존재한다. 그림 (a)는 상품 1의 초과수요함수 값이 0(영)이 되는 상대가격체계가 하나 뿐인 경우를 나타내고 있는 반면에, 그림 (b)는 상품 1의 초과수요함수 값이 0(영)이 되는 상대가격이 3개인 경우(P_{1a}^*, P_{1b}^*, P_{1c}^*)를 보여주고 있다. 이와 같이 경제의 일반균형이 유일하게 존재한다는 보장이 없으며 여러 개의 균형이 존재할 수도 있다.

[연습문제 17.6]

한 경제에 두개의 상품 Q_1과 Q_2가 존재하고 이들의 초과수요함수가 각각 $Z_1(P_1, P_2) = -9P_1 + 3P_2$와 $Z_2(P_1, P_2) = 3P_1 - P_2$이다. 일반경쟁균형을 가져다주는 상대가격체계(P_1/P_2)를 구하고, 왈라스법칙이 성립하는 것을 보여라.

연습문제 풀이

[연습문제 17.1]
A의 효용수준을 감소시키지 않고는 어느 누구의 효용수준을 증가시킬 수 없다. 따라서 지금의 자원배분 상태는 파레토 효율적이다.

[연습문제 17.2]
(i) $MRS^A_{X,Y}=MU^A_X/MU^A_Y=Y_A/X_A$, $MRS^B_{X,Y}=MU^B_X/MU^B_Y=Y_B/X_B$가 된다. 효용극대화를 위해서는 $MRS^A_{X,Y}=P_X/P_Y$, $MRS^B_{X,Y}=P_X/P_Y$이므로 $Y_A/X_A=P_X/P_Y$와 $Y_B/X_B=P_X/P_Y$가 성립되어야 한다. 계약곡선은 $MRS^A_{X,Y}=MRS^B_{X,Y}$를 만족하는 조합점들을 연결한 궤적이다. $MRS^A_{X,Y}=MRS^B_{X,Y}$은 $Y_A/X_A=Y_B/X_B$이다. 여기서 $X_B=50-X_A$, $Y_B=30-Y_A$이므로($X=50$, $Y=30$), $Y_A/X_A=(30-Y_A)/(50-X_A)$가 된다. 이를 정리하면 $Y_A(50-X_A)=X_A(30-Y_A)$이므로 $50Y_A=30X_A$이다. 따라서 계약곡선은 에지워스 상자의 대각선인 $Y_A=(3/5)X_A$가 된다.
(ii) A의 효용극대화 조건 $Y_A/X_A=P_X/P_Y$, 즉 $P_XX_A=P_YY_A$를 A의 예산제약 $P_XX_A+P_YY_A=10P_X+20P_Y$에 대입하면 $2P_XX_A=10P_X+20P_Y$가 된다. 이를 정리하면 A의 X재에 대한 수요함수는 $X_{Ad}=5+10(P_Y/P_X)$이다. 이 수요함수에 의하면 X재의 가격이 상승하면 X재에 대한 수요가 감소하고 있음을 알 수 있다. 같은 방법으로 B의 효용극대화 조건으로부터 B의 X재에 대한 수요함수를 구하면 $X_{Bd}=20+5(P_Y/P_X)$이다. 한편, A의 X재에 대한 초과수요는 수요량 $[5+10(P_Y/P_X)]$에서 현재 소유하고 있는 X재 10단위를 빼면 된다. 따라서 A의 초과수요함수는 $ED_{XA}=5+10(P_Y/P_X)-10=-5+10(P_Y/P_X)$이다. 또한 B의 초과수요함수는 $ED_{XB}=20+5(P_Y/P_X)-40=-20+5(P_Y/P_X)$
(iii) 일반경쟁균형이 성립되기 위해서는 X재에 대한 초과수요 $ED_X=ED_{XA}+ED_{XB}=0$이 되어야 한다. 따라서 $ED_X=-25+15(P_Y/P_X)=0$이면 일반경쟁균형을 가져다주는 상대가격체계는 $P_X/P_Y=3/5$이다.

[연습문제 17.3]
두 소비자 효용함수가 레온티에프 효용함수이므로 A와 B는 각각 $Y_A=2X_A$와 $X_B=2Y_B$의 고정비율로 소비해야 한다. 한편, A의 예산제약 $P_XX_A+P_YY_A=30$

P_X+60P_Y에 $Y_A=2X_A$를 대입하면 $P_XX_A+P_Y2X_A=30P_X+60P_Y$가 된다. 이를 정리하면 $X_A(P_X+2P_Y)=30(P_X+2P_Y)$이므로 $X_A^*=30$, $Y_A^*=60$가 된다. B의 예산제약 $P_XX_B+P_YY_B=80P_X+40P_Y$에 $X_B=2Y_B$를 대입하면 $2P_XY_B+P_YY_B=80P_X+40P_Y$가 된다. 이를 정리하면 $Y_B(2P_X+P_Y)=40(2P_X+P_Y)$이므로 $X_B^*=80$, $Y_B^*=40$가 된다. 이것은 소비자 A와 B의 초기부존자원 상태가 바로 일반경쟁균형이 되는 자급자족균형(autarky)을 의미한다. 초기부존자원 상태가 일반경쟁균형이 되므로 어떠한 상대가격체계(P_X/P_Y)도 균형가격이 될 수 있다.

[연습문제 17.4]

X재에 대한 한계기술대체율은 $MRTS_{L,K}^X=MP_L^X/MP_K^X=0.2L_X^{-0.5}K^{0.5}/0.2L_X^{0.5}K_X^{-0.5}=K_X/L_X$이고, Y재에 대한 한계기술대체율은 $MRTS_{L,K}^Y=MP_L^Y/MP_K^Y=0.1L_Y^{-0.5}K^{0.5}/0.1L_Y^{0.5}K_Y^{-0.5}=K_Y/L_Y$이다. 생산의 파레토효율성을 만족하는 계약곡선은 $MRTS_{L,K}^X=MRTS_{L,K}^Y$를 만족하는 L과 K의 조합점을 연결한 궤적이다. $MRTS_{L,K}^X=MRTS_{L,K}^Y$은 $K_X/L_X=K_Y/L_Y$이고 $L_Y=200-L_X$, $K_Y=100-K_X$이므로 $K_X/L_X=(100-K_X)/(200-L_X)$가 된다. 이를 정리하면 $200K_X-L_XK_X=100L_X-L_XK_X$가 되므로 $K_X=1/2L_X$이다. 따라서 생산의 계약곡선은 에지워스상자의 대각곡선이다.

[연습문제 17.5]

$MPT_{X,Y}=-MC_X/MC_Y=-200/100=-2$로 일정하다. 따라서 생산가능곡선은 기울기가 -2인 직선이 된다. $MRS_{X,Y}^A<MPT_{X,Y}$이므로 생산과 교환경제가 동시에 균형을 달성하지 못한다.

[연습문제 17.6]

일반경쟁균형 상태에서는 $Z_1=0$, $Z_2=0$이므로 $-9P_1+3P_2=3P_1-P_2$, 즉 $4P_2=12P_1$이다. 따라서 일반경쟁균형을 가져다주는 상대가격체계는 $P_1/P_2=1/3$이다. 여기에서 상대가격은 유일하게(1/3) 결정되지만, P_1과 P_2에 대한 절대가격은 결정되지 않는다. $P_1Z_1(P_1,\ P_2)+P_2Z_1(P_1,\ P_2)\equiv 0$인 왈라스법칙에 의하면 $P_1(-9P_1+3P_2)+P_2(3P_1-P_2)$가 항상 0이 되어야 한다. $P_1(-9P_1+3P_2)+P_2(3P_1-P_2)=-9(P_1)^2+3P_1P_2+3P_1P_2-(P_2)^2$이고, 일반경쟁균형을 가져다주는 상대가격체계가 $P_1/P_2=1/3$, 즉 $P_2=3P_1$이므로 $-9(P_1)^2+6P_13P_1-9(P_1)^2=0$이 된다. 따라서 왈라스법칙이 성립하게 된다.

제18장 후생경제학

1. 후생경제학의 의의
2. 경제적 자원의 효율적 활용
3. 완전경쟁과 자원배분의 효율성
4. 일반균형과 경제적 효율성
5. 사회후생함수
6. 사회후생의 극대화

일반경쟁균형이 달성되면 경제적 자원이 효율적으로 배분되지만, 그러한 상태가 사회적으로 가장 바람직한 것은 아니다. 이러한 의미에서 본다면 일반경쟁균형은 바람직한 사회후생수준을 달성하기 위한 **필요조건**에 불과할 뿐 결코 충분조건은 아니다. 사회적인 관점에서 가장 바람직한 배분이란 **가치판단**을 전제로 하기 때문에 사회적 가치판단을 반영하는 사회후생함수가 제시되어야만 한다. 후생경제학이 자원의 '공평한 또는 바람직한 배분'을 다루게 된다는 점에서 본 장에서는 먼저 자원의 효율적 배분이 달성되기 위해 만족되어야 하는 조건들을 도출하고, 이후에는 사회후생함수를 활용하여 사회적 관점에서 볼 때 가장 바람직한 배분을 모색한다.

1. 후생경제학의 의의

1.1 후생경제학의 성격

앞장에서 설명한 일반균형이론에서는 시장가격체계에 의해 모든 시장이 균형을 달성하는 자원배분이 가능한지에 대하여 논의하였다. 이렇게 볼 때 일반균형이론은 완전경쟁적 시장체계에서 각 경제주체가 어떻게 행동하는가를 분석하고 예측하는 **실증경제학**(positive economics)의 분야이다. 반면에 본 장에서 다루게 되는 **후생경제학**(welfare economics)은 어떤 배분상태가 '가장 바람직한지'를 다루는 **규범경제학**(normative economics)의 분야이다. 따라서 후생경제학이 하나의 객관적 이론으로 의미를 갖기 위해서는 많은 사람들이 인정하기에 충분한 가치기준이 주어져야 한다. 사회후생함수는 바로 이러한 가치판단(value judgement)을 반영하고 있다.

효율적 배분이 달성된다고 해서 모든 경우가 사회적으로 볼 때 가장 바람직한 것은 아니다. 후생경제학은 사회후생함수를 활용하여 이들 중에서 사회적 가장 바람직한 배분을 모색하는데 그 의의가 있다.

1.2 후생변화의 평가기준

후생변화를 평가하기 위하여 일반적으로 **파레토**(V. Pareto)가 제시하는 기준을 이용한다. **파레토기준**(Parato criterion)의 성격을 알아보기 위하여 10개의 사과를 두 사람 A와 B에게 배분하는 상황을 상정해 보기로 하자. 두 사람에게 배분되는 사과의 수는 10개를 초과할 수는 없으며 각자의 소비량에 의해서 자신의 효용수준이 결정된다고 가정하자.

〈표 18-1〉 파레토기준

배분방식	A	B	자원배분상태
(i)	4	5	파레토개선이 가능
(ii)	5	5	파레토 효율적
(iii)	1	9	파레토 효율적

〈표 18-1〉에서 (i), (ii), (iii)의 배분방식은 모두 실현가능하다. (i)의 경우에는 아직 배분되지 않은 사과 하나를 누구에게 주든 그 사과를 얻는 사람의 효용이 증가하게 된다. 만일 A에게 그 사과를 준다면 B의 효용은 그대로 유지되지만 A의 효용은 증가하게 된다. 반대로 B에게 그 사과를 준다면 A의 효용은 그대로 유지되지만 B의 효용은 증가하게 된다. 이와 같이 다른 사람의 후생을 감소시키지 않으면서 적어도 어느 한 사람의 후생이 증가될 때 **파레토 개선**(Pareto improvement)이 이루어졌다고 한다.

파레토기준(Parato criterion)에 의하면 어느 누구의 후생을 감소시키지 않으면서 최소한 한 사람 이상의 후생을 증가시키는 것이 가능하다면 사회적으로 개선이 일어났다고 판단하게 된다.

이제 (ii)와 (iii)의 배분방식에 대해 살펴보기로 하자. 어떤 동기에 의해 배분이 이루어졌든지 (ii)의 경우는 10개의 사과가 두 사람에게 각각 5개씩 배분되어 있으며, (iii)의 경우에는 두 사람에게 각각 1개와 9개씩 배분되어 있다. 이들의 배분 상태에서 A 혹은 B의 효용을 높이려면 어느 한 사람의 사과를 빼앗아 다른 사람에게 주어야만 가능하다. 따라서 (ii), (iii)의 배분방식에 의하면 두 사람 중 어느 누구의 효용을 감소시키지 않고서는 어느 한 사람의 후생을 증가시키는 파레토개선이 불가능하다. 이러한 의미에서 (ii)와 (iii)의 배분상태는 효율적이라고 볼 수 있다. 이처럼 적어도 어느 한 사람의 후생을 감소시키지 않고서는 어떠한 사람의 후생도 증가시키는 것이 불가능한 상태를 **파레토 효율적**(Pareto efficient)이라고 한다.

2. 경제적 자원의 효율적 활용

후생경제학의 주된 관심사는 무수히 많은 실현 가능한 배분 중에서 과연 어떠한 것이 가장 높은 사회후생을 가져다주는지를 규명하는 것이다. 이러한 '바람직한 배분'을 찾기 위한 **필요조건**이 바로 자원배분과 관련되는 **파레토 효율성**의 기준이다. 앞에서 설명한 일반경쟁균형과 파레토 효율성이 직접적으로 관련을 맺고 있기 때문에 본 절의 내용은 제17장의 내용과 다소 중복될 수 있다.

2.1 생산의 효율성

(1) 생산의 효율성 조건

우리가 분석대상으로 삼고 있는 경제체제에서는 노동(L)과 자본(K)을 투입하여 두 상품 X재와 Y재를 생산한다고 가정한다. [그림 18-1]에는 생산의 에지워스상자가 그려져 있으며, 횡축은 노동의 부존량을 나타내고 종축은 자본의 부존량을 나타내고 있다. O_X를 기준으로 X재에 대한 등량곡선들이 그려져 있고, O_Y를 기준으로 Y재에 대한 등량곡선들이 그려져 있다. 이 상자 안의 어떠한 생산요소의 결합도 **실현가능배분**(feasible allocation)이다.

그림에서 보면 I점에서의 생산요소에 대한 배분은 비효율적임을 알 수 있다. 이 점을 지나는 두 등량곡선 Q_{X0}와 Q_{Y0}로 그려지는 음영으로 표시된 영역 안에 있는 어떤 점을 선택하더라도 X재와 Y재의 생산량이 모두 증가하기 때문이다. 예컨대 β점을 지나는 두 등량곡선은 I점을 지나는 각각의 등량곡선에 비해 더 많은 X재와 Y재의 생산수준을 나타나고 있다. 그러나 일단 β점의 배분상태에 도달하고 나면 파레토개선이 불가능하다. 어느 한 상품의 생산을 증가시키려고 하면 반드시 다른 상품의 생산을 감소시켜야 하기 때문이다. 이러한 의미에서 β점에 해당하는 생산요소의 배분은 파레토 효율적이다.

그림에서 볼 수 있는 것처럼 **생산의 효율성**(production efficiency)이 달성

[그림 18-1] 생산의 효율성

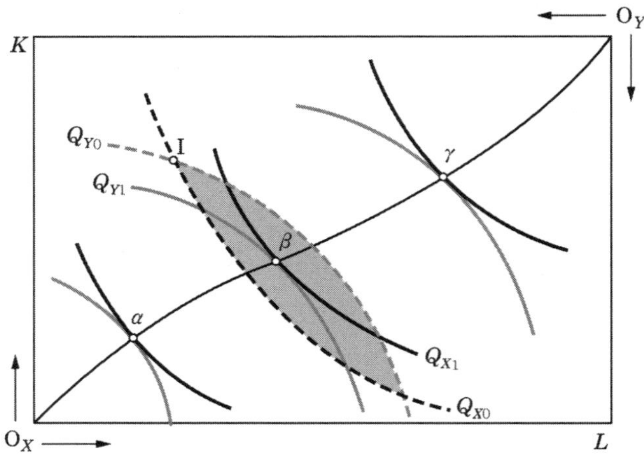

되면 두 등량곡선이 접하게 되는데, 이러한 상태가 β점에서만 나타나는 것이 아니다. 두 개의 등량곡선이 접하고 있어 한계기술대체율($MRTS_{L,K}$)이 서로 일치하는 모든 점에서 파레토 효율적 배분이 달성된다. 이렇게 두 등량곡선이 접하는 점들의 집합을 나타내는 **계약곡선**(contract curve) 위에서는 다음과 같은 조건이 성립된다.

(18. 1) $MRTS^X_{L,K} = MRTS^Y_{L,K}$

지금 살펴본 것처럼 계약곡선은 효율적인 생산요소의 배분을 나타내는 점들의 집합이다. 따라서 계약곡선 위의 각 점들은 주어진 생산요소에 의해 생산 가능한 최대한의 X재와 Y재의 조합을 나타내고 있다고 볼 수 있다.

(2) 생산경제의 계약곡선과 생산가능곡선

앞에서 설명한 것처럼 생산의 효율성 조건을 충족할 때 한계기술대체율이 서로 일치하게 되는데, 이 조건을 충족하는 점은 무수히 많다. 그렇다면 [그림 18-1]에 나타나 있는 것처럼 계약곡선 위의 β점에서 다른 한 점 γ로 이동한다는 것이 무엇을 의미하는 것일까? 이러한 이동은 O_X로부터 멀어지는 것을 나

[그림 18-2] 생산가능곡선

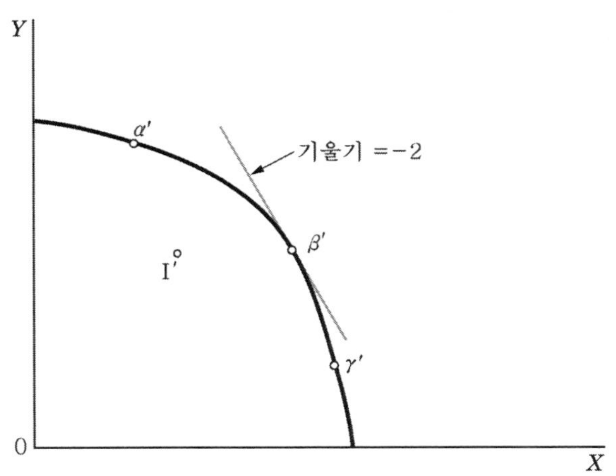

타내므로 X재의 생산량이 증가하는 반면에 Y재의 생산량은 감소하는 것을 의미한다. 또한 계약 곡선 위의 β점에서 α점으로 이동하는 것은 Y재의 생산량이 증가하는 반면에 X재의 생산량은 감소하는 것을 의미한다. 이것은 생산의 효율성 조건을 충족하면서 한 상품의 생산량을 증가시키려면 반드시 다른 한 상품의 생산량은 감소해야 한다는 것을 보여주는 것이다.

지금까지 살펴본 계약곡선 위의 상품의 조합들을 $X-Y$의 평면으로 옮겨 그린 것이 **생산가능곡선**(product possibility curve)이다.[1] 계약곡선 위의 α, β, γ점은 생산가능곡선 위에서 α', β', γ'점으로 대응되어 나타나 있다. 따라서 생산가능곡선 위에 있는 모든 점들은 계약곡선 위의 모든 점들과 마찬가지로 생산의 효율성 조건을 충족하게 된다. 반면에 I점은 계약곡선 위에 있지 않기 때문에 이 점에 대응되는 I'점은 생산가능곡선 안에 위치하게 된다.

(3) 한계생산변환율

생산가능곡선은 일반적으로 원점에 대해 오목한 모양을 갖는다. 이는 **한계생산변환율체증의 법칙**이 성립하는 것을 의미한다. **한계생산변환율**(marginal rate of product transformation; MPT)이란 [그림 18-2]에서 보는 것처럼 생산가능곡선 위의 한 점에서 그은 접선의 기울기로서 다음과 같이 나타낼 수 있다.

1) 제9장의 생산변환곡선과 동일한 개념이다.

$$(18.\ 2)\quad MPT_{X,Y} = -\frac{\Delta Y}{\Delta X} = -\lim_{\Delta X \to 0}\frac{\Delta Y}{\Delta X} = -\frac{dY}{dX}$$

식 (18. 2)에 의하면 한계생산변환율은 X재 1단위를 추가적으로 생산하기 위해 포기해야 하는 Y재의 양을 의미한다. 한계생산변화율이 -2라면 X재 1단위를 추가적으로 생산하기 위해 Y재 생산량을 2단위 줄여야 하는 것을 의미한다. 이렇게 볼 때 한계생산변환율은 Y재로 측정한 X재 생산의 기회비용(opportunity cost)이다. 한계생산변환율체증의 법칙이 성립하는 것은 X재의 생산량이 증가하면서 X재의 생산에 따른 기회비용이 점점 증가하는 것을 의미한다.

[연습문제 18.1]

> X재를 생산하는 기업 A의 생산함수는 $Q_X = 0.4\sqrt{L_X K_X}$이고, Y재를 생산하는 기업 B의 생산함수는 $Q_Y = 0.2\sqrt{L_Y K_Y}$이다. 노동(L)과 자본(K)의 초기부존은 $L = 200$, $K = 100$이다. 이 경제의 생산가능곡선의 형태는? 단, 생산요소의 가격은 일정한 수준으로 주어져 있다.

2.2 교환의 효율성

(1) 교환의 효율성 조건

생산가능곡선 위의 어떤 한 점에서 생산이 이루어지면 여기서 생산된 상품들은 교환을 통하여 소비자들에게 배분된다. 이 상품의 조합을 두 소비자 A와 B 사이에 어떻게 배분해야 **교환의 효율성**(exchange efficiency)이 이루어질까? [그림 18-2]에 나타난 생산가능곡선 위의 한 점 β'에서 생산이 이루어졌을 때 교환의 효율성이 달성되는 과정을 살펴보기로 하자.

β'점에서 생산이 이루어졌다는 것은 [그림 18-3]에서 보는 것처럼 X재와 Y재가 각각 X_T와 Y_T만큼 생산된 것을 의미한다. 이와 같은 두 상품의 생산량이 주어지면 소비자들이 소비 가능한 영역은 그림에서 사각형 $OY_T\beta' X_T$로 주

[그림 18-3] 교환의 효율성

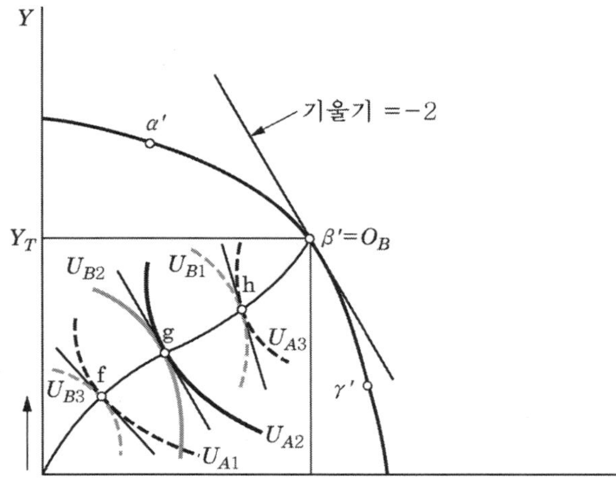

어지게 된다. 즉, 이 사각형은 순수교환경제에서의 에지워스상자와 같은 역할을 하게 된다. 이러한 에지워스상자가 주어지면 제17장 제2절에서 설명한 것과 똑같은 과정을 반복함으로써 교환의 효율성 조건을 충족하는 계약곡선을 구할 수 있다. 계약곡선상에서는 두 개의 무차별곡선이 서로 접하기 때문에 다음과 같은 조건이 성립된다.

$$(18.\ 3)\quad MRS^{A}_{X,Y} = MRS^{B}_{X,Y}$$

지금 살펴본 것처럼 계약곡선은 교환의 효율성을 달성하는 점들의 집합이다. 따라서 계약곡선 위의 각 점들은 주어진 상품의 조합에서 두 사람이 얻을 수 있는 최대한의 효용수준의 조합을 나타내고 있다고 볼 수 있다.

(2) 교환경제의 계약곡선과 효용가능곡선

생산의 효율성을 만족시키는 계약곡선으로부터 생산가능곡선을 도출하는 방법과 비슷하게 교환의 효율성을 만족시키는 계약곡선으로부터 효용가능곡선을 도출할 수 있다. 먼저 [그림 18-3]에서 파레토 효율적인 배분 상태를 나타내는 f, g, h점의 성격에 대해 살펴보자. f점에서 g점으로, g점에서 h점으로 이동하면 소비자 A의 무차별곡선은 O_A에서 점점 멀어지는 반면에 소비자 B의 무

[그림 18-4] 효용가능곡선

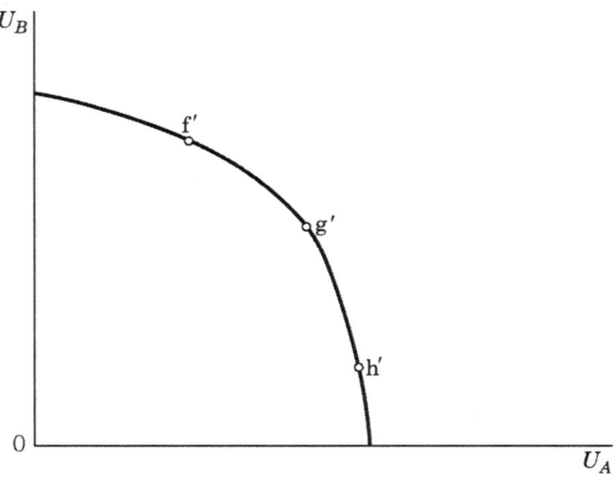

차별곡선은 O_B에 점점 가까워지고 있다. 이것은 A의 효용수준(U_A) 증가하면서 B의 효용수준(U_B)는 감소하는 것을 보여주는 것이다. 이와 같은 계약곡선상에 나타나 있는 효용수준의 조합들을 $U_A - U_B$의 평면으로 옮겨 나타낸 것이 **효용가능성곡선**(utility possibility curve)이다. 계약곡선상의 f, g, h점은 효용가능곡선에서 f', g', h'점으로 대응되어 나타나 있다. 이렇게 볼 때 효용가능곡선 위의 모든 점에서도 교환의 효율성 조건을 충족하게 된다고 볼 수 있다.

그런데 우리가 알아두어야 할 것은 [그림 18-2]에 나타난 생산가능곡선 위의 한 점에 해당하는 β'점에서 생산이 이루어졌다는 것을 전제로 효용가능곡선이 도출되었다는 점이다. 만일 생산가능곡선 위의 다른 점, 예컨대 α'점에서 생산이 이루어진다면 지금과는 다른 모양의 효용가능곡선이 도출될 것이다.

2.3 생산과 교환의 종합적 효율성

생산가능곡선 위의 한 점에서 생산이 이루어지고, 여기에서 결정된 상품조합을 두 사람의 무차별곡선이 서로 접하는 계약곡선상의 한 점으로 배분하면 교환의 효율성을 달성할 수 있다는 것을 이미 알고 있다. 그렇다면 교환의 효율성을 달성하는 계약곡선상의 모든 점에서 생산의 효율성까지도 충족하는 것일까?

물론 그런 것은 아니다.

[그림 18-3]에서 나타나 있는 것처럼 β'점에서 생산이 이루어지고 f점에서 소비가 이루어진다고 하자. β'점에서의 한계생산변환율이 $MPT_{X,Y}=-2$인데 f점에서 두 사람의 한계대체율이 $MRS^A_{X,Y}=MRS^B_{X,Y}=-1$이라면 생산과 교환을 동시에 고려한 파레토효율성이 달성되지 못한다. β'점에서 한계생산변환율이 -2라는 것은 그 점에서 X재의 생산을 1단위 줄이면 Y재의 생산은 2단위 증가하게 된다는 것을 의미한다. 반면에 f점에서 한계대체율이 -1이라는 것은 소비자들이 X재 소비를 1단위 줄이는 대신에 Y재 소비를 1단위 늘리면 효용수준에 아무런 변화가 없다는 뜻이다.

그림의 β'점에서 이동하여 X재의 생산을 1단위 줄이고, 그 대신 Y재의 생산을 2단위 늘린다고 하자. 다음에는 소비자 A로 하여금 X재의 소비를 1단위 줄이도록 하고, 그 대신 Y재의 소비를 1단위 증가시키도록 해보자. 소비자 A의 한계대체율이 -1인 경우를 가정하였으므로 이러한 변화를 주더라도 A의 효용수준에 아무런 변화가 없을 것이다. 물론 소비자 B에게는 두 상품의 소비구성에 어떠한 변화도 주지 않았기 때문에 B의 효용수준에도 아무런 변화가 없다.

이제 남아 있는 Y재 1단위를 A와 B에게 나누어준다고 하자. 당연히 두 사람 모두에게 이득이 되는 배분상태로 옮겨갈 수 있다. 즉, $MPT_{X,Y}>MRS_{X,Y}$인 경우에는[2] X재의 생산을 줄이고 Y재의 생산을 늘려서 두 사람에게 재분배라면 모두의 효용을 증가시킬 수 있다. 지금과는 반대로 만일 h점과 같이 $MPT_{X,Y}<MRS_{X,Y}$이라면 Y재의 생산을 줄이고 X재의 생산을 늘려서 두 사람에게 재분배하면 모두의 효용을 증가시킬 수 있다. 이렇게 볼 때 f나 h점에서처럼 한계대체율($MRS_{X,Y}$)이 한계생산변환율($MPT_{X,Y}$)과 일치하지 않는 점에서의 배분은 교환의 효율성만 가져다 줄 뿐 생산까지 동시에 고려한 효율성까지 달성되지 못하다는 사실을 알 수 있다. 결국 식 (18. 4)에서 보는 것처럼 한계생산변환율과 한계대체율이 서로 일치할 때 생산과 교환의 효율성이 동시에 달성될 수 있다.

2) $MPT_{X,Y}$와 $MRS_{X,Y}$의 절대값으로 이것들의 크기를 비교하고 있다.

$$(18.\ 4)\qquad MRS^A_{X,Y} = MRS^B_{X,Y} = MPT_{X,Y}$$

[그림 18-3]에서 보면 한계생산변환율과 한계대체율이 서로 일치하는 곳이 g점으로 나타나 있다. 따라서 g점에서는 생산과 교환의 효율성이 동시에 달성될 수 있는 것이다.

[연습문제 18.2]

한계생산변환율이 $MPT_{X,Y} = -1$인데 A, B 두 사람의 한계대체율이 $MRS^A_{X,Y} = MRS^B_{X,Y} = -2$이라면 생산과 교환을 동시에 고려한 파레토효율성을 달성하려면 자원배분이 어떻게 이루어져야 하는가?

2.4 효용가능경계

[그림 18-2]에 나타난 생산가능곡선 위의 β'점이 주어졌다는 것을 전제로 교환의 효율성이 달성되는 계약곡선을 도출하였으며, 이것을 이용하여 [그림 18-4]의 효용가능곡선을 구하였다. 만일 α'나 γ'점에서 생산이 이루어진다면 [그림 18-5]에서 보는 것처럼 각기 다른 효용가능곡선을 구할 수 있다. 생산가능곡선 위의 어느 점에서 생산이 이루어지느냐에 따라서 무수히 많은 효용가능곡선이 도출될 수 있는 것이다. 이렇게 구해지는 각 효용가능곡선 위의 점들 중에서 식 (18. 1)의 생산의 효율성, 식 (18. 3)의 교환의 효율성, 그리고 식 (18. 4)의 생산과 교환의 종합적 효율성 조건을 모두 충족하는 점들을 연결하면 **효용가능경계**(utility possibility frontier; *UPF*)를 얻을 수 있다.

효용가능경계는 한 경제에 존재하는 경제적 자원을 가장 효율적으로 배분했을 때 두 사람이 얻을 수 있는 최대한의 효용수준의 조합들이다.

[그림 18-5]의 효용가능경계 위의 있는 g', m', n'점에서는 식 (18. 1)과 (18. 3), 그리고 식 (18. 4)의 조건을 모두 충족하고 있다. 반면에 f'점이나 h'점은 식 (18. 1)과 (18. 3)의 조건을 충족하지만 식 (18. 4)의 조건을 충족하

[그림 18-5] 효용가능경계

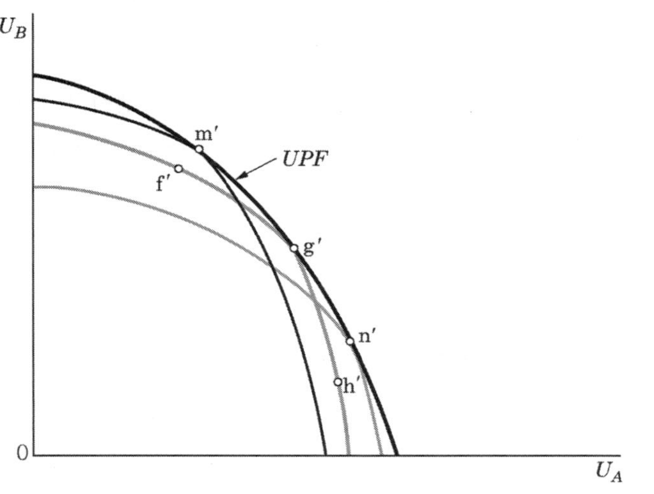

지 못하여 효용가능경계 안쪽에 위치하게 된다.[3] 이렇게 볼 때 효용가능경계는 한 경제에 존재하는 경제적 자원을 가장 효율적으로 배분했을 때 두 사람이 얻을 수 있는 최대한의 효용수준의 조합들로 정의할 수 있다. 이러한 효용가능경계를 **대효용가능곡선**(grand utility possibility curve) 또는 **종합효용가능곡선**(overall utility possibility curve)이라고도 한다.

3. 완전경쟁과 자원배분의 효율성

우리는 완전경쟁시장에서 경제적 자원이 가장 효율적으로 배분될 수 있다는 점을 제9장에서 확인한 바 있다. 이제는 자원배분의 효율성과 관련된 세 가지 조건, 즉 생산의 효율성과 교환의 효율성, 그리고 생산과 교환의 종합적 효율성 조건이 완전경쟁시장에서는 자동적으로 충족되고 있음을 보이고자 한다.

이윤극대화를 추구하는 기업은 주어진 산출량을 최소의 비용으로 생산할 수 있는 조건, 즉 $MRTS_{L,K}=w/v$가 유지되도록 생산요소를 투입한다. 여기서 w

3) [그림 18-3]에서 볼 수 있듯이 한계생산변환율과 한계대체율이 일치하지 않는 f점과 h점이 [그림 18-5]의 효용가능곡선 내부의 f'점과 h'점으로 나타나 있다.

는 노동의 가격, v는 자본의 가격이다. 완전경쟁시장에서는 모든 기업이 똑같은 가격을 지불하고 각 생산요소를 구입하게 된다. 따라서 X재를 생산하는 경쟁기업은 $MRTS^X_{L,K}=w/v$, Y재를 생산하는 기업은 $MRTS^Y_{L,K}=w/v$가 유지되도록 생산요소를 배분할 것이다. 결과적으로 완전경쟁시장에서는 생산의 효율성을 달성하기 위한 식 (18. 1)의 조건이 자동적으로 충족된다.

$$(18.\ 1)\quad MRTS^X_{L,K}=MRTS^Y_{L,K}$$

다음으로 완전경쟁시장이 교환의 효율성 조건을 어떻게 충족시키는지 살펴보기로 하자. 효용극대화를 추구하는 소비자는 $MRS_{X,Y}=P_X/P_Y$의 조건이 충족되도록 X재와 Y재를 소비한다. 여기서 P_X는 X재의 시장가격, P_Y는 Y재의 시장가격이다. 완전경쟁시장에서 소비자들은 각 상품에 대해 서로 똑같은 가격을 지불하므로, 소비자 A는 $MRS^A_{X,Y}=P_X/P_Y$, B는 $MRS^B_{X,Y}=P_X/P_Y$가 되도록 X재와 Y재의 소비량을 결정할 것이다. 따라서 교환의 효율성을 달성하기 위한 조건을 나타내는 식 (18. 3)이 완전경쟁시장에서는 자동적으로 충족된다.

$$(18.\ 3)\quad MRS^A_{X,Y}=MRS^B_{X,Y}$$

마지막으로 완전경쟁시장에서는 종합적 효율성 조건도 자동적으로 달성하고 있음을 알 수 있다. 생산가능곡선의 기울기를 나타내는 한계생산변환율 $MPT_{X,Y}$는 앞 장의 식 (17. 8)에서 보는 것처럼 X재와 Y재의 한계비용 사이의 비율 (MC_X/MC_Y)로 나타낼 수 있다.

$$(17.\ 8)'\quad MPT_{X,Y}=\frac{MC_X}{MC_Y}$$

그런데 완전경쟁시장에서는 상품의 가격과 한계비용이 같아지기 때문에 식 (17. 8)″의 관계가 성립한다.

(17. 8)″ $\frac{P_X}{P_Y} = \frac{MC_X}{MC_Y}$

한편, 효용극대화를 추구하는 소비자들은 항상 $MRS^A_{X,Y} = P_X/P_Y = MRS^B_{X,Y}$의 조건을 만족시키면서 소비를 하기 때문에 식 (17. 8)′과 (17. 8)″을 함께 고려하면 완전경쟁시장에서는 생산과 교환의 종합적 효율성을 달성하는 다음 식이 자동적으로 충족된다는 것을 알 수 있다.

(18. 4) $MRS^A_{X,Y} = MRS^B_{X,Y} = MPT_{X,Y}$

이상에서 살펴본 것처럼 완전경쟁시장에서는 생산의 효율성, 교환의 효율성, 그리고 생산과 교환의 종합적 효율성 조건이 자동적으로 충족되고 있음을 알 수 있다. 다만 이 세 가지 조건을 충족하는 상황이 유일하게 결정되지 않는다는 점을 분명히 알아야 한다. 생산가능곡선 위의 어느 점에서 교환이 이루어지느냐에 따라 그러한 조건을 충족하는 점이 다수 존재할 수 있다.

[연습문제 18.3]

두 상품에 대한 생산가능곡선이 $X^2 + Y^2 = 500$이다. 소비자들이 X재 2단위와 Y재 1단위를 항상 묶어서 소비할 때 효율적 배분을 나타내는 X재와 Y재의 산출량 수준과 이때 상대가격 P_X/P_Y의 크기는?

4. 일반균형과 경제적 효율성

경제가 일반경쟁균형 상태에 있다면 모든 경제적 자원이 효율적으로 배분되는 것일까? 거꾸로 모든 경제적 자원이 효율적으로 배분된다면 일반경쟁균형이 성립되는 것일까? 이 절에서는 후생경제학의 제1정리와 제2정리를 통하여 이들에 대한 해답을 찾아보기로 한다.

4.1 후생경제학의 제1정리

제17장에서 살펴본 바와 같이 모든 시장이 완전경쟁적일 때 교환경제의 일반경쟁균형이 성립되기 위한 조건은 (17. 3) $MRS^A_{X,Y} = P_X/P_Y = MRS^B_{X,Y}$이고, 생산경제의 일반균형이 성립되기 위한 조건은 (17. 5) $MRTS^X_{L,K} = w/v = MRTS^Y_{L,K}$이다. 또한 생산과 교환경제가 동시에 균형이 달성되기 위한 조건은 (17. 9) $MRS^A_{X,Y} = MRS^B_{X,Y} = MPT_{X,Y}$이다. 이러한 일반경쟁균형 조건들이 성립하면 이 상태에서의 자원배분은 앞에서 살펴본 세 가지 효율성 조건을 반드시 충족하게 된다는 것이 **후생경제학의 제1정리**(the first theorem of welfare economics)이다.

(18. 1)′ 생산의 효율성 : $MRTS^X_{L,K} = MRTS^Y_{L,K}$

(18. 3)′ 교환의 효율성 : $MRS^A_{X,Y} = MRS^B_{X,Y}$

(18. 4)′ 생산과 교환의 종합적 효율성 : $MRS^A_{X,Y} = MRS^B_{X,Y} = MPT_{X,Y}$

즉, 경제가 일반경쟁균형 상태에 있다면 이때의 자원배분은 반드시 파레토 효율적이라는 것이 후생경제학의 제1정리의 내용이다. 모든 시장이 완전히 경쟁적인 상황에서[4] 개별 경제주체들이 각자의 이익과 부합되는 방향으로 행동하는 결과 도달하게 되는 일반경쟁균형 상태에서 자원배분이 가장 효율적이라는 의미이다.

> **후생경제학의 제1정리** : 모든 시장이 완전경쟁적이면 일반경쟁균형의 배분은 파레토 효율적이다.

일반경쟁균형이 자원배분의 효율성 측면에서 바람직한 결과를 가져온다는 것은 **애덤 스미스**(A. Smith)가 말하는 **보이지 않는 손**(invisible hand)의 역할

4) 완전경쟁시장에서는 어떠한 경제계획이나 감독도 없고 외부성(externalities)과 같은 시장의 왜곡요인이 존재하지 않는다.

로 설명할 수 있다. 그에 의하면 개인의 사사로운 이익을 추구하는 행위가 사회적으로도 최선이다. 소비자나 생산자는 그들의 행동이 사회 전체에 미치는 파급효과를 고려하지 않고 오직 자신의 이익만을 위해 행동하면 된다. 이러한 과정에서 서로의 이해관계가 충돌할 수도 있지만 시장의 힘은 각 경제주체의 상충하는 욕구를 조정하여 균형 상태에 도달하게 하고, 그 결과 개인의 이익과 사회 전체의 이익이 조화를 이루게 되는 것이다.

지금까지 살펴본 후생경제학의 제1정리는 다음 몇 가지의 한계를 갖고 있다. 불완전경쟁이 흔히 나타나고, 외부성의 문제가 상존하고 있는 현실에서 이 정리가 지니는 의미는 한계를 지닐 수밖에 없다. 또한 파레토 효율적 배분이 사회적으로 가장 바람직한 배분이 아닐 수 있다는 문제점도 있다. 일반경쟁균형 상태에서 실현되는 파레토 효율적인 배분은 효용가능경계 위에 존재하는 수많은 효율적 배분 중 하나이다. 경제가 효용가능경계 위에 놓이기만 하면 두 소비자 중 한 사람이 대부분의 상품을 소비하는 경우에도 **자원배분의 효율성 조건**이 충족된다. 그러나 한 사람이 대부분을 소비하고 다른 한 사람은 거의 소비하지 못하는 상황에서의 효율적 배분을 사회적으로 최선이라고 볼 수는 없다. 이처럼 후생경제학의 제1정리는 일반경쟁균형에 의해서 달성된 파레토 효율적인 배분이 얼마나 공평한 것인지에 대해서는 아무런 기준을 제시하지 못하고 있다.

4.2 후생경제학의 제2정리

후생경제학의 제1정리는 일반경쟁균형에 의해서 달성된 배분이 파레토 효율적이라는 것을 그 내용으로 하고 있다. 그런데 이러한 후생경제학의 제1정리의 역도 성립할 수 있을까? 어떤 파레토 효율적인 상황이 주어졌을 때 그 배분으로 하여금 일반경쟁균형이 되게 만드는 가격체계가 존재하는지의 여부를 물어보는 것이다. **후생경제학의 제2정리**(the second theorem of welfare economics)에 의하면 소비자들의 선호체계가 볼록성을 가질 때 파레토 효율적 배분은 일반경쟁균형이 된다.

> **후생경제학의 제2정리:** 소비자들의 선호체계가 볼록성을 가지면 파레토 효율적인 배분은 일반경쟁균형이 된다.

[그림 18-6] 후생경제학의 제2정리

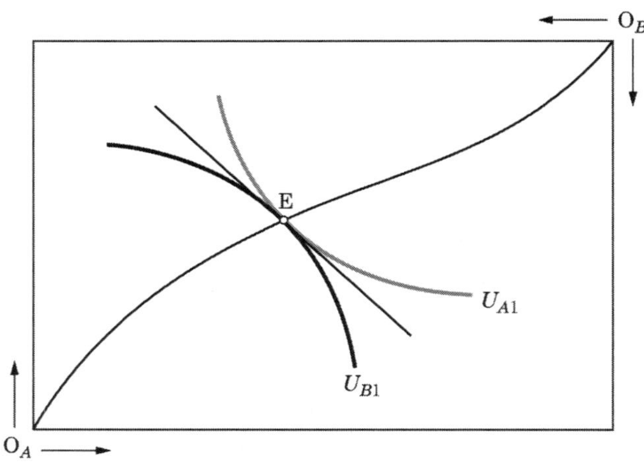

후생경제학의 제2정리의 의미를 그림을 통하여 살펴보기로 하자. [그림 18-6]의 E점에서는 두 사람의 무차별곡선이 서로 접하고 있어 파레토 효율성이 달성되고 있다. 만일 그러한 점을 통과하는 공통 접선의 기울기에 해당하는 가격체계가 주어진다면 E점으로 대표되는 배분은 일반경쟁균형이 된다. 이 가격체계에서 두 사람은 E점을 선택함으로써 효용을 극대화할 수 있기 때문이다. 이와 같이 임의의 파레토 효율적인 배분을 일반경쟁균형 상태가 되도록 만들어 주는 가격체계가 존재한다는 것이 후생경제학의 제2정리의 의미이다. 일반경쟁균형은 E점에서 뿐만 아니라 계약곡선 O_AO_B 위의 어떠한 파레토 효율적 배분에서도 달성될 수 있다.

그러나 지금 본 것처럼 효율적 자원배분이 항상 일반경쟁균형이 되는 것은 아니다. [그림 18-7]의 E점에서 보면 두 개의 무차별곡선이 서로 접하고 있어서 파레토 효율적 배분이 이루어지고 있지만, 일반경쟁균형 상태가 되도록 만들어 주는 가격체계는 존재하지 않는다. E점을 통과하는 공통 접선의 기울기에 해당하는 가격체계가 주어지면 A는 E점을 선택하겠지만, B는 F점을 선택할 것이다.[5] 따라서 E점이 균형상태가 될 수 없는 것이다. 이러한 결과가 나타나게 되는 것은 B의 무차별곡선이 원점에 대해 볼록하지 않기 때문이다. 후생경제학의

5) 소비자 B가 E점을 선택하면 U_{B1}의 효용수준을 얻게 되지만, F점을 선택하면 E점보다 더 높은 U_{B2}의 효용수준을 얻게 된다.

[그림 18-7] 비볼록(non-convex) 선호와 후생경제학의 제2정리

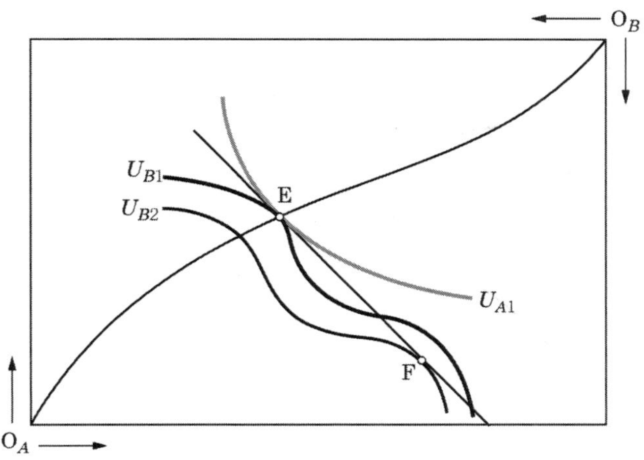

제2정리가 성립되기 위해서는 모든 소비자의 선호체계가 **볼록성**(convexity)을 가져야 한다.

지금 살펴본 후생경제학의 제2정리가 성립한다는 것은 모든 사람의 선호체계가 블록성을 가질 때 어떠한 파레토 효율적인 배분도 가격체계에 의해 달성될 수 있다는 것을 의미하는데, 이는 분배와 효율성의 문제가 서로 분리될 수 있다는 점을 시사하고 있다. 즉, 이 정리에 의하면 소득 불평등을 개선하기 위해 초기부존자원을 적절히 재분배하고, 그 이후의 자원배분은 가격기구에 맡기면 된다는 것을 암시하는 것이다. 재분배를 위한 정책은 정액세(lump-sum tax) 부과와 현금보조(cash transfer)에 국한시켜야지 가격체계에 개입하는 정책은 바람직하지 않다.

[그림 18-8]에서 보는 것처럼 초기부존자원이 *I*점으로 주어져 있다고 하자. 이와 같은 초기부존자원이 주어지면 시장기능에 의해 *F*점으로 이동하여 파레토 효율적인 배분을 달성하게 된다. 그림에서 보면 *F*점을 통과하는 공통 접선의 기울기에 해당하는 가격체계가 주어져 있기 때문에 *F*점에서의 배분은 일반경쟁균형이 된다.

그러나 *F*점에서 보면 *A*가 경제 내에 존재하는 두 상품의 대부분을 소비하는 반면에 *B*는 매우 적은 양만 소비하는 매우 불평등한 소득분배 상태이다. 만일 정부가 이와 같은 배분이 바람직하지 않다고 판단하여 보다 공평한 배분, 예

[그림 18-8] 후생경제학의 제2정리와 재분배정책

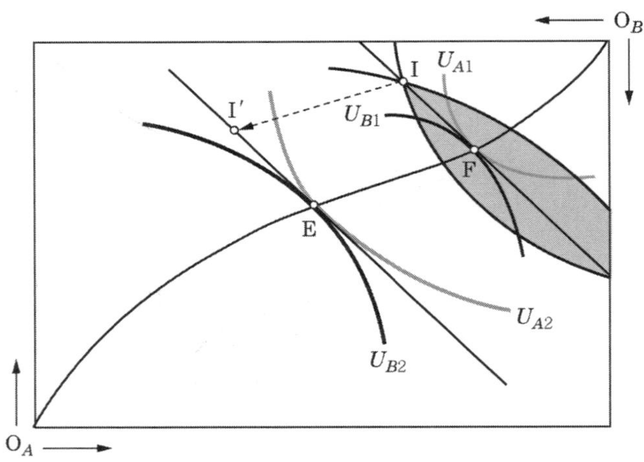

컨대 E점을 실현시키려고 한다고 하자. 이 때 우리는 후생경제학의 제2정리가 암시하는 것처럼 A에게 정액세를 부과하여 이것을 B에게 이전시키고, 모든 거래는 시장에 맡겨두는 방안을 생각해 볼 수 있다. 정액세 부과로 A의 명목소득이 감소하면 그가 직면하는 예산선은 기울기를 그대로 유지한 채 O_A의 방향으로 이동하게 된다. 그림에서의 초기부존자원인 I점에서 I'점으로의 이동이 바로 이러한 재분배를 의미한다. 일단 재분배를 실시한 이후에는 시장기구에 맡겨두면 각 개인은 공통 접선의 기울기에 해당하는 가격체계에 따라 재분배된 상품을 서로 교환함으로써 최종적으로 E점에 도달하게 된다.

이상에서 살펴본 바와 같이 후생경제학의 제2정리가 지니는 정책적 함의는 초기부존자원이 불공평할 때 이를 좀더 공평한 상태로 이동시킬 수 있는 **재분배가 실현가능**하다는 것이다. 재분배를 목적으로 정부가 개입할 때는 현금이전에 국한하고, 나머지는 시장 기능에 맡겨두어 스스로 효율적인 배분 상태로 옮겨갈 수 있도록 해야 한다. 가격체계에 대한 개입은 가격기능을 교란시켜 비효율을 유발하기 때문이다.

5. 사회후생함수

효용가능경계는 모든 효율성 조건을 만족하는 점들로 이루어져 있지만, 각 점들이 사회적으로 똑같이 '가장 바람직한 것'은 아니다. 이러한 의미에서 본다면 일반경쟁균형은 바람직한 사회후생수준을 달성하기 위한 **필요조건**에 불과할 뿐 결코 충분조건이 아니라는 것을 알 수 있다. 사회적인 관점에서 가장 바람직한 배분을 찾기 위해서는 효율성 이외에 또 다른 하나의 평가기준이 필요하다. 이를 위해 우리는 개인의 선호를 사회선호(social preference)로 바꾸어 주는 사회후생함수를 사용하게 되는데, 이 과정에는 사회적 가치판단(value-judgement)이 반영된다.

5.1 사회후생함수의 성격

사회후생함수(social welfare function; SW)는 사회구성원들의 개인선호를 집계(aggregate)하여 사회선호로 나타내주는 함수를 의미한다. A, B 두 사람만 존재하고 두 사람의 효용수준이 각각 U_A와 U_B로 주어져 있을 때 사회후생함수는 다음과 같이 나타낼 수 있다.

$$(18.\ 10)\quad SW = f(U_A,\ U_B)$$

개인의 선호를 사회선호로 나타내는 데에는 여러 가지 방법이 있을 수 있으며, 그것은 각 개인의 효용에 대한 사회적 가치판단에 따라 달라진다. 따라서 사회후생함수는 다양할 수밖에 없다. 경제이론에서 주로 논의되는 사회후생함수는 공리주의적 가치판단, 롤즈적 가치판단 그리고 평등주의적 가치판단을 반영한 것이다. 사회후생함수가 주어지면 제2장에서 소비자의 효용함수로부터 무차별곡선을 도출한 것처럼 **사회무차별곡선**(social indifference curve; SIC)을 도출할 수 있다. 사회후생함수가 내포하고 있는 가치판단의 성격이 사회무차별곡선에 반영되기 때문에 이 곡선은 여러 가지 모양을 갖게 된다.

사회후생함수는 사회구성원들의 개인선호를 집계하여 사회선호로 나타내주는 함수이다.

5.2 사회후생함수와 사회무차별곡선

(1) 공리주의적 사회후생함수

벤담(J. Bentham)의 **공리주의적**(utilitarian) **가치판단**을 반영하는 사회후생함수에 의하면 사회후생은 사회구성원들의 효용수준을 단순히 합계한 것으로 정의된다. 분석의 편의상 경제 내에 두 사람만이 존재한다고 가정하면 식 (18. 11)에서 보는 것처럼 이들의 효용수준 U_A와 U_B를 단순히 더하면 사회후생이 구해진다.

(18. 11) $SW = U_A + U_B$

공리주의적 가치판단에 의하면 사회후생은 두 사람 사이에 효용이 어떻게 분배되어졌는가에 전혀 영향을 받지 않는다. 오로지 개인 효용수준의 합계에 의해서 사회후생이 결정되는 것이 공리주의적 사회후생함수의 특징이다.[6]

공리주의적 가치판단을 반영하는 사회후생함수는 [그림 18-9]에서 보는 것처럼 −1의 기울기를 갖는 사회무차별곡선(SIC)으로 나타낼 수 있다.[7] 사회무차별곡선이 선형인 것은 저소득계층이나 고소득계층에게 동일한 **사회적 가중치**(weight)가 적용된다는 것을 의미한다.

(2) 롤즈적 사회후생함수

롤즈(J. Rawls)에 의하면 사회후생 수준은 사회구성원 중 가장 소득이 낮은

6) 공리주의에 의하면 개인의 효용수준을 기수적으로 측정할 수 있다.
7) 식 (18. 11)을 다시 정리하면 $U_B = SW - U_A$와 같다. 따라서 사회무차별곡선의 기울기는 −1이 된다.

[그림 18-9] 공리주의적 가치판단에 따른 사회무차별곡선

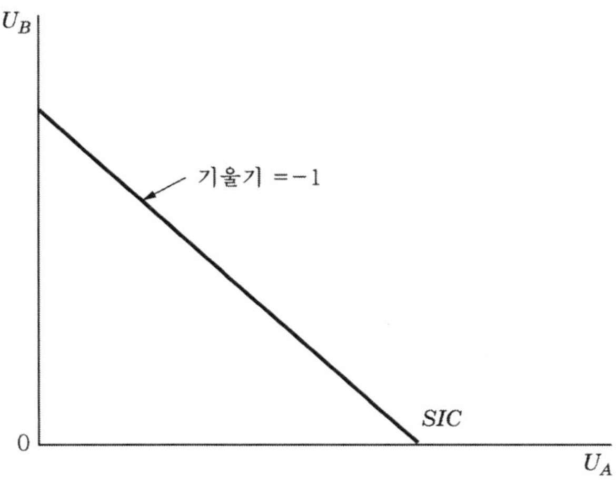

사람의 효용수준에 의해 결정된다. 따라서 소득이 가장 낮은 사람의 효용수준을 증가시키지 못하는 어떠한 분배정책도 사회후생을 증가시키지 못한다. 재분배정책은 가장 빈곤한 사람의 효용을 극대화시키는 방향으로 이루어져야 하므로 **최소극대화원칙**(maximin principle)이 적용된다고 볼 수 있다. 이러한 극단적인 평등주의적 가치판단을 반영하는 사회후생함수는 다음과 같이 나타낼 수 있다.

(18. 12) $SW = \min(U_A,\ U_B)$

롤즈적 사회후생함수에 따른 사회무차별곡선은 [그림 18-10]에서처럼 $U_A = U_B$인 45°선에서 굴절되는 L자 모양을 갖게 된다. 이것은 모든 사람의 효용수준이 똑같지 않다면 효용수준이 낮은 사람의 효용이 증가하지 않는 한 사회후생에는 변화가 없다는 사고를 반영하는 것이다. 사회무차별곡선이 이러한 모양을 갖는다면 α점과 β점에서의 사회후생 수준은 동일하다. β점에서 A의 효용수준이 2배 증가하였지만 B의 효용이 그대로 유지되고 있기 때문에 사회후생 수준이 이전과 동일하게 유지되는 것이다.

[그림 18-10] 롤즈적 가치판단에 따른 사회무차별곡선

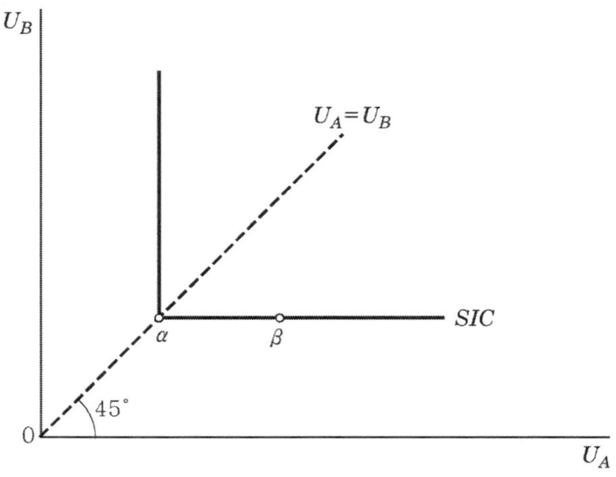

[연습문제 18.4]

경제 내에 X재가 4개만 존재하고 A와 B가 그것을 모두 소비할 때 각각의 총효용(U_A와 U_B)이 다음과 같다. 공리주의적 사회후생함수 또는 롤즈적 사회후생함수를 전제로 했을 때 A와 B는 X재를 얼마만큼씩 소비하는 것이 사회적으로 가장 바람직한가?

X재	0개	1개	2개	3개	4개
U_A	0	12	22	29	33
U_B	0	6	11	15	18

(3) 평등주의적 사회후생함수

앞에서 살펴본 것처럼 공리주의적 사회후생함수와 롤즈적 사회후생함수는 극단적인 가치판단을 반영하고 있다. 두 극단적인 형태의 중간에 해당하는 **평등주의적**(egalitarian) **가치판단**에 따르면 저소득계층의 효용은 고소득계층의 효용보다 사회적으로 더 중요한 의미를 갖는다. 즉, 효용수준이 높은 사람의 효용에는 낮은 가중치를 적용하는 반면에 효용수준이 낮은 사람의 효용에는 높은 가중치를 적용하여 사회후생을 평가하게 된다. 따라서 고소득계층의 소득 중 일부

[그림 18-11] 평등주의적 가치판단에 따른 사회무차별곡선

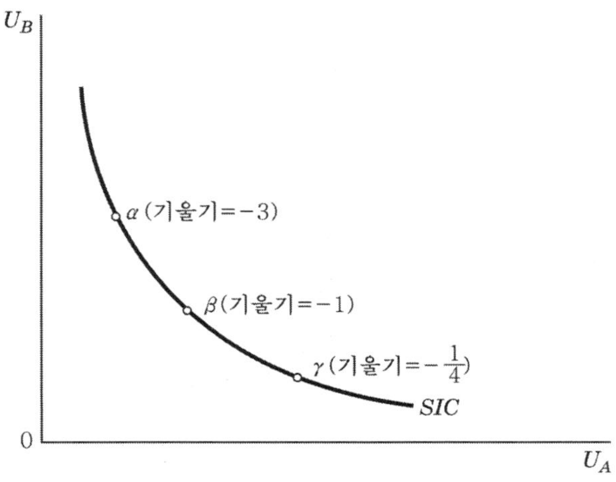

를 저소득계층에게 이전시키는 소득재분배정책이 정당화될 수 있다. 이러한 가치판단을 반영하는 평등주의적 사회후생함수는 다음과 같이 나타낼 수 있다.

(18. 13) $SW = U_A \cdot U_B$

평등주의적 사회후생함수는 앞에서 본 두 극단적인 사회무차별곡선의 중간에 해당하는 모양, 즉 원점에 볼록한 모양의 사회무차별곡선을 갖는다. [그림 18-11]을 보면 이 곡선을 따라 $\alpha \rightarrow \beta \rightarrow \gamma$점으로 이동하면서 기울기의 절대값이 3→1→1/4로 감소하고 있다. α점에서는 A의 한계효용 1단위가 B의 한계효용 1단위보다 3배의 중요성을 갖고 있지만, γ점으로 가면서 A의 한계효용 1단위가 갖는 상대적 중요성은 B의 한계효용 1단위의 1/4로 감소하게 된다. A의 효용수준이 점차적으로 높아지면서 그의 효용에 부여하는 사회적 중요성이 그만큼 낮아지기 때문이다. 평등주의적 경향이 강하면 강할수록 사회무차별곡선은 원점에 대해 더욱 볼록한 모양을 갖게 된다. 극단적인 평등주의적 가치판단이 적용되면 L자형의 사회무차별곡선이 될 것이다.

[그림 18-12] 사회후생의 극대화(Ⅰ)

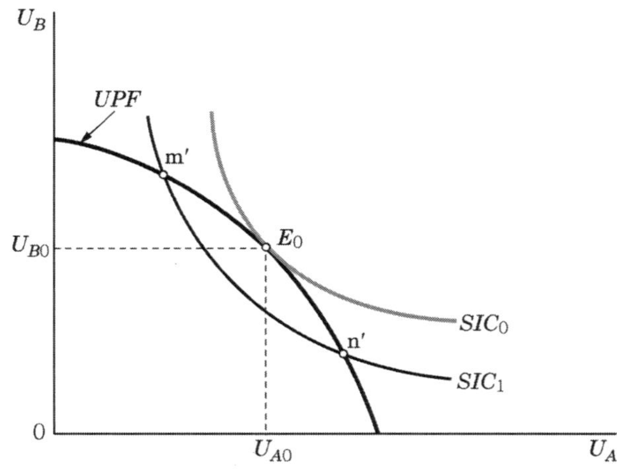

6. 사회후생의 극대화

6.1 사회적 최적선택

우리는 제2절에서 생산의 효율성, 교환의 효율성 그리고 생산과 교환의 종합적 효율성 조건 등을 모두 만족하는 상태를 나타내는 **효용가능경계**를 도출한 바 있다. 사회적인 관점에서의 최적선택은 이러한 효용가능경계 위의 여러 점들 중에서 사회후생을 극대화하는 점을 찾는 것이다. 사회후생은 사회후생함수에 의해 결정되므로, 이것을 이용하여 사회적으로 가장 바람직한 상태를 찾아낼 수 있다.

[그림 18-12]에는 효용가능경계(*UPF*)와 평등주의적 가치판단을 반영하는 사회무차별곡선(*SIC*)이 그려져 있다. 여기서는 *UPF*와 SIC_0가 서로 접하는 E_0점에서 사회후생수준이 극대화되고 있다. 즉, A는 U_{A0}의 효용수준, B는 U_{B0}의 효용수준을 유지하도록 경제적 자원이 배분된다면 사회후생 수준이 극대화되고 있음을 알 수 있다. 만일 효용가능경계의 다른 점인 m'이 n'에서는 효

[그림 18-13] 사회후생의 극대화(Ⅱ)

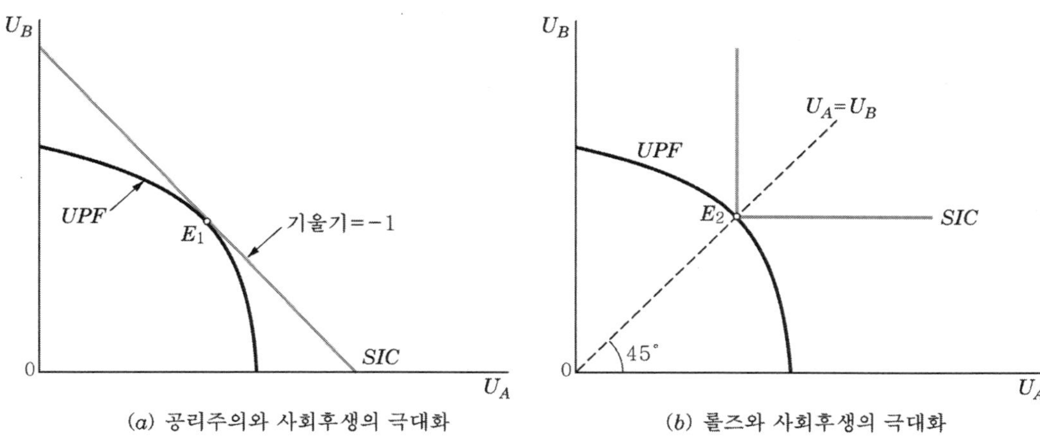

(*a*) 공리주의와 사회후생의 극대화

(*b*) 롤즈와 사회후생의 극대화

율적인 자원배분이 달성되기는 하지만 사회후생은 극대화되지 못한다. 그림을 보면 m'점이나 n'점이 위치하는 SIC_1이 SIC_0보다 안쪽에 위치하고 있다. 이것은 사회무차별곡선이 SIC_1으로 주어질 때 사회후생수준이 극대화되지 못한다는 것을 의미한다.

[그림 18-13] (*a*)에 나타나 있는 것처럼 공리주의적 가치판단을 반영하는 사회무차별곡선은 기울기가 −1인 직선이다. 따라서 이것이 효용가능경계의 접선 기울기와 일치하는 E_1점을 선택하면 사회후생이 극대화 된다. 한편, 롤즈적 가치판단을 반영하는 사회무차별곡선이 주어지면 그림 (*b*)에서 보는 것처럼 효용가능경계와 45^0의 직선이 만나는 E_2점에서 사회후생이 극대화된다.

지금까지의 설명을 통하여 우리는 소득분배에 대한 사회구성원들의 가치판단에 따라 사회적으로 가장 바람직한 배분상태가 달라진다는 점을 알 수 있다. 사회구성원들의 소득분배에 대한 가치판단에 따라 사회무차별곡선의 모양이 달라지기 때문이다.

[연습문제 18.5]

사회후생함수가 $SW = U_A + U_B$이고, 경제 내에 총소득은 $M = 200$만원이다. 소득에 대한 개인 A와 B의 한계효용함수 각각 $MU_A = 50 - 3M_A$, $MU_B = 20 - 2M_B$으로 주어져 있을 때 사회후생이 극대화하려면 A와 B에게 얼마만큼의 소득이 배분되어야 하는가?

[연습문제 18.6]

경제 내에 X재의 부존량이 600단위이고, 개인 A와 B의 효용함수가 각각 $U_A = \sqrt{2X_A}$, $U_B = \sqrt{X_B}$로 주어져 있다. 롤즈의 사회후생함수를 가정할 때 사회후생이 극대화된 상태에서의 효용의 크기는?

6.2 애로우의 불가능성 정리

앞에서 살펴본 것처럼 사회적으로 가장 바람직한 배분상태를 찾아내기 위해서는 반드시 사회후생함수가 존재하여야만 한다. 만일 사회구성원들의 개인선호를 집계(aggregate)하여 사회선호로 나타내주는 사회후생함수가 존재하지 않는다면 가장 바람직한 배분상태를 찾는다는 것은 불가능할 것이다. **애로우**(K. Arrow)에 의하면 개인의 선호를 사회선호로 통합시키기 위한 모든 조건들이 충족될 수 없기 때문에 민주적이고 합리적인 성격을 갖춘 사회후생함수가 현실적으로 존재하지 않는다. 그가 제시한 바람직한 조건들은 다음과 같다.

첫째, **완비성**(completeness)과 **이행성**(transitivity): 모든 사회적 상태 중에서 어떤 상태가 더 선호되는지 판단할 수 있어야 하며, 사회적 상태 a를 b보다 선호하고 사회적 상태 b를 c보다 선호하면 당연히 사회적 상태 a가 c보다 선호되어야 한다.

둘째, **파레토원칙**(Pareto principle): 모든 사회구성원들이 a를 b보다 선호하면 사회도 a를 b보다 선호해야 한다.

셋째, **독립성**(independence): 사회적 상태 a가 b보다 선호되면 a, b와 무관한 사회적 상태 c가 선택대상에 포함되어도 a와 b의 선호에 영향을 미치지 않아야 한다.

넷째, **비독재성**(non-dictatorship): 어느 한 사회구성원(독재자)의 선호가 사회전체의 선호를 좌우해서는 안된다.

애로우는 위의 첫 번째에서 세 번째 조건까지 만족시키는 선호체계는 반드시 네 번째의 비독재성 조건을 위반하게 된다는 것을 증명하였다. 이와 같이 첫 번째부터 네 번째 조건까지 모두 갖춘 합리적이고 민주적인 사회후생함수가 존재할 수 없다는 것이 **불가능성정리**(impossibility theorem)이다. 즉, 불가능성정리는 개인선호를 집계하여 사회선호로 나타낼 수 있는 민주적인 의사결정방법이 존재하지 않는다는 것을 의미한다.

> **불가능성정리**는 개인선호를 집계하여 사회선호로 나타낼 수 있는 민주적인 의사결정방법이 존재하지 않는다는 것을 의미한다.

불가능성정리의 의미를 이해하기 위하여 **다수결투표제도**(majority rule)를 활용하여 개인들의 선호를 집계하는 과정을 살펴보기로 하자.[8] 모든 구성원들의 선호를 민주적으로 통합하기 위한 수단으로 다수결투표제가 현실에서 많이 이용되고 있다. 〈표 18-2〉에는 A, B, C 세 명의 α, β, γ에 대한 선호가 나타나 있다. 여기서 α는 소규모 복지예산, β는 중규모 복지예산, 그리고 γ는 대규모 복지예산을 의미한다고 하자. 또한 A는 소규모 복지예산을 가장 선호하고 있으며, B는 대규모 복지예산을 가장 선호하고 있다. 한편, C는 중규모 복지예산을 가장 선호하고 그 다음으로 대규모 복지예산을 선호하는 것으로 나타나 있다.

개인들의 선호에 의해서 복지예산의 규모가 결정되는 과정을 알기 위해서는 선택대상을 둘 씩 비교하면 된다.[9] α와 β를 비교하고 β와 γ를 비교하고 나서 α와 γ를 비교하면 사회적 우선순위를 파악할 수 있다. 이처럼 각 대안들을 둘 씩 짝지어 비교함으로써 우선순위를 결정하는 것을 **꽁도르세(Condorcet) 방식**

8) 서로 다른 개인들 선호를 집계하는 방식이 어떻게 이루어져야 하는지에 대한 논의는 공 **공선택이론**(public choice theory)의 핵심주제로 다루어져 왔다.

9) 3가지 대안을 놓고 투표하면 A는 α, B는 γ, C는 β를 선택할 것이므로 어떠한 대안도 결정될 수 없다.

이라고 한다.

〈표 18-2〉 사회구성원의 정책대안에 대한 선호

개인	우선순위
A	$\alpha > \beta > \gamma$
B	$\gamma > \beta > \alpha$
C	$\beta > \gamma > \alpha$

〈표 18-2〉에서 α와 β를 비교하면 2:1로 β가 선호($\alpha < \beta$)되며, β와 γ를 비교하면 2:1로 β가 선호($\beta > \gamma$)된다. 한편 α와 γ 역시 2:1로 γ가 선호($\gamma > \alpha$)된다. 따라서 완비성과 이행성 조건을 충족하면 복지예산규모에 대한 사회선호는 $\beta > \gamma > \alpha$가 된다. 이것은 C의 선호와 일치하고 있다는 점을 알 수 있다.[10] C는 의사결정에 참여하는 세 사람 중의 한 사람인데, 이 사람이 선호하는 방향으로 사회선택(social choice)이 이루어지기 때문에 비독재성의 조건을 위반하게 된다. 이처럼 다수결투표제도에 의하면 중간선호를 갖는 그룹이 각종 결정을 독점하고 조정력을 발휘하게 된다.[11]

이러한 예는 개인의 선호를 사회선호로 통합시켜 주는 민주적이고 합리적인 성격을 두루 갖춘 사회후생함수가 현실적으로 존재할 수 없다는 것을 보여준다. 따라서 현실적으로 [그림 18-12]의 E_0점과 같은 가장 바람직한 자원배분 상태를 찾는 것도 불가능해진다.

6.3 차선 이론

한 사회의 경제상태가 효율적이 되기 위해서는 여러 효율성 조건이 충족되어야 한다. 그런데 제도적이거나 정치적인 이유로 효율성 조건 모두를 충족할 수 없는 경우가 있다. 만일 모든 효율성 조건을 충족할 수 없는 상황이라면 효율성 조건을 충족하는 개수가 많아질수록 사회후생수준이 더 높다고 볼 수 있을까?

10) 만일 C가 $\beta > \alpha > \gamma$의 선호를 갖는다고 하더라도 사회선호는 C의 선호와 일치하게 된다.

11) 다수결투표에서 중위투표자가 선호하는 방향으로 사회선택이 이루어지는 것을 **중위투표자정리**(median voter theorem)라고 한다.

[그림 18-14] 차선이론

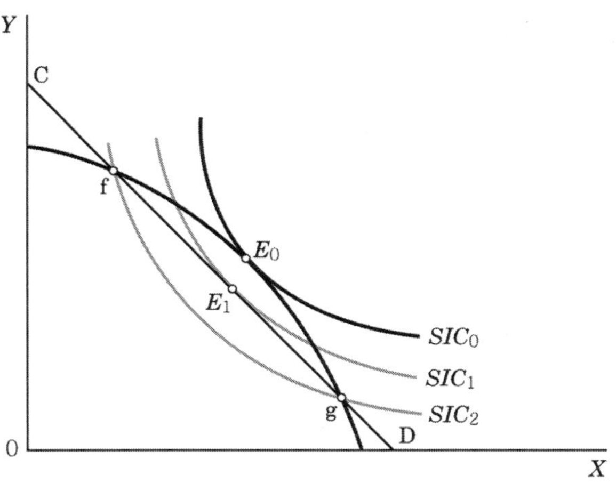

예컨대 n개의 효율성 조건 중에서 한 개가 충족되지 못하는 상황이 두 개가 충족되지 못하는 상황보다 사회후생수준이 더 높은 것인지 물어보는 것이다. 이에 대한 답을 제시하는 것이 **차선이론**(theory of second best)이다.

립시와 랭카스터(R. Lipsey & K. Lancaster)에 의하면 n개의 효율성 조건 중에서 단 하나의 조건이라도 충족될 수 없다면 충족되는 효율성 조건의 개수는 의미가 없다. [그림 18-14]에는 X재와 Y재를 생산하는 경제에서의 **생산가능곡선**과 이들 두 상품의 조합들에 대한 **사회무차별곡선**이 나타나 있다. 이때 생산가능곡선 위의 E_0점에서 사회후생수준이 극대화됨을 알 수 있다.

그런데 어떤 외부적 요인에 의하여 선분 CD로 제약이 가해졌다고 하자. 이러한 제약하에서는 E_0점을 선택하는 것은 불가능하다. 이 때 생산의 효율성 조건만이라도 충족시키기 위하여 생산가능곡선 위의 f나 g점을 선택하는 것이 차선(second best)이라고 생각할 수 있을 것이다. 그러나 그림에서 알 수 있듯이 선분 CD의 제약하에서 사회후생을 극대화하는 선택은 f나 g점이 아니라 E_1점이다. E_1점이 위치하는 SIC_1이 f나 g점이 위치하는 SIC_2보다 높은 곳에 위치하기 때문이다. 어떤 제약으로 인하여 사회후생을 극대화시킬 수 없는 상황이 주어졌다면 생산의 효율성이라도 충족시키는 것이 차선일 것 같지만 그렇지 못한 경우보다 오히려 사회후생수준이 더욱 낮아질 수 있다는 사실을 확인할 수 있다.

> **차선이론**에 의하면 파레토 효율성을 달성하기 위해 필요한 모든 조건이 충족되지 못하는 경우, 가능한 많은 조건들을 충족시킨다고 해서 그렇지 못하는 경우에 비해 사회후생수준이 반드시 높아지는 것은 아니다.

차선이론은 정책적으로 중요한 시사점을 제공해 준다. 경제개혁의 추진과정에서 비합리적인 모든 요소를 동시에 제거한다면 사회후생이 증가하겠지만, 그 중 일부에만 손질을 가한다면 이전보다 사회후생수준이 증가한다는 것을 보장할 수 없다. 이처럼 차선이론은 일시적이고 전체적인 개혁은 후생수준을 증가시키겠지만, 점진적이고 부분적인 개혁은 오히려 경제 전반의 효율성을 감소시킬 수도 있다는 것을 암시하고 있다.

6.4 후생변화와 보상원칙

어느 누구의 효용수준을 감소시키지 않고서 다른 사람의 효용수준을 증가시킬 때 **파레토개선**(Pareto improvement)이 나타났다고 한다. 따라서 사회후생을 증가시키고자 할 때 가장 바람직한 방법은 파레토개선이 이루어지도록 자원을 배분하면 된다. 그러나 이러한 자원배분방식이 현실적으로 적용될 수 있는 경우는 극히 제한적이다. 사회후생을 증가시키고자 하는 각종 정책이 실시되는 경우에 그것으로부터 이득을 보는 사람이 있는 반면에 손실을 입는 사람도 있는 것이 일반적이다. 이런 상황에서 **파레토기준**(Pareto criterion)을 적용한다면 후생상태의 변화에 대한 평가가 불가능하다. **칼도**(N. Kaldor)와 **힉스**(J. Hicks)는 이러한 경우에 후생변화에 대한 평가가 가능할 수 있도록 **보상원칙**(compensation principle)을 제안하였다. 이 원칙에 의하면[12] 경제적자원을 재배분한 결과 효용이 증가하는 크기가 효용이 감소하는 크기를 초과하면 사회적 개선이 있는 것으로 판단하게 된다.

[그림 18-15]에서 현재의 사회후생 상태를 나타내는 점이 S라고 할 때 이점에서 W점으로 이동하거나, V점으로 이동한다면 어느 누구의 효용을 감소시키

12) 보상원칙을 제안한 사람의 이름을 붙여 **칼도-힉스 기준**이라고도 한다.

[그림 18-15] 보상원칙

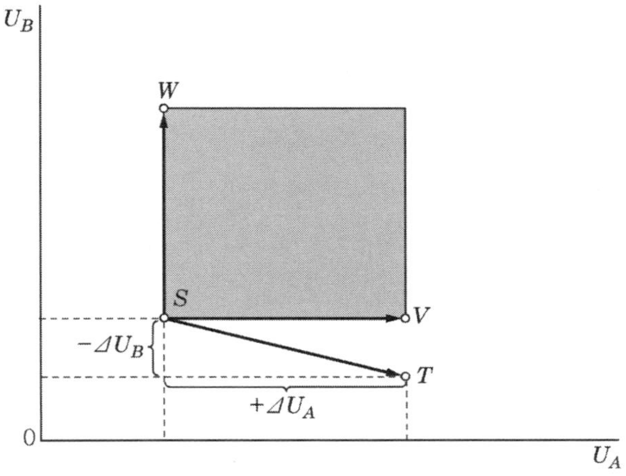

지 않고서도 다른 사람의 효용을 증가시키는 파레토개선이 나타나게 된다. S점에서 W점으로 이동하는 경우에는 A의 효용을 감소시키지 않고서도 B의 효용을 증가시키게 되며, S점에서 V점으로 이동하는 경우에는 B의 효용을 감소시키지 않고서도 A의 효용을 증가시키기 때문이다. 물론 그림에서 음영으로 나타나 있는 영역으로 이동하더라도 **파레토개선이 가능**하다.

만일 사회후생 상태가 S점에서 T점으로 이동한다면 사회후생의 변화에 대한 어떠한 평가가 가능할까? 이때 A의 효용은 증가하지만 B의 효용이 감소하고 있으므로 파레토기준에 의해서는 사회후생의 변화에 대한 평가가 불가능하다. 그러나 보상원칙(칼도-힉스 기준)을 적용하면 사회후생 상태의 변화에 대한 판단이 가능해진다. S점에서 T점으로의 이동은 A의 효용을 ΔU_A만큼 증가시키는 반면에 B의 효용을 ΔU_B만큼 감소시키게 된다. 그림에서는 $+\Delta U_A$의 크기가 $-\Delta U_B$의 크기를 초과하기 때문에 S점에서 T점으로의 이동은 **사회적 개선**이 있다고 볼 수 있다.

이상에서 살펴본 것처럼 보상원칙은 파레토기준이 적용될 수 없는 경우에 자원배분 상태를 서로 비교할 수 있는 기준을 제공해 준다는 점에서 의의가 있다. 특히 경제정책의 효율성 평가와 관련해서 더욱 그러하다. 예컨대 한강 상류에 대규모 수력발전소를 설치한다고 하자. 그 결과 수몰지역과 인근 주민들은 각종 경제활동에 제약을 받아 손해를 입게 되는 반면에, 수도권 주민들은 전기를 원활하게 공급받는 이익을 얻게 된다. 이때 얻게 되는 이익이 손해보다 크다면 보상원칙에 의해 수력발전소 건설은 사회적으로 바람직하다고 평가할 수 있다는 것이다.

연습문제 풀이

[연습문제 18.1]
두 기업의 생산함수가 1차 동차함수이므로 규모에 대한 수익불변이다. 생산요소가격이 일정하게 주어져 있으므로 평균비용곡선은 수평의 모양을 갖게 되므로 MC_X와 MC_Y가 일정하다. 한편, 동일한 생산요소를 투입했을 때 X재 생산량은 Y재 생산량의 2배($Q_X = 0.4\sqrt{L_X K_X}$, $Q_Y = 0.2\sqrt{L_Y K_Y}$)이므로 $MC_Y = 2MC_X$가 된다. 따라서 생산가능곡선의 기울기는 $MPT_{X,Y} = -MC_X/MC_Y = -MC_X/2MC_X = -1/2$이 된다.

[연습문제 18.2]
한계생산변환율이 -1라는 것은 그 점에서 X재의 생산을 1단위 늘리면 Y재의 생산은 1단위 감소하게 된다는 것을 의미한다. 한편, 한계대체율이 -2이라는 것은 소비자들이 X재 소비를 1단위 늘리는 대신에 Y재 소비를 2단위 감소시키면 효용수준에 아무런 변화가 없다는 뜻이다. X재의 생산을 2단위 늘리고, 그 대신 Y재의 생산을 2단위 감소시킨다고 하자. 다음에는 소비자 A로 하여금 X재의 소비를 1단위 늘리도록 하고, 그 대신 Y재의 소비를 2단위 감소시켜 보자. 소비자 A의 한계대체율이 -2이므로 이러한 변화를 주더라도 A의 효용수준에 아무런 변화가 없을 것이다. 물론 소비자 B에게는 두 상품의 소비구성에 어떠한 변화도 주지 않았기 때문에 B의 효용수준에도 아무런 변화가 없다. 이제 남아 있는 X재 1단위를 A와 B에게 나누어준다고 하자. 당연히 두 사람 모두에게 이득이 되는 배분상태로 옮겨갈 수 있다. 따라서 $MRS^A_{X,Y} = MRS^B_{X,Y} = MPT_{X,Y}$가 되도록 X재의 생산을 증가시키고 Y재의 생산을 감소시켜야 한다.

[연습문제 18.3]
X와 Y재는 완전보완관계이므로 소비자들의 효용함수는 $U(X,Y) = \min(X/2, Y)$인 롤즈적 효용함수이다. 소비자가 효용을 극대화하기 위한 조건은 $X/2 = Y$, 즉 $X = 2Y$이다. 이를 $X^2 + Y^2 = 500$에 대입하면 $4Y^2 + Y^2 = 500$이므로 $5Y^2 = 500$이 된다. 따라서 $Y_0 = 10$, $X_0 = 20$가 된다. 그리고 원의 모양을 갖는 생산가능곡선 $X^2 + Y^2 = 500$를 미분하면 $dY/dX = -X/Y$이다. 생산가능곡선의 기울기(dY/dX)를 나타내는 한계생산변환율 $MPT_{X,Y} = MC_X/MC_Y = P_X/P_Y$이므로 (X_0, Y_0)인 점에서 $MPT_{X,Y} = X_0/Y_0 = 20/10 = 2$가 되어 $P_X/P_Y = 2$이다.

[연습문제 18.4]
공리주의적 후생함수에 의하면 $SW = U_A + U_B$이므로 사회후생이 극대화되는 것은 X재에 대한 갑의 소비량이 3개, 을의 소비량이 1개일 때이다. 이때 사회후생수준은 35가 된다. 한편, 롤즈적 후생함수에 의하면 $SW = \min(U_A,\ U_B)$이므로 사회후생이 극대화되는 것은 갑과 을의 X재 소비량이 각각 1개와 3개일 때이다. 이때 사회후생수준은 12가 된다. 만일 갑과 을의 X재 소비량이 각각 2개이면 사회후생수준은 11이 된다는 것을 알 수 있다.

[연습문제 18.5]
문제에서 제시된 사회후생함수가 공리주의적 후생함수이다. 사회후생을 극대화하려면 각 개인의 한계효용이 일치하도록 총소득을 배분하면 된다. 즉, $MU_A = MU_B$이므로 $50-3M_A = 20-2M_B$가 성립되어야 한다. 이 식을 정리하면 $3M_A - 2M_B = 30$가 있다. 이를 $M_A + M_B = 200$과 연립해서 풀면 $M_A = 86$만원이고 $M_B = 114$만원이다.

[연습문제 18.6]
롤즈의 후생함수는 $U(X, Y) = \min(U_A,\ U_B) = \min(\sqrt{2X_A},\ \sqrt{X_B})$이다. 이러한 상황에서 사회후생을 극대화하려면 X재의 부존량 600단위를 $\sqrt{2X_A} = \sqrt{X_B}$가 되도록 배분해야 한다. 즉, $X_A + X_B = 600$와 $\sqrt{2X_A} = \sqrt{X_B}$($2X_A = X_B$)가 성립하면 된다. 이 두 식을 연립해서 풀면 $X_A^* = 200$, $X_B^* = 400$을 구할 수 있다. 이를 $U_A = \sqrt{2X_A}$나 $U_B = \sqrt{X_B}$에 대입하면 극대화된 효용의 크기는 20이 된다.

제 7 편

시장실패와 정보경제학

후생경제학의 제1, 제2정리에서 보는 것처럼 경쟁시장의 가격기구에 의해 자원이 배분될 때 효율적이기는 하지만, 이것이 현실적으로 항상 보장되는 것은 아니다. 시장의 힘을 왜곡하는 여러 요인들이 존재하기 때문이다. 만일 그러한 요인들에 의해 시장가격기구가 효율적으로 자원을 배분하는데 실패하게 된다면 우리는 시장실패(market failure)가 발생하였다고 말한다.

제19장에서는 시장실패를 초래하는 요인들의 성격을 분석하고 그 해결방안을 규명한다. 특히 외부성과 공공재로 인하여 발생하는 시장실패의 성격에 대해 분석하고 효율적인 자원배분을 달성하기 위한 방안들을 살펴보게 될 것이다. 제20장에서는 시장실패의 또 다른 요인에 해당하는 것으로 시장에 불확실성이 존재하는 경우에 나타날 수 있는 여러 경제현상들을 분석한다. 불확실성으로 인한 비대칭적 정보의 상황은 크게 경제주체의 감추어진 특성과 감추어진 행동으로 인해 나타나게 된다. 이 장에서는 정보의 비대칭성이 자원배분에 어떠한 영향을 미치는지를 알아보고 그 대응방안을 모색하게 된다.

제19장 시장실패

1. 시장실패의 의의
2. 외부성
3. 공공재
4. 공공선택이론
5. 시장실패와 정부의 역할

개 요

제18장에서 완전경쟁시장의 가격기구에 의한 자원배분이 효율적이라는 후생경제학의 제1정리를 살펴보았다. 이러한 후생경제학의 제1정리가 성립하려면 몇 가지 전제조건이 요구된다. 경쟁이 불완전한 경우와 가격이 경직적인 경우, 그리고 외부성이나 불확실성 등이 존재하지 않아야 한다는 점이다. 그러나 현실에서 이 정리가 전제하고 있는 이상적인 시장상황을 찾아보기가 어렵다. 우리는 앞에서 지적한 요인들에 의해 시장이 이상적으로 작동하지 못하는 경우에 시장실패가 발생한다고 말한다.

본장에서는 시장실패를 초래하는 요인들의 성격을 분석하고 그 해결방안을 찾아보기로 한다. 특히 외부성과 공공재로 인하여 발생하는 시장실패의 특성을 규명하고 효율적인 자원배분을 달성하기 위한 방안들을 모색한다.

1. 시장실패의 의의

1.1 시장실패의 개념

자본주의 경제체제에서 자원배분은 가격의 매개변수적 기능에 의해 소비자와 생산자들 간의 자발적인 교환과 경쟁을 통하여 이루어진다. 따라서 시장가격기구(market price mechanism)에 의해 자원배분이 이루어질 때 효율적이라는 평가를 받고 있다. 그렇다고 시장가격기구에 의한 자원배분이 항상 효율성을 보장하는 것은 아니다. 시장에는 그 내부에 자원배분의 비효율성을 가져오게 하는 여러 가지 요인들이 내재되어 있기 때문이다.

우리는 불완전경쟁, 외부성 그리고 불확실성 등으로 인하여 시장가격기구가 효율적으로 자원을 배분하지 못하는 상황을 **시장실패**(market failure)라고 한다. '보이지 않는 손'을 의미하는 자유방임(laissez faire)을 신봉하는 사람들도 시장가격기구에 내재되어 있는 한계를 부정하지 못한다. 시장실패가 나타날 때 이에 적절하게 대응함으로써 자원배분의 효율성을 제고하는 것은 시장경제의 중요한 과제이다.

> 불완전 경쟁, 외부성, 그리고 불확실성 등의 요인 때문에 시장가격기구가 효율적인 자원배분을 실현하지 못하는 상황을 **시장실패**라고 한다.

1.2 시장실패의 발생원인

완전경쟁시장의 가격기구에 의한 자원배분이 가장 효율적이라는 점은 후생경제학의 제1정리를 통하여 확인한 바 있다. 여기에서 우리는 효율적 자원배분을 위한 전제로서 다음의 몇 가지 조건을 명시적 혹은 암묵적으로 가정하여 왔다.

첫째, 모든 상품에 대한 시장이 존재하며, 각각의 시장은 완전경쟁적이다.

둘째, 소비자의 효용은 그가 갖고 있는 소득으로 직접 구입한 상품의 양에 의존하며, 기업의 산출량은 주어진 비용으로 구입한 생산요소의 투입량에 의존한다.

셋째, 모든 경제주체들이 시장에 대해 완전한 정보를 갖고 있다.

만일 시장에 불완전경쟁 요인이 존재하면 효율적 자원배분이 불가능한 것은 당연하다. 불완전경쟁은 인위적 요인에 의해서 나타나기도 하지만, 순전히 생산기술적 요인에 의해 발생하는 경우가 있다. 생산과정에 비용체감 현상이 나타나면 하나의 기업에 의해 자연발생적으로 독점화된다. 이렇게 시장에 불완전경쟁적 요인이 존재하면 상품가격이 한계비용을 초과하여 나타나는 소위 **소득분배비용**(income distribution cost)과 상품의 생산량이 사회적 최적수준에 미치지 못하여 나타나는 **자원배분비용**(resource allocation cost)이 발생하는 시장실패가 일어나게 된다.

두 번째 조건은 소비자선택이론과 생산자선택이론에서 명시적 혹은 암묵적으로 가정한 내용이다. 시장에 외부성이 존재하거나 공공재의 경우에는 이 조건이 충족되지 못한다. 공해나 오염 등과 같이 어떤 사람의 행동이 다른 사람에게 의도하지 않은 손해를 가져다주면서 이에 대해 대가를 치르지 않는 경우에 **외부성**(externalities)이 존재한다고 한다. 외부성은 생산과정과 소비과정에서 발생할 수 있다. 생산과정에 외부성이 존재하면 어떤 기업의 산출량이 다른 기업의 행동에 의해 영향을 받게 되고, 소비과정에 외부성이 존재하면 어떤 소비자의 효용수준이 다른 소비자의 행동에 의해 영향을 받게 되므로 두 번째 조건이 충족되지 않는다.

공공재(public goods)의 경우에도 두 번째 조건이 충족되지 않는다는 것을 알 수 있다. 공공재를 대표하는 가장 전형적인 것으로 국방이나 치안서비스를 들 수 있다. 국방과 치안서비스의 공급은 조세에 의해 이루어진다. 따라서 세금을 많이 내거나, 적게 내는 사람도 동일한 서비스를 받는다. 결국 공공재가 존재하는 경우에 소비자들의 효용수준은 자신의 소득으로 직접 구입하지 않은 국방과 치안서비스에도 영향을 받는다는 점에서 두 번째 조건이 충족되지 않게 된다. 외부성과 공공재가 존재하는 경우에 시장실패를 초래하게 되는 것이다. 이들 요인이 어떻게 시장실패를 초래하는지에 대한 것은 다음 절에서 자세히 논의할 것이다.

세 번째 조건은 시장에 **불확실성**(uncertainty)이 존재하지 않아야 한다는 조건이다. 불확실성이 존재한다는 것은 미래에 여러 가지 상황이 발생할 수 있는데, 그 중 어떠한 상황이 실제로 일어날지 사전적으로 알 수 없다는 것을 의미한다. 만일 미래에 일어날 수 있는 모든 상황에 완벽히 대비할 수 있는 보험이 존재한다면 불확실성을 실질적으로 제거할 수 있다. 따라서 불확실성하에서도 시장가격기구에 의한 효율적 자원배분이 가능할 것이다. 그러나 보험회사가 보험가입자의 특성이나 행동을 정확하게 파악할 수 없기 때문에 미래의 모든 경우를 대비할 수 있는 **완벽한 보험**(perfect insurance)은 존재할 수 없다. 불확실성이 존재하면 시장실패가 발생할 수밖에 없는 것이 현실이다. 다음 장에서 불확실성이 존재하는 비대칭적 정보(asymmetric information)하에서의 자원배분 문제를 자세히 살펴보기로 한다.

이상에서 살펴본 바와 같이 시장가격기구에 의해 효율적으로 자원배분이 이루어지기 위해서는 불완전경쟁, 비용체감 산업, 외부성, 공공재, 불확실성 등이 존재하지 않아야 한다. 물론 현실의 시장은 이러한 여건을 구비하지 못하는 경우가 많다는 점을 지적해 두고자 한다.

2. 외부성

2.1 외부성의 개념 및 유형

(1) 외부성의 개념

시장가격기구에 의해 시장수요와 시장공급이 일치하는 점에서 자원배분이 이루어질 때 효율적이라고 한다. 왜냐하면 시장수요와 시장공급에는 상품소비에 따른 **한계편익**(marginal benefit; MB)과 상품생산에 의해 발생하는 **한계비용**(marginal cost; MC)이 가장 적정하게 반영되어 있기 때문이다. 그러나 시장의 가격기구로 **내부화**(internalization)되지 않은 편익이나 비용이 존재하는 경우를 흔히 볼 수 있다. 한 경제주체가 자신의 의도와는 관계없이 다른 경제주체에게 비용 또는 편익을 발생시키면서 이에 대한 보상이 이루어지지 않는다면 시장가격기구를 통하여 자원을 효율적으로 배분하는 것이 어렵다.

어떤 생산자가 생산과정에서 자신의 의도와는 관계없이 오염물질을 배출하여 제3자에게 손해를 입히는 경우가 있다고 하자. 이는 사회적인 입장에서 명백한 비용이다. 그러나 그 생산자의 입장에서 보면 인건비, 원료비, 그리고 기타 공과금 등은 비용으로 취급되겠지만 생산과정에서 방출된 각종 오·폐수에 의한 피해를 비용으로 취급하지는 않을 것이다. 부정적 외부성이 존재하는 경우에는 **사회적 한계비용**(social marginal cost; *SMC*)이 **사적 한계비용**(private marginal cost; *PMC*)보다 더 크게 된다는 것을 알 수 있다.[1)] 이와 같이 어떤 사람의 행동이 다른 사람에게 의도하지 않은 손해를 가져다주면서 이에 대해 대가를 지불하지 않는 경우에 **외부성**(externalities)이 존재한다고 한다. 외부성은 지금 설명한 부정적인 외부성만 존재하는 것이 아니다. 어떤 사람의 행동이 다른 사람에게 의도하지 않은 이득을 가져다주면서 이에 대해 대가를 받지 않는 경우에도 외부성은 존재하게 된다. 아름다운 정원을 가꾸는 것은 집주인에게 커다란 즐거움을 제공할 뿐만 아니라 이웃에게도 정원을 감상할 수 있는 즐거움을 제공할 것이다. 이 때는 긍정적인 의미에서 외부성이 존재하여 **사적 한계편익**(private marginal benefit; *PMB*)보다 **사회적 한계편익**(social marginal benefit; *SMB*)이 더 크게 된다.[2)]

> 어떤 사람의 행동이 다른 사람에게 의도하지 않은 이득이나 손해를 가져다주면서 이에 대해 대가를 받지도 지불하지 않는 경우에 **외부성**(externalities)이 존재하게 된다.

부정적 외부성이 존재하여 어떤 사람의 행동이 다른 사람들에게 손해를 가져다주지만 아무런 대가를 치르지 않기 때문에 사회적으로 바람직한 수준보다 많이 생산되는 경향이 있다. 반면에 긍정적 외부성이 존재하는 경우에는 다른 사

---

1) 사적 한계비용은 개별기업의 입장에서 지불하는 한계비용인 반면에, 사회적 한계비용은 사적 한계비용뿐만 아니라 생산활동의 결과 제3자에게 미치는 피해까지 합한 것이다.

2) 사적 한계편익은 상품을 소비하는 사람이 얻는 편익인 반면에, 사회적 한계편익은 사적 한계편익뿐만 아니라 제3자가 얻는 편익까지 합한 것이다.

람들에게 이득을 가져다주지만 어떠한 대가도 받는 것이 아니기 때문에 사회적으로 바람직한 수준보다 적게 생산되는 결과가 나타난다. 외부성이 존재할 때 시장가격기구에 맡겨두면 적정생산수준보다 많이 생산되거나 적게 생산되는 현상, 즉 시장실패가 나타나게 되는 것이다.

(2) 외부성의 유형

(가) 소비 외부성과 생산 외부성

시장에서 수요곡선은 사적 한계편익(PMB)을 반영하고 공급곡선은 사적 한계비용(PMC)을 반영한다. 만일 소비와 생산과정에서 외부성이 존재하지 않는다면 그러한 사적한계편익은 사회적 한계편익(SMB)과 일치하고 사적한계비용은 사회적 한계비용(SMC)과 일치하게 된다. 따라서 상품의 소비과정에서 외부성이 발생하면 수요곡선이 사회적 한계편익을 제대로 반영하지 못하게 될 것이고, 상품의 생산과정에서 외부성이 발생하면 공급곡선이 사회적 한계비용을 제대로 반영하지 못하게 될 것이다. 이와 같이 소비측면에서 외부성이 발생하면 PMB와 SMB가 일치하지 않게 되며, 생산측면에서 외부성이 발생하면 PMC와 SMC가 불일치하게 된다. 이처럼 소비과정에서 발생하는 외부성을 **소비 외부성**이라고 하고, 생산과정에서 발생하는 외부성을 **생산 외부성**이라고 한다.

(나) 실질적 외부성과 금전적 외부성

외부성은 실질적 외부성과 금전적 외부성으로 구분할 수도 있다. 시장가격기구를 통하지 않고 제3자에게 유리하거나 불리한 영향을 미친다면 **실질적 외부성**이 나타났다고 말한다. A의 흡연으로 B가 불쾌감을 느끼거나(소비 외부성), 양봉업자가 과수원에 벌통을 가져다 놓음으로써 과일생산량이 증가한 경우(생산 외부성)는 실질적 외부성이 나타나는 사례이다. 실질적 외부성은 기술적 외부성이라고도 하는데, 이러한 현상이 발생하면 자원배분이 왜곡될 수밖에 없다.

반면에 **금전적 외부성**은 소득분배에만 영향을 미칠 뿐 자원배분에는 영향을 미치지 않는다. 금전적 외부성은 시장가격기구를 통해서 유리하거나 불리한 영향을 미치는 경우에 나타나기 때문이다. 예컨대 정부의 대규모 토목공사 발주로 인하여 시멘트가격이 상승하면서 주택건설업자들이 피해를 입는 경우에 금전적 외부성이 나타났다고 볼 수 있다.

[그림 19-1] 외부성이 존재하지 않는 경우

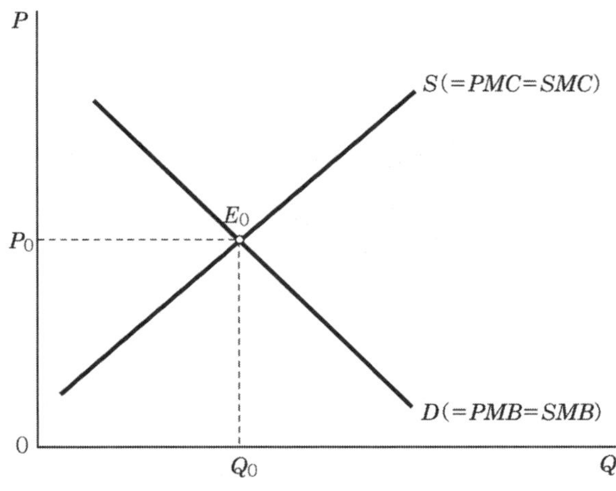

2.2 외부성과 자원배분의 비효율성

어떤 사람의 행동이 다른 사람들에게 의도하지 않은 손해나 이득을 가져다주지만 이에 대한 대가를 지불하거나 받지 않는다면 그것은 시장기구 밖의 현상으로 볼 수 있다. 이러한 의미에서 우리는 이때 외부성이 존재한다고 한다. 이후에는 외부성이 존재하는 경우에 생산과 소비가 어느 수준에서 결정되는지 살펴볼 것이다.

(1) 외부성이 존재하는 않는 경우의 자원배분

시장에서 수요곡선은 사적 한계편익(PMB)을 반영하고, 공급곡선은 사적 한계비용(PMC)을 반영한다는 점을 이미 밝혀둔 바 있다. 완전경쟁시장에서는 수요와 공급이 일치하는 점에서 생산이 이루어지므로 PMB와 PMC가 일치하게 된다. 후생경제학의 제1정리에서 보았듯이 외부성이 존재하지 않아야 완전경쟁시장의 자원배분은 효율적이다. 물론 소비측면에서 외부성이 발생하지 않는다면 PMB와 SMB가 일치하게 되며, 생산측면에서 외부성이 발생하지 않는다면 PMC와 SMC가 일치하게 된다. 따라서 [그림 19-1]에서 보는 것처럼 외부성이 존재하지 않는다면 $PMB = SMB$이고, $PMC = SMC$이므로 시장가격기구에

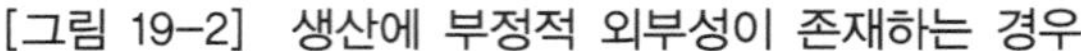

[그림 19-2] 생산에 부정적 외부성이 존재하는 경우

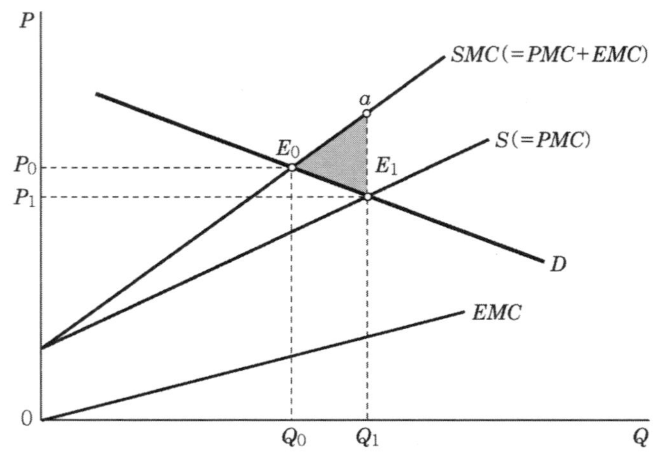

의해 결정되는 생산량은 사회적인 최적생산수준(Q_0)과 일치하게 된다.

(2) 생산의 부정적 외부성과 자원배분

생산과정에서 발생하는 폐수를 방류하는 것을 정부가 규제하지 않는다면 기업들은 자신의 생산과 관련된 사적(私的) 비용만 고려하여 생산량을 결정하게 될 것이다. 이때 기업은 수질오염으로 인하여 사회가 추가적으로 부담하는 비용, 즉 **외부한계비용**(external marginal cost; *EMC*)을[3] 부담하지 않아도 되기 때문이다. 따라서 수요곡선(D)과 사적 한계비용만을 반영하는 공급곡선($S=PMC$)이 교차하는 점에서 생산량을 결정하게 된다. 이때의 생산수준은 [그림 19-2]에서 Q_1으로 나타나 있다.

한편, 사회적인 관점에서 볼 때 상품생산에 따른 한계비용(*SMC*)은 기업의 사적 한계비용(*PMC*)과 외부한계비용(*EMC*)을 합한 것이다. 따라서 사회적으로 바람직한 생산량은 수요곡선 D와 *SMC*가 교차하는 E_0점에서 결정된다. 생산과정에서 **부정적 외부성**이 존재하면 그림에서 보는 바와 같이 사회적인 최적생산량은 Q_0가 되는 것이다.[4] 이처럼 부정적 외부성이 존재하면 기업의 생산

3) 상품 생산량이 증가할수록 그때 발생하는 폐수도 늘어나게 되므로 외부한계비용(*EMC*)은 증가한다.

4) 소비에 부정적 외부성이 존재하는 예로서 어떤 사람이 담배를 피움으로써 주위 사람들에

수준은 사회적 최적생산량을 초과하여 Q_0Q_1만큼의 과잉생산이 이루어진다.

오염물질 방류와 같은 부정적 외부성이 존재하는 경우 기업의 생산량은 사회적 최적생산량을 초과하게 된다.

부정적 외부성이 존재하여 상품 생산량이 Q_0Q_1만큼 초과하면 편익은 사다리꼴 면적 $Q_0E_0E_1Q_1$만큼 늘어나지만, 사회적 비용은 사다리꼴 면적 $Q_0E_0aQ_1$만큼 늘어나게 된다. 이것은 부정적 외부성이 존재하는 경우에 과잉생산에 따른 사회적 후생손실의 크기가 $\triangle E_0aE_1$ 면적에 해당한다는 뜻이다.

[연습문제 19.1]

어떤 기업의 한계수입이 $MR=100-(1/2)Q$이고, 한계비용은 $MC=20$이다. 그런데 그 상품을 생산하는 과정에서 오염물질을 방출시킴으로써 추가적으로 $10Q$의 피해를 발생시키고 있다. 시장기구에 맡겨둘 때의 생산량과 사회적으로 바람직한 최적생산량을 구하라.

[연습문제 19.2]

어떤 상품이 시장에서 $P=150$원으로 거래되고 있으며, 그 상품을 생산하는데 드는 기업의 한계비용은 $MC=50+(1/2)Q$이다. 그런데 그 상품을 생산하는 과정에서 오염물질을 방출시킴으로써 생산량 1단위당 20원의 피해를 발생시키고 있다. (i) 시장기구에 맡겨두면 이 기업은 얼마만큼 생산하는가? (ii) 사회적으로 바람직한 최적생산 수준은? (iii) 정부가 이 기업으로 하여금 사회적인 최적생산수준을 선택하게 만들 수 있는 방법은?

(3) 소비의 긍정적 외부성과 자원배분

어떤 경제주체(A)의 소비나 생산활동이 다른 경제주체(B)에게 이득을 주지만, B는 가격기구를 통해 A에게 어떤 대가도 지불하지 않을 때 **긍정적 외부성**이 나타나게 된다. 소비의 긍정적 외부성 예로서[5] 어떤 사람이 자신의 효용증

게 고통을 가져다주는 경우를 들 수 있다. 따라서 이때는 $PMB > SMB$의 관계가 성립한다.

5) 생산의 긍정적 외부성 예로서 양봉업자가 과수원에 벌통을 가져다 놓음으로써 과일생산

[그림 19-3] 소비에 긍정적 외부성이 존재하는 경우

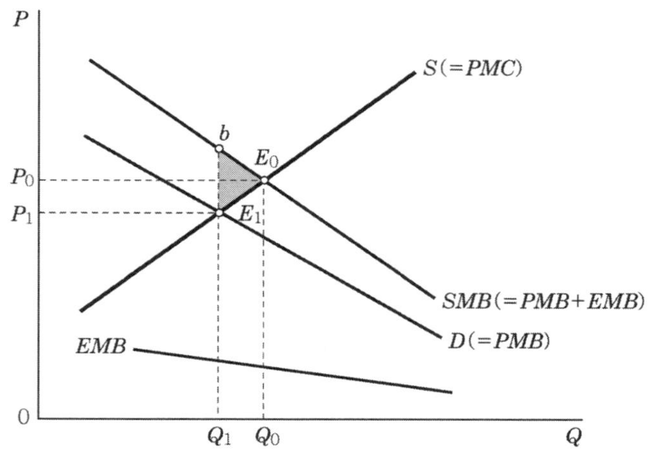

대를 위하여 자기 집 정원을 아주 예쁘게 가꾸지만 이웃사람들도 아름다운 경치를 즐기는 경우를 들 수 있다. 이처럼 긍정적 외부성이 나타날 때 상품소비에 따른 사회적 한계편익(*SMB*)은 소비자 자신이 소비함으로써 느끼는 사적 한계편익(*PMB*)과 제3자가 아무런 가격을 지불하지 않고서도 느끼게 되는 편익, 즉 **외부한계편익**(external marginal benefit; *EMB*)[6]을 합한 것이다.

소비자들은 상품의 소비량을 결정할 때 오직 자신의 사적 한계편익을 나타내는 수요곡선($D=PMB$)과 공급곡선($S=PMC$)이 교차하는 점에서 소비량을 결정하게 된다. 이때의 생산수준은 [그림 19-3]에서 Q_1으로 나타나 있다. 반면에 긍정적 외부성이 나타날 때 사회적으로 바람직한 생산량은 $SMB(=PMB+EMB)$와 공급곡선(S)이 교차하는 E_0점에서 Q_0로 결정된다. 이것은 기업의 생산수준이 사회적인 최적생산수준에 미달하여 Q_1Q_0만큼의 과소생산이 이루어진다는 것을 보여주고 있다.

량이 증가한 경우를 들 수 있다. 양봉업자는 꿀 채취를 위해 과수원 주위에 벌통을 가져다 놓았지만 부수적으로 과일 생산량이 늘어나는 결과가 나타났고, 그렇다고 해서 과수원 주인이 양봉업자에게 대가를 지불하는 것이 아니기 때문에 긍정적 외부성이 나타났다고 볼 수 있다. 따라서 이때는 $PMC > SMC$의 관계가 성립한다.

6) 상품 소비량이 증가할수록 한계편익이 감소하는 것과 마찬가지로 외부한계편익(*EMB*)도 점차 감소한다.

긍정적 외부성이 존재하여 상품 생산량이 $Q_1 Q_0$만큼 미달되면 사회적 편익은 사다리꼴 면적 $Q_1 bE_0 Q_0$만큼 줄어들지만, 생산비는 사다리꼴 면적 $Q_1 E_1 E_0 Q_0$만큼 줄어들게 된다. 따라서 과소생산에 의한 사회적 후생손실의 크기가 $\triangle E_1 bE_0$ 면적에 해당한다는 것을 알 수 있다.

지금 살펴보는 것처럼 긍정적인 외부성이 존재하는 경우에는 과소생산의 문제가 나타나고 있다. 이것은 부정적 외부성이 존재하는 경우에 과잉생산의 문제가 발생하는 것과는 정반대적 현상이다. 물론 두 경우 모두 외부성이 자원의 효율적 배분을 불가능하게 한다는 측면에서는 똑같다.

> A의 소비나 생산활동이 B에게 이득을 주지만, B는 가격기구를 통해 A에게 어떤 대가도 지불하지 않을 때 긍정적 외부성이 나타나게 되는데, 이 때 기업의 생산량은 사회적 최적생산량에 미치지 못하게 된다.

2.3 외부성 문제의 정부개입에 의한 해결방안

외부성은 그 본질상 시장을 통해 해결하는 것이 쉽지 않다. 그리하여 외부성 문제를 해결하기 위한 정부의 개입이 불가피한 것으로 인식되어 왔다. 정부의 개입은 조세 부과 또는 보조금 지급 등을 통하여 이루어진다. 이러한 방법을 통하여 자원배분의 비효율성을 시정할 수 있다는 생각은 **피구**(A. C. Pigou)의 주장에 근거를 두고 있다.

(1) 생산의 부정적 외부성과 조세부과

생산에 부정적 외부성이 존재하더라도 정부가 개입하지 않는다면 [그림 19-4]에서 보는 것처럼 기업은 사적 한계비용곡선(PMC)과 수요곡선(D)이 만나는 E_1점에서 Q_1을 생산하게 된다. 물론 이때의 최적생산량 수준은 사회적 한계비용곡선(SMC)과 D가 교차하는 Q_0점에서 결정될 것이다. 그렇다면 정부가 어떤 정책수단을 활용하여 부정적 외부성을 유발하는 기업으로 하여금 최적 생산량 수준을 유지하도록 할 수 있을까?

피구에 의하면 조세부과를 통하여 외부한계비용(EMC)을 가격체계에 **내부화**

[그림 19-4] 부정적 외부성과 피구세

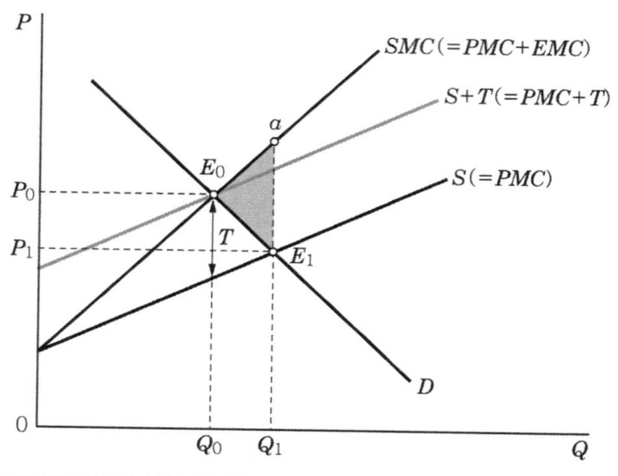

(internalization)함으로써 외부성 문제를 해결할 수 있다. 만일 최적생산량 수준에서의 외부한계비용에 해당하는 만큼 단위당 T원의 **피구세**(Pigouvian tax)를 부과한다면 공급곡선은 위로 이동하게($S+T$) 될 것이다. 그 결과 E_0점에서 균형이 달성되어 생산량은 사회적인 최적생산량 수준인 Q_0로 감소하게 된다.

피구세를 부과함으로써 생산량이 Q_1에서 Q_0로 줄어들면 사회적 비용은 사다리꼴 면적 $Q_0E_0aQ_1$만큼 감소하고, 소비에 의한 편익도 사다리꼴 면적 $Q_0E_0E_1Q_1$만큼 감소하게 된다. 사회적 비용이 편익보다 $\triangle E_0aE_1$만큼 더 많이 감소한 것을 알 수 있다. 이것은 부정적 외부성이 존재하는 경우에 생산량을 감소시킴으로써 사회후생을 증가시킬 수 있음을 보여주는 것이다.

이상에서 살펴본 것처럼 부정적인 외부성이 발생하는 이유는 외부성을 제공한 주체가 자신의 행위로부터 야기되는 **사회적 비용**을 제대로 인식하지 못하기 때문이다. 따라서 최적생산수준에서 외부한계비용에 해당하는 만큼의 조세를 해당 기업에게 부과하여 외부성을 가격체계로 내부화시킴으로써 자원배분의 효율성을 달성할 수 있다.

[연습문제 19.3]

> 쌀에 대한 수요함수가 $Q=100-P$, 공급함수는 $Q=-20+P$이라고 하자. 쌀의 생산과정에서 농약과 비료의 살포로 인하여 수질이 오염되었는데, 이에 따른 외부한계비용이 $EMC=2Q$이다. 생산량이 사회적인 최적수준을 유지하려면 단위당 얼마씩의 피구세를 부과하여야 할까? 또한 이 때 사회후생의 변화 크기는 어느 정도인가?

(2) 소비의 긍정적 외부성과 보조금 지급

소비에 긍정적 외부성이 나타나더라도 정부의 개입이 없다면 [그림 19-5]에서 보는 것처럼 기업은 수요곡선($D=PMB$)과 공급곡선($S=PMC$)이 일치하는 E_1점에서 Q_1을 생산하게 된다. 물론 사회적인 최적생산량 수준은 사회적 한계편익곡선(SMB)과 S가 교차하는 Q_0에서 결정될 것이다. 피구에 의하면 긍정적 외부성을 유발하는 기업에게 보조금을 지급함으로써 최적생산량 수준을 유지하도록 할 수 있다.

이제 최적생산량(Q_0) 수준에서의 외부한계편익(EMB)에 해당하는 만큼 단위당 g원의 **피구적 보조금**(Pigouvian subsidy)을 지급해 준다고 하자. 생산자에게 이러한 보조금을 지급하면 공급곡선은 g원에 해당하는 거리만큼 아래로

[그림 19-5] 긍정적 외부성과 보조금 지급

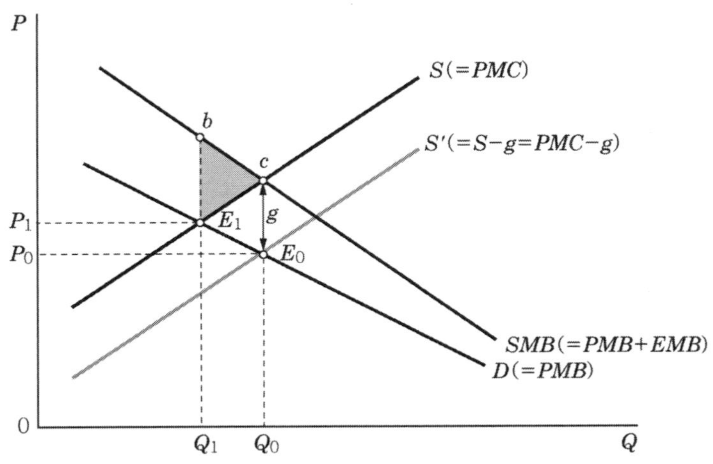

이동($S-g$)하게 되고, 이것이 수요곡선 D와 교차하는 E_0점에서 균형을 이루게 된다. 결과적으로 생산량은 사회적 최적생산수준인 Q_0로 증가하게 될 것이다.

상품 1단위당 g원의 보조금의 지급함으로써 산출량이 Q_1에서 Q_0로 증가하면 사회적 편익은 SMB의 아래쪽에 해당하는 사다리꼴 Q_1bcQ_0의 면적만큼 증가하게 된다. 또한 생산비용도 공급곡선의 아래쪽에 해당하는 사다리꼴 $Q_1E_1cQ_0$의 면적만큼 증가하게 된다. 결과적으로 사회적 편익이 생산비용보다 ΔE_1bc의 면적만큼 더 증가한 것을 알 수 있다. 이것은 긍정적 외부성이 존재하는 경우에 보조금을 지급하여 생산량을 증가시킴으로써 사회후생을 증가시킬 수 있음을 보여 주는 것이다.

피구(A. C. Pigou)는 외부성을 해결하기 위하여 조세를 부과하거나 보조금을 지급하는 방안을 처음으로 제시하였기 때문에 이러한 조세와 보조금을 각각 **피구세**와 **피구적 보조금**이라고 한다.

[연습문제 19.4]

대학교육의 사적 한계편익은 대학생의 수(Q)에 의해 결정되어 $PMB=200-10Q$가 되고, 대학생 수가 한 단위 증가할 때마다 추가적으로 $EMB=100$의 외부한계편익이 발생한다고 하자. 대학교육의 한계비용이 $MC=10Q$일 때 사회적 최적인 대학생 수와 이를 달성하기 위한 피구적 보조금의 크기는?

2.4 외부성 문제의 사적인 해결방안

외부성이 존재한다고 해서 항상 정부의 개입이 불가피하게 요구되는 것은 아니다. 정부의 개입이 자칫하면 정부실패를 초래할 수 있다는 사실을 감안하면 민간부분에서 외부성 문제를 해결하는 것이 더 효율적일 수도 있다. 물론 공해방출과 같이 불특정 다수가 관련된 외부성 문제를 민간부문에서 해결하는 것은 쉽지 않다. 그러나 외부효과와 관련된 주체가 분명하고 소수인 경우에는 민간부문에서 외부성 문제를 해결하는 것이 불가능한 것은 아니다.

(1) 기업간 합병

외부성을 유발하는 기업과 그것으로 인해 피해(또는 이익)를 입는 기업이 분명하게 파악될 수 있고, 이해관계 당사자가 소수인 경우에는 **합병**(mergers)을 통해 외부성 문제를 해결할 수 있다. 예를 들어 강 상류에서 화학제품을 생산하는 A기업이 폐수를 방출함으로써 하류에서 맥주를 생산하는 B기업에게 피해를 입히고 있다고 하자. A기업은 B기업에게 부정적 외부성을 발생시키고 있으며, 화학제품을 사회적인 최적수준보다 많이 생산하게 된다.

이 때 우리는 A기업으로 하여금 화학제품의 생산량을 최적수준으로 유도할 수 있도록 두 기업의 합병 방안을 모색할 수 있다. A기업이 B기업을 인수하든지, B기업이 A기업을 인수하든지, 아니면 제3의 기업이 A, B기업을 인수하든지 상관없다. 어떤 경우라도 인수기업의 경영자가 각 기업의 생산량을 조정하여 결합이윤의 극대화를 추구하게 되므로 외부성의 문제는 자연스럽게 해결될 수 있다. 이렇게 두 기업이 합병함으로써 외부성 문제를 기업 자신의 문제로 내부화(internalization)할 수 있다.

(2) 자발적 협상에 의한 해결

(가) 소유권부재와 공유의 비극

기업들이 공해물질을 방출함으로써 대기가 오염되고, 그로 인하여 인근 주민들이 피해를 입는 경우를 흔히 볼 수 있다. 그 원인은 어디에 있는 것일까? 그것은 대기와 같은 환경자원을 아무런 대가도 지불하지 않고서 누구든지 사용할 수 있다는데 있다. 만일 대기에 소유권이 설정되어 있다면 공해물질을 마음대로 방출할 수 있도록 내버려 둘 주인은 없을 것이다. 이렇게 볼 때 공해를 자유롭게 방출하는 근본 원인을 **소유권(재산권)의 부재**에서 찾을 수 있다. 이외에도 우리 주위에는 다양한 형태의 소유권의 부재 현상들이 나타나기도 한다. 마을에서 공동으로 목초지를 운영하는 경우 주민 각자가 지나치게 많은 소를 사육함으로써 목초지가 남용되는 경우, 공해상에서 각종 물고기를 남획하는 바람에 그것들이 멸종할 위기에 처한 경우가 여기에 속한다.

어떤 자원이든 소유권이 제대로 설정되어 있지 않아서 그것의 이용에 아무런 제한을 받지 않는다면 자원은 비효율적으로 배분될 수밖에 없다. 우리는 이러한

[그림 19-6] 소유권과 협상

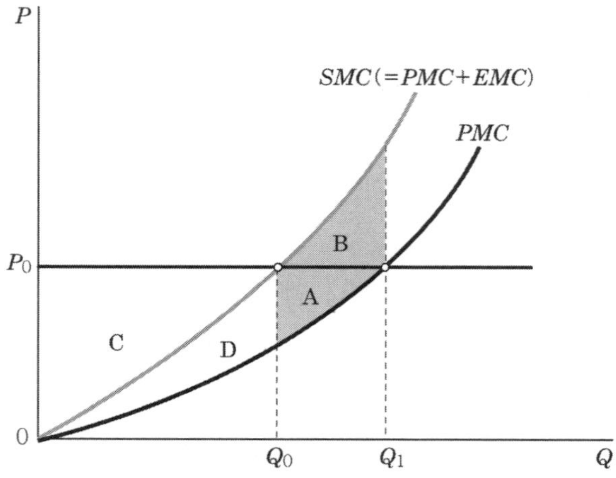

현상을 **공유의 비극**(tragedy of commons)이라고 한다. 아무런 대가를 지불하지 않고 자원을 사용할 수 있다면 그것의 사용량이 적정수준을 초과하는 것은 당연하다. 따라서 장기적으로는 자원의 황폐화 또는 자원의 고갈이라는 비극적인 결과를 초래하게 될 것인데, 그것의 원인이 바로 소유권의 부재에 있다고 보는 것이다.

(나) 코우즈 정리

공유의 비극이 나타나는 경우 민간부문에서 서로 협상을 통해 비효율적 자원배분문제를 해결하는 방법을 생각해 볼 수 있다. **코우즈**(R. H. Coase)에 의하면 외부성이 나타나는 자원(예, 하천이나 대기)에 대해 소유권을 제대로 설정할 수 있다면 당사자들끼리 자발적인 협상을 통하여 외부성 문제의 해결이 가능하다고 주장하는데, 이를 **코우즈 정리**(Coase theorem)라고 한다.

예컨대 화학공장에서 배출하는 오염물질에 의해 하천이 오염되고, 맥주공장이 피해를 입는 상황을 가정해 보자. 이 때 하천에 대한 소유권을 화학공장이나 맥주공장에 설정하면 외부성 문제를 그들 스스로 해결할 수 있다. 먼저 하천 사용에 대한 소유권이 화학공장에게 설정되어 있는 경우를 생각해 보자. 화학제품의 시장은 경쟁적이며, 화학제품의 시장가격이 P_0라고 하자. 따라서 개별 기업이 직면하는 수요곡선은 P_0에서 수평이 될 것이다. 한편, 화학공장은 하천을 오염시키기 때문에 [그림 19-6]에서 보는 것처럼 화학제품의 생산에 따른 사회적 한계비용(SMC)은 사적 한계비용(PMC)보다 높게 된다. 따라서 화학공장이 이윤을 극대화하는 생산수준(Q_1)은 사회적인 최적생산수준(Q_0)을 초과하게 된다.

이러한 상황에서 맥주공장이 화학공장에게 일정한 액수의 보상금을 지급해주면서 생산량을 줄이도록 유도한다고 하자. 화학공장이 보상금을 받고 생산량을 Q_1에서 Q_0로 줄이면 화학공장의 이윤은 A만큼 감소되는 반면에 맥주공장이 입는 피해는 $A+B$만큼 감소한다. 따라서 두 기업 간에 자발적 협상의 가능성이 존재한다. 맥주공장은 $A+B$의 범위에서 화학공장에게 보상해 주고, 그 대신 화학공장에서 생산량을 Q_0까지 감소시킬 것을 요구할 수 있는 것이다. 화학공장 역시 이러한 제의를 거부할 이유가 없다. 화학공장에서는 생산량을 Q_0로 줄임으로써 감소하는 이윤의 크기에 해당하는 A이상을 보상받기 때문이다.

이제 관점을 바꾸어 하천 사용에 대한 소유권이 맥주공장에게 설정되어 있는 경우를 생각해 보자. [그림 19-6]에서 $D+A+B$는 화학공장이 최적생산수준을 초과하여 Q_1만큼 생산함으로써 맥주공장이 입는 피해액을 나타내고 있다. 만일 맥주공장이 하천의 소유권에 근거해 그만큼의 보상을 요구하면 화학공장에서는 어떻게 하는 것이 유리할까? $D+A+B$를 보상해 주고 Q_1만큼 생산하는 것은 화학공장의 입장에서 바람직하지 못하다. 화학공장은 Q_0를 초과해서 생산하는 것이 불리하다는 것을 알 수 있다. 맥주공장에 $D+A+B$를 보상해 준다면 화학공장의 한계비용은 PMC가 아니라 SMC가 되는데, 이러한 상황에서 Q_0이상을 생산하면 오히려 손해를 보기 때문이다.[7] 따라서 화학공장은 D만큼 보상해 주고 Q_0를 생산하는 것이 가장 유리하다.[8]

> **코우즈 정리**에 의하면 외부성이 나타나는 자원에 대해 소유권을 제대로 설정할 수 있다면, 정부의 개입이 없이 당사자들끼리 자발적인 협상을 통하여 외부성 문제의 해결이 가능하다.

7) 이때는 $P=SMC$가 성립하는 Q_0를 생산할 때 이윤이 극대화되지만 Q_0 이상을 생산하면 수입보다 비용이 더 커지게 되어 손해를 보게 된다.

8) 화학공장이 맥주공장에게 얼마만큼 보상해 주는가는 전적으로 두 기업 간의 협상능력에 달려 있다. 화학공장이 최대한으로 보상해 줄 수 있는 금액은 $C+D$가 된다. 화학공장이 Q_0를 생산할 때 총비용은 PMC 아래의 면적이므로 총수입($P_0 \times Q_0$)에서 이것을 공제한 금액까지는($C+D$) 보상해 줄 수가 있는 것이다.

(다) 코우즈 정리의 의의와 한계

지금 살펴 본 것처럼 하천에 대한 소유권이 설정되어 있다면 소유권을 거래하는 시장을 개설함으로써 이해관계자 쌍방 간의 자발적인 협상에 의해 외부성 문제를 해결할 수 있다. 여기에서 지적하고 싶은 것은 하천에 대한 소유권이 화학공장에 있든지, 아니면 맥주공장에게 있든 상관없이 자원배분의 효율성을 달성할 수 있다는 점이다. 물론 소유권의 귀속에 따라 소득분배는 영향을 받지만, 효율적인 생산수준을 달성할 수 있다는 점에서는 아무런 차이가 없다.

정부가 개입하지 않고서도 이해관계 당사자들의 협상에 의해 외부성 문제를 스스로 해결할 수 있다는 코우즈의 생각은 전통적인 사고에 비추어 본다면 획기적인 것으로 평가할 수 있다. 그러나 이 정리는 다음 몇 가지 문제로 인하여 현실적용성은 극히 제한적이다.

첫째, 외부성과 관련된 이해관계 당사자들을 정확하게 파악해야 한다. 외부성과 관련된 이해 당사자들이 분명하게 파악되지 못하면 자발적인 협상이 불가능하게 되는 것은 당연하다. 현실적으로 외부성 문제의 이해 당사자가 누구인지 정확하게 파악하기가 어려운 경우가 많다. 대기오염을 유발한 주체와 피해자들을 정확하게 구분한다는 것이 결코 쉬운 일이 아니다.

둘째, 외부성의 문제와 관련된 이해 당사자의 수도 적어야 한다. 이해 당사자의 수가 많을 경우 코우즈가 제시하는 협상과정이 매우 비현실적이 될 것이다. 예컨대 외부성의 원인제공자가 수 천 명이며, 외부성의 피해자가 수십 만 명이라면 그들이 모여서 어떠한 협상을 시도한다는 것은 불가능할 것이다.

셋째, 코우즈 정리는 협상에 따른 일체의 비용, 즉 협상비용 또는 거래비용(transaction costs)보다 협상을 통해 기대되는 이득이 큰 상태에서만 성립될 수 있다.

2.5 외부성과 환경오염문제

(1) 오염물질의 적정방출수준 결정

오염물질의 방출은 사회적으로 많은 비용을 수반하게 된다. 따라서 오염을 완

[그림 19-7] 오염물질의 적정방출수준

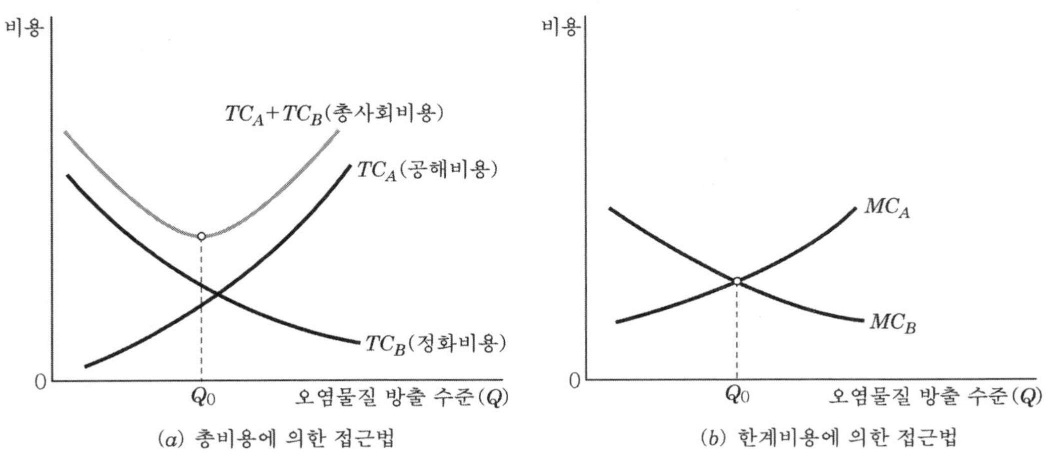

(a) 총비용에 의한 접근법 (b) 한계비용에 의한 접근법

전히 제거하는 것이 가장 바람직하다고 생각할 수도 있겠지만 경제적인 측면에서 반드시 그런 것은 아니다. 오염물질을 영(0)으로 줄이기 위해서는 무척 많은 양의 자원이 투입되어야 하기 때문이다. 오염물질의 방출이 불가피하다면 오염물질의 방출량을 어느 수준으로 유지하는 것이 경제적으로는 가장 바람직할까?

오염물질이 방출되면 사회는 다음 두 가지 종류의 비용을 부담하게 된다. 하나는 대기오염, 하천오염 등과 같은 오염물질의 방출이 다른 경제주체에게 피해를 야기함으로써 발생하는 **공해비용**(pollution cost)을 총칭하는 것이다. 오염물질의 방출에 따른 피해비용은 오염물질의 방출량이 많으면 많을수록 커질 것이다. [그림 19-7]의 (a)에 우상향하게 그려진 TC_A곡선은 바로 이러한 관계를 나타내고 있다. 다른 하나는 오염물질을 정화하는데 소요되는 **정화비용**(abatement cost)이다. 오염물질을 정화하는데 많은 비용을 지출하면 오염물질의 방출량이 적을 것이며, 정화비용을 적게 지출하면 오염물질의 방출량이 많을 것이다. 따라서 정화비용곡선은 그림에서 보는 TC_B곡선과 같이 우하향하는 모양을 갖게 된다.

오염물질의 방출에 따른 **총사회비용**(total social cost)은 공해비용과 정화비용을 합하여 구할 수 있다. 사회적 관점에서 오염물질의 적정 방출수준은 오염물질의 방출에 따른 총사회비용(TC_A+TC_B)을 최소화하는 수준이다. [그림 19-7] (a)에서 나타나 있듯이 이를 최소화하는 오염물질의 적정 방출규모는 Q_0이다. 만약 오염물질을 이보다 낮은 수준으로 감소시키려 한다면, 자체 정화를 위한 비용(TC_B)이 급격히 증가하기 때문에 공해비용(TC_A)의 감소를 상쇄하고도 남는 추가적 비용을 사회가 부담해야 한다.

오염물질의 적정방출수준은 그림 (b)에서 보는 것처럼 TC_A, TC_B곡선으로부터 도출되는 MC_A, MC_B를 이용해 구할 수도 있다. MC_A는 오염물질의 방출수준이 1단위 증가할 때 이것에 의한 피해와 관련되는 한계비용을 나타낸다. 일반적으로 오염물질의 방출량이 늘어날수록 오염 단위당 감수해야하는 비용이 증가하므로 MC_A곡선은 우상향하게 된다. 한편, MC_B는 오염물질의 방출수준을 1단위 감소시킬 때 추가적으로 소요되는 자원과 관련되는 한계비용을 나타낸다. 오염물질의 방출량을 줄일수록 기업이 부담하는 한계비용이 증가하므로 MC_B곡선은 우하향하는 모양을 갖는다. 사회적으로 최적인 오염물질의 방출수준은 이들 두 곡선이 서로 교차하는 점에서 Q_0로 결정된다. 만일 $MC_A < MC_B$이라면 기업이 추가적으로 부담해야 하는 정화비용이 오염물질의 추가적인 배출에 따라 사회적으로 감수해야 하는 추가적인 비용보다 더 크므로 오염물질을 더 배출하는 것이 사회적으로 효율적이다. 이와는 반대로 $MC_A > MC_B$이라면 오염물질의 추가적인 배출에 따라 사회적으로 감수해야 하는 추가적인 비용이 기업이 추가적으로 부담해야 하는 정화비용보다 더 크므로 오염물질을 감소시키는 것이 사회적으로 효율적이다. 따라서 사회적으로 최적인 오염물질의 방출수준은 Q_0이다.

(2) 직접규제

사회적으로 적정한 오염물질의 방출수준이 구해지면 이를 실현시키기 위해 여러 가지 정책을 실시할 수 있다. 각국에서는 오염물질의 적정방출수준을 유지하기 위하여 직접적이거나 간접적인 규제방식을 사용하고 있다. **직접규제 방식**(command and control approach)은 국가나 지방자치단체에서 오염물질의 방출량에 대한 허용기준을 설정하고 이를 위반하면 이에 상응하는 벌칙을 부여하는 방식이다. 이것은 [그림 19-7]에서 Q_0를 초과하는 수준의 오염물질 방출을 허용하지 않는다는 의미이다. 아황산가스배출량의 허용기준치 설정, 오폐수정화장치의 의무화 등이 오염물질에 대한 직접규제의 좋은 예가 될 것이다. 이와 같이 적정한 오염물질의 방출량 수준을 직접적으로 통제하기 때문에 비교적 확

[그림 19-8] 오염부과금제도의 효과

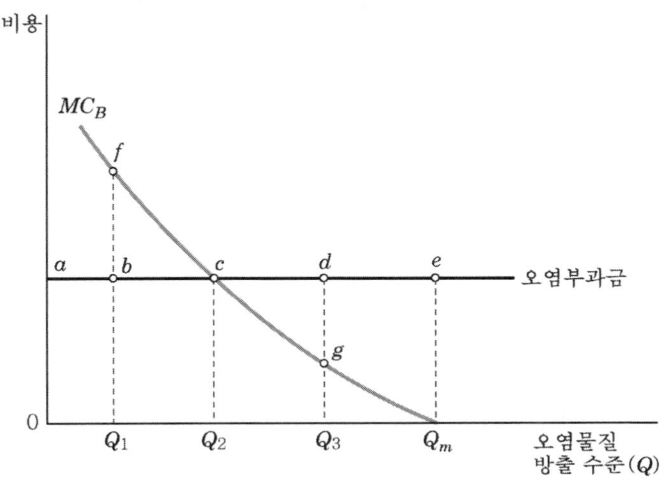

실한 방법이긴 하지만 상황변화에 신축적으로 적응하지 못하는 한계가 있다. 따라서 일반적으로는 가격통제 방식의 일종인 간접규제 방식이 선호되고 있다.

(3) 간접규제

시장유인을 이용하는 **간접규제 방식**(market based approach)은 오염부과금 제도나 오염배출권 거래제도가 대표적이다. 생산자로 하여금 오염물질을 원하는 만큼 방출하도록 허용하되 일정한 규모의 오염부담금을 부과하는 간접규제 방식은 앞에 살펴본 직접규제방식과 명백하게 구별된다. 경제학적 관점에서는 직접적인 규제방식보다는 간접적인 규제방식이 더욱 효과적이라고 할 수 있다.

(가) 오염부과금제도

오염부과금제도는 오염물질을 원하는 만큼 방출할 수 있도록 허용하고, 오염물질의 방출량에 따라서 일정한 수준의 **오염부과금**(effluent fee)를 부과하는 방식이다.[9] [그림 19-8]의 MC_B는 오염물질을 정화하는데 따르는 한계비용을 나타내는 곡선이다. 오염물질 배출에 대한 아무런 규제가 없을 때 생산자는 오염을 줄이기 위해 전혀 노력하지 않을 것이므로 오염물질은 Q_m까지 배출될 것이다. 이제 생산자가 오염물질 매단위당 Oa만큼의 오염부과금을 부담해야 한다

9) 오염부과금을 부과하는 방식으로 공해세, 쓰레기 종량제를 들 수 있다.

고 하자. Q_1점에서 보면 단위당 오염정화비용 Q_1f가 단위당 오염부과금 Q_1b보다 더 크기 때문에 오염을 정화하는 것보다 오염부과금을 내는 것이 더 유리하다. 반대로 Q_3점에서는 단위당 오염정화비용 Q_3g에 비해 단위당 오염부과금 Q_3d가 더 크기 때문에 부과금을 내는 것보다 스스로 오염을 정화하는 것이 더 유리하다. 따라서 공해유발기업은 단위당 오염정화비용과 오염부과금이 일치하는 Q_2수준에서 균형을 이루게 될 것이다.

이처럼 오염부과금을 부담시킴으로써 오염유발기업으로 하여금 자발적으로 오염물질의 적정한 방출량 수준을 선택하도록 유인할 수 있다. 아무런 규제가 없을 때 Q_m의 오염물질을 방출하던 기업이 오염물질 단위당 Oa에 해당하는 오염부과금을 부담하면서 스스로 Q_2Q_m만큼의 오염물질을 정화함으로써 오염배출량을 Q_2로 줄이게 되는 것이다.

(나) 오염배출권 거래제도

오염배출권 거래제도(emission trading system)는 정부가 기업별로 오염배출권을 할당하고,[10] 오염배출권을 보유한 범위 내에서만 오염물질을 배출할 수 있도록 허용하는 방식이다. 이 제도는 정부가 오염물질의 배출권을 기업에게 할당한다는 점에서 보면 직접규제방식과 유사한 측면이 있다. 그러나 각 기업은 자신이 오염을 직접 줄이는데 드는 비용과 오염배출권 가격을 비교하여 스스로 배출권을 판매하거나 구입할 수 있다는 점에서 직접규제와는 확연히 구별된다. 오염배출권 가격보다 낮은 비용으로 오염물질을 줄일 수 있는 기업은 자신이 스스로 오염물질을 감소시키고 오염배출권을 판매할 수 있다. 반면에 오염물질을 감소시키는데 상대적으로 많은 비용이 소요되는 기업은 오염배출권을 매입하여 오염물질을 배출하게 될 것이다. 만일 자발적으로 오염물질을 줄이는 기업이 많다면 보다 적은 비용으로 오염물질을 일정한 수준으로 줄일 수 있게 된다.

오염배출권 거래제도는 오염물질을 효율적으로 감축할 수 있는 기업이 배출권 판매로 인한 이윤을 남길 수 있는 기회를 부여함으로써 공해저감기술 및 환경친화적 공정을 촉진하는 효과가 있다. 따라서 1990년대에 들어 지구온난화에 대처하기 위한 기후변화협약이 체결되면서부터 이산화탄소 감축을 위한 이행수단으

10) 오염배출권 거래제도가 시행되는 초기에는 각 기업이 정부로부터 오염배출권을 구입하게 하거나, 무료로 일정량의 오염배출권을 배분할 수도 있다.

로서 이 제도의 도입에 대한 논의가 활발히 진행되고 있다. 그러나 각 기업이 그들에게 할당된 오염물질의 배출량을 엄격하게 준수하는지 감시하는 비용과 오염배출권의 거래와 이를 정산하는 행정비용이 많이 소요된다는 문제점이 있다.

3. 공공재

공공재의 가장 큰 특성은 그것에 대한 대가를 지불하지 않았다고 해서 특정인을 그 소비로부터 배제시킬 수 없다는 점이다. 이후에 곧 보겠지만 공공재와 관련된 대부분의 문제는 공공재의 이러한 특성에 기인한다.

3.1 공공재의 성격

공공재(public goods)란 사람들의 공동소비를 위하여 생산된 국방, 치안, 도로, 공원 등과 같이 **비경합성**(non-rivalry)과 **비배제성**(non-excludability)을 갖는 재화나 서비스를 말한다. 우리가 일상적으로 소비하는 대부분의 상품에 해당하는 사용재(private goods)는 한 사람의 소비행위가 다른 사람의 소비 가능성을 줄어들게 한다는 의미에서 경합성을 갖는다. 이러한 경합성과 대칭적인 의미를 갖는 **비경합성**은 한 사람의 소비행위가 다른 사람의 소비에 아무런 영향을 미치지 않는 것을 의미한다. 예컨대 어떤 사람이 국방서비스를 제공받는다고 해서 다른 사람이 받을 수 있는 국방서비스의 혜택이 전혀 줄어들지 않는다는 의미에서 비경합성을 갖는다고 한다. 한편, 우리가 소비하는 사용재의 경우에는 어떤 대가를 지불하지 않고서 그것을 소비하는 것이 불가능하다. 그러한 의미에서 배제성을 갖는다. 그러나 공공재의 경우에는 그것에 대해 아무런 가격을 지불하지 않아도 상품의 소비에서 배제시키기 어렵다는 점에서 **비배제성**을 갖는다.

공공재의 이러한 특성으로 인하여 그것이 시장가격에 따라서 거래가 이루어지는 것도 아니며, 그것에 대한 사람들의 선호가 시장에서 정확하게 표출되지도 않는다. 따라서 공공재의 생산을 시장기구에 맡겨둔다면 그것이 적절한 수준에서 공급이 이루어지지 않는 **시장실패**가 나타나게 된다. 만일 모든 사람이 **무임**

승차자(free-riders)가 되려고 한다면 공공재의 공급은 이루어질 수 없다. 이와 같이 시장기구에 의해 공공재가 최적수준으로 공급될 수 없기 때문에 대부분의 공공재는 정부에 의하여 생산이 이루어지게 된다.

3.2 공공재의 유형

모든 공공재가 비경합성과 비배제성을 완벽하게 갖추고 있는 것은 아니다. 현실적으로 우리가 흔히 공공재라고 부르는 것들 중에는 그러한 특성을 충족하지 못한 것들이 있다. 비경합성과 비배제성을 충족하는지의 여부에 따라 순수공공재와 비순수공공재로 구분할 수 있다.

(1) 순수공공재

앞에서 설명한 비경합성과 비배제성을 완벽하게 갖추고 있는 재화나 서비스를 **순수공공재**(pure public goods)라고 한다. 순수공공재의 이러한 특성으로 인하여 그것은 일단 공급되기만 하면 모든 사람이 아무런 대가의 지불이 없이 공동으로 사용할 수 있다. 따라서 무임승차자 문제(free-rider's problem)가 야기될 수 있는 것이다. 국방, 치안, 도로표지판 등이 순수공공재의 대표적인 예이다.

(2) 비순수공공재

비경합성과 비배제성 중에 어느 하나라도 충족되지 않는 재화나 서비스를 **비순수공공재**(impure public goods)라고 한다. 우리가 일반적으로 이용하는 대부분의 공공재는 이용자 수가 일정수준을 초과할 때 정체나 혼잡의 문제가 발생한다. 이와 같이 이용자 수가 증가하면서 공공재로부터 얻게 되는 1인당 편익이 감소하는 상품은 비순수공공재이다. 공공도서관은 누구나 이용할 수도 있지만 이용자 수가 증가할수록 빈 좌석을 구하기 어렵기 때문에 그것의 소비가 경합적인 비순수공공재라고 볼 수 있다. 한편, 한산한 고속도로는 누구나 자유롭게 운전할 수 있지만 통행료를 지불해야 하기 때문에 그것의 소비가 배제성을 갖는 비순수공공재에 해당한다.

[그림 19-9] 공공재의 최적생산수준

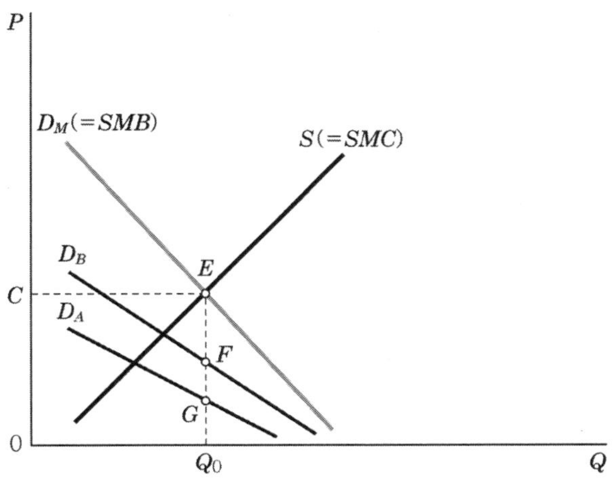

3.3 공공재의 최적생산

(1) 공공재의 최적생산수준의 결정(보웬의 균형)

공공재의 경우에는 사람들이 그것을 소비하면서 가격을 지불하지 않고 무임승차하려는 태도를 보이기 때문에 그것에 대한 선호를 정확하게 알 수가 없다. 따라서 정부가 공공재에 대한 수요를 정확하게 파악할 수 없는 문제에 직면하게 된다. 공공재의 최적생산수준에 대한 문제에 접근하기 위해서 **보웬**(H. R. Bowen)은 공공재에 대한 각 개인의 선호를 정확하게 알고 있다고 가정한다.[11)] [그림 19-9]에서 나타나 있는 것처럼 공공재에 대한 개인의 수요곡선이 D_A와 D_B이고, 공급곡선이 S라고 하자. 여기서 A와 B의 공공재 수요곡선은 각 개인이 공공재로부터 얻는 한계편익(MB)을 나타내고 있으며, 공급곡선 S는 공공재 생산에 소요되는 사회적 한계비용(MC)을 나타내고 있다.

개인의 공공재에 대한 수요곡선을 이용하여 **공공재에 대한 시장수요곡선**을 도출하기로 하자. 공공재에 대한 시장수요곡선을 도출하는 방법은 사용재의 경

11) 린달(E. Lindahl)도 보웬과 비슷하게 공공재에 대한 사회적 한계편익과 그것의 생산에 소요되는 사회적 한계비용이 일치하는 점에서 공공재의 최적생산량이 결정된다고 주장한다.

우와 매우 다르다. 사용재의 시장수요곡선은 개인들의 수요곡선을 수평으로 더하여 구했던 사실을 기억할 것이다.[12] 그러나 공공재의 경우에는 모든 사람이 동일한 양의 공공재를 소비하게 되므로 시장수요곡선을 도출하기 위해서 개인들의 수요곡선을 수직으로 더해야 한다.[13] 그림에서 나타나 있는 것처럼 개인의 수요곡선인 D_A와 D_B를 수직으로 더하면 공공재에 대한 시장수요곡선 D_M을 도출할 수 있다.

공공재에 대한 사회적 한계편익(SMB)을 나타내는 시장수요곡선(D_M)과 그것의 생산에 소요되는 사회적 한계비용(SMC)을 나타내는 공급곡선(S)이 교차하는 E점에서 공공재의 최적생산량 Q_0가 결정된다. 물론 A와 B는 각각 Q_0의 공공재 수준에서 얻을 수 있는 편익인 Q_0G와 Q_0F의 높이에 해당하는 만큼 기꺼이 비용을 부담할 용의가 있다. 여기서 한 가지 주의해야 할 것은 선분 $Q_0E(=OC)$가 공공재의 가격을 나타내는 것이 아니라는 점이다. OC는 공공재 1단위를 생산하는데 드는 한계비용을 나타내고 있으며, 또한 두 사람의 한계편익의 합($Q_0G+Q_0F=Q_0E$)을 나타내고 있다. 따라서 **공공재 최적배분 조건**을 다음과 같이 나타낼 수 있다.

$$(19.\ 1)\quad MB_A+MB_B=MC$$

식 (19. 1)에 나타나 있는 최적배분 조건은 공공재에 대한 개인들의 선호가 정확하게 나타나 있음을 전제로 하는 것이다. 만일 공공재에 대한 개인들의 선호가 정확하게 나타나지 않는다면 이러한 최적배분 조건은 달성되기 어렵다.

[연습문제 19.5]

A와 B의 공공재에 대한 수요가 각각 $Q_A=40-P$, $Q_A=25-(1/2)P$이다. 공공재의 생산비용이 $C(Q)=30Q$일 때 공공재의 최적생산수준은?

12) 사용재의 경우에 개별 소비자의 수요곡선을 수평으로 합하여 시장수요곡선을 도출하는 이유는 모든 사람이 동일한 가격에 직면하기 때문이다.

13) 각 개인의 공공재에 대한 수요곡선을 수직으로 합하여 공공재의 수요곡선을 구하는 것은 소비에 있어서 비경합성이 나타나기 때문이다.

(2) 일반균형모형에 의한 공공재의 최적생산수준의 결정

앞서 설명한 보웬의 공공재 최적배분조건은 부분균형분석에 의해 도출된 것이다. 반면에 **새뮤얼슨**(P. Samuelson)은 **일반균형분석**을 이용하여 공공재의 최적배분조건을 제시한다. 두 소비자 A, B가 사용재(private goods)인 X재와 Y재를 각각 (X_A, Y_A)와 (X_B, Y_B)를 소비하고 있을 때 일반균형모형에서의 효율적 자원배분의 조건은 제18장에서 보았듯이 $MRS^A_{X,Y} = MRS^B_{X,Y} = MPT_{X,Y}$이다. 경제 내 구성원의 한계대체율이 서로 같아야($MRS^A_{X,Y} = MRS^B_{X,Y}$) 교환의 효율성이 달성되고, 각 소비자의 한계대체율이 한계생산변환율($MPT_{X,Y}$)과 같아야만 생산과 교환의 효율성이 동시에 달성된다. 그런데 X재를 공공재로 대체하면 일반균형분석에서 효율적 자원배분의 조건, 즉 **새뮤얼슨의 조건**(Samuelsonian condition)은 다음과 같이 나타낼 수 있다.

$$(19.\ 2)\quad MRS^A_{X,Y} + MRS^B_{X,Y} = MPT_{X,Y}$$

식 (19. 2)가 공공재의 효율적 자원배분 조건에 해당하는 것은 두 소비자 A, B가 함께 소비할 있는 공공재의 특성, 즉 비경합성 때문이다. 이 식에서 $MRS^A_{X,Y}$는 공공재(X재) 1단위를 얻기 위해서 A가 포기할 용의가 있는 사용재(Y재)의 양을 의미하고, $MRS^B_{X,Y}$는 공공재 1단위를 얻기 위해서 B가 포기할 용의가 있는 사용재의 양을 의미한다. 따라서 공공재를 1단위 더 소비하는 대가로 두 소비자가 기꺼이 포기하고자 하는 사용재의 양은 $MRS^A_{X,Y} + MRS^B_{X,Y}$가 된다. 이는 두 사람이 공공재 1단위의 추가소비에 부여하는 가치, 즉 **사회적 한계가치**(social marginal value; SMV)를 사용재의 양으로 나타낸 것이다. 한편 한계생산변환율을 나타내는 $MPT_{X,Y}$는 공공재 1단위를 더 생산하기 위해서 포기해야 하는 사용재의 양으로서 공공재의 **사회적 한계비용**(social marginal cost; SMC)을 나타낸다. 따라서 $MRS^A_{X,Y} + MRS^B_{X,Y} = MPT_{X,Y}$가 성립하면 공공재의 사회적 한계가치($SMV$)와 사회적 한계비용($SMC$)이 일치하게 되어 파레토 최적의 자원배분을 달성하게 된다.

만일 이러한 조건이 성립하지 않는다면 어떤 현상이 나타나게 될까? 만일 $MRS^A_{X,Y} + MRS^B_{X,Y} > MPT_{X,Y}$가 성립하면 이것은 $SMV > SMC$를 의미하므로 공공재의 생산을 늘림으로써 **파레토개선**(Parato improvement)이 가능하다. 이와는 반대로 $MRS^A_{X,Y} + MRS^B_{X,Y} < MPT_{X,Y}$인 경우에는 $SMV < SMC$를 의미하므로 공공재 생산을 줄임으로써 파레토개선이 가능하다. 이렇게 볼 때 $MRS^A_{X,Y} + MRS^B_{X,Y}$와 $MPT_{X,Y}$가 불일치하면 파레토 최적의 자원배분상태가 아님을 알 수 있다.

4. 공공선택이론

4.1 공공선택이론의 의의

앞선 두 모형에서 나타나 있듯이 공공재의 최적배분을 실현하려면 정부가 개인들의 선호를 정확하게 파악할 수 있어야 한다. 그러나 정부가 공공재에 대한 개인들의 선호를 정확하게 파악하는 것은 거의 불가능하다. **뷰캐넌**(J. H. Buchanan)은 사람들로 하여금 공공재에 대해 자신의 선호를 스스로 드러내게 함으로써 사람들의 선호를 파악하는 대안을 제시한다. 투표라는 정치적 의사결정과정에서 사람들은 공공재에 대한 자신의 선호를 드러내게 되는데, 이 때 가장 중요한 것이 바로 사회구성원들의 다양한 선호를 어떻게 통합하느냐이다.

공공선택이론(public choice theory)은 사회구성원들의 선호를 어떻게 하나의 사회적 선호로 통합할 수 있으며, 그것이 기술적으로 실현가능한 것인가를 연구하는 분야이다. 다양한 개인의 선호를 하나의 사회적 선호로 도출하는 방법은 만장일치제도, 다수결투표제도, 2/3의 찬성제도 및 점투표제도 등이 있다.

4.2 개인의 선호와 투표제도

(1) 만장일치제도

만장일치제도는 투표에 참여하는 모든 사람이 찬성하는 정치적 의사결정을 이끌어내는 투표제도이다. 개인의 선호에 따라 투표한 결과 단 한 사람의 반대도 없이 모든 사람이 찬성하여 사회선택이 이루어진다면 가장 이상적이다. 이러한 의미에서 만장일치에 의한 선택은 **파레토효율**과 유사하다. 그러나 민주사회에서 만장일치에 의한 의사결정은 현실적으로 매우 어렵다. 또한 단 한 사람의 반대에 의해서 어떤 정책이 부결되기 때문에 반대투표자가 완전히 독재적 힘을 가지게 된다. 따라서 만장일치제도하에서는 기존 정책이 그대로 유지되는 경향이 강하다. 이러한 만장일치제도의 문제점들로 인하여 다수결투표제도가 일반적으로 이용되고 있다.

(2) 다수결투표제도

(가) 다수결투표제도에서의 의사결정

다수결투표제도(majority rule)가 적용되면 투표에 참여한 사람들 중에서 1/2이상이 찬성하면 사회적 선택이 이루어지게 된다. 물론 다수결투표에 의한 선택이 파레토 효율적이지는 못하다. 다수결에 의한 결정이 찬성한 집단에게는 만족을 주지만 반대한 집단에는 불만족을 주기 때문이다. 또한 다수결투표제도는 중간선호를 갖는 그룹이 각종 결정을 독점하고 조정력을 발휘할 수 있다. 이와 같이 다수결투표에서 중위투표자가 선호하는 방향으로 공공선택이 이루어지는 것을 **중위투표자정리**(median voter theorem)라고 한다.

〈표 19-1〉을 이용하여 다수결제도에서 의사결정이 이루어지는 과정을 살펴보기로 하자. 갑, 을, 병의 투표자가 있고 소규모 예산(A), 중규모 예산(B), 대규모 예산(C)이 선택대상이라고 하자. 이 표에 의하면 갑은 A, 을은 B, 병은 C를 가장 선호하고 있다. 이러한 3가지 대안을 놓고 투표하면 갑은 A, 을은 B, 병은 C를 선택할 것이므로 어떠한 대안도 결정될 수 없다.

〈표 19-1〉 다수결투표와 투표자의 선호

투표자	우선순위
갑	$A > B > C$
을	$B > C > A$
병	$C > B > A$

그러나 선택대상을 둘씩 짝을 지워 투표한다면 사회적 선호에 대한 선택이 가능하다. A와 B에 대해 투표하면 B가 선호되고($A < B$), B와 C에 대해 투표하면 B가 선호된다($B > C$). 마지막으로 A와 C에 대해 투표하면 C가 선호된다($C > A$). 그러므로 예산규모에 대한 사회선호는 $B > C > A$가 되어 중위투표자인 을의 선호와 일치하게 된다. 다수결투표를 통해 중규모 예산(B)이 선택되는 것이다. 이와 같은 중간선호를 갖는 그룹이 각종 결정을 독점하게 되는 다수결투표제도의 결함을 보완하는 방법으로 **2/3의 찬성제도**, 선호의 강도를 반영하는 **점투표제도**가 있다.

> 다수결투표제도에서는 중간선호를 갖는 그룹이 각종 결정을 독점하고 조정력을 발휘하게 되어 중위투표자가 선호하는 방향으로 공공선택이 이루어지는 것을 **중위투표자정리**라고 한다.

(나) 다수결투표의 역설

다수결투표제도는 앞에서 설명한 것보다 더욱 심각한 문제점을 안고 있다. 다수결에 의해 사회선호를 결정할 때 어느 안건이 가장 선호되는가에 대한 판단을 할 수 없는 경우도 있다. 이것을 **투표의 역설**(voting paradox)이라고 한다. 이러한 경우를 〈표 19-2〉를 통하여 살펴보기로 한다.

〈표 19-2〉 다수결투표의 역설

투표자	우선순위
갑	$A > B > C$
을	$B > C > A$
병	$C > A > B$

앞에서와 동일한 방법으로 선택대상을 둘씩 짝을 지워 투표할 때 사회적 선호에 대한 선택이 가능한지 살펴보기로 하자. 〈표 19-1〉과 비교할 때 병의 선호가 바뀌었음을 알 수 있다. A와 B에 대해 투표하면 A가 선호되고 ($A > B$)), B와 C에 대해 투표하면 B가 선호된다($B > C$). 마지막으로 A와 C에 대해 투표하면 C가 선호된다($C > A$). 그러므로 예산규모에 대한 사회선호는 $A > B > C > A$가 된다. 이처럼 투표의 결과에 끝없는 **순환**(cycling)이 계속되면 사회적 우선순위를 결정할 수 없는 문제점이 발생한다.[14)]

이러한 투표의 역설은 투표에 참여한 병에 의해서 발생된다. 대규모 예산(C)을 가장 선호하는 병의 입장에서는 소규모 예산(A)을 가장 싫어하는 것이 합리적이다. 그러나 그는 대규모 예산을 가장 선호함에도 불구하고 중규모 예산(B)을 가장 싫어하는 것으로 선호를 표명함으로써 투표의 역설이 발생한 것이다. 병의 선호체계가 〈표 19-1〉과 같이 $C > B > A$로 바뀌면 투표의 역설이 사라지는 것은 당연하다.

(3) 점투표제도와 투표거래

점투표제도(point voting)는 투표자들이 자신의 선호 강도에 따라 일정한 점수를 각 선택대상에 부여하고, 그 점수의 합계가 가장 높은 안건이 채택되도록 하는 투표제도이다. 점투표제도에 의한 사회적 선택과정을 〈표 19-3〉을 통하여 살펴보기로 하자.

〈표 19-3〉 점투표제도

안건 Ⅰ				안건 Ⅱ			
	갑	을	병		갑	을	병
X(17)	9	4	4	S(17)	4	4	9
Y(13)	1	6	6	V(13)	6	6	1

표에서 보면 안건 Ⅰ의 경우에는 선택대상이 X와 Y이며, 안건 Ⅱ의 경우에서는 S와 V이다. 또한 각 안건에 대해 각 투표자가 부여받은 점수는 10점이다. 점투표제도에 의하면 안건 Ⅰ의 경우에는 17점을 받은 X가 선택될 것이며, 안

14) 선호체계에 대한 이행성(transitivity)의 공리에 위배되는 것이다.

건 Ⅱ의 경우에도 17점을 받은 *S*가 선택될 것이다.

만일 위의 안건이 다수결투표제도에 의해 사회적 선택이 이루어진다면 어떤 결과가 나타날까? 안건 Ⅰ의 경우에는 을과 병이 *Y*를 선호하므로 투표결과 *Y*가 선택될 것이고, 안건 Ⅱ의 경우에서는 갑과 을이 *V*를 선호하므로 투표결과 *V*가 선택될 것이다. 이런 결과는 점투표제도의 경우와는 전혀 다른 것이다. 다수결투표에서 선택해야 하는 안건이 두 개 이상일 때는 **투표거래**(logrolling)와 같은 전략적 행동을 유발할 수도 있다. 〈표 19-3〉에 의하면 갑은 *X*, 병은 *S*에 유난히 높은 선호를 나타내고 있다. 반면에 갑의 *V*에 대한 선호와 병의 *Y*에 대한 선호는 상대적으로 높지 않다. 이러한 경우에 갑은 병에게 투표거래를 요청할 수 있다. 갑이 병에게 안건 Ⅰ에서 병의 선호를 *Y* 대신 *X*로 바꾸어 준다면, 안건 Ⅱ에서 자신의 선호를 *V* 대신 *S*로 바꾸어 주겠다고 제안하는 것이다. 이 경우 *S*에 대한 선호가 매우 높은 병이 갑의 요청을 받아들일 가능성이 크다. 선택해야 하는 안건이 두 개 이상이면서 서로 독립적인 다수결투표제도에서는 소수의 지지밖에 받지 못하는 안건이 전략적인 투표거래를 통하여 선택될 수도 있는 것이다.

4.3 개인의 선호에 의한 사회적 선택의 한계(불가능성정리)

앞에서 살펴본 것처럼 투표제도를 통하여 올바른 사회선호를 선택하는 것이 매우 어렵다. 그렇다면 사회구성원들의 선호가 주어졌을 때 이를 통합하여 사회 전체의 선호로 나타낼 수 있도록 하기 위해서 갖추어야 할 조건들은 어떤 것일까? **애로우**(K. Arrow)에 의하면 개인의 선호를 사회적 선호로 통합시켜 주기 위한 바람직한 조건들은 다음과 같다.

첫째, **완비성**(completeness) 공리와 **이행성**(transitivity) 공리로서 모든 사회적 상태는 비교 평가될 수 있어야 하며, 사회적 상태 a를 b보다 선호하고, b를 c보다 선호하면 당연히 a가 c보다 선호되어야 한다.

둘째, **파레토원칙**(Pareto principle)에 관한 공리로서 사회구성원들이 사회적 상태 a를 b보다 선호하면 사회도 a를 b보다 선호해야 한다.

셋째, **비독재성**(non-dictatorship)에 관한 공리로서 사회구성원 한 명의 선호가 사회전체의 선호를 좌우해서는 안 된다.

넷째, **독립성**(independence)에 관한 공리로서 사회상태 a가 b보다 선호되면 a, b와 무관한 사회상태 c가 선택대상에 포함되어도 a와 b의 선호에 영향을 미치지 않아야 한다. 이는 상이한 정책대안 사이에는 상호의존성이 없어야 한다는 것을 의미한다.

애로우의 **불가능성정리**(impossiblity theorem)에 의하면 위의 네 가지 조건을 충족하면서 개인의 선호를 사회적 선호로 바꿀 수 있는 투표제도는 존재하지 않는다. 이러한 불가능성정리가 성립하는 이유를 앞에서 살펴본 투표제도를 통하여 살펴보기로 하자.

첫째, 〈표 19-2〉에서 살펴보듯이 사회구성원 중에서 일부 그룹의 선호체계가 합리적이지 못하면 사회적 선호에 순환성의 문제가 야기되어 어느 안건이 가장 선호되는가에 대한 판단을 할 수 없는 투표의 역설이 발생하게 된다. 이는 **이행성 공리**에 위배되는 것이다.

둘째, 다수결투표제도에 의하면 중간선호를 갖는 그룹이 각종 결정을 독점하게 된다는 점이다. 〈표 19-1〉에 의하면 중위투표자는 의사결정에 참여하는 세 사람 중에 한 사람이며, 이 사람의 의사가 사회전체의 의사로 결정되기 때문에 **비독재성 공리**를 위반하는 것이다.

셋째, 점투표제도의 경우에는 투표거래와 같은 전략적 행동을 유발할 수 있다. 개인의 선호가 표출됨으로써 그것이 다른 사람들의 전략적 대상이 되어 투표거래가 발생하는 것은 **독립성 공리**를 위반하는 것이다.

이와 같이 투표제도의 여러 가지 문제들로 인하여 개인의 선호를 통합하여 사회전체의 선호를 도출하기란 거의 불가능하다고 볼 수 있다.

> 애로우의 **불가능성정리**(impossible theorem)에 의하면 개인의 선호를 사회적 선호로 통합시켜 주기 위한 바람직한 조건들을 충족하면서 개인의 선호를 사회적 선호로 바꿀 수 있는 투표제도는 존재하지 않는다.

5. 시장실패와 정부의 역할

5.1 정부개입의 정당성

시장가격기구에 의한 자원배분이 비효율적인 경우에 이를 시정하기 위한 정부개입의 필요성이 대두될 수 있다. 물론 시장실패로 인한 비효율성을 시정한다는 명분으로 정부가 개입했을 때 항상 더 좋은 결과를 얻을 수 있는 것은 아니다. 정부의 개입은 이로 인해 더욱 효율적인 결과를 얻을 수 있는 경우에만 그 정당성을 인정받을 수 있다. 실제로 정부가 어떤 방식으로 시장에 개입하는지 살펴보기로 하자.

첫째, 독과점시장의 존재는 시장실패의 원인이 되기 때문에 각 국가에서는 다양한 방법을 통하여 독과점기업을 규제하고 있다. 우리나라에서는 "독점규제 및 공정거래에 관한 법률"을 통하여 독과점 사업자로 분류된 기업의 상품에 대해서는 가격상한제를 적용하여 효율적 자원배분을 유도하고 있다. 또한 대기업들이 하청기업들에게 부당하게 횡포를 부리는 경우에는 정부가 이를 시정하도록 명령함으로써 시장실패를 치유한다.

둘째, 비용체감산업의 경우 가격과 한계비용이 일치하도록 생산량이 결정되면 기업은 손실을 볼 수밖에 없기 때문에 장기적으로는 생산자체가 불가능하다. 따라서 비용체감 현상이 현저하게 나타나는 철도, 수도, 전화, 전기산업 등을 정부가 **공기업**의 형태로 운영함으로써 시장실패를 시정한다.

셋째, 공공재를 시장기능에 맡겨두면 그것을 생산하는 기업은 거의 없을 것이다. 따라서 정부가 강제적 수단을 동원해서 공공재를 공급하는 수밖에 없다. 정부가 국민에게 조세납부와 병역의 의무를 부과해서 국방서비스를 공급하는 경우는 하나의 예가 된다.

넷째, 외부성이 존재하는 경우 정부는 가격기구 밖에서 발생하는 비용이나 이득을 내부화시킴으로써 시장실패를 치유할 수 있다. 예컨대 정부가 공해(pollution)

를 유발하는 기업에게 그로 인해 발생하는 사회적 비용만큼 **공해세**를 부과함으로써 외부성 문제를 해결할 수 있다.

다섯째, 경제 내에 불확실성이 존재하면 자원이 효율적으로 배분되지 못한다. 애로우(K. Arrow)는 비록 불확실성이 존재하더라도 미래에 일어날 수 모든 가능성을 대비할 수 있는 **완벽한 보험**(insurance)이 제공된다면 시장에서 효율적인 자원배분이 가능함을 보이고 있다. 정부가 보험시장을 통하여 불확실성을 완전하게 제거해 준다면 자원의 효율적 배분이 가능해진다는 것을 시사하는 것이다. 그러나 도덕적 해이와 역선택의 문제로 인하여 현실적으로 보험을 통하여 불확실성을 완벽하게 제거하는 것은 거의 불가능에 가깝다. 이것에 대한 자세한 설명은 다음 장에서 다루도록 하겠다.

5.2 정부실패

(1) 정부실패의 의의

정부는 앞에서 살펴본 여러 가지 수단을 동원하여 시장실패를 치유하기 위하여 노력하게 된다. 그러나 정부가 개입한다고 해서 항상 자원이 효율적으로 배분되는 것은 아니다. 오히려 정부개입 그 자체가 비효율성을 가져오는 원인이 될 수 있으며 경우에 따라서는 정부개입의 효과가 정부의 의도와는 전혀 다른 방향으로 나타나기도 한다. 정부의 개입 이전보다 자원이 더욱 비효율적으로 배분될 가능성도 배제할 수 없는 것이다. 우리는 이것을 **정부실패**(government failure)라고 한다.

> 시장실패를 치유하기 위하여 정부가 여러 가지 수단을 동원하여 시장에 개입한 결과 자원이 더욱 비효율적으로 배분되는 경우를 **정부실패**라고 한다.

(2) 정부실패의 원인

(가) 이익집단의 개입

자원배분과 관련된 정책결정 과정에는 여러 집단의 이해관계가 반영된다. 이들에는 여론이라는 힘을 동원할 수 있는 주민집단이 있고, 입법활동을 하는 정치집단이 있으며, 행정을 집행하는 관료집단이 있다. 이외 로비(lobby)활동을 하며 소속집단의 이익을 추구하는 수없이 많은 이익집단들도 존재한다.

모든 집단이 자신들의 이익만을 추구하는 경우에 정부개입이 효율적 자원배분을 가져다 줄 것을 기대하기는 어렵다. 특히 정치가나 관료들이 정책결정 과정에서 자신들의 사익을 반영한다면 정부정책에 의한 자원배분은 비효율적일 수밖에 없다.

(나) 제한된 정보

정보의 제약은 현재의 경제상황을 정확하게 인식하고 경제정책의 결과를 정확하게 예측하기 어렵게 한다. 경기침체에서 벗어나기 위해서 확장적 재정정책을 실시하는 경우를 예로 들어 보자. 정보의 제약으로 인하여 재정정책을 입안하는 시점에서 정부가 당시의 경제상황을 정확하게 파악하는 것이 쉽지 않으며, 따라서 어느 정도의 재정지출 규모가 필요한지도 정확하게 판단할 수도 없다. 설령 재정지출규모를 정확하게 알고 있다고 하더라도 확장적 재정정책이 각 부문에 어떤 결과를 가져올지를 정확하게 예측하는 것 역시 거의 불가능하다. 우리는 이러한 예를 통하여 정부가 원래 의도했던 경제정책의 목표를 달성한다는 것이 얼마나 어려운 것인지 알 수 있다.

(다) 시차문제

경제문제의 발생 시점과 이에 대응하는 정책이 실시되어 효과를 거두는 시점 사이에는 상당한 시차(time lag)가 존재한다. 현실적으로 보면 경기침체 현상이 나타나는 시점과 경기침체에 대처하기 위한 경제정책의 필요성을 인식하기까지에 상당한 기간이 소요된다. 이러한 시차를 **인식시차**(recognition lag)라고 한다. 또한 정책당국이 정책수단을 입안하여 실시하는 과정까지의 **실행시차**(implementation lag)도 존재한다.

인식시차와 실행시차를 합한 **내부시차**(inside lag)와 더불어 시행된 경제정책이 효과를 나타내기까지 걸리는 기간인 **외부시차**(outside lag)도 존재한다. 이와 같이 시차 문제가 존재한다면 정부가 처음에 의도했던 것과는 전혀 다른 결과가 나타날 수 있다. 내부시차와 외부시차로 인하여 경제정책의 효과가 나타날 시점에 경기가 이미 하강국면을 벗어나 상승국면에 진입해 있을 수 있다. 이처럼 시차문제는 정부개입에 의한 시장실패의 치유를 더욱 어렵게 한다.

[연습문제 19.6]

시장실패를 치유하기 위한 정부의 개입은 시차(time lag)문제로 인해 정부가 원래 의도했던 목적을 달성하지 못할 가능성이 있다. 이때 나타나는 내부시차와 외부시차는 무엇을 의미하는가?

(라) 민간부문의 통제 불가능성

정부가 어떤 정책을 시행할 때 정부가 의도했던 방향과 다르게 민간 경제주체가 반응하는 경우가 있다. 주택공급을 증가시켜 주택가격을 안정시키려는 정부의 의도가 오히려 부동산 투기를 조장하여 주택가격을 상승시켰던 경우를 우리는 이미 수차례나 경험한 바 있다. 이러한 사실은 정부가 민간부문을 통제하는 것이 한계가 있다는 것을 보여 주는 하나의 사례이다.

(3) 정부실패의 대응방안

정부실패로 인한 사회적 비용은 매우 크다. 관료조직의 방만한 운영과 정치적 의사결정으로 인한 예산낭비로 경제적 자원이 비효율적으로 사용되는 경우를 우리는 종종 목격하였다. 정부실패를 방지하기 위한 방안으로 다음의 몇 가지를 생각해 볼 수 있다.

첫째, 관료조직의 효율성 제고이다. 성실하게 근무하는 관료와 그렇지 않은 관료의 보수가 똑같다면 공익을 위해 최선을 다하는 관료들을 기대할 수 없다. 따라서 공무원의 보수체계에 성과급 제도를 도입하는 것은 경직된 관료조직의 효율성 제고에 기여할 것이다.

둘째, 정부개입의 근거가 되는 모든 법안들이 의회에서 만들어진다. 따라서 이들 법안의 입법에 관여하는 국회의원들이 공익을 위한 정치적 의사결정을 하는지 감시하고, 또한 그렇게 하도록 유인해야 한다. 자신의 이익과 자신이 소속된 정당의 이익을 반영하는 의사결정이 이루어지는 한 효율적인 법안이 만들어지기는 불가능하다.

셋째, 무엇보다도 중요한 것은 정부가 시장의 가격기능을 신뢰해야 한다는 점이다. 시장에서의 자원배분이 비효율적이라 판단될 때 정부가 바로 개입하기보다는 각종 경쟁의 제한 요인들을 제거해 주는 편이 더욱 효율적이다. 현실적으로 시장실패와 정부실패에 따른 부작용을 비교해 보면 정부실패가 훨씬 더 많은 비효율성을 발생시킬 가능성이 크기 때문이다.

연습문제 풀이

[연습문제 19.1]
생산량이 증가하면서 한계수입이 감소하고 있으므로 이 기업은 불완전경쟁기업이다. 시장기구에 맡겨두면 $MR=MC$, $100-(1/2)Q=20$일 때 이윤을 극대화하므로 $Q_0=160$이다. 오염물질 방출로 인한 외부한계비용은 $EMC=d(10Q)/dQ=10$이다. 사회적으로 바람직한 최적 생산수준은 $MR=SMC(PMC+EMC)$, $100-(1/2)Q=20+10$의 조건을 만족해야 하므로 $Q_1=140$이다. 시장기구에 맡겨두면 사회적으로 바람직한 최적생산량을 20(=160−140)단위만큼 초과한다는 것을 알 수 있다.

[연습문제 19.2]
(i) 이 기업이 이윤극대화를 추구하는 생산량은 $P=PMC$, $150=50+(1/2)Q$의 조건을 만족해야 하므로 $Q_0=200$이다. (ii) 사회적으로 바람직한 최적생산 수준은 $P=SMC(PMC+EMC)$, $150=50+(1/2)Q+20$의 조건을 만족해야 하므로 $Q_1=160$이다. (iii) 상품의 생산수준을 160단위로 직접통제하거나 단위당 20원의 오염부과금을 부담시켜야 한다.

[연습문제 19.3]
시장기구에 맡겨두면 수요곡선($P=100-Q$)과 사적 한계비용곡선(PMC), 즉 공급곡선($P=20+Q$)이 교차하는 점에서 생산량이 결정되므로 $100-Q=20+Q$, $Q=40$이다. 한편, 사회적인 최적생산량은 수요곡선과 사회적 한계비용곡선($SMC=PMC+EMC$)이 교차하는 점에서 결정되므로 $100-Q=20+3Q\{=(20+Q)+2Q\}$, $Q=20$이다. 사회적인 최적수준이 $Q_0=20$일 때 사적 한계비용은 $PMC=20+Q_0=40$원이고, 사회적 한계비용은 $SMC=20+3Q_0=80$원이다. 따라서 이 둘의 차이에 해당하는 40원을 단위당 피구세로 부과하면 된다. 생산량을 40단위에서 20단위로 감소할 때 사회적 비용의 감소 크기는 SMC곡선 아래의 면적이지만, 편익의 감소 크기는 수요곡선 D 아래의 면적에 해당한다. 그러므로 생산량이 40단위에서 20단위로 감소할 때 사회후생의 증가 크기는 $1/2\times20\times80=800$이다.

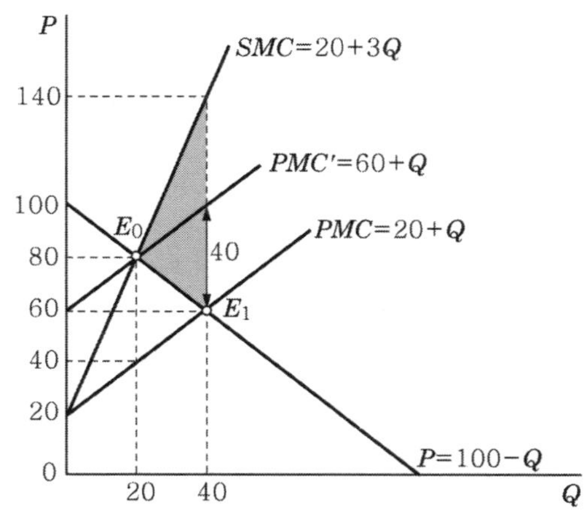

[연습문제 19.4]
시장기구에 맡겨두면 대학생 수는 $PMB=MC$, $200-10Q=10Q$가 성립되는 수준에서 $Q_1=10$으로 결정된다. 한편, 대학생 수의 한 단위 증가에 따른 외부한계편익이 $EMB=100$이므로 사회적 한계편익은 $SMB=PMB+EMB=200-10Q+100=300-10Q$이다. 사회적 최적인 대학생 수는 $SMB=MC$, $300-10Q=10Q$가 성립되는 수준에서 $Q_0=15$로 결정된다. 대학교육을 시장에 맡겨두면 대학생 수는 최적수준보다 5만큼 적은 것을 알 수 있다. 대학생 수의 한 단위 증가에 따른 외부한계편익이 $EMB=100$으로 일정하므로 대학생 수를 최적수준으로 유지하려면 단위당 100만큼의 피구적 보조금을 지급해야 한다.

[연습문제 19.5]
공공재의 시장수요곡선은 개별수요곡선을 수직으로 합해야 한다. A의 공공재에 대한 수요함수는 $P=40-Q_A$, B의 공공재에 대한 수요함수는 $P=50-2Q_B$이므로 공공재의 시장수요곡선은 $P=90-3Q$이다. 이제 $P=MC$로 두면 $90-3Q=30$이므로 $Q_0=20$이다.

[연습문제 19.6]
교과서 본문의 내용을 참고하라.

제20장 비대칭정보와 시장실패

1. 정보의 경제적 의미
2. 역선택
3. 도덕적 해이
4. 주인-대리인의 문제
5. 경매

사람들은 가능하다면 서로 많은 정보를 얻으려고 한다. 그러나 시장에 관한 각종 정보를 얻기 위해서는 반드시 갖가지 비용을 지불해야 한다. 이는 정보가 **경제재**(economic goods)라는 점과 경제주체들이 보유한 정보의 차이로 인하여 여러 가지 문제가 발생할 수 있다는 것을 의미하는 것이다.

경제학에서 정보가 불확실한 경우에 특히 많은 관심을 갖는 것은 경제주체들 사이에 정보가 비대칭적으로 주어져 있는 경우이다. 상대방이 어떤 유형의 경제주체인지, 또는 상대방이 어떤 행동을 하고 있는지 정확하게 알 수 없는 경우에 해당한다. 본 장에서는 정보의 비대칭성으로 인해 역선택과 도덕적 해이, 그리고 주인-대리인의 문제가 발생하는 상황에서 자원이 어떻게 배분되는가를 다루게 된다. 마지막으로 정보의 비대칭성과 관련하여 경매제도에 관해서도 살펴보도록 한다.

1. 정보의 경제적 의미

1.1 경제재로서의 정보

지금까지는 각 경제주체가 거래 상대방과 함께 완전한 정보를 소유하고 있다고 가정하고 대부분의 논의를 진행하여 왔다. 예컨대 소비자와 생산자 모두가 상품가격과 관련된 정보뿐만 아니라 그것과 관련된 모든 정보를 똑같이 소유하고 있다고 가정한 것이다. 그러나 현실에서는 정보가 불완전한 경우가 대부분이고, 결과적으로 자원배분이 효율적으로 이루지는 것을 기대하기는 어렵다. 불완전 정보로 인하여 자원배분이 왜곡되는 현상을 줄이기 위해서 가능한 많은 정보를 소유하면 좋겠지만 그렇다고 한없이 많은 정보를 수집할 수만도 없다. 정보수집에는 그에 상응하는 비용이 수반되기 때문이다. 그렇다면 경제주체들은 얼마만큼의 정보를 얻는 것이 바람직한 것인가?

정보가 거의 없는 상태에서 추가적인 정보로부터 얻게 되는 한계편익은 무척 크겠지만, 정보의 양이 많아지면서 추가적인 정보로부터 얻게 되는 한계편익은 점점 낮아질 것이다. 따라서 정보획득에 따른 한계편익곡선(MB)은 우하향하게 된다. 한편 정보가 거의 없는 상태에서 추가적인 정보를 얻는데 소요되는 비용은 낮지만, 정보가 많은 상태에서 추가적인 정보를 얻으려면 보다 많은 비용을 지불해야 하므로 정보획득에 따른 한계비용곡선(MC)은 우상향하게 된다. [그림 20-1]과 같이 정보획득에 따른 한계편익곡선과 한계비용곡선이 주어지면 적정 정보수준은 두 곡선이 교차하는 E_0점에서 Q_0로 결정된다. Q_0보다 많은 정보를 획득하면 의사결정에 도움이 되겠지만 추가로 얻는 정보의 편익보다 추가로 소요되는 비용이 더 많기 때문에 Q_0보다 더 많은 정보를 탐색할 유인이 없다.

각 경제주체의 정보획득에 따른 한계편익과 한계비용은 서로 다를 수밖에 없기 때문에 각자 소유하게 되는 정보수준에서 당연히 차이가 나게 된다. 경제적 이해관계를 맺고 있는 당사자들이 보유한 정보수준에서 격차가 나타나는 경우

[그림 20-1] 적정정보수준의 결정

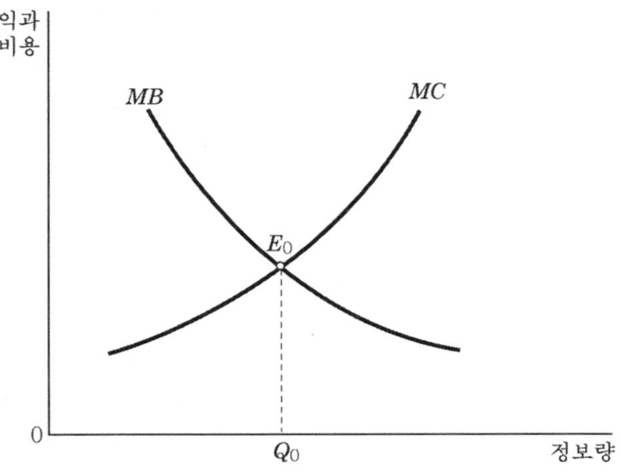

를 **비대칭적 정보**(asymmetric information)의 상황이라고 한다. 비대칭적 정보의 상황은 전형적으로 보험회사와 보험가입자, 주주와 경영자, 고용주와 고용자 사이에서 나타난다. 예컨대 보험회사에서는 운전자들의 개별 성향을 정확하게 파악하지 못한 채 보험에 가입시키는 경우가 대부분이다. 반면에 보험가입자인 운전자는 자신의 운전성향에 대해 너무나 잘 알고 있다. 이런 의미에서 보험회사와 보험가입자 사이에는 비대칭적 정보의 상황이 나타난다고 볼 수 있다. **정보경제학**(information economics)은 경제주체(혹은 거래당사자)들이 서로 비대칭적 정보를 소유하고 있을 때 자원배분이 어떻게 이루어지는가에 대해 많은 관심을 갖는다.

정보재

컴퓨터 소프트웨어, 음악이나 영화CD의 가치는 대부분 그 안에 포함되어 있는 지식이나 정보에 의해 결정된다. 이처럼 그 안에 들어 있는 정보가 핵심적인 가치를 지니는 상품을 **정보재**(information goods)라고 한다. 정보재의 또 다른 예로 웹페이지, 데이터베이스 등을 들 수 있다.

이러한 정보재의 특징은 다음과 같다. 첫째, 정보재의 생산과정에서 규모의 경제가 발생하고, 자연적으로 독점화하는 경향이 나타난다. 컴퓨터 소프트웨어를 만들려면 초기에 엄청난 비용을 투입해야 한다. 그런데 일단 그것을 제작하고 나면 추가적으로 소요되는 것은 공CD 구입비용 정도이다. 따라서 평균 생산비용이 지속적으로 감소하는 **규모의 경제**가 발생하게 되는 것이다. 둘째, 정보재는 일단 한번 사용하기 시작하면 다른 프로그램으로 바꾸기 어려운 **잠김효과**(lock-in effect)가 나타난다. 컴퓨터 소프트웨어와 같은 정보재는 일반적인 상품과 달리 다른 것으로 바꾸는데 많은 전환비용(switching cost)이 소요되기 때문이다. 셋째, 정보재는 **네트워크효과**(network effect)로 인해 다른 사람이 얼마나 그것을 많이 사용하는지가 소비자의 구입여부 결정에 큰 영향을 미친다. 다른 사람이 많이 사용하는 컴퓨터 프로그램일수록 그것을 사용할 때의 편익이 커지기 때문이다. 결국 정보재의 경우는 수요측면에서도 규모의 경제가 발생한다.

이외에도 정보재는 그것을 사용해 보아야 그 가치를 알 수 있는 **경험재**(experience goods)이면서, 광범위한 범위에서 **가격차별**이 이루어지는 특성이 있다. 흔글프로그램을 누가(개인 혹은 기업) 구입하느냐에 따라 서로 다른 판매가격을 부과하는 것은 정보재에서 가격차별이 이루어지는 대표적인 사례이다.

1.2 비대칭적 정보의 상황

비대칭적 정보의 상황은 현실적으로 거래 상대방의 특성을 잘 모르는 경우나 한쪽 당사자가 취하는 행동을 상대방이 관찰할 수 없는 경우에 나타날 수 있다.

(1) 감추어진 특성

거래당사자나 거래상품의 특성을 어느 한 쪽만 알고 있는 경우에 **감추어진 특성**(hidden characteristic)으로 인하여 비대칭적 정보의 상황이 나타날 수 있다. 앞에서 예를 든 것처럼 보험회사가 운전자의 운전성향을 모르는 경우, 인터넷 쇼핑몰의 중고품 시장에서 구매자가 상품의 품질을 전혀 알지 못하는 경우는 감추어진 특성의 좋은 예가 된다. 이러한 감추어진 특성의 상황에서 **역선택**(adverse selection)의 현상이 나타날 수 있다.

(2) 감추어진 행동

거래에 참여하는 한쪽 당사자의 행동을 상대방이 관찰, 통제할 수 없는 경우는 **감추어진 행동**(hidden action)의 형태로 비대칭적 정보의 상황이 나타날 수 있다. 보험회사는 보험에 가입한 사람들이 사고를 예방하기 위하여 얼마나 노력하는지를 알 수 없으며, 고용주는 근로자들이 얼마나 열심히 일하는지 알 수 없다면 이것들은 감추어진 행동의 예가 될 수 있다. 이처럼 감추어진 행동의 상황에서 정보를 상대적으로 많이 가진 경제주체가[1] 바람직하지 않는 행동을 하는 **도덕적 해이**(moral hazard)가 일어날 수 있다.

감추어진 행동은 주인(principal)과 대리인(agent) 사이에서도 나타날 수 있다. 주주(주인)와 전문경영인(대리인)의 관계에서 전문경영인이 주주 모르게 자신의 이익을 추구하거나, 관료들이 국민의 후생극대화를 위하여 노력하기보다는 자신의 승진을 위하여 노력하는 경우가 있다. 이러한 사례에서 볼 수 있는 것처럼 대리인의 감추어진 행동에 의한 비대칭적 정보의 상황은 **주인-대리인의 문제**(principal-agent problem)를 발생시킬 가능성이 있다. 넓은 의미로 본다면 주인-대리인 문제도 도덕적 해이의 일종이다.

> **감추어진 특성**과 **감추어진 행동**의 형태로 비대칭적 정보의 상황이 나타날 수 있는데, 감추어진 특성으로 인하여 **역선택**이 발생하고, 감추어진 행동으로 인하여 **도덕적 해이**와 **주인-대리인의 문제**가 발생할 수 있다.

1.3 비대칭적 정보와 시장실패

완전경쟁시장에 불확실성(uncertainty)이 존재하여 정보가 불완전하면 효율적인 자원배분을 기대할 수 없다. 이에 대해 **애로우**(K. Arrow)는 비록 불확실성이 존재하더라도 미래에 일어날 수 있는 모든 가능성에 대하여 **완벽한 조건부상품시장**(perfect contigency market) 혹은 **완벽한 보험**(perfect insurance)이 제공된다면 효율적인 자원배분이 가능하다고 주장한다.

그러나 현실적으로는 완벽한 조건부상품 혹은 완벽한 보험이 존재하기는 쉽지 않다. 이후에 곧 살펴보겠지만 도덕적 해이와 역선택의 문제가 존재하는 상

1) 보험 가입자의 사고예방 노력에 대한 정보는 보험회사보다 보험가입자가 많이 가지고 있으며, 근로자가 얼마나 성실하게 일을 하는지에 대한 정보는 고용주보다 근로자가 월등하게 많이 가지고 있다.

황에서는 완벽한 보험시장이 존재할 수 없으며, 완벽한 보험이 제공될 수 없다면 불확실성의 문제는 시장에서 해결할 수 없게 된다. 바로 여기에 시장실패의 원인이 있는 것이다.

2. 역선택

감추어진 특성으로 인하여 정보가 비대칭적으로 분포된 상황에서 정보수준이 상대적으로 낮은 경제주체가 바람직하지 못한 상대방과 거래(혹은 낮은 품질의 상품을 구입)할 때 **역선택**(adverse selection)이 일어났다고 한다. 현실에 있어서 역선택은 상품시장, 보험시장, 금융시장, 노동시장 등 대부분의 시장에서 다양한 형태로 나타나고 있다.

2.1 상품시장에서의 역선택

비대칭적 정보의 상황에서 선택 문제를 최초로 체계화한 **애컬로프**(G. Akerlof)가 예를 든 중고차시장을 이용하여 역선택의 문제를 살펴보기로 하자. 어떤 중고차시장에 20대의 중고차가 있는데 10대는 품질이 우수하지만 나머지 10대는 사고로 인하여 품질이 낮다. 저질 중고차(lemon) 판매자는 자신의 자동차에 대해 최소한 200만원을 받으려고 하는 반면에 양질 중고차(non lemon)의 판매자는 최소한 500만원을 받으려고 한다.[2)] 한편 중고차를 구입하는 사람들은 저질 중고차에 대해서는 250만원, 양질 중고차에 대해서는 550만원을 지불할 용의가 있다고 가정하자.

만일 중고차의 특성에 대해 구매자들이 완전한 정보를 가지고 있다면 시장에서 거래가 원활하게 이루어지게 된다. 〈표 20-1〉에서 보는 것처럼 저질 중고차는 200만원과 250만원 사이에서 거래될 것이며, 양질 중고차는 500만원과 550

2) 레몬(lemon)은 겉보기에는 아름답지만 신맛 강한 과일이다. 2001년 노벨 경제학상을 받은 **애컬로프**(G. Akerlof)는 겉은 멀쩡하지만 실속 없는 상품이 거래되는 시장을 레몬시장이라고 한다. 그는 가장 전형적인 레몬시장으로 중고차 시장을 꼽고 있다. 우리나라의 일부 교과서에서는 레몬시장을 빛 좋은 '개살구 시장'으로 번역하고 있다.

만원 사이에서 거래될 것이다.

〈표 20-1〉 개살구(lemon)에 대한 판매자와 구매자의 평가

구 분	판 매 자	구 매 자
저질 중고차(lemon)	200만원	250만원
양질 중고차(non lemon)	500만원	550만원

그러나 정보의 한계로 인하여 구매자들이 저질의 중고차와 양질의 중고차가 반반씩 섞여 있다는 정도만 알고 있다면 중고차의 가격은 어느 수준으로 결정될까? 정보가 부족한 상태에서 중고차를 구입하고 나면 어떤 유형으로 판명될지 모르기 때문에 구매자들이 중고차에 대해 기꺼이 지불하려고 하는 가격은 각 유형의 중고차에 대해 지불할 용의가 있는 금액의 **기대값**(expected value)이 될 것이다. 저질 중고차와 양질 중고차가 거래될 확률이 각각 0.5이므로 중고차에 대해 구매자들이 지불할 용의가 있는 금액의 기대값은 400만원(=250 × 0.5+550×0.5)이 된다.

지금 보는 것처럼 정보가 불완전한 상태에서 구매자들이 중고차를 구입하기 위해 지불하려는 금액은 400만원이 된다. 이러한 상황에서 양질 중고차를 소유한 사람은 자신의 중고차를 판매하지 않으려고 할 것이다. 양질 중고차의 소유자는 이에 대해 최소한 500만원을 받으려고 하기 때문이다. 반면에 저질 중고차 소유자들은 그들이 받기를 원하는 수준보다 높은 가격을 받을 수 있어서 시장에 남아 있게 된다. 결과적으로 중고차시장에서는 저질 중고차(lemon)만 거래가 이루어지게 된다. 이와 같이 감추어진 특성의 상황에서는 정보수준이 낮은 경제주체가 바람직하지 못한 상대방과 거래를 하는 **역선택**이 나타나게 되어 결과적으로 자원배분의 비효율성이 초래된다.

정보가 부족한 상황에서 어떻게 하면 좋은 품질의 중고차를 판매할 수 있도록 유인할 수 있을까? 구매자가 중고차를 사용해 보고 문제가 있으면 무상으로 수리를 해주거나 현금으로 바꾸어준다는 **조건부 계약**을 통해서 역선택의 문제를 어느 정도 해결할 수 있다. 또한 양질 중고차에 대해서 **품질보증서**(warranty)를 발행함으로써 역선택의 문제를 해결할 수도 있을 것이다. 양질 중고차 소유자가 제공하는 품질보증서는 자동차의 품질에 대한 **신호발송**(signaling)의 역할을 하게 된다.[3] 소비자들은 이러한 신호를 품질에 대한 정보로 활용하여 저질

중고차인지 양질 중고차인지를 판단할 수 있게 되고 그 결과 양질의 중고차 시장이 형성될 수 있다. 물론 저질 중고차의 소유자는 품질보증서를 제공하지 않을 가능성이 매우 크다. 중고차 판매 이후에 갖가지 보상을 요구받게 되면 큰 손해를 볼지도 모르기 때문이다.

> 감추어진 특성으로 인하여 정보가 비대칭적으로 분포된 상황에서 정보수준이 상대적으로 낮은 경제주체가 바람직하지 못한 상대방과 거래하거나, 낮은 품질의 상품을 구입하는 결과를 **역선택**(adverse selection)이라고 한다.

상품시장에서 나타나는 역선택 문제는 평판을 이용하여 해소할 수도 있다. 판매자와 구매자 사이에 상품의 품질에 관한 정보의 비대칭성이 존재할 때, 판매자가 자신은 항상 좋은 품질의 상품만 판매한다는 **평판**(reputation)을 유지함으로써 품질을 인정받을 수 있기 때문이다. 가격은 비싸지만 좋은 품질의 소고기를 판매하는 횡성한우전문점은 평판을 통하여 역선택을 해소시키는 대표적인 사례이다. 또한 맥도날드, 롯데리아 등과 같이 체인점 형태로 운영하는 각종 음식점들은 **표준화**(standardization)를 통하여 판매자와 구매자 사이에 상품의 품질에 관한 정보의 비대칭성 문제, 즉 역선택을 해소하고 있다.

[연습문제 20.1]

> 경기도 이천쌀에 대한 품질을 소비자들이 정확하게 모르기 때문에 '가짜 이천쌀'이 시중에 유통되는 경우가 있다. 이러한 역선택의 문제를 해결하기 위한 방법은?

2.2 보험시장에서의 역선택

보험시장은 역선택과 관련하여 가장 활발하게 논의되는 시장 가운데 하나이다. 자동차보험을 예로 설명해 보자. 보험회사에서는 사고발생빈도가 높은 집단과 낮은 집단의 사고확률, 그리고 각 경우의 기대손실액 등을 감안하여 보험료

3) 신호발송이란 정보를 상대적으로 많이 갖고 있는 경제주체가 적극적으로 정보를 제공하는 노력을 의미한다.

를 결정하게 된다. 이렇게 결정된 보험료는 사고확률이 높은 집단에서 보면 낮은 것이며, 반대로 사고확률이 낮은 집단에서 보면 높은 것이다. 보험회사가 모든 운전보험 가입자에게 동일한 보험료를 책정한다면 사고확률이 낮은 운전자들은 보험에 가입하지 않고 사고확률이 높은 운전자들만 보험에 가입하는 **역선택**이 발생할 수 있다.

보험회사는 **선별**(screening)을 통해서 보험시장의 역선택 문제를 해결할 수 있다. 선별이란 정보를 갖지 못한 측에서 불충분하지만 주어진 자료를 이용하여 상대방의 특성을 파악하는 것을 의미한다. 예컨대 보험회사에서 평균적으로 26세 이상의 운전자가 26세 미만의 운전자보다 사고확률이 낮다는 통계자료를 이용하여 나이가 26세 미만인 사람들에게 높은 보험료를 책정하거나, 생명보험 가입시 사전에 건강검진을 받도록 하는 것이 선별에 해당한다. 정보수준이 상대적으로 낮은 측에서 상대방에게 거래와 관련된 선택을 스스로 결정하도록 함으로써 자신의 특성을 드러내게 하는 **자기선택장치**(self selection-device)도 선별의 일종이다. 생명보험회사가 보험상품을 판매할 때 각종 특약을 통해 보험가입자가 스스로 선택하도록 함으로써 자신의 특성을 드러내게 하는 것은 자기선택장치의 대표적인 사례이다.

또한 정부가 모든 거래당사자를 강제적으로 보험에 가입하도록 하는 **강제집행**(가입 의무화)을 통하여 역선택을 해결할 수도 있다. 보험가입을 의무화하면 사고확률이 낮은 운전자와 높은 운전자 모두가 보험에 가입하게 되므로 역선택의 문제가 해소되는 것은 당연하다. 그러나 자동차 책임보험이 제공된다고 해서 뒤에서 곧 살펴보게 되는 도덕적 해이의 문제까지 해결되는 것은 아니다. 강제로 보험에 가입해야 하는 것과 보험가입 이후 사고회피노력을 소홀하게 하는 것은 별개의 문제이기 때문이다.

2.3 금융시장에서의 역선택

정보의 비대칭성이 내재하는 금융시장에서도 역선택 문제가 존재한다. 금융거래에서 역선택의 예는 대출이자율을 인상할 때 위험이 낮은 사업에 투자하려는 사람보다는 위험이 높은 사업에 투자하려는 사람에게 대출이 이루어지는 경우를 들 수 있다. 은행에 대출을 신청한 2명의 투자자가 있다고 하자. A는 예상

투자수익률은 낮지만 안전한 사업을 계획하고 있는 반면에 B는 예상투자수익률이 높지만 위험한 사업을 계획하고 있다. 파산위험의 측면에서 본다면 A는 우량 차입자이고 B는 비우량 차입자이다.

A와 B는 자신이 우량 차입자인지 비우량 차입자인지 알고 있지만, 자금을 대출하는 은행은 두 사람이 투자하는 사업의 위험성을 파악하기 쉽지 않다. 투자자의 위험성향에 대한 정보의 비대칭성이 존재하게 된다. 이러한 상황에서 예상투자수익률이 높은 사업에 투자하려는 B는 보다 높은 이자를 부담하더라도 투자자금을 차입하려 할 것이다. 이러한 대출자금에 대한 수요로 인하여 대출이자율이 상승하면 안전한 사업을 계획하는 투자자는 대출을 포기하는 반면에 위험한 사업을 계획하는 투자자들만 차입하는 **역선택**이 발생하게 된다.

금융시장에서 나타나는 역선택의 문제는 **신용할당**(credit rationing)을 통하여 어느 정도 해소할 수 있다. 신용할당이란 대출자금에 대한 초과수요가 존재함에도 불구하고 은행이 대출이자율을 인상하지 않고 주어진 자금을 신용도가 높은 기업에게만 배분하는 현상을 말한다. 은행의 위험은 대출이자율이 어느 수준 이상으로 높아지면 더욱 증대된다. 대출이자율이 높아질수록 불량 차입자가 대출받을 가능성이 높아지기 때문이다. 이러한 상황에 직면하는 은행은 시장의 균형이자율과 무관하게 예상수익이 극대가 되도록 대출이자율을 결정하는 것이 합리적일 수 있다.

[그림 20-2] 신용할당

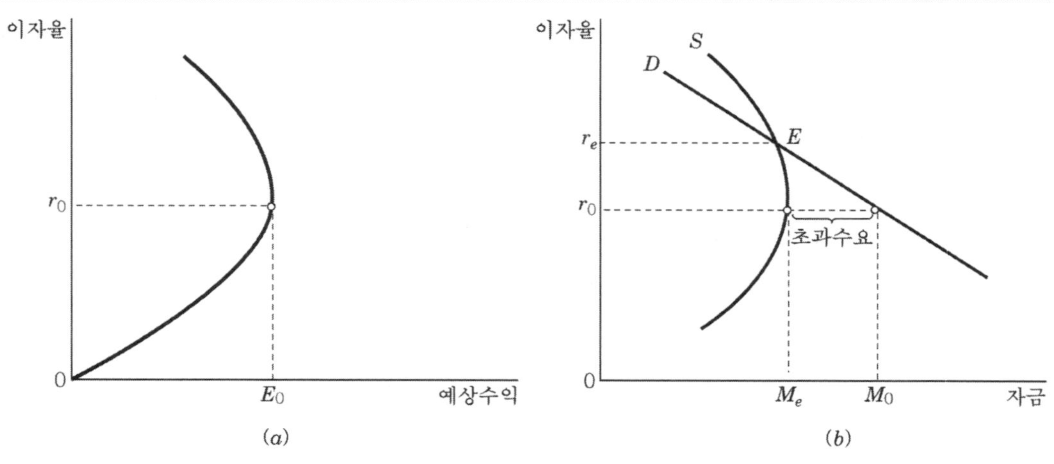

[그림 20-2] (a)에서 보면 대출이자율이 r_0일 때 은행의 예상수익은 최대가 되며, 대출이자율이 그 이상으로 상승하면 오히려 예상수익은 감소하는 것으로 나타나 있다. 대출이자율이 일정수준 이상으로 높아지면 불량 차입자가 대출받을 가능성이 높아져 대출금의 회수 가능성이 낮아지기 때문이다. 따라서 은행은 대출이자율이 r_0보다 높은 수준에서는 오히려 대출자금 공급량을 감소시키려고 할 것이다. 그림 (b)에서 대출자금의 공급곡선이 r_0에서 후방으로 굴절하는 것은 바로 이러한 성격을 반영한 것이다.

대출자금의 공급자인 은행이 시장의 균형이자율 수준인 r_e보다 낮은 r_0에서 대출이자율을 결정한다면 그림 (b)에서 볼 수 있듯이 M_eM_0 크기의 대출자금에 대한 **초과수요**가 발생하지만, 은행은 역선택을 방지하기 위해 대출이자율을 인상하지 않고 주어진 자금을 신용도가 높은 기업에게 배분하는 신용할당을 선택하게 된다.[4)] 금융시장의 불확실성이 증가하여 역선택의 문제가 악화되면 신용할당 현상이 더욱 심화되면서 자금공급이 경색될 수 있다.

[연습문제 20.2]

금리결정이 완전히 자유로운 상황에서도 신용도가 상대적으로 낮은 중소기업들은 은행으로부터 대출받는 것이 쉽지 않다. 자금의 초과수요가 발생함에도 불구하고 은행들이 이자율을 인상하지 않는 이유는?

2.4 노동시장에서의 역선택

기업이 구직자들의 노동생산성을 정확하게 파악할 수 있다면, 생산성이 높은 구직자에 대해서는 높은 임금을 지급하고 생산성이 낮은 구직자에게는 낮은 임금을 지급하려고 할 것이다. 그러나 기업은 구직자들에 관한 정보가 절대적으로 부족하다. 이러한 상황에서 기업은 그들에게 얼마만큼의 임금을 지불해야 하는 것일까?

먼저 구직자들의 평균적인 생산성에 근거하여 모든 구직자들에게 동일한 임

4) 신용할당은 새케인즈학파가 이자율의 경직성을 설명하는 이론적 근거로 사용한다. 이에 대해서는 거시경제학에서 자세히 취급되고 있다.

금을 지불하는 방법을 생각해 볼 수 있다. 이 방식에 의하면 생산성이 높은 구직자에게는 능력에 비해 낮은 수준의 임금을 지불하게 되는 것이고, 생산성이 낮은 구직자에게는 필요 이상으로 높은 수준의 임금을 지불하게 되는 셈이다. 따라서 생산성이 높은 구직자들은 취업을 포기하게 되고, 생산성이 낮은 구직자들만 취업하는 현상이 나타나게 될 것이다. 이와 같이 노동시장에서도 기업과 구직자들 사이의 비대칭적 정보로 인하여 생산성이 낮은 구직자들만 고용하는 **역선택**이 나타날 수 있다.

기업이 구직자의 숨겨진 특성을 파악할 수 있다면 생산성이 높은 노동자를 채용할 수 있다. 일반적으로 기업은 구직자의 능력을 파악하기 위한 수단으로 구직자가 제출한 학위증, 자격증 등을 **신호**(signal)로 활용한다. 신호의 개념을 최초로 경제학에 도입한 **스펜스**(A. M. Spence)에 따르면 노동시장에서는 높은 교육수준이 정보의 비대칭성을 해소하기 위한 '신호'로 작용한다. 사람들이 굳이 상급학교에 진학하는 이유는 교육을 통해 생산성을 높이기 위해서가 아니라 그들의 노동생산성이 높다는 신호를 보내기 위해서라고 볼 수 있다.

한편, 노동자들의 생산성에 대한 정보가 부족한 기업은 직원채용을 공고할 때 시장의 균형임금보다 높은 수준의 임금을 제시함으로써 역선택의 문제를 해소할 수 있다. 기업에서 높은 수준의 임금을 제시하면 생산성이 높은 노동자들의 지원이 늘어날 것이고 그 결과 우수한 노동자를 채용할 수 있기 때문이다. 이처럼 시장의 균형임금보다 높은 수준의 임금, 즉 **효율성 임금**(efficiency wage)을 지급함으로써 노동시장에서의 역선택 문제를 해소할 수 있다.

3. 도덕적 해이

감추어진 행동(hidden action)으로 인하여 경제주체 간 정보가 비대칭적인 상황에서 정보를 많이 가진 측은 정보우위를 이용해서 자신의 이익만 추구하는 유인을 갖고 행동할 수 있는데, 이런 현상을 **도덕적 해이(moral hazard)**라고 한다. 물론 도덕적 해이가 정보를 많이 가진 주체의 행동이 비도덕적이라는 것을 의미하는 것이 아니다. 정보가 비대칭적일 때 그가 효용극대화를 추구하는 과정에서 나타나는 자연스러운 결과이다. 도덕적 해이는 역선택과 마찬가지로 보험시장을 비롯하여 금융시장, 노동시장, 상품시장 등에서 다양한 형태로 나타난다.

3.1 보험시장에서의 도덕적 해이

보험시장에서의 도덕적 해이란 일단 보험에 가입한 후 보험가입 이전과는 달리 사고회피 노력을 소홀히 할 때 나타나는 문제이다. 한 가지 언급하고 싶은 것은 도덕적 해이가 범죄행위는 아니라는 점이다. 예컨대 자동차보험 가입자가 사고회피 노력을 게을리하는 것은 도덕적 해이이지 범죄행위가 아니다. 물론 보험금을 타내기 위해서 의도적으로 자동차 사고를 내는 것은 도덕적 해이가 아니라 범죄행위에 해당한다.

> 감추어진 행동으로 인하여 정보가 비대칭적으로 분포된 상황에서 정보를 많이 가진 경제주체가 정보를 갖지 못한 측 입장에서 바람직하지 않는 행동을 취하는 현상을 **도덕적 해이**(moral hazard)라고 한다.

보험에 가입하지 않은 상태에서 자동차 사고가 막대한 금전적 부담을 져야 하므로 사람들은 과속하지 않고 차선을 잘 지키는 등 사고예방을 위해 세심한 주의를 기울이게 된다. 그러나 자동차보험에 가입한 이후에는 사고가 발생하더라도 보험회사가 비용을 부담하기 때문에 보험가입 이전보다 사고회피 노력을 소홀히 하는 도덕적 해이가 나타날 수 있다. 극단적인 경우 보험금이 손실비용보다 많을 때는 의도적으로 사고를 낼 가능성도 있는데, 이로 인하여 '도덕적 해이'라는 용어가 유래된 것이다.

그렇다면 보험시장에서 나타날 수 있는 도덕적 해이를 막을 방법은 무엇일까? 보험시장에서 도덕적 해이는 보험가입자가 사고 피해액을 부담하지 않기 때문에 나타나는 현상이다. 따라서 보험회사가 피해액의 일부를 보험가입자에게 부담시키면 사고회피의 유인이 생길 것이다. 보험회사는 사고 피해액의 일정 비율만 부담하는 **공동보험**(co-insurance)이나 피해액 중에서 일정액을 가입자에게 부담시키고 나머지만 부담하는 **기초공제**(initial deduction)제도를 도입하고 있다. 우리나라에서 자동차사고에 따른 피해액을 보험회사가 지급하는 경우, 그 지급액의 크기에 따라 자동차 보험료를 할증하는데 이는 일종의 공동보험으로 볼 수 있다. 의료보험에서는 환자들이 의료서비스를 받을 때마다 진료비의 일정

금액을 부담하는 기초공제 제도를 채택하고 있다.

[연습문제 20.3]

자동차보험에 대한 가입을 의무화하면 역선택과 도덕적 해이를 해결할 수 있는가?

3.2 금융시장에서의 도덕적 해이

기업이 자금을 차입하기 이전에는 위험이 낮은 사업에 투자하려고 계획하였지만 자금을 차입한 이후에 보다 위험이 높은 사업에 투자할 때 도덕적 해이가 발생했다고 말한다. 은행은 자금을 빌려간 기업이 위험성이 높은 사업에 투자했다가 파산할 경우 원금을 회수하지 못해 경영이 부실해질 수 있다.

〈표 20-2〉 투자수익

구 분	수익률	파산 확률	투자금액
*H*사업	30%	0.4	100억원
*L*사업	20%	0.2	100억원

〈표 20-2〉와 같이 어떤 기업이 위험성이 높은 사업(H)과 위험성이 낮은 사업(L)에 대한 투자계획을 가지고 있다고 하자. 투자금액은 각각 100억원이지만 각 사업의 수익률과 사업에서 실패해 파산할 확률이 다르기 때문에 두 사업의 기대수익이 서로 다르다. 각 사업의 기대수익은 사업에 성공했을 때 수익(=투자금액×수익률)과 실패하여 파산했을 때 수익(0)에 성공할 확률과 실패하여 파산한 확률을 각각 곱하여 계산한다.

$$H\text{사업의 기대수익} = (100\times0.3\times0.6) + (0\times0.4) = 18\text{억원}$$
$$L\text{사업의 기대수익} = (100\times0.2\times0.8) + (0\times0.2) = 16\text{억원}$$

지금 보는 것처럼 위험성이 높은 사업(H)의 기대수익이 위험성이 낮은 사업(L)의 기대수익보다 크다. 따라서 기업이 은행에서 자금을 차입할 때는 위험이 낮은 사업에 투자하려고 계획하였지만, 차입 이후에는 위험이 큰 사업에 투자할 가능성이 있다. 만일 그 기업이 자금차입 이후에 위험성이 높은 사업에 투자한다면 파산할 가능성은 더욱 커지고 은행이 원금을 회수하지 못할 가능성도 높아진다.

이러한 상황을 회피하기 위해서 금융기관은 기업들의 행동을 주기적으로 **감시**(monitor)하게 된다. 실제로 독일과 일본 등에서는 주거래은행이 해당기업을 감시하기 위하여 이사 혹은 감사를 파견하는 사례가 많이 있다. 도덕적 해이를 해소하기 위하여 앞의 제2절에서 설명한 신용할당 방식을 이용할 수 있다. 대출이자율이 높은 수준으로 결정되면 은행으로부터 대출받은 기업들은 높은 이자부담을 감당하기 위해 기대수익률이 높은 사업에 투자할 가능성이 있고, 그 결과 기업들이 파산할 가능성도 높아진다. 따라서 은행은 균형이자율보다 낮은 이자율을 설정하고 자금을 신용도가 높은 기업에게 배분하는 신용할당을 활용함으로써 도덕적 해이를 해소할 수 있다. 또한 은행이 자금을 대출할 때 차입자의 자산에 대해 담보를 설정함으로써 도덕적 해이를 해소할 수도 있다. 은행이 대출시 담보를 설정하면 차입자가 파산할 때 그 자신도 손해를 입게 될 것이다. 따라서 차입자는 위험이 높은 사업에 대한 투자를 회피할 가능성이 매우 높다.

3.3 노동시장에서의 도덕적 해이

고용주가 노동자 개개인의 작업내용을 일일이 직접 관찰하고 통제하는 것은 한계가 있기 때문에 노동자들은 근무태만을 감출 수 있다. 이처럼 감추어진 행동에 기인한 정보의 비대칭성을 이용하여 노동자들이 업무를 태만히 할 때 도덕적 해이가 발생했다고 한다.

노동자들이 계약기간 동안에 고정된 임금을 받는다면 그들은 구태여 열심히 근무할 유인을 갖지 못할 것이다. 노동자들이 열심히 일해 기업의 수입이 늘어나도 그들의 보수에는 변화가 없기 때문이다. 노동시장에서의 도덕적 해이를 해소하기 위하여 **성과급제도**나 성과에 따른 승진제도를 도입할 수 있다. 물론 직무를 태만히 하는 노동자에 대해서는 감봉 등의 징계조치를 취해야 한다. 그러나 노동조합의 권한이 강력해지면서 명백한 업무상의 오류가 발견되지 않는 한 노동자들의 근무태만을 통제하는 것이 쉽지 않다.

도덕적 해이를 방지하기 위한 또 다른 방법은 노동자들에게 **효율성임금**(efficiency wage)을 지급하는 것이다. 의도적으로 균형임금보다 높은 수준의 효율성임금을 지급한다면 노동자들은 지속적으로 그 직장에 근무하기 위하여 성실히 일하게 된다. 만일 노동자들이 업무를 태만히 하다가 적발될 경우 높은 임금을 받는 기회를 박탈당할 수 있기 때문에 자발적으로 성실하게 일할 유인을 가질 수 있다.

[연습문제 20.4]

노동자에게 효율성임금을 지급하면 역선택과 도덕적 해이를 해결할 수 있는가?

3.4 상품시장에서의 도덕적 해이

기업이 생산비를 낮추기 위하여 소비자가 알아차리지 못하게 품질이 약간 낮은 상품을 생산하여 판매한다면 이것은 상품시장에서의 도덕적 해이에 해당한다. 그러나 기업의 이러한 의도는 오랜기간 동안 지속될 수 없다. 시간이 경과하면서 소비자들은 상품의 품질이 낮아진 것을 인식하게 될 것이며, 따라서 그것에 대해 이전보다 낮은 가격을 지불하려고 할 것이다. 시장에서 상품가격이 낮아지면 생산자는 좋은 품질의 상품을 생산할 동기가 없으므로 결국 품질이 낮은 상품만 생산되는 결과를 초래하게 된다.

현실적으로 시장에서는 기업의 **평판**(reputation)과 **상표**(brand name)에 대한 신뢰도를 통해 상품시장에서의 도덕적 해이를 방지할 수 있다. 어떤 기업이 소비자가 모르는 사이에 상품의 품질을 낮추면 이윤을 증가시킬 수 있겠지만, 그것은 그 기업에 대한 나쁜 평판을 형성하거나 상표에 대한 신뢰도를 떨어뜨려 장기적으로는 판매량과 이윤을 감소시키게 된다. 이러한 사실을 잘 아는 기업이라면 자신의 기업이 좋은 평판을 얻고 상표에 대한 신뢰를 쌓기 위해서 노력하게 된다. 이렇게 볼 때 기업의 평판이나 상표에 대한 신뢰도는 상품시장에서의 도덕적 해이를 방지하는 시장의 대응으로 해석할 수 있다.

의사가 환자들의 부족한 의료지식을 이용하여 과잉진료를 하는 행위도 도덕적 해이의 대표적인 사례이다. 환자들은 의사가 취한 진료행위의 적절성을 알 수 없고 사후적으로도 의사의 과실을 입증하기가 매우 어렵다. 이처럼 전문적인 지식이 요구되는 경우에 정보를 많이 가진 경제주체가 자신의 이익만 추구하는 도덕적 해이가 발생할 가능성이 커진다. 의사들이 과잉진료를 통하여 단기적으로 수입을 증가시킬 수 있겠지만, 그것은 그들에 대한 나쁜 평판을 형성하거나 신뢰도를 떨어뜨려 결국 수입을 감소시키게 된다. 이러한 사실을 잘 아는 의사는 좋은 평판을 얻고 신뢰를 쌓기 위해서 노력할 것이므로 평판은 도덕적 해이를 방지하는 시장의 대응이 될 수 있다.

4. 주인-대리인의 문제

전문경영인은 주주들이 자신의 행동을 일일이 관찰할 수 없다는 점을 이용하여 주주들의 이익 일부를 희생시키더라도 자신의 이득을 추구할 가능성이 있다. 이러한 전문경영인의 감추어진 행동에 의한 비대칭적 정보의 상황은 **주인-대리인의 문제**(principal-agent problem)를 발생시키게 된다. 어떤 일을 **주인**(principal)이 직접 실행할 수 있는 능력이 없거나 시간이 없어서 **대리인**(agent)을 선정하여 자신의 일을 대신하게 하는 경우가 있다. 주주와 전문경영인, 펀드 투자자와 펀드매니저의 관계가 대표적인 경우이다. 주인-대리인의 문제란 대리인이 주인을 위해 얼마나 열심히 노력했느냐에 관한 정보가 비대칭적으로 분포되어 있을 때 이들 사이에서 발생하는 문제를 의미한다. 이렇게 본다면 주인-대리인 문제도 도덕적 해이의 일종으로 볼 수 있다.

주주와 전문경영인의 예를 통하여 이들 사이의 문제를 살펴보기로 하자. 대부분의 경우에 기업의 소유주인 주주(주인)들은 자신들을 대신할 전문경영인(대리인)을 고용하여 회사의 경영을 맡기게 된다. 주주들이 전문경영인에게 회사의 경영을 맡기는 이유는 기업의 이윤을 극대화하여 자신들의 이익을 최대로 실현하기 위함이다. 그러나 경영자의 행동을 관찰하고 감시하는 것은 현실적으로 한계가 있기 때문에 전문경영인이 이윤극대화보다는 무리하게 외형을 확장하거나 시장점유율을 늘리는데 필요 이상의 경비를 지출하는 경우가 있다. 이는 전문경영인의 위신이나 보수가 기업의 외형에 의해서 결정되는 경우가 많기 때문이다.

소송의뢰인과 변호사 사이에도 이런 문제가 나타날 수 있다. 변호사(대리인)

가 자신의 이득을 추구하기 위해 소송의뢰인(주인)에 대한 변호업무를 성실하게 수행하지 않을 가능성이 있기 때문이다. 변호사의 변호행위와 같이 전문적인 지식이 요구되는 경우에 주인이 대리인의 노력이나 성실성을 파악하기가 매우 어렵다. 주인이 대리인의 행동을 통제·감독하기가 어려운 상황일수록 대리인이 자신의 이익을 위해 행동하는 도덕적 행이가 발생할 가능성이 더욱 크다. 지금 설명한 것 이외에도 주인-대리인의 문제는 사회전반에서 발생하고 있다. 국민과 관료, 국민과 국회위원, 연애인과 매니저 사이의 관계 등에서도 이와 비슷한 상황이 발생할 가능성은 얼마든지 있다.

지금까지 살펴본 것처럼 주인-대리인의 문제는 대리인이 주인의 목적이 아니라 자신의 이익을 추구하기 때문에 발생하게 된다. 그렇다면 주인이 원하는 목적을 달성할 수 있도록 대리인에게 유인을 제공하는 방안은 무엇일까? 대리인이 주인의 이익을 극대화하도록 행동할 때 대리인에게 가장 유리하도록 보수체계를 적용하는 **유인설계**(incentive design)가 대표적인 방법이다. 유인설계의 구체적인 사례는 경영자의 보수가 경영성과와 연계되도록 하는 주식옵션(stock option), 변호사의 보수를 재판결과와 연계시키는 성공보수 등을 들 수 있다.

5. 경매

완전한 정보를 갖지 못한 상황에서 거래 당사자들은 경매를 통하여 상품을 거래하기도 한다. 경매(auction)의 사전적인 의미는 '상품을 사려는 사람이 여럿일 때 가장 높은 가격을 부르는 사람에게 판매하는 방식'이다. 실제로 경매가 이루어지는 것은 상품을 판매하는 경우에만 한정되는 것은 아니다. 수요독점자가 경매를 통하여 가장 낮은 가격을 부르는 사람에게 생산요소를 구입하는 경우도 있다. 본 절에서는 완전한 정보를 갖지 못한 상황에서 각종 자원이 경매를 통하여 어떻게 배분되는지 알아보기로 한다.

5.1 경매제도의 의의

사람들이 농·수산물, 주식, 예술품 등을 거래하는 경우뿐만 아니라 정부가 국유재산을 공매하거나 이동전화를 위한 특정 주파수대를 판매할 때도 경매방식을 활용하는 것을 볼 수 있다. 개인이나 정부가 상품을 거래할 때 사전에 가격을 책정해서 상품을 팔지 않고 경매라는 방식을 활용하는 이유는 무엇일까?

각종 경제행위에는 **거래비용**(transaction cost)이 발생한다. 매번의 거래를 위해 판매자와 구매자들이 서로를 찾는 과정에는 탐색비용이 수반되고, 또한 서로 적절한 수준의 가격으로 합의하는 과정에도 협상비용이 수반된다. 경매제도는 이러한 거래비용을 감소시킬 수 있는 장점이 있다. 예컨대 동해안에서 잡히는 오징어는 그것의 크기와 품질이 다양할 뿐만 아니라, 수급여건도 매번 다르다. 만일 어부들이 잡은 오징어를 팔기 위해서 개별 구매자들을 일일이 만나서 가격을 흥정해야 한다면 엄청난 시간과 비용이 소요될 것이다. 아마도 어부들이 오징어를 잡을 시간조차 없을지 모른다. 이처럼 표준적인 가치(standard value)가 존재하지 않는 상품들의 경우에는 경매를 통해 거래가 이루어진다면 거래비용을 줄여주고 따라서 교환의 효율성을 증가시킬 수 있다.

경매는 주로 민간부문에서 활발하게 이루어지고 있지만, 정부의 국유재산의 공매나 각종 구매사업에서도 활용되는 것을 볼 수 있다. 정부는 국유재산 공매나 구매사업자의 선정과정에서 특혜시비에 휘말릴 가능성이 매우 크다. 따라서 정부는 그러한 것들의 거래과정에서 발생할 수 있는 민원의 소지를 없애기 위해서 경매제도를 활용하고 있다.

5.2 경매방식

경매제도는 크게 보면 공개경매 방식과 입찰제방식 있다. 세계적으로 유명한 경매소인 소더비(Sotheby's)나 크리스티(Christie's)에서 예술품을 경매할 때처럼 공개적으로 경매가 진행되는 것을 **공개경매**(open-outcry bidding) 방식이라고 하며, 여기에는 영국식 경매와 네덜란드식 경매가 있다. **영국식 경매**(English auction)는 경매과정에서 입찰가격(bid price)을 점차로 올려가다가 더 이상 높은 가격으로 입찰하는 사람이 없으면 그 가격에서 거래가 이루어지는 가장 전형적인 경매방식이다. 영국식 경매에서는 모든 입찰자들이 지속적으로 입찰가격에 대한 정보를 얻을 수 있는 특징이 있다. 따라서 경매가 진행되는 과정에서 가장 높은 입찰가격을 보고 경매물건이 그 가격보다 더 높은 가치가 있다고 판단하는 사람은 그 이상의 가격으로 입찰할 수 있다.

반면에 **네덜란드식 경매**(Duch auction)는 경매인이 가장 높은 가격을 부르기 시작해 구매할 사람이 나타나는 때까지 입찰가격을 점차 내려가는 방식으로 경매를 진행한다. 따라서 어떤 사람이 처음으로 상품을 구입할 의사를 보이는 순간 경매는 종료된다. 이러한 경매방식은 화훼(예, 네덜란드의 튤립)와 같이 신선도 유지가 중요한 농산물 거래에 주로 이용되고 있다. 더 이상 높은 입찰가격을 제시하는 사람이 나타나지 않을 때까지 경매가 계속되는 영국식 경매와 비교하면 네덜란드식 경매가 상대적으로 짧은 시간이 소요된다고 볼 수 있다.

한편, 입찰가격을 봉인된 봉투에 넣어 입찰자들이 동시에 제출하는 비공개적인 **입찰제**(sealed bid) 방식은 최고가격입찰제와 제2가격입찰제로 구분된다. **최고가격입찰제**(first-price sealed-bib auction)는[5] 각 입찰자가 경쟁자들 모르게 입찰가격을 써 내고, 이들 중에서 가장 높은 가격을 써서 낸 사람이 이기는 경매방식이다. 물론 낙찰자는 써낸 금액을 판매자에게 지불해야 한다. 최고가격입찰제는 정부의 구매사업이나 국유재산의 공매에서 주로 활용되고 있다.

제2가격입찰제(second-price sealed-bib auction)는 경매에서 이긴 사람이 두 번째로 높게 써낸 금액만큼을 판매자에게 지불하는 것 말고는 최고가격입찰제와 아무런 차이가 없다. 예를 들어 입찰제 경매에서 가장 높게 써낸 입찰가격이 5,000원이고, 그 다음으로 높게 써낸 입찰가격이 4,500원이라고 하자. 가장 높은 입찰가격(5,000원)을 써낸 사람에게 낙찰된다는 점에서 최고가격입찰제와 제2가격입찰제는 서로 다를 바 없다. 최고가격입찰제에서는 낙찰받은 사람이 판매자에게 5,000원을 지불해야 하지만 제2가격입찰제에서는 4,500원을 지불해야 한다는 점에서 차이가 날 뿐이다.

5) 제1가격입찰제라고도 한다.

5.3 경매대상 상품의 성격과 경매방식

경매대상이 되는 상품이 객관적 가치(objective value)를 가지고 있는지의 여부에 따라 경매방식을 분류할 수도 있다. 예를 들어 미술품처럼 그것의 성격상 객관적 가치가 존재할 수 없어서 사람마다 다르게 평가하는 경우가 있는 반면에 구리가 매장된 광산처럼 객관적 가치는 존재하지만 사람들이 그것의 가치를 정확하게 파악하기 어려워 각자 다르게 평가하는 경우가 있다.

이렇게 경매대상이 되는 상품이 전자의 성격을 갖는 경우에 이루어지는 경매를 **개인가치 경매**(private value auction)라고 하고, 후자에 해당할 때 이루어지는 경매를 **공동가치 경매**(common value auction)라고 한다.

(1) 개인가치 경매

개인가치 경매에서는 입찰자마다 경매대상의 상품에 대해 서로 다른 유보가격(reservation price)을 가질 수 있다. 따라서 낙찰을 받았을 때 얻는 보수(payoff)는 자신의 유보가격에서 실제로 지불한 가격과의 차이가 된다. 물론 경매에서 지는 경우에는 보수가 0이다. 이렇게 보수가 주어졌을 때 경매방식과 입찰전략에 따라 나타나는 결과에 대해서 살펴보기로 하자.

(가) 제2가격입찰제와 영국식 경매

경매이론(auction theory)에 의하면 제2가격입찰제와 영국식 경매는 거의 똑같은 결과를 가져오는 것으로 알려져 있다. 제2가격입찰제에서는 입찰자가 자신이 진정으로 평가하는 금액, 즉 유보가격을 써내는 것이 **우월전략**(dominant strategy)이다. 이것은 입찰자가 자신의 유보가격보다 낮거나 높은 입찰가격을 써내는 전략의 보수보다 유보가격을 써내는 전략의 보수가 더 크다는 것을 의미한다. 입찰자가 입찰가를 자신의 유보가격보다 낮게 써내면 이길 확률이 떨어지기 때문에 유보가격을 써서 낙찰받을 경우 발생되는 양(+)의 보수를 잃을 확률은 높아진다. 반면에 입찰가를 유보가격보다 높게 써내면 이겼을 때의 보수가 음(-)이 될 위험이 있다.

지금 설명한 것에 대한 이해를 돕기 위한 예를 들어 보자. W사의 볼펜에 대한 A의 유보가격이 5,000원이라고 하자. 만일 A가 자신의 유보가격보다 낮은

4,700원을 입찰가로 써 낸다면 다른 입찰자에게 낙찰되어 양(+)의 보수를 잃게 될 위험이 있다. A가 4,700원을 써서 낼 때 다른 입찰자가 4,800원을 써서 낸다면 A는 유보가격인 5,000원을 써내어 낙찰되었을 때 받을 수 있는 양(+)의 보수인 200원을 잃게 되는 것이다. 한편, A가 자신의 유보가격보다 높은 5,200원을 써서 낸다면 낙찰을 받을 확률이 올라가지만 음(-)의 보수를 받을 위험이 있다. A가 5,200원을 써서 낼 때 다른 입찰자가 5,100원을 써서 낸다면 A가 낙찰을 받았을 때 실제로 부담해야 하는 금액이 5,100원이 되므로 −100원에 해당하는 음(-)의 보수를 받게 된다. 이렇게 볼 때 제2가격입찰제에서는 입찰자가 자신의 유보가격을 써내는 것이 우월전략임을 알 수 있다.

영국식 경매에서도 이와 비슷한 결과가 나타나게 된다. 영국식 경매의 참가자는 경매대상 상품의 입찰가격이 자신의 유보가격에 도달하기 전까지는 경매에 계속 남아 있어야 하겠지만, 가격이 그 이상으로 올라가면 즉시 경매를 포기해야 한다. A가 자신의 유보가격보다 더 낮은 가격에서 입찰을 멈춘다면 양(+)의 보수를 잃게 될 수 있으며, 반면에 A가 자신의 유보가격보다 높은 가격에 입찰한다면 낙찰을 받더라도 음(-)의 보수를 받기 때문이다. 이는 영국식 경매에서도 입찰자가 자신의 유보가격을 써내는 것이 우월전략임을 의미한다.

제2가격입찰제와 영국식 경매방식은 경매 참여자 가운데 가장 높은 유보가격을 갖는 사람이 경매에서 이길 수 있다는 점에서 동일한 결과를 가져온다. 또한 낙찰자가 실제로 판매자에게 지불하는 금액이 두 번째로 높은 입찰가격을 제시한 사람의 유보가격과 동일하다는 점에서도 두 방식이 서로 같다. 그러나 엄격하게 말하면 두 경매방식에서 낙찰자가 지불하는 금액은 미미한 차이가 있다. 제2가격입찰제에서의 낙찰가격은 두 번째로 높은 금액으로 입찰한 사람의 유보가격과 정확하게 일치하지만, 영국식 경매에서는 그것보다 약간(이론적으로는 1원) 높은 수준에서 결정된다는 점이다.

(나) 최고가격입찰제와 네덜란드식 경매

최고가격입찰제의 경우에는 입찰가격을 봉인된 봉투에 넣어 입찰자들이 동시에 제출하므로 입찰자들이 경쟁자들의 입찰가격에 대한 정보를 가질 수 없다. 네덜란드식 경매의 경우에도 경매인이 가장 높은 가격을 부르기 시작해 어떤 사람이 처음으로 상품을 구입할 의사를 보이는 순간 경매가 종료되기 때문에 그 때까지 입찰자들은 경쟁자들의 입찰가격에 대한 어떠한 정보도 가질 수 없다. 이렇게 볼 때 네덜란드식 경매와 최고가격입찰제는 전략적인 관점에서 똑같다는 점을 알 수 있다.

(다) 수입등가정리

개인가치 경매에서 모든 입찰자 위험중립적 태도를 갖고 있으며, 자신들의 기대보수를 극대화한다고 하자. 이런 가정이 충족되면 앞에서 설명한 네 가지 경매방식이 모두 평균적으로 똑같은 경매수입을 가져다주는 것으로 알려져 있다.

영국식 경매와 제2가격입찰제에서 낙찰자가 부담하는 금액은 두 번째로 높은 가격으로 입찰한 사람의 유보가격과 일치한다는 것은 이미 살펴본 바 있다. 한편 최고가격입찰제에서도 낙찰자가 부담하는 금액 또한 두 번째로 높은 가격으로 입찰한 사람의 유보가격과 동일하다고 볼 수 있다. 왜냐하면 최고가격입찰제에서 낙찰자는 자신이 제출한 입찰가격을 부담해야 하는데, 두 번째로 높은 가격으로 입찰한 사람의 유보가격보다 약간만 높은 가격으로 입찰해도 경매에서 이길 수 있기 때문이다. 실제로 이 경매방식에서는 각 입찰자가 자신보다 낮은 가격으로 입찰할 사람의 유보가격이 얼마인지 추정하고 그 크기만큼 입찰가를 낮추는(shading) 현상이 나타난다. 결국 낙찰자는 가장 높은 유보가격을 가진 입찰자이지만, 평균적으로 판매자에게 지불하는 금액은 두 번째로 높은 입찰가격과 거의 동일하게 된다. 네덜란드식 경매는 전략적인 관점에서 최고가격입찰제와 동일하기 때문에 두 경매방식의 기대수입은 같다. 지금 살펴본 것처럼 네 가지 경매방식 중에서 어떤 방식으로 이루어지더라도 평균적으로 동일한 경매수입이 발생하게 되는데, 이를 **수입등가정리**(revenue equivalence theorem)라고 한다.

> 개인가치 경매에서 판매자가 기대하는 수입은 평균적으로 영국식 경매=제2가격입찰제=네덜란드식 경매=최고가격입찰제의 관계, 즉 **수입등가정리**가 성립한다.

[연습문제 20.5]

> 영국식 경매와 네덜란드식 경매의 성격에 대해 설명하고, 이론적으로 볼 때 두 경매방식의 결과가 동일하다는 것을 보여라.

(2) 공동가치 경매

국가 소유의 광산에서 구리가 매장되어 있는 것으로 추정되는 광맥이 발견되었다. 구리의 매장량과 채굴비용이 얼마나 소요될지 정확하게 파악할 수 없는 상황에서 구리광산에 대한 채굴권을 최고가격입찰제에 의해 경매를 시행하려고 한다고 하자. 그 광산에 매장되어 있는 구리의 객관적 가치가 존재한다는 점에서 이 경매는 공동가치 경매이다.

광산 채굴권의 경매에 참여하는 사람들은 구리의 매장량과 품질을 정확하게 알 수 없기 때문에 각자 나름대로 구리의 가치에 대해 추측하게 된다. 그들 중에는 그 구리광산의 가치를 실제가치보다 높게 평가하는 입찰자가 있는 반면에 낮게 평가하는 입찰자도 있을 것이다. 만일 이러한 사람들이 1/2씩 섞어 있다면 그들이 평가한 구리광산의 평균가치는 실제가치와 거의 비슷하다고 예상할 수 있다. 구리광산은 평균값을 써낸 입찰자가 아니라 최고값을 적어낸 입찰자에게 낙찰된다. 따라서 낙찰자는 낙찰가격에서 입찰자들이 추정하는 광산의 평균치를 차감한 만큼 손해를 볼 수 있다. 예컨대 구리광산에 대해 입찰자들이 추정하는 평균값이 10억원인데 13억원을 써내 낙찰되었다면 낙찰자는 3억원의 손해를 보게 된다. 공동가치의 경매에서 승자가 되었지만 손해를 보는 것으로 여기는 역설적인 현상을 **승자의 불행**(winner's curse)이라고 한다.

공동가치의 경매에서 승자의 불행은 영국식 경매보다 입찰제에서 심각하게 나타날 가능성이 있다. 영국식 경매에서는 경쟁자의 입찰가격을 확인할 수 있기 때문에 지나치게 높은 가격으로 낙찰될 가능성이 상대적으로 낮다고 볼 수 있다. 반면에 입찰제에서는 경쟁자들의 입찰가에 대한 정보를 전혀 알 수 없기 때문에 입찰가격을 높게 써내 경쟁자들을 이기려고 할 가능성이 크기 때문이다.

경매과정에서 입찰자들이 승자의 불행을 인식하게 되면 그들이 경매물건에 대해 진정으로 평가하는 금액, 즉 유보가격보다 낮은 가격으로 입찰하려고 할 것이다. 이러한 상황에서 경매물건에 대한 판매수입이 줄어드는 것을 예상할 수 있다. 따라서 경매물건의 판매자들은 입찰자들이 낮은 가격을 써낼 유인을 갖지 못하는 경매방식을 모색할 것이다. 제2가격입찰제는 그것이 가능하도록 고안된 경매제도이다. 제2가격입찰제에서는 입찰자가 경매물건에 대해 진정으로 평가하는 금액, 즉 유보가격을 써서 내는 것이 우월전략이므로 그들이 유보가격보다 낮은 가격을 써낼 유인이 없어진다. 이렇게 본다면 제2가격입찰제가 최고가격입찰제보다 판매자에게 유리한 경매방식이라는 것을 알 수 있다.

5.4 경매수입의 극대화

(1) 개인가치 경매에서 경매수입의 극대화

개인가치 경매에서는 앞에서 살펴본 것처럼 네 가지 경매방식 모두가 평균적으로 동일한 경매수입을 가져다준다. 따라서 판매자들이 경매방식을 변경함으로써 경매수입을 증가시킬 방법은 없다. 하지만 판매자는 가능한 많은 구매자들을 입찰에 참여시킴으로써 경매수입을 증가시킬 수 있다. 입찰자가 많아지면서 각자 제시하는 입찰가격이 높아질 수 있으며, 따라서 최종 낙찰자의 입찰가격에 대한 평균치(기대치)도 높아질 수 있기 때문이다.

(2) 공동가치 경매에서 경매수입의 극대화

공동가치 경매에서는 공개경매 방식을 활용함으로써 판매자의 경매수입을 증가시킬 수 있다. 공개경매에 해당하는 영국식 경매에서 입찰자들은 경쟁자들이 평가하는 경매물건의 가치에 대한 정보를 얻을 수 있다. 따라서 비공개 경매방식에 해당하는 입찰제보다 불확실성을 줄일 수 있는 영국식 경매에 상대적으로 많은 사람들이 참여할 가능성이 있다. 입찰자가 많아지면서 낙찰자의 입찰가격에 대한 평균치가 높아질 수 있다는 점은 앞에서 이미 설명한 바 있다.

또한 판매자가 구매자에게 경매물건에 대한 정보를 자세하게 제공함으로써 경매수입을 증가시킬 수 있다. 경매물건의 가치에 대한 불확실성이 커질수록 입찰가격을 높게 제시할 가능성이 커질 수 있다는 것을 입찰자들이 잘 알고 있으므로 그들이 자신의 입찰가격을 낮추려는 유인도 커지게 된다. 따라서 승자의 불행에 대한 입찰자의 부담을 줄이고, 그에 따라 더 많은 입찰자들이 참여할 수 있도록 경매물건과 관련된 정보를 자세하게 제공해야 한다.

5.5 입찰과 담합

우리는 경매과정에서 입찰자들 간에 경쟁을 유발시킴으로써 판매자들이 보다 많은 이득을 얻을 수 있다는 것을 살펴보았다. 따라서 입찰자의 입장에서는 경매에 참가하는 사람의 수를 줄이거나 입찰회수를 줄임으로써 낙찰가격을 낮출 수 있다. 이를 위해서 입찰자들은 합법적인 방법으로 구매자 그룹을 형성하거나, 경우에 따라서는 담합이라는 불법적인 방법을 이용하기도 한다.

예컨대 정부가 최고가격입찰제 방식으로 구리광산의 채굴권을 경매한다고 하자. 광산 채굴권의 매입에는 많은 비용이 들고, 구리 채굴에 전문기술이 요구되기 때문에 입찰자 수가 제한될 수밖에 없다. 이처럼 입찰자들이 몇 명밖에 없어서 서로를 잘 알고 있고, 자신들이 경쟁적으로 입찰에 참여함으로써 낙찰가격이 매우 높아질 가능성이 있다면 서로 협조할 유인이 발생할 수 있다. 광산 채굴권을 어느 한 사람이 매우 낮은 가격으로 입찰하고, 나머지는 더욱 낮은 가격으로 입찰에 참여하는 형태의 담합(collusion)이 모색될 수도 있다. 물론 이러한 담합은 공정거래법에 저촉되기 때문에 매우 은밀하게 진행될 수밖에 없다.

담합이 효력을 발휘하기 위해서는 합의된 입찰가격이 각 입찰자들에 의해 엄격하게 지켜져야 한다. 그러나 모든 입찰자들이 협의된 사항을 준수하는 것이 결코 쉬운 일은 아니다. 개별 입찰자의 입장에서 보면 자기 혼자 입찰가격을 높게 적어냄으로써 경매물건을 낙찰 받을 수 있기 때문이다. 이처럼 담합은 근본적으로 내재적인 불안정성을 갖고 있다. 담합이 유지될 가능성이 큰 경우는 비공개경매일 때보다 공개경매인 경우이다. 공개경매에서는 입찰과정을 통하여 담합의 협의를 준수하는지 알 수 있고, 만일 협의된 내용을 어기는 입찰자가 있다면 그에 대한 보복이 가능하기 때문이다.

연습문제 풀이

[연습문제 20.1]~[연습문제 20.5]
교과서 본문의 내용을 참고하라.

찾아보기

[저자 약력]

• 김봉호(金奉浩)
건국대학교 경제학과 졸업
건국대학교 대학원 경제학과 졸업(경제학 석사, 박사)
각종 공무원 및 공기업 채용시험문제 출제위원, 제17회 감정평가사 출제위원
Univ. of North Carolina at Greensboro 경제학과 방문교수
전, 강남대학교 학생처장 역임
현, 강남대학교 경제학과 교수

[저서]
『경제학원론(개정2판)』(공저, 청목출판사, 2012)
『현대 경제학의 이해』(공저, 청목출판사, 2011)
『한국경제』(공저, 형설출판사, 2001)

미시경제학

2019년 3월 5일 중판인쇄
2019년 3월 10일 중판발행

저 자 김 봉 호
발행인 유 성 열
발행처 청목출판사
서울특별시 영등포구 신길로 40길 20
전화 (02) 849-6157(代)・2820 / 833-6091
FAX (02) 849-0817
등록 제318-1994-000090호

파본은 바꾸어 드립니다. 값 35,000원

http : //www.chongmok.co.kr

ISBN 978-89-5565-570-4